의식의
기 원

옛 인류는 신의 음성을 들을 수 있었다

의식의 기원

The Origin of Consciousness
in the Breakdown of the Bicameral Mind

줄리언 제인스 지음 | 김득룡·박주용 옮김

연암서가

옮긴이

김득룡(金得龍)

한남대학교 영어영문학과를 졸업하고 미국 컬럼비아 대학교에서 「The Individual and The Intersubjective; Building on Mill and Habermas for a Conception of Education for Freedom」으로 박사학위를 취득했다. 한남대학교 철학과 교수를 지낸 뒤 지금은 명예교수로 있다. 동서문화연구소장, 한남대학교 대학원장을 역임하였다. 저서로는『형색과 소리』, 역서로는『발터 벤야민: 예술, 종교, 역사철학』,『베버와 하버마스: 사회이론과 가치』등이 있고, 주요 논문으로「사회의식과 역사발전의 관계」,「비판이론가들의 합리성개념화작업」등이 있다.

박주용(朴注勇)

서울대학교 심리학과를 졸업하고 미국 캘리포니아 대학교(UCLA)에서 「Negative Priming: Evidence for Inhibition in Attentional Selection?」으로 박사학위를 취득했다. 한림대학교와 세종대학교에서 강의하였으며, 지금은 서울대학교 심리학과 교수로 있다. 저서로는『문제해결』,『인지심리학』(공저)이 있고, 주요 논문으로「지능관련 구인: 성격, 동기, 그리고 전문성」,「표변 주변의 방해자극이 표적에 대한 의식적 반응에 미치는 영향」,「순환고리와 인과연쇄에 대한 인과추리」등이 있다.

의식의 기원

2017년 6월 20일 초판 1쇄 발행
2018년 10월 15일 초판 2쇄 발행

지은이 | 줄리언 제인스
옮긴이 | 김득룡·박주용
펴낸이 | 권오상
펴낸곳 | 연암서가

등록 | 2007년 10월 8일(제396-2007-00107호)
주소 | 경기도 고양시 일산서구 호수로 896, 402-1101
전화 | 031-907-3010
팩스 | 031-912-3012
이메일 | yeonamseoga@naver.com
ISBN 979-11-6087-007-7 03180

값 30,000원

의식의 세계를 넘어

저자 줄리언 제인스(Julian Jaynes)는 1920년 매사추세츠 주 웨스트 뉴턴에서 태어났다. 학부 공부를 하버드 대학에서 시작했으나 맥길 대학에서 마쳤으며, 예일 대학에서 심리학 석사와 박사학위를 취득했다. 1966년부터 1990년까지는 프린스턴 대학 심리학과에서 강의했다. 그의 저작들은 광범위한 영역을 다룬다. 초기에는 동물심리학에 초점을 두었으나, 후에는 인간의 의식문제에 집중하여 이 책을 집필하기에 이른다. 여생 동안 심혈을 기울여 집필한 이 책으로 그는 1978년 전미 도서상 후보에 오르기도 하였다.

이 책은 20세기가 산출한 가장 의미 있는 학문적 성과물로 꼽힐 뿐 아니라 그만큼 많은 논란을 불러일으키고 있다. 이 책에서는 의식에 대한 기존의 여러 견해들, 즉 의식이 물질의 속성이라거나, 원형질의 속성이라거나, 아니면 경험, 학습, 추론, 판단의 다른 이름이라는 견해는 물론 의식을 인과적 영향력이 없는 단순한 부수현상으로 보는 견해가 모두 기각된다. 그 대신 인간의 옛 정신체계는 양원적(兩院的, bicameral)이었다는 주장과 함께, 의식은 인류 역사의 한 특정 기점이었던 정신의 양원적 구조의 소멸 시기와 연계되어 있다는 파격적인 주장이 제기된다. 저자는 심리학, 문학, 인류학, 철학 등 다양한 학문분야에서 끌어낸 논거들을 유기적으로 연계함으로써 이러한 주장의 근거를 제시했다. 이 때문에 이 책은 다양한 학문분야에서 근본적인 논란을 불러일으키고 있고, 그 영향력은 프로이트에 비견되기도 한다. 고대 문헌을 분석하고, 고고학적 성과물을 분석하며 이상심리학적 증거들을 들이대 옛 인류의 양원적 정신 역량은 '신의 음성'을 들을 수 있었다고 주장하는 대목에 이르면, 이 책은 학자들의 학문적 관심을 넘어 세인의 지적 호기심을 자극하기에 충분하다.

이 책은 3부로 구성되어 있다. 인간의 정신(또는 마음)을 다루는 제1권에서는 서론에서 문제 제기했던 의식의 문제를 논쟁적으로 심화한다. 제1권 중반 이후부터 이어지는 흥미진진하면서도 설득력 있는 논증들에 비해 다소 산만하고 불만스럽게 느껴지기까지 하는 제1권 초반은 "의식은 ……이 아니다"는 도전적인 접근으로 시작한다. 살아 있는 한, 언제나 '의식'이 있는 것이라고 믿는 우리에게 그는 그것이 의식이 아닐 뿐만 아니라, 역사적으로 장구한 세월 동안 역사 초기의 옛 인류는 의식을 갖지 않은 채 삶을 성공적으로 영위할 수 있었다고 주장한다. 그들은 우리와 다른 정신적 기능에 의거하여 삶을 살았다는 것이다. 의식과 지각, 반응성(reactivity), 인지(cognition) 등을 구별하는 저자는, 의식보다는 반응성이 우리의 행동을 유발하는 모든 자극들을 관장하는 정신기능이며, 이에 비해 의식은 훨씬 더 국소적인 현상일 뿐이라고 주장한다. 우리는 우리가 반응하고 있는 것들을 단지 이따금씩만 의식할 뿐이라는 것이다. "당신을 보고 있는 나는 지금 당신을 의식하고 있지 않은가?"라고 묻는 반론자에게 그는 "당신이 지금 의식하는 것은 내가 아니라 당신의 논증일 것이다"라고 답한다. 이로써 그는 "적어도 나에 대해서 말하는 한, 당신은 의식이 없다고 말할 수 있으며, 그때 당신의 정신기능은 '의식'이 아니라 '지각'일 것이다"라고 말하는 셈이다. 그는 의식 없이 살던 시대가 있었다는 사실을 문헌적으로 고증하기 위해 『일리아스』를 분석한다. 행동을 급박하게 결정내리기 위해 수많은 판단을 해야 했을 일리아스 전사들을 묘사할 때 의식에 상당하는 단어가 전혀 나타나지 않았다는 사실을 지적한다.

「2중 뇌」(double brain)에서 다룬 뇌에 대한 심리학적·생리학적 논의에서도 제인스는 우리의 정신이 양원적 구조를 이루고 있다는 것을 입증하는 데 초점을 둔다. 두뇌의 어느 곳에 의식이 숨어 있다든가 하는 데카르트식 추측이나, 두뇌 속에서 의식을 담당할 어느 부위를 찾으려는 노력을 일축한다. 그는 두뇌에 대한 지식만으로는 결코 두뇌가 의식을 담고 있는지 알아낼 수 없다고 결론 짓는다(이 책 43~44쪽). 그렇다면 우리는 어디에서 의식의 근거를 찾아야 하는가?

제인스에 따르면 의식은 언어에 근거를 두고 있다. "의식이 모두 언어는 아니지만 의식은 언어로 생성되고 언어로 접근된다"(이 책 590쪽). 이때 그에게 중요한 것은 언어의 은유기능이다. 그는 이 과정에서 네 가지 새로운 용어를 주조해내며 다소 복잡한 논증을 펼친다. 그는 은유체들의 단순한 연합을 석의체(paraphier)라 하고 석의체의 대상이 된 것을 피석의체(paraphrand)라고 부른다. 이때 피석의체는 원래 피은유체들의 연합으로서 이 연합 과정에서 새로운 의미를 생성해낸다. 언어는 이러한 은유과정에서 성장하는 것이다.

예를 들어 "그게 무엇이냐?" 또는 "그게 무슨 뜻이냐?"라는 질문에 우리는 그 경험이 독특한 것이어서 선뜻 대답하기가 쉽지 않을 때 "그것은 …… 같은 거야"라고 대답하게 된다. 바로 그 순간에 새로운 어휘가 생성되는 것이다. 인간은 모두 서로 잘 알고 있는 머리, 손, 가슴 등 자신들의 신체를 은유체로 사용하며 이러한 작업을 수행한다는 것이다. 이런 작업은 신체감각으로 관찰될 수 없는 추상적 개념으로 확장된다. 추상적 개념을 이해하려면 일단 인간의 마음속에서 '볼' 수 있지 않으면 안 된다. 마음의 '눈'으로 이들을 '보는' 것 자체가 은유일 수밖에 없다. 그런데 은유적이라 하더라도, 보려면 어딘가에 갖다'놓지' 않으면 안 된다. 따라서 '공간'이 필요하다. 물론 마음속에서 일어나는 일이다. 그는 이른바 우리가 자신의 안을 들여다볼, 즉 '내성'(introspect)할 공간인 이 정신 안의 공간이야말로 의식의 중요한 특징이자 의식의 필수적 기체(基體)라고 주장한다(이 책 349~350쪽). 의식은 바로 이러한 언어발달 과정에서 그 모습을 나타내게 되었다는 것이다. 이러한 논증을 위해 그는 실제 나의 유추인 유사 '나'(analogue 'I'), 그리고 그 유사 '나'가 수행하는 '이야기 엮기'(narratization) 등과 같은 중요한 개념을 소개한다.

제목이 「역사의 증언」인 제2권에서 심리학자 제인스는 놀랍게도 제1권과는 전혀 다른 시각에서 양원성에 역사적·고고학적·문화적 접근을 시도하는 박학을 과시한다. 여기서 관심 주제는 양원성과 신이다. 양원 시대의 인류는 신의 음성을 들었다. 중요한 순간마다 들려오는 그 음성에 따라 결정하고 행동했다. 고대 그리스 민족의 『일리아스』에 나오는 전사들이 그렇게 했고, 히브리 민족의 성서에 나오는 선지자들이 그렇게 했다. 앞에서 문학적 문헌으로 고증하던 제인스는 이번에는 양원적 인류가 살던 고대 문명의 현장을 찾아다니며 돌기둥에 적힌 양각·음각의 글줄과 그림을 살피고 온갖 종류의 신상을 조사하며 허물어진 사원을 탐방한다. 신의 영향력을 보기 위해서 말이다.

신은 대개 양원적 인류에게 목소리로 찾아왔다. 그러나 두뇌를 심리학적으로 연구해온 제인스에 따르면 신의 목소리는 통합적인 역할을 한다는 것이다. "우반구 기능이 [……] 언어적으로 암호화되었다"(이 책 323쪽). 다시 말해 그 목소리들은 이러한 우반구 활동이 활발하던 양원시대에 어떤 사람의, 특히 왕과 같은 권위적 인물의 죽음은 그들의 육체적 죽음을 의미하는 게 아니었다. 그 대신 그들의 음성이 그들이 죽은 다음에도 누군가에 의해 계속해서 들리는 한, 그들은 죽은 게 아니고 산 자들과 더불어 살고 있는 것이다. 이러한 현상을 입증한다고 여길 수 있는 수많은 사례들이 제2권에 담겨 있다. 이런 시각에서 다시 생각해보면, 죽은 자들이 '살고 있는' 무덤이 왜 그런 식으로 만들어질 수밖에 없는지를 이해할 수 있게 된다. 그들을 마치 살아 있는 듯이 매장하는 방식은 거의 모든 고대문화에 공통으로 나타난다. 망자들은 먹을 음식, 마실 물, 사용할 집기, 가구 등과 함께 묻힌다. 이런 것들이 메소포타미아와 올멕과 마야와 고대 중국과 이집트 등지의 무덤에서 흔하게 발견되고, 망자에게 '넣어드려야 할' 이런 물품명세서들이 장례절차에 관한 문헌에서 발견된다. 요컨대 양원시대의 사람들에게 죽은 자들은 죽은 것이 아니다. 제인스는 고대의 여러 문화에 걸쳐 이런 관습이 보편적으로 관찰되는 이유는 권위적 망자들이 여전히 산 자들에게 환청으로 명령했기 때문이라고 주장한다. 명령하는 권위적 망자들이 곧 신이다(이 책 219~220쪽). 그들은 "그가 죽었다"고 말하는 대신 "그는 신이 되었다"고 말했다. 이러한 개념은 심지어 의식의 시대에 들어서도 전수되어서인지 플라톤조차 『국가론』에서 죽은 영웅들은 죽은 후에도 인간에게 할 일을 지시하는 신이 된다고 말했다(이 책 224~225쪽). 신의 근원은 죽은 인간이며 그들이 환각적 목소리의 주인공이다. 그러나 여러 가지 원인으로 더는 신의 목소리가 들리지 않게 되자 신의 입을 열기 위해 그들은 신상의 입을 씻어주는 의식을 거행하는 등 애를 태운다.

홍수나 화산 폭발 같은 자연 재앙, 사회적 복잡성의 증가, 이민족 간의 교역, 그리고 문자쓰기의 도입 등으로 신-인 관계가 느슨해지면서(이·책 282~283쪽), 살아 있는 인간에게 이래라저래라 명하는 신의 음성이 지상에서 더는 들리지 않게 되자, 그 대안으로 의식이 생성되었다는 것이 제인스의 주장이다. 그는 역사적 추론으로 의식이 발생한 이유를 몇 가지로 설명했다. 문자쓰기의 시작과 함께 듣는 일의 중요성이 감소되었고, 따라서 환각적 통제력이 약화되었으며, 역사적 대격변기의 혼돈 속에서 신의 말이 먹혀들지 않았을 것이다. 또 유입된 타민족의 차이점을 관찰할 때 자기 내부의 주관적인 원인들을 적용하기 시작했을 것이며, 서사시에서 이야기를 엮어내는 능력이 개발되기 시작했고, 타인을 속이고 사기치는 머리가 생겨났으며, 자연선택이 일어났던 것 등이 그것이다.

한 가지 흥미로운 것은 이러한 제인스의 주장은 실제로 신(god이든 God이든)의 부재(신의 등돌림)의 원인이 인간 자신들의 죄악 때문이라고 믿는 오늘날의 많은 사람들의 생각과는 사뭇 다른 점인데, 제인스에 따르면 오히려 인간들의 정치적·윤리적 삶이 잔악해진 것은 양원성이 파괴되고 신의 음성이 들리지 않게 된 결과다. 그는 양원시대에는 어떤 사적인 야심도, 탐욕도, 갈등도, 포악성도 없었다고 한다. 왜냐하면 양원적 인간은 사적으로 존재할 내적 '공간'도, 그런 공간에 있을 유사

'나'도 없었기 때문이라는 것이다. 당시 사람들은 오늘날의 우리보다 더 평화스러웠고 친절한 인간종이었다고 주장한다(이 책 278쪽).

현대세계에서의 양원정신의 흔적을 논하는 제3권에서는 현대인에 게서 관찰되는 정신분열증, 최면 등과 같은 정신현상을 다룬다. 이들에 대한 수많은 이론이 이 현상을 근원적으로 설명해내는 데 적절하지 못하다면서 제인스는 자신의 양원적 정신체계 이론의 설명력이 훨씬 낫다고 주장한다.

이 모든 논의의 기저에는 여전히 제1권의 「2중 뇌」에서 소개한 신경학적 모델이 존재한다. 예를 들어 제인스는 우선 환청을 듣는 것을 고대 양원적 인간과 오늘의 정신분열증 환자가 비슷하다고 주장함으로써, 인간에게 양원적 정신체계가 원래의 모습이었으리라는 자신의 가설을 뒷받침하려 한다. 한 발 더 나아가 그는 정신분열증 환자들이 환청을 들을 때 우뇌를 이용한다고 주장한다. 이와 관련된 발견으로 그는 양자방출을 이용한 뇌의 포도당 측정법으로 환자가 환청을 들을 때 우뇌에 포도당의 양이 많아지는 연구 결과를 언급한다. 이런 논의를 하면서 그는 우뇌를 설명적 매개물로 하여 양원정신 체계의 흔적을 오늘날의 몇몇 사례에서 관찰되는 정신 현상과 연결하려 한다. 그 결론은 좌뇌와 우뇌가 곧 양원적 정신은 아니지만, 이들이 양원적 정신에 해당하는 오늘날의 신경학적 모델이라는 것이다(이 책 599쪽).

양원성과 종교적 신의 문제를 다룬 제2권에 이어, 제3권에서는 양원성과 정신병의 관련성을 논의한다. 그는 "정신병으로 심리적 변화를 일으키는, 신경계에 내재하는 태양숭배나 신은 결코 존재하지 않는다"고 주장하면서 양자의 연관성을 부인한다. 양자간에 때때로 환각이라는 공통 현상이 등장하기는 하지만, 원칙적으로 그것은 교육과 종교적 역사에 대한 친숙함 때문이라고 본다. 그는 두뇌 속에는 바로 그러한 환각이 존재하기 위한 소질구조들이 있으며, 이 구조들은 발전하여 일반적인 종교적 특성을 결정하고, 이들 소질구조 배후의 패러다임은 인류의 초기 문명화 과정에서 자연적 또는 인간적 선택에 따라 두뇌 구조로 진화되었으며, 정신분열증은 대부분 이 소질구조들이 비정상적인 생화학적 작용으로 자신들의 정상적인 억제에서 풀려나게 되고, 독특한 경험으로 개별화된다고 정리했다(이 책 548~550쪽).

마지막으로 제인스는 현대의 종교현상을 양원정신 체계의 증거로 든다. 그는 종교적 유산이야말로 이전의 정신체계에서 물려받은 것 중에 가장 명백하고 중요한 것이라고 주장한다. 이 사실을 인정하기를 거북해하는 이른바 '과학적 마인드'가 있는 자들은 합리주의적·물질주의적 과학이 암시해온 모든 것이 있는데도, 인류는 무엇인가 인간보다 더 위대한 다른 존재와 관계 맺기를 포기한 적이 없었다는 사실과 이 현상들이 "좌뇌의 범주 너머에 있는 세력들이나 예지적 존재들에 대한 어떤 전율할 정도의 신비(mysterium tremendum)"와 관련되어 있음을 기억해야 할 것이라고 말한다. 이것은 좌뇌의 영역 밖의 존재요 현상이기 때문에 분명한 의식적 개념을 써서 말로 표현할 수 없는 불분명하고 불확실한 어떤 것임을 이해해야 한다는 것이다. 따라서 이것은 좌반구의 언어로 표현하기보다는 감정의 진실로만 전달될 수 있는 어떤 것이다.

그러나 제인스가 종교에 각별한 관심을 둔 더 심각한 이유는 실은 소위 과학적 행위가 근본적으로 종교와 관련되어 있다고 보았기 때문이다. 즉 과학혁명의 배후에는 신성을 지속적으로 탐구하려는 동기가 있었다는 것이다. 그에 따르면 과학적 탐구는 양원적 정신이 와해된 직접적 결과였다. 물리학, 심리학과 생물학의 토대를 만든 사람들은 모두 17세기 말엽의 영국 프로테스탄트들로 이들은 지극히 경건했다. 그에 따르면 현대과학도 종교적인 형식이 있다. 예를 들어 그가 과학주의라 부르는 것 역시 이 시대에 과학과 종교가 분리되면서 남은 공허함을 채우기 위해 급격히 신앙적 신조로 굳은 과학적 신화다. 따라서 현대과학 역시 그것이 대신하려는 종교가 했던 것과 똑같은 특징이 있다. "모든 것을 설명하는 합리적 우수성, 카리스마가 있는 지도자와 두드러져 비판받지 않는 지도자의 계승, 과학적 비판이 허용되지 않는 경전 같은 일련의 텍스트들, 특정한 사고방식과 해석방식, 그리고 완전한 헌신의 요구 등이다. 이에 대한 보상으로 추종자들은 한때 종교가 제공했던 것을 그대로 받는다. 세계관, 중요성의 위계체계, 그가 무엇을 하고 생각할지를 알려줄 복점 치는 장소, 요컨대 인간에 대한 총체적 설명을 제공받는다"(이 책 580쪽). 결국 과학이 자신은 사실에 근거를 두고 있다고 주장할지라도 근원에 있어 의사 종교의 발흥과 크게 다를 바가 없다는 것이다. 제인스는 자신의 학문적 연구를 포함하여 모든 과학행위를 이렇게 일갈하며 방대한 글을 끝맺는다. "양원적 정신구조의 폐허 속에서 행동 방향을 결정하기 위해 점치던 일이 이제는 사실이라는 신화들 속에서 완전한 확실성(an innocense of certainty)을 추구하는 일이 되었을 뿐이다"(이 책 586쪽).

김득룡·박주용

차
례

제3권 현대세계에서의 양원정신의 흔적

"의식은 모두 언어는 아니지만 언어로 생성되고 언어로 접근된다."

— 줄리언 제인스

의식의 문제

보이지 않는 시각의 세계요 들리는 침묵의 세계, 실체 없는 세계인 정신(mind)을 보라. 이는 그려낼 수 없는 본질, 만질 수 없는 기억, 보여줄 수 없는 환영(幻影)이다. 이는 또한 얼마나 은밀한 세계인가? 이 세계는 말없는 독백과 혜안을 지닌 자문, 온갖 정감과 명상과 신비감이 거주하는 보이지 않는 처소이자, 끊임없는 실망과 함께 새로운 발견이 일어나는 곳이기도 하다. 우리 각자는 저마다 이 왕국을 홀로 다스린다. 원하는 것이 무엇인지를 자신에게 묻고, 할 수 있는 것을 명령하면서, 이 은둔지에서 우리의 어수선했던 과거를 생각하고, 불확실한 미래를 생각하기도 한다. 이 내적 우주야말로 거울에 비친 모습보다 훨씬 더 분명한 나다. 자아 중에 자아며 모든 것이자 아무것도 아닌 것, 이 의식이란 것은 도대체 무엇인가?

그리고 그것은 어디에서 온 것인가?

그리고 왜 생겨났을까?

의식이 무엇이며 자연 속에서 그것이 차지하는 자리가 무엇인지를 묻는 질문만큼 우리를 난감하게 하면서 끈질기게 계속된 질문도 없다. 때로는 이른바 정신과 물질, 때로는 주관과 객관, 때로는 영과 육이라 불리는 두 실체를 숙고하고 실험하고 종합하면서 수세기를 보냈는데도, 의식의 흐름과 상태와 내용에 관해 끝없이 토론하기도 하고, 직관, 감각 자료, 소여(the given), 원감정(raw feels), 센사(sensa),[1] 실체적 지각(presentation), 표상(representation),[2] 감각, 이미지, 구성주의자[3]가 내성[4]을 통해 보고한 감정들(affections), 과학적 실증주의자들의 검증자료, 현상학적 장(場), 홉스의 유령(apparitions), 칸트의 현상(phenomena), 관념론자들의 현상(appearances),[5] 마흐(Mach)의 요소들(elements), 퍼스(Peirce)의 구현된 실체(phanera), 라일(Ryle)의 범주오류 등을 구별하기도 하며 수세기 동안 노력해왔지만 의식 문제는 여전히 우리 곁에 있다. 의식과 관련된 문제는 해결될 기미도 없이 줄기차게 제기되고 있다.

타인이 보는 우리의 모습과 우리 자신이 보는 내적 자아와 그 자아를 지탱해주는 깊은 감정의 차이는 영원히 사라지지 않을 것이다. 그것은 너와 내가 공유하고 행동하는 외적 세계와, (어디라고) 지정할 수는 없지만 생각이 만나는 곳에서 나타나는 우리 모습의 차이다. 그 누구도

---

[1] 'sensum'의 복수형으로 공간성, 색, 모양, 크기, 물체 의존적 지각상태를 가리킨다 – 옮긴이.

[2] 상징에서처럼 다른 사건이나 대상을 나타내는 심적 실체를 가리킨다 – 옮긴이.

[3] 마음의 기본 요소를 밝혀내고 이들의 결합방식을 밝히려는 심리학자들 – 옮긴이.

[4] 자신의 마음속에서 일어나는 일을 들여다보는 활동 – 옮긴이.

[5] 일반적으로 눈앞에 나타난 모습을 가리키며 관찰되고 확인할 수 있는 과학적 연구대상을 의미한다. 칸트가 말하는 앞서의 현상은 시간, 공간, 범주 등 인식형식에 따라 정돈된 것을 말하며, 이는 그 배후의 본체인 인식이 불가능한 물자체와 구별된다 – 옮긴이.

알 수 없지만 우리의 희망과 후회, 과거와 미래를 변명하고 방어하고 선언할 수 있는 우리만의 성찰, 꿈, 상상의 대화 같은 다양한 공상의 세계는 나무, 풀, 식탁, 바다, 손, 별, 심지어 두뇌 등으로 구성되어 만질 수 있고 올라서 있을 수 있고 발로 찰 수 있는 실재와는 완전히 다르다. 어떻게 이런 일이 가능할까? 순간적으로만 존재하는 우리의 고독한 경험이 어떻게 이러한 인식의 핵을 둘러싸기도 하고 삼켜버리기도 하는 질서정연한 자연의 대열 속으로 들어올 수 있었을까?

의식의 문제를 인간이 의식하기 시작한 것은 의식이 생겨나자마자다. 시대마다 의식의 주제와 관심에 따라 의식을 다양하게 기술해왔다. 노예들이 일에 묶여 있는 동안, 자유롭게 여행하던 황금시기의 그리스인은 의식도 그처럼 자유롭게 서술했다. 특히 헤라클레이토스는 의식을, '아무리 길을 걸어도 경계를 발견할 수 없는 광대한 공간'이라고 표현했다.[6] 그로부터 천 년 후 아우구스티누스(Augustinus)는 카르타고 언덕의 굴속에서 '셀 수 없이 많은 창고로 놀랍게 치장되어 있고 광활한 방들이 겹겹으로 들어 차 있는' 후미진 곳, '내 상상이 치솟아오르는 산과 언덕들', '내 기억이 숨는 평원과 굴과 동굴들'을 발견하고 소스라치게 놀랐다.[7] 정신에 대한 비유가 정신이 세상을 지각하는 방식으로 이루어지고 있음을 주목하라.

19세기 전반에는 과거 기록이 지표면의 층에 기록되어 있다는 위대한 지질학적 발견을 했다. 바로 이 때문에 의식은 개인의 과거가 기록되는 여러 층에 걸쳐 있고, 이중 어떤 층은 너무 깊어져 더 이상 읽힐 수 없다는 생각이 대중화되었다. 이들 무의식을 점차 중요시하게 되면

---

[6] Diels, *Fragment*, 45쪽.
[7] *Confessions*, 9: 7; 10: 26, 65.

서 1875년경에는 대부분의 심리학자들이 의식은 정신생활의 작은 부분이며 무의식적 감각과 무의식적 관념과 무의식적 판단이 정신과정의 대부분을 점하고 있다고 주장하게 되었다.[8]

19세기 중반에는 지질학에 뒤이어 화학이 인기 있는 학문이 되었고, 밀(James Mill)에서부터 분트(Wundt)와 그의 제자 티치너(E. B. Titchener)에 이르기까지 의식은 실험실에서 감각과 감정의 정확한 요소들로 분석될 수 있는 복합 구조로 인식되었다.

19세기 말 증기기관차가 일상생활 방식에까지 영향을 미치게 되면서 심지어 의식에 대한 의식에까지 영향을 미치게 되었다. 잠재의식은 긴장을 유발하는 에너지의 발생기관인 보일러에 비유되었다. 이 에너지들은 확실한 분출구가 필요한데, 만일 억압되면 신경증적 행위로 나타나거나 실제로는 아무런 변화가 없는 꿈에서 위장된 모습으로 나타난다.

이러한 일련의 비유에 대해서, 비유는 정확히 비유일 뿐이라고 말해두는 이외에 딱히 우리가 할 수 있는 일은 많지 않다.

본래 의식의 본성 탐구는 장황한 철학적 해답들로 가득 차 있는 심신 관계의 문제로 알려졌다. 그러나 진화론이 등장한 이래, 이 문제는 더욱 과학적인 문제가 되어버렸다. 정신의 기원 문제, 좀더 세부적으로 말하면 진화상에서의 의식의 기원이라는 게 문제가 된 것이다. 언제나 무리 지어 내 곁에 있는 연상작용, 희망, 공포, 애정, 지식, 색채감, 냄새맡기, 치통, 긴장, 간지럼, 쾌감, 고민, 욕망 등과 같은 내성의 대상인 이들 주관적 경험은 어디에서 생길 수 있었나? 즉 진화상의 어디에서

---

8 이 결과들에 대한 연구로는 G. H. Lewes, *The Physical Basis of Mind* (London: Trübner, 1877), 365쪽을 보라.

또 어떻게 이처럼 놀라운 내적 경험의 산물이 만들어질 수 있었던 것일까? 우리는 어떻게 단순한 물질에서 이러한 내면세계를 갖게 되었을까? 그리고 만일 물질에서 만들어졌다면, 언제였나?

이 문제야말로 20세기 내내 사유의 중심에 놓여 있는 문제였다. 이 문제에 대해 이제까지 제시되었던 해답들을 짧게나마 살펴볼 필요가 있어서 가장 중요하다고 생각하는 여덟 가지 대답을 소개한다.

물질의 속성으로서의 의식

가장 포괄적인 해답은 대부분의 물리학자들이 매력을 느끼는 것이다. 이것에 따르면 우리가 내성에서 느끼는 일련의 주관적 상태는 계통발생적 진화 과정을 거슬러 올라가 급기야는 상호작용하는 물질의 근본 속성에까지 이르는 연속성이 있다는 것이다. 의식과 우리가 의식하고 있는 것의 관계는 나무와 그것이 뿌리박고 서 있는 땅의 관계, 또는 심지어 공간에 떠 있는 물체들 사이의 중력 관계와 근본적으로 다르지 않다. 이 견해는 20세기의 첫 4반세기까지만 해도 탁월하게 보였다. 알렉산더가 공존(compresence)[9]이라고 했던 것과 화이트헤드(Whitehead)가 파악(prehension)[10]이라고 불렀던 것은 일원론에 기초

---

[9] 알렉산더 새무얼(Alexander Samuel, 1859~1938)을 가리키는 듯하며, 'copresence'의 오식(誤植)으로 보인다. 알렉산더는 영국의 실재론적 철학자로 의식주관과 객관적 대상의 공존관계의 결합에서 '경험'이 성립한다고 보았다. 이때 공간과 시간이라는 범주가 실재의 근원이며 질료라고 주장한다 – 옮긴이.

[10] 화이트헤드는 물-심의 이원론에 반대하여 자연과 인간의 대립을 없애려 했다. 그는 우리의 모든 경험적 요소를 해석할 수 있게 하는 일반적 관념인 형이상학적 범주를 생각했다. 이 형이상학 안에서 경험적 측면과 합리적 측면이 융합되는데, 그의 '과정과 실재'에서는 각각 현실적 실질(actual entity)과 현실적 기회(actual occasion)라 불리는 범주와 파악이 결정적인 역할을 한다 – 옮긴이.

를 제공했고, 그 일원론은 당시 번창일로에 있던 신실재론 속으로 흘러들어갔다. 분필 한 개가 교탁 위에 떨어졌을 때 그 분필과 교탁의 상호 관계는 우리 생각을 채우고 있는 지각과 인식의 관계와 다를 바가 없으며, 있다면 그것은 단지 복잡성에서 다를 뿐이다. 분필이 교탁을 안다면 그것은 교탁이 분필을 아는 만큼일 것이다. 그것이 분필이 교탁 위에 멈춰 서는 이유다.

이것은 매우 정교하게 다듬어진 이론을 다소 풍자한 것이지만, 이 난해한 이론이 잘못된 질문에 대한 대답일 뿐임을 잘 보여주고 있다. 우리는 지금 우리가 어떻게 주변 환경과 상호교섭하고 있는지를 설명하려는 것이 아니라, 내성 중에 있는 우리의 특수한 경험을 설명하려는 것이다. 이러한 신실재론의 매력은 미립자 물리학이 거둔 놀라운 성과가 회자되던 역사적인 시기의 특징이기도 하다. 이 시기에 물질의 견고성은 공간 속의 수학적 관계로 해체되었는데, 이 관계는 피차 상대를 의식하고 있는 개인들 간의 관계와 동일하게 비물질적 특성과 같은 것으로 간주되었다.

원형질의 속성으로서의 의식

그다음으로 가장 포괄적인 해답은, 의식은 오직 생명체만의 근본적 속성일 뿐 물질일반의 고유 속성은 아니라는 주장이다. 가장 작은 단세포동물의 감응성이 강장동물에서, 원시 척색동물, 물고기, 양서류, 파충류, 포유류를 거쳐 인간에 이르는 지속적이고도 영광스러운 진화의 길을 걸어온 것이다.

다윈(Charles Darwin)과 티치너를 포함하여 19세기와 20세기의 많은 과학자들은 이 주장을 의심할 여지없는 진리로 여기며, 20세기 초하등 유기체들에 대해 수많은 놀라운 관찰을 주도했다. 원초적인 의식을 찾아내려는 노력은 끊이지 않았다. 『동물의 마음』이라든지 『미생물의 정신생활』이라는 표제를 단 책들이 열심히 씌어지고 열심히 탐독되었다.[11] 아메바가 식물을 사냥하거나 여러 가지 자극에 반응하는 장면이나, 짚신벌레가 장애물을 피해가고 접합하는 장면을 본 사람은 누구나, 그런 행동을 인간 행동의 범주로 서술하려는 강한 유혹을 이해할 수 있을 것이다.

이것은 우리를 문제의 가장 중요한 부분, 즉 타생명체를 우리의 공감과 동일시하는 문제로 인도한다. 물질에 대해 어떤 결론을 내리든, 타인의 의식을 '들여다보거나' 친구나 가족이 무엇을 생각하고 느끼는지를 가늠해보기 위하여 그들과 동일시하는 것은 분명히 우리 의식의 한 부분이다. 우리가 의인화하는 데 너무 익숙하기 때문에, 만일 동물이 우리와 유사한 상황에 처했을 때 우리가 행동할 법한 방식으로 행동하면, 그렇게 할 근거는 없는데도 동일시하려는 성향을 억제하기 어렵다. 원형동물에게 의식을 귀속시키려는 성향은, 우리가 아무 때나 엉뚱하게 동일시하려는 성향으로 간단히 설명할 수 있다. 그러나 이들(원생동물들)의 행동은 물리, 화학 수준에서 완벽하게 설명할 수 있고 내성적 심리학이 필요하지 않다.

신경원연접 체계가 있는 동물의 행동에서 의식을 읽어내려는 성향은 우리가 관찰한 것이 아니라 우리 자신에게서 비롯된 성향에서 나온다. 사람들은 대부분 꿈틀대며 애쓰는 지렁이를 볼 수 있다. 그러나 낚시바

---

11 전자는 티치너의 추종자인 워슈번(Margaret Floy Washburn)이, 후자는 비네(Alfred Binet)가 쓴 것이다. 진화초기의 동물에 관한 고전은 사실 H. S. Jennings, *Behavior of the Lower Organisms*(New York: Macmillan, 1906)이다.

늘에 미끼를 끼워본 아이들은 누구나, 지렁이가 두 동강 났을 때 원시적인 두뇌가 붙어 있는 앞부분이 '고통스러워' 꿈틀대고 있는 뒷부분보다 아무렇지도 않게 보인다는 것을 알고 있다.[12] 그러나 지렁이가 정말로 우리가 느끼듯 통증을 느낀다면 고통스러워하는 부위는 분명히 두뇌가 붙어 있는 쪽이어야 한다. 꼬리 부위의 고통은 지렁이 것이 아니라 우리 것이다. 그것이 꿈틀대는 것은 기계적 방출현상이다. 즉 두부(頭部) 신경절에 있는 정상적 억제장치가 제거되었기 때문에 꼬리부위의 운동신경들이 연속적으로 흥분하는(firing in volleys) 것이다.

학습으로서의 의식

의식이 원형질과 공존한다면 의식이 존재한다고 추론할 수 있는 준거를 논의하지 않을 수 없다. 이 준거로 의식은 물질에서 시작된 게 아니고, 동물의 삶이 시작되면서부터도 아니며, 생명체가 진화된 후 어느 특정한 시점에서 시작되었다는 제3의 대답이 제기되었다. 언제, 어디서 의식이 진화되기 시작했을지를 생각하자마자, 이 주제를 활발히 탐색해온 사람들 대부분에게는 의식이 시작된 진화상의 시기와 장소라는 준거가 바로 연합기억이나 학습의 출현이라는 것이 자명해 보였다. 동물이 자신의 경험에 근거를 두고 자신의 행동을 수정할 수 있다면 그 동물은 경험이 있는 것이 틀림없고 또한 의식하고 있는 것이 틀림없다. 이런 이유로 의식의 진화과정을 연구해보고 싶은 사람은 단지 학습의

---

[12] 지렁이는 살짝만 닿아도 '몸부림칠' 것이므로, 이 실험을 할 때는 그것이 딱딱한 땅 위나 판자 위를 기어갈 때 레이저 칼날로 자르는 것이 최상이다. 회의론자나 결벽증인 사람은 잘린 양끝이 각기 재생되어 지렁이의 수가 늘어난다는 (따라서 〔그것을 잡아먹는〕 물총새들의 수도 늘어난다는) 사실을 알면 조금은 위로가 될 것이다.

진화과정을 연구하면 된다고 생각했다.

실은 나도 이런 방식으로 의식의 기원을 탐구하기 시작했다. 젊은 시절 내 첫 실험작업은 (나 때문에) 아주 오래도록 시달린 미모사가 조건반사라는 신호학습을 일으키게 하는 일이었다. 신호는 강렬한 빛이었고, 반응은 줄기에 잎이 붙어 있는 부분의 거죽을 정교하게 만질 때 잎이 오므라드는 것이었다. 천여 번이 넘도록 빛을 쏘이고 거죽을 자극한 후에도 내 실험용 미모사는 여전히 푸르기만 했다. 그것은 의식이 없는 것이었다.

그 예견된 실패를 뒤로한 채, 나는 원생동물 실험에 달라붙었다. 검은 합성수지판 위의 밀랍에 T형 미로를 파서 천천히 움직이는 짚신벌레 한 마리를 놓고, 그것이 잘못된 방향으로 기어가면 직류 전기 충격을 주어 벌하고 돌려놓는 실험이었다. 짚신벌레가 학습을 하려면 그것들이 의식이 있어야 한다고 생각했다. 더 나아가 내가 가장 관심을 두었던 것은 그 짚신벌레가 두 동강 났을 경우 학습(그리고 의식)에 무슨 일이 발생할 것인가 하는 것이었다.

처음에는 학습 효과를 발견했지만 후속 연구에서는 그 결과를 반복해서 얻을 수 없었다. 하등 생물문(phyla)에서 학습을 발견하지 못한 나는 편형충, 지렁이, 물고기, 파충류 등과 같이 실제로 학습할 수 있는 신경원연접 체계가 있는 종으로 옮겨갔다. 나는 지금 장대한 의식의 진화과정을 연대기화하고 있다는 순진한 가정 아래……[13]

13 이 중요한 그러나 방법론적으로 지난한 학습의 진화 문제에 대한 가장 최근의 연구로는 M. E. Bitterman, Thorndike Centenary Address, "The Comparative Analysis of Learning," *Science*, 188호, 1975, 699~709쪽과 또 다른 것으로는 R. A. Hinde, *Animal Behavior*, 2nd ed.(New York: McGraw-Hill, 1970)에서 특히 658~663쪽을

이 얼마나 멍청한 짓이었던가! 수년이 지난 후에 나는 이러한 가설이 말도 안 된다는 것을 알게 되었다. 내성의 대상은 어떤 일련의 학습과정이 아니며, 특히 조건형성이나 T형 미로 등에서 밝혀진 유형의 학습은 아니다. 그렇다면 왜 그렇게 뛰어난 과학자들은 의식을 학습과 동일하게 생각했을까? 나는 왜 그리 멍청하게 그들을 추종했나?

그 이유는 일종의 거대한 역사적 신경증 때문이었다. 심리학은 여러 가지 신경증을 앓고 있다. 심리학 연구에서 과학사가 중요한 한 가지 이유는 그것이 지적 혼란에서 탈출하는 유일한 길이기 때문이다. 18, 19세기 심리학계에 연합주의(Associationism)로 알려진 매력적인 이론이 제시되었고 거기에 수많은 대가들이 몰려들었던 까닭에, 거기에 담겨 있던 기본적인 오류가 일상적 사고와 언어에까지 깊게 뿌리내리고 말았던 것이다. 그 오류는 그때나 지금이나 의식을 감각과 관념이라는 요소가 거주하는 실제적 공간으로 생각하는 것이다. 그리고 이들 요소는 서로 유사하기 때문에 또는 외부 세계와 함께 발생하도록 만들어졌기 때문에 서로 연합되는데, 이 연합이 바로 학습이요 정신이 관장하는 일이라고 생각한다. 이 때문에 학습과 의식이 혼동되고 가장 모호한 용어인 경험과 뒤범벅이 되고 말았다.

내가 이 문제 때문에 처음으로 고민하던 20세기 전반은 바로 이런 용어의 혼동이 심했을 뿐만 아니라, 동물 학습에 관심이 높던 시기였다. 그러나 이제 학습의 기원과 의식의 기원은 진화상에서 전혀 다른 두 문제였다는 것이 명백해졌다. 우리는 다음 장에서 좀더 많은 증거와 함께 이 주장을 펼치려고 한다.

참조하라.

형이상학적 불가피성(imposition)으로서의 의식

이제까지 언급한 이론은 모두 한 가지 가정에서 출발하는데, 그것은 의식이 단지 자연도태해 생물학적으로 진화되었다는 것이다. 그러나 다른 사람들은 그런 가정은 터무니없다고 한다.

이들이 제기하는 물음은, 도대체 관념과 원리와 믿음에 엄청난 영향력을 행사하여 우리의 생활과 행동을 지배하는 이 의식이란 것을 진정으로 동물의 행동에서 도출할 수 있는가이다. 모든 종(種) 중에 유일하게 오직 인간만이 자신과 세계를 이해하려고 애쓴다. 우리는 관념에 기초하여 반란자가 되기도 하고 애국자가 되기도 하며 순교자가 되기도 한다. 우리는 헌장을 낭독하며, 컴퓨터를 만들고, 시를 짓고, 텐서 방정식[14]을 만들어내고, 체스를 두고, 4중주를 연주하며, 다른 행성으로 우주선을 보내고, 다른 은하계의 소리를 듣는다. 이 모든 것이 미로를 헤매는 쥐나, 겁주려고 으르렁대는 게 고작인 비비와 무슨 상관이 있겠는가?

정신의 진화를 설명하기 위해 다윈이 제시한 연속성의 가설은 진화론적 신화가 지니고 있는 몹시 의심스러운 토템이다.[15] 과학자들을 열망케 하는 확실성, 예술가들을 안달하게 하는 고통스런 아름다움, 안이한 삶을 박차고 나서게 하는 정의의 향기로운 가시, 절망의 고통을 기꺼이 견디는 용기라는 심오한 덕목에 대해 들을 때 느끼는 환희의 전율…… 이 모든 것이 진정 물질에서 올 수 있을까? 말 못하는 원숭이들

---

[14] 어떤 참조틀을 가지고 있는지에 상관없이 한 벡터를 다른 벡터로 변환시킬 수 있는 일반화된 수학적 함수 – 옮긴이.

[15] 연속성을 증명하는 것이 다윈의 유명한 두 번째 저서 *The Descent of Man*의 목적이었다.

의 멍청한 위계질서와 연속성이 있다고?

이 차이는 너무도 엄청나다. 인간과 다른 포유류의 감정생활은 실로 놀라우리만큼 유사하다. 그러나 지나치게 이 유사성에 초점을 맞추는 것은 이런 커다란 차이가 존재한다는 것을 망각하게 한다. 인간의 지적 생활과 문화, 역사, 종교, 과학은 우리가 알고 있는 이 우주 내의 어떤 존재와도 다르다. 이것은 엄연한 사실이다. 마치 모든 생명체가 일정한 시점에 이르기까지는 진화했으나, 인간만이 갑작스럽게 방향을 선회한 다음 전혀 다른 방향으로 비약적인 진화를 수행한 것 같다.

언어를 사용하고, 문명화되어 있으며, 윤리적이고 지적인 이 인간들과 원숭이 사이에 존재하는 이런 현격한 단절을 중시하는 많은 과학자들은 다시금 형이상학적 관점에 끌리게 되었다. 의식의 내면성은 어떤 의미에서도 단지 분자와 세포들의 조합이나 자연도태로는 진화될 수 없는 것이다. 인간의 진화에는 단지 물질이나 우연이나 생존의 문제 이상의 무엇이 있지 않으면 안 된다. 의식과 같이 전혀 다른 것을 설명하기 위해서는 이 폐쇄체계 밖에서 무언가를 더하지 않으면 안 된다.

이러한 생각은 특히 자연도태설의 공동 주창자이기도 한 월리스 (Alfred Russel Wallace)의 저술에 현대 진화론이 등장하면서 시작되었다. 1858년 월리스와 다윈은 동시에 이 이론을 발표한 후 라오콘[16]처럼 인간의 진화와 의식 간의 난제를 가지고 씨름했다. 다윈은 진화상의 연속성만을 보는 짧은 생각으로 문제를 흐려놓고 말았으나 월리스는 그렇지 않았다. 동물과 인간 간의 단절이 너무도 현격하고 절대적이었기 때문이다. 특히 인간의 의식적 재능은, "유기체 일반과 인간의 신체

---

[16] Laocoön: 아테나 여신의 노여움을 사 아들과 함께 뱀에 감겨 죽은 아폴론의 사제 – 옮긴이.

적 유기체의 진보적 발전을 결정해온 법칙과 동일한 방식에 따라 발전할 수 없었다."[17]

그는 진화는 세 가지 다른 시점에서 어떤 형이상학적 힘에 따라 방향이 설정된 증거가 있다고 믿었다. 생명의 시작, 의식의 시작, 문명화된 문화의 시작이 그 세 시점이다. 자연도태에 따른 진화의 발견자로서 월리스 이름이 다윈만큼 알려지지 않은 이유 중 하나는 그가 심령론자들의 강신술 모임에 빠져들어 이러한 형이상학적 주장의 증거를 찾는 데 생의 후반을 허송했기 때문이다. 이미 쌓아놓은 과학적 업적으로도 그의 이런 노력은 용납되지 않았다. 의식에 대한 형이상학적 설명은 자연과학적 규칙에서 벗어난 것으로 보인다. 문제는 사실상 어떻게 의식을 자연과학만으로 설명할 수 있느냐 하는 것이다.

단순한 구경꾼 이론

진화론 초창기에 이러한 형이상학적 사색에 대한 반동으로 더욱더 유물론적인 사고가 나타났다. 이 이론은 엄격한 자연도태설(straight natural selection)에 더욱 철저하다. 때때로 이것에는 신랄한 비관주의가 내재되어 있는데, 이것은 극도로 엄밀한 과학과 기묘하게 연관되어 있다. 이 이론은 의식은 아무것도 하지 않으며 사실상 아무것도 할 수 없는 것이라고 우리를 설득한다. 많은 철저한 실험주의자들은 여전히 이처럼 평가절하된 의식개념만이 엄격한 진화론에 일치한다는 스펜서(Herbert Spencer)의 주장에 동의한다. 동물은 진화한다. 따라서 신경체

---

[17] *Darwinism, an Exposition of the Theory of Natural Selection* (London: Macmillan, 1889), 475쪽; Wallace, *Contributions to the Theory of Natural Selection*, 10상을 참조하라.

계와 그 기계적 반사도 복잡해진다. 신경계가 어느 정도 복잡해지면 의식이 나타나게 되고, 우주의 사건들을 바라볼 뿐인 단순한 구경꾼으로서 그 헛된 행보를 시작하게 된다.

우리가 하는 일은 두뇌의 신경회로도와 외적 자극에 대한 반사에 의해서 완전히 통제된다. 의식이란 이 회로에서 발생되는 열일 뿐이어서 단순한 부수현상(epiphenomenon)에 지나지 않는 것이다. 호지슨(Hodgson)의 표현대로, 의식적 감정은 돌들을 주워 모아 이루어진 모자이크의 표면에 불과한 것이지 의도적인 색채의 조합이 아닌 것이다.[18] 또는 헉슬리(Huxley)가 유명한 수필에서 말한 대로, "우리는 의식하는 자동기계다."[19]

의식은 신체와 그 행동의 작동기제를 더 변형시킬 수 없다. 이는 마치 열차의 기적소리가 열차의 목적지나 그 기계작용을 변경시킬 수 없는 것과 같다. 아무리 기적을 울려대도 열차는 선로를 따라가게 오래전에 결정되어 있다. 의식은 하프에서 흘러나오는 멜로디며 하프의 줄을 퉁기지 못한다. 세차게 강물을 치고 나오는 거품일지라도 강의 진로를 변경하지 못한다. 보행자를 따라 품위 있게 걷는 그림자가 그의 행보에 영향을 주지 못한다.

의식하는 자동기계론을 가장 잘 비판한 사람은 제임스(William James)다.[20] 여기에 소개한 그의 논의는 철학적 관념론을 향해서 돌팔매질하

---

[18] Shadworth Hodgson, *The Theory of Practice*, 1(London: Longmans Green, 1870), 416쪽.

[19] 그리고 의지란 단지 두뇌상태의 상징일 뿐이다. T. H. Huxley, *Collected Essays*(New York: Appleton, 1896), vol. 1, 244쪽.

[20] William James, *Principles of Psychology*(New York: Holt, 1890), vol. 1, 5장. 또한 William McDougall, *Body and Mind*(London: Methuen, 1911), 11장, 12장도 참조

34

며 "이리하여 나는 그것을 거부한다"고 외치던 존슨(Samuel Johnson)을 다소 닮았다. 행동과 그것에 그처럼 충성스럽게 붙어다니는 의식 간에 아무런 상관이 없다는 것은 결코 이해할 수 없다. 만일 의식이 단지 행동의 무력한 그림자일 뿐이라면, 왜 행동을 망설일 때 의식이 더 집중될까? 그리고 우리가 습관적으로 행동할 때는 왜 거의 의식하지 않을까? 시소놀이 같은 의식과 행동 간의 이런 관계는 의식에 관한 이론에서 반드시 설명해야 한다.

창발적 진화

창발적 진화(Emergent Evolution) 이론은 의식을 단지 무익한 구경꾼으로 보는 실추된 지위에서 그것을 구원하려는 사람들에게는 특별히 반가운 이론이었다. 이 이론은 형이상학적 불가피성을 주장하는 의식이론에서 핵심적이던 진화적 단절을 과학적으로 설명해보려는 의도가 있기도 하다. 얼마 전 이 이론을 연구할 때 나 역시 희미한 불빛이긴 하나, 의식의 문제를 포함한 모든 것들이 전율할 듯이 정확하고 놀랍게 맞아떨어지는 것처럼 느낀 적이 있다.

이 이론의 핵심은 다음의 은유에서 볼 수 있다. 물의 속성이 수소나 산소의 속성만으로 도출될 수 없듯이, 의식 역시 진화의 어느 지점에서 의식의 구성 부분으로는 도출되지 않는 방식으로 출현한 것이다.

이 간단한 이론의 시작은 밀(John Stuart Mill)이나 루이스(G. H. Lewes)까지 거슬러 올라가기는 하지만, 실제로 갈채를 받은 것은 1923년 『창발적 진화』를 펴낸 모건(Lloyd Morgan)이었다. 이 책은 창발적

하라.

진화를 물리의 영역으로까지 열성적으로 추구해 들어간 철저한 기획이었다. 모든 물질의 속성은 앞서간 어떤 불특정한 존재에게서 출현한다. 복잡한 화학적 합성물은 좀더 단순한 화학적 합성물들이 결합하여 나타난다. 생명체 특유의 속성들도 이들 복합적 분자들의 결합에서 나났다. 그리고 의식도 생명체에서 출현한 것이다.

새로운 결합은 새로운 창발적 산물을 낳는 새로운 종류의 관계를 만들어낸다. 이리하여 새로운 창발적 속성은 저마다 자신들을 산출한 이전 체계들과 효율적으로 관련을 맺고 있다. 사실, 상위 수준 각각에서 나타나는 새로운 관계는 그 수준에 독특한 사건의 전개를 관장하고 유지한다. 의식은 진화상의 결정적인 단계에서 전혀 새로운 무엇으로 출현했고, 일단 출현하자 의식은 뇌에서 일어나는 사건에 관여하고 신체적 행동에 인과적 영향력을 미치게 되었다.

이 반(反)환원주의적 학설에 대하여, 대다수의 저명한 생물심리학자들과 비교심리학자들, 그리고 한계에 부딪힌 이원론자들이 야단법석을 떤 것은 정말 경망스러운 일이었다. 생물학자들은 그것을 가리켜 물리학과 화학으로부터의 제2의 새로운 독립선언이라 했다. "생물학자는 이제 관찰된 결과를 억누르도록 강요당할 필요가 없게 되었다. 왜냐하면 그 결과는 생명이 없는 존재에 관한 연구에서 관찰된 것도, 그것에서 기대했던 것도 아니기 때문이다. 생물학은 그 자체로 권리가 있는 학문이다." 탁월한 신경학자들도 우리가 이제는 의식이란 것을 단지 열심히, 그러나 무익하게, 두뇌과정에게 시중이나 드는 것이라고 여기지 않아도 된다고 생각하게 되었다.[21] 의식의 기원에 대한 이 새로운 설명

---

[21] 이 인용문은 제닝스(H. S. Jennings)의 말이며, 그 뒤를 잇는 해설은 헤릭(C. Judson Herrick)의 것이다. 돌출진화에 대한 이들과 다른 사람들의 반응을 보려면 F. Mason,

은 폐위되었던 행동 통제자로서 의식의 지위를 회복시키고, 심지어 미래에도 새롭고 예측할 수 없는 어떤 출현물이 있을 거라고 약속하기까지 하는 듯했다.

그러나 정말 그렇게 되었나? 의식이 진화에서 출현했다면 그것은 언제인가? 그리고 어떤 종에게서 일어난 것인가? 그러기 위해 어떤 종류의 신경체계가 필요했나? 이론적 돌파구를 찾은 것에 대한 첫 번째 흥분이 가라앉자, 그 문제와 관련된 어떤 것도 실제로 변한 게 없다는 것이 드러났다. 위의 질문들에는 반드시 대답을 해야 한다. 창발적 진화의 문제점은 그 주장 자체가 아니라 의식과 행동에 대한 안이한 옛 사고방식에 안주하면서 피상적인 일반화를 허용하는 데 있다.

역사적으로, 생물학계가 창발적 진화에 부화뇌동하던 시기가, 엄격한 실험으로 무장됨으로써 더 강력하되 덜 현학적으로 된 교리[22]가 심리학을 완전히 점령하기 시작했을 때와 같은 시기였다는 사실은 흥미롭다. 분명한 것은 의식의 문제와 자연계 안에서 의식이 차지하는 위치 문제를 해결하는 한 가지 방법은 의식의 존재 자체를 완전히 부인하는 것이다.

행동주의

가만히 앉아서 의식은 존재하지 않는다고 말하는 것이 무엇을 의미하는지를 의식하려고 애쓰는 것은 재미있는 실험이다. 초기 행동주의자들이 이러한 묘기를 시도해본 적이 있었는지에 대한 기록은 없다. 그

Creation by Evolution(London: Duckworth, 1928)과 W. McDougall, *Modern Materialism and Emergent Evolution*(New York: Van Nostrand, 1929)을 참조하라.

[22] 다음에 보게 될 행동주의 – 옮긴이.

러나 금세기에 의식은 존재하지 않는다는 학설이 심리학에 미친 엄청난 영향에 대한 기록은 많다.

이것이 행동주의다. 행동주의의 뿌리를 찾아 케케묵은 사유의 역사를 뒤적이며 올라가노라면, 이른바 18세기 이전부터 있었던 에피쿠로스 학파에 이르며, 식물에서 동물을 거쳐 인간에 이르는 굴성(屈性)을 일반화하려는 시도와, 객관주의(Objectivism)라 불리는 운동과, 좀더 특정적으로 행위주의(Actionism)에까지 이른다. 행동주의(Behaviorism)는 던랩(Knight Dunlap)이 왓슨(John B. Watson)이라는 뛰어나지만 존경심은 없던 한 동물심리학자에게 앞서 언급한 시도들을 알려주려고 만들어낸 새로운 이름이었다.[23] 초기 행동주의 이론은 우리가 앞서 논했던 무익한 구경꾼 이론과 매우 흡사했다. 의식은 동물에게는 중요한 게 아니었다. 그러나 세계대전 후 다소 열띤 반론이 제기되자, 행동주의는 의식은 존재하지 않는다는 격한 주장을 펼치며 지성계에 도전장을 내놓았다.

얼마나 놀라운 주장인가? 그러나 정말 놀라운 일은 거의 일시적인 변덕에서 출발한 이론이 1920년부터 1960년에 이르기까지 심리학계의 중심무대를 차지하는 운동으로 성장했다는 점이다. 이 특이한 이론이 지속적인 승리를 거뒀던 외적 이유는 그것이 매혹적이고 복잡한 이론이었다는 데 있다. 당시 심리학은 철학에서 벗어나 독립적 학문이 되기

---

[23] 행동주의 시작에 대한 개인적 기술이 상대적으로 적은 것으로는, John C. Burnham, "On the Origins of Behaviorism," *Journal of the History of the Behavioral Sciences*, 4호, 1968, 143~151쪽을 보라. 이 문제에 대한 좋은 논쟁은 Richard Herrnstein "Introduction to John B. Watson's Comparative Psychology," M. Henle, J. Jaynes and J. J. Sullivan(eds.), *Historical Conceptions of Psychology*(New York: Springer, 1974), 98~115쪽을 참조하라.

위해 몸부림치고 있었고 이 일을 위해 행동주의를 이용하고 있었던 것이다. 행동주의에 대한 즉각적인 반론은 티치너가 제기한 내성론(內省論)이었지만, 그것은 의식과 화학 간의 잘못된 유추에 근거를 둔 볼품 없고 힘없는 대항이었다.

제1차 세계대전 후 비틀대던 관념론은 새로운 철학을 요구하는 혁명시대를 초래했다. 물리학과 전반적인 기술력이 합작하면서 이루어 낸 성공은 행동주의에 걸맞는 모형과 수단을 모두 제공했다. 세계는 주관적 사고에 신물이 난 나머지 객관적 사실을 갈망하고 있었다. 그리고 미국에서 객관적 사실은 실용적 사실을 의미했다. 행동주의는 심리학에 이것을 제공했던 것이다. 그것은 신세대들에게 의식과 그 기원의 문제라는 낡아빠진 모든 복잡한 것들을 단번에 쓸어낼 수 있게 했다. 그들은 새 책장을 펼치려고 했고, 새롭게 출발하려고 했다.

그리고 이 참신한 출발은 실험실마다 성공을 거두었다. 그러나 이러한 성공이 가능했던 진짜 이유는 그것이 진리여서가 아니라 그 프로그램 때문이었다. 행동주의의 연구 프로그램은 정말로 활기차고 자극적이었다. 모든 행동을 한 줌의 반사와 그것에서 발전한 조건반응으로 환원시킬 수 있고, 자극반응의 강화라는 척추반사 용어를 머리를 써야 하는 수수께끼에까지 일반화하여 그것을 풀어내는 것처럼 보였으며, 몇 킬로미터나 되는 미로를 달리는 쥐를 더욱 놀라운 객관적 정리(整理)들의 미로에서도 달리게 할 수 있다는 것이다. 더구나 인간의 사유는 근육의 움직임으로, 성격은 어린 알버트[24] 군의 고뇌로 환원될 수 있다는 숭고한 약속까지 내걸었다. 이 모든 것에는 결코 포기할 수 없는 강렬

---

[24] 왓슨이 수행한 조건공포 실험의 불행한 주인공이었다.

한 즐거움이 있었다. 복잡한 것은 단순한 것이 될 것이며, 어두움은 빛이 되고, 철학은 과거지사가 될 판이었다.

외부에서 보기에는, 의식에 대한 이러한 반란은 인간 사유의 견고한 옛 성에 부는 폭풍인 듯이 보였고, 그 오만한 기치를 내거는 대학들이 뒤따라 나타났다. 그러나 나 자신이 그중 한 대학을 다녀보았기에, 실제로는 겉으로 보이는 것과는 전혀 달랐다고 실토하지 않을 수 없다. 활자로 출판된 것들을 뒤져보면, 행동주의는 의식에 대해 말하기를 거부한 것일 뿐이다. 그러나 행동주의 학자들 중 그 누구도 자신이 의식하지 않고 있노라고 진실로 믿고 있는 사람은 없었다. 의식의 문제에 관심이 있는 이들이 강단에서 강제로 쫓겨나고, 나오는 교과서들마다 자신들이 원치 않는 생각을 학생들이 연구하지 못하도록 억압하는, 참으로 심각한 위선이 만연해 있었다. 사실, 행동주의는 하나의 방법일 뿐, 자신이 원하는 것처럼 이론은 아니었다. 그것은 하나의 방법으로서 오래된 귀신들을 몰아내는 일에 기여했다. 그것은 심리학에게 대대적인 집안 청소를 하게 하였다. 벽장과 찬장은 말끔히 닦고 공기를 바꾸었다. 이제 그 문제를 다시 탐색할 준비가 된 것이다.

망상활성화 체계(Reticular Activating System)로서의 의식

그러나 이 일을 하기 전에 마지막으로 전혀 다른, 가장 최근에 나를 사로잡았던 접근법과 그 기저에 놓인 신경계를 소개하고자 한다. 정신의 신비를 풀어보려다 난관에 부딪힐 때마다, 실제로든 상상으로든 우리는 해부학에서 문제의 답을 찾으려 한다. 사고란 하나의 특정 신경원(neuron)이며, 기분이란 하나의 특정한 신경전달 물질이라고 생각해버린 적이 얼마나 많은가! 이는 앞에서 살펴본 해결책이 지니고 있는 모호성과 검증불가능성에 분통을 터뜨린 나머지 빠지게 되는 유혹이다. 미묘한 말장난은 더는 싫다! 철학의 신비주의적 태도와 행동주의자들의 이론서들은 우리가 논하려는 것들을 회피하려는 속임수에 지나지 않는다!

여기 한 동물이 있다. 아니 원한다면 사람이라도 좋다. 그가 지금 분석을 기다리며 실험대 위에 있다. 만일 그가 의식이 있다면, 그 의식은 별 볼일 없는 과거 철학의 주제넘은 추측에 빠져 있어서는 안 된다. 지금 여기 바로 그의 두뇌 안에, 우리 앞에 있는 그의 두뇌 안에 있어야 한다! 오늘날 우리는 직접적으로, 두뇌 대 두뇌로 신경체계를 탐색할 수 있는 기술을 확보했다. 단지 1,600그램밖에 안 되는 이 검붉은 물질 덩이 속 어딘가에 해답이 있지 않으면 안 된다.

의식을 책임지고 있는 두뇌 부위들을 찾아내고, 그 부위들의 해부학적 진화를 추적해내기만 하면, 우리는 의식의 기원이 무엇인가 하는 문제를 해결하게 될 것이다. 더구나 현존하는 동물 종의 행동을 이 신경 구조의 발달단계들에 대응해 연구하면, 결국 의식이 근본적으로 무엇인지 실험하여 정확하게 밝혀낼 수 있게 될 것이다.

이런 주장은 탁월한 과학적 프로그램인 것처럼 들린다. 데카르트가 두뇌의 송과선(pineal body)을 의식이 거처하는 곳이라고 했다가 당시 생리학자들에게 광범위한 논박의 대상이 된 뒤로, 의식이 두뇌 어디에 존재하는지 뜨겁지만 피상적인 탐구가 종종 이루어졌다.[25] 이 연구는 아직도 진행 중이다.

---

[25] 이 점은 내 논문 "The Problem of Animate Motion In the Seventeenth Century," *Journal of the History of Ideas*, 31호, 1970, 219~234쪽에서 훨씬 더 길게 논한 바 있다.

오늘날 의식의 신경적 기반으로 추정되는 구조를 찾아낸 것은 우리 시대의 가장 중요한 신경학적 발견이다. 이것은 망상체(reticular formation)라고 불리는 신경원을 연결하는 작은 신경원 다발인데, 오래도록 뇌간(腦幹) 속에 감춰져 있었다. 망상체계는, 마치 근처를 지나가는 전화선에 부착된 도청장치처럼 감각신경과 운동신경에서 나오는 축색돌기를 끌어들이면서, 척추 상단부에서 뇌간을 거쳐 시상과 시상 하부로 뻗어나간다. 망상체계에는 또한 뇌피질의 6개 주요 영역과 아마도 뇌간의 모든 핵에 명령을 내릴 수 있는 직통라인이 있으며, 말초의 감각체계와 운동체계에 영향을 주는 척추에 명령을 내려보내는 신경섬유도 있다. 그것의 기능은 선택된 신경회로를 민감하게 하거나 '깨어 있게' 하는 한편, 다른 회로는 둔감하게 하는 것이다. 이 때문에 이 영역의 초기 연구자들은 망상체계를 '각성의 뇌'[26]라고 구별해 부르기도 했다.

이 망상체는 종종 그 기능적 명칭인 망상활성화 체계라고 불리기도 한다. 이것은 일반 마취제가 신경원의 활동을 약화시켜 약효를 발생하게 하는 장소다. 이 부분을 절단하면 영구수면 상태 또는 혼수상태에 빠진다. 망상체 부위들은 대부분 삽입된 전극의 자극을 받으면 수면 중인 동물을 깨어나게 한다. 더 나아가 망상체는 두뇌의 다른 모든 부위의 활동에 등급을 매길 수 있는데, 이는 망상체의 흥분성 그리고 신경화학물에 대한 적정(滴定)[27]으로 수행된다. 여기서 논하기에는 너무 복

---

[26] H. W. Magoun, *The Waking Brain*(Springfield, Illinois: Thomas, 1958)을 보라.
[27] 적정이란 용량분석에서 일정 부피의 시료용액에 농도를 아는 표준용액을 적하해 반응시키고 그 반응이 끝났을 때 표준용액의 적하량을 구하여 시료용액의 농도를 산출하는 조작이다 - 옮긴이.

잡한 예외들도 있기는 하다. 그러나 이 예외들이, 두뇌 전체를 연결하는 짤막한 신경원들의 복잡한 망이자 고전적 신경학에서 분리된 감각계와 운동계를 연결하는 중앙교환 중추가 바로 우리가 학수고대하던 모든 문제의 해답이었다는 놀라운 생각을 훼손시키지는 못한다.

*　　*　　*

만일 우리가 이 망상체의 진화과정을 들여다보며 그것이 의식의 진화와 어떤 상관이 있는지를 알아보려 한다면 그들간에는 어떤 상관도 없음을 발견할 것이다. 망상체는 신경계 중 가장 오래된 부분으로 판명되었다. 사실 망상체가 신경계의 가장 오래된 부분이고, 그 주변에서 더 질서정연하고 세부적이며 더 진화된 신경다발이나 신경핵이 발달했다는 증거는 얼마든지 있다. 우리가 지금 망상체의 진화에 대해 알고 있는 것은 많지 않지만, 적어도 의식과 그 기원의 문제는 이와 같은 연구로는 풀리지 않는다는 것을 알려주는 것 같다.

게다가 그런 추리는 일종의 환상이다. 이 환상은 심리현상을 신경해부학과 화학으로 번역하려는 우리의 성향에서 너무도 자주 발생하고 있어 굳이 말할 필요조차 없다. 우리는 행동으로 미리 알고 있었던 것만을 신경계에서 알 수 있다. 우리가 비록 신경계의 완벽한 회로도를 밝혀내더라도 우리의 원래 질문에 대답하지 못할 수 있다. 우리가 비록 지금까지 존재한 모든 종의 개별 수상돌기나 축색돌기에서 나오는 감지 가능한 가닥들이 어떻게 연결되어 있는지 알고, 그 신경전달 물질은 물론 그들이 지금까지 존재한 모든 뇌에 있는 수억 개의 신경원연접에서 어떻게 변했는지를 알았다 하더라도, 뇌 지식만으로는 그 뇌가 우리와 같은 의식이 있는지 결코 알 수 없다. 우리는 먼저 위에서, 의식이 무엇인지의 개념부터, 우리의 내성이 무엇인지부터 시작해야 한다. 우리가 신경계를 다루거나 신경학을 이야기하기 전에, 먼저 이 점을 확실히 해두어야 한다.

따라서 우리는 의식이 무엇인지 서술하면서 새롭게 시작해야 한다. 우리는 이미 이것이 쉽지 않은 문제라는 것을 보았고 또 그 주제에 대한 역사는 은유와 지칭 간의 혼동으로 가득 차 있음을 보았다. 모든 것이 애매해 어디서 시작해야 할지 모르는 상황에서는, 그것이 아닌 것들을 밝히는 것부터 시작하는 것이 좋다. 다음 장에서 하려는 일이 바로 그것이다.

인간의
정신

제1장

의식의 의식

의식이 무엇이냐는 질문을 받을 때에야 비로소 우리는 의식을 의식하게 된다. 그리고 우리는 대부분 이 의식의 의식을 의식이 무엇이냐에 대한 대답으로 여긴다. 그러나 이것은 제대로 된 대답이 아니다.

의식을 의식할 때 우리는 의식이야말로 우리가 생각할 수 있는 가장 자명한 것이라고 느낀다. 우리는 의식이 우리가 깨어 있는 상태, 기분과 감정, 기억과 사고, 주의와 의지력 등을 규정하는 속성이라고 생각한다. 우리는 의식이 개념의 기초요, 학습과 추리, 사유와 판단의 기초라고 확신하는 데 아무런 부담도 느끼지 않는다. 그 이유는 우리가 무엇을 경험할 때 그것을 기록하고 저장하게 하며, 우리 마음대로 그 경험을 내성하게 하고 경험을 통해 배우게 하는 것이 의식이라고 믿기 때문이다. 우리는 또한 의식이라고 불리는 이 모든 놀라운 심리작용과 내용이 우리 뇌 어딘가에 있다고 확신한다.

엄밀하게 따져본 결과, 이 모든 말은 거짓으로 밝혀졌다. 이들은 수세기에 걸쳐 의식이 차려입고 다닌 의상일 뿐이었다. 이들이야말로 의식의 기원이 무엇인가 하는 의문을 풀 기회를 막아온 주범들이다. 이 오류를 입증하고 의식이 아닌 것들을 밝히는 일이 이 장의 과제인데, 길지만 흥미진진하게 읽기를 기대한다.

의식의 포괄성

우선 의식이란 단어를 사용할 때 즉시 버려야 할 몇 가지 잘못된 것들이 있다. 예를 들어 우리는 머리에 타격을 입은 후 "의식을 잃었다"고 말한다. 그러나 이 말이 옳다면, 우리는 분명히 의식하지 못하는 상태인데도 기절한 사람과는 다르게 장애물에 반응하는 임상기록상의 몽유병 상태를 접할 때 이를 묘사할 말이 없음을 알게 된다. 따라서 우선 머리에 심한 타격을 입은 사람은 의식과 함께 내가 반응성(reactivity)이라고 부르는 것을 잃은 것이라고 말해야 한다. 이 둘은 서로 다르다.

이 구별은 일상 삶에서도 중요하다. 우리는 그때그때 사물을 의식하지 않은 채로 늘 사물에 반응한다. 나무에 기대 앉아 있을 때 나는 그 나무와 땅, 내 몸의 자세에 계속 반응하고 있다. 그렇기 때문에 걷고 싶을 때 무의식적으로 그 땅에서 일어설 수 있는 것이다.

제1장에 담을 생각에 깊이 빠져, 나는 지금 내가 어디에 있는지조차 거의 의식하지 않는다. 글을 쓸 때, 나는 내 손안에 있는 연필에 반응하고 있다. 내가 그것을 계속 붙잡고 있기 때문이다. 나는 노트에 반응하고 있다. 내가 그것을 지금 내 무릎 위에 놓았기 때문이다. 나는 노트에 처진 줄에 반응하고 있다. 내가 지금 그 줄 위에 쓰고 있기 때문이다. 그러나 나는 지금 내가 말하려는 것과 여러분에게 내 생각을 명확히 전달하고 있는지 아닌지만 의식하고 있다.

이때 새 한 마리가 근처 덤불 숲에서 푸드득 솟아올라 시평선 쪽으로 울며 날아간다면, 나는 그것을 향해 고개를 돌리고 그것을 쳐다보고 그

소리를 들을 것이다. 그런 다음 나는 이 행동을 의식하지 않은 채 다시 지금의 이 책장으로 돌아올 것이다.

요컨대 반응성은 내 행동이 어떤 방식으로든 고려하고 있는 자극을 모두 관장하는 반면, 의식은 이와는 구별된 어떤 것으로서 전자에 비해 훨씬 드물게 나타나는 현상이다. 우리는 우리가 반응하고 있는 것들을 가끔씩만 의식한다. 반응은 행동적으로, 신경학적으로 규정될 수 있지만, 의식은 현재까지 알려진 바로는 그렇게 규정될 수 없다.

이 구별은 영향력이 매우 광범위하다. 우리는 의식의 현상학적인 성분이 개입되지 않아도 끊임없이 사물에 반응한다. 물론 어느 때나 그런 것은 아니다. 사물을 볼 때, 우리의 눈과 망막 상은 초당 20번씩 변하면서 대상에 반응한다. 그럼에도 우리는 다른 입력정보가 계속 이어지거나 이들이 한데 묶여 대상을 구성하는 것은 조금도 의식하지 않으면서 안정된 대상을 본다. 적절한 환경에서는 어떤 사물의 망막 상이 비정상적으로 작으면 그것은 자동적으로 먼 곳에 있는 물체로 보이게 된다. 그러나 우리는 이러한 수정작업을 전혀 의식하지 못한다.

색과 빛의 대비효과나 그밖의 다른 지각 항등성[1]은 생시의 경험에서나 심지어 꿈속의 경험에서나 매순간 일어나지만 우리는 이들을 조금도 의식하지 않는다. 이러한 사례들은, 의식 이전의 정의에 따르면 당연히 의식할 것으로 기대되는데, 실제로는 수많은 과정이 거의 의식되지 않음을 보여준다. 이 말은 의식을 '지금 발생하고 있는 정신과정의 총체'라고 명명한 적이 있는 티치너를 염두에 두고 한 말이다. 하지만 우리는 그런 이론을 결코 받아들일 수 없다.

---

[1] 크기를 예로 들면, 사물을 다른 거리에서 보면 망막에 비친 상의 크기는 달라진다. 그렇지만 지각적 크기는 동일하게 유지되는데 이를 크기 항등성이라 한다—옮긴이.

좀더 이야기를 진행해보자. 의식이란 것은 우리가 의식하는 것보다 훨씬 작은 부분의 정신활동일 뿐이다. 우리가 의식하지 못하는 것은 의식할 수 없기 때문이다. 말은 쉽지만 이 얼마나 이해하기 어려운가! 이 것은 깜깜한 방에서 무엇을 찾기 위해 사용하는 손전등에 비유할 수 있다. 그 손전등은 자신이 도는 방향마다 빛이 있으므로, 모든 곳에 빛이 있다고 결론을 내릴 것이다. 이와 마찬가지로 실제로는 그렇지 않은데도 의식이 모든 정신생활에 관여하는 것처럼 보일 수 있다.

의식이 작용하는 시간 또한 흥미 있는 문제다. 깨어 있을 때 우리는 언제나 의식하고 있나? 우리는 그렇다고 생각한다. 실제로 우리는 그렇게 확신한다. 눈을 감으며, 아무런 생각도 하지 않으려 한다 할지라도 의식은 여전히 흐르고 있다. 사유, 이미지, 기억, 내적 대화, 후회, 소원, 결심 등의 이름으로 배워온 상이한 조건의 연쇄 속에 담긴 엄청난 내용물의 강물이 흐르고 있다. 그리고 이 모든 것들은 내가 선택적으로 인지하고 있는 외적 감각들의 끊임없는 변화의 행렬과 잘 짜여 있다. 간단없는 연속이 있을 뿐이다. 그리고 분명히 이것은 느낌이다.

우리가 무엇을 하고 있든 간에, 우리의 자아, 즉 우리의 심층적 정체성이라는 것은 연속적 흐름인데, 이 흐름은 잠을 잘 때, 그것도 꿈을 꾸지 않거나 꿈을 기억할 수 없을 때만 멈춘다. 이것이 우리의 경험이다. 그리하여 많은 사상가들은 이 연속성의 정신을 철학이 출발하는 장소, 즉 누구도 의심할 수 없는 확실성의 근거라고 생각해왔다. 사고하기 때문에 존재한다(Cogito, ergo sum)는 것이다.

그러나 이 연속성이 무엇을 의미할 수 있을까? 1분은 6만 밀리세컨드인데, 우리는 밀리세컨드마다 의식하고 있는 것인가? 그렇다고 생각하는 사람이 있다면, 신경원의 점화(firing)는 유한성이 있다는 것을 기억하면서 이 시간단위들을 더 잘게 나누어보라. 이런 작업이 의식의 연속성 지각과 어떤 관련이 있는지는 불분명하지만, 의식이 신경원의 불응기(refractory period)[2]에 전혀 영향을 받지 않으면서 신경체계의 주변을 떠다니는 안개 같은 것이라고 생각하는 사람은 거의 없을 것이다.

의식의 이 외양적 연속성은, 의식에 관한 다른 비유들만큼이나 실제로 하나의 환상에 지나지 않는다는 것이 더 그럴듯해 보인다. 앞의 손전등 비유에서, 손전등은 그것이 켜 있을 때만 켜 있는 것을 의식할 것이다. 엄청난 시간차가 있었을지라도 그밖의 일들이 대체로 변하지 않은 채로 있는 한, 손전등에게 불빛은 계속 켜져 있던 것으로 보일 수 있다. 우리는 의식이 없을 때는 의식할 수 없기 때문에, 우리가 생각하는 것보다 훨씬 시간을 의식하지 못한다. 어떤 방해도 받지 않는 채 도도히 흐르는 풍성한 내적 경험에 대한 느낌은, 꿈결같은 기분을 타고 천천히 흘러들기도 하고, 격정적인 급류를 타고 험한 통찰의 계곡을 굴러내리기도 하며, 고결한 시간 속으로 잔잔히 밀려들기도 한다. 이런 느낌들은, 앞에서도 언급했는데, 주관적 의식이 어떻게 의식되는지를 비유한 것이다.

하지만 이를 좀더 잘 부각할 수 있는 방법이 있다. 왼쪽 눈을 감은 채이 책장의 왼쪽 가장자리를 바라보라. 당신은 시야의 오른쪽으로 10센티미터가량 되는 곳에 큰 구멍이 생긴 것을 의식하지 못할 것이다.[3] 그

---

[2] 하나의 신경원이 점화하는 동안과 그 후 어느 정도 기간에는 그 신경원에 자극을 가해도 새로운 점화를 일으키지 않는데, 이 기간을 불응기라 한다 - 옮긴이.

[3] 손가락을 움직이기 시작한 그 면의 오른쪽 가장자리쯤에 생기는 맹점을 의미한다. 손가락이 그 부분을 지날 때 손끝이 보이지 않게 된다. 그러나 계속 손가락을 그 옆면으로 이동하면 다시 사라졌던 손끝이 보이기 시작한다 - 옮긴이.

러나 여전히 오른쪽 눈으로만 쳐다보며 손가락을 들어 왼쪽 가장자리
에서 오른쪽 가장자리로 행을 따라 움직여보라. 당신은 그 손가락 끝부
분이 바로 그 구멍난 시야를 지날 때에는 사라졌다가 계속해서 옆쪽 면
을 지날 때 다시 나타나는 것을 발견할 것이다. 이것은 코 쪽의 망막에
있는 2밀리미터가량의 구멍 때문인데, 이곳에 시신경 섬유가 모여 눈
에서 뇌로 연결된다.[4] 이 구멍이 흥미로운 점은, 우리가 통상 맹점이라
부르는 의미의 맹점이 아니라, 아무것도 없는 점이기 때문이다. 시각장
애인은 자신의 어두움을 본다.[5] 그러나 당신은 당신 시야에서 어떤 구
멍도 볼 수 없으며, 어떤 방식으로도 그것을 의식하지 못한다는 것은
말할 필요조차 없다. 그 맹점을 둘러싼 주변공간이 한 치의 구멍도 없
이 연결되어 있는 것과 마찬가지로, 의식도 시간의 구멍을 스스로 채워
넣어 연속성의 환상을 갖게 된다.

일상으로 하는 행동 중 얼마나 적은 부분만을 우리가 의식하고 있는
지를 보여주는 예는 도처에 부지기수로 널려 있다. 그중에서도 피아노
연주는 참으로 특이한 예다.[6] 피아노 연주에는 여러 가지 복잡하게 배

---

4 이 맹점을 보기 위한 좀더 좋은 방법은 약 1.3센티미터가량의 정사각형 종이쪽 두 장
   을 준비해, 그것을 당신 앞에서 4센티미터가량 떨어진 곳에 붙들고는, 그 중 하나에
   당신의 한쪽 눈을 고정한다. 그런 다음 또 다른 종이쪽을 같은 방향으로 움직여 그것
   이 시야에서 사라지는 것을 보는 것이다.
5 단 실명의 원인이 두뇌에 있는 경우는 예외다. 예를 들어 두뇌피질후두골의 어느 한
   쪽에 부상을 입은 군인들 중 시각 영역이 많이 파괴된 사람은 자신의 시각에 생긴 어
   떤 변화도 의식하지 못한다. 그들은 똑바로 앞을 바라보며 정상인들과 똑같은 완벽한
   시각세계를 보고 있다는 환상에 빠진다.
6 카펜터(W. B. Carpenter)는 자신의 '무의식적 두뇌작용'(unconscious cerebration)을 예
   시하기 위해 유사한 표현으로 이 예를 사용한 적이 있다. 이것은 아마도 19세기에

열된 과업이 동시에 수행되고 있는데도, 이들은 거의 의식되지 않는다. 상형문자처럼 생긴 두 행을 단번에 읽어야 하며, 오른손으로는 한 행을 따라가고 왼손으로는 다른 행을 따라가며, 열 손가락마다 각각 다른 과업이 주어진다. 일일이 자각하지 않은 채 여러 근육을 움직이는 문제를 해결하여 손가락을 움직이며, 정신은 반음올림표와 반음내림표, 온음으로 돌아가게 하는 음표를 읽어 어느 건반을 누를지 해석해주어야 한다. 온음표와 4분음표와 16분음표와 쉼표와 트릴[7]의 시간길이에 따라야 하며, 한 손으로는 한 음절에 3박자를, 다른 손으로는 4박자를 연주해야 할 때도 있고, 양 발은 여러 음을 부드럽게 또는 느릿느릿하게 또는 계속 이어주기도 한다. 이 모든 것을 하는 동안 연주자는, 의식하고 있는 연주자는, 이 모든 엄청난 작업의 결과로 예술적 도취상태에 빠져 7층천에 있거나, 자신을 위해 악보를 넘겨주는 이성(異性)에 대한 상념에 젖어, "지금 저 사람은 연주자인 나에게 자신의 영혼을 속삭이고 있는 거야"라고 멋대로 판단하고 있는지도 모른다. 물론 일반적으로 의식은 그런 복잡한 활동의 학습에서 중요하다. 그러나 그런 활동을 실제로 실행할 때는 의식이 꼭 필요한 것 같지는 않은데, 바로 이 점이 내가 주장하려는 것이다.

의식은 종종 불필요한 것일 뿐만 아니라 없는 게 훨씬 더 나을 수 있다. 피아니스트가 격렬한 아르페지오[8] 부분을 연주하는 중에 갑자기 자

이 문제를 최초로 중요하게 언급했을 것이다. 이것은 1852년 Carpenter, *Human Physiology*의 제4판에서 최초로 언급되었다. 그러나 그의 영향력 있는 작품인 *Principles of Mental Physiology*(London: Kegan Paul, 1874) 2권, 13장에서와 같이 그는 그 후 좀더 넓게 이 문제를 다루었다.

7 짧고 빠르게 연주하는 기법 – 옮긴이.

8 화음을 이루는 음을 연속해서 빠르게 연주하는 방법 – 옮긴이.

신의 손가락을 의식하게 되었다면 그는 연주를 중단하지 않으면 안 될 것이다. 니진스키(Nijinsky)는 언젠가 춤을 추는 자신이 무대가 아니라 자기 뒤를 바라보고 있는 오케스트라석에 있는 것처럼 느꼈다고 말했다. 그는 그의 모든 동작을 의식하는 게 아니고 단지 그가 다른 사람들에게 어떻게 보이는지를 의식한다고 말했다. 단거리주자는 경주 중에 다른 선수들 사이에서 자신이 어디쯤 달리고 있는지를 의식할는지는 모르나, 한 다리를 다른 다리 앞으로 옮기는 것을 의식하지 않음은 분명하다. 그러고 있다가는 정말로 넘어질지도 모른다. 나처럼 테니스를 치는 사람이라면 누구나 자신의 서비스를 갑자기 '엉망으로' 만들고, 연속해서 서비스 범실을 하게 하는 감정악화를 경험할 것이다. 다시 범실이 더 많게 되면 될수록 자기의 동작을 (그리고 자신의 기질을) 더 많이 의식하게 되고, 그러면 그럴수록 사태는 더 엉망이 된다.[9]

이런 현상은 노력이 많이 필요하여 신체적으로 흥분했기 때문에 일어난 것이라고 설명할 수는 없다. 왜냐하면 그처럼 힘들지 않은 일상의 일에서도 의식과 관련해 동일한 현상이 발생하기 때문이다. 바로 지금 이 순간 당신은 당신이 어떻게 앉아 있는지, 당신 손을 어디에 두고 있는지, 얼마나 빨리 읽고 있는지를 의식하지 않는다. 물론 내가 언급했기 때문에 이들을 지금은 의식할 수 있을 것이다. 당신은 책을 읽는 동안에도 글자나 단어, 심지어 구문이나 문장 또는 구두점을 의식하지 않는다. 당신은 단지 그 의미를 의식할 뿐이다. 연설을 듣고 있는 중에도

---

[9] 저자는 피아노로 즉흥연주를 한다. 가장 잘 연주할 때는 자신의 연주를 의식하지 않을 때여서 그때는 새로운 주제나 새로운 전개를 만들어낸다 그러나 연주에 관하여 몽유병적으로 될 때에만 마치 자신이 다른 사람이 된 것처럼 자신의 연주를 의식하게 된다.

음소들은 단어 속에서 사라지고, 단어들은 문장 속에서, 문장들은 그것들이 말하려고 하는 것, 즉 의미 속에서 사라진다. 연설의 요소들을 의식하고 있는 한, 연설의 의도는 파괴될 것이다.

말을 할 때도 마찬가지다. 당신이 말하는 단어나 음절의 분절을 모두 의식하면서 말하려고 해보라. 결국 말을 중단하고 말 것이다.

글쓰기도 마찬가지다. 우리는 말하려는 것과 독자에 몰두해 있을 뿐이고, 단어를 쓰고, 띄어쓰기를 하고, 구두점을 적절하게 찍고, 다음 줄로 옮겨가고, 연속되는 문장들이지만 다른 방식으로 시작하며, 여기에는 의문부호를, 저기에는 감탄부호를 찍을 것인지 결정하는 것은 마치 연필이나 펜 또는 타자기인 것처럼 보인다.

왜냐하면 쓰거나 말할 때 우리가 실제로 의식하는 것은 구체적 행위가 아니기 때문이다. 의식은 무엇을 말할까, 그것을 어떻게 말할까, 언제 그것을 말할까를 결정할 때만 나타나는데, 그러고 나면 질서정연하고 완성된 음소열이나 문자열이 부지불식간에 만들어진다.

의식은 경험의 복사물이 아니다

백지상태의 마음이라는 비유가 아리스토텔레스의 작품으로 알려진 글에 나타나긴 했지만, 17세기경 로크(John Locke)가 마음을 백지(tabula rasa)라고 생각한 다음부터, 우리는 의식이 기록하는 능력이 있음을 강조하기 시작했고, 의식은 내성으로 다시 읽을 수 있는 기억들로 가득 채워져 있음을 알게 되었다. 만일 로크가 우리 시대에 살고 있다면, 석판보다 사진기에 비유했을 것이다. 물론 같은 생각이다. 사람들은 대부분 의식의 주요 기능은 경험을 저장하고, 사진기가 하는 것처럼 경험을 복사하여 나중에 그것을 다시 볼 수 있게 하는 것이라고 강력히 주장할 것이다.

실제로 그런 것 같기도 하다. 그러나 다음 문제를 생각해보자. 당신 방문은 오른쪽으로 열리는가 왼쪽으로 열리는가? 당신 손가락 중 두 번째로 긴 것은 어느 것인가? 신호등은 위가 붉은색인가 초록색인가? 양치질을 할 때 당신의 이가 몇 개 보이는가? 전화기의 다이얼 판 위에는 어떤 글자와 어떤 숫자가 함께 씌어 있나? 지금 낯익은 방 안에 있다면 돌아보지 않은 채로 당신 등 뒤의 벽에 붙어 있는 모든 것을 기록한 다음, 뒤돌아보라.

전에 주의를 기울여 경험하고 저장해두었다고 생각하는 많은 이미지 가운데 의식 속에서 회상해낼 수 있는 것이 매우 적다는 것을 알게 되면 놀랄 것이다. 친숙했던 현관문이 갑자기 다른 방식으로 열린다거나, 한 손가락이 갑자기 다른 것들보다 길어 보인다거나, 빨간 신호등이 다른 곳에 있었다거나, 못 보던 이를 입 안에서 발견했다거나, 전화기의 생김새가 달라 보인다거나, 새로 눈에 띈 창문의 빗장이 당신 바로 뒤에 있는 창에 오래전부터 있었다거나 하면, 당신은 금방 그 사실을 알게 될 것이다. 이 모든 것들을 당신은 '알고 있었'으나, 단지 그렇게 의식하지 않았음을 보여주는 것이다. 이것은 심리학자들에게는 잘 알려진 재인(recognition)과 회상(recall)의 차이다. 당신이 의식적으로 회상할 수 있는 것은 당신이 실제로 알고 있는 거대한 인식의 바다에 비하면 한 톨의 모래알인 것이다.

이런 실험은, 의식적 기억이 때때로 우리가 생각하는 것처럼 감각 이미지를 저장하는 곳이 아니라는 것을 증명한다. 당신은 당신 손가락의 길이나 대문을 의식적으로 눈여겨보거나 어쩌다 치아의 수를 세어보면서 이제껏 이들을 수도 없이 많이 보아왔건만 비로소 이것을 기억할 수 있게 되는 것이다. 벽에 무엇이 걸려 있는지에 특별한 관심을 갖고 보거나, 최근에 청소를 하거나 새로 페인트를 칠하거나 할 때에야 비로소 당신이 모르고 지나쳐왔던 것들을 알고 놀라게 될 것이다. 그러고 나서야 그 일을 내성하게 된다. 이들 경우마다, 혹시 당신은 거기에 무엇이 있어야만 하는지를 묻지 않았나? 이때 당신은 어떤 이미지에서 출발한 것이 아니고 관념과 추론에서 출발하지 않았나? 의식적 회상은 이미지를 인출하는 것이 아니라, 전에 의식했던 것들을 인출하거나 전에 알고 있던 요소들을 합리적이고 그럴듯한 양식으로 재구성하는 것이다.[10]

*　　*　　*

이것을 다른 시각에서 증명해보기로 하자. 원한다면, 지금 당신이 있는 방에 언제 들어왔는지, 그리고 이 책을 언제 집어들었는지를 생각해보라. 이것을 내성하고 나서 다음 질문을 해보라. 당신이 갖고 있는 이미지는 당신이 방에 들어와 앉아 읽기 시작할 때의 실제적인 감각장(感覺場)과 똑같은가? 당신은 지금 문으로 들어오는 또는 그전에 어느 출입구로 들어오는 모습을 위에서 내려다보았을 때의 당신 이미지를 보고 있지 않은가? 그리고 앉아서 책을 집어들고 있는 당신의 모습을 희미하게나마 보고 있지는 않은가? 이런 것들은 지금의 내성이 아니고는 결코 경험해본 적이 없는 것들이다.

당신은 또한 사건을 둘러싼 청각장을 회상해낼 수 있는가? 또는 발에서 힘을 빼고 앉을 때의 피부감각을 느끼며 이 책을 열었는가? 물론

---

10 이와 관련하여 Robert S. Woodworth, *Psychological Issues*(New York: Columbia University Press, 1939), 7장을 참조하라.

당신이 생각을 계속해 나가면 당신이 마치 방에 들어왔던 것과 흡사하게 그것을 실제로 '보고', 의자 소리와 책 넘기는 소리를 '듣고', 그때의 피부 감각을 '느끼고' 하는 따위와 같은 상상적 회상들을 재구성할 수도 있다. 그러나 나는 이들이—내가 나중에 이야기 엮기라고 부르게 될—만들어진 심상이라고, 즉 경험이 실제로 어땠는지가 아니라 무엇이어야만 하는지를 보여줄 뿐이라고 생각한다.

또는 당신이 지난번 수영하러 갔던 때를 내성해보라. 아마도 당신은 대부분 회상 형식으로 해변, 호수 또는 수영장의 이미지를 떠올릴 것이다. 그러나 이야기가, 춤을 추고 있는 니진스키의 경우처럼, 수영하는 당신으로 옮겨간다면 당신은 당신이 수영하는 모습을 보게 될 것인데, 이것은 당신이 전에는 한 번도 관찰해본 적이 없는 것이 아닌가! 거기에는 수영할 때의 실제적인 감각들, 즉 당신 얼굴에 넘실거리던 수면이라든가, 피부에 닿던 물의 감촉이라든가, 또는 당신이 숨쉬기 위해 고개를 돌릴 때 당신의 눈은 어느 정도만큼 수면 아래에 잠겨 있었는가 하는 구체적인 감각은 거의 없다.[11]

마찬가지로, 집 밖에서 잠을 자야 했던 날 밤, 스케이팅하러 갔던 일,—혹 그런 일들이 없다면—당신이 여러 사람들 앞에서 한 후회스러운 일을 생각해보라. 당신은 그런 것들을 당신이 실제로 경험한 대로 보거나 듣거나 느끼지 않으려 할 것이다. 당신은 마치 당신이 다른 사람이기라도 한 것처럼 그 상황 속의 당신을 바라보며 그 경험을 객관적인 말로 재창조하려는 경향이 있음을 볼 것이다. 이처럼 기억을 다시 들여다보는 것은 타인이 당신을 보듯 당신 자신을 보는 엄청난 가공의

---

11 이런 예들은 Donald Hebb, "The Mind's Eye," *Psychology Today*, 2호, 1961의 자극적 논의에서 인용한 것들이다.

산물이다. 기억은 그랬음이 틀림없다는 매개물일 뿐이다. 물론 이런 예들에서 당신은 경험으로 추론에 따라 주관적 관점을, 그것도 그것이 실제 기억이었다고 확신할 수 있을 정도로, 만들어낼 수 있기는 하지만 말이다.

의식은 개념에 필수적인 것이 아니다

의식에 관한 또 다른 주된 오류는 의식은 개념이 형성되는 특별하고 유일한 장소라는 믿음이다. 우리는 다양하고 구체적인 의식적 경험을 했으며, 그것은 유사한 것끼리 묶여 하나의 개념을 형성한다는 생각은 아주 오래된 것이다. 이 생각은 개념형성 과정을 연구하는 심리학자들이 수행하는 수많은 실험의 패러다임이 되었다.

지난 세기에 멋진 논증을 보여주었던 뮐러(Max Müller)는 도대체 나무라는 것을 본 자가 누구인가라는 질문으로 문제의 정곡을 찌른 적이 있다. "나무를 본 사람은 없다. 다만 이런 또는 저런 전나무나 상수리나무나 사과나무를 볼 뿐이다. [……] 그러므로 나무는 하나의 개념일 뿐이며, 그것은 결코 감각으로 보인다거나 지각될 수 있는 게 아니다."[12] 개별자로서의 나무들만이 바깥 세상에 있고, 나무라는 보편개념은 오직 의식 속에 존재할 뿐이다.

이제 개념과 의식의 관계를 좀더 상세하게 논의할 수 있겠으나, 양자 간에는 어떤 필연적 연관이 존재하지 않는다는 것을 보여주는 정도로 만족하기로 하자. 뮐러가 나무를 본 사람은 없다고 말할 때, 그는 어떤

---

[12] Max Müller, *The Science of Thought*(London: Longmans Green, 1887), 78~79쪽과, Eugenio Rignano, *The Psychology of Reasoning*(New York: Harcourt, Brace 1923), 108쪽 이하 또한 나에게 유사한 비판을 가하고 있다.

대상에 대해 아는 것을 그 대상 자체로 오해했다. 뜨거운 태양 아래서 몇 킬로미터를 걸은 지친 나그네는 나무를 본다. 개에게 쫓기는 고양이나 다람쥐나 청설모 역시 나무를 본다. 꿀벌은 꽃이라는 개념을, 독수리는 깎아지른 절벽에 난 바위 턱에 대한 개념을, 보금자리를 만드는 개똥지빠귀는 푸른 잎들로 둘러쳐진 가랑이진 나뭇가지의 윗부분에 대한 개념을 가질 것이다.

개념이란 단지 행위적으로 같은 의미가 있는 사물들의 모임(classes)을 의미할 뿐이다. 원 개념(root concepts)은 경험에 선행한다. 이들은 소질구조(aptic structures)에서 반드시 필요한데 이 구조로 행위가 일어날 수 있게 된다.[13] 실제로 밀러는 어느 누구도 나무를 의식한 적이 없다고 말했어야 했다. 왜냐하면 실제로 의식은 개념의 창고가 아닐 뿐만 아니라, 통상적으로 전혀 개념으로 작업하지 않기 때문이다! 우리가 나무를 의식적으로 생각할 때, 실제로 특정한 나무, 즉 우리 집 곁에 자라고 있는 전나무, 상수리나무, 느릅나무를 의식하고는 마치 우리가 한 단어로 개념을 의미하게 하는 것처럼 그 나무를 그 개념으로 행세하게 하는 것이다. 사실, 언어의 놀라운 기능 중의 하나는, 우리가 개념적 대상(material)에 대해 이야기하거나 글을 쓸 때 하는 것처럼, 단어로 한 개념을 대신하게 하는 것이다. 이렇게 하지 않으면 안 되는 까닭은 개념이 통상적으로 의식 안에 있지 않기 때문이다.

---

[13] 소질구조는 생득적으로 진화된 소질적 패러다임과 발달과정에서 경험의 결과로 구성되는 소질(적성)의 신경학직 기초다. 이 용어는 내가 아직 발간하지 않은 한 논문의 핵심개념이며, 본능 같은 문제 있는 용어를 대체하려는 시도로 제시된 개념이다. 이것은 늘 부분적으로는 생득적이면서 유기체에게는 특정 조건에서 특정 방향으로 행동하기 쉽게 해주는 뇌의 조직화 방식이다.

의식은 학습에 필수적인 것이 아니다

세 번째로 중요한 의식에 관한 잘못된 개념은, 의식이 학습의 기초라고 생각하는 것이다. 특히 18~19세기에 걸쳐 등장한 유명한 연상심리학자들에게 학습이란 의식 내의 관념들이 유사성, 근접성(관념연상), 때로는 또 다른 관계성에 묶이는 과정일 뿐이었다. 이 점은 인간이든 동물이든 상관이 없었다. 모든 학습은 '경험에서 습득'(profiting)하는 것이며 의식 내에서 관념을 모으는 일이었다. 이 점은 이미 서론에서 언급했다. 이리하여 정확히 왜 그랬는지는 알지 못한 채, 의식이 학습에 필수적이라는 생각은 오늘날의 일상적 지식 속에 문화적 유산으로 전수되었다.

이 문제는 꽤 복잡하다. 게다가 의식의 문제는, 19세기에 척추-반사라는 용어가 지나치게 일반적으로 사용되자 거의 금지된 용어로 낙인찍히면서 불행하게도 심리학에서 사라졌기 때문이다. 그러나 우리의 목적을 이루기 위하여 학습에 관한 실험실 연구를 신호학습, 기술학습, 문제해결 학습이라는 세 가지로 나누어 생각해도 좋을 듯하다. 이제 의식은 필수적인지를 물으며 이들 하나하나를 짚어보기로 하자.

가장 간단한 신호학습(고전적 또는 파블로프식 조건형성)에서 시작하자. 신호로 빛을 비추면서 고무 튜브로 눈에 바람이 들어가게 10회 정도 조작하면, 이전에는 바람이 들어갈 때만 깜박이던 눈꺼풀이 빛 신호만 주어도 깜박이기 시작하며, 실험이 진행됨에 따라 더 자주 깜박이게 된다.[14] 잘 알려진 이 신호학습 과정을 경험해본 피험자들은 그 과정에

---

[14] G. A. Kimble, "Conditioning as a Function of the Time between Condi-tioned and Unconditioned Stimuli," *Journal of Experimental Psychology*, 37호, 1947, 1~15쪽.

의식적 요소가 전혀 없었다고 보고한다. 사실상 이 실험에서 신호학습을 돕기 위해 의도적으로 깜박거리게 하면, 의식은 학습을 방해한다.

좀더 일상적인 상황에서도 동일한 단순 연상학습이 의식 없이 발생하고 있음을 알 수 있다. 당신이 어떤 특별히 맛있는 음식을 먹고 있는 동안 특정 음악이 연주된다면, 다음번에 당신이 그 음악을 듣게 될 때 당신은 그 소리를 좀더 좋아하게 되며 당신의 입 안에는 더 많은 침까지 고이게 될 것이다. 그 음악은 당신의 판단에 뒤섞여 있는 쾌감의 신호가 된 것이다. 이러한 일은 그림에서도 일어난다.[15] 실험실에서 이런 유형의 테스트를 치른 적이 있는 피험자들은, 왜 식사 후에 그 음악이나 그림을 더 좋아하게 되었는가라는 질문을 받았을 때 대답할 수 없었다. 그들은 자신들이 무엇을 배웠는지를 의식하지 못한 것이다. 여기서 참으로 흥미로운 것은 당신이 이 현상을 이전에 알고 있었거나 음식과 음악 또는 그림 간에 존재하는 수반성[16]을 의식한 경우에는 학습이 일어나지 않는다는 점이다. 다시 말하면 의식은 학습이 일어나기 위해 꼭 필요하지 않음은 물론이거니와 학습능력을 오히려 감소시킨다.

앞서 본 기술수행 과정에서처럼, 기술을 익히는데도 의식은 할 일이 거의 없는 참으로 무익한 구경꾼과 같다. 한 가지 간단한 실험으로 이 사실을 입증할 수 있다. 양손에 동전을 들고 공중에서 서로 엇갈리도록 던져올린 다음 각 동전을 반대편 손으로 잡아보라. 이것을 열댓 번 하

---

[15] 이러한 것들은 Gregory Razran, *Mind in Evolution*(Boston: Houghton Mifflin, 1971), 232쪽에서 논의하고 있다. 이것들은 T. A. Ryan, *Intentional Behavior*(New York: Ronald Press, 1970), 235~236쪽에 나타난 비의도적 학습의 전반적인 문제들과 관련하여 비판적으로 논의되고 있다.

[16] 수반성이란 두 사건이 같이 일어나는 정도에 대한 수학적 용어로 두 사건 A와 B 간의 수반성은 P(A|B)−P(A|~B)로 정의된다 − 옮긴이.

다 보면 잘할 수 있게 될 것이다. 이 일을 할 때 당신은 당신이 하고 있는 모든 것을 의식하는가? 의식이 필요했나? 당신은 학습은 의식되기보다 '유기적'(organic)이라고 기술하는 편이 더 나은 것임을 알게 되리라고 생각한다. 의식이 당신에게 과업을 시작하게 하고 목표를 제시할 것이다.

그러나 그 후부터는, 그 과업을 달성할 당신의 역량에 순간적인 신경증적 불안을 느낄 것이지만, 당신에게는 마치 학습이 다 이루어진 것처럼 된다. 그럼에도 19세기에는, 의식을 행위의 전체 설계자로 간주하고, 동전 던지기 같은 문제에서 좋은 동작과 나쁜 동작을 의식적으로 나누고 자유로운 선택에 따라 전자를 반복하고 후자를 버리는 일이라고 설명하려 들었다!

복잡한 기술학습 역시 이런 점에서 다르지 않다. 타자치기에 관한 광범한 연구에서 "모든 방법상의 변용이나 지름길은 무의식적으로 이루어진다. 다시 말해 학습자의 의도와는 전혀 무관하게 일어난다. 학습자들은 자신들이 작업의 특정 부분을 새롭고 개선된 방식으로 수행하고 있다는 것을 갑자기 깨닫게 된다"는 한 실험자의 말은 일반적으로 공감을 얻고 있다.[17]

동전 던지기 실험에서 당신은, 동작을 의식하게 되면 학습이 저해된다는 것을 발견했을 것이다. 우리가 기술수행 과정에서 보았듯이, 이것은 기술의 학습에서도 아주 흔하게 발견되는 일이다. 학습과정을 지나치게 의식하지 않은 상태에서 학습이 진행되게 하라. 그러면 학습은 훨씬 부드럽고 효과적으로 이루어질 것이다. 때로는 너무 의식하지 않은

---

[17] W. F. Book, *The Psychology of Skill*(New York: Gregg, 1925).

나머지, 타자 같은 복잡한 기술에서, 'the'라고 치는 대신 자꾸만 'hte'라고 치는 것을 학습할는지도 모른다. 이것을 교정하는 방법은 그 과정을 역으로 밟는 것이다. 즉 '연습을 완전하게 한다'는 일상적인 생각과는 정반대로, 'hte'라는 오타를 의식적으로 연습함으로써 그릇된 습관을 없앨 수 있다. 이것이 이른바 부정연습(negative practice)이라는 현상이다.

실험실에서 연구되는 일반적인 운동기술, 예를 들면 복잡한 운동추적 체계나 한 대상을 거울에 비추고 이를 따라 그리게 하는 과제(pursuitrotor system or mirror-tracing)를 수행할 때, 자신의 동작에 의식을 완전히 집중하라는 주문을 받은 피험자들은 동작을 더 그르치게 된다.[18] 내가 만난 달리기 선수 트레이너들은 부지불식간에 실험적으로 입증된 이러한 원리들을 좇고 있었다. 즉 그들은 자기 선수들에게 그들이 하고 있는 동작을 지나치게 생각하지 말라고 요구하고 있었던 것이다. 궁술을 배우는 선승(禪僧)들의 훈련은 이 점을 극단적으로 명시하고 있다. 궁수들은 활을 당기고 화살을 놓을 때 자신을 생각에서 지우도록 교육받는다. 자신이 하고 있는 동작에 대한 의식에서 자신을 해방시킨 채, 활시위가 스스로 당겨지고 화살이 적당한 시간에 손가락에서 자신을 풀려나게 하는 것이다.

문제해결 학습(도구적 학습[instrumental learning] 또는 조작적 조건형성[operant conditioning])은 더욱 복잡한 경우에 해당한다. 우리가 어떤 문제의 해결책을 얻거나 목표에 이르는 길을 모색할 때 대개 의식은 문제를 특정한 방식으로 설정하는 데 매우 중요한 역할을 한다. 그럼에

---

18 H. L. Waskom, "An Experimental Analysis of Incentive and Forced Application and Their Effect Upon Learning," *Journal of Psychology*, 2호, 1936, 393~408쪽.

도 의식이 필수적인 것은 아니다. 우리가 찾고 있는 목표나 그 목표를 달성하기 위해 찾고 있는 해결책에 대해서는 의식 같은 것을 전혀 갖고 있지 않은 경우를 볼 수 있다.

이것은 간단한 실험으로 입증된다. 한 사람을 당신 맞은편에 앉게 하고 그가 생각할 수 있는 한 많은 단어들을 말하게 하되, 당신이 받아 적을 수 있도록 단어들을 2~3초 간격으로 말하게 한다. 이때 복수명사 (또는 형용사나 추상명사, 당신이 마음대로 정한 것)가 나올 때마다 받아 적으면서 당신이 '좋아' 또는 '그렇지' 또는 그저 '으응' 따위나 미소를 짓거나 즐겁게 그 단어를 따라서 말한다면, 당신은 복수명사(또는 다른 어떤 것)의 빈도가 현격하게 증가하는 것을 볼 수 있을 것이다. 여기서 중요한 것은 그 피험자가 자신이 무언가를 배우는 것을 알지 못한다는 점이다.[19] 그는 당신이 더 많은 격려 반응을 하게 하는 방법을 찾고 있음을 의식하지 못할 뿐만 아니라 그런 문제를 자신이 해결하고 있는 것조차 의식하지 못한다. 우리는 매일매일 모든 대화에서 늘 이런 방식으로 서로서로 훈련시키며 훈련받고 있다. 그럼에도 우리는 그것을 전혀 의식하지 못하는 것이다.

---

[19] J. Greenspoon, "The Reinforcing Effect of Two Spoken Sounds on the Frequency of two Responses," *American Journal of Psychology*, 68호, 1955, 409~416쪽. 그러나 여기에는 괄목할 만한 논쟁의 여지가 있다. 특히 실험외적 질문들의 순서나 어투에 관련하여 그렇다. 심지어 실험자와 실험 대상자 간에 일종의 묵계가 있을 수 있는 것이다. Robert Rosenthal, *Experimenter Effects in Behavioral Research*(New York: Appleton-Century-Crofts, 1966)를 참조하라. 이 논쟁에서 나는 일단은 실험 대상자가 우연적 강화를 의식하기 전에 학습은 일어나며, 학습이 일어났다 할지라도 의식은 발생하지 않을 것이라는 포스트먼(Postman)의 주장에 동의한다. L. Postman and L. Sassenrath, "The Automatic Action of Verbal Rewards and Punishment," *Journal of General Psychology*, 65호, 1961, 109~136쪽.

이런 무의식적 학습은 언어적 행위에만 국한되어 일어나는 것은 아니다. 심리학 수업을 듣는 학생들에게 학교 내에서 만나는 붉은 옷을 입은 여학생에게 칭찬의 말을 건네도록 부탁했다. 일주일 후 식당은 온통 붉은 빛(과 친절한 말씨)으로 물들었다. 그러나 어떤 여학생도 자기가 받은 영향을 알지 못했다. 무의식적인 학습과 훈련에 대해서 듣고 난 다음 일주일 후의 수업시간에 교수에게 이를 시험해 보았다. 그가 강의실 오른쪽을 향해 갈 때마다 학생들이 황홀한 듯 주의집중하며 그의 농담에 폭소를 터뜨렸다. 학생들은 그 교수를 오른쪽 교실 문 밖에 나가 있도록 훈련할 수 있었고 교수도 뭔가 이상하다는 것을 알지 못했다고 보고했다.[20]

이런 연구들이 대부분 지니고 있는 심각한 문제는, 만일 피험자가 미리 그러한 수반성을 찾으려고 하면, 그것을 찾아낼 수 있다는 점이다. 이것을 피할 수 있는 한 가지 방법은 피험자에게도 지각되지 않는 행동반응을 사용하는 것이다. 이것은 엄지손가락의 작은 근육을 사용하는 것인데, 그 근육의 움직임은 우리에게 지각되지 않고 오직 전기기록 장치로만 파악할 수 있는 것이다. 피험자에게 이 실험은 음악과 섞여 있는 간헐적인 불쾌한 소음이 근육긴장에 미치는 효과를 재는 것이라고 일러두었다. 네 개의 전기봉들을 피험자들의 신체부위 여기저기에 부착해 두었으나 진짜는 엄지의 작은 근육 위에 있는 것뿐이고 다른 셋은 특별한 의미가 없는 가짜 봉이었다.

이 장치는 지각되지 않는 엄지 근육의 움직임이 전기적으로 탐지될 때마다 소음이 울리고 있으면 그 소음을 15초 멈추거나, 움직임이 있

---

20 W. Lambert Gardiner, *Psychology: A Story of a Search*(Belmont, California: Brooks/Cole, 1970), 76쪽.

을 때 소음이 울리지 않았으면 소음이 나오는 시간을 15초 연기하게 했다. 그 불쾌한 소음을 멈추게 했던 엄지손가락의 움직임은 모든 피험자들에게 자각되지는 않지만 발생 빈도가 증가했는데, 이때 피험자들은 자신이 불쾌한 소음을 끄는 법을 배우고 있다는 것을 조금도 의식하지 못했다.[21]

이처럼 의식은 학습과정에서 필수부분이 아니며, 이는 신호학습이든 기술학습이든 문제해결 학습이든 마찬가지다. 물론 이 매혹적인 주제에 대하여 할 말은 훨씬 더 많이 있다. 왜냐하면 행동변화를 연구해 내놓은 현대의 모든 비판이 이 노선상에 있기 때문이다. 그러나 이 책의 목적을 위해서는 단지 의식적 경험이 모든 학습의 실체라는 낡은 학설이 명백하고도 절대적으로 허위임을 입증한 것으로 족하다. 이쯤에서 우리가 내릴 수 있는 결론은, 우리는 적어도 의식하지 않으면서 학습할 수 있고 문제를 풀 수 있는 인간을 생각할 수 있다는 점이다.

의식은 사유에 꼭 필요하지 않다

우리의 정신활동이 단순한 국면에서 좀더 복잡한 국면으로 진행함에 따라, 우리는 더욱더 모호한 영역으로 진입하게 되며, 그곳에서는 우리가 사용하는 용어들이 더욱 난해해진다. 사유는 분명히 이런 영역 중 하나다. 의식은 사유에 필수적이지 않다고 하는 말은 즉각 우리에게

---

[21] R. F. Hefferline, B. Keenan, R. A. Harford, "Escape and Avoidance Conditioning in Human Subjects without Their Observation of the Response," *Science*, 130호, 1959, 1338~39쪽. 무의식적인 문제해결 학습을 매우 극명하게 보여주는 또 다른 연구는 J. D. Keehn, "Experimental Studies of the Unconscious: Operant Conditioning of Unconscious Eye Blinking," *Behavior Research and Therapy*, 5호, 1967, 95~102쪽이 있다.

반감을 갖게 한다. 분명히 사유는 의식의 뼈요 심장이다! 하지만 여기서 잠시 마음을 진정하고 가자. 우리가 지칭하려 하는 것은 ……에 대해 생각하기(thiking about)나 ……을 생각하기(thiking of)라고 부를 수 있는, 즉 언제나 이미지로 붐비는 의식의 권역에 따라 완전히 둘러싸여 있거나 파묻혀 있는 것으로 보이는 자유연상 같은 것들이다. 하지만 문제가 그렇게 분명해진 것은 아니다.

결과가 맞다, 틀리다로 서술되는 유형의 사유부터 시작해보자. 이것은 흔히 판단하기로 지칭되는 것이나 조금 전에 논했던 문제해결 학습의 한 극단적인 경우와 유사하다.

한 가지 단순한, 너무 단순해 사소하게 보일 실험으로 우리는 곧장 문제의 핵심에 이를 수 있다. 서로 동일하지 않은 두 물체, 예를 들면 연필과 펜, 또는 각각 다른 양의 물이 채워진 물잔을 당신 앞에 있는 책상 위에 놓으라. 그리고 주어진 문제에 더욱 주의 집중하기 위해 눈을 반쯤 감은 채, 엄지와 검지를 사용해 각 잔을 들어올려 어느 것이 더 무거운지를 판단해보라. 이제 당신이 하고 있는 모든 일을 내성해보라. 당신은 당신의 손가락 피부에 닿는 물체의 감촉을 의식하는 자신을 볼 것이다. 예를 들면 물잔을 들어올릴 때 느끼는 약간 아래로 쏠리는 압력을 의식하거나, 물잔 옆면의 튀어나온 부분을 의식하거나 말이다.

이제 어느 것이 더 무거운지를 판단해보자. 그 판단은 어디에 있는가? 보라. 한 물건이 다른 물건보다 더 무겁다는 판단 행위는 의식되지 않았다. 그 판단은 당신의 신경체계를 따라서 어떤 방식으로 당신에게 주어진 것일 뿐이다. 그 판단과정을 사유라고 부르기로 한다면 그 사유는 전혀 의식적인 것이 아님을 발견하게 될 것이다. 난순하지만 매우 중요한 실험이다. 이 실험으로 판단 같은 사유과정이 의식적 마음의 구조라는 모든 전통을 단번에 분쇄한다.

이런 종류의 실험은 금세기 초부터, 뷔르츠부르크 학파(Würzburg School)로 알려진 곳에서 광범위하게 연구되었다. 이 학파는 1901년 마르베(Karl Marbe)의 한 연구에서 시작되었는데 이 연구는 작은 추가 사용된 것만을 제외하면 위의 실험과 대동소이했다.[22] 피험자는 자신 앞에 있는 두 개의 추를 집어들고 좀더 무거운 것을 자신이 마주하고 앉아 있는 실험자 앞에 놓도록 지시받는다. 이 판단과정이 전혀 의식되고 있지 않다는 것은 내성심리학자들이었던 실험자와 높은 수준으로 훈련된 대상자 모두에게 놀라운 사건이었다. 물리학과 심리학은 늘 흥미로운 대조거리다. 어리석어 보일 만큼 간단한 마르베의 심리학 실험은 너무 어렵게 장치된 마이컬슨 몰리(Michaelson-Morley)의 물리학 실험과 대조를 이룬다. 후자가 공간에 존재한다고 주장되어온 에테르라는 실체가 존재하지 않는다는 것을 입증한 것과 같이, 무게판단 실험은 의식의 대표적인 예로 가정되어온 판단이 의식 내에 존재하지 않는다는 것을 입증했다.

그러나 여기에 한 가지 반론을 제기할 수 있다. 물건을 들어올릴 때, 판단은 몹시 빨리 이루어지기 때문에 우리는 그것을 망각한 것이다. 결국 내성할 때, 우리는 언제나 수초 내에 발생한 것을 기술하는 데 수백 개의 단어를 사용한다. (얼마나 놀라운 사실인가!) 그리고 발생했던 일은 우리가 아무리 그것을 표현해보려고 애쓸지라도 우리 기억에서 사라진다. 아마도 마르베의 실험에서도 이와 같았을 것이다. 그리고 판단하기라고 불리는 이런 종류의 사유는 결국, 우리가 기억할 수 있는 경우에

---

[22] K. Marbe, *Experimentell-Psychologische Untersuchungen über das Urteil, eine Einleitung in die Logik*(Leipzig: Engelmann, 1901).

만 의식에서 발견될 수 있을 것이다.

이것이 마르베 연구가 발표된 몇 년 후에 와트가 직면한 문제였다.[23] 그는 이 문제를 풀기 위해 단어연상이라는 다른 방법을 사용했다. 피험자의 과제는 카드에 인쇄된 명사들을 보고 가능한 한 빨리 연상되는 하나의 단어를 말하는 것이었다. 이것은 자유연상은 아니고, 전문용어로는 부분적으로 제한된 연상이라 불린다. 피험자는 서로 다른 순서로 제시된 단어의 상위수준(superordinate: 예를 들면 도토리-나무), 등위수준(coordinate: 도토리나무-느릅나무), 하위수준(subordinate: 도토리나무-줄기), 전체(whole: 도토리나무-숲), 부분(part: 도토리나무-도토리), 공유된 전체의 또 다른 부분(another part of a common whole: 도토리나무-산책길)을 연상하도록 지시받았다. 이러한 제한된 연상과제라는 특성 때문에 그 작업의 의식은 네 기간으로 나눌 수 있었다. 어떤 제약(예를 들면 상위수준)을 따라야 하는지에 대한 지시, 자극 명사 제시하기(도토리나무), 적절한 연상어 찾기, 구두 응답(나무)이 그들이다. 내성하고 있는 관찰자들에게 처음에는 첫 단계에 국한하게 하고, 그다음에는 단계를 차차 올리면서, 각 단계에서 의식의 내용을 정확하게 서술하도록 지시했다.

이런 식으로 나누어 분석하는 방법의 정확성으로 마르베의 결론이 틀렸다는 것을 입증하고, 사유과정의 의식은 와트의 세 번째 단계, 즉 제한된 특수연상에 적합한 단어를 찾는 단계에서 발견될 것으로 예상했다. 그러나 이 예상은 빗나갔다. 세 번째 단계의 내성에서 아무것도 포착되지 않았다. 일단 자극언어가 주어지고, 이에 앞서 요청된 특

---

23 H. J. Watt, "Experimentelle Beitrage zur einer Theorie des Denkens," *Archiv für Geschite der Psychologie*, 4호, 1905, 289~436쪽.

수 유형의 연상이 관찰자에게 적절히 이해되고 나면, 사유는 자동적으로 일어날 뿐만 아니라 실제로 의식되지 않는다는 것이 더 정확한 설명으로 보였다. 이것은 괄목할 만한 결과였다. 달리 표현하면 우리는 무엇을 생각하기로 되어 있는지 알기도 전에 자신의 사유를 수행하고 있다. 문제의 중요 부분은 지시행위며 이것이 전 과정을 자동적으로 출발하게 한다. 나는 이것을 줄여서 원지시(struction)라고 부르려고 하는데, 이것은 지시(instruction)와 구성(construction) 양자를 모두 함의하려는 용어다.[24]

그렇기 때문에 사유는 의식적이지 않다. 오히려 그것은 원지시를 따르는 자동과정이며, 그 자기지시가 조작을 가하는 재료다.

그러나 반드시 언어적 연상에만 머물 필요는 없다. 어떤 유형의 문제라도, 심지어 자의적 행위에 근접하는 것이라도 상관없다. 만일 내가 나에게, 나는 한여름의 도토리나무를 생각할 테야라고 말했다면 그것은 하나의 원지시며, 내가 ······을 생각하기라고 부르는 것은, 와트의 실험에 나오는 제약적 연상처럼, 참으로 어느 이름 모를 대양에서 의식의 해안에 던져진 연상 이미지의 기록들인 것이다.

만일 6이라는 숫자와 2라는 숫자를 6|2와 같이 세로줄로 갈라놓는다면, 이 자극으로 생겨나는 관념은 규정된 원지시가 더하기냐, 빼기냐, 나누기냐에 따라 8과 4와 3이 될 것이다. 중요한 것은 이 원지시, 즉 더하기 과정이나 빼기 과정 또는 나누기 과정은 일단 주어진 뒤에는 신경

---

24 마음 갖춤새(set), 결정성향(determining tendency), 원지시는 서로 구별되어야 한다. 마음 갖춤새는 포괄적인 용어다. 이것은 사용되는 소질구조로써 포유류에서는 일반적인 수족의 행동준비 태세 요소에서 결정성향 요소, 그리고 인간에게서 발견되는 마지막 부분인 원지시에 이르기까지 차례대로 정리될 수 있는 것이다.

체계 속으로 사라져버리고 만다는 점이다. 그러나 그것은 분명히 '정신 속에' 있다. 왜냐하면 그 동일한 자극은 세 가지 다른 대답 중 하나로 귀결될 수 있기 때문이다. 이것은 일단 가동되면 우리는 전혀 알지 못하는 그 무엇이다.

아래와 같은 일련의 도형들이 있다고 하자.

이 일련의 도형들 다음에 올 것이 무엇인가? 당신은 어떻게 그 대답에 이르렀는가? 내가 당신에게 이러한 원지시를 주자마자 당신은 자동적으로 그것은 또 하나의 삼각형이어야 한다는 것을 '보게' 된다. 나는 감히, 당신이 그 대답에 도달한 과정을 내성하려고 애쓸지라도 당신은 참으로 그 과정을 회복하고 있는 게 아니라, 단지 마땅히 있어야 한다고 생각되는 것을, 당신 자신에게 그런 취지의 또 다른 자기지시를 제시함으로써 창조하는 것이라고 말하려고 한다. 이 과업에서 당신이 진정으로 의식하는 모든 것은 당신 앞에 놓여 있는 책의 지면에 그려진 도형들과 그 해답이라는 원지시였다.

이것은 내가 앞서 언급했던 말의 경우와 다르지 않다. 말할 때, 우리는 실제로 단어를 찾는 일이나 단어들을 한데 묶어 구(句)로 만드는 일, 또는 구들을 문장으로 만드는 일 등을 의식하지 않는다. 우리는 단지 우리가 자신에게 부여하는 일련의 진행 중인 원지시만을 의식하는데, 이것은 아무런 의식도 없이 자동적으로 말로 귀결된다. 우리가 원하는 바에 따라 만들어져 우리가 의식할 수 있는 말 자체는 피드백을 제공하여 새로운 원지시를 만들어내게 한다.

이리하여 우리는 통상적으로 의식의 핵심적인 활동이라고 생각해온 사유과정은 전혀 의식되지 않으며, 단지 그 준비과정과 재료와 결과만 이 의식적으로 지각된다는 결론에 이르게 된다.

의식은 이성에 꼭 필요한 것이 아니다

인간은 이성적 동물이라는, 그리하여 자기에게 호모사피엔스라는 작위를 수여한 오랜 전통은 인간이 독단적으로 일반화한 것 중 하나로, 의식이 이성의 거처라는 우아한 가설에 근거하고 있다. 이런 가설에 관한 모든 논의는 이성이라는 용어의 모호성 때문에 쉽지 않다. 이러한 모호성은 이성의 '재능'(faculty)[25]을 논하는 낡은 '재능' 심리학에서 내려온 유산인데, 이 이성의 재능이란 것은 두말할 것 없이 의식 '안에' 있는 것으로 여겨졌다. 이성과 의식을 이처럼 억지로 함께 묶어두었기 때문에 진리라는 개념과, 우리가 어떻게 추리해야 하는지를 알려주는 논리의 개념이—이들은 모두 전혀 다른 것들임에도—뒤섞이게 되었다. 이리하여 비록 3단 논법이 내성될 수 없다는 것을 오래전부터 잘 알고 있는 가련한 학자들을 혼란스럽게 하면서까지, 논리는 의식적 이성의 구조로 생각되었다.

추리와 논리의 관계는, 건강과 의학의 관계 또는 행위와 도덕성의 관계에 비유할 수 있다. 추리는 일상세계에서 일어나는 모든 영역에서 자연적 사유과정을 의미한다. 논리는 객관적 진리에 도달하려 할 때, 우리가 따라야 할 사고방식이다. 그러나 일상 세계는 객관적 진리에 별로

---

[25] 재능이란 일반적인 마음의 힘을 의미하는데, 지성, 의지, 기억, 이해 등의 각 능력을 가리킨다 – 옮긴이.

관심이 없다. 논리란 우리가 자연스런 추론에 따라 도달한 결론을 정당화하는 학문이다. 내 말의 요점은 자연적 추론이 발생하기 위해 의식이 필요한 건 아니라는 것이다. 우리에게 논리가 필요한 이유가 있다면 그것은 대부분의 추론이 전혀 의식되지 않기 때문이다.

우리가 의식 없이도 해낼 수 있다고 확인한, 초급 수준의 추리라고도 부를 수 있는 수많은 현상들에서 시작하자. 길을 선택하거나 단어나 어조 또는 동작을 선택하는 일 그리고 크기나 색깔의 항등성을 유지하기 위한 지각적 교정, 이 모든 것들은 의식을 선동하거나 은근히 강요하거나 눈치를 주지 않고도 이루어지는 원시적 추리행위다.

이들보다 더욱 전형적인 유형의 추리도 의식 없이 일어날 수 있다. 가령 한두 번 어떤 연못에 나뭇조각이 떠다니는 것을 본 과거의 경험이 있는 아이는 새로운 상황에서도 곧장 다른 연못 위에도 다른 나뭇조각이 떠다닐 것이라는 결론에 도달할 것이다. 새로운 연못 위에 새로운 나뭇조각이 떠다니는 것이 즉각적으로 눈에 띌 때, 의식 내에서 과거의 경험을 모은다거나 어떤 다른 의식과정이 반드시 필요하지 않다. 이런 일들은 종종 개별 사례들에서 추리 또는 단순히 일반화한 것에 근거를 둔 기대라고 불린다. 특별히 필요한 것은 아무것도 없다. 이것은 모든 고등 척추동물들에게 공통된 역량이다. 이러한 추리는 신경계의 구조이지 결코 의식의 구조가 아니다.

그러나 좀더 복잡한 추리도 의식 없이 이루어진다. 우리 마음은 의식이 채 따라잡기 어려울 만큼 빨리 작동한다. 우리는 흔히 거의 자동으로 과거의 경험에 근기를 둔 일반적 주장을 펼친다. 그리고 우리는 때때로 뒤늦게 곱씹어 생각할 때에야 우리 주장이 근거를 둔 과거경험 중 어떤 것을 회상해낼 수 있을 뿐이다. (그럼에도) 우리가 건전한 결론을 내리면서도 그것을 정당화할 수 없었던 경우가 얼마나 많았던가! 이는 추리가 의식적인 것이 아니기 때문이다. 타인의 감정이나 성품을 우리가 추리하는 경우나 타인의 행위에서 그 동기를 추리하는 경우를 생각해보라. 이런 것들은 우리 신경체계의 자동적 추리 결과로서 이를 위해서 의식은 필요없을 뿐만 아니라, 앞서 운동기술의 수행과정에서 보았듯이, 오히려 방해할 수도 있는 것이다.[26]

물론 가장 상위수준의 지적 사유과정은 그렇지 않다고 주장할 수 있다. 물론 모든 것이 명확하게 전개되고, 모든 질서정연한 추리과정이 만인이 인지하는 가운데 백일하에 진행되는 곳에서는, 마침내 바로 그 의식의 왕국에 당도하게 될 것이다. 그러나 진리에는 그런 장엄함이 없다. 문제에 파묻힌 채 앉아 의식적인 추론과 연역을 수행하는 학자의 모습은 유니콘만큼이나 공상적이다. 인류의 위대한 통찰들은 좀더 신비하게 이루어졌다. 헬름홀츠(Helmholtz)는 자신에게 즐거운 생각이 떠오르던 때를 이렇게 묘사한다. 그런 생각은 "흔히 내가 그것들의 중요성을 감지하지 못한 채, 소리 없이 내 사유 속에 끼어들었다. …… 어떤 때는 내가 애쓴 일도 없이 갑자기 찾아들기도 했다. …… 그것들은 특히 내가 햇빛을 즐기며 숲 속으로 난 언덕길을 천천히 걷고 있을 때 불쑥 나타났다."[27]

가우스(Gauss)는 몇 년 동안이나 그가 증명하려 했으나 실패한 한 수

---

[26] 이러한 경우는 일찌감치 의식적인 게 아닌 것으로 인정되어 '자동적 추정'(automatic inference) 또는 '상식'이라 불렸다. 이에 관한 논의는 설리(Sully), 밀(Mill), 그밖에 19세기 심리학자들의 글에서 찾아볼 수 있다.

[27] Robert S. Woodworth, *Experimental Psychology*(New York: Holt, 1938), 818쪽에 인용된 것이다.

학적 정리를 언급하며, "갑작스레 한 줄기 전광석화처럼 그 수수께끼가 우연히 풀려버렸다. 내 자신은 내가 이전에 알고 있던 것과 이 문제해결을 가능케 한 고리가 무엇인지를 말할 수 없다"[28]고 했다.

탁월한 수학자였던 푸앵카레(Poincaré)는 자신의 발견에 이르는 방식에 특별한 관심이 있었다. 파리의 어느 심리학회에서 행한 유명한 강연에서 그는 자신이 어떻게 지질학적 답사를 시작했는지를 이렇게 묘사했다. "그 여행으로 나는 내 수학문제를 잊고 있었다. 쿠탕스에 도착했을 때 우리는 다른 곳으로 이동하기 위해 버스에 올랐다. 내가 (버스의) 계단에 막 발을 딛는 순간 한 생각이 떠올랐다. 그것은 내가 한 번도 생각하지 못했던 전혀 새로운 생각이었다. 내가 푹시안(Fuchsian) 함수를 정의하는 데 사용한 바로 그 생각은 비유클리드(non-Euclid) 대수학에서 사용한 변형과 동일한 것이었다."[29]

이처럼 통찰이 갑작스럽게 떠오르는 일이 추상적 학문일수록 더 흔한데, 이런 학문에서는 검토할 자료들이 일상적 경험에 덜 방해받기 때문이다. 아인슈타인(Einstein)의 한 절친한 친구가 나에게 말해준 것인데, 그 물리학자의 많은 위대한 생각은 그가 매일 아침 면도할 때 너무나도 갑작스럽게 다가왔기 때문에 그는 놀란 나머지 베이지 않기 위해 면도 날을 매우 조심해서 움직이지 않으면 안 되었다고 한다. 영국의 한 저명한 물리학자가 언젠가 쾰러(Wolfgang Köhler)에게 한 말이다. "우리는 종종 3B를 이야기한다. 그것은 버스(bus), 목욕(bath), 침대

[28] Jacques Hadamard, *The Psychology of Invention in the Mathematical Field*(Princeton: Princeton University Press, 1945), 15쪽에 인용된 것이다.

[29] Henri Poincaré, "Mathematical Creation," G. Bruce Halsted(trans.), *The Foundations of Science*(New York: The Science Press, 1913), 387쪽.

(bed)다. 우리 과학의 위대한 발견들이 탄생한 곳이다."

요점을 말하면 창의적 생각이 일어나는 몇 단계가 있다는 것이다. 첫째, 의식적으로 문제와 씨름하는 준비(preparation) 단계, 그 문제에 아무런 의식적 집중을 하지 않은 채 놔두는 부화(incubation) 단계, 마지막으로 조명(illumination) 단계로서 추후에야 논리적으로 정당화되는 단계다. 중요하고 복잡한 문제들과 무게를 판단하거나 원-삼각형 계열의 문제 같은 단순한 문제들 간에는 분명한 유사점이 있다. 준비 단계는 원칙적으로 원지시를 설정하는 것이며 이때 원지시가 작용할 자료에 의식적 집중이 부가된다. 그러나 엄청난 발견의 세계로 갑자기 도약하는 실제의 추리과정은 간단하고 사소한 무게 판단과 마찬가지로 의식에 전혀 표상되지 않는다. 어쩌면 문제를 풀기 위해서는 문제를 잊고 있어야 하는 것처럼 보이기도 한다.

의식의 처소

마지막으로 다루려는 오류는 중요하기도 하거니와 흥미진진하기도 하다. 이것을 맨 마지막으로 다루는 까닭은 이것이 통속적인 의식이론에 최후의 일격(coup de grâce)을 가한다고 생각하기 때문이다. 의식은 어디에서 발생하는가?

누구나 아니 거의 전부 즉각적으로 '내 머리에서'라고 대답한다. 그 이유는 내성할 때 우리는 눈 뒤의 어딘가에 있는 내적 공간을 들여다보는 듯하기 때문이다. 그러나 도대체 '본다'는 게 무엇인가? 우리는 좀더 명쾌히 내성하기 위해 때로 눈을 감기까지 한다. 무엇을 보는 것인가? 이것의 공간적 성격은 의심할 여지없이 분명해 보인다. 게다가 우리는 움직이기도 하며, 적어도 다른 방향들을 '바라보기'도 하는 듯하다. 우리 스스로 이 (상상된 내용이 아닌) 공간의 특성을 좀더 기술하도록 강하게 압박하면, 알 수 없는 부담감 같은 것을 느낀다. 이는 마치 알기를 원치 않는 무엇인 양, 묻는 것만으로도 분위기 좋은 곳에서 무례한 행동을 할 때처럼 어쩐지 불쾌한 느낌이 들게 한다.

우리는 이 의식의 공간을 우리의 두뇌 내부에 위치시킬 뿐 아니라, 다른 사람의 두뇌 안에도 그것이 있다고 가정한다. 이따금씩 눈과 눈을 마주치며, 친구와 대화할 때도, (이것은 눈과 눈을 마주치는 것이 부족의 위계질서를 세우는 것과 관련되었던 영장류의 유산인데) 우리는 늘 우리가 말하는 친구의 눈 뒤편에 어떤 공간을 가정하며 말한다. 마치 내가 말할때 내 말이 나오는 근원으로 가정되는 내 머릿속의 공간과 유사한 다른 사람의 공간에게 말하는 것이다.

이것이 바로 문제의 발원지다. 왜냐하면 우리는 우리 머릿속 어디에도 그런 곳이 존재하지 않다는 것을 누구보다 잘 알기 때문이다. 내 머리나 당신의 머리 안에는 이런저런 종류의 생리학적 조직(tissue)만이 있을 뿐이다. 그리고 이들이 대부분 신경섬유라 해도 달라질 것은 아무것도 없다.

이런 생각을 제대로 이해하기 위해 좀 깊이 생각해보자. 앞의 주장에 따르면, 우리는 해부학적으로 존재하지 않는다는 것을 잘 알면서도, 자신과 타인의 머릿속에 끊임없이 이런 공간을 창조해내고 있다는 것이다. 그리고 이 '공간'의 처소는 지극히 자의적이라는 것이다. 예컨대 아리스토텔레스의 저작에서는[30] 의식 또는 생각의 처소가 심장 바로 윗부

---

[30] 아리스토텔레스가 쓴 것으로 추정되어온 글들은, 내가 하고 싶은 대로 표현한다면, 동일한 사람이 쓰지 않은 것이 분명하다.

분에 있고, 두뇌는 감촉이나 상처에 둔감한 것으로 봐서 단지 냉각시키는 기관으로 여긴다. 어떤 독자들은, 자신이 생각하는 자아가 가슴 윗부분 어디쯤 있는 것으로 믿기 때문에, 이런 주장이 틀렸다고 여길 것이다. 그러나 두뇌를 의식의 처소로 생각하는 우리의 습관은 대부분 너무도 깊게 뿌리박혀 있어서 달리 생각하기란 무척 힘들다. 그러나 실제로 당신은, 당신이 지금 있는 곳에 있듯이 당신의 의식을 방바닥 가까이의 벽에 면해 있는 옆방 구석에 있는 것이라고 생각할 수도 있을 것이다. 이때에도 당신은 그것이 당신의 머릿속에 있다고 생각할 때와 같이 사고를 수행할 수 있을 것이다. 그렇지만 실제로 이렇게 생각하는 것은 잘 안 될 것이다. 왜냐하면 당신의 정신-공간이 당신 내부에 있다고 생각하는 편이 더 편리할 수밖에 없는 아주 타당한 이유가 있기 때문이다. 그 이유는 의지나 내적 감각과 관련되고, 앞으로 점차 명백해질 것인데, 당신의 '나'와 당신의 신체와의 관계와 관련되어 있다.

의식의 거처를 두뇌 속에 두어야 할 현상적 필연성이 없다는 것은, 의식이 (자기) 신체 밖에 있는 것 같다고 호소하는 다양한 이상 (심리) 사례들로 더욱 강화될 수 있다. 전쟁에서 좌측 전두엽에 부상을 입은 한 환자는 병동 천장 모서리에서 '잃었던' 의식을 되찾았는데, 그곳에서 의식은 간이침대에 누워 붕대에 감싸여 있는 자신을 쾌활한 모습으로 내려다보고 있었다. 엘에스디(lysergic acid diethylamide)를 맞은 사람은 대개 이와 유사하게 신체일탈 체험 또는 탈신체(exsomatic) 체험을 보고한다. 이런 사례들은 형이상학적으로 어떤 것도 증명해주지는 않는다. 다만 의식을 어디에 두어야 하는지가 자의적 문제임을 보여줄 뿐이다.

한 가지 조심할 것이 있다. 내가 의식하고 있을 때, 나는 언제나 그리고 반드시 내 머릿속 두뇌의 특정부위를 사용하고 있다. 나는 자전거를 탈 때도 마찬가지로 한다. 그러나 자전거 타기가 내 머릿속에서 진행되는 것은 아니다. 물론 자전거 타기는 일정한 위치에서 발생하지만 의식은 그렇지 않다는 차이점이 있다. 우리는 의식이 어디에서 일어나는지 상상할 수 있지만, 실제로 그런 장소는 존재하지 않는다.

의식은 필수적인가

우리가 지금 어디에 있는지를 되돌아보아야겠다. 왜냐하면 명확하게 하기보다 오히려 더 복잡하게 하는 듯한 엄청난 양의 곁가지 자료들을 헤치며 왔기 때문이다. 우리는 의식이 우리가 일반적으로 생각하는 것과는 다른 것이라는 결론에 도달했다. 의식은 수많은 지각현상에 관여되어 있지 않다. 그것은 기술수행에도 관여하지 않으며 오히려 그 수행을 방해하기도 한다. 그것은 말하기와 쓰기와 듣기와 읽기에도 관여할 필요가 없다. 그것은 사람들이 대부분 생각하는 것처럼 경험을 복사해 두는 것도 아니다. 의식은 신호학습에도 전혀 관여하지 않으며, 기술학습이나 문제해결 학습에도 관여할 필요가 없다. 이들은 의식 따위의 개입 없이도 잘 진행되기 때문이다. 의식은 판단을 내리거나 단순한 사고를 하는 데도 꼭 필요하지 않다. 의식은 이성의 토대도 아니다. 실제로 창조적 추리를 해야 하는 몹시 힘든 경우에도 의식의 집중 없이 추리가 이루어지고 있다.

의식은 상상 속에서만 처소가 있고, 실제로는 그 처소가 없다. 당연히 뒤따르는 질문은 "의식은 도대체 존재하는가?"일 수밖에 없다. 이것이 다음 장의 주제다. 현재 내릴 수 있는 결론은, 의식은 우리의 많은 행동에 그리 큰 영향을 주지 않는다는 것이다. 이제까지의 우리의 추리가 맞다면, 말하고 판단하고 추리하고 문제를 푸는 등 우리가 하는 일을 대부분 수행하면서도 전혀 의식하지 못하는 인종이 있을 수 있다는 결론이 충분히 가능하다. 이 시점에서 우리가 결론 내리지 않으면 안 될 이 개념은 중요하면서도 어떤 점에서는 '이제까지의 생각을' 뒤집어놓을 만하다. 내가 서론을 이런 식으로 시작하고 서론에 커다란 중요성을 부여하는 데는 이유가 있다. 지금 당신이 의식이 없는 어떤 문명이 가능하다는 것을 믿을 수 없다면, 이하의 논의는 설득력 없는 것일뿐더러 모순적인 것이 되고 말 터이기 때문이다.

이런 식으로 의식에 관련된 중요한 몇 가지 오해를 제거하면 남는 것은 무엇인가? 의식은 이 모든 오해들이 아니라면, 즉 우리가 생각한 것처럼 그렇게 포괄적인 것도 아니며, 경험의 복사도 아니며, 학습과 판단 심지어 사유가 일어나기 위해서 반드시 필요한 것도 아니라면, 도대체 무엇이란 말인가? 앞장의 먼지와 잡석을 보노라면 우리는 마치 피그말리온[1]이 보았던 것처럼 의식이 잡석더미에서 순수하고 원시적인 모습으로 새롭게 걸어나오길 기대하게 된다. 이제 그 먼지들이 가라앉을 때까지 우리 주제의 주변을 산책하며 다른 이야기를 해보기로 하자.

언어와 은유

은유를 이야기해보자. 언어의 가장 놀라운 속성은 은유를 만드는 능력이다. 하지만 그 정도 표현은 너무 약하다. 은유는, 옛날 작문책들이 종종 평가절하했던 것처럼, 단순히 언어의 특별한 묘기 정도가 아니라

---

1 자기가 만든 상에 반했던 그리스 신화의 키프로스 조각가─옮긴이.

언어의 매우 본질적인 근거다. 나는 지금 가장 일반적인 의미의 은유를 말하고 있다. 은유는 한 대상 표현을 다른 대상을 기술하는 데 사용하는 것으로, 이들 간에는 모종의 유사성이 있거나 이들이 제3의 대상에 대한 관계에서 유사성이 있는 경우에 적용된다. 따라서 은유에는 항상 두 가지 용어가 있게 되는데 기술되는 것, 즉 내가 피은유체(被隱喩體, metaphrand)라고 부르는 것과, 그것을 설명하는 데 사용되는 사물이나 관계, 즉 내가 은유체(metaphier)라고 부르는 것이 그것이다. 은유는 언제나 덜 알려진 피은유체에 적용되는 알려진 은유체다.[2] 나는 곱셈에서 승수가 피승수에 곱해지는 것을 본따서 이러한 합성어를 만들어냈다.

언어는 바로 이 은유가 있어서 발달한다. "이것은 무엇입니까?"라는 질문에, 그 대답이 어렵거나 독특한 경험일 경우에 듣게 되는 통상적인 대답은, "글쎄요, 그건 ⋯⋯같은 거죠"다. 실험실 연구에서 무의미 대상들(nonsense objects)[3](또는 피은유체)을 보고 이것을 보지 않은 다른 사람에게 그것들을 기술해줄 때, 어린이나 성인은 모두 수많은 은유체를 사용하는데 이들이 반복되면 명칭(label)으로 응축된다.[4] 언어의 어휘

---

2 이 구별은 리처드(I. A. Richard)의 'tenor'와 'vehicle'과 같은 함의가 있는 것은 아니다. 그의 *Philosophy of Rhetoric*(New York: Oxford University Press, 1936), 96쪽, 120~121쪽을 참조하라. 브룩 로즈(Christine Brooke-Rose)의 'proper'나 'metaphor'와 같지 않다. 이 용어들도 문제를 지나치게 자의적으로 만들고 있다. 그러나 Christine Brooke-Rose, *A Grammar of Metaphor*(London: Secker and Warburg, 1958), 제1장은 이 주제를 다룬 좋은 역사적 소개서다.

3 이전 경험이나 지식의 영향을 배제하기 위해 만든 인공적인 도형이나 물체 또는 피은유체-옮긴이.

4 S. Glucksberg, R. M. Krauss, R. Weisberg, "Referential Communication in Nursery School Children: Method and Some Preliminary Findings," *Journal of Experimental Child Psychology*, 3호, 1966, 333~342쪽을 참조하라.

는 주로 이런 방식으로 형성된다. 은유의 중요하고도 활달하며 단호한 기능은 문화가 복잡해짐에 따라, 필요할 때마다 새로운 언어를 창조해 내는 것이다.

이따금 사전에서 단어의 어원을 여기저기 뒤적여보면 이 주장이 사실임을 알게 될 것이다. 라틴어로 이름을 지은, 또는 'stag beetle', 'lady's slipper' 'darning needle', 'Queen Anne's lace', 'buttercup' 등과 같은 멋진 일상 영어이름으로 이름을 지은 다양한 동물군이나 식물군을 예로 들어도 좋다. 인간의 몸도 특별히 많은 용어를 생성하는 하나의 은유체로, 여러 영역에서 전에는 표현될 수 없었던 것들을 구분할 수 있게 해주었다. The head of an army, table, page, bed, ship, household, nail(군대의 우두머리, 식탁의 상석, 책 쪽의 첫 부분, 침상의 머리부분, 배의 앞부분, 가장[家長], 못대가리), or the head of steam or water(수증기나 물의 거품),[5] the face of a clock, cliff, card(시계의 글자판, 절벽의 깎아지른 면, 카드의 앞면), or the face of crystal(크리스탈의 앞면), the eyes of needles, winds, storms, targets, flowers, or potatoes(바늘 귀, 바람이나 태풍의 눈, 표적의 중심, 꽃이나 감자의 씨눈), the brow of a hill(산비탈의 꼭대기), the cheeks of a vise(조리개의 양 볼), the teeth of cogs or combs(톱니바퀴나 빗살), the lips of pitchers, craters, augers(물주전자, 분화구, 구멍 뚫는 드릴 등의 가장자리), the tongues of shoes, boardjoints, or railway switches(구두 혀, 널판 연결부위, 전철기[轉轍器]의 첨단), the arm of a chair or the sea(의자

---

5 영어에서 사용되고 있는 신체 은유체가 우리말에서도 모두 그대로 적용되는 것은 아니기 때문에 영어 원문을 먼저 적는다. 그러나 저자의 이 주장은 우리말의 다른 예에서도 얼마든지 입증할 수 있을 것이다 – 옮긴이.

의 손잡이나 내해), the leg of a table, compass(테이블이나 컴퍼스 다리), sailor's voyage(수부의 항해),[6] or cricket field(크리켓의 수비자), the foot of this page(이 쪽의 하단), the leaf(책갈피) 등. 이 모든 구체적인 은유는 우리 주변 세계에 대한 우리의 지각력과 이해를 엄청나게 향상시키며, 문자 그대로 새로운 대상을 창조하고 있다. 실로 언어는 지각력이 있는 기관이다. 단순히 의사소통 수단이 아니다.

이것이 바로 세계를 기술하고 더욱더 뚜렷이 지각하기 위하여 세계의 공간 속으로 (시간에 관계없이) 공시적 이동을 수행하는 언어의 모습이다. 그러나 언어는 또한 더욱 중요한 다른 방식, 즉 시간을 통하여 통시적 방식으로 우리 신경체계의 소질구조에 근거하는 경험의 이면으로 움직인다. 은유적 의미가 아니고는 대상을 관찰할 수 없는 추상적 개념들을 창조하기 위해서다. 이 추상개념들 역시 은유가 있어서 생성된다. 이것이 내 주장의 요점이요, 심장이요, 골수요, 알갱이요, 핵이요, 정수(精髓)인데 바로 마음의 '눈'으로만 '보이는' 은유인 것이다.

인간관계를 설명하는 추상적 개념 중 (영어의) 피부(skin)는 특별히 중요한 은유체다. 우리는 둔감한(thick-skinned), 민감한(thin-skinned), 아니면 까다로운(touchy) 사람들과 접촉한다(in touch). 까다로운 사람은 까다로운 부분을 잘못 거스를지(rub) 모르기 때문에 조심스럽게 다루어야(handle) 한다. 우리는 다른 사람에게 감정(feeling)을 갖기도 하고 그들과 감동적인(touching) 경험을 나누기도 한다.[7]

과학의 개념들도 모두 이런 식으로 구체적인 은유로 생성된 추상

---

[6] 배가 갈짓자로 지나간 한 구간의 직행거리를 뜻한다 - 옮긴이.

[7] Ashley Montagu, *Touching*(New York: Columbia University Press, 1971)을 참조하라.

적 개념들이다. 물리학에는 force(힘), acceleration(가속〔보속을 증가시킴〕), inertia(관성, 원래는 아둔한 사람을 가리켰음), impedence(임피던스),[8] resistance(저항), fields(장), charm(참)[9] 같은 용어들이 사용된다. 생리학에서는 기계의 은유가 온갖 발견을 촉진해왔다. 우리는 건전지나 전기통신에서 컴퓨터나 홀로그램(hologram)[10]에 이르는 모든 것들을 우리 두뇌를 은유하는 데 사용함으로써 두뇌를 이해하고 있다. 의료 시술 역시 때때로 은유의 영향을 받았다. 18세기에는 열이 나는 심장은 끓는 주전자에 비유되어, 이를 치료하기 위해 심장의 연료를 줄이려는 사혈[11]이 처방되었다. 심지어 오늘날에도 의학의 많은 부분은 이런저런 공격에 신체를 방어하는 군사적 은유에 근거를 두고 있다. 그리스의 법개념도 건물의 기초에 해당하는 단어인 'nomos'(규범)에서 도출된 것이다. 'liable'(법적 의무가 있는)이란 단어는 줄로 묶는 것을 의미하는 라틴어 'ligare'에서 온 것이다.

초기에 언어와 그 지시체는 구체적인 것에서 추상적인 것으로 은유의 단계를 밟아 올라갔으며, 은유에 기초하여 추상적인 것을 창조해냈다고 해도 좋을 것이다.

은유가 이처럼 아주 중요한 기능을 감당해온 것이 늘 분명하게 드러나는 것은 아니다. 그 이유는 구체적 은유체들이 음소적 변화 속에 감추어져 단어들만 남게 되는 경우가 있기 때문이다. 심지어 은유적으로

---

8 교류회로에서의 전압과 전류의 비를 의미하는데 원래 'impede'에서 온 명사형으로, 'impede'는 발에 덫을 놓는 것을 의미한다 – 옮긴이.

9 물리학에서 'charm'은 'hadron'을 구별하는 물리량의 일종이나, 원래 신체의 아름다운 용모 등을 의미한다 – 옮긴이.

10 높은 해상도의 사진 감광판에 노출시킴으로써 만들어내는 음화 – 옮긴이.

11 치료 목적으로 환자의 혈액을 얼마간 몸 밖으로 빼낸다 – 옮긴이.

들리지 않는 'to be' 같은 동사도 은유에서 생성되어 나온 것이다. 이 말은 '성장하다, 자라게 하다'를 의미하는 산스크리트어 'bhu'에서 나온 것이며, 영어의 어형인 'am'과 'is'는 '숨쉬다'를 의미하는 산스크리트어 'asmi'와 동일한 어근에서 진화해온 것이다. 우리가 가장 형언하기 곤란해하는 동사의 불규칙 변화가 이처럼 인간이 아직 '존재한다는 것'에 해당하는 독립적인 단어를 갖지 못하여, 무엇이 '자라고 있다'라거나 '숨쉬고 있다'[12]라고 말할 줄밖에 모르던 시절의 기록이라는 사실은 놀라운 일이다. 물론 우리는 존재 개념이 이처럼 성장이나 호흡에 관한 은유에서 생성되어왔다는 사실을 의식하고 있는 건 아니다. 추상적 단어들이란 분주히 주고받는 일상 대화 속에서 구체적 이미지들이 닳아 없어져버리고 만 낡은 동전 같은 것이다.

우리는 짧은 생애에 광대한 역사의 아주 적은 기간만을 살기 때문에, 언어를 마치 대리석 같은 영구성을 지닌 사전처럼 확고한 것으로 생각하는 경향이 아주 강하다. 그러나 언어는 쉼 없이 파도치는 은유의 바다다. 지난 1,000~2,000년에 걸쳐 일어난 어휘의 변화를 생각하고 그것을 자그마치 수천 년으로 확장해 나간다면, 한 가지 흥미로운 역설이 생겨난다. 만일 우리가 모든 것을 표현하는 능력이 있는 언어를 만들어내면 은유는 더는 가능하지 않을 것이기 때문이다. 이 경우 나는 나의 사랑을 붉은색이나 붉은 장미 같은 것이라고 말하지 않게 될 것이다. 왜냐하면 사랑은 수천 가지 뉘앙스가 있는 용어들로 폭발하게 될 것이며 옳은 용어를 골라 쓰게 된다면 장미는 은유적으로 아무것도 아닌 것

---

12 Phillip Wheelwright, *The Burning Fountain*(Bloomington: Indiana University Press, 1954)에서 사용한 설명방식이다.

이 되고 말 것이기 때문이다.

그러므로 언어 사전이란 유한한 용어의 집합이지만 은유가 있어 무한 집단의 상황으로 뻗어나갈 수 있고, 심지어 새로운 상황들마저 창조해낼 수 있다.

(의식은 이러한 하나의 새로운 창조가 아닐까?)

은유로서 이해하기

우리는 지금 의식을 이해하려고 하지만, 우리가 무언가를 이해하려고 할 때 우리가 하려는 것은 진정 무엇인가? 마치 무의미 대상을 기술하려고 애쓰는 어린아이처럼, 우리가 어떤 사물을 이해하려고 할 때, 우리는 그 사물을 은유한 것을 발견하려고 애쓴다. 그때 아무 은유나 찾으려 하지 않고, 좀더 친숙한 것과 주의를 끌기 쉬운 은유를 발견하려고 한다. 사물을 이해한다는 것은 그 사물을 우리에게 좀더 친숙한 것으로 대체함으로써 그것의 은유에 도달하는 것을 의미한다. 친숙성의 감정이 바로 이해의 감정인 것이다.

몇 세대 전 사람들은 천둥을 초인간적인 신들이 싸우는 중에 으르렁거리고 덜커덩거리는 소리라고 이해했다. 번개가 번쩍 하고 나서 뒤이어 오는 뇌성을 우리는 우리에게 익숙한 전쟁소리로 환원했다. 마찬가지로 오늘날에도 우리는 폭풍을 생각할 때 마찰, 섬광, 진공상태와 관련하여 상상되는 여러 가지 경험들 그리고 서로 부딪쳐 소리를 내는 산더미처럼 부풀어오른 공기를 떠올린다. 실제로는 이 둘 중 어느 것도 우리의 상상처럼 실재하지는 않는다. 이러한 물리학적 사건들에 우리가 갖는 이미지는 싸우는 신들의 경우와 마찬가지로 실제와는 동떨어져 있다. 그럼에도 이러한 이미지는 은유가 되고 친숙하게 느껴진다.

그래서 우리는 폭풍우를 이해한다고 말한다.

다른 과학분야에서도 우리는 자연의 한 면모가 어떤 친숙한 이론 모델에 유사하다고 말할 수 있을 때 그것(자연의 면모)을 이해한다고 말한다. 말이 나온 김에 덧붙이면 이론과 모델이라는 용어는 때로 상호 교환해서 쓰이기도 한다. 그러나 실제로는 그래서는 안 된다. 이론은 모델과 그 모델이 표상하기로 되어 있는 사물들의 관계를 가리키는 말이다. 원자에 관한 보어(Bohr) 모델은 궤도를 돌고 있는 전자들에 둘러싸여 있는 양자의 모델이다. 이것은 태양계 모습과 흡사하며, 실제로 태양계는 그 은유의 출처 중 하나다. 보어 이론은 모든 원자들이 자신의 모델에 유사하다는 것이었다. 이 이론은, 새로운 미립자들과 복잡한 원자의 관계에 관한 최근 발견으로 사실이 아닌 것으로 판명되었다. 그럼에도 그 모델은 여전히 건재한다. 모델은 참도 거짓도 아닌 것이다. 오직 모델과 그것이 표상하는 것의 유사성에 관한 이론만이 참일 수도 거짓일 수도 있는 것이다.

그러므로 이론은 모델과 자료 간의 은유인 것이며, 과학에서 이해는 복잡한 자료와 하나의 친숙한 모델 간의 유사성에 대한 느낌인 것이다.

한 사물을 이해한다는 것이 그 사물을 더 친숙하게 하는 것이라면, 의식을 이해하는 것에는 늘 어려움이 따르리라는 것을 알게 된다. 왜냐하면 우리의 직접적(immediate) 경험에는 그 경험과 같은 그 어떤 것도 없으며 또 있을 수도 없다는 것이 곧바로 명백해지기 때문이다. 그러므로 우리는 우리가 의식할 수 있는 사물을 이해하는 방식으로는 의식을 이해할 수 없을 것이라는 깨달음에 도달한다.

이제까지 우리가 보았던 의식에 관한 오류는 대부분 은유를 시도하는 데 따르는 오류였다. 우리는 학생시절에 쓰던 석판(schoolboy's slate)[13]에 대한 명시적 은유에서 의식을 경험의 복사물로 인식하는 것을 논의한 적이 있다. 그러나 실제로는 그 누구도 의식이 경험을 복사한다고 말하지는 않는다. 마치 경험을 복사하고 있는 것인 양 보일 뿐이다. 물론 분석을 통해서 우리는 의식이 그런 따위의 일을 하지 않는다는 것을 밝혔다.

의식이 무언가를 행하고 있다는 앞서의 문장들 배후에 깔려 있는 그 생각마저도 하나의 은유다. 그것은 의식을 물리적 공간에서 행동하며 무언가를 하는 사람으로 다루고 있다. 이것은 '행한다'는 것이 은유일 때만 사실인 것이다. 왜냐하면 무언가를 한다고 하는 것은 생명체가 물리적 세계 속에서 행하는 일종의 행동이기 때문이다. 또한 이 은유적 '행동하기'가 이루어지는 곳은 어떤 '공간'이란 말인가? (먼지가 약간씩 가라앉기 시작한다.) 이 '공간' 역시 실제적 공간의 은유임이 틀림없다. 이 모든 것은 의식이 있는 곳이 어디냐에 대한 앞서의 논의와 은유를 생각나게 한다. 의식이 하나의 사물처럼 생각되었던 것이며, 따라서 다른 사물들처럼 있을 곳이 없으면 안 될 것이나, 앞서 보았던 것처럼 실제로 공간의 어느 곳에 존재하는 것은 아니다.

내 논증이 꽤나 복잡하게 진행되는 것 같다. 하지만 이를 간략히 정리 하기 전에 내가 앞으로 사용할 유사(analog)라는 용어의 뜻을 서술해두어야겠다. 유사는 모델이긴 하지만 특별한 종류의 모델이다. 이것은 무엇이든 출처로 삼을 수 있으며 설명과 이해의 가설로 쓰이는 것이 목적인 과학적 모델과는 다르다. 오히려 유사는 모든 면에서 유사의 대상이 되는 사물에 따라 생성된다. 지도가 좋은 예다. 지도는 과학

---

13 쉽게 썼다 지웠다 할 수 있게 만든 것 - 옮긴이.

적 의미의 모델도 아니며, 미지의 무엇을 설명하기 위하여 제시된 보어의 원자 같은 가설적 모델도 아니다. 이것은 완벽하지는 않지만 잘 알려진 것으로 구성된다. 땅의 각 부분은 지도의 상응하는 부분에 대응된다. 비록 땅과 지도를 구성하는 재료는 서로 전혀 다른 것들이며 땅이 지니고 있는 특징들이 대부분 사상되어 있기는 하다. 이 유사로서 지도와 땅의 관계는 하나의 은유다. 내가 지도의 한 지점을 가리키면서 "이곳이 몽블랑인데, 우리는 샤모니에서 이 길을 따라 동편 정상에 도착할 수 있다"고 한다면, 이것은 실제로는 "'몽블랑'이라고 씌어진 지점과 다른 지점들의 관계는 실제 몽블랑과 인접 지역들의 관계와 유사하다"고 말하는 것을 간단히 표현한 것에 지나지 않는다.

정신의 은유언어

앞의 잡다한 이야기에서 분명히 무언가가 흐릿하게나마 떠오른다. 지금 나는 차근차근 내 주장을 입증하려는 게 아니다. 여러분의 마음속에 특정 개념을 정돈해둠으로써, 적어도 듣자마자 내 요점과는 동떨어진 생각을 해버리지는 않게 하려는 것이다. 이 과정은, 내 생각에도 이 책 중에서 확실히 어려운 부분에 속하며 산만하기까지 하지만, 내 결론을 일반적인 용어들로 단순하게 하여 그 뜻을 명료하게 하려는 데 그 목적이 있다.

주관적이고 의식적인 정신은 이른바 실제 세계라는 것의 유사다. 그것은 온통 물리세계 내에서 일어나는 작용에 대한 은유와 유사들을 구사하여 이루어지는 어휘와 어휘들이 이루는 장(lexical field)으로 구성되어 있다. 정신의 실재는 수학과 같은 차원의 것이다. 이것은 우리에게 행동과정을 단축시킴으로써 좀더 적절하게 결정할 수 있게 한다. 이것은 수학과 마찬가지로 하나의 운용자일 뿐, 어떤 사물이나 저장소가 아니다. 이것은 의도와 결정으로 긴밀히 묶여 있다.

우리가 사용하는 언어가 의식과정을 기술한다고 생각해보자. 정신활동을 기술하는 데 사용되는 가장 돋보이는 언어집단은 시각적인 것이다. 우리는 '번득이는'(brilliant) 해결책을 '발견하며'(see), '흐릿하거나'(dull) '모호하거나'(fuzzy) '애매하지'(obscure) 않은 해결책과 '더 총명하고'(brighter) '명쾌한'(clearheaded) 사람을 말한다. 이러한 말들은 모두 은유며 이런 말들이 적용되는 정신-공간(mind-space) 역시 실제공간의 은유인 것이다. 이 은유 속에서, 즉 은유적 정신-공간 속에서 다룰 사물들을 만들어내는 행위의 은유를 사용하여, 우리는 어떤 '관점'(viewpoint)에서 문제에 '접근'(approach)하며 어려움과 '씨름하며'(grapple) 또는 문제의 부분들을 함께 모아 '이해한다'(comprehend).[14]

우리의 정신상태가 '빠르다' '느리다' (우리가 궁리하거나 문제를 함께 열심히 검토할 때) '흥분되어 있다' '민활하다' '강한 정신력' 또는 '약한 정신력이다'라고 말할 때와 같이, 정신-공간 내에서 정신적 행위를 기술하기 위해서는 실제공간에서 신체적 행위를 기술하는 형용사들이 채택된다. 이러한 은유적 활동이 진행되는 정신-공간은 자체의 형용사 집단을 가지고 있다. 우리는 '넓은 마음이거나' '속이 깊거나' '개방적이거나' '속이 좁거나' '……에 사로잡혀 있거나' '걱정을 마음에서 떨쳐버리거나' '마음에서 잊어버리려 하거나' '뭔가를 알아차리거나' '뭔가를 마음속에 새기거나' '마음속에 유념하거나'(bear, have, keep, or

---

14 함께-포착한다는 뜻의 합성어 - 옮긴이.

hold it in mind) 한다.

실제공간에서처럼 뭔가가 우리 마음 '뒤편에' 있을 수도 있고, '내부 깊숙이' 또는 '생각이 닿지 않는 곳에' '생각에서 떠난' 곳에 있을 수도 있다. 논쟁할 때 우리는 상대방에게 '뭔가를 전달'(get through)하려 하고, 상대의 '이해에 도달'하려 하며, '공통의 근거'를 발견하려 하고, 뭔가를 '지적'하려 한다. 실제공간의 모든 행위가 유사를 통해 정신-공간 속으로 옮겨지는 것이다.

그러나 우리는 무엇에 관하여 은유를 만들어내고 있는가? 우리는 사물의 특정 면모를 지시하거나 말로 표현하기가 불가능한 어떤 것을 기술하려는 것이 은유의 일반적 기능임을 살펴본 바 있다. 지시되고 기술되고 표현되고 어휘적으로 확장될 이것을 가리켜 우리는 피은유체라 한다. 우리는 은유체라 불리는 어떤 유사한 것 또는 좀더 친숙한 것들을 써서 이 일을 수행한다. 근원적으로 이 은유의 목적이 조개가 서식하기에 더 좋은 지역을 바다의 팔(지류, arm)이라고 명명하거나, 기둥에 판자를 더 잘 붙잡아두도록 못에 못대가리(head)를 붙인다고 하는 등 철저히 실용적임은 물론이다. 이때 은유체는 팔과 머리가 되는 것이며, 피은유체는 이미 존재하는 바다의 특정 부분과 못의 특정 부위가 되는 것이다. 우리가 정신-공간은 실제공간의 은유라고 말할 때, 정작 실제의 '외적' 세계는 은유체가 된다. 그러나 은유가 의식을 단지 기술하는 게 아니라 의식을 생성한다고 할 때 그 피은유체는 무엇이란 말인가?

석의체(釋義體, Paraphiers)와 피석의체(被釋義體, Paraphrands)

은유의 속성(우리는 언제나 우리가 말하는 거의 모든 것에 은유적 속성이 담겨 있는 것을 보게 된다)을 좀더 자세히 들여다보면, 은유는 은유체와 피은유체 이상의 것으로 구성되어 있음을 발견('발견'이라는 말 또한 마찬가지다)하게 된다. 가장 복잡한 은유의 기저에는 내가 석의체라고 부르려는 은유의 다양한 연상이나 특질들이 존재한다. 이 석의체는 내가 피은유체의 피석의체라고 부르는 피은유체 속으로 다시 투사해 들어간다. 이는 모두 전문용어다. 하지만 우리의 지시대상을 분명히 해두려면 이를 해명하는 것은 반드시 필요하다.

몇 가지 예시를 보면 은유를 이 네 부분으로 풀어내는 일이 아주 간단한 것임을 알게 될 것이며, 또한 다른 방식으로는 말할 수 없다는 사실도 분명히 할 수 있을 것이다.

눈이 대지를 담요(blanket)처럼 덮고 있다는 은유를 생각해보자. 이때 피은유체는 눈이 대지를 덮고 있을 때의 (빈틈없이 덮고 있는) 완전성과 심지어 두툼하기까지 한 그 어떤 것이며, 은유체는 침대 위의 담요다. 그러나 이 은유가 풍기는 아늑한 느낌들(pleasing nuances)은 담요라는 은유체의 석의(체) 속에 있다. 이것은 잠에서 깨어날 때까지 느끼던 따스함, 보호감, 졸림 같은 무엇이다. 이제 담요가 주는 이 연상들은 자동으로 눈이 대지를 덮고 있는 방식을 의미하는 본래적 피은유체의 연상이나 피석의(체)가 된다. 이리하여 우리는 이 은유에 따라, 대지는 봄에야 기지개를 켜며, 일어날 때까지 잠들어 있다는 생각과 덮인 눈의 보호를 받는다는 생각을 만들어내게 된다. 이 모든 것은 눈이 대지를 덮고 있는 방식과 관련되어 있는 '담요'라는 간단한 단어의 사용 속에 담겨 있다.

모든 은유가 이러한 생성 잠재력을 보유하는 것이 아님은 물론이다. 흔히 인용하는 배가 바다를 쟁기질한다(ship plows the sea)는 은유에서, 피은유체는 물속을 휘젓는 (뱃머리의) 노젓기라는 특정행위고 은유체는 쟁기질 행위다. 대응관계가 정확한 경우다. 그것으로 끝이다.

그러나 내가 시냇물이 숲 속을 따라 노래하며 흐른다(brook sings through the woods)고 말한다면, 시냇물의 졸졸거리는 소리나 콸콸 흐르는 소리라는 피은유체와 노래하며 걷고 있는 (아마도) 아이라는 은유체의 유사성은 전혀 엄격하지 않다. 여기에서 관심사항은 깡충깡충 뛰는 걸음과 즐거움이라는 석의(체)가 곧 시냇물이라는 피석의(체)가 되어버리는 것이다.

또는 수없이 사랑을 장미에 비유하고 있는 시에서, 사랑은 햇빛을 받을 때 살아나며, 달콤한 향기를 내며, 움켜쥘 때는 가시로 쏘며, 오직 그 한 계절을 위해 피어난다는 표현에서 보듯이, 우리의 주의를 끄는 것은 은유체와 피은유체 간의 빈약한 대응관계가 아니라, 피석의(체)인 것이다. 또는 가령 내가 좀 덜 가시적으로, 따라서 좀더 심오하게, 내 사랑은 어느 철물공이 만든 주걱처럼 곡물을 담는 용기에 파묻혀 빛을 감추고 있다는 식으로 사랑을 정반대로 표현한다[15]고 하자. 여기에서 은유체와 피은유체 간의 직접적 유사성의 대응은 쉽게 보이기 때문에 사소해진다. 오히려 그곳에 있을 수 없는 어떤 것들이 있으니, 이는 감촉을 느낄 것 같은 육중한 부드러움을 지닌 시간의 축적과 그 속에 깊이 묻혀 꺼지지 않은 채로 있는 조심스런 모습, 즉 꺼지지 않게 간직된 사랑과 그 은밀한 발산, 성행위에 대한 이 모든 남성적인 의태적 표현 (그리하여 이루어진 피석의), 이 모든 것을 창조하는 것이 은유의 피석의체다. 우리가 은유를 통해 창조해내지 않는 한, 사랑에는 이들 속성이 있을 수 없다.

의식은 이러한 시작(詩作)에서 만들어진다. 이것은 우리가 앞서 살펴

---

[15] "Mossbawn(for Mary Heaney)," Seumas Heaney, *North*(London: Faber, 1974).

보았던 몇몇 정신의 은유를 돌이켜 생각해보면 알 수 있는 일이다. 가령 앞에서 제시했던 원과 삼각형 시리즈 같은 간단한 문제를 풀려고 한다 하자. 그리고 우리는 드디어 답이 무엇인지, 즉 삼각형이 답인 것을 '본다'(see)고 주장함으로써 해답을 얻었다는 사실을 표현한다고 하자.

이 은유는 눈의 담요나 노래하는 시냇물과 똑같이 분석될 수 있다. 피은유체는 해답을 얻는 것이고 은유체는 우리 눈으로 본 시각이며, 피석의(체)를 창조해내는 시각과 관련하여 연상된 모든 것들, 예를 들면 마음의 '눈' '해답을 명백하게(clearly) 보기' 등과 같은 것이 석의(체)다. 가장 중요한 것은, 내가 정신-공간이라고 부르는, '바라보기'(seeing)가 이루어지고 있는 '공간'(space) 또는 '바라보는'(see) '대상'(objects) 등과 같은 피석의(체)다.

나는 이 간단한 기술이 최초에 의식이 어떻게 생성되었는지를 설명하는 진정한 이론을 대체할 수 있다고 생각하지 않는다. 이 문제는 제2권에서 다룰 것이다. 나는 단지 의식은 어휘적 은유작업이라는 것이 추후에 입증될 가능성이 있음을 암시하려는 것뿐이다. 이것은 표현의 구체적 은유체들에서, 즉 단지 기능적 의미에서만 존재하는 피석의체를 투사하는 전자의 석의체들에서 직조되어 나온다. 더구나 그것은 지속적으로 자신을 생성해나가는 과정에서, 각각의 새로운 피석의(체)는 자신에 입각하여 하나의 피은유체가 될 수 있고, 결과적으로 석의체들을 지닌 새로운 은유체들을 계속해서 낳게 된다.

물론 이 과정은 내가 위에서 말할 때 아무렇게나 되는 것으로 들렸을지도 모르나 그렇게 우연적인 것이 아니며, 그렇게 우연적으로 될 수도 없다. 세계는 조직되어 있을 뿐만 아니라, 고도로 조직된 것이어서, 의식을 생성하는 구체적 은유체 역시 조직된 방식으로 의식을 생성하고 있다. 그렇기 때문에 우리가 의식하는 물리적-행위적 세계와 의식 사이에는 유사성이 있다. 일정한 차이가 있긴 해도, 세계 구조는 의식 구조 안에 반영된다.

이야기를 진행해가기 전에 마지막으로 다루어야 할 한 가지 복잡한 사정이 있다. 유사의 기본적인 속성은 그것이 생성되는 방식과 사용되는 방식이 분명히 다르다는 점이다. 지도 제작자와 지도 사용자는 각기 다른 일을 하고 있는 것이다. 지도 제작자에게 그가 탐사하여 아는 땅은 은유체며, 그것을 가지고 작업을 펼치고 있는 백지는 피은유체가 된다. 그러나 지도 사용자에게는 정반대가 된다. 그에게 땅은 알 수 없는 존재며, 그 땅이 바로 피은유체가 되는 반면, 그가 땅을 알기 위해 사용하는 지도는 은유체가 된다.

의식도 마찬가지다. 의식이 언어적 표현의 피석의체가 있어서 생성되고 있을 때 의식은 피은유체다. 그러나 의식의 기능은 말하자면 귀향길(return journey)이다. 의식은 과거의 경험을 가득 지니고 있는 은유체로서, 미래의 행위나 결정 같은 알 수 없는 것에 끊임없이 선택적으로 작용하고, 또한 부분적으로 기억된 과거가 있는 은유체로 현재의 자신과 미래의 자신에게 끊임없이 선택적으로 작용한다. 우리는 이 의식에 따라 생성된 구조로 세계를 이해하게 된다.

이 의식 구조를 어떻게 특징지을 수 있을까? 여기에서는 가장 중요한 것만 간단히 언급해두려고 한다.

의식의 특징

1. 공간화   의식의 일차적이며 가장 원초적인 면모는, 우리가 이미 언급했던 것처럼, 우리가 만들어내는 거의 모든 정신적 은유가 지니고 있

는 피석의체며, 우리가 그것이 거하는 처소로 여기는 정신-공간이다. 만일 당신에게 당신의 머리와 발을 생각하고, 오늘 아침식사를 생각한 다음, 런던 탑을 생각하고, 오리온 성좌를 생각하라고 한다면, 이것들은 공간적으로 분리되어 있는 특성이 있는데, 내가 언급한 것이 바로 이 성질이다. 우리가 내성할 때(이것은 무언가의 속을 들여다본다는 은유다), 각각의 새로운 사물들과 관계가 의식화되면서 우리는 지속적으로 갱신하고 '확장'(enlarging)하게 되는데 이것은 바로 이 은유적 정신-공간에서 일어난다.

제1장에서 우리는 어떻게 우리가 우리의 머리 안에 그리고 타인의 머리 안에 정신-공간을 창조하고 있는지를 말한 바 있다. 창조했다는 말은 존재론적 의미를 빼더라도 지나친 말일는지 모른다. 그보다는 우리는 이 '공간'을 의심할 여지없이 가정한다. 이 공간이야말로 의식한다는 것과 타인이 의식하고 있다고 가정하는 것의 한 부분이 된다.

더구나 물리적-행동적 세계 내에 공간적 특성이 없는 것들조차 의식 내에서는 그런 것을 갖게 된다. 그렇지 않으면 우리는 그것들을 의식할 수 없다. 이것을 우리는 공간화라고 부를 것이다.

시간은 그 좋은 예다. 만약 당신에게 지난 100년을 생각하라고 요구한다면, 당신은 지난해를 연속적으로, 그것도 아마 왼쪽부터 오른쪽으로 펼쳐 보이는 방식으로 문제를 발췌하는 경향을 보일 것이다. 물론 시간에는 왼쪽도 오른쪽도 없다. 단지 앞뒤가 있을 뿐이다. 그리고 이 앞뒤는 유사에 따르지 않는 한 어떤 공간적 특성도 없다. 결국 당신은 시간을 공간화하지 않고는 절대로 그것을 생각할 수 없다. 의식은 언제나 하나의 공간화다. 그 속에서 통시성[16]은 공시성[17]으로 변하며, 시간 안에서 발생한 것들은 발췌되어 나란히 보이게 된다.

이 공간화는 모든 의식적 사고의 특징이다. 혹 당신이 모든 심리이론의 어디에 내 특정이론이 적합한지를 생각하는 중이라면, 당신은 우선 습관적으로 당신의 정신-공간으로 '향하게' 되는데 그곳에서는 추상적인 것들이 '분리되고' '바라볼 수' 있도록 각각 '늘어놓을' 수 있게 될 것이다. 실제로 또는 물리적으로 이런 일이 일어날 수 없음은 당연하다. 그런 다음 당신은 이론을 구체적 대상으로 은유하고, 그런 대상들의 시간적 연쇄를 하나의 공시적 배열로 은유하고, 셋째로 이론의 특징을 물리적 특징으로 은유하고, 그들이 정도에 따라 질서정연하게 '배열'될 수 있게 할 것이다.

그런 다음 당신은 한 발 더 나아가 '적합하다'(fit)는 풍부한 은유를 만들게 된다. 여기서의 '적합'은 의식 속의 유사이지만 실제로 적합하게 하는 행위는 특정 질서에 의거하여 사물을 배열하는 개인적 경험에 따라, 또는 대상들을 그들의 그릇에 담아두는 경험 등에 따라 사람마다 다르고 문화마다 다르다. 이 때문에 사유의 은유적 기질은 때로 매우 복잡하고 드러내기가 어렵다. 그러나 당신이 이 책을 읽는 중에 갖게 되는 모든 의식적 사유는 이런 분석에 따라 구체적 세계 내의 구체적 행위들로 추적해 들어갈 수 있을 것이다.

2. 발췌 의식에서 우리는 어느 것을 있는 그대로 '볼' 수 없다. 왜냐하면 의식 속에서 '보기'는 실제 행위의 한 유사로, 실제 행위에서 우리

---

16 사물(특히 언어 같은 것)을 시간 경과에 따라 변화하는 것으로 다루는 기술적 방식 – 옮긴이.

17 사건들이 특정 방식으로 연관되어 있는 것으로 여겨 이들을 같은 시간 또는 같은 공간에 발생하는 것으로 파악하는 연구방식 – 옮긴이.

는 어느 한 순간에 사물의 오직 한 부분만을 보거나 한 부분에 주의를 기울일 수 있기 때문이다. 이는 의식에서도 마찬가지다. 우리는 한 사물을 우리가 주의를 기울여 알게 된 그 사물의 여러 측면들 가운데 가능한 한 모든 것(possible attention)에서 발췌를 수행한다. 의식은 우리 실제 행위의 한 은유이기 때문에 의식은 이렇게 할 수밖에 없다.

이리하여 예컨대 당신에게 서커스를 생각하라고 요청한다면, 당신은 우선 아슬아슬하게 스치는 아찔한 순간을 느낄 것이고, 곧 어쩌면 곡예사나 중앙에 마련된 원 안의 광대를 그릴지도 모른다. 당신에게 지금 당신이 사는 도시를 생각하라고 요구한다면, 당신은 특정 건물이나 전망대나 교차로 같은 어떤 그림을 발췌하게 될 것이다. 또 당신 자신을 생각하라고 부탁한다면, 당신은 당신의 최근 과거에서 무엇인가를 발췌하면서 당신 자신을 생각하고 있다고 믿을 것이다.

이 모든 경우에서 우리는 이러한 발췌는, 비록 우리가 그렇다고 말할지라도, 결코 사물 자체가 아니라는 사실에 어떤 어려움이나 특정한 모순을 발견하지 못할 것이다. 실제로 우리는 결코 사물들을 있는 그대로 온전하게 의식하는 것이 아니라, 그것들에서 만든 발췌를 의식하는 것이다.

발췌를 통제하는 변수들에는 더 많은 연구와 생각이 필요하다. 왜냐하면 세계에 대한 사람의 모든 의식과 그가 상호작용하는 사람들이 이 변수들에 의존하고 있기 때문이다. 당신이 잘 알고 있는 사람에 대한 당신의 발췌는 그에 대한 당신의 영향과 깊게 연관되어 있다. 당신이 그를 좋아한다면 그 발췌는 즐거운 것이 될 것이며, 그렇지 않다면 그것은 불쾌한 것이 될 것이다. 발췌와 의식 간의 인과관계는 양 방향으로 나타날 수 있다.

우리가 타인을 발췌하는 방식은 우리가 그 안에 산다고 느끼는 세계의 유형을 대체로 규정한다. 어린 시절의 우리 친척들을 예로 들어보자. 우리가 그들을 그들의 실패와 비밀스런 갈등과 망상들로 발췌한다면 그것은 그 나름으로 하나의 세계다. 그러나 가장 행복할 때, 그리고 그들 특유의 기쁨으로 충만해 있을 때 그들을 발췌한다면 그 세계는 전혀 다른 것이 될 것이다. 작가들이나 예술가들은 의식 '안에서' 이보다 더 우연적으로 일어나는 일들을 통제된 방식으로 만들어낸다.

발췌는 기억과 다르다. 한 사물의 발췌는 의식에서 기억이 갖고 있는, 그 사물이나 사건의 대표적 모습으로 우리는 이것들에서 기억을 떠올릴 수 있다. 지난여름 내가 무엇을 했던지를 기억하려 한다면, 나는 우선 해당 시간을 발췌하게 되며 그것은 달력에서 두어 달이 휙 지나가는 이미지가 될 수도 있다. 이것은 내가 어떤 강변을 거니는 것 같은 특정 사건의 발췌에 도달할 때까지 계속된다. 이로부터 나는 이 발췌 주위를 맴돌며 지난여름의 일을 떠올리게 된다. 이것이 우리가 회고(reminiscence)라 부르는 것이며, 어떤 동물에게도 허락되지 않은 인간의 특수한 의식과정이다. 회고는 발췌의 연쇄다. 이른바 의식 내의 모든 연상은 하나의 발췌요, 상이요, 한 가지 측면으로 성격과 변전하는 상황적 요소들에 근거를 둔 경험에서 발췌되어, 시간 속에 얼어붙은 어떤 것이라고 부를 수도 있겠다.[18]

3. 유사 '나'(I) 이 은유 '세계'의 아주 중요한 '특징'은 우리 자신에 대

---

[18] 발췌에 나타나는 연령과 건강에 따른 변화와 개별적 차이는 몹시 흥미진진한 연구과제다. 예를 들어 만일 우리가 침울해 있거나 고통을 당하고 있을 경우 의식 내의 세계에 대한 우리의 발췌는 극적 변화를 겪는다.

한 은유인 유사 '나'다. 이 유사 '나'는 우리가 실제로는 하지 않는 것을 '하고', '상상' 속에서 우리를 대신하여 '돌아다닌다'. 물론 이 유사 '나'의 용례는 수없이 많다. 우리는 이런저런 일을 '하고 있는' '자신'을 상상한다. 그리하여 우리는 상상의 '세계'에서 행동하고 있는 상상의 '자아'가 없었더라면 불가능했을 상상의 '결과'에 근거하여 결심을 '내리게' 된다. 공간화의 장에서 들었던 예와 같이, 내 이론이 다른 대안적 이론의 배열 가운데 어디에 '들어맞는'지를 '보려고' 애쓰는 것은 당신의 신체적 행위 자아가 아니라, 당신의 유사 '나'다.

우리가 산책하는 중에 두 길이 마주치는 숲길에 이르렀을 때, 그 중 하나는 구불구불 더 많이 돌아야 목적지에 당도하게 된다는 것을 안다면, 우리는 우리의 유사 '나'와 함께 그 긴 길을 '횡단'하며 그 길의 경치나 연못들이 긴 시간을 소비할 가치가 있는지를 알아보게 될 것이다. 이 유사 '나'라고 하는 대리인을 가진 의식이 없다면 우리는 이 같은 일을 할 수 없을 것이다.

4. 은유로서의 '나'(Me) 유사 '나'는 여기에서 끝나지 않는다. 그것은 동시에 은유 '나'(Me)이기도 하다. 그 긴 숲길을 걸어가는 자신을 상상할 때, 우리는 우리가 자기관찰적 상(auto-scopic images)이라고 불렀던 제1장의 실험에서처럼, 정말 '자신'을 '일별'하게 된다. 우리는 상상의 자신 내부에서 상상의 경치를 내다볼 수 있을 뿐만 아니라 몇 발자국 뒷걸음치기도 하고 어떤 개울에 엎드려 물 한 모금을 마시기도 하는 자신을 볼 수도 있다. 물론 여기에는 매우 심각한 문제가 있는데, 특히 '나'(I)와 '나'(Me)의 관계 같은 것들이다. 그러나 이것은 별도의 연구과제고 지금은 다만 문제의 성격을 지적하겠다.

5. 이야기 엮기(narratization) 의식에서 우리는 우리를 대신하는 자아가 항상 우리 삶의 이야기의 주인공으로 등장하는 것을 본다. 위에 예시한 것에서도 이야기 엮기는 명백히 드러나는데, 곧 숲길을 따라 산책하기가 그것이다. 그러나 이것은 우리가 의식하고 있을 때마다 언제나 이렇게 할 만큼 그렇게 분명하지는 않다. 나는 이것을 이야기 엮기라고 부르려고 한다. 나는 지금 이렇게 앉아서 책을 쓰고 있다. 이 사실은, 시간이 내가 지나온 세월의 여정 속으로 공간화되면서, 내 삶의 이야기 중심에 각인된다. 새로운 상황은 진행 중인 이 이야기의 부분으로서 선별적으로 지각되는데, 이에 적합하지 않은 것들은 주의를 끌지 못한 채로 있거나 적어도 기억되지 않는다. 더욱 중요한 것은 이 진행형 이야기에 조화되는 상황이 선택되는데, 내 삶의 이야기 속에서의 나 자신에 관한 영상이 새로이 발생하는 상황에서 내가 어떻게 행동하고 어떻게 선택할지를 결정하기까지 한다.

우리 행동에 원인을 부여하거나 왜 우리가 특정한 일을 행했는지 말하는 것 등은 모두 이 이야기 엮기의 한 부분이다. 이유로 제시한 그 원인들은 참일 수도 거짓일 수도, 중립적일 수도 이상적인 것일 수도 있다. 의식은 무언가를 하고 있는 우리를 보게 되면 언제나 그것을 설명할 태세가 되어 있다. 도둑은 자기의 행위를 가난 때문에 일으킨 행위라고 서술할 것이며, 시인은 자기 행위를 아름다움 때문이라고, 과학자는 진리 때문이라고 서술할 것이다. 의식 속에서는 목적과 원인이 행동의 공간화 속으로 혼란스럽게 뒤엉키며 짜맞추어진다.

우리는 우리 자신의 유사 '나'뿐만 아니라, 의식 내의 다른 모든 것들을 이야기로 엮는다. 산만하게 흩어진 하나의 사실을 이야기로 엮음으로써 또 다른 산만한 사실과 맞아떨어지게 연결된다. 한 어린이가 길에서 울고 있다면 우리는 이 사건을 길 잃은 아이와 그를 찾는 부모에 관한 정신적 그림으로 이야기를 엮는다. 나무 위에 올라가 있는 고양이를 보면 우리는 고양이를 쫓는 개 그림으로 이야기를 엮는다. 마치 우리가 정신의 여러 사실들을 의식의 이론 속에서 이해하려는 것처럼.

6. **조정(conciliation)** 내가 마지막으로 다루려는 의식의 양상은 포유류에 공통적으로 나타나는 행위과정을 모형으로 한다. 그것은 단순한 재인에서 발생하는데 지각된 대상의 정체가 다소 불분명할 때, 그 대상을 이전에 학습한 어떤 도식에 부합하도록 하는 자동적 과정으로, 이른바 동화(assimilation)라고 불린다. 새로운 자극은 다소 차이가 있더라도 우리의 개념이나 그 개념에 관한 도식으로 동화되어버린다. 우리는 결코 사물을 순간마다 똑같은 방식으로 보거나 듣거나 만지거나 하지 않기 때문에, 우리가 우리 세계를 지각할 때 이전 경험으로의 이 동화과정은 언제나 지속된다. 우리는 사물을 이미 학습된 도식에 근거하여 인지 가능한 대상으로 묶는다.

이 의식화된 동화가 조정이다. 양립화(조화, compatibilization)가 이것에 대한 더 나은 용어일지 모르지만 지나치게 구식으로 들린다. 지금 내가 조정이라는 말로 의미하는 바는 근본적으로 이야기 엮기가 정신시간 또는 공간화된 시간 속에서 하는 일을 정신-공간 내에서 하는 것이다. 이야기 엮기가 사물을 묶어 하나의 이야기를 만들어내듯이, 조정은 사물을 묶어 의식적 대상으로 만들어낸다. 하나의 일관성 또는 개연성으로 묶는 일은 경험에서 축적된 규칙에 따른다.

조정작업 속에서 우리는 발췌나 이야기 엮기를 서로 양립할 수 있도록(조화되도록) 만드는데, 이는 마치 외적 지각에서 새로운 자극과 내적 개념이 일치하도록 만들어지는 것과 같다. 만일 우리가 숲길을 따라 산책하는 자신을 이야기로 엮는다면 발췌의 연속은 자동적으로 그 산책과 양립하도록 만들어진다. 만일 백일몽 속에서 우연히 두 개의 발췌나 두 가지의 이야기 엮기가 동시에 일어나기 시작한다면, 이들은 섞여지거나 조정된다.

만일 당신에게 산록의 한 목초지와 하나의 탑을 동시에 생각하라고 요청한다면, 당신은 자동적으로 이들을 조정하여 목초지 가운데 솟아 있는 탑을 만들어낼 것이다. 그러나 내가 산록의 목초지와 바다를 동시에 생각하라고 요청한다면, 조정작업은 일어나지 않으려 할 것이며 당신은 하나씩 차례로 생각하기 쉽다. 이야기 엮기로 양자를 같이 묶어낼 수 있을 뿐이다. 이처럼 조정을 지배하는 양립성의 원리가 존재하는데, 이 원리는 세계의 구조에 근거하고 또 학습된다.

이제 우리가 어디까지 와 있으며 우리의 논의가 가는 방향은 어디인지를 '보는' 방식으로 요약해보자. 우리는 의식은 하나의 작용(operation)일 뿐, 어떤 사물도 저장소도 기능도 아니라는 것을 보았다. 의식은 유추를 통해 작용한다. 즉 유사 '나'가 있는 유사공간을 구성하며 작용하는데, 유사 '나'는 그 공간을 바라볼 수도 있고 그 안에서 비유적으로 움직일 수도 있다. 의식은 어떤 반사행위에도 영향을 행사하며, 관련된 측면들을 발췌하고, 그들의 의미가 마치 공간 속의 사물들처럼 조작될 수 있는, 은유적 공간 속에서 그 측면들을 이야기로 엮고 조정한다. 의식적 정신은 세계에 대한 공간적 유사며, 정신활동은 신체활동의 유사인 것이다. 의식은 오직 객관적으로 관찰할 수 있는 사물에만 작용한다. 또는 로크를 따라 달리 말해본다면, 의식에는 먼저 행동에 존재했던 것의 유사가 아닌 것은 아무것도 없다.

이 장은 힘든 장이었다. 하지만 세계에 대한 은유생성적 모형으로서 의식개념은 몇몇 뚜렷한 추론을 가능케 한다는 점과, 이러한 추론들은 우리 일상의 의식적 경험에서 검증될 수 있다는 점 등을 설득력 있게 제시했길 바란다. 물론 시작일 뿐이며, 그것도 앞으로 발전시켜 나가겠 다는 기대로, 꽤나 거칠게 다룬 시작일 뿐이다. 그러나 의식의 본성을 더 논의하는 것은 다음 장들로 미루고, 의식의 기원에 대한 우리의 주 된 탐구로 돌아가는 것이 좋겠다.

만약 의식이란 것이, 수학의 세계가 사물들의 질량의 세계와 비슷한 것처럼 행동의 세계와 비슷하며, 언어에 근거를 둔 유사 세계의 창조라 면, 의식의 기원에 대해 이제 우리가 무슨 말을 할 수 있을까?

우리는 이제 우리의 논의를 전개하는 데 있어 상당히 흥미로운 지점 에 당도했는데, 이는 앞서 서론에서 소개한 의식의 기원 문제에 대한 여러 해답들과는 전혀 상반되는 것이다. 왜냐하면 의식이 언어에 근거 를 둔 것이라면, 그 말은 곧 의식은 이제까지 주장되어온 것보다 훨씬 더 최근에야 모습을 나타낸 것이라는 말이 되기 때문이다. 의식이 언어 이후에 나타난 것이라니! 이 주장이 함의하는 바는 지극히 심각하다.

제3장
일리아스의 정신

큰 바퀴모양의 회전식 관람차가 안쪽으로 휜 곡면을 타고 올라와 최정점에 이르면, 튼튼한 철골 구조물이 보이다가 갑자기 그 구조물이 시야에서 사라지면서 공중으로 내던져지듯이 바깥쪽에서 휜 곡면을 타고 내려오는, 묘한 순간을 경험하게 된다.

아마도 지금이 그 묘한 순간이 아닌가 싶다. 왜냐하면 이 주제에 대하여 내가 (한때나마) 지녔던 선입견을 포함하여, 우리가 서론에서 보았던 과학적 대안은 모두, 의식은 자연도태에 따라 포유류나 그 이전 단계의 진화 과정에서 발전해왔다고 우리를 확신시켜 왔기 때문이다. 우리는 적어도 몇몇 동물들은 의식이 있고, 의식은 어떤 중요한 방식으로 두뇌의 진화 그리고 아마도 두뇌 피질의 진화와 관련되어 있으며, 특히 고대의 인간도 의식이 있어서 언어를 습득할 수 있었다고 확신했다.

이런 확신이 사라져버린 지금, 우리는 새로운 문제의 창공에 내던져진 듯하다. 만일 앞장에서 다룬 전혀 새로운 의식이론이 올바른 방향으로 발전하는 것이라면, 의식은 오직 인간에게만 나타날 수 있고, 의식의 발달은 언어 발달 이후에 나타난 것임이 틀림없다.

인류의 진화가 단순한 연속성이 있는 것이라면, 이쯤에서 우리가 할 일은 언어의 진화를 연구하고 할 수 있는 한 최선을 다해 언어의 출현 시기를 추적해 가는 것이리라. 그런 다음 우리는 탐구의 목적지에 당도 할 때까지 그 후의 인간 정신을 추적해보려고 애쓸 것이다. 그곳에서 우리는 이런저런 근거들을 제시하며 여기가 바로 그곳이다, 의식의 기원이자 시작점이다라고 주장할 수 있게 될 것이다.

그러나 인간은 단순하게 진화되지 않았다. 기원전 3000년경 인류의 역사에 한 가지 기이하고 매우 괄목할 만한 관행이 나타났다. 그 관행 은 언어가 돌이나 진흙이나 파피루스 위의 작은 표식으로 나타나는 변화였다. 이로써 언어가 표출될 때 그 소리를 들을 수 있는 사람에게만 들리는 것이 아니라, 누구라도 볼 수 있게 되었다. 따라서 조금 전에 언급된 연구 계획을 실행에 옮기기 전에, 먼저 보이는 언어의 가장 오래된 사례들을 조사함으로써 의식의 기원이 문자가 생기기 이전인지 그 후인지를 확인하지 않으면 안 된다. 이제 우리의 당면 문제는 인류 최초의 기록에 나타난 정신구조(mentality)를 알아보는 일이다.

주관적이고 의식적인 정신의 출현 여부를 판가름해줄 증거를 찾기 위하여 인류 최초의 기록물을 뒤져보기 시작하자마자, 즉각 수많은 기술적 문제들에 봉착한다. 가장 심각한 것은 우리와 전혀 다른 정신구조에서 발현되어 나왔음직한 기록물들을 번역해내는 문제다. 이것이야말로 인류 최초의 기록물에 내재하는 특별한 문제상황이다. 이 기록물들은 상형문자, 성용문자(聖用文字),[1] 설형문자(楔形文字)[2] 등에 나타나는

---

[1] 'hieratic'은 고대 이집트의 상형문자를 흘려 쓴 초서체 문자로, 신성한 일에 관해 쓴 것으로 알려져 있다 — 옮긴이.

[2] 쐐기문자라고도 하며, 바빌로니아, 아시리아 등지에서 발견된다 — 옮긴이.

데, 흥미롭게도 모두 기원전 3000년경에 시작되었다. 이들 중 어느 것도 완벽하게 이해된 것은 없지만, 주제가 구체적인 것은 이해하는 데 어려움이 거의 없다. 그러나 글자가 낯설고 어색하거나 문맥으로 규정할 수 없을 때 필요한 많은 추측작업들은 이 매혹적인 과거의 증거품들을 하나의 로르샤흐 검사(Rorschach test)[3]로 만들어버리게 되고, 이 과정에서 오늘날의 과학자들은 자신들의 주관성을 투사하는데, 이런 투사에서 오는 왜곡의 심각성을 제대로 인식하지 못한다. 이 때문에 고대 이집트 제국이나 메소포타미아 문화에 의식이 존재했는지에 대한 지표들을 제대로 분석하기에는 너무나 모호하다. 이 문제는 제2권에서 다시 논하자.

내 가설을 평가하기에 충분할 정도로 번역을 확실하게 할 수 있는 인류사상 최초의 언어 기록은 『일리아스』다. 현대 학자들은 피와 땀과 눈물이 얽힌 보복 이야기를 최근에 발견된 히타이트 석판들[4]에서 추론하여, 이 서사시에 있는 사건들이 발생한 기원전 1230년경과, 그 사건들을 기록한 기원전 900년이나 850년경 사이에 음유시인들과 아오이도이(aoidoi)[5]의 전통에서 발전되어 나온 것으로 보고 있다. 나는 이 시를 극히 중요한 심리학적 기록물로 여겨야 한다고 제안한다. 우리가 이 시에서 알고 싶은 것은 『일리아스』에 나오는 정신이다.

---

[3] 독일의 정신분석가(1884~1922). 종이에 잉크 따위를 스며들게 하여 생긴 불규칙한 대칭의 무늬를 환자에게 보이고 그것이 무엇으로 보이는지에 대한 대답을 분석하여 환자의 성격이나 정신상태를 읽어내려는 방식이다 - 옮긴이.

[4] V. R. d'A. Desborough, *The Last Mycenaeans and Their Successors: An Archeological Survey, c.1200~c.1000 B.C.*(Oxford, Clarendon Press, 1964).

[5] 노래의 여신 아오에데(Aoede)에서 연유한 말인 듯하다 - 옮긴이.

일리아스의 언어

이에 대한 대답은 현기증이 날 만큼 흥미롭다. 일반적으로 말해서
『일리아스』에 의식이란 없다. '일반적으로'라는 단서를 단 까닭은, 뒤에
언급하겠지만 몇몇 예외가 있기 때문이다. 그리하여 다시 말하거니와
일반적으로 거기엔 의식이나 정신적 활동에 해당하는 어떤 단어도 없
다. 『일리아스』에 나오는 말로써 후대에 정신적인 어떤 것을 의미하게
된 말들은 전혀 의미가 다르며, 모두 훨씬 구체적인 것들이었다. 후대
에 가서 영혼(soul)이나 의식적 정신을 의미하게 된 프시케(psyche)라
는 말은 대부분 피나 호흡 같은 생명의 실체(life-substance)를 의미했
다. 죽어 가는 전사는 자신의 사이키(psyche)를 땅 위에 쏟았으며, 자신
의 사이키를 헐떡거리는 마지막 숨으로 몰아쉬었다.

후대에 가서 감정적 혼 같은 것을 의미하게 된 투모스(thumos)는 단
순히 동작 또는 심한 움직임(agitation)이었다. 동작을 멈춘 사람은 투
모스가 그 사람의 사지를 떠나버린 것이다. 그러나 투모스는 어찌된 일
인지 신체기관 같은 것이 되기도 한다. 글라우코스(Glaukos)가 아폴
론(Apollon)⁶에게 자신의 고통을 줄여줄 것과 자신의 친구 사르페돈
(Sarpedon)을 도울 수 있는 힘을 달라고 기도할 때, 아폴론은 그 기도를
듣고 "그의 투모스 안에 힘을 던져 넣어주었다"(『일리아스』, 16권, 529
쪽). 투모스는 사람에게 먹으라고, 마시라고, 또는 싸우라고 말할 수도
있다. 디오메데스(Diomedes)는 어떤 곳에서, 아킬레우스는 "그의 가슴
속에 있는 투모스가 (싸우라고) 명령하고 신들이 그 자신을 일으켜 세울
때"(9권, 702쪽 이하) 싸우러 나설 것이라고 말한다. 그러나 성난 대양도

---

⁶ 태양, 음악, 시, 건강, 애인의 신 ─ 옮긴이.

투모스를 가지므로 투모스가 실제로 신체기관을 의미하지는 않으며 반드시 어떤 신체 부위를 차지하고 있는 것도 아니다. 이것과 꽤나 유사하게 사용되는 단어로 프레네스(phrenes)가 있다. 이것은 해부학적으로 횡격막이나 횡격막에서의 감각에 국한되고, 늘 복수로 사용된다. 헥토르(Hector)[7]가 형이 자기 곁에 있지 않다는 사실(22권, 296쪽)을 인지한 것은 그의 프레네스였다. 이것은 우리가 "놀라 입을 다물지 못한 채 숨이 막힌다"고 말하는 것을 뜻한다. 이 말이 정신이 되고 비유적으로 전용된 뜻으로 '마음'(heart)을 의미하게 된 것은 몇 세기가 지난 후의 일이다.

아마도 가장 중요한 것은 의식적 정신을 의미하고 그 후 그리스어에서 노우스(nous)로 표기되었던 누스(noos)라는 말일 것이다. 이 말은 '보다'는 뜻의 뇌에인(noeein)에서 온 것이다. 『일리아스』에서 이 말을 적절히 번역한다면 지각이나 인지 또는 시각장(視覺場)이 될 것이다. 제우스는 "오디세우스를 자신의 누스 속에 포착한다"(holds Odysseus in his noos). 그는 오디세우스를 지켜본 것이다.

또 하나 중요한 단어는 부분을 가리키는 메로스(meros)를 겹쳐 쓰는 데서 온 듯한 메르메라(mermera)인데, '두 부분으로'의 뜻이다. 이 말은 흔히 명사를 동사로 전용하는 데 쓰이는 어미 'izo'를 붙여 결국 동사 메르메리제인(mermerizein)이 되었는데, 무엇이 둘로 나뉜다는 뜻이다. 오늘날 번역자들은 자기 작품의 이른바 문학적 질을 도모하기 위하여 원래의 의미에서 벗어난 현대적 용어들과 주관적 범주들을 종종 사용한다. 이리하여 메르메리제인은 숙고하다, 생각하다, 마음이 둘로 갈

---

[7] 프리아모스의 큰아들이자 안드로마케의 남편이다. 『일리아스』에 나오는 용사로 아킬레우스에게 죽는다 - 옮긴이.

라져 있다, 고민한다, 결정하려 애쓴다 등으로 잘못 번역된다. 그러나 본질적으로 이 말은 생각이 둘로 나뉜 것이 아니라, 두 가지 행동 중에 어떤 것을 고를지 갈등한다는 뜻이다. 이 말은 언제나 행동주의적이다. 이 말은 다른 사람에 대해서는 물론 제우스에 대해서도 몇 차례(20권, 17쪽: 16권, 647쪽) 쓰인다. 갈등은 종종 투모스에서나 프레네스에서 진행되는 것으로 표현되기는 하나, 결코 누스에서 진행되는 것으로는 언급하지 않는다. 우리의 눈은, 불원간 창안되어 나올 의식적 정신과는 달리, 결코 의심할 수도 갈등할 수도 없다.

위에서 논의한 단어들이, 물론 특정의 예외가 있기는 하나, 일반적으로 저자나 등장인물들 또는 신들이 의식적 정신이나 사유를 보여주기 이전에 사용된 의식에 가장 근접한 것들이다. 우리는 다음 장에서 이 단어들의 의미를 좀더 자세하게 연구할 것이다.

(『일리아스』에는) 의지에 관한 어떤 개념이나 단어도 없다. 이런 개념은 흥미롭게도 그보다 훨씬 뒤 그리스 사유에서 발전된다. 일리아스의 사람들은 자신의 의지가 없으며, 분명히 자유의지 개념도 없다. 사실, 현대 심리이론에서 그토록 골칫거리인 자율적 결단에 관한 모든 어려운 문제는, 이런 현상들에 대한 단어들이 너무 늦게 만들어졌기 때문에 생겼는지도 모른다.

이와 유사하게 오늘날 우리가 사용하는 신체에 대한 단어가 일리아스 언어에는 없다. 기원전 5세기에 와서 신체를 의미하게 된 소마(soma)라는 단어는 호메로스에서는 언제나 복수로 쓰이며, 그것도 죽은 사지들이나 시체를 의미했다. 이 말은 사이키의 반대말이었다. 신체의 여러 부위를 나타내는 말들이 몇몇 있었고, 호메로스에서는 이 부분들만이 언급될 뿐 전체로서의 신체는 결코 지칭되지 않았다.[8] 그러므로 미케네와 동시대의 고대 그리스 예술이 인간을 그릴 때 이상하게 과장된 팔다리, 잘못 그린 관절, 엉치뼈에서 거의 분리된 몸통의 조립체로 묘사하는 것은 전혀 놀라운 일이 아니다. 우리는 호메로스가 전체로서의 신체는 전혀 언급하지 않는 대신, 손이나 위팔과 아래팔, 발, 장딴지, 허벅지 등을 휙휙 날아다니고, 근육들로 불거져 있고, 빨리 움직이는 것 등으로 묘사한 것을 여기저기서 생생하게 볼 수 있다.

이것은 매우 이상한 일이다. 일리아스인들에게 주관적인 의식도, 정신도, 혼도, 의지도 없다면, 도대체 무엇이 행동을 유발하는 것일까?

고대 그리스인의 종교

기원전 4세기 전의 그리스에는 진정한 의미의 종교가 없었으며,[9] 호메로스의 시에 등장하는 신들은 단지 저명한 학자들의 표현을 따른다면,[10] '시인들이 흥에 겨워 지어낸 것'일 뿐이라는 것이 오래도록 일반화되어온 생각이었다. 이러한 그릇된 견해가 생긴 이유는 종교를 하나의 윤리체계로, 즉 덕스런 행동을 하려고 애쓰는 중에 외적인 신들에게 절하는 행위 같은 것으로 인식했기 때문이다. 사실 이런 의미에서 학자들의 말에 일리가 있기는 하다. 그러나 『일리아스』에 나오는 신들이 단

---

8 Bruno Snell, *The Discovery of Mind*, T. G. Rosenmeyer, trans.(Cambridge: Harvard University Press, 1953). 호메로스의 언어에 대한 스넬의 이 유사한 연구에 접하기 전부터 나는 나대로 이 장에서 다루는 생각과 자료들에 대해 정통했다. 그러나 둘은 전혀 다른 결론에 이른다.

9 단, 다드는 예외다. E. R. Dodds, *The Greeks and the Irrational*(Berkeley: University of California Press, 1951).

10 예를 들면, Maurice Bowra, *Tradition and Design in the Iliad*(Oxford: Clarendon Press, 1930), 222쪽.

지 서사시의 저자들이 지어낸 것일 뿐이라고 주장하는 것은 실제 일어났던 일을 전혀 알지 못한 데서 나온 주장이다.

『일리아스』에 나오는 인물들은 무엇을 할 것인지 앉아서 곰곰이 생각하는 법이 없다. 그들에게는 우리 자신은 갖고 있다고 생각하는 의식적인 정신이 없으며, 내성이란 것은 말할 나위도 없다. 우리의 경험을 바탕으로 그것이 어떤 상태인지를 가늠해 보는 것은 불가능한 일이다. 아가멤논(Agamemnon)[11]이 아킬레우스에게서 연인을 빼앗아 갈 때, 아킬레우스의 노란 머리채를 움켜쥐며 아가멤논을 치지 말라고 경고한 자는 바로 신이었다(1권, 197쪽 이하). 자신의 검은 배가 정박해 있는 해안에서 분노의 눈물을 뿌리는 아킬레우스를 위로하기 위해 잿빛 바다를 가르고 나타난 자는 신이었다. 헬레네(Helene)[12]에게 다가가 그녀의 가슴을 향수(鄕愁)로 달래주는 나직한 목소리의 주인공도 신이었다. 공격해오는 메넬라오스(Menelaos) 왕의 면전에서 파리스(Paris)를 안개 속에 감추어주던 자도 신이었다. 글라우코스에게 금 대신 구리를 취하라고 말한 자도 신이었다(6권, 234쪽 이하). 군대를 전쟁터로 영솔하는 자도, 고비고비마다 병사들 한 명 한 명에게 말해주는 자도, 헥토르와 논쟁하며 그가 무엇을 해야 할지를 가르치는 이도, 병사들을 독려하기도 하고 그들을 주문 속으로 내몰거나 안개를 덮어 그들의 시계(視界)를 가려버림으로써 패망케 하는 이도 모두 신이었다. 사람들 사이에 다툼을 일으키고 전쟁을 일으킨 뒤 전략을 짜는 자도 신이었다(2권, 56쪽 이하). 아킬레우스에게 전쟁에 나서지 않겠다고 약속하게 하는 신이 있

---

11 트로이 전쟁 때 그리스군의 총지휘관 - 옮긴이.
12 트로이의 왕자 파리스에게 끌려가 트로이 전쟁의 발단이 되었던 스파르타 왕 메넬라오스의 왕비 - 옮긴이.

는가 하면, 전선에 나서라고 부추기는 신이 있다. 하늘에까지 치솟아오르는 황금색 불꽃으로 그를 감싼 후, 그에게 피로 물든 트로이의 참호를 향해 벽력같은 소리를 지르게 하고 그들에게 오금을 펼 수 없는 공포를 불러일으키는 이도 신이었다. 실제로 신들이 의식의 자리를 대신하는 것이다.

의식적 계획이나 이성이나 동기로 행위가 시작되지 않는다. 행위의 시작은 신들의 행위와 말속에 있다. 타인에게는 그 사람이 자신의 행위의 원인인 듯이 보일지 모르나 행위자 자신에게는 그렇지 않다. 전쟁이 끝날 무렵 아킬레우스가 어떻게 아가멤논이 자신의 애인을 빼앗아 갔는지를 그에게 회상시킬 때, 그 인간들의 왕(아가멤논)은 이렇게 일갈한다. "이 행동의 원인은 내가 아니라 제우스였고, 나의 운명(my portion)이며, 흑암의 세계를 거니는 복수의 원령(怨靈)들이다. 내가 임의로 아킬레우스의 자랑거리를 취하던 날, 충동의 여신들(ate)[13]이 떼거지로 에워싸니 낸들 어찌할 수 있었으랴. 신들은 언제나 자기 하고픈 대로 하시지 않는가?"(19권, 86~90쪽). 이것이 아가멤논이 책임을 회피하기 위하여 꾸며낸 특정한 허구가 아니었다는 것은 자명하다. 아킬레우스가 이런 설명을 완전히 수용하는 것은 그 자신도 자신의 신들에게 복종하기 때문이다. 이 구절에 관하여 아가멤논의 행동이 "자신의 자아(ego)에서 벗어난 것"[14]이라고 논평하는 학자들은 (문제를) 깊이 인식하지 못한 것이다. 왜냐하면 여기에서 진짜 문제는 일리아스 영웅의 심리학이 무엇이냐가 아니기 때문이다. 나는 지금 그 영웅에게는 자아라는 것이 애당초 없었다고 말하려는 것이다.

---

[13] 가혹한 처벌이 뒤따르는 무모한 충동을 부채질하는 여신 — 옮긴이.
[14] Martin P. Nilsson, *A History of Greek Religion*(New York: Norton, 1964)은 한 예다.

심지어 시 자체도 오늘날의 의미로 인간이 쓴 것이 아니다. 그 시의 첫 세 단어는 오, 여신이여. 분노를 노래하라(Menin aedie Thea)다. 뒤를 잇는 시 전체는 여신의 노래로 황홀경에 도취한 시인들이 이를 '듣고' 아가멤논 세계의 폐허더미 속에 앉아 있는 옛 청중을 향해 읊조리는 것들이다.

우리가 만일 시작(詩作)에 관한 모든 선입견을 지워버리고 이전에 시라곤 한 번도 들어본 적이 없는 사람처럼 시를 대한다면, 그 언어의 특이한 음색에 즉시 사로잡히고 말 것이다. 오늘날 우리는 그것을 가리켜 (시의) 율격(meter)이라고 한다. 그러나 육보격 액센트가 일정하게 유지되는 이 서사시는 액센트가 느슨하다 못해 뒤죽박죽인 채로 진행되는 일상적 대화와 얼마나 달랐을까. 시의 운율이 두뇌의 전기적 활동을 불러일으켜 노래하는 자나 청중에게 일상적인 정서적 억제를 누그려뜨려주는 기능을 한다는 점은 아주 분명하다. 유사한 일은 정신분열증 환자의 목소리가 운율적 리듬을 타고 또는 각운(脚韻)을 붙이듯 말할 때에도 일어난다. 추후에 덧붙이는 경우를 제외하고는 서사시는 의식적으로 지어지는 것도 의식적으로 기억되는 것도 아니다. 시인은 피아니스트가 즉흥연주 하듯 의식이 없이 연속적으로 변화를 창조해낸다.

그렇다면 인간을 로봇처럼 불러내어 그 입술로 시를 읊어대게 하는 이 신들은 누구였단 말인가? 그들은 목소리였다. 이 소리는 마치 특정의 발작 환자나 정신분열증 환자 또는 잔 다르크가 들었던 것처럼 일리아스의 영웅들이 분명히 들을 수 있었던 목소리가 하는 말이요 지시였다. 이 신들은 중추신경계의 조식으로서, 그것이 세월이 흘러도 사무치도록 일관성을 유지한다는 점에서 부모나 교훈적 인물의 이미지 결합체라고 여겨도 좋은 그런 것이다. 이 신들이 자연법 테두리 밖으로 나가는 법이 절대로 없다는 사실은 신이 인간의 한 부분이라는 생각과 잘 부합된다.

그리스 신들은 창세기의 히브리 신들과는 달라서 무에서 무언가를 창조해낼 수는 없다. 이 신들과 영웅들이 대화할 때 그곳에는 두 사람 사이에 있음직한 동일한 정중함과 감정과 설득이 있다. 그리스 신은 천둥 속에 나타나지도, 영웅들의 마음속에 공포와 경외심을 불러일으키지도 않는다. 욥[15]의 신처럼 터무니없이 거만을 떠는 일은 천부당만부당하다. 그리스 신은 단지 안내하고 충고하며 지시할 뿐이다. 그는 (인간에게) 겸손을 느끼게 하지도, 심지어 사랑이나 감사를 느끼게 하는 자도 아니다. 사실 신과 영웅 간의 이 관계는—이것이 시원이 된다는 점에서—프로이트가 말하는 자아나 초자아의 관계나, 미드(Mead)[16]가 말하는 자아와 일반화된 타자 간의 관계로 나타내려 하는 것과 유사한 것이다. 영웅들이 신에게 느끼는 가장 강력한 감정은 놀라움과 경이다. 이것은 특별히 어려운 문제에 봉착한 우리에게 갑자기 머릿속에 그 해결책이 솟아날 때의 감정이다. 아르키메데스가 욕조에 앉아 있다가 내지른 소리 유레카(eureka)[17]에 담긴 감정이다.

이 신들이 우리가 지금 환각(hallucinations)이라고 부르는 것들이다. 이 환각들은 대개 이들이 말 걸고 있는 특정의 영웅들에게만 보이거나

---

[15] 구약 「욥기」에 나오는 의인으로 극심한 고난의 시험 속에서도 하나님에 대한 믿음을 버리지 않은 것으로 유명하다. 고난의 끝 무렵에야 하나님은 그 의인 앞에 나타나 전지전능한 창조의 신 앞에 그가 아무것도 아님을 일깨워준다 - 옮긴이.

[16] 미국의 사회심리학자로 자아를 'I'적 계기와 'Me'적 계기로 구별한 것으로 잘 알려져 있다 - 옮긴이.

[17] 아르키메데스가 왕관에 들어 있는 금의 순도를 측정하는 방법을 발견했을 때 지른 소리다. '알아냈다'는 뜻이다 - 옮긴이.

들린다. 이것들은 때로 안개 속에서, 또는 잿빛 바다나 강에서, 또는 하늘에서 시각적 영기(auras)[18]를 앞세우고 나타나기도 하고, 어떤 때는 직접 나타나기도 한다. 대개 자신의 모습 그대로 나타나는데 통상적으로 그것은 단지 목소리일 뿐이다. 그러나 어떤 때는 영웅과 관계가 긴밀했던 사람들로 나타나기도 한다.

헥토르와 아폴론의 관계는 이 점에서 각별히 흥미롭다. 제16권에서 아폴론은 헥토르에게 그의 외삼촌으로 나타나는데, 제17권에서는 그의 동맹군 지휘관의 한 사람으로 나타나며, 조금 있다가는 외국에서 달려온 가장 절친한 친구로 나타난다. 전체 시가 대단원의 막을 내릴 무렵, 아테나 여신[19]은 아킬레우스에게 헥토르를 죽이라고 명령하고는, 헥토르에게는 그가 가장 사랑하는 형제 데포부스(Deïphobus)로 나타난다. 헥토르는 자신의 2인자로 신뢰하던 아킬레우스와 싸우다가 데포부스에게 다른 창을 달라고 말하며 돌아보니 그곳엔 아무도 없었다. 우리는 그가 환각을 본 것이라고 말할 수밖에 없다. 이것은 아킬레우스역시 마찬가지다. 트로이 전쟁은 환각의 지시를 받았던 것이다. 이처럼 지시를 받아 싸우던 트로이 전사들은 우리와는 전혀 다른 사람들인 것이다. 그들은 자신이 행하는 바를 알지 못했던, 말하자면 고결한 기계 인형인 셈이다.

양원적 정신

지금까지의 논의에서 하나의 기이하고 무심하며 텅 빈 것 같은 모습

---

18 문자적으로는 바람결이나 미풍을 의미하며 시름 여기서는 대상의 유일성, 독특성, 순수성 등을 나타낸다 - 옮긴이.

19 지혜, 예술, 학문, 산업, 전쟁의 여신 - 옮긴이.

이 그려진다. 우리는 우리가 다른 사람을 대할 때처럼, 이 영웅들을 연구할 때 그들의 사나운 눈길 뒤에 있을 어떤 정신-공간을 상정할 수 없다. 일리아스 사람들은 우리들처럼 주관성이 없었다. 그들은 세계에 대한 자신의 자각을 깨닫지 못하며, 내성할 대상으로서의 내적 정신-공간 같은 것도 없다. 이제 우리는 이 미케네인들의 정신구조를, 우리의 주관적·의식적 정신과 구별하여, 양원적 정신(bicameral mind)이라고 부르겠다. 결단이나 계획, 착수 등은 의식이 전혀 없이 이루어지는데, 이것들은 때로는 친한 친구나 권위인물이나 '신'의 모습을 한 시각적 영기와 함께, 때로는 목소리로만 각 사람에게 자기의 친근한 언어로 '들린다'. 각 사람은 자기 혼자서는 무엇을 해야 할지를 '알지'(see) 못하기 때문에 이 환각적 목소리에 복종하게 된다.

내가 지금 주장하는 이 (양원적) 정신구조가 존재했다는 증거를 일리아스에만 의존한 것이 아니다. 오히려 일리아스는 내가 다음 장에서 또 다른 고대문명의 유고(遺稿)들을 조사하는 과정에서 증명하거나 논박하려는 가설을 암시한다고 해야 할 것이다. 그럼에도 이 시점에서 앞서의 논의에 대한 반론들을 다루어두는 것이 좋을 듯하며, 이는 논의를 더 전개하기에 앞서 몇 가지 문제점들을 명확히하는 데 도움이 될 것이다.

반론: 학자에 따라서는 아무런 역사적 근거도 없이 이 서사시를 호메로스 한 사람이 전적으로 창작한 것으로 여기고 있을 뿐만 아니라, 심지어는 19세기경에 슐리만(Schliemann)이 발굴을 했는데도 트로이가 존재했는지 자체를 의문시하는 지경이 아닌가?

대답: 이러한 의문은 최근 기원전 1300년의 것으로 추정되는 히타

이트 석판이 발견됨으로써 잠재워졌다. 이 석판은 분명하게 아케아인 (Achaeans)의 땅과 그들의 왕 아가멤논에 관해 언급한다. 제2권에는 트로이에 전함들을 파견했던 그리스 지역의 목록이 나오는데 이것은 고고학적 연구에서 발견된 정착 패턴과 놀라울 만큼 일치된다. 한때 시인이 상상 속에 지은 동화로 여기던 미케네의 보물들이 바로 그 도시의 침적토 유적더미 속에서 발굴되었다.『일리아스』에 언급된 다른 세세한 것들, 즉 장사지내는 방식이라든지, 정확히 묘사되고 있는 수퇘지 뻐드렁니, 헬멧 따위 같은 무기 종류들이 그 시와 관련된 지역들에서 출토되었다. 따라서 이 시의 역사적 근저를 의심하는 것은 부질없는 일이다.『일리아스』는 상상적 창작 문학이 아니며, 따라서 문학적 토론주제가 아니다. 그것은 미케네와 에게 지역에서 일어났던 역사로 역사심리학자들이 연구해야 할 주제인 것이다.

이 시의 저자가 한 사람이냐 다수냐 하는 문제는 적어도 한 세기 동안이나 고전 연구가들에게 끊임없이 논란거리였다. 그러나 이 시에서 언급된 가공물들과 역사적 기초가 입증됨으로써 기원전 13세기와 그 후 일어났던 일들을 낱낱이 구전해온 수많은 중개자들이 있었음을 인정하지 않을 수 없게 되었다. 그러므로 이 시는 이러한 구전의 일부로 생겨났다고 보는 것이, 기원전 9세기의 한 시인 호메로스의 작품이라고 보는 것보다 더 그럴싸해 보인다. 호메로스가 생존했다면 그는 아마도 구전되어온 최초의 음유시인에 지나지 않았을 것이다.

반론: 이것이 사실이라 할지라도 다음과 같은 주장의 근거가 무엇이란 말인가? 즉 우리가 알고 있는 이 서사시의 최고(最古)사본이 기원전 3~4세기 알렉산드리아 학자들에게서 얻은 교정본이고 이것은 다양한 형태로 존재해오다가 오늘날 우리가 읽는 모습으로 묶인 것임을 감

안할 때, 이러한 서사시가 어떻게 기원전 13세기 미케네인의 실제적인 삶의 모습을 나타낸다고 주장할 수 있단 말인가?

대답: 이 심각한 반론은 그 시에 기술된 내용이 실제 일어났을 가능성이 없어 보이는 몇몇 사례를 통해 더 강화할 수 있다. 고고학자들이 프리아모스[20] 도시라고 밝힌 실망스럽기 짝이 없는 수풀만 무성한 이 자갈더미 언덕은 고작 몇 평방미터에 지나지 않는다. 그러나 일리아스는 자신의 방어군이 5만 명에 이른다고 하지 않았나? 과장법을 쓰다보면 사소한 문제도 때로 불가능한 문제가 되어버린다. 아이아스(Aias)[21]의 방패가 일곱 개의 쇠가죽과 한 장의 철판으로 만들어졌다면, 그것은 족히 136킬로그램이나 나갈 것이다. 과장임이 틀림없다. 10년 동안이나 포위했다고 했지만, 양측의 물자공급 문제를 생각해보면 절대로 불가능한 기간이 아닐 수 없다.

이처럼 원래의 이야기에 변화를 준 두 시기가 있었다. 하나는 트로이 전쟁부터 기원전 9세기에 이르는 언어적 변환기간인데 이때 그리스 알파벳이 생기고 시가 기록되기 시작했다. 다른 하나는 그 후부터 기원전 2~3세기의 알렉산드리아 학자들 시대까지의 문자시대인데 이때 통합된 교정본이 오늘날 우리에게 전달된 것이다. 이 두 번째 기간에, 다양한 사본들 간에 있던 차이점과, 심지어는 다른 시대나 다른 지역에서 있었던 사건까지 포함하여, 별첨부분이나 변조된 부분이 격렬했던 이 이야기의 소용돌이 속에 끼어들 수 있었음은 의심할 여지가 없다. 그리고 모든 첨가부분들은 아마도 다음의 두 방법으로 들어왔을 것이다. 하나는 여타의 그리스 문학작품들에서 밝혀지고 있듯이, 아마도 이 서사

---

[20] 트로이 최후의 왕 - 옮긴이.
[21] 트로이 전쟁의 영웅 중 한 명 - 옮긴이.

시에 경외심을 품은 당시 필경사들이 들여왔을 것이고, 다른 방법은 대중을 위한 공연의 필요성 때문에 들여왔을 것이다. 이러한 일들은 여러 장소에서, 특히 아테네의 판아테나이아(Panathenaea)에서 4년마다 『일리아스』가 『오디세이아』와 함께 수많은 관중 앞에서 경건하게 이른바 광상시(狂想詩, rhapsodes)의 형식으로 읊어질 때 이루어졌다. 그러므로 오늘날의 몇몇 학자들이 최근에 첨부된 것이라고 믿는 몇몇 이야기들(예를 들어 뒤룬Dolon의 매복이야기나 하데스Hades에 대한 언급 등)을 제외한다면 오늘날 우리가 가지고 있는 『일리아스』는 기원전 9세기경 처음 기록된 것과 매우 유사할 개연성이 높다.

그러나 확인하기 어려운 이들 음유시인들은 아득한 과거의 저편에 존재한다. 그리고 원래의 이야기들을 대를 물려가며 바꾼 사람들은 분명 이들이다. 목소리로 시를 읊는 것은 글로 시를 쓰는 것과 전혀 다르다.[22] 우리가 구술시를 읽거나 평가하는 방식도 완전히 다를 수밖에 없다. (구술시에서는) 시를 짓는 것과 시를 읊조리는 것이 분리되지 않는다. 이 둘은 동시적인 일이다. 세대가 끊임없이 이어지면서 새롭게 개작되어온 『일리아스』는 그때마다 청각적 기억과 전통적 음영시의 형식에 근거를 둘 수밖에 없었다. 음유시인들은 저마다, 다양한 길이를 가진 정해진 구절들을 육보격의 걸음걸이를 이용하고, 줄거리가 바뀔 때는 행동을 이용하여, 기억이 잘 되도록 하였다. 이것은 실제로 전쟁이 일어난 다음 3~4세기에 걸쳐 계속되었다. 그러므로 『일리아스』는 트로이의 사회적 삶을 반영한 것이라기보다, 그 시기부터 문자시대에 이

---

[22] Milman Parry, *Collected Papers*(New York, Oxford University Press, 1971)를 참조하라. 이 부분의 논의에 대해서 나는 워너(Randall Warner)와 그리스먼(Judith Griessman)에게 감사를 표한다.

르기까지의 여러 사회적 발달단계들을 반영한 것이라고 보아야 할 것이다. 이것을 사회학적 문건으로 간주하면, 이 반론은 타당성이 있다.

그러나 심리학적 문건으로 다루게 되면 상황은 달라진다. 이 신들은 어디에서 왔나? 왜 그들은 개별 인간들과 특수한 관계를 맺고 있나? 나는 두 가지 점을 강조하며 논의를 전개하려고 한다. 그 하나는 정신적 언어가 없었다는 점이며, 다른 하나는 행동은 신들에게서 시작되었다는 점이다. 이것들은 고고학적 문제가 아니다. 음유시인들이 창작했음 직한 일도 아니다. 이에 관한 이론은 어느 것이든 인간 자신에 관한 심리학적 이론이지 않으면 안 된다. 다른 대안이 제기될 수 있다면 그것은 오직 다음과 같을 것이다.

반론: 우리는 단지 문학적 양식을 가지고 법석을 떠는 것은 아닌가? 신들이란, 실제로 미케네의 최초의 음유시인들에게서 볼 수 있었던 것처럼 시인들이 행위를 생생하게 나타내기 위하여 만들어낸 시적 고안물들일 뿐이 아닌가?

대답: 이것은 신과 행동에 대한 그들의 영향력은 없어도 된다는 잘 알려진 주장이다. 그들의 월권적 행위에 관한 잘 알려진 문젯거리다. 신들은 우리에게 아주 불필요한 것들로 보인다. 그들은 무엇 때문에 존재하는가? 이에 대한 일반적인 대답은 앞서 말한 바와 같이 그들은 하나의 시적 고안물이라는 것이다. 신적 장치들(divine machinery)은 자연적인 의식적 인과과정을 구체적인 회화적 형식으로 제시하기 위해 후자를 복사한 것이다. 왜냐하면 (당시의) 음유시인들에게는 심리적 문제들을 표현해낼 정련된 언어가 없었기 때문이다.

음유시인들도 자신들이 표현하려는 (나름의) 의식적 심리학을 갖고 있었다고 믿어야 할 아무런 근거가 없을 뿐만 아니라, 그런 개념 자체가 이 서사시의 전체적 구조와 맞지 않는다. 『일리아스』는 행동에 관한 문건이다. 행동으로, 일정한 행동으로 가득 차 있다. 실로 그것은 아킬레우스의 행동과 그 결과에 관한 것이다. 결코 그의 정신에 관한 것이 아니다. 신에 관한 한, 『일리아스』의 저자나 『일리아스』의 인물들은 모두 신적으로 이루어지는 이 세계를 수용하는 데 이견이 없다. 신들이란 하나의 예술적 장치라고 말하는 것은 잔 다르크가 자신을 정죄하려는 자들에게 재판정에서 단지 자신의 목소리를 한껏 생생하게 표현하기 위해 그것(자신의 목소리)에 관해 말했던 것이라고 하는 것과 동일한 일이다.

먼저 심리학적 인과성이라는 모호한 일반적 개념들이 나타난 다음, 시인이 신들을 창안해내는 방식으로 그 개념에 들어맞는 구체적인 회화적 형식을 만들어낸 것이 아니다. 사실은, 내가 이 글의 후반부에서 밝히겠지만, 그 반대다. 내부에서 오는 어떤 강제력이나 경고에 대한 느낌이나 판단력 상실감 같은 것은 신적 장치가 자라나올 싹에 해당한다는 주장을 들을 때, 나는 다음과 같이 대답한다. 사실은 그 정반대다. 복종하지 않을 수 없는 목소리들이 존재한다는 것 자체는 정신의 의식적 단계의 절대적 선행조건이고, 이 의식단계에서 비로소 책임 있는 자아가 나타나 자신의 내부에서 논쟁을 벌이고 지시하고 명령할 수 있게 되며, 그러한 자아의 창조는 문화의 산물이라고 말이다. 어떤 의미에서 우리 자신이 우리의 신이 된 것이다.

반론: 정말로 양원적 정신이란 것이 존재한다면, 인간이 저마다 자신의 사적인 환각을 좇는 엄청난 혼란이 예상된다. 양원적 문명이 유지될 수 있는 유일한 방법은 몇몇 사람이 자신들 위에 군림하는 권위의 목소리를 환각하고, 이 권위자들은 다시 더 높은 자들의 목소리를 환각하

고, 이렇게 계속하여 왕들에 이르고 왕들과 그에 준하는 사람들은 신들을 환각하게 되는 엄격한 위계질서의 문명뿐이다. 그러나 『일리아스』는 이처럼 한 영웅적 개인에게 집중되는 그림을 제시하지 않았잖은가?

대답: 이것은 나를 오랫동안 당황하게 만든 강력한 반론이다. 특히 일리아스 사회에 존재했던 개인적 행위의 자유가 존재하지 않는 다른 양원적 문명의 역사를 연구할 때 나는 더욱 곤혹스러웠다.

이 문제에 대한 해답은 크노소스(Knossos), 미케네, 필로스(Pylos) 등지에서 나온 선모양의 B석판들에서 찾아냈다. 이것들은 내가 바로 양원성 시대라고 부르기로 할 시기에 기록된 것들이다. 이들의 존재는 오래전부터 알려졌으나 판독사들의 끈질긴 모든 노력에도 완강히 저항했다. 그러나 이러한 것들이 최근 판독되어, 석판은 순전히 기록목적으로만 쓰이는 고대의 그리스 문자언어인 음절문자를 담은 것으로 밝혀졌다.[23] 이 음절문자는 양원적 정신의 가설과 거의 일치하는 미케네 사회의 개략적인 그림을 보여주었는데, 그것은 관리들·군인들·일꾼들의 위계질서와, 물품들의 목록과, 통치자와 특히 신들의 혜택을 받은 물품에 대한 기록들이었다. 그렇기 때문에 트로이 전쟁이 일어났던 실제 세계는, 역사적 사실에 근거해서 말하면, 시에 나타나는 자유로운 개인주의보다는 내 이론이 예언하는 것처럼, 엄격한 신정정치에 훨씬 더 근접하고 있다.

더구나 미케네 국가의 구조는 『일리아스』에 묘사된 전사들의 느슨한 집합체와는 근본적으로 상이하다. 그것은 실로 (이 책 후반부, 특히 제2

---

[23] M. C. F. Ventris and J. Chadwick, *Documents in Mycenaean Greek*(Cambridge: Cambridge University Press, 1973). 이 책의 내용 요약과 고고학적 발견물의 관계는 T. B. L. Webster, *From Mycenae to Homer*(London: Methuen, 1958)를 참조하라.

권 2장에서 묘사될) 오늘날의 메소포타미아 신정 왕국과 흡사하다. 막대기모양의 B석판 기록들은 국가 원수를 와낙스(wanax)라고 부르는데, 이 말은 후대의 고대 그리스어에서 신들을 부를 때만 쓰던 말이다. 이와 유사하게 그 기록에서는 왕이 다스리는 땅을 테메노스(temenos)라고 부르는데, 이 말은 후대에 신들에게 바친 땅에만 쓰던 말이다. 왕을 일컫는 후대의 그리스어는 바실레우스(basileus)이지만 석판에서는 이 말은 훨씬 덜 중요한 인물을 가리킨다. 바실레우스는 와낙스의 첫 번째 하인 정도에 지나지 않는다. 이는, 우리가 제2권 2장에서 살펴보겠지만, 마치 메소포타미아에서 인간 통치자는 실제로 그가 환각 속에서 듣고 있는 신이 '소유하는' 땅의 관리인에 지나지 않는 것과 같다. 막대기 모양 B석판의 자료들은 서로 결합하기가 쉽지 않다. 그러나 이것들은, 구술적 전통 아래서 『일리아스』를 지어온 여러 세대에 걸친 시인들이 완벽히 무시했던, 중앙집중적 궁정문명의 위계체계와 서열적 속성을 드러내 보여준다.

완성된 『일리아스』에 나타나는 느슨한 형식의 사회구조는 부분적으로, 한참 뒤에 일어난 다른 이야기들이 트로이 전쟁의 주제에 삽입되면서 야기된 듯하다. 『일리아스』가 상이한 작품들의 조합임을 증명하는 강력한 증거 중의 하나는 일관성이 없는 내용들이 여러 군데 나타나며 더구나 이들이 아주 가까이에서 나타나기도 한다는 점이다. 예를 들어 헥토르가 전선에서 퇴각할 때, 어느 곳(6권, 117쪽)에서는 "검정색 가죽(으로 된 것)이 그의 목과 발목들을 갈겼다"고 했는데 이것은 초기 미케네인들의 방패를 의미할 수밖에 없다. 그러나 바로 그 다음 줄에서는 "양각한 방패의 바깥쪽 가장자리를 두르고 있는 비퀴 모양의 테"에 대해서 언급한다. 이것은 매우 다른 종류의 것이며 훨씬 나중에 나타난

방패의 유형이다. 분명히 이 두 번째 줄은 후대의 시인이 자신의 청각
적 황홀경에 젖어 자신이 말하는 것을 시각적으로 그려보지도 않은 채
첨가해 넣은 것이다.

그밖의 유보사항

사실 이 시기는 양적 정신이 깨지고 의식이 시작되는 혼돈의 시기이
기 때문에(우리는 이 점을 다음 장에서 다룰 것이다) 이 시가 이전의 정신
구조 형식을 반영하는 동시에 더 많은 주관적 해석과 국가적 위계질서
의 붕괴도 반영했다고 예상할 수 있다. 사실 나는 앞부분에서 내 이론
과 일치하지 않는 증거들을 이런 혼돈 과정에서 생겨난 것으로 보고 생
략해버렸다. 주관적 의식에 근접하는 몇 가지 것들이 『일리아스』여기
저기서 노출되고 있으나 학자들은 이것들을 원래의 시에 나중에 첨가
된 것으로 여긴다.[24]

예를 들어 아케아인이 대대적으로 소아시아에 이주한 다음에 기록되
어 시에 첨가된 제9권에는 다른 책들과는 달리 인간적 기만을 언급하
는 부분이 포함되어 있다. 이들은 대부분 아킬레우스가 오디세우스에
게 아가멤논이 자신에게 한 일을 설명해주는, 길고 수려한 수사학적 대
답에서 나타난다(9권, 344쪽, 371쪽, 375쪽). 특히 아킬레우스가 아가멤
논을 비방하는 부분이다. "자신의 마음속에 감추고 있는 것과 다른 것
을 말하는 자를 나는 하데스 지옥문처럼 미워한다"(9권, 3123쪽 이하).
이것은 분명히 주관적 의식을 보여주는 것이다. 이는 또한 번역하기 어
려운 헬레네의 기원문식 구성이나(3권, 173쪽 이하; 6권, 344쪽 이하) 네

---

[24] Walter Leaf, *A Companion to the Iliad*(London: Macmillan, 1892), 170~173쪽에
서 의존한 논의다.

스토르(Nestor)의 또렷한 회상(1권, 260쪽 이하)에서도 나타난다.

이와 함께 예외적으로 두 군데에서 혼잣말이 나오는데, 아게노르(Agenor)(21권, 553쪽)와 헥토르의 독백(22권, 99쪽)이 그것이다. 이 두 독백이 시의 후반에서 나오고 또 인접하여 나타나며, 아주 부적절한 내용을 담았다는 것(이 말들은 이전에 보여주던 화자들의 특징과 모순된다), 그리고 몇몇 동일한 구절이나 문장을 사용했다는 점 등은, 이 말들이 동일한 음유시인이 나중에 이야기에 추가한 형식적 삽입부라는 것을 암시한다.[25] 그러나 이것도 아주 오랜 세월이 흐른 뒤에 첨가된 것은 아닌 듯하다. 왜냐하면 이 첨가된 말들은 말한 사람들조차 놀라게 할 만큼 이상한 말이었기 때문이다. 이런 독백이 있은 후 두 영웅은 스스로 놀라 정확하게 다음과 같이 똑같은 말을 내뱉는다. "아니, 내 일생에 언제 이처럼 나에게 말을 했던가?" 만일 화자들이 정말로 의식할 수 있어서 이런 혼잣말이 일상적이었다면, 이처럼 놀랄 이유가 없지 않은가? 의식이 어떻게 해서 생겨나는 것인지를 좀더 상세히 논할 때 이 사례들을 다시 논의해보자.[26]

이 장의 기본 주장은 우리가 이해할 수 있는 언어로 씌어진 인류 최초의 문자 기록에는, 객관적으로 볼 때, 우리들의 정신구조와 아주 다른 정신구조가 드러나 있다는 것이다. 그리고 이 점은 사실로 인정되

---

[25] 리프(Leaf) 역시 356쪽에서 이 구절들은 가짜라고 주장했다.
[26] 더 많이 분석할 수 있을 것이다. 그리하여 몇몇 학자들이 주장하는 대로, 훨씬 짧게 된 이 시의 핵심에 다양한 다른 부분들이 디헤저 시가 조립되어가는 시기들을 확인하고, 이러한 주관적 결과물들이 오늘에 가까이 올수록 더 증가하는 것을 입증해낼 수 있을 것이다.

지 않으면 안 된다는 것이다. 학자들에 따르면, 종종 발견되는 이야기 엮기, 유사 행위(analog behavior)나 정신-공간 등과 같은 사례들은 후대의 저자들이 끼워 넣은 것이라고 한다. 시 전체는 유사 의식(analog consciousness)이 결여된 점에서 일관성을 보이며, 전혀 다른 유형의 인간 본성에 대해 말했다. 그리스 문화가 빠른 속도로 의식의 문학이 되어간 것을 감안할 때, 『일리아스』는 시대의 엄청난 전환기에 씌어진, 아직 주관화되지 못한 시대를 되돌아볼 수 있는 창문이라는 것이다. 이 시대에 모든 왕국은 본질적으로 신정정치로 통치되었고, 모든 사람은 새로운 사태에 처할 때마다 들려오는 목소리를 청종하는 노예였다.

제4장

양원적 정신

우리는 의식할 수 있는 인간이다. 우리는 인간의 본성을 이해하려고 한다. 우리가 앞장에서 도달한 엄청난 결론은, 한때는 인간의 본성이 두 부분으로 나뉘어 있었는데, 한 부분은 신으로 불리는 집행부고 다른 부분은 인간으로 불리는 실행부(follower part)다. 둘 중의 어느 부분도 의식할 수 없었는데, 이것이 지금 우리에게는 거의 이해되지 않는다. 하지만 우리가 지금은 의식할 수 있고, 또 이해하려고 하기 때문에, 제 2장의 「은유로서의 이해하기」에서 배운 대로 이 주장을 우리가 경험했던 친숙한 것으로 환원하려고 한다. 바로 이것이 내가 이 장에서 하려는 것이다.

양원적 인간

인간적인 부분을 우리에게 친숙하게 하기 위해 할 수 있는 것은, 제1 장에서 논의한 것으로 돌아가 우리가 의식의 도움 없이 할 수 있는 일들을 기억해내는 것이다. 하지만 이런저런 것들은 아니라고 열거하는 것은 별 의미가 없다! 우리는 아직도 어떻게 해서든 아킬레우스와 똑같이 되고 싶다. 우리는 아직도 그가 정신 속에서 느낀 어떤 것이 있어야 하고 반드시 있어야 한다고 생각한다. 우리가 하려는 것은, 우리 자신이나 다른 사람 안에서 일어나고 있는 것처럼, 아킬레우스 안에 정신-공간과 유사 행동 세계를 만들어내는 것이다. 물론 이렇게 만들어진 것이 당시 그리스 사람들에게 적용되지 않는 것은 당연하다.

그 상태와 비슷한 비유를 드는 것이 도움이 될 것이다. 내가 운전할 때, 나는 뒷자리에 앉아서 나 자신에게 명령을 내리는 운전사처럼 앉아 있는 게 아니라, 거의 의식하지 않은 채 운전에 집중한다.[1] 실제로 내 의식은, 당신이 만일 내 옆자리에 앉아 있다면 내가 당신과 대화를 하거나, 아니면 의식의 기원에 대해 생각하면서, 운전 이외의 다른 것에 쏠린다. 그러나 내 손, 발 그리고 머리의 행동은 거의 전혀 다른 세계에 존재한다. 무엇을 만질 때, 나는 접촉되고, 내 머리를 돌릴 때 세계는 내 쪽을 향한다. 내가 세상을 볼 때, 인도가 아니라 차도를 따라 운전할 때처럼, 나는 즉각적으로 환경에 순응하게 된다. 그리고 나는 그 어떤 것도 의식하지 않으며, 논리가 개입되지 않는다. 나는 자극과 상호교류하는 데 푹 빠져 있다. 아니 무의식적으로 홀려 있다고도 말할 수 있으리라. 의식은 어떤 다른 것에 가 있으면서도 나는 교통상황의 변화에 따라 특정 순간마다 위협당하기도 하고 자신감에 차 있기도 하며, 지속적으로 불안해하기도 하고 안도감에 싸이기도 한다. 흥미를 느끼기도 하

---

[1] 이 예에 대한 생각은 웨스트(L. J. West)가 편집한 *Hallucinations*(New York: Grune and Stratton, 1962), 220~232쪽에 실린 스트라우스(Erwin W. Straus)의 통찰력 있는 논문인 「환각의 현상학」에서 얻었다.

고 냉담해하기도 하며, 신뢰하기도 하고 불신하기도 한다.

이제 이 상태에서 의식을 빼면 양원적 인간이 어떠했는지를 알 수 있다. 세계가 그에게 나타나고, 그의 행동은 의식이 전혀 없는 상태에서 그 세계와 분리할 수 없는 한 부분이 된다. 그리고 만일 어떤 새로운 상황, 예를 들면 앞에서 사고가 일어났거나 길이 막혔거나 타이어가 터졌거나 엔진이 멈춰버리는 것과 같은 상황이 발생하면, 우리는 빠르고 효과적으로 그 문제에 우리의 의식을 돌려 무엇을 해야 할지를 이야기해주겠지만, 놀랍게도 양원적 인간은 이와는 다른 행동을 보일 것이다. 삶의 축적된 지혜가 들어 있지만 의식하지는 못하는 그는 자신의 양원적 목소리가 무엇을 하라고 말해주기를 기다려야만 할 것이다.

양원적 신

그런데 그런 환청은 도대체 어떤 것인가? 어떤 사람은 정신적인 목소리를 우리가 실제 목소리를 듣는 것처럼 또렷이 들을 수 있다는 것을 상상하기조차 어렵다. 사실, 뇌에는 입이나 후두 같은 기관이 없지 않은가?

뇌의 어떤 영역이 사용되든 간에, 그런 목소리가 존재하고 그 소리는 실제 소리를 듣는 것과 같다는 것은 분명하다. 더구나 고대인의 양원적 목소리는 현대인의 환청과 질적으로 유사할 가능성이 매우 높다. 이들은, 정도의 차이가 있지만, 극히 정상적인 사람들에게도 들린다. 때때로 스트레스를 받으면 부모님이 위로하는 소리를 들을 수 있다.

또는 우리가 어떤 문제에 사로잡혀 있을 때 들리기도 한다. 20대 후반에 내가 보스턴의 비콘 힐에 살 때, 한 일주일 정도 이 책에 있는 어떤 문제에 특히 지식이 무엇이고 도대체 우리가 어떻게 알게 되는지에 대해 연구하고 골똘히 생각했다. 확신이 생겼다가도 또 의심이 생기면서 인식론의 안개 속을 이리저리 헤매면서 어떤 결정을 내려야 할지 갈피를 잡지 못했다.

어느 날 오후, 나는 지적 절망에 빠져 긴 의자에 누워 있었다. 갑자기 적막한 가운데 단호하고 분명한 큰 소리가 내 오른쪽 위에서 들려왔다. "지식에 그 주체를 포함시켜라." 그 소리에 끌려 벌떡 일어나 바보같이 "누구시죠?" 하면서 방 안에 누가 있는지를 찾아보았다. 그 목소리가 어디서 나는지는 분명했지만 거기에는 아무도 없었다! 내가 순진하게 찾아보았지만 벽 뒤에도 아무도 없었다. 어슴푸레하지만 심오한 이 사건이 신이 내게 영감을 준 것으로 생각하지는 않지만, 과거에 그런 특별한 선택을 받았다고 주장하는 사람들이 들었던 것과 비슷했을 것이라고 생각한다.

그런 목소리를 정상적인 사람도 지속적으로 들을 수 있다. 이 책에 있는 이론을 강연하고 나면, 자신들이 들은 목소리에 대해 이야기하려고 다가오는 사람들이 많아 놀랐다. 한 생물학자의 아내는 거의 매일 아침 침대를 정리하고 집안일을 하는 동안, 돌아가신 할머니와 오랫동안 유익하고 즐거운 대화를 하는데, 그녀는 실제로 할머니의 목소리를 듣는다고 이야기해주었다. 이런 이야기를 처음 들은 그녀의 남편은 깜짝 놀랐는데, 왜냐하면 '목소리를 듣는 것'은 일반적으로 정신이상의 한 증세로 간주되기 때문이다. 실제로 우울증에 걸린 사람들에게 그것은 사실이다. 그러나 우울증에 걸렸다고 오인받을까 두려워 말을 하지 않기 때문에, 정상인이 얼마나 자주 반복적으로 환청을 일으키는지는 알 수 없다.

19세기 영국에서 단 한 번 광범위한 연구를 한 적이 있었다.[2] 건강 상태가 양호한 정상인만을 대상으로 환각에 대한 빈도를 조사했다. 7,717명의 남자들 가운데 7.8퍼센트 정도가 어느 시점에서 환각을 경험했다. 환각은 20대 남자들에서 가장 빈도가 높았는데, 20대는 정신분열증이 가장 많이 발병하는 시기다. 시각적 환각이 청각적 환각보다 2배가량 높았다. 국가별 차이도 나타났다. 러시아 사람은 평균보다 2배 더 환각을 경험했다. 브라질 사람은 청각적 환각의 경험 빈도가 러시아 사람보다 더 높았다. 왜 그런지는 아무도 모른다. 그렇지만 이 연구의 문제점은 귀신 이야기가 유행하는 나라의 경우, 실제로 보거나 들은 것 가운데 어떤 것을 환각으로 간주할 것인지에 대한 기준이 명확하지 않다는 것이다. 이런 문제를 해결할 수 있는 더 좋은 연구가 앞으로 있어야겠다.[3]

정신병 환자의 환각

양원적 목소리와 유사한 환청이 가장 흔하게 나타나고 따라서 가장 많이 연구된 사례는 정신분열증 환자의 고통 속에서 나왔다. 하지만 지금은 이런 환청을 연구하기가 쉽지 않다. 환각이 일어난다고 생각하면 고통받는 정신병 환자들에게 환각을 없애주는 토라진(Thorazine) 같은 약물치료를 하기 때문이다. 이 치료는 치료 효과가 아직은 의심스럽고,

---

2 Henry Sidgewick et. al., "Report on the Census of Hallucinations," *Proceedings of the Society for Psychical Research*, 34호, 1894, 25~394쪽.

3 조심해야 할 것을 보여주는 연구의 예로 D. J. West, "A Mass-Observation Questionnaire on Hallucinations," *Journal of the Society for Psychical Research*, 34호, 1948, 187~196쪽.

환자를 위해서라기보다는 환자에게 작용하는 또 다른 통제력을 제거하려는 병원 측의 편의 때문에 하기도 한다. 그러나 환각 증세를 보이는 환자가 그렇지 않은 환자보다 다루기가 어렵다고 입증된 적은 없다. 실제로 환각을 일으키는 정신분열증 환자가 그렇지 않은 정신분열증 환자에 비해 더 친절하고 덜 방어적이며 더 호감이 가고 병원에 있는 다른 사람들에게 더 긍정적인 기대를 한다는 것이 이들에 대한 다른 환자들의 평가다.[4] 그 효과가 겉으로 보기에는 부정적일 때조차, 환각을 일으키는 목소리는 치료 과정에서 도움이 될 수도 있다.

어쨌든 약물치료 등장 후 환각을 일으키는 환자의 수는 전보다 많이 줄었다. 최근 연구에 따르면 병원마다 환각 발생률이 많이 다르다. 환각 발생률은 보스턴 시 병원에서는 정신장애자의 50퍼센트인데, 오리건[5]에 있는 한 병원에서는 30퍼센트, 상당한 양의 진정제를 투여한 장기간 입원환자의 경우는 이보다 훨씬 더 낮다. 따라서 지금부터 하는 논의는, 블로일러(Bleuler)의 위대한 고전인 『조발성 치매』(Dementia Praecox)[6] 같은, 정신병 장애에 대한 옛 문헌에 상당 부분 의존할 것인데, 이를 통해 정신분열증 환자의 환각적 측면을 더 상세하게 볼 수 있다.[7] 만일 우리가 그 옛날의 양원적 목소리의 속성과 범위를 알려고 한

---

[4] P. M. Lewinsohn, "Characteristics of Patients with Hallucinations," *Journal of Clinical Psychology*, 24호, 1968, 423쪽.

[5] P. E. Nathan, H. F. Simpson, and M. M. Audberg, "A Systems Analytic Model of Diagnosis II, The Diagnostic Validity of Abnormal Perceptual Behavior," *Journal of Clinical Psychology*, 25호, 1969, 115~136쪽.

[6] 블로일러의 책제목인데 오늘날에는 청소년기의 정신병에 대한 총칭으로 사용한다— 옮긴이.

[7] Eugen Bleuler, *Dementia Praecox or The Group of Schizophrenias*, Joseph Zinkin, trans.(New York: International Universities Press, 1950). 이후 논의에서 사용한

다면 이 측면을 이해하는 것이 중요하다.

목소리의 주인공

정신분열증 환자에게서 나타나는 목소리들은 그 환자와 온갖 방식으로 상호작용한다. 그들은 대개 짧은 말로 대화하고, 저주하고, 비판하고, 조언한다. 그들은 충고하고, 위로하고, 흉내내고, 명령하고, 때로는 일어나는 모든 일을 알려주기도 한다. 그들은 고함지르고, 울먹이고, 웃고, 아주 작은 속삭임에서 천둥소리 같은 고함으로 변하기도 한다. 때로 그 목소리들은 독특하게 기괴해져, 아주 천천히 말하거나, 또박또박 말하거나, 각운을 맞추거나, 리듬에 맞추거나, 외국어로 말하기도 한다. 특정한 한 목소리를 내지만 대개는 몇 가지 목소리를 내며 어떤 경우에는 수많은 목소리를 내기도 한다. 양원적 문화에서처럼, 그 목소리의 주인공은 신, 천사, 마귀, 적, 특정한 사람이나 친척으로 일컬어진다.

때때로 목소리 때문에 환자들은 절망에 빠지기도 하는데, 그들에게 무엇을 하라고 명령하고 명령을 수행하면 가차없이 꾸짖기 때문이다. 때때로 그 목소리는 두 사람이 환자에 대해 이야기하는 대화다. 또 어떤 때는 서로 다른 사람이 다른 목소리로 찬성과 반대의 역할을 맡기도 한다. 환자에게 딸의 목소리가 말한다. "화형을 당할 거예요." 그의 어머니의 목소리는 "그렇지 않아!"[8] 다른 경우에는 여러 목소리가 동시에 웅얼거려 환자가 그 목소리를 알아듣지 못하기도 한다.

자료의 출처는 내 환자에 대한 관찰과 인터뷰, 각주에서 언급된 연구들, L. J. West의 책, 기타 사례보고들이다.

[8] Bleuler, 앞의 책, 97쪽 이하.

목소리의 위치와 기능

특히 심한 경우에는 목소리가 어디서 들리는지 모른다. 그렇지만 대부분 그 위치를 알 수 있다. 한쪽에서 들리다가 다른 한쪽으로, 뒤에서 들리다가 앞이나 밑에서 들리고, 아주 가끔씩만 환자의 앞에서 소리가 들린다. 벽이나 지하실, 지붕, 천국이나 지옥, 가까이 또는 멀리, 신체나 옷의 한 부분에서 들려온다. 그리고 때로는 어느 환자가 표현한 것처럼 "그 목소리는 벽이나 공기정화기 또는 숲이나 들판처럼, 그 무엇을 통해 말하든 그 물체의 속성을 갖고 있다."[9] 어떤 환자는 듣기 좋은 위로의 목소리는 위쪽과 오른쪽에서 들려오는 경향이 있고, 듣기 싫은 목소리는 아래쪽과 왼쪽에서 들려온다고 한다. 드물기는 하지만, 가끔씩 그의 입에 이상한 물질이 들어와 불거지는 느낌과 함께, 그 목소리가 자신의 입에서 들리는 환자도 있다. 어떤 경우에는 그 목소리가 기괴한 방식으로 구현되기도 한다. 한 환자는 두 목소리가 그의 두 귀 위에 각각 새처럼 앉아 있는데, 한 목소리가 다른 목소리보다 약간 더 크고 그 목소리는 카(Ka)[10]를 생각나게 하며, 고대 이집트의 파라오 조각처럼 묘사했다. 이와 관련된 내용은 다음 장에서 보게 될 것이다.

흔히 이 목소리들은 환자의 생각이나 행동을 비판한다. 어떤 경우에는 그 목소리는 그가 방금 하려고 생각했던 것들을 하라고 명하기도 한다. 또 어떤 때는 이런 일이 환자가 자신의 의도를 알기도 전에 일어나기도 한다. 스위스 투르가우 지역에서 온 한 지적인 편집증 환자는 시종에게 적대적인 감정을 갖고 있었다. 이 시종이 그의 방에 들어오자 목소리는 그 환자가 어떤 행동을 하기도 전에 매우 신랄한 어조로 소리

---

[9] T. Hennell, *The Witnesses*(London: Davis, 1938), 182쪽.
[10] 제2권 2장을 참조할 것 – 옮긴이.

쳤다. "저것 봐! 투르가우 출신 녀석이 아주 괜찮은 시종을 두드려 패고 있잖아!"[11]

여기서 아주 중요한 것은 환자의 신경계가 환자의 '자아'가 의식하지 못하는 지각적 판단을 내린다는 사실이다. 그리고 이들은, 앞에서처럼, 예언적으로 들리는 목소리로 변환될 수 있다. 복도를 걸어오는 간수는 환자가 의식하지 못하는 작은 소리를 낼 수 있다. 그러나 환자는 그의 환각에 빠진 목소리가 "지금 누군가가 물을 한 통 들고 복도로 들어오고 있다"라고 소리치는 것을 듣는다. 그러고 나서 문이 열리고 예언대로 일이 일어난다. 목소리의 예언자적 성격에 대한 신빙성은, 아마 양원적 시대와 똑같은 방식으로 이렇게 생겨나고 또 유지된다. 그 후 그 환자는 그 목소리에만 순종하게 되고 어떤 저항을 하지 않게 된다. 그렇지 않고 만일 목소리가 분명하지 않으면, 목소리에 인도되거나 아니면 그를 도와주는 사람들의 말이나 손에 인도될 때까지 꼼짝 않고 말도 없이 기다린다.

정신분열증 증세는 입원한 동안 대개 좋아졌다 나빠졌다 하는데 병세에 따라 흔히 목소리도 들렸다 안 들렸다 한다. 때때로 그 목소리는 환자가 어떤 특정한 행동을 하거나 특정한 환경에 있을 때만 들린다. 오늘날 약물치료를 하기 전에는 많은 환자들이 각성상태에서는 그 목소리에서 벗어나지 못했다. 증세가 아주 악화되면 목소리들이 커지고 외부에서 들려온다. 증세가 상당히 호전되면 목소리들은 내부의 속삭임처럼 들린다. 내부에서 들릴 경우, 그 목소리의 청각적 속성은 때로 모호해진다. 한 환자는 "그들은 진짜 목소리가 아니라 죽은 친척의 목

---

[11] Bleuler, 앞의 책, 98쪽.

소리를 흉내낸 소리야"라고 말하기도 했다. 특히 경미한 증세를 보이는 지적인 환자들은 자신들이 목소리를 실제도 듣는지 아니면 그 목소리들을 '들리는 생각' 또는 '소리 없는 목소리' 또는 '의미의 환각'처럼 생각하게 강요하는지를 확신하지 못한다.

신경계에 환각을 일으키는 어떤 타고난 구조가 있음이 틀림없다. 우리는 이 구조를 선천적으로 아니면 아주 어릴 때부터 청각에 심각한 문제가 있는 사람들이 겪는 문제를 연구함으로써 알 수 있다. 그들조차 환각을 경험할 수 있기 때문이다. 이런 문제는 귀먹은 정신분열증 환자에게서 쉽게 볼 수 있다. 한 연구에 따르면, 환각을 일으키는 귀먹은 22명의 정신분열증 환자 가운데 16명이 자신들이 어떤 소리를 들었다고 주장한다.[12] 태어나면서부터 귀가 먹은 32세의 한 여자는 인공 유산에 대해 스스로 심하게 가책했는데, 하나님이 꾸짖으시는 소리를 들었다고 주장했다. 다른 선천적 청각장애가 있는 50세의 여자도 자신이 신비한 능력이 있다고 주장하는 초자연적인 목소리를 들었다고 이야기했다.

시각적 성분

정신분열증 환자에게 시각적 환각은 흔치 않지만 때때로 아주 또렷하고 생생하게 경험된다. 나의 정신분열증 피험자 중 한 명인 활력이 넘치는 20세의 작곡가는 친구를 애타게 기다리며 차 안에 오랫동안 앉아 있었다. 길을 달리던 파란색 차가 갑자기 이상하게 속도를 줄이면서 녹슨 갈색으로 변했다가 다시 커다란 회색 날개로 변한 다음 울타리 위

---

[12] J. D. Rainer, S. Abdullah, and J. C. Altshuler, "Phenomenology of Hallucinations in the Deaf," Wolfram Keup(ed.), *Origin and Mechanisms of Hallucinations*(New York: Plenum Press, 1970), 449~465쪽에 수록되었다.

로 천천히 날개 치며 사라졌다. 그녀가 더 놀란 것은 거리에 있던 다른 사람들이 마치 아무 일도 없었던 것처럼 행동한 것이었다. 왜 그랬을까? 그들이 모두 그들의 반응을 그녀에게 숨기려고 미리 짜두지 않았을 텐데. 그럴 이유가 없지 않은가? 이처럼 의식이 실제 일어나지도 않았던 사건을 중심으로 세계를 합리적인 방식으로 서술하려고 할 때, 종종 다른 비극적인 증상이 나타나게 된다.

환청을 보이지 않는 심각한 청각장애가 있는 정신분열환자는 흔히 수화를 통한 시각적 환청을 보인다. 생후 8개월 만에 청력을 상실한 16세의 소녀는 빈 공간과 이상한 대화를 나누고 벽을 바라보고 몸짓을 했다. 좀더 나이가 많은 선천성 청각장애 여인은 환각 속의 남자 친구와 수화로 대화한다. 또 다른 귀먹은 환자는 상상 속의 사람들과 끊임없이 수화와 손가락을 이용한 표기법을 뒤섞어 사용하며 대화하는 것 같다. 생후 14개월에 청력을 상실한 35세의 여인은 극도의 혼란스러움과 격렬한 분노의 표출이 교대로 나타나는 삶을 살았다. 왜 그러는지를 묻자, 그녀는 매일 아침 흰옷을 입은 영이 찾아와 때때로 놀랄 만한 일들을 수화로 알려주기도 하고 또 그날 그녀의 정서상태를 설정하도록 알려준다고 수화로 설명해주었다. 또 다른 청각장애 환자는 낄낄거리며 웃는 천사에게 침을 뱉는다며 허공에 대고 침을 뱉었다. 날 때부터 청각장애가 있던 30세 남자는 이보다는 상태가 양호했는데, 난쟁이 천사와 소인국 사람들이[13] 자신의 주변에 있는 것을 보며 거의 무엇이든 해낼 수 있는 마법의 지팡이를 갖고 있다고 믿었다.

때때로 우리가 급성몽롱상태라 부르는 상황에서는, 대낮인데도 전체

---

[13] 스위프트(Jonathan Swift)의 소설인 『걸리버 여행기』에 나오는 소인국인 릴리풋 사람들 - 옮긴이.

장면이 환각으로 나타난다. 대개는 종교적인 색채를 띠는데, 천국이 열리고 하나님이 환자에게 말을 하기도 한다. 때로는 글이 씌어지는 장면이, 느부갓네살 왕[14] 앞에 나타났던 것처럼, 환자 앞에 나타나기도 한다. 편집증 환자는 그를 도와주는 사람이 약을 마시게 하는 바로 그 순간에, '독'이라는 단어를 허공에서 본다. 다른 경우에는 시각적 환각이 실제 환경과 섞이기도 하는데 상상의 인물이 병동을 걷거나 의사의 머리 위에 서 있기도 하며, 또는 앞서 언급했던 것처럼, 아테나 여신이 아킬레우스에게 나타나기도 한다. 시각적 환각이 목소리와 함께 나타날 때는, 테티스(Thetis)가 아킬레우스에게 또는 여호와가 모세에게 나타날 때처럼, 찬란한 빛이거나 구름 같은 안개로 나타난다.

신들의 등장

만일 정신분열증적 환각이 고대인들이 신에게 인도받는 것과 비슷하다고 가정하는 것이 맞다면, 두 경우 모두 공통적인 생리적 촉발이 있을 것 같다. 나는 이것이 바로 스트레스라고 생각한다. 정상인에게는 이미 우리가 언급한 것처럼 환각을 일으키는 스트레스의 역치[15]가 매우 높다. 우리들은 대부분 웬만한 어려움에 처해서는 환청을 경험하지 못한다. 그러나 정신병적 기질이 있는 사람들에게 이 역치는 비교적 낮다. 내가 앞서 기술했던 소녀의 경우처럼, 주차된 차 안에서 누군가를 애타게 기다리는 것만으로도 충분하다. 역치가 낮아진 원인은 유전적

---

14 구약성서의 「다니엘」에 나오는 페르시아 왕의 이름. 하지만 실제로 글을 쓰는 장면을 목격한 왕은 그의 아들인 벨사살 왕이었다 – 옮긴이.
15 역치란 어떤 감각이나 반응을 일으키는 데 충분한 최소한의 자극 수준을 의미한다 – 옮긴이.

이유에서 스트레스로 생긴 아드레날린(adrenaline)의 분해물질이, 정상인처럼 신장에서 빨리 걸러지지 않아 혈액에 축적되기 때문인 것 같다.

양원적 정신의 시대 동안 환각에 대한 스트레스 역치는 오늘날의 정상인은 물론 정신분열증 환자보다 훨씬 더 낮았을 것으로 추측된다. 어떤 상황에서 새로운 일이 일어나기만 해도 행동이 바뀌어야 했는데 이것만으로도 충분한 스트레스였다. 습관적으로 처리될 수 없는 일은 무엇이든지, 노동과 피로 간의 갈등, 공격과 도피 간의 갈등, 누구 말에 따를지 무엇을 할지에 대한 선택, 결정이 필요한 일은 무엇이든지 환청을 일으키기에 충분했다.

오늘날에는 결정을 내리는 일('결정'이라는 말에서 의식적 내포의 모든 흔적을 빼고 싶다)은 모두 스트레스를 일으킨다는 것이 주지의 사실이 되었다. 만일 쥐가 음식이나 물을 얻으려고 할 때마다 전기가 흐르는 철사망을 건너야 한다면 그 쥐에게는 위궤양이 생긴다.[16] 쥐에게 전기충격을 주기만 하면 위궤양이 생기지 않는다. 위궤양이 생기게 하려면 갈등의 시간 또는 철사망을 건널지 말지를 결정해야 하는 스트레스가 있어야만 한다. 만일 멍에로 묶여 있는 두 마리의 원숭이가 발에 주기적으로 가해지는 전기충격을 피하기 위해 적어도 20초에 한 번씩 지렛대를 눌러야 하는 상황에서 한 원숭이만 지렛대를 누를 수 있게 되어 있다면, 3~4주가 채 안 되어 지렛대를 언제 누를지를 결정해야 하는 원숭이는 위궤양에 걸리지만 똑같이 전기충격을 받았던 다른 원숭이는 그 병에 걸리지 않는다.[17] 무엇을 해야 할지 모르는 그런 기간이 꼭 있

---

[16] W. L. Sawrey and J. D. Weisz, "An Experimental Method of Producing Gastric Ulcers," *Journal of Comparative and Physiological Psychology*, 49호, 1956, 269~270쪽.

어야 한다. 만일 그 동물이 효과적인 반응을 하고 그의 성공에 즉각적인 피드백을 받을 수 있게 실험 상황을 재구성하면 이른바 의사결정 집행자 역할로 인한 위궤양은 생기지 않는다.[18]

아가멤논에게 배척된 아킬레우스가 회색 바닷가에서 결정을 내려야 하는 스트레스를 받았을 때 안개 속에서 테티스의 환영을 만났다. 마찬가지로 헥토르도 트로이의 성벽 밖으로 나갈지, 안에 머무를지 고심하다가 나가라는 목소리를 환각 속에서 들었다. 신의 목소리는 더 심각한 수준에 이르기 전에 결정에 따른 스트레스를 종료시킨다. 만일 아킬레우스나 헥토르가 스트레스를 해소하는 신을 억압하는 문화 속에서 살면서 오늘날 회사 중역이었다면, 그들도 우리와 마찬가지로 여러 가지 심인성 질병[19]에 걸렸을 것이다.

소리의 권위

환각을 일으키는 기제 문제를 논의하면서 왜 그런 목소리를 믿고 순종했는가라는 더 심오한 질문을 다루지 않을 수 없다. 왜냐하면 모든

[17] J. V. Brady, R. W. Porter, D. G. Conrad, and J. W. Mason, "Avoidance Behavior and the Development of Gastro-Duodenal Ulcers," *Journal of the Experimental Analysis of Behavior*, 1호, 1958, 69~72쪽.

[18] J. M. Weiss, "Psychological Factors in Stress and Disease," *Scientific American*, 226호, 1972, 106쪽.

[19] 예를 들어 장미꽃 꽃가루에 알레르기 반응을 보이는 사람이 장미꽃 사진을 보고도 알레르기를 일으키는 경우처럼, 조직의 손상 같은 외적 요인으로 생긴 질병이 아니라 심리상태로 발생한 신체적 질병을 말한다 - 옮긴이.

경험적 증거나 상식이 있는데도, 그 목소리를 객관적으로 실재하는 것처럼 믿었고 객관적으로 실재하는 것처럼 순종했기 때문이다. 실제로 환자가 듣는 목소리는 의사의 목소리보다 더 생생하다. 환자들도 때때로 그렇게 말한다. "만일 이것이 진짜 목소리가 아니라면 지금 당신도 나에게 실제로 말하는 게 아니라고 해야 할 것이다"라고 한 정신분열증 환자가 자신의 의사에게 이야기했다. 다른 사람도 그런지 질문받았을 때, 다음과 같이 대답했다.

예, 선생님. 나는 또렷하고 우렁찬 목소리를 들었습니다. 그 목소리는 그 순간 우리를 정지시킵니다. 내가 그 목소리를 듣는 것이 당신의 목소리를 듣는 것보다 쉽습니다. 나는 그 목소리의 중요성과 실재성을 더 쉽게 믿을 수 있고 그 목소리는 질문을 하지 않습니다.[20]

그 환자만이 목소리를 듣는 것은 크게 문제되지 않는다. 때로 그는 영광스럽게 자신이 이런 재능을 갖게 되었다고 생각하고 신적인 능력으로 구별되고 선택되고 영화롭게 되었다고 느끼는데, 이런 느낌은 비록 그 목소리가 그들을 준엄하게 꾸짖거나 자신을 죽게 할 때조차 변하지 않는다. 그는 어떤 방식으로 근본적인 목소리의 힘과 대면하는데 이 힘은 바람이나 비나 불보다 생생하고, 조롱하고, 위협하고, 위로하는 힘, 그리고 그가 물러서거나 객관적으로 볼 수 없게 하는 힘이다.

얼마 전 어느 청명한 오후에 한 남자가 코니 아일랜드[21] 해변의 긴 의자에 누워 있었다. 갑자기 그는 크고 분명한 목소리를 듣고, 다른 사람

20 Hennell, 앞의 책, 181~182쪽.
21 뉴욕 시 롱아일랜드에 있는 해안 유원지 - 옮긴이.

들도 이 목소리를 분명히 들었을 것이라고 생각하고 같이 온 사람들을 둘러보았다. 그 사람들이 아무 일도 없었던 것처럼 행동하자, 그는 이상한 느낌이 들기 시작해 그의 의자를 그들에게서 멀리 옮겨갔다. 그러자,

갑자기 더 분명하고 더 깊고 전보다 더 큰 목소리가 다시금 이번에는 귀 가까이에서 들려와서 나를 긴장시키고 내면적으로 전율하게 했다. "래리 제이슨, 내가 전에 너는 쓸모없다고 말했다. 그런데 너는 왜 실제로는 그렇지 않은데도 다른 사람처럼 착한 척하면서 누워 있지? 나를 속이려고?"

그 깊은 목소리는 너무 크고 분명해서 모두 다 들었음이 틀림없었다. 그는 일어나서 천천히 통행로의 계단을 내려와 모래사장으로 걸어갔다. 그는 그 목소리가 다시 들리는지 기다렸다. 목소리가 다시 들렸고 이번에는 한마디 한마디가 우리가 듣는 것과는 너무 다르게 큰 소리로 그러나 더 깊게 들렸다,

나 자신이 모두 귀가 된 것처럼 손가락도 다리도 그리고 나의 머리도 그 말을 들었다. "너는 쓸모없어"라고 그 목소리는 천천히 똑같이 깊은 어조로 말했다. "너는 지구상에서 아무 쓸모가 없어. 바다가 있으니, 가서 물에 빠져 죽는 게 나을 거야. 걸어 들어가. 계속 걸어."

그 목소리가 끝나자마자 그 명령의 냉정함에 나는 내가 복종할 수밖에 없다는 것을 알았다.[22]

코니 아일랜드의 고운 모래 위를 걷던 환자는, 아킬레우스가 에게 해의 안개 낀 해변을 걸으면서 테티스의 목소리를 들었던 것처럼, 쾅쾅거리는 이 목소리를 들었다. 그리고 아가멤논이 제우스의 냉정한 명령에 순종할 수밖에 없었고, 바울이 다마스커스에서 예수님의 명령에 순종했던 것처럼 제이슨 씨는 물에 빠져 죽으려고 대서양으로 걸어 들어갔다. 이 목소리가 의도했던 바와는 상반되게 제이슨 씨는 해양구조대에 구조되었고 벨뷰 병원으로 옮겨졌는데, 그는 회복된 다음 이 양원적 경험을 글로 썼다.

　　이보다 더 양호한 상태일 때, 목소리에 익숙해지면, 환자는 그 목소리에 객관적인 태도를 취해 그들의 권위를 약화시키는 법을 배울 수 있다. 그러나 거의 모든 정신분열증 환자의 자서전은 한결같이 그 목소리의 명령에 적어도 처음에는 주저없이 순종했다고 이야기해준다. 어떻게 이런 일이 일어날 수 있나? 그런 목소리들은 어떻게 아르고스나 다마스커스로 가는 길이나 코니 아일랜드의 해변에서처럼 그런 대단한 권위를 가질까?

　　소리는 아주 특별한 양태다. 우리는 소리를 만질 수도 없고, 밀쳐버릴 수도 없다. 등을 돌려버릴 수도 없다. 우리는 눈을 감을 수도 있고, 코를 막을 수도 있고, 손을 뗄 수도 있고, 맛보기를 거절할 수도 있다. 우리는 귀를 부분적으로 막을 수는 있지만 귀를 닫을 수는 없다. 소리는 모든 감각양태에서 가장 통제하기 어려운데 바로 이 때문에 진화가 만들어 낸 산물 중에서 가장 정교한 언어의 매체다. 따라서 우리는 가장 심오하고 복잡한 문제를 탐색하는 것이다.

---

22 L. N. Jayson, *Mania*(New York: Funk and Wagnall, 1937), 1~3쪽.

순종의 통제

누군가가 우리에게 말하는 것을 듣고 이해한다는 것이 도대체 무엇인지 생각해보자. 어떤 의미에서 우리는 다른 사람이 되어야만 한다. 그게 아니라면 그 사람이 잠시만이라도 우리의 한 부분이 되게 해야 한다. 우리는 우리의 정체성을 잠시 유예시켰다가 다시 우리 자신으로 돌아와 그 사람이 말한 것을 받아들이거나 거절한다. 우리 자신의 정체성이 머뭇거리는 이 짧은 순간이 바로 언어를 이해하는 핵심이다. 그리고 만일 그 언어가 명령이면 이해된 내용은 복종으로 나타난다. 듣는 것은 사실 일종의 복종이다. 실제로 두 단어는 같은 어원에서 나왔고 아마도 원래는 같은 말이었을 것이다. 그리스어, 라틴어, 히브리어, 불어, 독어, 러시아어는 물론, 라틴어의 'obedire', 즉 누군가와 마주앉아 듣는다는 'ob+audire'의 합성어에서 만들어진 영어의 'obey'도 그렇다.[23]

문제는 그런 복종의 통제다. 이것은 두 가지 방식으로 이루어진다.

그렇게 중요하지는 않으나 첫 번째 방식은 단지 공간적인 거리에 따른 것이다. 다른 사람이 당신에게 말하는 것을 듣고 있을 때 당신이 어떻게 하는지를 한 번 생각해보라. 당신은 문화적으로 정착된 기준에 따라 거리를 조정한다.[24] 말하는 사람이 너무 가까이 있으면 그가 당신의 생각을 너무 가까이에서 통제하려는 것일 수 있다. 너무 멀면 당신이 그의 말을 편안하게 이해하도록 당신의 생각을 충분히 통제하지 않는

---

[23] Straus, 앞의 논문, 229쪽.

[24] 이 주제에 더 관심 있는 독자는 문화 차이를 강조하는 홀(Edward T. Hall)의 *The Hidden Dimension*(New York: Doubleday, 1966)이나 공간적 행동을 깊이 있게 다룬 Robert Sommer, *Personal Space: The Behavioral Basis of Design*(Englewood Cliffs, New Jersey: Prentice-Hall, 1969)을 참조하라.

것이다.

당신이 아랍 지방 사람이라면 30센티미터 이하의 대면거리가 편할 것이다. 그러나 유럽 출신이라면 가장 편안한 대화거리는 거의 그 배가 된다. 이런 사회적 상호작용에서 문화차이는 다른 문화권에 여러 가지 오해를 일으킬 수 있다. 통상적 거리보다 가까운 거리에서 누군가와 이야기하는 것은, 사랑하는 관계나 한 판 벌이려는 두 남자가 얼굴을 맞대고 협박하는 경우에서처럼, 복종이나 통제의 관계를 맺으려는 시도로 볼 수 있다. 그 거리 안에 있는 사람에게 이야기하는 것은 상대방을 압도하려는 시도다. 그 거리 안에서 다른 사람의 말을 듣고 그 거리를 유지하면 말하는 사람의 권위를 인정하려는 성향이 강해진다.

우리가 다른 사람의 목소리의 권위를 통제하는 더 중요한 두 번째 방식은 다른 사람에 대한 우리의 의견에 의해서다. 우리는 도대체 왜 판단하고 찬사나 비판의 대상으로 범주화하는가? 우리는 끊임없이 다른 사람을 평가하고, 단지 그들이 우리 또는 우리의 생각을 통제하는 것을 규제하기 위해, 말도 안 되는 서열구조에 따라 그들을 분류한다. 다른 사람에 대한 우리의 개인적 판단은 영향력의 여과기다. 다른 사람의 말의 힘에 복종하고 싶으면, 우리의 개인적인 존경 척도에서 높은 점수를 매기면 된다.

만일 사람도 보이지 않고 목소리의 출처도 없고 그 목소리에서 뒷걸음칠 수도 없고, 당신이 당신이라고 부르는 모든 것처럼 당신 가까이에 있고, 그 목소리가 나면 모든 경계가 허물어지고—도망치면 당신과 같이 도망치기에—피할 수도 없을 때, 벽이나 거리에 구애되지 않으며 우리의 귀를 막아도 들리며 우리가 아무리 소리를 질러도 결코 잠잠해지지 않는, 그런 목소리를 듣는 사람은 얼마나 불가항력적으로 느꼈을까? 그리고 만일 당신이 양원적 문화 속에서 살고 있어, 목소리는 그 위계상 최상의 위치에 있는 것으로 인식되고, 그 목소리는 당신과 당신의 머리, 심장, 다리까지도 소유하는 신, 왕, 귀족 또는 전지전능한 존재처럼 결코 자신이 지배할 수 없는 것이라고 범주화하도록 가르침을 받았다면, 당신도 양원적 인간처럼 그 목소리에 완전히 복종했을 것이다!

주관적인 의식이 있는 사람에게 의지에 대한 설명은 아직도 만족스러운 해답을 찾지 못하는 극히 어려운 문제다. 그러나 양원적 인간들에게는 목소리가 바로 의지였다. 다른 식으로 표현하면, 의지는 목소리로 나타나는데, 그 목소리는 신경학적 명령의 속성이 있었고 그 명령에서는 명령과 행동이 분리되지 않았으며, 듣는다는 것은 곧 복종하는 것이었다.

제5장

2중 뇌

양원구조인 인간의 뇌에 어떤 일이 일어났는가? 인간의 역사에서 백 세대 전부터 전혀 새로운 유형의 정신구조가 등장하여 존재하기 시작할 무렵, 과연 어떤 일이 일어났는지를 생리학적으로 설명할 필요가 있다. 도대체 그것이 어떻게 가능한가? 두개골 내의 극히 섬세한 신경원과 신경섬유의 구조를 고려할 때 이 구조가 어떻게 조직되어 양원구조가 가능해졌는지 궁금하지 않을 수 없다.

이것이 이 장에서 다룰 가장 중요한 문제다.

첫 번째 대답은 간단하다. 양원적 정신은 언어로 매개되었기 때문에 뇌의 언어영역이 특히 중요하게 관련되어 있음이 틀림없다는 것이다.

이 영역을 논의할 때 그리고 이 장 전체와 이 책의 나머지 부분 모두에서 표현의 어색함을 피하기 위해 오른손잡이를 기준으로 용어를 사용하겠다. 오른손잡이들에게 언어중추는 신체의 오른쪽을 통제하는 뇌의 좌반구에 있다. 이 때문에 신체의 좌측을 통제하는 우반구는 우세하지 않은 반구라 불리는 데 반해, 좌반구는 흔히 우세한 반구라 불린다. 우리 모두에게 좌반구가 우세한 반구인 것으로 전제하고 논의를 전개

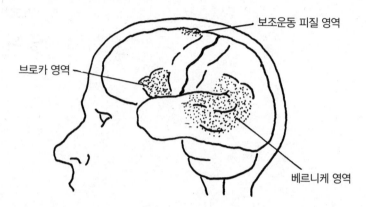

보조운동 피질 영역

브로카 영역

베르니케 영역

좌반구의 세 언어영역은 각기 다른 기능과 가치가 있다. 보조운동 피질 영역은 대부분 언어적 분절에 관여한다. 브로카 영역은 분절, 어휘, 어형변화, 문법 등에 관여한다. 베르니케 영역은 어휘, 구문, 의미, 말의 이해 등에 관여한다.

하려고 한다. 그러나 실제로 왼손잡이는 우세한 반구가 여러 가지로 표현된다. 어떤 사람들에게는 우반구가 대체로 좌반구의 일을 하기도 하고, 다른 사람들에게는 그렇지 않지만 어떤 사람들은 양 반구가 모두 그 일을 담당하기도 한다. 그렇지만 인구의 5퍼센트 정도만 해당되기 때문에, 우리의 논의에서는 생략해도 무방하다.

언어 영역은 세 부분인데 이들은 대부분 사람들의 좌반구에 있다.[1] 이 영역은 ①좌측 전두엽의 맨 위쪽에 있는 보조운동 피질영역인데, 이 부분을 수술로 제거하면 말을 못하게 되며 회복하는 데 몇 주가 걸린다. ②좌측 전두엽의 뒷부분 아래쪽에 있는 브로카 영역인데 이 부분이 손상되면 어떤 때는 영구적으로, 어떤 때는 일시적으로 말을 못하게 된

---

[1] 이 부분에 대한 논의는 Wilder Penfield and Lamar Roberts, *Speech and Brain-Mechanisms*(Princeton: Princeton University Press, 1959)를 참조했는데, 과거에는 정평이 있었지만 이 분야의 폭발적인 새로운 발견으로 어느 정도 구식이론이 되었다.

다. ③주로 좌측두엽의 배(背)측과 두정엽의 일부분이 베르니케 영역인데, 어느 정도 나이가 들었을 때 이 부위의 비교적 넓은 영역이 손상되면, 의미 있는 말을 영구적으로 할 수 없게 된다.

따라서 베르니케 영역은 말로 의사소통을 제대로 하는 데 꼭 필요하다. 우리가 예상할 수 있겠지만, 베르니케 영역의 피질은 상당히 두껍고 피질의 안과 밖에서 상당히 복잡하게 연결되어 있으며, 크고 널리 분포된 세포가 있다. 정확한 경계는 아직 논란이 있지만[2] 의미있는 의사소통에서 이 영역이 중요하다는 점에는 이견이 없다.

심리현상에 대한 개념적 분석과 그에 수반되는 뇌 구조를 동등하게 보는 것은 상당히 위험한 생각이지만, 사실 그렇게 하지 않기도 쉽지 않다. 더구나 나의 양원정신 이론에 따라, 좌반구의 이 세 영역이나 그들 간의 더 미묘한 상호작용 속에서 언어기능 일부를 어느 정도 복제한다거나 분리하는 일은 상상하기 어렵다.

이 문제를 좀더 생각해보자. 언어영역은 모두 좌반구에 있다. 왜 그럴까? 나를 비롯하여 이 모든 것의 진화에 숙고해온 사람이면 누구나 부딪치게 되는 복잡한 문제는 도대체 언어기능은 왜 한 반구에서만 표상되는가 하는 것이다. 다른 중요한 기능들은 대부분 두 반구에서 모두 표상된다. 다른 기능에서 이런 중복표상은, 설사 한쪽이 손상되면 다른 쪽이 대신할 수 있기 때문에 동물들에게 생물학적 장점이 있다. 그렇다면 도대체 언어는 왜 예외인가? 언어는 가장 시급하고 중요한 기술이

---

2 여러 가지로 내게 도움을 주는 보겐(Joseph Bogen)은 베르니케 영역에 어떤 부위가 포함되어야 하는지에 대한 증거가 얼마나 모호한지 지적해주었다. 나는 또한 이와 관련해 여러 가지 귀중한 토론을 나누었던 내 제자 하나드(Stevan Harnad)에게 감사한다.

고, 사회적 행위의 선행 조건이며, 빙하기 후의 천 년 동안 생명체가 의존했던 마지막 의사소통 매체다! 이처럼 인간 문화의 핵심인 언어는 도대체 왜 중복표상되지 않았나?

이 문제는 언어에 필수적인 신경학적 구조가 좌반구는 물론 우반구에도 존재했다는 사실을 고려하면 더 복잡한 미궁으로 빠져들게 된다. 어린이의 경우, 좌반구의 베르니케 영역이나 그 영역을 뇌간으로 연결하는 바로 밑의 시상이 많이 손상되면, 모든 언어 기제는 우반구로 옮겨가게 된다. 극소수의 양손잡이들은 실제로 두 반구에 모두 언어중추를 가지고 있다. 따라서 대개는 언어능력이 없는 우반구가 어떤 특정 상황에서는 좌반구에서처럼 언어중추가 될 수 있다.

또 하나의 의문점은 언어에 적합한 구조가 좌반구에서 진화할 때 우반구에서는 무슨 일이 일어났는가 하는 것이다. 좌반구의 언어영역에 해당하는 우반구의 영역들을 생각해보라. 그들의 기능은 무엇일까? 아니면 좀더 구체적으로, 그 영역이 좌반구에 문제가 있을 때만 언어영역으로 발달한다면, 그들의 중요 기능은 무엇일까? 만일 오늘날 우리가 우반구의 그 영역을 자극한다면 좌반구의 언어영역을 자극했을 때 나타나는 실어증 같은 중지현상(즉 하던 말을 중지하는 현상)은 일어나지 않는다. 이처럼 특별한 기능이 없는 것처럼 보이기 때문에 많은 사람들이 우반구의 상당 부위는 불필요하다고 결론지어왔다. 실제로 베르니케 영역에 해당하는 부분을 포함하여 우반구 조직의 상당 부분이, 그리고 어떤 경우에는 우반구 전체가 병이나 사고로 손상된 사람에게서도 정신 기능 면에서 놀라울 정도로 정상에 가깝다.

언어영역에 해당하는 우반구의 영역은 쉽게 관찰할 수 있는 주요 기능을 갖고 있지 않은 것처럼 보인다. 왜 이처럼 상대적으로 중요하지 않은 뇌의 부분이 존재할까? 우반구의 말 못하는 언어영역은 인간 진화의 초기 단계에서 우리에게 현재 없는 다른 기능을 갖도록 진화할 수 있지 않았을까?

그에 대한 대답은 잠정적이기는 하지만 분명하다. 놀라운 결과를 가져왔던 진화의 선택적 압력은 양원적 문명을 초래했다. 인간의 언어는 한 반구에만 관여하고 다른 반구는 신의 언어를 위해 남게 되었다.

만일 그렇다면 좌우 반구의 측두엽들을 연결하는 양원적 음성의 연결 통로가 있어야 한다고 예상할 수 있다. 물론 좌우 반구를 연결하는 가장 중요한 연결은 200만 개 이상의 섬유로 된 거대한 뇌량(corpus callosum)이다. 그러나 인간의 측두엽은 말하자면 그들만의 은밀하고 훨씬 작은 뇌량인 복측 교련(commissure)을 갖고 있다. 쥐나 개에게 복측 교련은 뇌의 후각영역을 연결한다. 그러나 인간에게는, 내가 엉성하게 스케치한 것에서처럼, 이 신경섬유다발은 대부분 측두엽에서, 특히 베르니케 영역이 포함된 측두엽의 중앙 회(gyrus)에 퍼져 있고, 다른 측두엽 쪽으로는 시상하부의 위쪽을 지나 편도핵을 거치면서 직경이 0.3 센티미터 정도 되는 경로로 축소된다. 내 주장은 이 좁은 경로로 내려진 지시에 따라, 우리 문명이 만들어졌을 뿐만 아니라, 신이 인간에게 명령하고 그 명령은 곧 자신의 의지이기에 그 명령에 순종했던 것이며, 이로써 세상의 모든 종교가 등장하게 되었다는 것이다.[3]

---

3 복측 교련의 유일한 기능이 양원적 정보의 전달이라고 주장하고 싶지는 않다. 이 교련은 두 측두엽을 대부분 연결하며, 하측두엽의 뇌회 복측을 대부분 포함한다. 이 영역은 후두엽에서부터 내려오는 신경섬유에서도 정보를 받는데 시각적 인식기능에서 특히 중요하다. E. G. Ettlinger, *Functions of the Corpus Callosum* (Boston: Little, Brown, 1965).

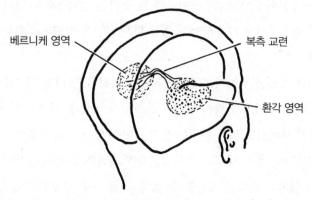

베르니케 영역

복측 교련

환각 영역

고대에는 우반구의 베르니케에 해당하는 부분이 훈계적 경험을 구성했을 것이며, 그것
은 우세한 반구인 좌반구가 복측 교련을 건너오는 '목소리'로 '들은' 것으로 암호화되었
을 것이다.

이 주장을 구체화하는 방식은 두 가지가 있다.

두 번째 가설보다 더 단순하고 구체적이기 때문에 (따라서 경험적 연
구를 통해 더 쉽게 확증되거나 기각될 수 있어서) 내가 좋아하는 강력한 방
식은, 신의 목소리는 우반구의 베르니케 영역에 해당하는 곳에서 직접
만들어지는데, 복측 교련을 건너 좌반구 측두엽의 청각영역에서 듣게
된다는 것이다. (내가 여기서 우반구의 측두엽을 의인화하여 어떤 사람이 말
하고 마찬가지로 좌반구의 측두엽을 어떤 사람이 듣는 것처럼 비유적으로 설
명하고 있음에 주목하라. 두 사람은 같은 사람이고 또 각 사람에 대한 비유는
굳이 따지자면 잘못된 것이다.) 내가 이 방식에 더 끌리는 또 다른 이유는
처리된 정보나 사고가 한 반구에서 다른 반구로 가게 한다는 점에서 더
합리적이기 때문이다. 수억 개의 신경세포가 한 반구에서 복잡한 경험
을 처리하여 그 결과를 아주 좁은 교련을 통해 보내야 하는 진화상의
문제를 생각해보자. 특별한 암호를 사용하여 아주 복잡한 처리 결과를

복측 교련에 있는 몇 개 안 되는 신경원을 통해 전달할 수 있게 하는 압축방식을 사용했어야만 했을 것이다. 이런 상황에서, 동물 신경계의 진화사에서 인간의 언어보다 더 나은 암호를 찾을 수 있었을까? 따라서 내 주장을 강력하게 표현하면, 청각적 환각은 언어적 형태로 나타나는데 그 이유는 복잡한 대뇌 처리결과를 한 반구에서 다른 반구로 전송하는 가장 효과적인 방법이기 때문이라는 것이다.

이 가설의 약한 형태는 다소 모호하다. 환각을 일으키는 소리가 만들어지는 곳은 그 사람의 말소리와 마찬가지로 좌반구이지만, 그 의미와 대상 그리고 그 사람과의 관계가 다른데, 그 이유는 우반구의 측두엽이 활성화되어 정보를 복측 교련이나 뇌량팽대(뇌량의 뒷부분)를 통해 좌반구의 언어영역에 전달하고 그곳에서 '들리기' 때문이라는 것이다.

현재로는 우리가 어떤 가설을 받아들여야 하는지는 그리 중요하지 않다. 두 가설의 핵심적 특징은 훈계적 경험의 합성은 우반구의 기능이고 신의 소리는 베르니케 영역에 해당하는 우반구 영역이 흥분할 때 들린다는 것이다.

이 가설을 지지하는 증거로 다음의 다섯 가지 관찰을 제시할 수 있다. ①통상적으로는 좌반구만이 말을 할 수 있지만 두 반구 모두 언어를 이해할 수 있고, ②우측 베르니케 영역이 신의 소리와 유사한 방식으로 기능하는 흔적이 남아 있고, ③두 반구의 관계는 양원시대의 인간과 신의 관계에 상응하는 관계이지만, 어떤 조건에서는 두 반구가 거의 서로 완전히 다른 사람처럼 행동하며, ④오늘날 두 반구가 나타내는 적어도 인지적 기능의 차이는 양원시대의 문학작품에서 나타나는 인간과 신 간의 기능의 차이를 반영하고 있으며, ⑤뇌는 우리가 지금까지 생각했던 것보다 훨씬 더 환경에 따라 조직화될 수 있고, 따라서 학습과 문

화에 근거를 두고 양원적 인간에서 의식적 인간으로 변화될 수 있었다
는 것이다.

이 장의 나머지 부분은 이들 다섯 가지 관찰에 할애할 것이다.

첫째, 두 반구 모두 언어를 이해한다는 것

나는 몇 가지 가설을 바탕으로 신은 개인에게 주어진 모든 명령이 섞
여 만들어진, 교훈적 경험의 혼합물이라고 주장했다. 따라서 신적 영역
은 구어와 관련될 필요가 없었지만, 언어를 듣거나 이해하는 것과는 관
련되어야만 했다. 그리고 이 점은 오늘날에도 마찬가지다. 언어는 양
반구에서 이해된다. 뇌의 좌반구에 뇌일혈을 일으킨 환자는 말을 하지
는 못하지만 이해할 수는 있다.[4] 만일 소디엄 아미탈을 좌반구로 올라
가는 좌측 경동맥 혈관에 주사하면(와다(Wada) 검사), 반구 전체가 마취
되어 우반구만이 작동하게 된다. 그래도 그 환자는 지시에 따를 수 있
다.[5] (내가 뒤에서 더 자세히 기술할) 복측 교련이 분리된 뇌 환자 검사에
서 우반구도 상당한 정도로 언어를 이해한다는 것이 밝혀졌다.[6] 신경교
종양으로 언어반구인 좌반구가 완전히 제거된 환자도 수술 직후에 남
아 있는 우반구를 통해, 비록 대답은 하지 못하지만 의사의 질문을 이

---

[4] 이것은 내가 개인적으로 면담한 환자들에게서 얻은 일반적 관찰이다.

[5] 와다 검사는 현재 몬트리올 신경학연구소(Montreal Neurological Institute)에서는 뇌
수술 전에 받는 사전 검사절차가 되었다. J. Wada and T. Rasmussen, "Intracarotid
Injection of Sodium Amytal for the Lateralization of Cerebral Speech
Dominance," *Journal of Neurosurgery*, 17호, 1960, 266~282쪽을 참조하라.

[6] M. S. Gazzaniga, J. E. Bogen, R. W. Sperry, "Laterality Effects in Somesthesis
Following Cerebral Commissurotomy in Man," *Neuropsychologia*, 1호,
209~215쪽. 이 문제와 관련된 Stuart Dimond의 탁월한 논의는 *The Double
Brain*(Edinburgh and London: Churchill Livingstone, 1972), 84쪽에서 볼 수 있다.

해할 수 있는 것으로 보인다.[7]

둘째, 우반구에 신 같은 기능의 흔적이 존재한다는 것

만일 앞에서 본 모형이 맞다면, 우반구에는 아무리 작더라도 그 옛날의 신적 기능이 흔적으로 남아 있을 수 있다. 이 가능성을 좀더 자세히 살펴보자. 신의 목소리는 발화된 언어를 포함하지 않기 때문에, 즉 후두나 입을 사용하지 않기 때문에, 브로카 영역과 이차운동 영역에 상응하는 부분은 어느 정도 배제하고, 베르니케 영역이나 우반구 또는 우세하지 않은 반구의 측두엽 뒷부분을 주목해야 할 것이다. 만일 이 위치에서 그 부분을 자극하면 그 옛날 신의 목소리를 들을 수 있을까? 아니면 그들의 흔적만이라도? 3,000년 전에는 그 기능이 인간사에서 신적 지시기능을 수행했다고 생각할 수 있는 무엇이 있을까?

이 영역은 몇 년 전에 수행된 일련의 유명한 연구에서 펜필드(Wilder Penfield)가 자극을 가했던 바로 그 영역이다.[8] 이 연구에 대해 좀더 자세히 알아보자.

이 관찰은 측두엽의 어느 부위가 손상되어 생긴 70명 정도의 간질환자를 대상으로 했다. 손상된 뇌 조직을 수술로 제거하기 전에 측두엽 표면의 여러 부분을 약한 전기로 자극했다. 자극의 강도는 대략 엄지손

---

[7] Aaron Smith, "Speech and Other Functions After Left(Dominant) Hemispherectomy," *Journal of Neurology Neurosurgical Psychiatry*, 29호, 467~471쪽.

[8] Wilder Penfield and Phanor Perot, "The Brain's Record of Auditory and Visual Experience: A Final Summary and Discussion," *Brain*, 86호, 1963, 595~702쪽.

가락을 통제하는 운동영역에 자극을 가해 엄지손가락을 움직이도록 하는 데 필요한 최소한의 전압이었다. 이 자극으로 발생한 현상이 그런 환자들에게 전형적으로 나타나는 신경교증, 경화증, 뇌수막 반흔 등에 왜곡된 것일지도 모른다고 의심할 수 있지만, 원 논문을 읽어보면 그런 의심은 사라질 것이다. 이런 이상 증상들이 발견되면 그 영역을 차단시켜 환자가 자극을 받았을 때 그의 반응에 어떤 영향을 주지 않게 했다.[9] 따라서 이 연구 결과는 정상인에게서도 발견될 것이라는 어느 정도의 확신을 줄 수 있다.

거의 대부분 자극을 받은 곳은 우측 측두엽, 특히 뇌회 위쪽을 향하는 측두엽의 뒷부분으로 우반구의 베르니케 영역이었다. 환자들에게서 놀라운 일련의 반응을 얻었다. 이 부분은, 또다시 내 주장을 반복하면, 고대의 신이 양원적 정신의 또 다른 부분에서 우리를 부르는 소리를 들었던 곳으로 예상되는 부분이다. 이 환자들이 과연 고대 신의 흔적을 들었을까?

다음과 같은 몇몇 대표적인 자료가 있다.

이 영역에 자극을 가했을 때, 사례 7번인 21세 대학생은 소리쳤다. "또 목소리가 들려요. 나는 현실과 접촉하는 것을 상실한 것 같아요. 내 귀에 윙윙거리는 소리가 들리고 경고하는 듯한 작은 느낌이 와요." 그리고 다시 전기를 가하자 "전과 똑같은 목소리예요. 다시 현실과 접촉이 사라지고 있어요"라고 대답했다. 무슨 소리냐고 묻자, 그는 그 목소리가 무슨 말을 했는지 이해할 수 없었다고 대답했다. 그 목소리는 '모호하게' 들렸다.

---

[9] 이 영역을 손상시키면 뇌 흥분의 확산이 일어나 간질의 전조를 보이기는 했지만 말이다.

목소리들은 대부분 이와 마찬가지로 모호했다. 사례 8번인 26세의 주부도 거의 같은 영역에 전기자극을 받았는데, 먼 곳에서 나는 목소리였던 것 같다고 이야기했다. "단어를 이야기하는 목소리 같았지만 너무 작아서 알아들을 수 없었어요." 12번 사례인 24세의 여자는 배측 측두엽의 상부 회(superior gyrus)의 인접지역을 자극받았는데, "나는 누군가가 이야기하고 중얼거리는 것을 들을 수 있었어요"라고 말했다. 계속 자극을 하자 "이야기 소리와 중얼거리는 소리가 들리지만 무슨 소리인지 모르겠어요"라고 말했다. 그러고 나서 이 회를 따라 1.9센티미터 되는 곳을 자극하자 처음에는 조용히 있다가 큰 소리를 질렀다. "목소리를 들었고 나도 소리쳤어요. 온 몸에 느낌이 왔어요." 그러고 나서 처음 자극했던 쪽으로 되돌아가 다시 전기자극을 가하자 울기 시작했다. "또 그 남자의 목소리예요! 내가 알고 있는 것은 아버지가 나를 자주 놀라게 한다는 것이에요." 그녀는 그 목소리가 아버지의 목소리는 아니라고 했다. 그렇지만 그 목소리는 그녀에게 아버지를 떠올리게 했다.

어떤 환자들은 음악소리를 들었는데 예전에 들어본 적이 없는 멜로디여서 외과의사에게 전달할 수 없었다(사례 4번, 5번). 다른 환자들은 가족의 목소리를 들었는데 특히 어머니의 목소리를 들은 이들이 많았다. 사례 32번인 22세 여자는 어머니와 아버지가 이야기를 나누는 것과 노래하는 것을 들었고, 다른 부분을 자극하자 어머니가 '그냥 소리지르는 것'을 들었다.

많은 환자들은 목소리들이 이상하고 알지 못하는 곳에서 들려온다고 느꼈다. 사례 36인 26세 여자는 오른쪽 측두엽의 상부 회의 복측을 자극했을 때 이렇게 대답했다. "네. 강가 어니신가에서 목소리를 들었어요. 남자와 여자의 목소리였는데 누군가를 부르고 있었어요." 그 여자에게 어떻게 그곳이 강가인지 알 수 있었냐고 물어보자 그녀는, "강을 보았던 것 같아요"라고 대답했다. 그 강이 어느 강이었는지 묻자 그녀는, "잘 모르겠어요. 제가 어렸을 때 가봤던 강이었던 것 같아요"라고 말했다. 다른 곳을 자극하자 그녀는 한 건물에서 사람들이 어딘가에 있는 건물을 향해 소리지르는 것을 들었다고 말했다. 그 부근을 자극하자 그녀는 한 여자가 나무를 쌓아두는 곳에서 부르는 소리를 들었다고 말했다. 그러나 그녀는 "나무를 쌓아두는 곳 근처에 가본 적이 없다"고 주장했다.

드물게는 목소리가 어떤 특정 방향에서 들려온다고 한 경우도 있었는데, 그것은 반대편 방향이었다. 사례 29인 25세 남자는 오른쪽 측두엽 회의 중앙에 자극을 받고 "누군가가 제 왼쪽 귀에 '실베어, 실베어'라고 말하는 것을 들었습니다. 남동생이었을 수도 있어요"라고 말했다.

사람들은 잘못 듣든 제대로 듣든 상관없이 목소리와 음악소리를 실제로 들은 것으로 느꼈다. 그리고 시각적 환각도 실제로 본 것으로 알았다. 마치 아킬레우스가 테티스를 보았던 것처럼, 또는 모세가 떨기나무에서 여호와의 소리를 들었던 것처럼. 위에 언급한 사례 29는 다시 자극을 받고, "누군가가 다른 사람과 이야기하는 것을 보았는데 그가 이름을 이야기했지만 알아들을 수 없었다"고 말했다. 그 사람을 보았느냐고 묻자, "마치 꿈과 같았다"고 대답했다. 그 사람이 그곳에 있었냐고 다시 묻자, "네. 안경을 쓴 간호사가 앉아 있는 저쪽 부근에 있었어요"라고 했다.

약간 더 나이가 든 환자들은 탐색적 자극만으로도 환각을 경험했다. 사례 24인 34세의 프랑스계 캐나다인은 이전의 자극에는 반응하지 않았으나, 우반구 측두엽의 중앙 회의 복측 부분을 자극하자 갑자기 소리쳤다. "잠깐만요. 누군가가 보여요." 2.5센티미터 위를 자극하자, "아하, 그예요. 그 바보가 왔어요!" 그리고 계속 우반구의 베르니케 영역에 해당하는 부분의 더 윗부분을 자극하자, "저기, 저기. 소리가 들려요! 누군가가 제게 이야기를 하고 싶어했어요. 그리고 그는 '빨리, 빨리, 빨리'라고 말했어요."

그러나 더 젊은 연령에서는 우반구 측두엽을 자극하여 생기는 환각이 훨씬 더 두드러지고 생생하며 훈계조라는 것이 강력히 시사된다. 14세의 남자아이(34번째 환자)는 두 남자가 의자에 앉아 그에게 노래를 불러주는 것을 보았다. 15번째 환자인 14세 소녀는 우반구 측두엽의 상부 배측 회를 자극하자, "오, 모든 사람이 또 내게 소리치고 있어요. 그들이 못하게 해주세요"라고 소리쳤다. 전기자극을 가한 시간은 2초였지만 목소리는 11초 동안이나 지속되었다. 그 소녀는 "그들이 내게 뭘 잘못했다고 소리쳤어요. 모두들요"라고 이야기해주었다. 우반구 측두엽의 상부 배측 회를 따라 자극을 준 모든 부위에서 그 소녀는 고함소리를 들었다. 첫 번째 지점에서 배측으로 2.8센티미터 위를 자극하자 그녀는 소리쳤다. "그들이 와요. 내게 소리를 지르면서 오고 있어요. 그들을 막아주세요!" 그 목소리는 한 번의 자극으로 생겼으며 21초나 지속되었다.

이런 자료들을 쉽게 얻었다는 인상을 주고 싶지는 않다. 내가 그런 환자들을 선별했기 때문이다. 어떤 환자들은 전혀 반응이 없었다. 때로 그런 경험은 제1권 2장에서 논의했던 자기 관찰적 환각(autoscopic illusions)을 포함한다. 더 복잡한 문제는 우세한 민구인 좌반구의 같은 지점을 자극해도 비슷한 환각을 일으킬 수 있다는 것이다. 다시 말해 그런 현상들은 우반구 측두엽에 국한된 것은 아니라는 것이다. 그러나 좌반구에서 자극에 반응을 일으킨 사례는 훨씬 적고 그 강도도 약했다.

전기자극으로 야기된 이상의 경험에서 중요한 점은 그 경험이 환자 자신의 말이나 행동이라기보다는, 자아와는 대립되는 타자성(other-ness)이라는 것이다. 몇몇 예외를 제외하면, 환자들은 먹거나 말하기, 성행위, 달리기 또는 연기하는 것 등은 경험하지 않았다. 거의 모든 경우에 환자들은 양원적 인간이 목소리에 따라 행동했던 것처럼 수동적이고 지시에 따랐다.

어떤 지시에 따랐나? 펜필드와 페로(Perot)는 이것이 단지 과거의 경험, 즉 어린 시절의 단편적 기억이라고 생각한다. 그들은 거의 모든 환자들이 그 사건을 전에 경험한 것으로 기억하지 못한다는 것을 관찰했는데, 이를 망각으로 설명하려고 한다. 그들은 이 경험이 실제로 구체적인 기억이라고 생각하며 자극을 가한 시간이 더 길어지면 완전히 기억해낼 수 있을 것이라고 가정했다. 실제로 자극을 가하는 동안 그들이 환자에게 했던 질문은 이 가정에 따라 이루어졌다. 때로 환자들은 자세히 대답했다. 그렇지만 전체적으로 보아 가장 대표적인 자료는, 환자들이 질문을 해도 변화가 없는 것으로 보아 이 경험은 기억으로 불릴 수 없을 것 같다.

이 때문에 그리고 우리가 통상 갖고 있는 기억에서 찾을 수 있는 개인적이고 능동적인 이미지가 전반적으로 결여된 것으로 보아, 펜필드와 페로의 결론은 잘못된 것으로 보인다. 측두엽의 이 부위는 '청각과 시각 경험을 뇌에 기록해두는 곳'이나, 그렇다고 인출하는 곳이 아니라 그런 경험의 어떤 측면을 조합하고 뒤섞는 영역이다. 또한 이 영역이 "성인의 삶에서 과거의 경험을 무의식적으로 기억해내게 하고 현재의 시점에서 해석할 수 있게 해주는 어떤 역할을 한다"는 증거도 없다. 이와는 다르게 실제 자료들은 환각을 일으키고 있는데, 이 환각은 특히 훈계의 경험이 압축되어 있는 것으로, 질문을 받고 경험을 보고한 환자들에게 현실적인 경험으로 구현되고 합리화되어 있다.

셋째, 두 반구가 독자적으로 행동할 수 있다는 것

양원적 정신에 대한 두뇌 모형에서 신의 영역과 인간의 영역은 어느 정도 독립적으로 행동하고 사고한다고 가정했다. 이에 더해 이 고대의 정신이 이중구조를 가진 것처럼 두뇌가 두 개의 반구로 이루어졌다고 주장한다면, 뇌의 일부분을 근거 없이 의인화한 것이 아닌가? 뇌의 두 반구를 두 개체로 간주하고, 둘 다 듣고 이해할 수 있지만 둘 중의 하나만 말할 수 있다고 생각할 수는 없을까?

이 모형이 신빙성이 있다는 증거는 다른 간질병 환자 집단을 통해 얻을 수 있다. 이들은 횡교연 절제 수술, 즉 두 반구 사이의 모든 연결을 가운데에서 절제하는 수술을 받은 12명 정도의 환자들이다.[10] 이러한 이른바 뇌 분리 수술(실제로는 뇌 절제 수술이라고 할 수 없다. 왜냐하면 뇌의 깊은 부분은 아직 연결되어 있기 때문이다)은 피질 전역에 비정상적인 신

---

10 보젠(Joseph E. Bogen)의 이 환자들에 대한 보고는 계속 늘어나고 있다. 그의 고전적인 논문들을 추천하고 싶은데, 특히 "The Other Side of the Brain, II: An Appositional Mind," *Bulletin of the Los Angeles Neurological Society*, 34(3)호, 1969, 135~162쪽. 반구 연구의 또 다른 개척자 중의 한 사람인 스페리(R. W. Sperry)의 논의를 보려면, "Hemisphere Deconnection and Unity of Conscious Awareness," *American Psychologist*, 23호, 1968, 723~733쪽. 이들 환자들을 검사하는 방법을 고안해낸 한 재치있는 저지가 읽기 쉽게 쓴 가자니가(Michael Gazzaniga)의 *The Bisected Brain*(New York: Appleton-Century-Crofts, 1970)도 읽어보라.

경 흥분이 퍼지는 것을 방지함으로써 다른 방법으로는 치료할 수 없는 간질을 고칠 수 있다. 수술을 받은 직후 일부 환자들은 2개월 정도까지도 말을 하지 못했지만 다른 일부 환자들은 어떤 불편함도 경험하지 않는다. 아무도 그 이유를 알지 못한다. 어쩌면 우리들 한 명 한 명마다 반구 사이의 관계가 약간씩 다를지도 모른다. 회복은 서서히 되며 모든 환자들은 단기간 기억 결손(어쩌면 작은 해마체 횡교연의 절제 때문인지도 모른다), 약간의 방향감각의 문제 그리고 정신적인 피로를 경험한다.

그런데 놀라운 사실은 이러한 환자들이 수술 후 1년 정도가 지나면 수술 전과 아무런 차이를 느끼지 못한다는 점이다. 이들은 아무 문제도 느끼지 못한다. 그들은 어떤 이상한 느낌이 든다고 불평하지 않고 텔레비전을 시청하거나 신문을 읽는다. 그리고 그들을 관찰해도 별 차이점을 발견할 수 없다.

그러나 감각입력을 엄격하게 통제하면 신기하고 중요한 장애가 발견된다.

당신이 무엇인가를 바라볼 때, 예를 들면 이 줄의 중간 단어를 본다고 하면, 그로부터 왼쪽의 모든 단어들은 우반구만이 볼 수 있고, 오른쪽의 모든 단어들은 좌반구만이 볼 수 있다. 두 반구 사이의 연결이 원래대로 되어 있을 때는, 비록 우리가 글을 읽을 수 있다는 사실은 놀라운 것일지라도 양 반구를 통합하는 일 자체는 대단한 일은 아니다. 그러나 반구사이의 연결이 끊겼을 때 문제는 달라진다. 이 줄의 중앙에서 오른쪽에 있는 활자들은 예전처럼 보일 것이며 당신은 이것을 거의 평상시처럼 읽을 수 있을 것이다. 그러나 왼편에 있는 모든 활자들은 백지 같을 것이다. 사실은 백지가 아니라 아무것도 존재하지 않을 것이다. 절대적인 무(nothing), 아마 당신이 상상할 수 있는 그 어떤 무보다 더한 무(nothing)일 것이다. 당신은 그곳에 아무것도 없다는 것을 의식하지 못할 테니까.

맹점현상에서와 마찬가지로 그 '무'는 그 어떤 방법으로 '채워졌거나' '꿰매져 있어서' 아무것도 없다는 것이 문제되지 않는 것처럼 느껴진다. 그러나 실제로는 그 모든 무는 '당신'이 보고 있지 않은 모든 것, 즉 왼쪽의 모든 활자를 당신의 다른 반구에서 분명히 보고 있을 것이다. 그러나 그 반구가 말할 수 있는 능력이 없기 때문에 무엇을 본다고 말할 수는 없다. 이것은 마치 '당신'(그것이 과연 무엇을 의미하는지는 모르지만)이 당신의 좌반구 '안에' 있고 횡교연이 끊어진 상태여서 다른 반구에 있는, 한때는 '당신'의 일부였던 다른 존재가 무엇을 보고 생각하는지를 알 수도 의식할 수도 없다는 것과 같다. 한 머리에 두 존재가 있는 것이다.

이러한 횡교연 절제 환자들이 받는 검사 중 다음과 같은 것이 있다. 환자에게 반투명 화면의 중앙에 주의하여 시선을 집중하게 한다. 그리고 화면의 왼편에 여러 물체의 사진 슬라이드를 보여주면 우반구만 볼 수 있으나 말로써 표현할 수는 없다. 그러나 환자는 우반구가 조종하는 왼손을 사용하여 똑같은 그림을 가리키거나 여러 물체 중 그 물체를 찾아낼 수 있다. 그러면서도 말로는 보지 못했다고 주장한다.[11] 오른편의 우세하지 않은 반구만이 본 이러한 자극은 두 반구 사이의 연결이 끊겼기 때문에 우반구에 갇혀 있고, 언어 능력을 주관하는 좌반구에 '전달될' 수 없다. 우반구가 이 정보를 가지고 있음을 알 수 있는 유일한 방

---

11 M. S. Gazzaniga, J. E. Bogen, and R. W. Sperry, "Observations on Visual Perception after Disconnection of the Cerebral Hemispheres in Man," *Brain*, 8호, 1965, 221~236쪽.

법은 우반구에게 왼손을 사용하여 그 정보를 지적하게 하는 것이다. 우반구는 이것을 거뜬히 해낸다.

만일 오른편과 왼편 시야에 동시에 두 개의 다른 그림(예를 들면 왼쪽에는 달러 부호, 오른쪽에는 물음표)을 잠깐 보여준 다음, 가리개 뒤에 있어 자신의 눈으로 볼 수 없는 왼손으로 본 것을 그려달라고 하면 피험자는 달러 부호를 그린다. 그러나 보이지 않는 곳에서 자신이 그린 것이 무엇이냐고 물으면 피험자는 물음표라고 주장한다. 다시 말하면 한 반구는 다른 반구가 무엇을 했는지 알지 못한다.

또한 어떤 물체의 이름, 예를 들면 '지우개'란 단어를 왼편 시야에 비추면 피험자는 왼손을 사용하여 가리개 뒤에 있는 여러 물체 중에서 지우개를 찾아낼 수 있다. 만일 제대로 찾아낸 후에 피험자에게 가리개 뒤의 물체가 무엇이냐고 물으면 좌반구의 '사람'은 벙어리인 우반구의 '사람'이 왼손에 들고 있는 것이 무엇인지 말하지 못한다. 마찬가지로 '지우개'란 단어를 말로 하면 왼손이 이 과제를 수행할 수 있지만, 말하는 반구는 왼손이 물체를 언제 찾았는지 알지 못한다. 이것은 예전에 언급했던 대로 두 반구가 모두 언어를 이해한다는 사실을 증명한다. 그러나 그 이전에는 우반구가 어느 정도 언어를 이해하는지 알 수 없었다.

그뿐 아니라 우반구가 복잡한 정의를 이해할 수 있다는 것도 안다. 왼편 시야에 '면도하는 기구'란 단어를 슬쩍 보여주면, 이 정보는 우반구로 가게 되고 왼손으로 면도기를 가리킨다. '더러운 것을 제거하는 것'을 보여주면 비누, '자판기에 사용하는 것'을 보여주면 25센트 동전을 가리킨다.[12]

또한 이러한 환자들의 우반구는 말하는 좌반구가 알지 못하는 가운데 정서적으로 반응할 수도 있다. 만일 여러 기하학적 그림들을 임의적으로 오른편과 왼편 시야에 보여주다가, 즉 좌반구와 우반구에 보여주다가 왼편에 여자의 나체 사진을 갑자기 보여주면 환자는 (실제로는 환자의 좌반구는) 아무것도 보지 못했다고 하거나 아니면 단지 빛이 반짝하는 것을 보았다고 이야기한다. 그러나 바로 미소짓거나 낯을 붉히거나 낄낄 웃는 모습은 말하는 반구가 방금 말한 내용과 일치하지 않는다.[13] 왜 웃는지 물으면 좌반구, 즉 말하는 반구는 잘 모르겠다고 대답한다. 이러한 얼굴 표정과 홍조를 띠는 현상은 얼굴의 어느 한쪽에만 나타나지 않는다. 이들은 뇌간 깊숙이에 있는 연결을 통해 일어나기 때문이다. 감정의 표현은 피질이 관장하지 않는다.

다른 지각도 마찬가지 현상을 보인다. 오른편 콧구멍에 냄새를 제시할 때 냄새는 우반구가 감지하게 되고(후각신경은 교차되지 않는다) 이러한 환자들의 경우, 말하는 반구는 어떤 냄새인지 말하지 못한다. 그러나 냄새가 좋은 냄새인지 나쁜 냄새인지는 말할 수 있다. 환자는 악취에 킁킁거리거나 부정적인 반응을 보이거나 '크으!' 하고 소리낼 수 있지만 그 냄새가 마늘 냄새인지 치즈 냄새인지 썩은 냄새인지는 말로 표현하지 못한다.[14] 왼쪽 콧구멍에 같은 냄새를 제시하면 환자는 그것이 무슨 냄새인지 제대로 말하거나 설명한다. 이것은 혐오의 감정이 손상

12 M. S. Gazzaniga and R. W. Sperry, "Language after Section of the Cerebral Commissures," *Brain*, 90호, 1967, 131~148쪽.

13 R. W. Sperry, "Hemisphere Deconnection."

14 H. W. Gordon and R. W. Sperry, "Olfaction Following Surgical Disconnection of the Hemisphere in Man," *Proceedings of the Psychonomic Society*, 1968.

되지 않은 변연계(limbic system)와 뇌간을 통해 말하는 반구에 전달되지만, 피질에 따라 처리되는 더 자세한 정보는 전달되지 않는다는 것을 의미한다.

실제로 우반구야말로 변연계와 뇌간에서부터 부정적인 감정반응을 자주 일으킨다는 몇몇 증거가 있다. 실험상황에서 말을 하지 못하는 우반구에게 정답을 알려주었을 때 우세한 좌반구가 틀린 답을 말하는 것을 들으면, 환자는 얼굴을 찡그리거나 움찔하거나 고개를 젓는다. 우반구가 좌반구의 잘못된 대답에 화를 낸다고 표현하는 것은 비유만은 아니다. 어쩌면 아테나 여신이 화가 나서 아킬레우스의 금발머리를 잡아당겨 그의 왕을 살해하지 못하도록 했는지도 모른다(『일리아스』, 1권, 197쪽). 마찬가지로 여호와는 그의 백성의 죄에 분노했다.

물론 차이점은 있다. 양원적 인간은 그의 모든 횡교연이 온전한 상태다. 그러나 나의 이 추론이 완전히 어리석다고 할 수 없을 정도로, 뇌가 환경 변화를 통해 재구성되는 것이 가능하다는 것을 앞으로 제시할 것이다. 어쨌든 이러한 횡교연 절제 환자들에 대한 연구는 두 반구가 마치 두 개의 독립된 존재처럼 작용할 수 있다는 것을 확실하게 보여준다. 나는 양원적 시대의 인간과 그의 신이 이러했다고 생각한다.

넷째, 인지기능에서 두 반구의 차이는 신과 인간의 차이를 반영한다는 것

만일 양원정신에 대한 이러한 두뇌 모델이 옳다면, 이 모델은 두 반구의 인지기능에 결정적인 차이가 있음을 예측한다. 좀더 구체적으로, 인간에 필요한 기능들은 왼쪽, 즉 우세한 반구에, 신에게 필요한 기능들은 우반구에서 각각 더 우세할 것이라고 예상된다. 또한 이러한 기능 차이의 흔적이 현대인간의 두뇌 구조에 존재할 것이라고 생각하지 않을 이유가 없다.

신의 기능은 주로 특별한 상황에서 행동을 인도하고 계획하는 것이었다. 신들은 문제를 살펴보고, 진행 중인 패턴이나 목적에 맞게 행동을 구성한다. 그 결과 정교한 양원적 문명이 생기게 되었는데, 신들은 파종기, 추수기, 수확물의 분류 같은 별개의 부분들을 연결하며, 수많은 사물들을 거대한 계획 속에 결합하며, 좌반구에 있는 언어적이고 분석적인 안식처에서 신경학적 원리에 따라 행동하는 인간에게 명령을 내렸다. 따라서 우리는 오늘날 우반구에 흔적으로 남아 있는 한 가지 기능이 바로 조직하는 기능일 것이라고 생각한다. 즉 한 문명의 경험들을 분류하고 그것들을 하나의 패턴으로 짜 맞추어 개인에게 무엇을 해야 하는지를 '말해주는' 기능이라고 예상할 수 있다. 『일리아스』, 구약성서 또는 다른 고대문학에 나오는 신들의 여러 대사를 잘 살펴보면 이 가설과 일치한다. 신들은 과거든 미래든, 서로 다른 사건들을 분류하고 범주화하고 합성하여, 때로 은유라는 고차적인 종합을 통해 새로운 상을 만들어간다. 실제로 우반구는 이런 기능들로 특징지을 수 있다.

임상적 관찰은 이런 가설과 잘 들어맞는다. 앞에서 설명한 횡교연 절제 수술 환자들에게서, 우반구가 왼손을 통해 형태나 크기 또는 표면결을 분류하는 데 더 뛰어나다는 것을 알게 되었다. 우반구에 손상을 입은 환자는 공간적 관계 파악 능력이나 총체적(gestalt)이고 합성적인 과제수행 능력이 저하된다는 것을 알 수 있다.[15] 미로 문제를 풀려면 한

---

[15] H. Hecaen, "Clinical Symptomatology in Right and Left Hemispheric Lesions," V. B. Mountcastle(ed.), *Interhemispheric Relations and Cerebral Dominance*(Baltimore: Johns Hopkins Press, 1962).

공간 패턴의 여러 요소들을 학습해서 구성할 줄 알아야 한다. 오른쪽 측두엽이 제거된 환자들에게는 시각적 또는 촉각적 미로에서 길을 찾는 것이 거의 불가능하다. 그러나 왼쪽 측두엽에 같은 정도의 손상을 입은 환자들은 별 어려움 없이 이를 수행한다.[16]

각 요소를 하나의 공간적 패턴으로 구성하는 또 하나의 과제는 지능 검사에 흔히 사용하는 고의 블록 검사(Koh's Block Test)다. 이것은 피험자에게 단순한 기하 패턴을 보여주고, 그 그림 조각이 그려진 블록들을 맞추어 그림을 재현하게 하는 것이다. 사람들은 대부분 쉽게 이를 수행한다. 그러나 우반구에 손상을 입은 환자들에게는 이것이 매우 어렵다. 그래서 이 검사는 우반구 손상을 진단하는 데 사용한다. 앞에서 언급했던 횡교연 절제 수술 환자들은 오른손으로 그림을 제대로 짜 맞추지 못한다. 한편 신의 손이라고 할 수 있는 왼손으로는 쉽게 그림을 재현한다. 일부 횡교연 절제 수술 환자들의 경우, 때로는 이 단순한 과제에서 실수를 거듭하는 오른손을 도우려는 왼손을 관찰자가 막아야 하기도 한다.[17] 이를 포함한 여러 연구에서 우반구는 합성적·공간-구성적 과제를, 좌반구는 분석적·언어적 과제를 더 잘 처리한다고 추론할 수 있다. 우반구는 어쩌면 신처럼 각 부분이 어떠한 맥락 안에서만 의미를 갖는다는 것을 안다. 전체를 바라보는 것이다. 한편 우세한 반구인 좌반구는 양원정신에서의 인간의 역할처럼 각 구성 요소를 바라본다.

---

[16] Brenda Milner, "Visually Guided Maze Learning in Man: Effects of Bilateral, Frontal, and Unilateral Cerebral Lesions," *Neuropsychologia*, 3호, 1965, 317~338쪽.

[17] R. W. Sperry, *Film presented at Princeton*, 1971. 2.

이러한 임상 결과들은 정상적인 사람들에게서도 확인되었는데, 이 연구들은 앞으로 많은 후속 연구가 뒤따를 것이 예상된다.[18] 정상적인 피험자의 양쪽 측두엽과 두정엽에 EEG 전극을 대고 여러 검사를 했다. 언어와 분석능력이 필요한, 여러 문자를 쓰게 하는 과제를 주었을 때, EEG 기록에 좌반구에는 전압이 낮고 빠르게 움직이는 파형이 나타난다. 이것은 좌반구가 일한다는 것을 보여준다. 한편 우반구에는 느린 알파파가 나타났다. (느린 알파파는 눈을 감고 휴식을 취하는 피험자의 양쪽 반구에 모두 나타나는 파형이다.) 이것은 우반구가 주어진 과제에 관여하지 않는다는 것을 보여준다. 이러한 피험자들에게 앞에서 소개한 임상 연구에서 사용된 고의 블록 검사 같은 공간합성 검사를 하면 반대현상이 일어난다. 그때는 우반구가 작동한다.

양원정신의 신적인 목소리가 특정 상황에서 무엇을 했을까를 고려해보면, 어떤 특별한 기능이 우반구에 남아 있는지 추측해볼 수 있다. 경험을 분류하고 합성하여 행동강령을 만들기 위해서는 신들이 모종의 인식을 해야 할 것이다. 고대문학에 나오는 신들의 대사에서 이러한 인식을 쉽게 볼 수 있다. 특정 개체에 대한 인식이 아니라 좀더 보편적으로 개체의 유형은 물론, 사람의 유형, 분류의 유형에 대한 인식을 말한다. 그 어떤 시대에도 얼굴 표정을 인식하는 것은 인간의 중요한 판단기준 중 하나다. 특히 상대방이 우호적인지 아닌지를 인식하는 것이다. 양원적 인간이 모르는 사람이 그에게 다가오는 것을 보았을 때, 그의 마음 중 신적인 부분에서 그 사람이 우호적인지 아닌지를 결정해주는 것은 그가 살아남는 데 상당히 중요하게 기여했을 것이다.

---

[18] David Galin and R. E. Ornstein, "Lateral Specialization of Cognitive Mode: An EEG Study," *Psychophysiology*, 9호, 1972, 412~418쪽.

이 그림들은 거울 이미지다. 각 그림의 코를 응시해보라. 어느 쪽 그림이 더 행복해 보이는가?

수록된 그림은 이런 가정 아래 10년 전쯤 내가 고안한 한 실험자극이다. 두 얼굴은 서로 거울상에 비친 이미지다. 지금까지 거의 천 명 정도의 사람들에게 어떤 얼굴이 더 기쁘게 보이는지를 물어보았다. 상당히 일관된 결과를 얻었는데, 오른손잡이의 대략 80퍼센트 정도의 사람들이 웃음 짓는 모습이 왼쪽에 나타나는 아래쪽 얼굴을 선택했다. 만일 이 사람들이 얼굴의 중앙을 바라보았다면, 우반구에서 그 얼굴을 판단했을 것이다. 이 결과는 순간노출기로 제시하면 더 강력해질 수 있다. 초점을 중앙에 두고 10초 동안 제시하면 오른손잡이에게는 아래쪽 얼굴이 항상 더 행복하게 보인다.

물론 좌측 시야에서 얼굴 표정을 판단하는 이런 경향성은 우리가 글을 읽을 때 왼쪽에서 오른쪽으로 읽는 것이 전이된 것이라는 반론이 제기될 수 있다. 실제로 우리 문화권에서는 이 효과가 더 크다. 그렇지만 반구에 따른 설명이 더 근본적인 설명임을 왼손잡이에 대한 결과에서 알 수 있다. 왼손잡이의 55퍼센트는 위쪽 얼굴이 더 행복하다고 선택했는데 이는 좌반구가 판단을 내리기 때문이라는 것을 시사한다. 이 결과는 글을 읽는 방향에 따른 가설로는 잘 설명되지 않는다. 더구나 완전히 좌측으로 편측화된,

즉 모든 면에서 왼손잡이인 사람들이 위쪽 얼굴을 더 행복하게 볼 가능
성은 더욱 높아진다.

최근에 우리는 슬픔, 기쁨, 혐오, 놀람을 표현하는 배우의 사진을 사
용하여, 비슷한 결과를 얻었다.[19] 오른손잡이로 판명된 피험자만이 참
여했는데, 이들은 순간노출기에 먼저 응시점이 제시되고 이어 중앙에
몇 초 동안 사진을 제시하고 나서, 같은 시간만큼 짧게 좌 또는 우 시야
에 또 다른 사진이 제시되는 것을 지켜보았다. 피험자들은 그 두 사진
이 같은지 다른지를 판단하도록 지시받았고, 판단에 걸리는 시간이 기
록되었다. 피험자들은 대부분 그 사진이 좌 시야에 제시되었을 때, 따
라서 우반구로 갈 때 그 얼굴표정을 더 정확하고 더 빨리 판단했다. 통
제 조건에서 똑같은 얼굴표정의 사진을 뒤죽박죽으로 뒤섞은 사진(실
제로 아무 의미 없는 패턴이었다)도 좌 시야에 제시되었을 때 더 빠르고
정확히 판단했지만 얼굴표정에 대해서만큼 잘하지는 못했다.

최근의 임상적 증거도 이 결과와 잘 들어맞는다. 얼굴을 알아보지 못
하는 증세는 좌반구보다 우반구가 손상되었을 때 훨씬 더 자주 관찰된
다. 임상적 검사에서 환자에게 정면에서 찍은 얼굴과 같은 얼굴을 조명
을 달리하여 67.5도 측면에서 찍은 사진과 같은지 비교하게 했다. 우반
구가 손상된 환자들은 정상인이나 좌반구가 손상된 환자에 비해 이 과
제를 수행하는 데 훨씬 더 큰 어려움을 겪었다.[20] 얼굴과 얼굴표정을 알

---

19 이 실험은 셰넌(Jack Shannon)이 수행했다. 우리는 하나드의 비평과 제안에 감사한
다.

20 H. Hecaen and R. Angelergues, "Agnosia for Faces(Prosopagnosia)," *Archives of
Neurology*, 7호, 1962, 92~100쪽; A. L. Benton and M. W. Allen, "Impairment
in Facial Recognition in Patients with Cerebral Disease," *Cortex*, 4호, 1968,
345~358쪽.

아보는 일은 일차적으로 우반구의 기능이다.

낯선 장면에서 친구와 적을 구분하는 것은 신의 역할 중 하나다.

다섯째, 뇌에 대한 새로운 견해

수천 년 동안 인간 문명의 기체를 형성하고 있던 이 구조와 이제까지 살펴본 여러 영역에 관여하면서 내가 양원정신이라고 부르는 방식으로 구조화된 뇌의 기능이 어떻게 그렇게 짧은 기간에 변화될 수 있었나? 어떻게 하여 더 이상 경고의 목소리가 들리지 않게 되었으며 그 대신 의식이라는 새로운 구조를 갖게 된 것일까? 이런 의문을 제기할 수 있다. 이런 변화가 일어나는 동안 지구상에서 죽어간 사람들의 수를 생각하면 자연도태와 진화로 설명할 수 있겠지만, 나는 이 경우에는 결단코 그 설명에 의지하고 싶지 않다. 의식이 발달된 이 시기에 있었던 진화도 분명히 의식이 생기게 된 데 기여를 했겠지만, 물개의 지느러미가 그 조상의 앞발에서 진화했던 것처럼 양원적 정신에서 의식이 진화했다고 말할 수는 없다.

이 상황을 올바로 이해하려면 몇십 년 전부터 알려지게 된 뇌에 대한 새로운 견해를 받아들일 필요가 있다. 이 견해에서 강조하는 것은 뇌의 가소성(유연성), 특별한 지역이나 영역 내에 심리적 능력들에 대한 중복표상, 그리고 여러 중추의 심리적 능력들에 대한 다중 통제개념이다. 이들 중추는 두 반구에 짝을 이루거나, 잭슨(Hughlings Jackson)이 이해했던 것처럼, 신경계의 더 고차적이고 계통발생적 진화 단계에서는 나중에 출현한 수준에서 이전의 기능을 '재표상'하기도 한다.[21] 포유류의

---

[21] Hughlings Jackson, "Evolution and Dissolution of the Nervous System," J. Taylor(ed.), *Selected Writings of John Hughlings Jackson*, 2호(London: Staples

뇌가 이런 식으로 조직되었기 때문에 '기능의 회복'이라고 통칭할 수 있는 일군의 실험적 현상이 나타난다. 이 현상은 뇌가 놀라울 만큼 충분한 여분의 신경원을 가지고 있어 전보다 가소성을 훨씬 강조하는 뇌 이론을 가능케 한다. 예를 들어 고양이는 시각 경로 중 98퍼센트가 제거되더라도 명도와 형태구분이 가능할 정도다.[22] 뇌는 중복적인 중추를 많이 갖고 있다. 이들 중추는 다양한 방식과 강도로 다른 중추와 연결될 수 있도록 배열되어 있다. 각각의 중추는 최종적인 공통 경로에 직접 영향을 주기도 하고, 다른 중추의 작용에 영향을 주거나 두 가지 작용이 동시에 일어나기도 한다.

이 모든 중복적 표상에 대한 다중통제는 뇌가 이전의 신경학자들이 기술했던 것보다 훨씬 더 가변적임을 알게 해주었다. 이것은 특정한 행동이나 행동군을 일으키는 데에는 어떤 한 중추에서 일군의 신경원이 비슷하게 활동하기 때문이며 또한 여러 다른 중추가 진화의 결과에 따라 다양한 패턴의 억제나 촉진작용을 하기 때문이다. 그리고 중추들 간의 연결 강도는 기능에 따라 엄청난 차이가 있다.[23] 다시 말해 특정 기능을 담당하는 뇌 영역의 가변성 정도는 기능에 따라 다르지만, 가변성이 고등 포유류의 뇌에서 두드러진다는 것은 그 어느 때보다 확연해지고 있다. 가소성을 초래하는 중복표상과 다중통제의 생물학적 목적과 선택적 장점은 두 가지다. 하나는 뇌 손상으로부터 유기체를 보호해주

Press, 1958), 45~75쪽.

22 R. Galambos, T. T. Norton, and G. P. Fromer, "Optic Tract Lesions Sparing Pattern Vision in Cats," *Experimental Neurology*, 18호, 1967, 18~25쪽.

23 나는 이 문제에 대해 Burton Rosner, "Brain Functions," *Annual Review of Psychology*, 21호, 1970, 555~594쪽의 최근의 빼어난 개관논문을 의역했다.

며 다른 더 중요한 점은 유기체가 끊임없이 변하는 환경적 도전에 훨씬 더 큰 적응력을 제공한다는 것이다. 내가 환경적 도전이라고 생각하는 것은 영장류 인간이 살아남은 몇 번의 빙하기 같은 도전은 물론, 그동안 익숙했던 양원적 정신이 해체되고 의식을 갖게 된 더욱 커다란 사건을 의미한다.

그러나 이것이 현대인의 행동이 고대인의 행동보다 덜 경직되었음을, 비록 사실이기는 하지만, 말하려는 것은 아니다. 더 중요한 것은 유기체가 이 사건을 통해 발달의 초기 단계에 뇌가 조직되는 방식에 큰 차이를 일으킬 수 있게 되었다는 점이다. 몇 년 전만 해도 이것은 아주 급진적인 생각이었다. 그러나 부단한 연구 결과로 뇌에 대한 경직된 개념이 약화되었고, 뇌가 부상이나 선천적 장애로 결손된 구조들을 상당한 정도로 보완할 수 있다는 견해가 강화되었다. 많은 연구 결과는 유아기 동물들이 뇌를 손상했어도 이 동물들이 성장했을 때의 행동에 큰 영향을 주지 않을 수 있음을 보여주었다. 이 동물들이 컸을 때 비슷한 정도의 부상이 발생한다면 심각한 장애를 초래한다. 어린 시절에 좌반구가 손상되면 대개 모든 언어중추가 우반구로 이동하게 되는 것은 이미 앞에서 살펴보았다.

뇌의 이런 탄력성을 보여주는 놀라운 사례는 복부 이상으로 죽은 35세 남자에게서 볼 수 있다. 검시 결과 이 남자는 선천적으로 해마체의 술, 뇌궁, 중격의 투명체, 시상의 중간 응어리가 없었고, 비정상적으로 작은 해마와 해마회와 치상회가 있었다. 이런 놀라운 이상에도 이 환자는 '편안한' 성격이었으며 학교에서 가르치기까지 했다![24]

[24] P. W. Nathan and M. C. Smith, "Normal Mentality Associated with a Maldeveloped Rhinencephalon," *Journal of Neurology, Neurosurgery and*

따라서 성장하는 신경계는 손상되지 않은 조직을 사용하여 통상적으로는 따르지 않는 발달 경로를 따라 유전적 또는 환경적 장애를 극복한다. 어른이 되어 발달이 다 이루어지고 나서는 이런 일이 가능하지 않다. 정상적인 상황에서 선호되는 신경원의 조직화가 이미 이루어졌기 때문이다. 발달의 초기에만 다중 통제 체계의 재조직화가 일어날 수 있다. 그리고 이것은 특히 현재의 논의에서 핵심적인 반구 간의 관계에서는 더더욱 그렇다.[25]

이런 배경에서 양원적 시대에 우세하지 않은 반구인 우반구의 베르니케 영역에 해당하는 영역이 엄격한 양원적 기능을 갖고 있었지만, 그런 양원성이 발달의 초기 단계에서 나타났을 때 억제되면서 그 영역이 다른 방식으로 기능하게 되었다고 생각하는 것이 그리 어렵지 않게 된다. 이와 함께 현재 의식의 신경적 구성이 어떠하든지 간에 그것은 항상 그래왔다고 생각하는 것은 잘못일 수 있다. 우리가 논의해왔던 사례들은 그렇지 않음을 보여준다. 즉 뇌 조직의 기능은 변할 수 있고, 다른 발달 프로그램이 주어지면 다른 조직화가 일어날 수 있다는 것이다.

Psychiatry, 13호, 1950, 191~197쪽에 있는 Rosner에서 인용했다.

[25] R. E. Saul and R. W, Sperry, "Absence of Commissurotomy Symptoms with Agenesis of the Corpus Callosum," *Neurology*, 18호, 1968, 307쪽; D. L. Reeves and C. B. Carville, "Complete Agenesis of Corpus Callosum: Report of Four Cases," *Bulletin of Los Angeles Neurological Society*, 3호, 1938, 169~181쪽.

제6장

문명의 기원
·····························

  그러나 양원적 정신이라니 도대체 그런 것이 어디에 있단 말인가? 신
들은 왜 있는 것인가? 신적인 것의 기원이 무엇인가? 양원시대의 두뇌
조직이 내가 앞장에서 주장한 대로라면 그 엄청난 결과를 가져오기 위
하여 인류진화의 도태압력(selective pressures)은 어떤 역할을 해온 것
일까?

  이 장에서 설명하는 사변적 주장은—그렇다. 이것은 매우 사변적이
다—이미 앞서 말한 바에서 도출되는 자명한 결론일 뿐이다. 양원적
정신은 사회적 통제양식으로, 이는 인류에게 소규모 수렵-채취집단에
서부터 대단위 농경공동체로 이행하게 한 사회통제 양식인 것이다. (자
체 내에) 자신을 통제하는 신을 갖고 있던 양원정신은 진화하여 최종단
계의 언어진화에 이른다. 그리고 문명의 기원은 바로 이 (언어의) 발달
에서 비롯된다.

  그러면 사회적 통제란 무엇인지를 알아보는 일부터 시작해보자.

인간집단의 진화

포유류는 일반적으로 다양한 형태의 사회적 무리를 이루고 산다. 특정 포식 동물의 고립적인 삶에서부터 다른 개체와 더불어 매우 밀접한 사회적 유대를 이루는 삶에 이르기까지 다양하다. 먹잇감이 될 소지가 많은 동물일수록 후자의 삶을 더 많이 취하는데, 이때 사회적 집단은 그 자체로 포식자들에게서 보호를 받기 위한 유전적 적응기제다. 유제류(有蹄類, ungulates)[1] 무리의 구조는 상대적으로 단순하다. 이들에게는 유전적으로 주어진 정확한 해부학적·행동적 신호가 집단을 보호하기 위해 진화되어 있다. 영장류들도 이들과 비슷한 취약성이 있으며, 따라서 다른 개체와 긴밀한 유대 속에 살도록 진화해왔다. 울창한 숲에 숨어사는 영장류들은 긴팔원숭이들처럼 고작 여섯이서 사회집단을 이루는가 하면, 좀더 넓은 지역에 사는 케이프의 비비들은 최대 80마리로 집단을 이루기까지 한다.[2] 예외적인 생태계에서는 집단의 크기가 훨씬 더 커질 수도 있다.

이렇게 보면 정작 진화하는 것은 집단이다. 우두머리 개체가 경고음을 발하며 달리면 집단 내 다른 개체들도 위험요소가 무엇인지 확인해보지도 않은 채 달아난다. 그래서 한 개체의 경험과 그의 지배는 그 자체로 바로 집단 전체의 이점이 된다. 개체들은 일반적으로 기초적인 생리욕구에 대해서조차 집단 전체의 활동방식에 맞추어 반응한다. 예를 들어 한 마리의 목마른 비비는 집단을 떠나 물을 찾아 나서지 않는다.

---

[1] 포유류의 한 목으로 마소 따위와 같이 발굽을 가진 초식동물 – 옮긴이.

[2] Irven DeVore and K. R. L. Hall, "Baboon Ecology," 2장, I. DeVore(ed.), *Primate Behavior*(New York: Holt, Rinehart and Winston, 1965), 20~52쪽.

전체가 움직이거나 아무도 움직이지 않거나 하는 것이다. 갈증 해소가 오직 집단의 행동양식 내에서만 이루어지는 것이다. 이것은 다른 필요나 상황에서도 마찬가지다.

여기에서 우리에게 중요한 것은 이 사회적 구조가 개체 간의 의사소통에 의존한다는 점이다. 이 때문에 영장류들은 엄청나게 다양하고 복잡한 신호체계를 진화시켜왔다. 촉감에 의한 소통은 올라타기, 털 손질하기부터 다양한 종류의 껴안기, 코 비비기, 손가락으로 만지작거리기 등에 이르기까지 다양하다. 소리로 하는 소통은 갖가지 으르렁대기, 짖기, 비명소리, 재잘거리거나 웃기 등을 여러 강도로 나타낸다. 그런가 하면 이빨갈기, 나뭇가지 두드리기[3] 따위 같은 비음성적인 신호도 있다. 시각적인 소통으로는 여러 가지 안면 표정, 위협하기, 서로 노려보기, 눈꺼풀 끔뻑이기, 비비가 눈썹을 들어올리고 눈꺼풀을 아래로 내리깔아 검은 얼굴을 배경으로 창백한 눈꺼풀 색을 드러내는 짓, 이빨을 공격적으로 드러내며 하품하기, 뜀뛰기, 머리 흔들기, 손속임 동작 등 다양한 동작신호가 있다. 이 모든 것은 위계적 서열구조 내에서 이루어진다.[4]

이 거대한 중복적 복잡성을 띤 신호체계는 본질적으로 집단의 생존 조건들, 지배와 복종 양식의 조직, 평화 유지, 재생산, 그리고 새끼의 양육 등에 기여한다. 잠재적으로 집단에게 위협이 되는 것을 알리기 위한 경우 외에는, 영장류의 신호들은 음식이나 물 등 집단 외부의 사건들에

---

[3] K. R. L. Hall, "The Sexual, Agonistic, and Derived Social Behaviour Patterns of the Wild Chacma Baboon, Papio Ursinus," *Proceedings of the Zoological Society*, 139호, London, 1962, 283~327쪽.

[4] Peter Marler, "Communication in Monkeys and Apes," 16장, *Primate Behavior*.

는 거의 적용되지 않는다.[5] 이 신호들은 전적으로 집단 내의 사태에 국한되고, 인간의 언어처럼 환경의 정보를 제공하기 위해서 진화되지는 않는다.

이상이 우리의 출발점이다. 대부분의 종(種)에 있어서 특정 생태계 내에서 집단의 크기를 제한하는 요소는 대부분 이 의사소통 체계다. 비비들이 80마리 또는 그 이상의 크기로 집단을 형성할 수 있는 까닭은, 넓게 트인 초원 위를 이리저리 이동할 때 집단마다 지배관계를 유지할 수 있도록 엄격한 포진방식을 갖고 있기 때문이다. 그러나 일반적으로 보통의 포식동물 집단은 30마리에서 40마리를 넘지 않는데, 이 한계는 지배 위계체제의 작용에 필수적인 의사소통에 따라 결정된다.

예를 들어 고릴라의 경우, 우두머리 수놈은 통상적으로 은빛 등에 가장 몸집이 큰 놈인데, 모든 암컷들과 어린것들을 거느리며 20여 마리 남짓 되는 집단의 중심부에서 통제하고 나머지 수컷들은 주변을 맴도는 경향이 있다. 특정 순간에 측정된 집단의 지름은 대략 60미터를 넘지 않기 때문에, 울창한 삼림 속에서도 각 동물들은 다른 동료들의 움직임을 유의하며 움직이게 된다.[6] 우두머리 수놈이 다리들을 뻗치고 미동도 없이 한쪽 방향을 바라보고 서 있음으로써 집단 전체는 움직이기 시작하는데, 이런 경우 집단 내의 다른 성원들은 그 수놈을 중심으로

---

5 이는 어떤 종류의 조류에 해당되는 것으로 잘 알려져 있는 바다. M. Konishi, "The Role of Auditory Feedback in the Vocal Behavior of the Domestic Fowl," *Zeitschrift für Tierpsychologie*, 20호, 1963, 349~367쪽을 참조하라.

6 G. Schaller, *The Mountain Gorilla: Ecology and Behavior*(Chicago: University of Chicago Press, 1963).

몰려들기 시작하며, 이로부터 500미터가량이나 되는 그날 하루의 한 가로운 여행이 시작된다. 여기에서 중요한 것은 지배체계상의 우두머 리와 여타 성원들 간의 복잡한 의사소통 채널이 열린다는 것이다.

200만 년 전의 호모라는 종(the genus Homo)에서부터 시작되는 인 간 종도 이처럼 살지 않았다고 주장할 아무런 근거가 없다. 이제까지 밝혀진 고고학적 증거에 따르면 인간 종의 집단은 30여 명 정도의 크 기였다.[7] 이러한 수는 사회적 통제의 문제와 개체들 간에 의사소통 채 널이 열리는 정도에 따라 결정되는 듯하다.[8] 그리고 만일 신들이 문제 를 해결하기 위해 진화의 역사 속에 들어온다면 바로 이 집단의 크기를 제한하는 문제가 발생할 것이다.

그러나 우리는 먼저 언어의 진화를 신들이 존재하기 위한 필수조건 으로 간주하지 않으면 안 된다.

언어의 진화

언어는 언제 진화했나

언어는 인간 구성에 이미 내재되어 있는 부분이기 때문에 부족국가

---

[7] Glynn L. Isaac, "Traces of Pleistocene Hunters: An East African Example," Richard B. Lee and Irven DeVore(eds.), *Man the Hunter*(Chicago: Aldine Press, 1968).

[8] 이러한 집단의 크기는 오늘날의 사냥꾼 부족이 이동할 때와 거의 동일하다. 물 론 상황이 똑같은 것은 아니다. Joseph B. Birdsell, "On Population Structure in Generalized Hunting and Collecting Populations," *Evolution*, 12호, 1958, 189~205쪽.

시절을 지나 호모라는 종의 기원에까지 거슬러 대략 200만 년 전 정도에 생겨났을 것이라는 게 일반적인 생각이다. 내가 알고 있는 현대 언어학자들도 대부분 그것이 사실이라고 나를 설득하려 한다. 그러나 나는 이러한 견해에 완강히 반대한다. 만일 초기 인류가 이 200만 년 동안 비록 원시 언어라 할지라도 그런 걸 갖고 있었다면, 왜 하다못해 단순한 문화나 기술을 입증하는 어떤 것도 존재하지 않는가? 기원전 4만 년까지는 조야한 석기 도구 이외에는 고고학적으로 중요한 것은 거의 없다.

(내) 반론에 대하여 초기 인류가 언어를 갖고 있었다는 반응은 종종 "그러면 그들은 어떻게 기능하고 의사소통했겠는가?" 하는 것이다. 대답은 매우 간단하다. 다른 모든 영장류들과 똑같이, 오늘날 우리가 사용하는 구문론적 언어와는 멀리 동떨어져 있는 풍부한 시각적·음성적 신호들을 사용했을 것이다. 이 무언의 시대가 인간들이 다양한 종류의 원시적인 손도끼와 돌도끼를 만들어 쓰던 홍적기(洪積期)까지 지속되었다고 내가 주장하면, 내 친구인 언어학자들은 나의 오만한 무지를 한탄하며, 그런 원시적인 기술일지라도 한 세대에서 다른 세대로 전수되려면 언어가 있지 않으면 안 되었다고 맹세코 주장한다. 그러나 부스러기 부싯돌을 도끼로 바꾸는 과정을 언어로 묘사한다는 것은 거의 불가능한 점을 생각해보라. 이 기술은 오직 모방으로만 전수된 것이다. 마치 침팬지가 개미를 잡기 위해 개미굴 속으로 풀줄기를 집어넣는 기술을 전수하는 방식과 꼭같이 말이다. 자전거 타기를 가르치는 문제도 마찬가지다. 어디 말이 도움이 되던가?

언어는 우리가 사물과 사람을 보는 방식을 극적으로 변화시켰고, 아울러 방대한 영역의 정보를 전달할 수 있게 했기 때문에, 틀림없이 고고학적으로 그러한 변화를 보여주는 동안에 발전했을 것이다. 그 기간은 대략 기원전 7만 년에서 기원전 8000년에 이르는 후기 홍적기다. 이 기간은 빙하기의 진행과 퇴조에 따라 온도변화의 폭이 컸던 기후적 특징과, 이러한 기후변화에 따른 동물과 사람의 대이동이라는 생물학적 특징이 두드러진다. 인류의 인구는 아프리카 심장부에서 시작하여 유라시아 아(亞)북극권으로, 그다음에는 아메리카와 오스트레일리아로 폭발적으로 증가해갔다. 지중해 연안의 인구들이 새로운 단계의 문화에 이르러 문화적 개혁의 주도권을 쥐게 되고 인류의 문화적·생물학적 초점을 열대권에서 중간 위도권으로 옮겼다.[9] 불, 동굴, 털옷 등은 이러한 인구 이동이 가능할 수 있도록 일종의 이동식 소형 기후조절기(microclimate)[10] 역할을 해주었다.

우리는 이들을 후기 네안데르탈인이라고 지칭해왔다. 한동안 이들은 기원전 3만 5000년경 크로마뇽인들에게 축출당했던 또 다른 인간 종이라고 간주되었다. 그러나 최근의 견해에 따르면 이들은 넓은 의미에서 인류의 한 부분이라는 것이다. 스스로 인공적 기상조건을 만들어 지닐 줄 알았던 인간은 이 새로운 생태적 거주지역으로 퍼져나가면서 그 진화의 걸음걸이를 촉진했던 엄청난 변이를 일으켰다. 그리하여 실제의 정착방식을 입증할 더 많은 작업이 필요하긴 하나, 최근에 강조되는 점은 바로 이 변이로써, (이에 따르면) 계속 이동한 집단들이 있는가 하면, 계절 따라 이주하는 집단들도 있으며, 1년 내내 한 지역에 머무는 집단들도 있었다는 것이다.[11]

---

[9] J. D. Clark, "Human Ecology During the Pleistocene and Later Times in Africa South of the Sahara," *Current Anthropology*, 1권, 1960, 307~324쪽.
[10] 동굴내부와 같이 특정 공간의 특정 시간 동안의 기상 상태 – 옮긴이.

내가 이 마지막 빙하기 동안의 기후변화를 강조하는 이유는, 이 변화야말로 여러 단계를 거쳐 발전을 거듭해온 언어발달의 배후에 있는 도태압력의 기초였다고 믿기 때문이다.

소리내기, 의미변형어(수식어), 명령어

언어의 첫 단계이자 필수조건은 우연적 소리내기에서 지향적(의식적) 소리내기(intentional calls)가 발전해 나오는 일, 즉 수신자 측에 어떤 행동 변화가 생겨 중단될 때까지 소리지르기를 반복하는 것이다. 앞서 영장류의 진화과정에서 보았듯이, 지향성을 띠는 것은 위협적 몸짓 따위 같은 몸짓 신호나 시각적 신호들뿐이다. 이것들이 음성적 신호로 진화될 필요성이 제기된 것은 인간들이 북쪽 기후대로 이주해 들어가면서부터다. 그곳은 인간들이 거주지로 삼은 어두운 동굴 속이거나 환경 자체에 빛이 약해서 시각적 신호들이 밝은 아프리카의 사바나에서처럼 쉽게 보이지 않았기 때문이다. 이러한 진화는 제3빙하기 또는 그 이전부터 시작되었을 수 있다. 그러나 이러한 음성적·지향적 신호가 출현하여 이것을 사용할 수 있는 사람들에게 현저한 자연도태적 이점을 주기 시작한 것은 춥고 어두운 북부 기후대에서 제4빙하기로 접근하면서부터일 것이다.

나는 지금 내가 다른 곳에서 자세하고 좀더 조심스럽게 입증했던 언어의 진화 이론을 요약하는 중이다.[12] 이것은 진화상에서 무슨 일이 있

---

11 Karl W. Butzer, *Environment and Archaeology: An Introduction to Pleistocene Geography*(Chicago: Aldine Press, 1964), 378쪽.

12 Julian Jaynes, "The Evolution of Language in the Late Pleistocene," *Annals of the New York Academy of Sciences*, vol. 280, 1976, in press.

었는지에 대한 결정적인 증언이라기보다 이 문제에 접근하기 위한 개략적인 연구용 가설이다. 더구나 내가 기술하려는 언어발달 단계들이 반드시 구별된 것들이어야 한다는 것도 아니다. 또한 이 단계들은 다른 지역에서도 반드시 이와 똑같은 순서일 필요도 없다. 이 견해의 핵심 주장은, 되풀이해서 말하면, 말은 새로운 단계마다 글자 그대로 새로운 지각과 새로운 주의력(attention)을 창조해냈고, 이들 새 지각과 주의력은 결과적으로 고고학적 기록에 반영된 중요한 문화적 변화를 불러일으켰다는 것이다.

말하기에서 가장 중요한 요소는 지향적 소리내기의 마지막 소리가 강도에 따라 구분되는 것이다. 예를 들어 급박하게 닥쳐오는 위험에 대한 위험신호(danger call)는 마지막 음소에 변화를 주면서 강도를 더해 외치게 된다. 호랑이가 긴박하게 출현하면 아마도 "와-히!"라고 소리칠지 모르나, 호랑이가 멀리 있다면 강도가 덜한 소리로 마지막 소리를 달리하여 "와-후"라고 외칠 것이다. 그리하여 이들 어미는 '가까이'와 '멀리'를 의미하는 첫 번째 의미변형사들(modifiers)이 되었다. 다음 단계는 '히'와 '후' 같은 어미들이 이들을 생성해낸 특정 소리내기에서 분리되고, 이번에는 같은 의미를 지닌 채 다른 소리내기에 붙는 것이다.

여기에서 중요한 것은 음성적 한정사들(vocal qualifiers)의 분화가 그들에게 의미가 변형되는 명사의 출현보다 앞서야 했고, 그 역이 아니라는 점이다. 더 중요한 것은 이 단계의 말하기는 이러한 의미변형어들이 안정될 때까지 오랜 기간 유지되어야 했다는 점이다. 이처럼 발전이 서서히 진전되어 소리내기 체계의 기본 목록들이 보존된 가운데 그것들이 지향적 기능을 발휘하게 되는 것이다. 이 의미변형어의 시기는 아마도 우리가 고고학적으로 세련된 손도끼나 끌 같은 것들을 발견하게 되는, 기원전 4만 년까지 계속되었을 것이다.

다음 단계는 명령의 시기였을 것이다. 이때의 의미변형어들은 그들이 수식하던 소리내기에서 분리되어 이번에는 인간의 행동 자체를 수식·변형시킬 수 있게 된다. 특히 인간들이 으스스한 기후 속에서 사냥에 더욱더 의존하며 살아갈 때, 음성적 명령으로 통제되던 사냥꾼 집단에게 자연도태적 압력은 틀림없이 엄청난 것이었을 것이다. 이제 우리는 지시적 명령어 '더 날카롭게'(sharper)를 의미하는 수식어의 창안은 부싯돌이나 뼈로 도구를 만들어내는 작업을 눈에 띄게 향상시켰으리라고 상상할 수 있다. 그리하여 기원전 4만 년에서 기원전 2만 5000년에 이르는 동안에 새로운 유형의 도구들이 쏟아져 나오게 된다.

명사들

어떤 부족이 일단 많은 수의 수식어와 명령어를 갖게 되면, 이들로 지칭되는 대상들을 표시하기 위해 처음으로 낡은 원시적 소리내기 체계의 통일성이 유지되어야 할 필요성이 완화될 수 있다. "와-히!"의 강도가 더 세분화되면서 일단 긴박한 위험을 나타낸다면, 다가오는 호랑이를 나타내기 위해서는 "와-키!"가, 다가오는 곰을 나타내기 위해서는 "왑-이!"가 생겨날 수 있을 것이다. 이들은 명사 주어와 술어적 수식어가 있는 최초의 문장이 될 수 있을 것이며, 기원전 2만 5000년에서 기원전 1만 5000년 사이에 나타났을 것이다.

이것은 자의적인 추측이 아니다. 수식어에서 명령어로, 그리고, 오직 이들이 안정되고 난 후에야 비로소 명사가 등장하는 것은 결코 자의적인 것은 아니다. 그들이 출현한 시기에 대한 추정도 전혀 자의적인 것이 아니다. 수식어가 등장한 시기가 좀더 우수한 도구의 출현시기와 일치하듯이, 동물들을 지칭하는 명사가 등장한 시기는 동굴 벽이나 뿔로 된 도구 위에 동물들을 그린 시기와 일치한다.

다음 단계에서는 사물 명사가 발달되어 나온다. 이는 실제로 앞 단계에서 이월되어온 것이다. 생명체 명사가 동물그림을 시작했듯이, 사물 명사들은 새로운 사물을 낳는다. 이 시기는 도자기, 걸개, 장신구, 갈고리 달린 작살과 창 끝부분을 발명한 시기와 상응한다. 특히 이 마지막 두 가지 물건은 인류가 더 열악한 기후조건 속으로 확장해 들어가는 데 엄청나게 중요한 것이었다. 우리는 화석의 증거들에서 두뇌, 특히 중앙부 주름(sulcus)[13]의 전면에 있는 전두엽이 현대의 진화론자들도 놀랄 만큼 빠른 속도로 증가한 것을 사실적으로 발견하게 된다. 미그달레니안[14] 문화와 연관되어 있는 것으로 보이는 이 무렵에, 우리에게 두뇌의 언어영역으로 알려져 있는 부분이 발달한 것이다.

청각적 환각의 기원

이쯤에서 신들의 기원과 청각적 환각의 기원에 관한 또 다른 문제를 생각해보기로 하자. 여기에서 문제는 이 두 가지가 현대에도 의심할 여지없이 존재한다는 사실과 양원적 시기에도 존재했으리라고 추정되는 데서 발생한다. 가장 그럴싸한 가설은 이 언어적 환각이 자연도태에 따라 행동통제 수단으로 진화해온, 언어를 이해하는 하나의 부수 효과였다고 보는 것이다.

가령 어떤 사람이 자신 또는 자기의 우두머리에게 자기네 주거지에

---

[13] 두뇌의 두 회선 사이의 고랑이진 홈 - 옮긴이.
[14] 구석기의 최종시기로 구분되는 시대 - 옮긴이.

서 멀리 떨어진 상류에 어살을 설치하라는 명령을 받았다고 하자. 만일 그가 의식이 없고, 이 상황을 이야기로 엮어낼 수도 없고, 자신의 유사 '나'를 상상된 결과와 함께 공간화된 시간 속에 완전히 붙잡아둘 수도 없다면, 그는 어떤 방식으로 이 일을 수행할까? 오후 내내 그가 이 일[15]에 매달릴 수 있게 하는 것은 오직 언어뿐이라고 생각한다. 홍적기 중기의 인간이라면 자신이 하는 이 일을 망각해버리고 말 것이다. 그러나 언어적 인간은 자신에게 이것을 상기해줄 언어를 갖고 있다. 구체적으로 상기하는 방식으로, 자신이 자신에게 반복하여 말함으로써 할 수 있다. 그렇지만 그 당시의 사람이 해낼 수 없는 의지적 결단을 요구하는 이 방식보다는, 그에게 무엇을 해야 한다고 계속 말해주는 '내적인' 음성적 환각의 반복에 따른 방식이 더 그럴싸해 보인다.

앞장을 충분히 이해하지 못한 사람에게는 이런 주장이 극히 이상하고 견강부회하는 것으로 들릴 것이다. 그러나 우리가 인간의 정신발달 과정을 추적하는 문제에 단도직입적이고도 성실하게 직면한다면, 위에서 말한 내 주장은, 비록 현재로서는 그것을 실체적으로 입증할 방법을 알지 못한다 할지라도, 필요하고도 중요하다. 소질구조(aptic structure)에 더 많이 영향을 받는 (또는 더 옛날 용어로 말해서, 좀더 '본능적인') 행동일수록 간헐적으로나마 행동을 재촉(temporal priming)할 필요가 없다. 그러나 학습된 행동들은 최종 목적지에 이를 때까지 외부의 어떤 것으로 유지되지 않으면 안 된다. 음성 환각이 제공한 것은 바로 이것이었을 것이다.

이와 유사하게 의식을 갖지 못했던(nonconscious) 옛 인간들은 어떤

---

15 위의 명령을 잊지 않고 기억하는 일 – 옮긴이.

모양의 도구를 만들어내는 일에서, '더 날카롭게'라는 환각적 음성 명령에 힘입어 홀로 자신들의 업무를 지속할 수가 있는 것이다. 또는 맷돌로 곡식을 가루로 만드는 사람에게 들리는 '더 곱게'라는 환각적 음성 역시 마찬가지다. 내 주장은 역사상 바로 이 시점에서 소리 언어가 과제를 지속해야 하는 자연도태의 압력을 받자 뇌의 한 반구로 몰리기 시작했고, 다른 반구는 그런 행동을 유지할 수 있게 하는 환각적 음성을 들을 수 있는 여지를 제공했다는 것이다.

이름의 시대

이상은 언어가 진화하는 과정에 틀림없이 있었을 일들을 극히 간단하게 요약한 것이다. 그러나 신들이 생기기 위해서는 한 가지 더 필요한 단계가 있었으니, 그것은 가장 중요한 사회적 현상인 이름을 만들어내는 단계다.

이름이 인류 발전과정의 특정 시기에 생겼음이 틀림없는 하나의 특수한 발명이었다는 것을 깨닫게 되면 우리는 꽤나 놀라게 된다. 그것이 언제란 말인가? 이 일은 인류문화 속에 어떤 변화를 가져왔는가? 내 생각에는 이름이 처음 등장한 것은 대략 기원전 1만 년에서부터 기원전 8000년 사이의 중석기 시대다. 좀더 따뜻해진 빙하 후기의 환경에 인간들이 적응하는 시기다. 거대한 얼음장들이 코펜하겐 위도 뒤편으로 퇴각하고, 인류는 이제 특정 환경상황에 자신들의 삶을 고정시킴으로써 초원에서 사냥하고, 숲 속에서 생활하며 조개를 채취하며 지상에서 사냥하고 해양자원을 노획할 수 있는 결합된 삶의 형식에 정착하게 된다. 이런 삶은, 높은 사망률을 안은 채 불가피하게 이동을 계속해야 했던 앞서의 사냥생활 집단에 비해 인구가 훨씬 안정적이었다. 이처럼 인구가 좀더 고정되고, 관계가 더욱 고정적으로 되고, 수명이 길어지고, 집단 내 한 사람 한 사람의 식별이 어려울 만큼 집단성원이 많아지자, 명사가 개별자의 이름으로 옮겨질 필요성과 가능성이 증대되었으리라는 것은 쉽게 짐작할 수 있다.

부족의 어떤 성원이 그의 고유한 이름을 가지게 되면, 그가 없는 경우에도 그를 어떤 의미에서 재창조할 수 있게 된다. '그'를 사유할 수 있는 것이다. 이때 '사유한다'는 것이 의식적으로 이루어지지는 않았지만 언어구조에 맞추기 위해 사용되었다. 이전에도 어떤 때는 꽤나 정교한 모습을 한 무덤 종류들이 있었지만, 이 시기에 처음으로 공공의 의식(儀式) 행사장으로 쓰이는 제례용 무덤이 발견된다. 만일 당신이 이미 고인이 된 당신의 친근한 사람을 생각하고 있는데, 그가 이름이 없다면, 당신의 슬픔은 무엇에 대한 것일까? 그 슬픔은 얼마나 오래 지속될 수 있을까? 이전엔 인간들도 다른 영장류들처럼 죽은 자들을 그들이 쓰러진 곳에 버렸을지 모른다. 또는 돌로 그들을 덮어 보이지 않게 했거나, 어떤 경우에는 불에 구워 먹어치웠을 것이다.[16] 그러나 한 동물을 지칭하는 어떤 명사가 그 동물들의 관계를 더 가깝게 만들어주듯, 사람의 이름 역시 그렇게 한다. 사람은 죽어도 그의 이름은 여전히 살아 있으며, 그리하여 관계는 생존시와 거의 같이 장례의식과 애도행위 속에서도 지속된다. 예를 들어 모르비앙(Morbihan)의 중석기 조개무지 인종들은 망자를 가죽외피에 싸고 뼈로 된 핀으로 고정하여 장사하기도 하고 때로는 수사슴의 뿔로 된 관(冠)을 씌우기도 하고 석판으로 시

---

16 홍적기 중기의 저우커우뎬(Chouk'outien)과 그 후 크토아디아이 크라피나(Krapina) 동굴에서 볼 수 있다. Grahame Clark and Stewart Piggott, *Prehistoric Societies* (London: Hutchinson, 1965), 61쪽을 참조하라.

체를 보호하기도 했다.[17] 같은 시기의 다른 무덤에서는 정교하게 파낸 구멍에 작은 관이나 각종 장신구나 꽃으로 치장된 시체가 발견된다. 내 생각에는 이 모든 것이 이름을 고안한 결과들이다.

그러나 이름과 관련하여 또 다른 변화가 발생했다. 아마 이 시기까지도 청각적 환각들은 우연적이고 익명적이었으며 어떤 의미에서도 의미 있는 사회적 상호작용은 아니었던 듯하다. 그러나 일단 어떤 환각이 이름과 함께 특정인에게서 나온 목소리로 인지되자, 의미심장한 변화가 발생되었다. 그 환각은 이제 한 개인의 행동 속에서 엄청난 역할을 하는 사회적 상호작용이 된다. 그리고 이와 관련하여 그 환각적 목소리가 어떻게 인지되는가, 누구의 소리로 인지되는가, 그리고 가령 많은 목소리들이 들려온다면 어떻게 그것들을 분류하는가 하는 문제들이 발생하게 된다. 이런 질문들에 대한 한 가지 통찰이 정신분열증 환자의 자서전적 기록물들에서 발견된다. 하지만 지금 여기서 그 문제를 추적하기엔 충분하지 않다. 중석기인들에 대한 이해를 돕기 위해 정신분열증 환자의 경험에 대한 세심한 연구가 절실히 필요하다.

농업의 출현

이제 우리는 양원적 시대의 문턱에 와 있다. 방대해진 인구를 하나의 도시(city)로 조직해낼 수 있는 사회적 통제기제가 가까이 있다. 사냥과 채집의 경제체제에서 식물과 동물을 가꾸고 기르는 식량생산 경제체제로 변화한 것이 문명을 가능하게 한 큰 걸음이었음을 부인하는 이는 없다. 그럼에도 문명을 발생케 한 원인과 방법에 많은 이견들이 있다.

---

[17] Grahame Clark, *The Stone Age Hunters*(New York: McGraw-Hill, 1967), 105쪽.

전통적인 이론들은 다음의 사실들을 강조한다. 즉 빙하가 홍적기 후기에 유럽지역을 대부분 덮고 있을 때는, 북아프리카와 근동지역을 가로지르는 대서양 연안에서부터 이란의 자그로스(Zagros) 산맥에 이르는 전 지역은 풍부한 강우량의 은총을 입어 실로 광대한 풍요의 땅에 덴이었으니, 구석기인들을 포함한 각양의 동물군을 먹여 살리기에 충분한 초목들로 울창한 곳이었다. 그러나 극지의 얼음덩이들이 퇴각하면서 대서양의 비를 머금은 바람들이 북쪽으로 향하게 되고 결과적으로 전 극동지역은 점차 황량한 대지로 변하게 되었다. 야생의 식용식물들과 인간의 먹이가 되어온 동물들이 더는 충분치 않아, 이제 인간들은 단순한 채집에 의존해서 살아갈 수 없게 되었다. 결과적으로 많은 부족들은 그 지역을 떠나 유럽으로 이주해 들어갔으나, 그대로 남아 있었던 사람들은—자신의 발굴에서 얻어낸 가설에 근거하여 주장하는 펌펠리(Pumpelly)에 따르면—"오아시스에 모여 살아가는 중에 새로운 생계수단들을 정복해나가지(forced to conquer) 않으면 안 될 상황에 처하여, 그 지역의 토종 식물들을 이용하기 시작했고, 이로부터 사막에 흐르는 큰 강어귀에 펼쳐진 늪지나 마른 땅 위에서 자라는 초목의 씨앗들을 이용하는 방법을 배우게 되었다."[18] 이러한 견해는 칠드(Childe)[19]를 포함한 최근 학자들의 연속적 연구결과들이 지지하고 있다. 이를 지지하는 토인비(Toynbee)[20] 역시 극동지역의 이 건조화 가설을 '물리적 도

---

[18] R. Pumpelly, *Explorations in Turkestan: Expedition of 1904: Prehistoric Civilizations of Anau*(Washington: Carnegie Institution, 1908), 65~66쪽.

[19] V. G. Childe, *The Most Ancient East*, 4th ed.(London: Routledge and Kegan Paul, 1954).

[20] A. J. Toynbee, *A Study of History*(London: Oxford University Press, 1962), vol. 1, 304~305쪽.

전'(physical challenge)이라 부르며 농경문화는 이에 대한 응전이었다고 주장한다.

최근의 연구[21]에 따르면 위와 같은 그런 포괄적인 건조화 현상은 존재하지 않았으며, 농업에 종사하지 않으면 안 될 경제적 '압박'도 없었다는 것이다. 이제까지 나는 중석기 시대의 인류문화 발전과정에서 언어에 엄청난 중요성을 부여해왔으며, 여기서도 역시 그렇게 하려고 한다. 제3장에서 보았던 바와 같이, 언어는 사물의 은유를 이용해 지각과 주의력을 증대시킬 뿐만 아니라, 이로써 새로운 중요성을 갖는 사물에 새 이름을 부여하게 된다. 내 생각에는 농업을 야기한 것은 이처럼 추가된 언어적 정신(linguistic mentality)이다. 즉 극동지역에서와 같이 서남아시아 지역 동물군의 좀더 광범위한 서식지와 겹치며 분포되었던 야생 밀과 야생 보리, 염소, 양, 소, 야생 돼지 같은 재배하거나 양육하기에 적합한 것들이 우연적으로 뒤섞여 있는 그런 환경에서 살았던 새로운 언어적 정신이다.

첫 번째 신

잠시 이제까지의 것 중에 가장 잘 규정되고 가장 충분히 연구된 중석기 문화인 나투피안(Natufian)을 더 직접적으로 살펴보기로 하자. 이것은 최초의 유적지가 발견된 곳인 이스라엘의 와디 엔 나투프(Wadi en-Natuf)를 따라 이름이 붙여졌다. 기원전 1만 년경 나투피안들은 150

---

[21] Butzer, 앞의 책, 416쪽.

센티미터 정도의 키였고, 구석기 선조들처럼 사냥꾼이었으며, 흔히 동굴 입구에 살면서 뼈와 뿔을 다루는 일에 능숙했고, 부싯돌로 날카로운 칼날이나 정을 잘 만들어냈다. 이들은 동물을 그리는 일을 라스코(Lascaux)의 동굴 벽화를 그린 화가들만큼이나 능란하게 했으며, 구멍을 뚫어 꿴 조갑지나 동물의 이빨을 장신구로 착용했다.

기원전 9000년경에는 그들은 의식용 무덤에 망자를 묻었으며, 더욱더 정착된 생활방식을 영위했다. 많은 회반죽으로 단상의 바닥과 벽을 발랐으며, 어떤 때는 87구의 시신을 안장할 수 있는 크기의 묘역을 가지고 있었던 것—이는 그 이전의 어느 시대에도 없던 규모다—등이 이들이 정착생활을 했다는 것을 입증한다. 앞서 주장한 바와 같이 이 시기는—이것이 함의하는 모든 의미에서—이름의 시대다.

이 변화를 가장 극적으로 보여주는 것은 아이난(Eynan)에 있는 나투피안식 야외 정착지다.[22] 1959년에 발견되어 깊이 있는 탐사작업이 진행되었던 이 유적지는 갈릴리 해 북쪽 20킬로미터 떨어진 곳에 있고, 훌레 호수(Lake Huleh)의 늪지와 물웅덩이들을 굽어보고 있는 천연 단구(段丘)다. 기원전 9000년경부터 시작된 것으로 추정되는 연속적인 세 개의 마을이 조심스럽게 발굴되었다. 각 마을은 갈대로 지붕을 이은 지름 약 7미터 정도의 둥근 돌집 50채로 구성되어 있었다. 이 집들은 중앙에 있는 공터를 중심으로 둥글게 배열되어 있고, 그 공터에는 많은 종 모양의 구덩이를 파고 회반죽을 칠해 곡물 창고로 사용했다. 때때로 이 구덩이는 매장지로 재활용되기도 했다.

---

[22] J. Perrot, "Excavations at Eynan, 1959 Season," *Israel Exploration Journal*, 10호, 1961, i쪽; James Mellaart, *Earliest Civilizations of the Near East*(New York: McGraw-Hill, 1965), 2장; Clark and Piggott, 150쪽 이하를 참조하라.

이때 인간사에 매우 의미심장한 변화가 일어났다. 동굴 입구에 살면서 사냥으로 연명하던 20여 명 단위의 유목부족 대신, 적어도 200여 명의 인구로 된 마을(town)이 생긴 것이다. 이러한 많은 사람들이 정착 생활을 한 것은 농업이 출현했기 때문인데, 그 증거는 곡물과 콩의 추수와 조리에 필요했던 수많은 낫날과 절구공이와 절구통, 맷돌과 막자사발 등이 각 집안 마루의 후미진 곳에서 발견되었다는 것이다. 이 시기의 농업은 몹시 원시적이어서 다양한 동물 사냥감의 보조식량 정도였다. 방사성 탄소에 따른 연대측정이 가능한 화석에서 볼 수 있는 것처럼, 주요 식량원은 들염소, 가젤, 돼지, 여우, 토끼, 설치류, 조류, 물고기, 거북이, 갑각류, 마합류, 달팽이 등이었다.

환각을 일으키는 왕

마을! 물론 한 명의 추장이 200~300명의 주민을 지배하는 것이 불가능하지는 않다. 그러나 이러한 지배가 엄격한 위계질서를 유지하는 영장류 집단에서 이루어지는 것처럼, 개개인의 얼굴을 일일이 맞대는 과정에서 반복적으로 이루어져야 한다면 이는 보통 어려운 일이 아니었을 것이다.

아이난의 사회적 삶을 그려볼 때, 이 나투피안들은 의식을 가지고 있지 않다는 점을 기억할 필요가 있다. 그들은 이야기로 엮을(narratize) 줄 모르며, 타인과의 관계 속에서 자신을 '보는' 유사 자아(analog selves)도 없다. 그들은 이른바 신호에 따르는(signal-bound) 자들, 즉 매번 자극-반응방식으로 주어지는 단서에 반응하며 이러한 단서에 통제되는 사람들이라 할 수 있다.

앞서 나는 청각적 환각은 언어의 부수효과로서 진화되었으며, 부족을 위해 개인이 시간이 오래 걸리는 일을 지속할 수 있게 하는 역할을 담당해왔다고 언급한 바 있다. 그러한 환각은 개인이 자신의 또는 자기 우두머리의 명령을 들을 때 시작된다. 그리하여 이런 상황과, 왕의 명령이나 말에서 시작된, 내가 아이난 사회에서 통제 단서로 쓰였다고 주장한, 더 복잡한 청각적 환각 사이에는 매우 단순한 연속성이 존재한다.

여기서 우리는 이러한 청각적 환각은 왕이 명령했던 것을 녹음한 것과 같은 것이라고 가정하는 우를 범해서는 안 된다. 이 청각적 환각들은 저절로 시작된다. 그러나 시간이 흐른 후에 그 목소리들이 비록 무의식적이긴 하나 문제를 풀고 '생각할' 수 있다고 가정하지 말아야 할 이유는 없다. 오늘날의 정신분열증 환자들이 듣는 '목소리들'은 전자만큼 또는 그보다 더 많이 '생각한다'. 그리하여 나투피안들이 들었던 것으로 추정되는 이 '목소리들'은 시간이 경과하면서 그 왕이 하지 않은 말도 즉흥적으로 지어내고 '말할' 수 있었다. 그러나 우리는 언제든지 이 모든 새로운 환각들이 그 왕과 엄격하면서도 일관되게 결부되어 있었다고 생각해도 좋을 것이다. 이것은 우리 자신들이 우리의 친한 친구가 뭐라고 말할 법한지를 본래부터(inherently) 알고 있는 것과 다르지 않다. 이리하여 조개를 채집하거나, 작은 사냥감을 추적하고 있거나, 경쟁자와 다투고 있거나, 전에 야생 곡물들을 수확했던 곳에 씨앗을 뿌리고 있을 때, 일하는 사람들은 저마다 자기 안에 왕의 목소리를 지니고 있음으로써 자신이 일하는 집단이 존속하고 효율적이 되는 데 기여했다.

신 왕

우리는 환각이 발생하는 것은, 현대 사람들의 경우도 그렇듯이, 스트레스를 받기 때문이라고 결론 내린 바 있다. 이 결론이 맞다면 누군가

최초의 신: 1959년 발굴로 발견된 것으로, 기원전 9000년경 돌베개로 지탱되어 있는
아이난인의 죽은 왕.

가 죽음으로 받는 스트레스야말로 환각적 목소리를 듣게 하는 확실한
계기가 된다고 확신할 수 있다. 아마도 이런 이유로 수많은 고대문화들
에서, 종종 망자의 몸에서 목을 분리해버리기도 하고, 다리를 부러뜨리
거나 묶어두기도 하고, 때로 무덤 속에 음식을 넣어두기도 하고, 목소
리가 더 들리지 않게 된 후 다시 공동묘지에 묻어 동일한 시체를 두 번
씩 장례 지내기도 했던 것 같다.

　보통사람에게도 그랬다면, 생존시에도 환각으로 지배하던 목소리의
주인공인 왕은 더 말할 나위가 없다. 따라서 우리는 여전히 집단 전체

의 결속에 영향을 주는 목소리의 주인공이 잠들어 있는 곳이 아주 특별한 의미가 있을 거라고 기대할 수 있다.

지금까지 발견된 것 중에 최초의 것은 기원전 9000년경에 만든 것으로 추정되는 아이난 지역의 왕릉인데, 이것은 매우 놀라운 유물이다. 그 무덤은 다른 모든 집들처럼 지름이 4.8미터인 원형으로 되어 있다. 내부에는 중앙에 두 구의 완벽한 해골이 등뼈가 연결된 채로 놓여 있었고, 다리는 죽은 후에 분리되어 다른 곳으로 옮겨져 놓여 있었다. 그 하나는 덴탈리아 조개껍질들로 머리를 장식했는데 아마 왕비였던 듯하며 다른 하나는 성인 남성인 것으로 보아 왕이었던 것 같다. 일부분은 돌로 덮여 있고, 일부분은 돌로 지탱되어 있었다. 그의 머리는 48킬로미터 정도 떨어져 있는 눈 덮인 헤르몬 산 정상을 향하여 꼿꼿이 치켜들고 있도록 더 많은 돌로 지지되고 있었다.

그 직후였는지 몇 년이 지난 뒤였는지는 알 수 없으나, 그 후 그 무덤 전체는 붉은 황토벽 또는 난간으로 둘러싸였다. 그런 다음 영원히 휴식 중인 이 두 집주인을 깨우지 않도록, 판판한 거석으로 위를 덮어 지붕을 해주었고, 그 지붕 위에는 (제단) 화로를 얹어놓았다. 그러고는 그 후에 나지막한 돌담으로 그 지붕 위에 화로를 둘러치고 그 위를 다시 더 많은 돌로 덮었으며, 중앙에는 작은 돌로 둘러싸인 세 개의 큰 돌이 있었다.

그 돌베개 위에 지탱된 채로 있는 그 죽은 왕은 여전히 명령을 내리며 그의 백성의 환각 속에 살아 있으며, 붉게 채색된 난간과 화로의 꼭대기 층은 몸의 부패를 믹기 위한 것이었고, 적어도 얼마동안은 그 장소와 사방 200여 미터 밖에서도 보이도록 솟아올랐던 성화(聖火)의 연기조차 마치 에게 해의 안개가 아킬레우스에게 그랬던 것처럼 환각의 발원지였으며, 중석기 시대의 아이난들을 통제하던 명령의 발원지였다고 주장하는 것이다.

이것은 그 후 8000년 후에 일어나게 될 일들의 전형적인 모형이었다. 죽은 왕은 살아 있는 신이다. 왕의 무덤은 신의 집이며, 다음 장에서 다룰 정교한 신전이나 사원의 효시다. 2층 형식의 이 구조물은, 수천 년이 지난 후에야 시간이 장엄하게 열어보일 다층 지구라트(ziggurat)[23]나, 에리두(Eridu) 같은 사원 속의 사원, 또는 나일 강가의 거대한 피라미드에 대한 선견지명인 셈이다.

아이난에 관한 한, 난해한 승계 문제를 조금이나마 언급하지 않고 넘어갈 수 없다. 물론 아이난에는 계속해서 언급할 것이라곤 거의 없다. 왕릉에 죽은 왕과 왕비 때문에 옆으로 밀려난 이전의 시체들이 있었다는 사실은 이전에 이곳을 차지했던 이들이 선왕들일 것이라는 가정을 낳게 한다. 그리고 (베개로) 지탱해놓은 왕 위쪽 2층에 있는 화로 곁에 또 다른 해골이 있었다는 사실은 이것이 첫 번째 왕의 후계자일 거라는 생각, 그리고 환각으로 들리는 이전 왕의 목소리는 점차 새 왕의 목소리와 섞이게 되었다는 생각을 하게 한다. 위풍당당한 이집트 왕조의 배후에 권력이 있었다는 오시리스(Osiris)[24]의 신화가 이렇게 시작되었을 것이다.

신의 집으로써 왕의 무덤은 여러 문명의 특징으로, 특히 이집트에서 수천 년 동안 지속되고 있다. 그러나 많은 경우, 왕의 무덤에 대한 언급은 점차 사라지게 되었다. 이러한 일은 한 왕의 후계자가 그의 통치 기간 중 계속해서 선왕의 목소리를 환각으로 듣고, 자신을 선왕의 사제,

---

[23] 옛 바빌로니아와 아시리아의 피라미드꼴의 신전 - 옮긴이.
[24] 고대 이집트의 명부(冥府)를 지배한 신 - 옮긴이.

또는 하인으로 지칭하면서 발생하게 된다. 이것은 메소포타미아 시대 내내 세습된 모형이다. 무덤이 있던 자리엔 간단히 사원 하나가 세워지고, 시체가 있던 자리엔 동상이 세워진다. 그렇게 하면 그것은 부패해 버리지 않기 때문에 더 많은 제사와 존경을 누리게 된다. 이 우상들과 왕들의 시신을 대신하는 것들은 다음에 2장에 걸쳐 좀더 상세하게 다룰 것이다. 이들은 중요하다. 양원 세계에서 우상들은 마치 흰개미둥지나 꿀벌통의 여왕처럼, 페로몬 유인 물질 대신 청각적 환각을 사용할 뿐, 세심하게 받들어 모시는 사회적 통제의 중심이었다.

문명의 계승

여기에 문명의 시작이 있다. 아이난인들이 쓰던 낫날과 빻거나 가는 데 쓰이는 돌 등 농업생활에 대한 고고학적 증거물들이 기원전 9000년경의 레반트(Levant) 지역[25]과 이라크 등에 있는 다른 유적지에서 거의 동시적으로, 꽤나 갑작스레 나타나는 것은 농업이 근동의 고원지대에 매우 일찍부터 유포되어 있었음을 입증한다. 이 문명은, 아이난의 경우처럼, 처음에는 원시적 농업단계였고 나중에는 식물채집을 위주로 하면서 목축을 병행하는 경제체제였다.[26]

기원전 7000년경까지 농업은 레반트 지역과 자그로스 지역 그리고 서남부 아톨리아 등의 여러 유적지에서 발견된 농경정착민의 일차

---

[25] 동부 지중해 연안의 옛 제국들로 특히 시리아, 레바논, 이스라엘 등을 가리킨다 - 옮긴이.

[26] R. J. Braidwood, "Levels in Pre-History: A Model for the Consideration of the Evidence," S. Tax(ed.), *Evolution After Darwin*(Chicago: University of Chicago Press, 1960), vol. 2, 143~151쪽.

적 생계수단이었다. 농작물은 단엽 마초, 쌍엽 마초, 보리 등이었고, 목축 동물은 양, 염소, 때로는 돼지 등이었다. 기원전 6000년경에는 농업사회가 근동지역으로 대부분 확산되었다. 기원전 5000년경에는 티그리스, 유프라테스 강과 나일 강의 충적기 계곡으로 농업 이주가 급속히이루어졌고, 인구가 증가하여 본격적인 문화적 발달이 전개되었다.[27]나일 강 서단의 메린데(Merinde)의 경우처럼, 인구 1만 명의 도시가 여기저기 나타나게 되었다.[28] 거대한 우르와 이집트 왕조가 그 엄청난 힘을 역사에 행사하기 시작했다. 기원전 5000년 또는 그보다 500년 이전은 지질학자들에게 최대 고온의 세기(Holocene Thermal Maximum)로 알려진 시기의 시작이기도 했다. 이 시기는 대략 기원전 3000년까지 지속되었는데, 특히 꽃가루 연구로 밝혀진 바와 같이, 세계의 온도가 오늘날보다 눈에 띄게 고온다습했다. 그래서 농업이 유럽 지역과 북아프리카 지역으로 더 많이 확산되었고, 근동 지역의 농업 소출도 더많아졌다. 나는 모든 증거들을 보면서, 이처럼 극도로 복잡다단해진 인류의 문명화 과정에서 이러한 일들을 이룬 작업방식은 모두 양원적 정신이었다고 믿는다.

이제 이 증거들을 보자.

---

[27] Butzer, 앞의 책, 464쪽.
[28] K. W. Butzer, "Archaeology and Geology in Ancient Egypt," *Science*, 132호, 1960, 1617~24쪽.

제2권

역사의
증언

제1장

신과 무덤과 우상

문명은 모든 사람이 서로를 알 수 없을 만큼 마을의 크기가 커졌을 때의 생활방식이다. 이것이 그리 좋은 정의는 결코 아니지만, 사실임이 틀림없다. 우리는 바로 양원적 정신으로 마련된 사회조직이 문명을 가능하게 했다고 가정한 바 있다. 이 장과 다음 장에서 나는 지나친 세분화는 피하되 문명이 처음으로 시작되는 곳이면 언제나, 어디서나 실제로 양원정신 구조가 존재했다는 것을 세계 도처의 증거들을 통해 입증하려고 한다.

이 문제는 현재 많은 논란거리가 되고 있지만, 나는 다음과 같은 견해를 따르려고 한다. 즉 문명은 앞에서 기술했던 대로 근동의 여러 지역에서 독립적으로 시작되어 티그리스와 유프라테스 강 계곡을 따라 아나톨리아와 나일 강 계곡으로, 그다음에는 키프로스와 테살리아와 크레타로, 그리고 얼마 후에는 인더스 강 계곡 너머로 확산된 다음, 우크라이나와 중앙아시아로 발전하되, 부분적으로는 확산하면서 그리고 부분적으로는 자발적으로 양자강을 따라 발생했다.

문명은 중앙아메리카에서도 독립적으로 일어났으며, 안데스 고원에서도 부분적으로는 확산하면서 그리고 부분적으로는 독립적으로 문명이 일어났다. 이들 각 영역에서는 다소 미숙한 상태이긴 하나 내가 양원성이라고 부르는 특성을 지닌 왕조의 승계가 일어났다. 아마도 이집트에서부터 확산되어갔을 벵골 만 유역, 말레이 반도, 유럽, 틀림없이 중앙아프리카 지역, 그리고 이른바 미시시피 시기의 북미 인디언 일부와 같은 세계의 역사에는 분명히 다른 종류의 양원적 왕국이 있었을 것이지만, 이들 문명의 발굴은 너무나 미미하여 위의 가설을 입증하는 데 도움을 주지 못하는 실정이다.

앞서 요약한 이론에 의거하여, 나는 이것을 기초로 해야만 이해할 수 있는 고대문명의 몇 가지 독특한 고고학적 특징들이 있다고 주장하려 한다. 침묵 속에 있던 특징들이 바로 이 장의 주제다. 메소포타미아와 이집트의 문자문명은 다음 장으로 미루어 두자.

신들의 집

우리 자신이 이방인으로 낯선 땅에 들어갔는데 그 땅 역시 우리와 유사한 계획에 따라 조직되어 있고 정착생활을 하는 것을 발견했다고 하자. 예를 들면 좀더 큼지막하고 웅장한 저택을 중심으로 보통 집과 건물이 군집을 이루고 있는 모습을 본다고 하자. 우리는 그 즉시 그 웅장한 저택은 그곳을 통치하는 사람의 집이라고 단정할 것이다. 그리고 사실 그럴는지 모른다. 그러나 그렇다고 옛 문명 안의 그 통치자를 오늘날의 군주와 같은 사람으로 보는 것은 잘못이다. 왜냐하면 그는 환각 속의 존재였기 때문이며, 일반적으로는 평민이 그 앞에 헌물을 바치던 탁자와 함께 저택의 한쪽 끝에 서 있었기 때문이다.

주택도 아니고 실제로 창고나 곳간으로 사용되는 것도 아니면서 특별히 인간의 모습을 한 인형이 들어 있는 건물이 있는 마을이나 도시 설계를 보게 되면, 그것은 으레 양원적 문화이거나 그것에서 파생된 문화의 증거로 보아도 된다. 이것은 어리석은 준거로 보일는지도 모른다. 왜냐하면 오늘날의 많은 도시들이 그런 도시계획을 하기 때문이다. 우리는 상대적으로 작은 집이나, 별다른 점이 없는 상점으로 둘러싸인 교회당이 있는 도시계획을 익숙하게 보아왔다. 그러나 오늘날의 종교적 건축이나 도시 건축은 어느 정도는 양원적 과거의 잔재다. 교회나 사원이나 회교사원은 여전히 신전이라고 불린다. 우리는 그 안에서 신에게 말하고, 지금도 신이나 그의 문장(紋章) 앞에 놓여 있는 테이블이나 제단을 향해 바칠 헌물을 가져간다. 내가 이처럼 객관적인 방식으로 말하는 목적은 이처럼 '익숙해진' 양식 전체를 낯설게 하려는(defamiliarize) 것이다. 이제 한 발짝 뒤로 물러서서 영장류 전체의 진화를 배경으로 문명인을 바라보면, 그러한 도시구조 양식이 실로 일반적인 것이 아닐 뿐만 아니라, 네안데르탈인에게서 파생된 것이 아니라는 것을 알게 될 것이다.

예리코에서 우르까지

약간의 예외는 있지만, 중석기 말부터 거의 최근에 이르기까지 인류의 집단거주 계획은 인간이 사는 주택들로 둘러싸인 신전과 관련되어 있다. 예리코(Jericho) 발굴지 중 기원전 9000년대로 추정되는 지층의 가장 오래된 마을[1]의 경우, 위에서 본 도시계획이 완전히 명확하게 드러나고 있지 않아서 논란이 일지도 모른다. 그러나 작은 주거물로 둘러싸여 있는 예리코의 큰 신전은 기원전 7000년대로 추정되는 층인데, 여기에는 벽감(壁嵌)²과 곡선형의 부속 건물이 딸린 방으로 이어지는 주랑이 있었는데, 이들의 목적은 의심할 여지가 없다. 그것은 이제는 죽은 왕의 시체를 돌로 지탱해놓은 무덤은 아닌 것이다. 벽감에는 실제 크기의 인형이 붉게 칠한 채로 갈대 줄기나 다발 위에 앉혀서 안치되어 있었는데, 그것의 머리는 진흙으로 자연상태를 본떠 만든 것이었다. 동일한 유적지에서 발견된 왕들의 것으로 보이는 열 개의 인간 두개골은 회반죽으로 실감이 날 만큼 본을 떠 흰 조가비로 눈을 해 박은 것들이었는데, 이들은 모두 환각을 발생시키는 기능을 했다. 기원전 7000년경 아나톨리아의 하실라(Hacilar) 문화 역시 인간 두개골을 마루 위에 안치해두었는데, 이것은 식량생산과 자체 방어를 위해 주민들을 한데 묶어두기 위한 유사한 양원적 통제기능을 담당했다.

근동지역에서 가장 넓은 신석기 유적지는 13만 평방미터에 달하는 차탈휘위크(Çatal Hüyük)인데 이중 4,000~8,000평방미터만 발굴된 상태다. 이곳의 배열은 약간 다르게 되어 있다. 기원전 6000년경으로 추정되는 층에서 발굴된 것에는 거의 모든 집마다 4~5개로 된 일련의 방들이 신의 방을 둘러싸고 있었다. 신의 방에서는 돌이나 옹기로 된 수많은 신상들이 무리지어 있는 것이 발견되었다.

---

1 여기서 참고한 자료들은 일반적으로 다음과 같은 것들이다. Grahame Clark and Stuart Piggott, *Prehistoric Societies*(London: Hutchinson, 1965); James Mellaart, *Earliest Civilizations of the Near East*(New York: McGraw-Hill, 1965); and Grahme Clark, *World Prehistory: A New Outline*(Cambridge: Cambridge University Press, 1969).
2 벽체의 일부가 오목하게 파인 부분 - 옮긴이.

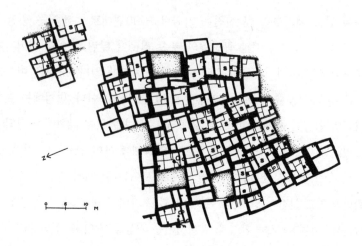

기원전 6000년경 차탈휘위크 VI B층대의 건물계획도. 거의 모든 집마다 S자로 표시된 사원(shrine)이 있는 것을 보라.

　5세기 후의 에리두에는 신전이 진흙 벽돌로 된 단 위에 세워졌는데 이들이 지구라트 신전의 기원이다. 중앙의 긴 방 한쪽 끝의 단 위에 있는 신의 우상이 다른 쪽 끝에 놓여 있는 테이블 위의 헌물을 바라보고 있다. 이것이 남부 이라크의 우바이드(Ubaid) 문화로 이어지는 에리두식 연쇄 회당으로 기원전 4300년경 메소포타미아 전역으로 확산되었는데, 이는 수메르 문명과 그 뒤를 잇는 (다음 장에서 다룰) 바빌론 문명의 기초가 된다. 인구가 수천 명인 도시들이 생기면서, 거대한 기념비적 신전 건물이 나타나게 되는데 그 후부터 이들은 그 도시의 성격을 규정하고 지배할 뿐만 아니라, 몇 킬로미터 밖의 모든 사람에게까지 환각을 일으키는 데 일조했을 것이다. 한때 양원문명이던 우르(Ur) 지역의 것과 같은 신전은 발굴되어 폐허더미 위로 끌어올려져 있는데 계단을 타고 올라가도 원래 높이의 절반밖에 오르지 못하게 되어 있다. 산악지역의 그 신전 아래에 이제라도 서 보라. 그리고 꼭대기가 태양을 찌를 만큼 솟아 있는 3층의 신전을 상상하여 보라. 그러한 건축만이 가지고 있는 우리의 정신구조에 대한 지배력을 느낄 수 있을 것이다.

히타이트식 변형

오늘날 터키 중심부 보아즈쾨이[3] 수도 하투사스(Hattusas)의 중심부에 사는 히타이트(Hittite)인들은 거대한 화강암 회당이 딸린 네 개의 커다란 신전을 가지고 있는데, 그 신전들은 거대한 우상들에게 측면에서 빛이 비치도록 석회석 정면 벽에서 솟아나와 있다.

그러나 어느 곳에서 일하다가도 보일 수 있도록 높은 곳에 있던 지구라트 신전 대신에 아름다운 야외 산사인 야질리카야(Yazilikaya)가 돈을새김한 신들의 모습으로 치장한 채 도시 위로 솟아 있다.[4] 회당 안의 바위 위엔 아직도 선명히 보이도록 돈을새김한 조각들이 있는데 거기에는 천편일률적으로 신의 머리와 신들을 위해 쓰일 머리장식들로 마감된 산의 그림이 그려져 있다. 이 산 자체가 히타이트족에게 환각적이었음을 알 수 있다. 『구약성경』 시편 기자의 노래처럼 "눈을 들어 산을 보나 어디에서 도움이 올꼬?" 하는 것이다.

---

3 히타이트족은 이웃 부족에게서 양원적 문명을 배운 유목집단의 예다. 기원전 2100년경의 고고학적 기록에는 가파도기아 고원지역의 단색 광택의 도자기 문화에 갑자기 밝게 빛나는 다채색 도자기가 나타나는데 이것은 그들이 남부 러시아의 초원지대에서 이주해온 증거가 된다.

4 야질리카야에 대한 좋은 사진들이 Seton Lloyd, *Early Highland Peoples of Anatolia*(New York: McGraw-Hill, 1967), 3장에 있다. 이들에 대한 설명은 Ekron Akurgal, *Ancient Civilizations and Ruins of Turkey*(Istanbul, 1969)를 참조하라.

기원전 1250년경의 야질리카야에 있는 바위 양각. 샤루마(Sharruma) 신이 그의 관리인 격인 왕 투드할리이스(Tudhaliys)를 자신의 품에 붙들고 있다. 신성을 의미하는 프레첼 과자처럼 생긴 상형문자가 왼쪽 위편에 머리 대신 신의 표의문자로 그려져 있으며, 동시에 신의 관에도 반복해서 그려져 있다. 이것은 또한 오른쪽 위로 왕의 표의문자에도 나타나는데, 내 생각에는 이것은 왕 역시 자신의 신하들에게 환각으로 '들리고 있음'을 가리키고 있는 듯하다

　　이 산사의 어떤 전면엔 긴 예복을 걸친 왕의 옆모습이 새겨져 있다. 양각한 석탑에는 그 왕의 바로 뒤에 훨씬 높은 관을 쓰고 있는 신이 그려져 있고, 그 신은 오른팔을 뻗어 왕이 갈 길을 가리키며, 왼팔로는 왕의 목을 껴안은 채로 왕의 오른손목을 단단히 부여잡고 있다. 이는 양원적 정신을 상징하는 계약 장면이다.

잇따라 신들을 그린 히타이트 특유의 양식은 히타이트 연구의 해묵은 문제를 푸는 암시를 던져주고 있다. 이것은 판쿠시(pankush)라는 중요한 단어의 해석인데, 전통적으로 학자들은 이것을 국회 같은 인간공동체 전체를 표시한 것이라고 해석했다. 그러나 다른 텍스트는 이것을 어떤 종류의 엘리트로 해석하게 한다. 내 생각에 이것은 한 발 더 나아가 수많은 신들의 전체 공동체를 가리키는 것이며, 모든 양원적 목소리들이 일치하여 들려주는 어떤 선택이나 결정을 의미하는 것 같다. 기원전 1300년경 히타이트가 지배한 마지막 1세기 동안 어떤 텍스트에도 판쿠시를 언급하지 않았다는 사실은 신들의 집단적 침묵을 의미하며 주관성을 지향한 고통스런 변화의 조짐을 의미할 수 있다.

올멕과 마야

아메리카 최초의 양원적 왕국도 이러한 거대한, 다른 용도로는 쓸모없게 집중되어 있는 건물들로 특징지을 수 있다. 기원전 500년경 라벤타(La Venta) 지역의 서툰 솜씨로 만든 기이한 모습의 올멕(Olmec) 피라미드는 숨막힐 만큼 신비한 표범의 얼굴을 모자이크한 작은 토루(土壘)들로 된 통로가 있거나, 가는 곳마다 솟아 있는 기원전 500년경에 건축된 거대한 사원 피라미드가 있다.[5] 이들 중 가장 큰 테오티후아칸(Teotihuacan: 글자의 뜻은 '신들의 장소'다)에 있는 거대한 태양의 피라미드는 이집트의 어느 것보다도 입방체가 컸다. 그것은 사면이 200미터고, 20층 건물보다 높은 높이를 자랑한다.[6] 정점에 있는 신의 방에 도

---

[5] C. A. Burland, *The Gods of Mexico*(London. Eyre and Spottiswoode, 1967); G. H. S. Bushnell, *The First Americans: The Pre-Columbian Civilizations*(New York: McGraw-Hill, 1968)를 참조하라.

달하기 위해서는 가파른 계단을 올라가야 한다. 전통에 따르면 그 신의 방 위쪽에 거대한 태양의 입상(立像)이 있었다고 한다. 곁에 서 있는 다른 피라미드들이 행렬을 이룬 길이 그곳에 닿도록 되어 있다. 멕시코 고원 주변에서 몇 킬로미터나 떨어져 있는 곳에서도 거대한 도시와 성직자들의 집과 수많은 정원과 작은 건물들의 유적을 볼 수 있는데, 이들은 모두 1층 건물로 되어 있어서 도시의 어느 곳에서도 그 거대한 피라미드식 신전을 볼 수 있게 한 것이다.[7]

동일하게 양원적 건축양식을 보이고 있는 유카탄(Yucatan) 반도의 많은 마야(Maya) 도시들도 이보다는 다소 늦게, 그러나 테오티후아칸과 거의 동시대에 시작되었다.[8] 도시마다 신전을 정점으로 가파르게 솟아 있는 피라미드를 중심으로 몰려 있었는데, 이 피라미드는 올멕식 표범얼굴이나 다른 벽화 또는 인간의 얼굴을 한 다양한 형태의 용들이 정교한 돌 장식물 사이를 무섭게 꿈틀대는 음각으로 장식되어 있었다. 어떤 피라미드에는 이집트에서와 같이 시체가 있었다는 사실이 몹시 흥미로운데, 아마도 왕이 신이었던 시대를 의미할 것이다. 마야 피라미드 앞에는 대개 신의 모습들과 아직 충분히 해독되지 않은 음각 그림문자들이 새겨진 석비들이 있다. 이런 종류의 글씨는 언제나 종교적 이미지와 연결되어 있기 때문에 양원적 정신에 대한 가설이 이들의 신비를 풀

---

6 이것은 거의 300만 톤의 흙벽돌로 된 것이니까 엄청난 시간과 인력이 든 것이다(당시 메소포타미아는 수레가 없었다). 이러한 노동을 이해하기 위해서는 제3권을 참조하라.

7 S. Linne, *Archaeological Researches at Teotihuacan, Mexico*(Stockholm: Ethnographic Museum of Sweden, 1934); 또한 Miguel Covarrubias, *Indian Art of Mexico and Central America*(New York: Knopf, 1957).

8 Victor W. von Hagen, *World of the Maya*(New York: New American Library, 1960).

어줄 것이다.

나는 속내를 드러내기를 꺼리는 진기한 유적지들과 그 안에 건설된 마야의 도시들, 그리고 그들의 갑작스런 출현과 소멸을 가장 잘 설명하기 위해서는 이러한 유적지들과 이러한 변화가 환각에 따라 명령되었다는 것, 야훼가 그의 백성을 벌하고 아폴론이 (델포이 신탁에 따라) 그리스 침략자들의 편을 들어줌으로써 그 백성을 직접적으로 벌했던 것처럼, 이 당시에는 그러한 환각이 결코 비이성적이 아니며 직접적으로 신들이 개입한 벌이었다는 것을 전제해야 할 것이라고 생각한다(제3권의 1장, 2장을 참조하라).

종종 양원적 행위에 대한 사실적인 묘사도 나타난다. 과테말라의 태평양 연안에 있는 마야문명권이 아닌 유적지인 산타 루치아 코츠 움알하우파(Santa Lucia Cotz umalhaupa)에서 출토된 두 개의 돌 양각에 관한 한, 이것은 명백한 사실이다. 한 사나이가 풀밭에 엎드려서 두 신에게, 즉 절반은 인간이고 절반은 사슴인 한 신과 죽은 자의 모습을 한 다른 신에게서 말을 듣는다. 이것이 실제의 양원적 장면이 분명한 것은 이른바 칠란(chilans)이나 그 지역의 예언자들에 대한 현대적 관찰에서 드러난다. 이러한 현대적 환각은 페요테(peyote)[9]를 먹음으로써 촉진된다는 주장도 있기는 하나, 그들은 오늘날에도 이와 같은 자세로 얼굴을 땅에 대고 음성을 환각적으로 듣는다.[10]

---

[9] 멕시코 등지에서 자라는 선인장의 일종으로 마약성분이 있어 환각제로 쓰인다 - 옮긴이,

[10] J. Erik and S. Thompson, *Maya History and Religion*(Norman: University of Oklahoma Press, 1970), 186쪽. 덧붙이자면, 페요테는 양원성이 깨질 무렵의 중앙아메리카 인디언들이 대부분 사용했다. 마야인은 예외에 해당하는 경우로 그들만이 나름의 문자를 가지고 있었다. 페요테가 다른 사람들에게 작용하듯이, 읽거나 그림문자

안데스 문명

잉카 문명보다 앞서 존재했던 대여섯 개의 안데스 문명은 뒤따른 문명의 출현으로 그 모습을 더 많이 잃고 말았다.[11] 기원전 1800년 이전에 존재했던 최초의 코토시(Kotosh)는 거대한 둔덕에 7.5미터 높이로 된 계단식 단 위에 세워진 정방형의 신전을 중심으로 서 있다. 그것은 다시 다른 건물 유적들로 둘러싸여 있다. 그 내부 벽들은 저마다 한두 개의 높은 정방형의 벽감들이 있는데 그중 하나에는 두 손을 모은 회반죽 모형이 있다. 이것은 아마도 이제는 가루가 되어버린 큰 우상의 부분일 것이다. 5000년 전의 예리코와 어쩌면 이렇게 유사할까?

코토시는 멕시코에서 이동한 민족들의 작품일 개연성이 있는 반면에, 그 후 기원전 1200년경에 시작된 차빈(Chavin) 문명은 결정적인 올멕의 특징을 드러내고 있다. 옥수수 재배, 도자기의 특징들, 그리고 종교적 조각물에 표범이 주제로 나타나는 점 등이 그것이다. 북부 고지대의 차빈 문명에서는 벌집 모양으로 길들이 나 있는 거대한 단 모양의 사원 안에 표범얼굴 모양의 인간을 형상화한 인상적인 우상이 얕게 양각된 무지갯빛 화강암으로 만들어져 있는 것이 발견된다.[12] 이들의 뒤를 이어 기원후 400년부터 1000년에 이르러 북부 페루 사막을 지배하던 모치카인(Mochicas)[13]은 자신의 신들을 위한 거대한 피라미드

의 환각이 마야인에게 작용하는 것이 가능한 일일까?

[11] 이것은 한 지역에 등장한 새로운 양원적 문명은 선재했던 문명의 잔해를 말살하는 경향이 있기 때문이다. 양원적 신들은 질투하는 신들인 것이다.

[12] 기원전 400년부터 기원후 400년 사이의 후속 문화인 파라카스(Paracas)는 신비를 지닌 이색문화다. 이들은 아무런 건물도 남기지 않았다. 단지 400개 정도의 밝은 색 망토를 걸친 미라가 파라카스 반도의 깊은 지하 동굴에 남아 있을 뿐이다.

[13] 그렇게 불리긴 하나 모든 초기 문명이 다 그렇듯이, 우리는 그들이 자신을 어떻게 불

를 세웠는데, 이 피라미드들은 오늘날 트루히료(Trujillo) 근처의 치카마(Chicama) 계곡[14]에서 볼 수 있는 것과 같이 도시 전체를 둘러싸는 장벽의 전면에 솟아 있다.

기원후 1000년부터 1300년에 이르러 티티카카 호수(Lake Titicaca) 근처의 황량한 고원에 거대한 제국 티아우아나코(Tiahuanaco)가 등장했는데, 이들의 피라미드는 훨씬 더 큰 석조 얼굴을 하고 있으며, (웬일인지는 모르나) 눈물을 흘리는 콘도르 독수리와 뱀 머리를 한 거대한 기둥 모양의 신들과 함께 산재해 있다.[15]

그다음으로는 더 방대한 규모의 치무(Chimu) 문명이 있다. 18평방킬로미터의 거대한 도시 치무의 수도 찬찬(Chan-Chan)은 담이 쳐진 10개의 거대한 구역들로 되어 있었다. 각 구역은 각기 피라미드를 가지고 있는 소규모 도시로서, 왕궁 모양을 한 구조물, 관개(灌漑)시설된 영역, 저수지, 묘역 들이 있었다. 이처럼 이웃해 있으면서 담으로 분리되어 있는 구역들이 양원성의 가설 아래서 정확히 무엇을 의미하는지는 흥미진진한 연구 과제가 아닐 수 없다.

렀는지 알 수 없다.

[14] 이 도시들의 지형은 양원적 시대의 메소포타미아와 흡사하다. 같은 시기에 남쪽으로는 이카 나스카(Ica Nazca) 같은 다른 문화도 존재했다. 그러나 건조한 나스카 계곡을 따라 몇 킬로미터씩이나 길게 그려져 있는 신비한 선이나 모형 또는 그 누구도 설명할 수 없는 몇 평방킬로미터에 걸친 거대한 새나 곤충의 윤곽들을 제외하고는 거의 남아 있는 것이 없다.

[15] 이들은 기원후 1300년경, 아마도 지나친 팽창 때문이었을 텐데, 급속하고도 완벽하게 붕괴하고 만 까닭에(양원적 왕국들은 왜 안전성을 결하고 있는지는 제2권 3장을 참조하라), 그로부터 250년이 지나고 유럽인들이 침투한 후 그 누구도 이들에 대해 들은 것이 없다.

잉카의 황금제국

잉카제국들은 이집트와 아시리아의 특징들이 혼합되어 나타난다. 적어도 기원후 1200년경 초기의 그들 제국은 아마도 신-왕(god-king)의 양원적 왕국이었던 듯하다. 그러나 1세기 동안에 잉카는 그들 앞에 있었던 모든 제국들을 정복해버렸고, 시대와 지역은 달랐지만 아시리아가 그랬던 것처럼 아마도 바로 이것 때문에 잉카의 양원성은 쇠약해져가고 있었을 것이다.

피사로(Pizarro)가 정복한 시대의 잉카제국은 아마도 양원적인 것과 초기-주관적인 것의 결합이었을 것이다. (잉카와 같은) 이러한 만남은 아마도 이 연구가 다루는 두 정신구조들의 충돌 중 가장 긴밀한 만남이었을 것이다. 오늘날의 행정이 요구하듯 이 제국 역시 수직적이며 수평적인 사회이동으로 관장되고 있었다면,[16] 주관적 측면에서 볼 때 이 제국은 순수한 양원적 방식으로는 통제가 몹시 어려운 방대한 왕국이었을 것이다. 소문에 따르면 피정복 추장들은 그들의 호칭을 그대로 쓰도록 허락되었던 것으로 보이며, 그들의 아들들은 아마도 인질로 잡혀 쿠스코(Cuzco)로 보내져 교육받은 것으로 보인다. 이는 양원적 사회로서는 난해한 개념이었을 것이다. 모든 관리들은 종교적 언어였던 케추아(Quechua)를 배워야 했지만, 피정복민들은 자신들의 언어를 유지했던 것으로 보인다.

작은 도시국가 쿠스코가 이 안데스의 로마제국을 향해 팽창해 들어갈 무렵, 비록 전통의 타성을 통해 부분적으로 발현되고 있었겠지만,

---

[16] J. H. Rowe, "Inca Culture at the Time of the Spanish Conquest," J. H. Steward, *Handbook of South American Indians*, vol. 2(Washington, D.C., 1946~50).

양원적 측면에서 볼 때 여전히 아주 분명한 양원적 기원이 있는 수많은 특징이 나타났다. 잉카 자신은 신-왕이었는데 이것은 이집트의 경우와 너무나 유사한 패턴이어서, 고대 아메리카에 대해 덜 보수적으로 생각하는 역사가들은 (문화의) 어떤 확산이 틀림없이 있었다고 생각해왔다. 그러나 나는 인간과 언어와 양원성으로 조직된 도시들을 두고 생각해볼 때, 역사에 들어맞는 고정된 특정 패턴들일 뿐이라고 생각한다.

왕은 신성한 자로서 태양의 후예며, 육지, 지구, 사람, 태양의 땀인 황금, 달의 눈물인 은을 창조한 신(creator-god)이다. 그 앞에서는 그의 최상위 대신들조차도 경외심에 가득 차 사지가 흔들릴 만큼 떨게 될 것이다.[17] 이 경외심은 현대의 심리학으로는 이해하기가 불가능한 것이다. 이 왕의 일상생활은 정교한 의식(儀式)으로 가득 차 있다. 그의 어깨에는 싱싱한 박쥐피륙으로 짠 퀼트 망토를 걸치고, 그의 머리는 너무나 경외감이 감돈 나머지 대신들이 감히 쳐다볼 수 없는 그 용안에 그들을 보호하기 위해 붉은색 술을 둘렀다. 잉카가 죽으면, 그의 부인들과 하인들은 우선 술을 마시고 춤춘 다음, 그가 태양으로 가는 여행길에 동반하기 위해 앞을 다투어 교살당한다. 이는 앞서 이집트, 우르, 중국에서 이미 있었던 것과 같은 일이다. 잉카의 시체는 미라로 만들어 그의 집에 안치되고 그 후 그곳은 사원이 된다. 실제 크기로 그의 황금상을 만들어 생시의 모습처럼 황금의자에 앉아 있게 한 다음, 극동지역의 왕국들에서처럼 매일 그에게 음식을 대접한다.

심지어 오늘날도 일본의 신성한 태양신 히로히토 천황처럼, 16세기

---

17 콩키스타도르(Conquistadors: 16세기 멕시코와 페루를 정복한 에스파냐 사람―옮긴이)의 대신이던 피사로가 보고한 대로다. V. W. von Hagen, *Realm of the Incas*, 113쪽에서 인용.

의 잉카와 그의 왕족들은 훨씬 이전의 실제 양원적 왕국에서 성립된 양원적 역할을 수행했을 수도 있지만, 그 정도가 훨씬 더했다는 증거가 있다. 누구든 잉카에 더 가까이 가면 갈수록 그의 정신구조는 양원적으로 되는 것이었다. 잉카를 포함하여 상층 계급들이 그들의 귀에 달고 다녔던 황금과 보석으로 만든 실패 같은 것은 때로 그 위에 태양의 이미지를 그리기도 했는데, 이는 그 동일한 귀들이 태양의 목소리를 들었음을 의미한다.

그러나 무엇보다 많은 것을 암시하는 것은 이 거대한 제국이 정복되는 방식이다.[18] 피정복민들이 보인 의심할 여지없는 나약한 모습은 유럽인의 아메리카 침입 중 벌어진 가장 관심을 끄는 대목이다. 사실상 그러했던 게 분명하다. 그러나 왜 그랬는지에 대한 기록은, 미신에 사로잡힌 콩키스타도르가 그것을 나중에 기록할 때에도 마찬가지로 추측으로 오염되어 있다. 대륙의 절반에 걸쳐 있던 여러 문명들을 군사력으로 제패해버렸던 한 제국이 어떻게 1532년 11월 16일 저녁, 소수의 에스파냐인 150명에게 점령당하는 일이 가능했을까?

이것은 주관적 정신과 양원적 정신 간에 있을 수 있는 극소수의 갈등 중 하나일 수 있다. 즉 잉카 아타우알파(Inca Atahualpa)가 직면했던 낯선 것들, 예를 들면 머리칼이 두상에서 흘러내리는 게 아니라 턱에서부터 흘러내리기 때문에 거꾸로 생긴 얼굴처럼 보이는, 우윳빛 피부의 이 거친 사람들, 금속으로 된 의상을 입고, 혐오스런 눈빛을 하고, 은빛 발굽의 라마낙타같이 생긴 기이한 짐승을 탄 이들. 이들은 분명 잉카인이

---

[18] 읽어볼 만한 최근의 상세한 설명은 John Hemming, *The Conquest of the Incas*(New York: Harcourt Brace Jovanovich, 1970).

항해할 수 없었던 바다 건너의 모치칸 사원처럼 층층으로 된 거대한 후암푸스(huampus)에 사는 신이 나타난 것이었으리라. 그러나 이 모든 것에도 불구하고 태양에서도, 눈부신 탑 속의 쿠스코 황금상에서도 아무런 양원적 목소리는 들리지 않았다. 주관적 의식이 불가능할 뿐 아니라 타인을 기만하거나 타인들의 기만을 서술해낼 수 없던[19] 잉카인과 그 군주들은 그저 무력한 자동인형처럼 함락당하고 만 것이었다. 그곳의 주민들이 기계처럼 바라보고만 있을 때, 배에 가득 타고 온 그 주관적 인간들은 이 신성한 도시에서 약탈한 금을 (저마다) 칼집에 쑤셔넣었고, 황금 울(Golden Enclosure) 안에 있던 보물들과 황금상들, 정교하게 금으로 세공된 잎과 줄기들이 달려 있는 황금의 옥수수밭을 녹여버렸으며, 이 도시의 살아 있는 신과 그의 왕비들을 살해했으며, 저항하지 못하는 여인들을 겁탈했다. 그들은 자기네 에스파냐의 미래를 늬까리며 그 (약탈한) 누런 쇠붙이들을 배에 싣고 그들이 왔던 그 주관의 의식적 가치체계 속으로 떠나가 버렸던 것이다.

이것이 아이난에서 시작된 길고 긴 행로인 것이다.

살아 있는 망자

우리가 이제까지 본 건축물에서처럼, 중요한 인사들이 죽었을 때 그들이 마치 살아 있는 양 매장하는 것은 거의 모든 문화에 공통된 것이

---

[19] 쿠스코에는 대문도 도둑도 없었다. 열린 출입구 앞을 가로지른 막대가 하나 있으면 그것은 집주인이 안에 없다는 뜻이었고, 그러면 아무도 그곳에 들어가지 않았다.

다. 이러한 관습적 행위를 명확히 설명해주는 것은 망자들의 목소리가 살아 있는 자들에게 여전히 들렸다는 것과 그에 상당한 대접을 요구했다는 것 이외에는 아무것도 없다. 제1권 6장의 아이난에 대한 논의에서 언급했던 것처럼, 산 자들에게 환각 속에 나타나는 돌에 괸 채로 죽어 있는 그 왕들이 최초의 신들이었던 것이다.

이러한 초기 문화가 양원적 왕국으로 발전해감에 따라 이들 중요 인사들의 무덤은 점차 무기, 가구, 장신구, 그리고 특히 음식 그릇 등으로 채워져 갔다. 이것은 기원전 7000년 후의 유럽과 아시아 전역의 모든 묘실들(chamber tombs)에도 해당되며, 이들은 양원적 왕국의 크기와 복잡성이 증가함에 따라 극도로 정교화되어갔다. 전체가 연속적으로 지어진 복잡다단한 피라미드 내부에 있는 이집트 파라오들의 웅장한 묘는 모든 사람들에게 잘 알려져 있다(다음 장을 참조하라). 그러나 다소 경외감은 떨어지지만, 유사한 설치물들이 다른 곳에서도 발견되고 있다. 기원전 3000년경 전반부까지만 해도 우르의 제왕들은 자신들 주변에서 허리를 굽신대며 시중 들고 있던 그들의 모든 종자(從者)들과 함께, 그것도 때로는 그들이 산 채로 묻혔다. 이제까지 이런 무덤 18개가 발견되었는데, 이들 지하 묘실에는 음식, 음료수, 의복, 보석, 무기, 황소 머리 모양의 수금, 심지어 수레를 장식하기 위해 멍에를 멘 채로 제물이 된 수레 끄는 동물 등으로 채워져 있었다.[20] 이보다 좀 나중의 것들이 키시(Kish)와 아슈르(Ashur)에서 발견되었다. 아나톨리아의 알라카 휘위크(Alaca Hüyük)에 있는 황실 묘들은 잠들어 있는 주인들의 음산한 식욕을 달래기 위해 구운 황소들의 시체로 지붕을 해주었다.

---

[20] C. L. Woolley, *Ur Excavations*, vol. 2(London and Philadelphia, 1934).

많은 문화에서 평민이 죽었을 때도 여전히 살아 있는 사람처럼 장사
지냈다. 장례문제에 관한 가장 오래된 기록으로 매월 평민의 시체에 바
치는 빵과 맥주의 명세가 들어 있는 메소포타미아 문서가 있다. 기원전
2500년경 라가시(Lagash)의 어느 망인은 7병의 맥주와 420개의 빵덩
이, 2되의 곡식, 1벌의 외투, 1개의 베개, 1개의 침대와 함께 묻혀 있었
다.[21] 어떤 고대 그리스 무덤에는 여러 가지 생활용품들뿐만 아니라, 실
제로 음식을 공급하던 튜브도 있었는데 이것은 썩어가는 시체의 납빛
입속으로 고깃국이며 수프를 부어주었던 것으로 추정된다.[22] 뉴욕의 메
소포타미아 박물관에 소장된 기원전 850년경의 음식 섞는 그릇(krater,
번호 14. 130. 15)에는 한 그림이 그려져 있는데, 거기에는 어떤 소년이
한 손으로는 자신의 머리를 뜯으며, 다른 손으로는 아마도 자기 어머니
인 듯한 시체의 입에 음식을 밀어넣는 모습이 나온다. 이것은 그 소년
이 죽은 사람에게서 그 당시 무언가를 환각하지 않는 한 이해하기 어려
운 장면이다.

인더스 문명에 관한 자료들[23]은 뒤이어 충적층이 덮은 점과, 파피루
스에 적힌 모든 글씨들이 훼손되어버린 점, 그리고 고고학적 연구가 아
직 미진한 점 등으로 더욱 부분적으로만 남아 있다. 이제까지 발굴된

---

[21] 이러한 이야기들은 이런 것들을 다소 줄이기를 원했던 라가시의 왕 우루카지나
(Urukagina)의 명이 적혀 있는 원뿔형 발굴물에서 나온 것이다. Alexander Heidel,
The Gilgamesh Epic and Old Testament Parallels(Chicago: University of Chicago
Press, 1949), 151쪽.

[22] E. R. Dodds, *The Greeks and the Irrational*.

[23] Sir Mortimer Wheeler, *Civilizations of the Indus Valley and Beyond*(New York:
McGraw-Hill, 1966). 그리고 좀더 포괄적인 연구로는 그의 *The Indus Civilization*,
2nd ed., *The Cambridge History of India*(Cambridge: Cambridge University Press,
1960)의 보유편이 있다.

인더스 유적지들은 흔히 고지대의 성곽 곁에 묘역을 가지고 있는데 시체마다 15 내지 20개의 음식 항아리들이 있다. 이것은 그들이 묻힌 후에도 살아 있다고 느꼈다는 가설과 일치한다. 중국 양샤오(仰韶) 문화의 신석기 무덤들은,[24] 기원전 2000년 중기보다 앞섰다는 것 이외에는 연대를 전혀 알 수 없기는 하나, 유사하게 널빤지를 깐 무덤들, 음식 항아리, 석기 도구들과 함께 묻힌 시체들이 있다. 기원전 1200년까지 상(商)왕조는, 문명은 서쪽에서 중국으로 온 것이라는 학자들의 주장을 증명하기라도 하듯,[25] 천 년 전의 메소포타미아나 이집트와 유사하게 살해된 종자들과 동물들이 함께 매장된 왕실 무덤이 있다.

중미지역과 유사하게 기원전 800년부터 300년 사이의 올멕 무덤에서는 음식 항아리들이 많이 출토되었다. 마야왕국의 귀족들은 마치 사원 뜰에 사는 것처럼 매장되었다. 최근 팔렝케(Palenque)에 있는 사원 밑에서 발견된 추장의 무덤은 고대 세계에서 발견된 어떤 것 못지않게 화려했다.[26] 기원후 500년경의 카미날후유(Kaminaljuyú) 유적지에서 발견된 어떤 추장은 앉은 자세로 두 명의 청년, 한 어린이, 한 마리 개와 함께 묻혀 있었다. 평민은 입 가득히 빻은 옥수수를 물고 자기 집의 흙마루 밑에 묻혀 있었는데, 지구 반대편의 문명권에 살던 이전 사람들

---

[24] William Watson, *Early Civilization in China*(New York: McGraw-Hill, 1966); Chang Kwang-Chih, *The Archaeology of Ancient China*(New Haven: Yale University Press, 1963).

[25] 전차를 매장할 때 살해된 말들과 전차를 몰던 전사들도 함께 묻는 것은 기원전 11세기 상(商)왕조 끝무렵에 더욱 흔해졌다. 이러한 일은 상왕조가 끝난 기원전 8세기의 주(周)왕조로 이어진다. 죽은 왕의 음성이 여전히 들리므로 그는 여전히 살아 있으며, 여전히 전차와 하인들이 필요할 것이라고 생각하지 않는다면 이런 일들이 왜 일어났겠는가?

[26] Von Hagen, *World of the Maya*, 109쪽.

처럼 도구, 무기, 음식과 음료가 채워져 있는 항아리들과 함께 매장되어 있었다. 죽은 추장의 재를 들고 있는 유카탄의 인물동상들(portrait statues), 마야판(Mayapán)의 다시 조각된 두개골, 생시에 사용하던 물건, 도구, 치차(chicha) 사발들 속에 앉은 채로 묶여 있는 안데스 평민의 작은 카타콤 등 또한 언급해두지 않으면 안 될 것이다.[27] 당시 죽은 이들은 우아카(huaca) 또는 신 같은 이들(godlike)이라 불렸는데, 나는 이들이 환각적 목소리의 근원이었음을 나타내는 것이라고 생각한다. 개인은 그들이 죽은 후 오랜 시간이 지난 다음에야 '죽는다'고 사람들이 주장했다는 콩키스타도르의 보고가 있었는데, 이 말에 대한 적절한 해석은 환각적 목소리가 완전히 사라지기까지는 이처럼 많은 시간이 걸린다는 뜻이었으리라고 생각한다.

죽은 자들이 신의 기원이라는 주장의 근거는 추후에 문자로 된 이들 양원적 문명의 기록물에서 발견된다. 아시리아의 이중언어로 된 주문 교본에서는 죽은 자들을 곧바로 일라니(Ilani) 또는 신이라고 부른다.[28] 3000년 후쯤 지구 반대편에서 당시 중미의 모습을 보여준 보고 중 하나인 사하군(Sahagun)은 다음과 같이 전한다. 아스텍(Aztecs)은 "그 장소를 테오티후아칸, 즉 왕들의 묘역이라고 부른다. 고대인은 죽은 자는 신이 된 것이라 했고, 또는 신이 된 자라고 말함으로써 그가 죽었음을 뜻하기도 했다."[29]

의식의 시대에서도 신들은 바로 이전 시대의 죽은 사람들이라는 전통이 있었다. 헤시오도스(Hesiodos)는 자기 앞 세대를 황금의 인류라고

---

[27] Von Hagen, *Realm of the Incas*, 121쪽.
[28] Heidel, *The Gilgamesh Epic*, 153쪽, 196쪽.
[29] Covarrubias, 123쪽에서 인용함.

부르면서 그들은 "땅 위의 성스런 신령이며, 축복을 베푸는 자들이며, 질병을 비켜가게 하는 자들이며, 필멸적 인간들의 수호자들"이 되었다고 말한다.[30] 이로부터 4세기쯤 후에도 유사한 자료를 볼 수 있는데, 플라톤도 영웅들은 죽은 후 사람들에게 할 바를 지시하는 신령이 된다고 말했다.[31]

나는 지금 이 시기에 이들 문명권의 무덤에는 음식과 음료가 담긴 항아리가 내내 보편적으로 존재했다는 인상을 심어주려고 하는 것은 아니다. 그것이 일반적이긴 했으나, 예외인 경우도 있었다. 한 예로, 레오나르드 울리 경(Sir Leonard Woolley)이 메소포타미아의 라르사(Larsa)에 있는 (기원전 1900년경으로 추정되는) 한 개인 무덤을 처음으로 발굴하기 시작했을 때, 그는 그 내용물이 빈약한 데 놀라움과 실망을 금할 수 없었다. 심지어 가장 정교하게 건축된 묘실에서도 입구쯤에 놓여 있는 한두 개의 토기 항아리 이외에 아무것도 없었고 다른 곳에서 발견되는 것과 같은 것들은 없었다. 그는 이들 무덤은 언제나 특정 주택의 지하에 있었으며, 그 집 안에 있는 모든 것은 여전히 망자의 마음대로 할 수 있는 것들인 까닭에, 라르사 시대의 망자들은 묘실용 가구나 많은 양의 음식이 필요치 않았다는 것을 깨달을 때에야 비로소 이에 대한 설명을 얻게 되었다. 묘실 입구에 있던 음식과 음료는 아마도 비상용이어서, 망자가 가족과 '어울리기' 위하여 (올라올 때) 즐거운 기분으로 나오도록 하기 위한 것이었던 듯하다.

이리하여 메소포타미아에서 페루에 이르는 이 위대한 문명은 적어도

---

30 Hesiodos, *Works and Days*, 120쪽 이하.
31 *Republic*, 469 A; *Cratylus*, 398쪽.

망자들이 여전히 살아 있는 듯이 그들을 매장한다는 점에서 특징적이다. 이것을 글로 써둘 수 있는 곳이면 으레 망자는 신이라고 불렸다. 이것은 적어도 망자의 목소리가 환각으로 여전히 들린다는 가설과 일치하는 것이다.

그러나 이것이 필연적 관계일까? 사랑하는 자나 존경하는 지도자의 죽음을 수용하기를 거부하는 슬픔은 그 망자들에 대한 애정의 표시로, 사람들이 그들을 신이라고 부르는 관행을 촉발할 수 있지 않았을까? 물론 그럴 수 있다. 그러나 이 설명은 다음과 같은 자료의 전체적 패턴을 설명해내는 데는 역부족이다. 즉 망자들을 신으로 존경하는 생각이 세계 도처의 다른 지역에도 침투해 있는 점, 거대한 피라미드의 경우처럼 이 일의 규모가 방대한 점, 혼령들이 산 자들에게 줄 메시지를 가지고 무덤에서 밖으로 나온다는 생각이 현대 문학작품이나 구비전승에조차 잔영으로 남아 있는 점이다.

말하는 우상들

양원성을 가리키는 것이라고 간주되는 원시문명의 세 번째 특징은 엄청난 수, 엄청난 종류의 인간 조상(彫像)들이 있다는 것과, 이들은 명백히 고대인들의 삶의 중심이었다는 것이다. 역사상 최초의 인간 조상은 버팀돌을 댄 추장의 시체 또는 앞서 언급했던 개조된 두개골들이다. 그러나 이것들은 그 후 엄청난 발전을 거듭했다. 이들이 목소리를 환각하는 데 도움이 되었다는 가정을 버린다면, 이것들이 발견되는 문화 안에서 이들의 중요성이 무엇인지 이해하기 어려워진다. 이는 결코 간단한 문제가 아니며, 전혀 다른 원리들이 뒤섞여야 충분히 설명될 수 있을지 모른다.

소규모 조상들

이들 인간 조상들 중 가장 작은 소규모 조상들(Figurines)이 있는데, 이들은 인류의 정착 생활과 함께 고대 왕국에서 거의 대부분 발견되었다. 기원전 7000년부터 기원전 6000년 사이에 만들어진 이것들은 몹시 원시적이어서 형상을 새겨넣은 작은 돌이거나, 이상한 모양의 진흙으로 된 조상들이었다. 기원전 5600년경 문화에서 이들의 중요성은 남서 터키 지역의 하실라 발굴작업에서 입증되었다. 옹기나 돌로 만든 납작한 여성 인형에 눈, 코, 머리털, 턱 등을 새겨넣은 것이 집집마다 발견되었다.[32] 그것들은 마치 집 안에 사는 사람의 환각적 통제를 담당하는 것으로 보였다. 기원전 3600년경 이집트의 아마트리안(Amatrian) 문화와 게르제안(Gerzean) 문화는, 손으로 잡기에 적당한 14 내지 17센티미터 크기의 짐승 엄니에 턱수염이 달린 머리와 눈에 해당하는 검정색 '과녁'을 새겨넣었다.[33] 이들은 매우 중요한 물건이어서 그 소유자가 죽으면 그의 무덤 속에 떡 버티고 서 있게 된다.

많은 양의 소규모 조상들이 라가시, 우루크(Uruk), 니푸르(Nippur),

---

[32] Mellaart, 106쪽 그리고 Clark와 Piggott, 204쪽.

[33] Flinders Petrie, *Prehistoric Egypt*(London: British School of Archaeology in Egypt, 1920), 27쪽, 36쪽. 때로 신들을 손에 쥘 수 있는 우상을 사용하여 나타내기도 했다. 아나톨리아의 예는 Seton Lloyd, *Early Highland Peoples of Anatolia*(New York: McGraw-Hill, 1967), 51쪽. Stela F 북쪽의 마야의 경우는 A. P. Maudslay, *Archaeology in Biologia Centrali-Americana*(New York: Arte Primitivo, 1975), vol. 2. Plate 36쪽을 보라.

수사(Susa) 등지의 거의 대부분 메소포타미아 문화에서 출토되었다.[34] 우르지역에서는 검은색과 붉은색으로 채색된 점토 조상들이 발견되었다. 이들은 구운 벽돌상자에 넣어져 벽쪽 바닥 아래에 놓여 있었는데 한쪽 끝은 열린 채로 방의 중앙을 향해 있었다.

그러나 이들 소규모 조상들의 기능은 고고학의 다른 모든 것들처럼 여전히 신비로 남아 있다. 가장 인기있는 견해는, 프레이저(Frazer)를 좇아 음각을 새긴 조약돌을 던져넣는 데서 다산의식(多産儀式)을 찾으며 무비판적으로 민속학을 애호하는 사람들에게서 볼 수 있다. 그러나 이러한 조상들이 프레이저식 다산에 관해 무언가를 말하는 것이라면, 다산성이 문제가 되지 않는 곳에서는 그러한 것들이 발견되지 않아야 할 것이다. 그러나 사실은 그렇지가 않다. 멕시코에서 가장 비옥한 곳인 올멕 문명권에서도 이 조상들은 놀라울 만큼 다양하게 존재할 뿐만 아니라, 이들의 입은 벌린 채로 있고 귀는 과장되어 있다. 마치 자신이 대화를 나누는 자의 목소리가 들리는 것을 형상화하여 만들어지기를 고대하기라도 하는 듯이.[35]

그러나 설명이 간단하지만은 않다. 소규모 조상들은 그들이 속해 있는 문화가 그렇듯이 진화되어왔다. 동일한 예를 들어 이야기하면, 초기 올멕 조상들은 거의 동물처럼 보일 만큼 턱을 과장하는 관행(prognathism)이 있었다. 그 다음의 테오티후아칸 시기에 이들의 모습은 좀더 세련되고 정교해져서, 붉고, 노랗고, 흰 색 바랜 페인트가 서툴

---

34 이들에게 초자연적 힘을 부여하는 후기의 의식은 다음을 참조하라. H. W. F. Saggs, *The Greatness That Was Babylon*(New York: Mentor Books, 1962), 301~303쪽.
35 Burland, *The Gods of Mexico*, 22쪽 이하; Bushnell, *The First Americans* 37쪽 이하.

게 칠해져 있기는 했지만 커다란 모자나 운동모자를 쓴 올멕의 사제들처럼 보이는 모습으로 만들어졌다. 제3기의 이들 모습은 더욱 정교하게 만들어지고 사실적이어서 어떤 것은 팔과 다리들도 연결되어 있었고, 어떤 것에는 네모난 덮개로 가려진 몸통 속에 성스러운 성골이 담겨 있었으며, 더 작은 미세한 조상들이 함께 들어 있기도 했다. 이는 아마도 올멕 문명이 붕괴하기 직전에 있었던 양원적 지침의 혼동을 드러내는 것으로 보인다. 왜냐하면 기원후 700년경 테오티후아칸의 큰 도시가 의도적으로 파괴되고, 사원이 불타 버리고, 장벽이 무너지고, 도시가 버려졌던 것과, 입을 벌린 채로 반쯤 완성된 커다란 장식품들이 새롭게 쏟아져나옴과 동시에, 소규모 조상도 다량으로 쏟아져나오던 이 시기 끝무렵과 맞물리기 때문이다. 목소리가 들리지 않아서 더 많은 양의 조상이 만들어지게 된 것이었을까? 아니면 목소리가 너무 많아져서 혼동에 이른 것일까?

조상들의 수나 크기로 봐서 이들 조상의 대다수가 청각적 환각을 유발시켰는지 여부는 의문스럽다. 실제로 어떤 것은 기억을 위한 도구였을 것이다. 즉 훈계적 경험을 자발적으로 되살려낼 수 없는 의식부재의 사람들에게 생각을 일깨워주는 도구였을지 모른다. 아마도 잉카인의 퀴푸(quipu), 즉 끈과 매듭으로 기록해두는 법(knot-string literature)이나 서구 문화의 묵주 같은 기능일 것이다. 예를 들어 주춧돌처럼 쓰인 메소포타미아의 청동 조상은 새로 짓는 건물의 귀퉁이나 문지방 아래에 묻혀 있었는데, 무릎을 꿇고 땅에 말뚝을 박는 신, 바구니를 나르는 자, 굼뜬 황소 세 가지 종류가 있었다. 이들에 대한 최근 이론에 따르면 이들은 건물 아래에 악신들을 못박아 두는 중이라고 하나 이는 충분한 설명이 못 된다. 오히려 이것은 의식부재의 사람들이 기둥을 똑바로 세우고, 물건을 나르고, 큰 물건을 그 유적지로 끌어올 때 소를 사용하는 등의 일을 하기 위한 반(半)환각적 기억 보조장치일 수 있다.

그러나 우리가 확신하기로는 이들 작은 물건은 양원적 목소리의 생성을 도울 수 있었을 것이다. 흑백의 설화석고로 된 눈-우상(eye-idols)을 생각해보자. 그것은 한때 공작석(孔雀石)으로 칠해져 있던 눈에 압도당한 얇은 과자 모양의 몸뚱이를 하고 있는 것들로 기원전 3000년경의 유프라테스 강 상류의 한 곳인 브라크(Brak)에서 수천 년 동안 발견되고 있다. 이것들은 이보다 앞선 이집트의 아마트리안과 게르제안 상아 우상들처럼 손에 쥐기에 적합하게 되어 있다. 대부분 눈이 한 짝이나, 어떤 것은 눈이 두 짝인 것도 있다. 어떤 것은 왕관을 쓰고 있으며 어떤 것은 선명하게 신을 표시하는 표식이 있는 것도 있다. 테라코타로 만들어진 좀더 큰 눈-우상들이 우르, 마리(Mari), 라가시 등 다른 지역에서 발견되었는데 이들은 (한쪽이) 터진 눈들이어서 안경-우상이라고도 불렸다. 돌로 만들어 강단이나 제단 위에 올려놓은[36] 다른 것들은 입을 나타내는 듯한 두 개의 원통형 도넛 같은 것으로서 네모난 단으로 새겨놓은 곳 위쪽에 떨어져 있다.

우상이론

이제 좀더 심리학적으로 접근해(psychologizing)갈 필요가 있다. 영장류에게 눈과 눈을 마주치는 것은 매우 중요한 일이다. 인간 이하의 동물세계에서 그것은 위계질서상의 지위를 표시하는 것으로 많은 종류의

---

[36] M. E. L. Mallowan, *Early Mesopotamia and Iran*(New York: McGraw-Hill, 1965), 2장.

영장류는 굴복하는 동물이 이빨을 드러내며 눈길을 피한다. 그러나 인간은 유아시절이 길기 때문인지 눈과 눈을 마주치는 것이 매우 중요한 사회적 상호작용으로 진화해왔다. 유아는 엄마가 말을 걸 때 입을 보는 게 아니라 엄마의 눈을 본다. 이 반응은 자동적이며 보편적이다. 눈 마주침이 권위관계로도, 애정관계로도 발전한 것은 계속 연구해야 할 중요한 방향이다. 여기서는 단지 당신과 그가 서로 상대방의 눈을 똑바로 응시할 때 당신은 어떤 우월한 자의 권위를 느끼기 쉽다는 점만을 지적해두는 것으로 만족하기로 하자. 거기엔 의식의 축소 같은 무엇이 있는가 하면, 경험에 관한 미해결의 불협화음 같은 일종의 긴장이 있다. 그리하여 그러한 관계가 하나의 조상에 모방되어 나타난다면, 그것은 신성한 말씀의 환각을 부추기게 될 것이다.

이리하여 눈은 양원성의 시기 동안 사원 조상(彫像) 대부분의 독특한 특징이 된다.

인간의 눈 지름은 대략 두상 길이의 10퍼센트며, 이 비율은 내가 우상의 눈 지표(eye index)라고 부르는 것이다. 그런데 텔 아스마(Tell Asmar)에 있는 아부(Abu)사원의 파비사(Favissa)[37]에서 발견된 유명한 12조상군은 기초 부분에 그들이 신임을 표시하는 상징을 가지고 있는데, 눈 지표가 18퍼센트나 된다. 이 거대한 공 모양의 눈들은 무례하기까지 한 권위적 태도로 기록되지 않은 5000년 전의 과거에서부터 최면을 걸 듯 노려본다.

다른 유적지에서 나온 다른 우상들도 같은 모습을 보여준다. 특별히

---

[37] Mallowan, 앞의 책, 43쪽, 45쪽 등 많은 일반적인 자료들에 그림이 소개되어 있다.

손에 쥘 수 있도록 만든 수천 개의 설화석고 '눈-우상' 중 하나다. 기원전 3300년경 한 유프라테스 상류에 있는 브라크에서 출토된 것이다. 수사슴 모양의 그림은 닌후르사그 (Ninhursag) 여신을 상징하는 것이다.

아름답고 당연히 유명세를 타는 우루크[38]의 백색 대리석 두상은 20퍼센트 이상의 눈 지표를 가지고 있는데, 이 조각물은 눈과 눈썹에 한때는 반짝이는 보석이 박혀 있었고, 얼굴은 채색되었으며, 머리칼은 물들어 있었고, 이제는 가루가 되어버린 실물 크기의 목재로 된 상의 머리 부분이었다는 것을 보여준다. 기원전 2700년경 유프라테스 강 중류에 마리(Mari)라고 불리는 호화스런 문명에서는 솜털 난 자락으로 둘러친 설화석고와 방해석(方解石)으로 된 신상, 통치자상 그리고 사제상 등이 많이 발견되었는데, 이들의 눈은 두상 길이의 18퍼센트에 이르며 검정색 물감으로 짙게 테두리쳐 있었다. 마리 사원의 주건물 안은 꽃병 든 유명한 여신이 통치했다. 그녀의 텅 빈 커다란 안강(眼腔)에는

---

[38] Mallowan, 같은 책, 55쪽.

한때 최면을 거는 듯한 보석 눈이 박혀 있었고, 한 손에는 아리발로스 (aryballos) 병[39]이 기우뚱한 채로 들려 있었다. 탱크에서 나온 파이프가 여신상 안으로 연결되어 아리발로스 병에 담긴 물이 투명한 액체처럼 여신의 하반부를 두르고 있는 옷자락을 타고 아래로 흘러내리도록 함으로써, 이때 발생하는 치찰음은 환각적 음성을 생성시키는 데 손색이 없다. 그리고 기원전 2100년경의 통치자 라가시를 위한 수수께끼 같은 일련의 구데아(Gudea)상들은 단단한 돌 위에 새겨져 있었는데 이들의 눈 지표 역시 거의 17~18퍼센트였다.

무덤이나 사원에 있는 이집트 파라오들의 조상(彫像)은 때로 20퍼센트에 상당하는 눈 지표를 갖고 있다. 아직도 남아 있는 목재로 된 소수의 이집트 조상들의 커다란 눈은 동으로 둘러싼 것 안에 석영(石英)과 크리스탈을 채워넣어 만들었음을 알 수 있게 한다. 신정정치의 신-왕 유형에서 유추해볼 수 있듯이(다음 장을 참조하라) 이집트의 우상들은 메소포타미아의 것들만큼 중요한 역할을 한 것 같지 않다.

인더스의 돌 조각상들은 거의 남아 있지 않으나, 간혹 남아 있는 것들은 20퍼센트 이상의 현저한 눈 지표를 보여주고 있다.[40] 양원적 시기에 중국에서 나온 것으로 알려진 우상은 아직 없다. 그러나 기원전 900년경 다시 중미권에서 문명이 시작되자, 그것이 지닌 독특한 면이 없는 바는 아니지만, 그것은 우리가 마치 몇천 년 전으로 되돌아 가버린 것처럼 느끼게 한다. 종종 2.1~2.4미터의 키에 달하는 단단한 현무암에 새긴 커다란 머리에는 대개 모자가 씌워져 있었고, 귓바퀴는 때로 미식축

---

[39] 주로 향기나는 기름을 담아두는 평평한 주둥이와 그곳에서 나온 긴 자루가 달린 병 — 옮긴이.

[40] 예를 들어 Wheeler, *Civilizations of the Indus Valley*에 나오는 그림들을 참조하라.

구선수들의 헬멧처럼 크게 붙어 있었으며, 몸체는 라벤타와 트레스 자폴테스(Tres Zapoltes) 근처의 땅에 누워 있다(이중에 몇 개는 이제 비야예르모사[Villahermosa]의 올멕공원으로 옮겨졌다). 이들 머리에 있는 눈의 지표는 정상적인 11퍼센트에서 19퍼센트를 상회하는 범주 안에 있다. 통상적으로 입들은 말하는 듯이 절반쯤 벌려져 있다. 올멕에는 이상스런 성(性) 불명의 어린이 도자기 우상들이 많다. 이들은 언제나 자신들의 성별불명을 나타내기라도 하려는 듯이 다리를 벌린 채로 앉아서는, 뻥 뚫린 눈으로 열심히 들여다보려는 듯 앞으로 구부리고 있으며, 다 자란 입은 말하는 듯 절반쯤 빌리고 있다. 어떤 것들의 눈 지표는, 뜨고 있는 경우우라면, 평균 17퍼센트로 측정된다. 올멕 문화의 소규모 조상들은 실물의 절반 크기로 훨씬 큰 눈 지표를 갖고 있다. 기원전 500년경의 이

알려져 있지 않은 전면의 여신과 함께 있는 아부의 신이다. 오늘날의 바그다드 근처 텔 아스마에 있는 한 사원에서 발견되었다. 오늘날에는 그곳 박물관에 있다. 기원전 2600년경의 것이다.

것들은 종종 올멕의 영향을 받은 멕시코 시 근교의 틀라틸코(Tlatilco) 유적지의 무덤에서 발견되는데, 고인은 그것들이 마치 자신에게 할 일을 지시할 수 있는 듯이 자기의 조상들과 함께 묻혀 있다.

마야 우상들은 대체로 이러한 비정상적인 눈 지표를 보이고 있지 않다. 그러나 유카탄의 큰 도시들에 있는 그림 조상들(portrait statues)의 주인공은, 내 생각에는, 역시 환각을 발생할 목적으로 그려진 고인이 된 지도자들이다. 머리 뒷부분을 비운 다음 그곳에 고인을 화장한 재를 넣는다. 16세기의 이 관행을 증언했던 란다(Landa)에 따르면, "그들은 이 조상들을 엄청난 존경심으로 보존했다."[41]

기원후 1200년경 한때 마야판을 점령했던 코콤인(Cocoms)은 예리

마야의 신. 온두라스의 코판에서 나온 약 3.6미터 길이의 석판. 이것은 대략 기원후 700
년경에 새겨신 깃이다.

---

41 von Hagen, *World of the Maya*, 109쪽에 인용되어 있다.

코의 나투피아인들이 9000년 전에 하던 일을 반복했다. 그들은 고인의 머리를 잘라 "그것을 불에 구워 살을 발라낸 다음, 턱과 이가 붙어 있는 전면 전체는 남겨놓은 채 뒷부분의 머리(crown)를 절반쯤 잘라낸다. 그러고는 그곳에 일종의 역청과 (회반죽) 같은 것을 [……] 채워넣음으로써 모습을 자연스럽고 생시와 같이 보이게 했다. [……] 그들은 이것을 집 안의 기도처에 보관해두었다가 축제일에는 그것에 음식을 주었다. [……] 그들은 자기네의 영혼이 그 속에서 휴식한다고 믿었으며, 이러한 선물들은 그들 자신들에게 유용하다고 믿었다."[42] 이 모든 것은 앞서 간 그 머리의 주인공의 목소리가 '담겨 있기' 때문에 그 머리가 그처럼 보관된다는 개념과 일치된다.

마야에서는 다른 종류의 우상들도 많이 사용되었다. 1565년 한 에스파냐 지사가 자신의 도시에 우상숭배 금지령을 내렸을 때, 그는 그의 "면전에 1만 개 이상의 우상이 쌓이는 것을 보고"[43] 입을 다물 수 없었다고 말할 정도로 풍성했다. 다른 종류의 마야 우상은 마야인이 쿠치(kuche) 또는 성스런 나무라고 부르는 삼목으로 만들어진다. "그리고 그들은 이것을 신을 만드는 일이라고 한다." 우상은 착스(chaks)라고 불리는 금식 중인 승려들이 새기는데, 이들은 향을 피우고 기도를 드려 축복을 비는 한 작은 초막에 갇혀 엄청난 공포에 떨며 이 작업을 해낸다. 이 신을 새기는 자들은 "종종 자신의 귀를 베어 그 피를 신들에게 뿌려 성별하며 그들에게 향을 피워 올리기도 한다." 완성된 신들은 사

---

[42] Landa, von Hagen, *World of the Maya*, 110쪽에 인용되어 있다.
[43] Von Hagen, *World of the Maya*, 32쪽.

치스런 옷을 입힌 뒤 작은 건물의 단 위에 놓인다. 이것들 중 어떤 것은 더욱더 출입이 통제된 곳에 놓여 있어서 기독교의 침입에도, 세월이 흘러도 살아남아 여전히 발견된다. 한 16세기 연구가에 따르면, "불행한 얼간이들은 이 우상들이 자신에게 말한다고 믿어, 그것에게 새와 개를 바치고, 자신의 피와 심지어는 사람조차 제물로 바쳤다."[44] [45]

우상들의 말

이 우상들이 양원적 의미로 '말했다'는 것을 어떻게 알 수 있을까? 이제까지 나는 이러한 입상들이나 소규모 초상들의 존재는 이전의 지각 방식과는 다른 새로운 방식의 설명이 필요하다는 점을 제시하려 해왔다. 양원적 정신에 대한 가설은 이러한 설명을 가능케 한다. 종교적 장소에 이러한 우상들을 세워놓는 것, 모든 문명의 초기엔 눈을 크게 과장해놓는 것, 몇몇 문명권에서 안강에 반짝이는 보석류를 박아놓는 관행, 가장 중요한 두 문명권에 등장한 새로운 신상들이 입을 벌린 채로 있게 하는 정성스런 의식(儀式)(이 점은 다음 장에서 볼 것이다), 이 모든 것은 적어도 하나의 일관된 증거를 제시한다.

설형문자로 된 문서들은 종종 신상들이 말을 했다고 전한다. 심지어 기원전 1000년 초반까지도 한 궁정 문서에는 이렇게 씌어 있다.

---

[44] 이곳에 기술한 것은 모두 란다를 인용한 것이다. 이 에스파냐인은 자신이 16세기에 본 것들을 기술했다. J. Eric and S. Thompson, *Maya History and Religion*, 189~191쪽에서 인용했다.

[45] 잉카 역시 신이라고 불리는 많은 다양한 우상들을 가지고 있었다. 어떤 것은 금이나 은으로 주조하여 실물 크기로 만든 것이고, 어떤 것은 돌로 만들어 관을 씌우고 긴 예복을 입히기도 했다. 이 모든 것은 잉카 제국의 외곽지대에서 에스파냐인들이 발견했다. von Hagen, *Realm of the Incas*, 134쪽, 152쪽.

나는 흉조들에 관해 전갈을 받아왔다. …… 나는 그 흉조들을 샤마
시(Shammash) 앞에서 차례로 암송하게 했다. …… 아카드(Ak-kad)
의 고귀하신 신상은 내 앞에 환상들(visions)을 보여주고는 소리쳐 말
하기를 "너는 귀하신 상이 전하는 이 나쁜 징조를 견디고만 있느냐?"
그분은 다시 말씀하시기를 "정원사에게 말하라. …… (여기서 설형문
자는 해독할 수 없다. 그러나 계속해서 이어지는데) …… 그분은 닝갈 이
디나(Ningal-Iddina), 샤마시 이브니(Shammash-Ibni), 나이드 마르두
크(Na'id-Marduk)에 관해 알아보았다. 그분은 이 땅 안에서 일어나는
반란에 관해 말씀하기를, "그 성곽도시들을 하나씩 취하라. 저주받은
것은 정원사 앞에서 버틸 수 없게 되리라."[46]

구약 역시 구약 안에서 언급되는 우상 종류 중 테랍(Terap)과 같은
것은 말할 수 있음을 보여주고 있다. 「에스겔서」 21장, 21절은 바빌론
왕이 몇 우상들과 상담하는 모습을 기술했다.[47] 더 직접적인 증거는 아
메리카에서 나온다. 정복당한 아스텍인(Aztecs)은 에스파냐 침입자들
에게 자신들의 역사는, 선대 문명에 속하는 어떤 무너진 사원에서 나온

---

[46] R. H. Pfeiffer, *State Letters of Assyria*(New Haven: American Oriental Society, 1935),
174쪽.

[47] 그 내용은 이런 것이다. "바빌론 왕이 그 길목에 멈추어 서서 점을 칠 것이다. 화살을
흔들어 보기도 하고 수호신들에게 물어보기도 하고 간으로 점쳐보기도 할 것이다. 점
괘는 오른쪽 예루살렘에 떨어질 것이다. 그리하여 그는 성문마다 성벽을 허무는 쇳
덩이를 배치하고, 돌로 축대를 쌓고, 감시탑을 세우고 도륙명령을 내려 함성을 지르
게 할 것이다. 예루살렘 주민은 나의 맹세만 믿고 그 점괘가 틀렸다고 생각하겠지만
아니다. 그것은 예루살렘 주민이 죄가 있으므로 잡히게 되리라는 점괘다. 「에스겔서」
21장, 21~24절 – 옮긴이.

상이 자기네 지도자들에게 지시하여 시작된 것이라고 설명했다. 그 상은 지도자들에게 그들이 서 있는 곳에서 호수를 건너라고 명한다. 그러고는 그들이 가는 곳마다 그 상을 운반해 다니라고 말하며 이리 갈 것인지, 저리 갈 것인지를 지시한다. 마치 아직 구체화되지 않았던 양원적 목소리가 시나이 사막 이리저리로 모세를 이끌고 다니며 인도했던 것처럼.[48]

마지막으로 페루에서 나온 놀랄 만한 증거가 있다. 이단자들을 처단하는 교육을 받은(Inquisition-taught) 에스파냐인이 페루정복에 관해 기록한 최초의 모든 보고서들은 한결같이 잉카제국을 악령의 지시를 받는 나라라고 기록했다. 이들의 증언에 따르면, 이 악령 자신이 잉카인에게 그들이 가지고 있는 상들의 입을 통해 말했다는 것이다. 에스파냐 중에서도 극도로 우매한 지역에서 온지도 모를 매우 독단적인 기독교인에게 이것은 꽤나 놀라운 일이었을 것이다. 유럽으로 보내진 이 첫 보고서에는 이렇게 씌어 있다. "파차카막(Pachacamac) 사원 안에는 한 악령이 있었다. 그는 자신만큼이나 더러운 아주 깜깜한 방에서 인디언에게 말했다."[49] 이보다 나중에 나온 기술은 이렇다.

······ 이런 거짓된 회당에서 악령이 말하고 대답하던 일은 매우 흔한 일로 서인도제도에서는 공인된 일이었다. ······ 그들이 우상을 등지고 들어가서, 그러니까 보기 흉한 것을 앞세우고 머리와 몸뚱이를 구부린 채로 들어가서, 그것과 상담하는 일은 주로 밤에 일어났다. 그

---

[48] C. A. Burland, *The Gods of Mexico*, 47쪽.

[49] 익명, *The Conquest of Peru* 번역 및 주석은 J. H. Sinclair(New York: New York Public Library, 1929), 37쪽 이하.

가 하는 대답은 주로 쉿 소리와 같은 공포스러운 소리이거나 그들을
공포에 질리게 하는 이가는 소리였다. 그것이 그들에게 알려주거나
명령하는 것들은 모두 그들이 파멸하거나 쇠망하는 길뿐이었다.[50]

---

[50] Father Joseph De Acosta, *The Natural and Moral History of the Indies*,
2(London: Hakluyt Society, 1880), 325쪽 이하.

제2장
문자시대의 양원적 신정정치

문자기록(writing)이란 무엇인가? 문자기록은 시각적 사건을 그림으로 나타낸 것(pictures of visual events)에서 출발하여 음성적 사건을 상징으로 나타낸 것(symbols of phonetic events)으로 발전했다. 후자는, 지금 우리가 보는 이 책장에서처럼, 독자가 알지 못하는 무언가를 그에게 말하려고 한다. 그러나 문자기록이 전자에 가까워질수록, 그것은 일차적으로 독자가 이미 알고 있는 정보를 끌어내기 위한 기억장치에 가깝다. 우루크의 원시문자인 그림문자, 초기에 신을 묘사하는 데 쓰이던 도해(iconography), 마야의 상형문자, 아스텍의 그림사본들, 그리고 현재 우리가 사용하는 문장(紋章)들 이 모든 것이 다 이 부류에 속한다. 이 문자들이 독자들에게서 끌어내려는 정보들은 어쩌면 영구히 잃어버려서 영원히 번역이 불가능할지도 모른다.

이 두 가지 양 극단 사이에 존재하는 두 종류의 문자기록, 즉 절반은 그림이고 절반은 상징인 문자기록이 이 장의 논의다. 이들은 '신의 글씨'(writing of gods)라는 뜻의 성용문자(聖用文字, hieratic)로 되어 있는 축약하여 흘려 쓴 이집트 상형문자와, 이보다 좀더 널리 쓰이던 글자로서 그 모양이 쐐기 같아 후기 학자들이 설형문자(楔形文字, cuneiform)라고 부르는 글자다.

우리에게는 후자가 아주 중요한데, 남아 있는 자료도 훨씬 더 많다. 수천 개의 석판들이 번역되기를 기다리고 있으며, 훨씬 더 많은 석판들이 발굴될 것이다. 석판에서 사용된 언어들은 적어도 네 가지로 수메르어(Sumerian), 아카드어(Akkadian), 후르리어(Hurrian) 그리고 이들보다 더 늦게 사용된 히타이트어(Hittite)다. 이들은 우리와 같이 26자의 알파벳이거나 또는 (종교적 텍스트를 제외하고는, 기원전 200년경에 설형문자들을 교체해버린) 아람어(Aramaic)와 같이 22자의 알파벳이 아니라, 600개가 넘는 기호(signs)들로 이루어진 모호하고 투박한 의사소통 체계다. 이들은 대부분 표의문자들로 하나의 표식은 그것이 속한 군집에 따라 한 가지 이상의 의미가 있는 한 음절일 수도, 한 개념일 수도, 한 이름일 수도, 한 단어일 수도 있으며, 이 군집은 특별한 표식에 따라 불규칙적으로 나타난다. 이들이 무엇을 의미하는지는 오직 문맥을 보고 해결할 수 있을 뿐이다. 예를 들어 ⛏︎ 같은 상징은 아홉 가지의 다른 의미가 있을 수 있다. 삼수라고 발음하면 태양이 되고, 우무라고 발음하면 낮이 되며, 피수라고 읽으면 백색이 되는가 하면, 그것은 우드, 투, 탐, 피르, 라, 히스 등의 음절을 나타내기도 한다. 이처럼 복잡한 문맥 속에서 의미를 명료히 하는 것은 당시로서도 어려운 일이었다. 하물며 그 언어가 기술하는 문화에서부터 4000년이나 격리되어버린 우리가 그것을 해독하는 것은 매혹적이지만 지극히 어려운 문제다. 일반적으로 말해 상형문자나 성용문자도 어렵기는 마찬가지다.

통상적으로 그렇듯이, 설형문자로 된 기록들은 대부분 영수증이나 재고량 또는 신에게 바쳐질 헌물이기 때문에, 용어들이 구체적으로 되면 번역의 정당성에 대한 의문은 거의 사라진다. 그러나 용어가 추상적 경향을 띠거나 특히 심리적으로 해석해야 할 때는, 선의의 번역자들은 자기 번역이 이해하기 쉽도록 현대적 범주들을 부과하는 모습을 보게 된다. 인기 작품이거나 심지어 학술적 작품들조차도, 고대인을 우리와 같이 보이게 하거나 또는 적어도 킹 제임스 성경[1]처럼 말하게 하기 위해, 당의정 입힌 교정과 입맛에 맞는 주석들로 가득 채운다. 흔히 번역자들은 소리내어 읽기(read out)보다 속으로 읽는다(read in). 결정을 내리는 일이나 격언이나 서사시, 가르침 등에 관한 것처럼 보이는 많은 텍스트가 인간의 심리-고고학을 위한 자료로 인정받기 위해서는, 구체적인 행위적 정확성으로 재해석되지 않으면 안 된다. 나는 독자들에게 이 장의 논의가 이 주제에 대한 기존의 통념과는 다르다는 점을 미리 경고한다.

이 점을 염두해두고 논의를 진행하겠다.

극장의 커튼처럼 현란한 문명 앞에 올라가는 기원전 3000년경의 문자기록을 통해, 비록 불완전할지라도 직접적으로 이 문명을 바라보면 두 가지 형태의 신정정치가 상당 기간 있었다는 것을 우리는 분명히 알게 된다. ①그 하나는 관리인-왕 신정정치(steward-king theocracy)인데, 추장이나 왕은 신들의 또는 더 일반적으로는 어느 특정 도시의 신의 첫 번째 대리인으로서 그 나라의 지배인이며 관리인이다. 이것은 양원적 왕국들 간에 널리 퍼져 있는 가장 중요한 형식이다. 우리가 제1권 3장에서 살펴본 바와 같이 미케네 같은 양원시대의 많은 메소포타미아

---

[1] 1611년 영국의 학자 47명이 기독교 성경을 원전에서 번역해낸 것으로 그 후 영어에 큰 영향을 미칠 만큼 정평이 난 이른바 흠정 영어 번역본이다 - 옮긴이.

도시국가가 그러한 형태였으며, 우리가 알고 있는 한 인도, 중국 그리고 아마도 중앙아메리카 역시 그런 형태였다. ②다른 하나는 왕 자신이 신인 신-왕 신정정치(god-king theocracy)다. 이런 형태의 가장 선명한 예는 이집트였으며, 몇몇 안데스 왕국과 아마도 일본의 초기 왕국도 그 예일 것이다. 이미 제1권 6장에서 주장했던 것처럼 이 두 형태는 모두 좀더 원시적이었던 양원적 상황에서 발달했다. 이때 새로 왕이 된 자는 죽은 선왕의 환각적 목소리에 복종함으로써 나라를 통치하게 된다.

나는 이 두 신정정치를 가장 위대했던 두 고대 문명에서 차례대로 다루어 나가려고 한다.

메소포타미아: 소유자로서의 신

수메르와 아카드 같은 초창기부터 메소포타미아에서 모든 땅은 신들의 소유물이었고, 인간은 그의 노예였다. 이 문제에 관해 설형문자로 된 기록들은 전혀 의심할 여지가 없다.[2] 도시국가마다 주신(主神)이 있었다. 우리가 갖고 있는 것 중에 가장 오래된 문서에는 왕이 '신의 소작인 농부'로 기술되어 있다.

신 자체는 하나의 장식품이었다. 장식품은 (우리가 말하던 식으로) 신

---

[2] 이러한 자료들은 대부분 잘 알려져 있으며, 많은 탁월한 연구들에서 찾아볼 수 있다. H. W. F. Saggs, *The Greatness That Was Babylon*(New York: Mentor Books, 1962); *The Cambridge Ancient History*, vols. 1~3(Cambridge: Cambridge University Press); George Roux, *Ancient Iraq*(Baltimore: Penguin Books, 1966); A. L. Oppenheim, *Ancient Mesopotamia: Portrait of a Dead Civilization*(Chicago: University of Chicago Press, 1964).

에 대한 것이 아니라, 신 자체였다. 신은 수메르인들이 '위대한 집'(great house)이라고 부르는 자신의 집을 가지고 있다. 이때 장식품은 신의 중요성과 그 도시의 부의 정도에 따라 크기가 달라지면서, 사원 건물들의 중심을 이루었다. 아마도 신은 나무로 만들어져 사제들이 어깨로 메어 나를 수 있을 만큼 가벼웠던 것 같다. 신의 얼굴은 값진 금속과 보석들로 아로새겨졌다. 그것은 번쩍이는 옷으로 치장되고, 대개는 집안의 중심이 되는 방에, 그것도 벽감 안의 대좌(臺座) 위에 거주했다. 크고 중요한 신당은 관리인-왕과 이들을 섬기는 사제들이 사용하는 방들로 둘러싸인 좀더 작은 안뜰에 있었다.

메소포타미아에서 발굴된 큰 도시유적지에 있는 주신의 신당은 대부분 거대한 정방형 탑으로 된 지구라트(피라미드) 신전이었는데, 점점 좁아지는 계단을 타고 오르면 번쩍이는 정상에는 예배당이 있었다. 그 지구라트의 중앙에는 커다란 방인 기구누(gigunu)가 있는데, 학자들은 대부분 그곳이 주신의 상이 거주했던 곳이라고 믿는 반면에, 일부 학자들은 단지 예배를 드리는 곳으로 사용되었을 뿐이라고 생각한다. 이러한 지구라트나 유사한 탑 구조의 사원은 양원적 왕국에서 쉽게 발견된다.

이러한 신상들이 땅의 소유자였고 백성은 그 소작인이었기 때문에, 관리인-왕의 첫 번째 임무는 신의 재산을 관리하는 일은 물론, 좀더 사적인 면에서도 신을 섬겨야 했다. 설형문자 자료를 보면, 신들은 먹고 마시는 일과 음악이나 춤도 즐겼다. 그들은 잠을 자기 위해 그리고 때때로 부부로서 찾아오는 다른 신상들과 성생활을 즐기기 위해 침대가 필요했다. 신상들은 목욕을 시켜야 했으며 옷을 차려입혀야 했으며, 즐거운 향으로 달래주어야 했다. 국가 행사에는 나들이도 나가야 했다. 시간이 갈수록 이 모든 일은 점점 더 많은 행사와 의식을 곁들이며 진행되었다.

사원의 일상적 의식에는 신상의 목욕, 의상착용과 식사가 포함되었다. 신상의 목욕은 아마도 수행 사제가 성수를 뿌리는 일로 진행되었을 것이며, 이것이 우리의 세례식과 기름 붓는 성별식의 기원이 되었을 것이다. 의상착용식은 신상에게 다양한 방식으로 긴 외투를 걸쳐주는 일이었다. 신 앞에는 오늘날 제단의 기원이었을 테이블이 놓여 있고 그중 하나에는 꽃이 놓이고, 다른 것 위에는 시장한 신이 먹을 음식과 음료가 놓였다. 그 음식으로는 빵, 케이크, 소, 양, 염소, 사슴 등의 고기와 생선과 가금류였다. 설형문서들의 해석에 따르면 음식이 반입된 뒤에 신상은 그 식사를 즐기도록 홀로 남겨졌다. 그러고는 어느 정도 적당한 시간이 흐른 다음 관리인–왕이 옆문으로 사당에 들어가 신이 남긴 음식을 먹었다.

신상은 좋은 기분을 유지하도록 해주어야 했다. 이것은 신의 '간(肝)을 즐겁게 해드리기'(appeasing the liver)라고 불렸는데, 버터, 지방, 꿀, 정규 음식과 함께 식탁에 오른 설탕절임 등의 제물을 드리는 일이었다. 아마도 노한 목소리로 정죄하는 양원적 음성을 들은 사람들이 이런 제물을 들고 신당에 들어갔을 것이다.

일리아스의 영웅들이 그들의 신의 목소리를 듣고, 잔 다르크가 그녀의 신이 말하는 것을 들었던 것처럼, (이 시대의) 인간도 신상이 자신들에게 말하는 것을 들었다고 상정하지 않으면, 도대체 어떻게 이 모든 일이 어떤 형태로든 수천 년간이나 삶의 중심점이 되면서 지속되는 일이 가능했겠는가? 실제로 그들은 무엇을 해야 할지 알기 위해서 신상이 자신들에게 말하는 것을 듣지 않으면 안 되었다.

우리는 이 점을 자료 자체에서 읽을 수 있다. (기원전 2100년경의) 구데아(Gudea)의 거대한 B기둥은 자기네 신 니누르타(Ninurta)를 위해 새로 지은 사원에 여사제들이 어떻게 배치되었는지를 다음과 같이 기술했다.

> 자자루(Zazaru), 임패(Impae), 우렌테아(Urentaea), 케거누나 (Khegirnunna), 케샤가(Kheshagga), 구우르무(Guurmu), 자아르무 (Zaarmu) 등의 여신들을 안치했는데, 이들은 주신 니누르타에게서 태어난 바우(Bau) 신의 일곱 딸이다. 이들은 니누르타 곁에서 호의적 결정들을 선포하기 위해 존재하는 자들이다.[3]

여기서 선포된 특정 결정들은 농사일에 관한 여러 가지 사항들로써, 곡식들이 "성스런 들판의 둑을 덮으리라" "라가시의 모든 풍요로운 곳간들(graineries)이 차고 넘치게 하기 위하여" 등이다. 기원전 1700년 경의 라사왕조에서 나온 원추형 토기에는 니네갈(Ninegal) 여신을 다음과 같이 칭송했다.

> 상담자, 놀라운 지혜의 사령관, 모든 위대한 신들의 공주, 찬양받을 웅변가. 그의 선포에 맞설 자 누구랴.[4]

이 자료의 도처에서 확인되듯이, 무엇을 해야 할지 결정해주는 것은 신의 말이다. 라가시의 원뿔에는 다음과 같이 적혀 있다.

---

[3] 11항, 4~14줄, George A. Barton, *The Royal Inscriptions of Sumer and Akkad* (New Haven: American Oriental Society, 1929). 이하 인용문 중 강조는 저자의 것임.

[4] 같은 책, 327쪽.

키시의 메실린(Mesilin) 왕이 신성한 카디(Kadi)의 명령을 받아 들판의 농원에 석비를 하나 세웠다. 우시(Ush), 즉 우마(Umma)의 파테지(patesi)가 그것을 포위할 주문을 만들었다. 그는 그 석비를 조각내 버렸다. 그가 지나가는 라가시 평원에. 벨(수메르어로는 엔릴[Enlil])의 영웅 니누르타는 의로운 명을 발하여 우마에 전쟁을 일으켰다. 벨의 명령에 따라 그의 큰 그물을 매설했다. 그는 그들의 묘지를 이곳의 평원에 세웠다.[5]

통치자는 인간이 아니라 카디, 니누르타, 벨 같은 신들의 환각적 목소리다. 앞서의 문구는 신들의 말을 설형문자로 새겨넣은 석판이나 돌기둥을 들판에 세워 그 평원이 어떻게 경작되게 되었는지 말해준다는 것에 유의하기 바란다. 이 석판들이 공격당하고 방어되고 부서지고 운반되는 방식을 봄으로써 이 석판들 자체가[6] 공현적(公顯的) 성격을 지니고 있음을 알게 된다. 이 신상이 청각적 환상의 출처인 것은 다른 텍스트에서도 알 수 있다. 다른 맥락에서 나오기는 했지만 이 점을 잘 보여주는 한 문구는 밤중에 석판 읽는 모습을 다음과 같이 기술했다.

잘 닦인 석판 표면이 그의 소리를 들리게 한다. 음각된 그 글씨가 그의 소리를 들리게 한다. 횃불의 불빛이 그의 소리를 듣게 해준다.[7]

이처럼 기원전 3000년경의 읽기는 설형문자에 기록된 내용을 듣는

---

[5] 앞의 책, 61쪽. *Inim-ma*를 여기서는 '주문'으로 번역했다.
[6] 신의 현현과 같은 신적 존재-옮긴이.
[7] 같은 책, 47쪽.

것이었다. 즉 음절들을 시각적으로 읽는 것이 아니라, 그림-상징물을 바라봄으로써 말을 환각해내는 행위인 것이다.

여기서 '듣기'에 해당하는 말은 기스-툭-피(GIS-TUG-PI)를 음역한 수메르 기호다. 왕이나 특정 인사가 위대한 일을 할 자격을 부여받게 되는 이 기스-툭-피 듣기가 어떻게 신에게서 하사되는지에 대해서는 다른 많은 왕정 비문들도 기술하고 있다. 기원전 1825년까지도 라사 왕 와라드 신(Warad-Sin)은 자신의 에아(수메르어로는 엔키〔Enki〕) 신의 음성이 어느 곳에서나 들려옴으로써, 기스-툭-피를 통해 그 도시를 재건했다고 한 원추형 토기 비문에 기록했다.[8]

입씻기 의식

신상이 목소리 환각을 촉진했다는 더 많은 증거는 설형문자 석판에 세밀하고 구체적으로 기술된 다른 의식들에서도 발견된다. 신상은 비트-뭄무(bit-mummu)라는 특별하고 신성한 도공의 집에서 만들어졌다. 도공들이 일할 때 신상 제작 방식을 '구술하는'(dictated) 공예의 신 뭄무(Mummu)에게서 지시를 받았다. 그 신상은 사당에 안치되기 전에 입씻기를 뜻하는 미스-피(mis-pi)와 피트-피(pit-pi) 또는 '입을 열어드리는' 의식을 치렀다.

신상이 만들어지던 시기뿐만 아니라, 정기적으로 특히 환각음성이 뜸하게 들렸을 후기 양원시대에도 정성드려 입씻기 의식(Mouth-Washing Ceremonies)을 거행하면 신의 말씀을 부활하는 효과가 있었다. 보석 바힌 얼굴을 한 신이 불똥을 떨구는 횃불의 인도를 받으며 강

---

[8] 앞의 책, 320쪽.

둑에 이르면, 그곳에서 의식과 주문에 깊이 젖어들면서, 신이 동, 서, 남, 북으로 향할 때마다 목재 신상의 입은 수차례나 닦인다. 이 입을 닦는 성수는 위성류(渭城柳), 여러 종의 갈대, 유황, 여러 가지 고무, 소금, 기름, 대추 꿀, 다양한 보석 등 여러 가지 특이한 재료들과 섞어 만든 용액이다. 주문을 더 많이 한 다음 신이 '손에 이끌려' 거리로 되돌아올 때, 사제는 "앞장서시는 발이여, 앞장서시는 발이여……"하며 주문을 외운다. 사원 앞에 이르러 또 한 번의 의식이 거행된다. 그런 다음 사제는 신의 손을 잡아 황금색 덮개가 덮여 있는 벽감 안의 보좌로 인도하고 신상의 입은 거기서 한 번 더 닦인다.[9]

양원적 왕국들은 어느 곳에서나 동일하다거나 시간이 흘러도 눈에 띄는 변화·발전을 겪지 않는다라고 생각해서는 안 된다. 위에서 인용한 이야기들의 자료는 거의 기원전 3000년 후기의 것들이다. 그러므로 이 자료들은 후기에 발전된 양원성의 모습을 보여주고 있는지도 모른다. 이때쯤에는 문화가 고도로 복잡성을 띠게 되어 환각적 목소리들이 덜 명료해졌고 출현빈도도 줄어들었을 수가 있으며, 바로 그 때문에 신의 목소리를 다시 활발하게 소생시키기 위해 그러한 입씻기 의식을 낳게 했을지도 모른다.

개인의 신

그러나 그 도시의 소유자인 위대한 신의 목소리를 일반 평민이 직접 들었다고 생각해서는 안 된다. 그처럼 환각이 다원화되면 정치적 조직

---

[9] 이 자료의 번역은 다음을 보라. Sidney Smith, *Journal of the Royal Asiatic Society*, 1925. 1을 인용한 S. H. Hooke, *Babylonian and Assyrian Religion*(Norman: University of Oklahoma Press, 1963), 118~121쪽.

이 약화되었을 것이기 때문이다. 평민은 소유주인 신을 섬기고, 신의 땅에서 일하고, 신의 잔치에 참여하는 것으로 족했다. 그러나 모종의 큰 위기가 닥칠 때엔, 그들도 신에게 호소했겠지만, 그때에는 중간매개를 통했다. 이것은 수많은 원통형 문장(紋章)들에 나타난다. 물품 목록으로 보이는 많은 양의 설형문자 석판들은 반대편에 그 원통문장을 굴려 만든 자국이 남아 있다. 그것들은 대개 앉아 있는 신이거나 부차적인 신, 즉 여신이 석판 주인에게 주신의 임재를 오른손으로 가리켜주는 그림이다.

이러한 중간매개자는 사적인 신들이었다. 왕이건 농노건 개인마다 자기가 그 목소리를 듣고 복종하는 자신만의 사적인 신이 있었다.[10] 발굴된 거의 모든 집마다 사당이 있었고 그곳에는 아마도 집주인의 개인적인 신들인 우상이나 소규모 조상들이 있었을 것이다. 이보다 좀 나중의 설형문자 자료에는 이 신들의 입을 씻어주는 의식이 기술되어 있는데 주신에게 하는 것과 유사한 것이었다.[11]

이러한 개인의 신들은 특별한 요청이 있을 때 신들의 위계서열상 상위에 있는 다른 신들을 방문하라는 압력을 받는다. 또는 우리에게는 이상하게 들릴지 모르나, 반대의 경우도 있는데, 주신이 어느 왕자를 관리인-왕으로 택하게 되면 그 도시의 신이 선택된 자의 개인 신에게 그 결정을 먼저 통보하고 나서야 그 개인에게 통보된다. 제1권 5장에서

---

10 제이콥슨(Thorkild Jacobsen)은 이러한 사적 신은 '개인의 행운이나 성공이 의인화되어 등장'한다고 생각했다. 그러나 나에게는 이것은 입증되지 않은 현대적 의미부여로 보인다. 그의 "Mesopotamia," H. Frankfort, et al.(eds.), *The Intellectual Adventure of Ancient Man*(Chicago: University of Chicago Press, 1946), 203쪽.

11 Saggs, 301쪽 이하.

자세히 살펴본 바와 같이, 이 모든 위계적 행위는(layering) 우반구에서 진행되는 것이며, 나는 이러한 선택의 진실성과 그것의 집단적인 수용에 관한 문제점들을 잘 알고 있다. 고대의 다른 곳에서도 그렇거니와 왕이 행한 모든 것을 책임지는 자는 개인 신이며, 이것은 평민에게도 마찬가지다.

다른 설형문자 자료들에는 사람은 자신의 개인 신인 일리(ili)의 그늘 아래서 사는 것이라고 적혀 있다. 인간과 그의 개인 신의 관계는 아주 복잡하게 묶여 있어서 사람이 자신의 이름을 지을 때 대개의 경우 (자기 이름 안에) 자기 개인 신의 이름을 포함시키는데, 이는 인간의 양원적 속성을 분명히 보여주는 대목이다. 왕의 이름이 개인 신 즉 림-신-일리 (Rim-Sin-Ili)로 표시되는 것은 특히 흥미롭다. 그 뜻은 "림-신이 나의 신이다"인데, 이 림-신은 라사의 왕이다. 또는 아예 샤루-일리(Sharru-Ili)라고도 짓는데 그것은 "왕은 나의 신이다"라는 뜻이다.[12] 이러한 사례들은 우리에게 때로 관리인-왕 자신이 환각의 대상이 됨을 암시해준다.

왕이 신이 될 때

이로써 우리는 관리인-왕 유형과 신-왕 유형의 구별이 절대적일 수 없음을 알 수 있다. 더구나 몇몇 설형문자 석판에 나타나는 초기의 많은 메소포타미아 왕들은 자기들의 이름 곁에 일곱 모서리 진 별을 그려넣었는데 이것은 결정적으로 신성을 의미하는 표식이다. 한 초기자료에는 우르지역과 이신(Isin)지역의 많은 왕들 중 11명에게 이런 유

---

[12] Frankfort et al., 같은 책, 306쪽.

의 것이거나 또는 다른 종류의 신성표식이 있었다. 이것이 무엇을 의미하는지 수많은 이론들이 제시되었으나 어느 것도 흥미를 끌 만한 것은 없다.

이 신성표식은 흔히 왕의 통치 후반기에만 주어졌으며, 그의 특정 도시에서만 보인다는 점을 눈여겨볼 필요가 있다. 이것은 아마도 특별히 강력한 왕의 목소리가 환각으로 들렸을 것이며, 백성 중 특정 수의 사람들이 그 왕이 상당 기간 통치한 후에 특정 지역에서 들을 수 있었음을 의미한다.

그러나 이런 경우에 신성한 왕과 그의 고유한 신을 구별하는 중요한 차이가 메소포타미아 기간 내내 끊이지 않고 유지되었던 듯하다.[13] 그러나 이제 우리가 살펴보려는 이집트에 이르면 사정은 전혀 달라진다.

이집트: 신으로서의 왕

유프라테스와 티그리스 강들을 거슬러 올라가면, 지형에 따라, 때로는 끝없는 아라비아 사막으로 변하기도 하고 때로는 페르시아 산맥이나 아르메니아 산맥의 산자락으로 변모하면서 그 물줄기가 사라진다. 그러나 이집트는 남부를 제외하고는 양쪽으로 대칭을 이루는 접경지역으로 뚜렷이 구분된다. 나일 강 계곡에 자신의 권위를 확장시켜 나가던 파라오는 결코 정복할 수 없는 지역에 곧 다다랐다. 그리하여 이집트는 더욱더 지리학적으로나 민속학적으로 항상 시·공상의 동일성을 유지

---

13 Saggs, 앞의 책, 343쪽 이하.

했다. 두개골 연구에서 밝혀진 바에 따르면, 이집트 민족의 체격은 많은 세월을 지나면서도 놀라울 만큼 유사성을 유지하고 있다.[14] 이러한 신-왕 같은 더 원형적인 형태의 신정정치가 영속될 수 있었던 것은 이처럼 동일성이 보호되었던 까닭이라고 나는 생각한다.

멤피스 신학

유명한 '멤피스[15] 신학'[16]으로 시작해보자. 이것은 한 귀한 자료(아마도 부식 중인 기원전 3000년경의 가죽 두루말이)가 옮겨 적혀 있는 기원전 8세기경의 화강암 토막이다. 이것은 '조물주' 프타(Ptah) 신을 언급하는 것으로 시작해서, 호루스(Horus) 신과 세트(Seth) 신 사이의 논쟁, 그리고 겝(Geb) 신의 중재, 멤피스 시내의 황실 신당 건축과정을 기술한 다음, 여러 신들은 프타 신의 목소리나 '말'(tongue)의 변용들일 뿐이라는 유명한 마지막 구절로 끝맺고 있다.

여기서 '말'이라는 것이 '정신의 객관적 개념화' 같은 어떤 것의 변역이라고 한다면 흔히 그렇듯이 이것은 분명히 현대적인 범주들을 텍스트에 부과한 것임이 틀림없다.[17] 정신의 객관적 개념화라거나 심지어는

---

[14] G. M. Morant, "Study of Egyptian Craniology from Prehistoric to Roman Times," *Biometrika*, 17호, 1925, 1~52쪽.

[15] 고대 이집트의 도시이름 - 옮긴이.

[16] 다른 곳에서 인용했던 자료들에 더하여 이 장의 이 부분에서는 다음의 자료들을 이용했다. John A. Wilson, *The Culture of Ancient Egypt*(Chicago: University of Chicago Press, 1951); Cyril Aldred, *Egypt to the End of the Old Kingdom*(New York: McGraw-Hill, 1965); W. W. Hallo and W. K. Simpson, *The Ancient Near East: A History*(New York: Harcourt Brace Jovanovich, 1971).

[17] Henri Frankfort, *Kingship and the Gods*(Chicago: University of Chicago Press, 1948), 28쪽.

영적인 것의 현현이라는 개념 등은 아주 최근에야 생긴 것이다. 수메르어 같은 고대 이집트어는 처음부터 마지막까지 철두철미하게 구체성을 띠는 것으로 정평이 나 있다. 이 언어가 추상적인 생각을 표현한다고 주장하는 것은 인간은 항상 동일한 존재라는 현대적 생각이 스며든 결과다. 또한 멤피스 신학이 목소리나 말을 모든 것이 창조되어 나오는 곳이라고 말하는 것을 듣게 되면, 나는 '창조했다'는 말 자체가 현대에 와서 주입된 것이 아닌가 하는 의구심과 함께, 명령했다고 번역하는 편이 더 적절한 표현일지도 모른다는 생각이 든다. 이렇게 볼 때 이 신학은 근본적으로 언어에 관한 신화며, 프타 신이 실제로 명령하는 것이야말로 바로 이집트 문명을 시작하고, 통제하고, 지시했던 양원적 목소리인 것이다.

오시리스[18] 신, 죽은 왕의 목소리

신화와 현실이 뒤섞여 있어야 했기 때문에 호루스 신과 세트 신 사이의 천상에서의 다툼이 실제로 땅 위에 존재하고, 앞서 소개했던 오시리스 신상은 실제로 멤피스에 무덤을 가지고 있으며, 모든 왕은 생전에 호루스였던 만큼 그들은 죽어 오시리스가 된다는 것들은 놀라움의 대상이었다. 만일 이 모든 신상은 왕과 그다음 서열의 관리들이 환각 속에 듣게 되는 특정한 목소리라고 가정할 뿐만 아니라, 또한 왕의 목소리는 사후에도 계속되어 다음 서열의 사람들에게 하나의 지시가 '되는' 것이라고 가정하고, 아울러 다른 왕들과의 관계나 싸움에 관한 신화들은 실제 사회의 권위적 구조와 맞물려 갈등상황의 훈계적·권위적 목소

---

18 오시리스는 고대 이집트의 명부(冥府)를 지배하는 신 – 옮긴이.

리들이 의도적으로 만들어낸 합리화 작업이라고 가정한다면, 우리에게는 이 주제를 새롭게 바라볼 관점이 생긴다.

　단도직입적으로 이 문제의 핵심을 말하면, 오시리스는 현대 해석가들이 말하는 것처럼, '죽어가는 신'이 아니다. '죽음의 사슬에 매인 목숨'도 아니며, '죽은 신'도 아니다. 그는 죽은 왕의 환각적 목소리로서 그의 훈계에는 여전히 무게가 실려 있을 수 있다. 그의 목소리가 여전히 들리는 한, 그 목소리가 나왔던 몸이 미라가 되어 있다는 사실과 무덤에 음식, 음료, 노예들, 여인들과 토지 따위 같은 생필품이 공급되고 집기가 있다는 사실 간에 모순을 느낄 필요는 없다. 그에게서 방사되어 나오는 신비의 힘 같은 것도 없다. 단지 그를 아는 이들에게 환각 속에 나타나는 목소리일 뿐이며, 그가 호흡과 동작을 멈추기 전에 했던 것처럼 충고하고 제안할 수 있는 기억된 목소리일 뿐이다. 속살거리는 파도 소리 같은 여러 자연현상들이 이러한 환각의 구실로 작용할 수 있다는 사실은 오시리스나 움직임을 멈추고 천을 두른 채 미라가 되어 있는 왕이 여전히 나일 강의 홍수를 통제한다는 믿음을 설명해준다. 더 나아가 새로운 왕과 그의 선왕으로 영원히 '구체화되는' 호루스와 오시리스의 관계는 환각으로 나타나는 충고의 목소리가 왕 자신의 목소리로 동화되고, 이는 다시 다음 세대로 반복되는 것으로밖에 이해할 수 없는 것이다.

목소리의 저택

　신-왕의 목소리, 그리고 여기에서 오는 권력이 호흡과 움직임을 그의 몸이 멈춘 뒤에도 계속해서 살아 있다는 것은 그의 장례 방식에서 확실히 나타난다. 따라서 장례란 말은 잘못된 말이다. 이 신적인 왕들은 언짧게 매장되는 것이 아니라, 기분 좋게 입궁하는 것이다. 기원전 3000년 직후 석조 건축기술이 습득되자, 한때 계단식 매트사바(matsaba)의 무덤들이던 것들은 우리가 피라미드라고 부르는 불멸의 양원적 목소리를 위한 극장들로 쌓아 올려졌다. 이들은 축제의 뜰과 성스런 글씨와 성화들로 흥을 돋우는 화랑으로 이루어진 복합건물이었다. 이들은 종종 수천 평방미터나 되는 충복들의 무덤들로 둘러싸이며, 지나치게 자신만만한 외적 엄격성을 드러내며 광채를 발하는 지구라트처럼 태양인 듯 솟아 있는 신의 피라미드식 건물의 지배 아래 있다. 이들은 설화석고나 석회석은 물론이고 매끈하게 손질된 현무암, 화강암, 섬록암 등 가장 단단한 돌조차 사용하기를 주저하지 않는 완전무결성을 보이고 있다.

이 모든 것의 저변에 흐르는 심리학은 아직 밝혀지지 않았다. 증거자료들이 온갖 부류의 범죄적 수집가들에게 너무나 심각하게 파괴되어버린 까닭에 모든 의문은 영원히 대답을 얻지 못한 채 묻혀버리고 말지도 모른다. 왜냐하면 흔히 뻣뻣하게 굳어 있는 신-왕의 미라는 신기하게도 평이한 석관 속에 누워 있는 반면, 그를 번지르르한 인형으로 만들어놓고는 그것을 여러 가지 형태의 경배하는 장식들로 둘러쌌기 때문이다. 이것은 아마도 환각이 이들에게서 오는 때문일 것이다. 이들 인형은 메소포타미아의 신상처럼 실물 크기이거나 좀더 크며, 때로는 정교하게 채색되었고, 대개는 눈이 보석으로 되어 있었는데 이것들은 이미 오래전에 환각에 무심한 의식적인 도둑들에게 도난당하고 안강만 남아 있는 상태다. 그러나 이것들은 동일 계통의 동방 민족과는 달리 이동할 필요가 없었던지 설화석고, 정판암, 섬록암이나 그밖의 다른 암석들을 정교하게 다듬어 만들어졌고, 오직 특정시대에만 목재로 새겨 만들어졌다. 이들은 대개는 벽감 안에 앉혀 있거나 자유롭게 세워두거나, 때로는 줄지어 앉아 있거나 서 있는 많은 수의 다른 신-왕들 속에 섞여 있기도 하고, 어떤 것들은 세르다브(serdabs)라고 불리는 작은 예배실 안에 벽으로 둘러싸여 있기도 한데, 거기에는 예의 그 보석눈 앞쪽으로 작은 구멍 두 개가 뚫려 있어 신은 자기 앞의 그 방을 들여다볼 수 있게 되어 있다. 그 안에는 음식이나 보석이나 우리가 알지 못하는 제물들이 바쳐져 있었던 까닭에 이미 도굴되어 있기 일쑤다. 고인이 된 신-왕에게서 들리는 환각의 실제 목소리들은 종종 "아메넴헤트(Amenemhet) 폐하께서 그의 아들에게 꿈속에서 말씀해주신 지시사항임을 이에 증명함" 등과 같이 기록되어 있기도 했다.

평민 역시 마치 살아 있는 것처럼 매장되었다. 농민은 왕조시대가 시작되기 이전부터 음식과 연장 그리고 계속 생활해나가는 데 필요한 제물들이 담긴 항아리와 함께 묻혔다. 사회적 위계질서의 고위계층들에게는 장례 잔치가 베풀어졌는데, 이때 그 시신은 어떤 방식으로든 그 잔치에 참석하게 된다. 고인이 자신의 장례 테이블에 앉아 식사하는 모습을 석판에 조각하여 그것을 봉분이나 마스터바의 벽 안 벽감에 안장해놓은 경우도 있다. 그 후 무덤들은 이것을 채색 양각을 곁들인 돌무늬 방으로 만들거나 피라미드 고유의 경우처럼 제물이나 조상들을 곁들인 세르다브로 만들어놓기도 했다.

종종 고인의 이름에는 '참된 신의 목소리'(true-of-voice)라는 별명이 덧붙여졌다. 이것은 우리가 지금 논하는 이론을 떠나서는 이해하기 힘든 일이다. '참된 신의 목소리'라는 말은 원래 적군을 제압한 승리에 존경을 담아 오시리스와 호루스에게나 적용되던 말이었다.

또한 고인이 살아 있는 것처럼 그들에게 글을 써보냈다. 이런 일은 아마도 수신 당사자가 환각에서 더 '들리지 않게' 되고 시간이 꽤 흐른 후에나 일어났을 것이다. 한 남자는 고인이 된 자기 모친에게 자신과 죽은 형 사이를 중재해달라고 부탁하는 글을 썼다. 살아 있는 동생이 죽은 형의 소리를 환각 중에 듣는 일이 없다면 어떻게 이런 일이 가능하겠는가? 어떤 망자에게는 자기의 미망인과 자식을 돕도록 선조들을 깨우라는 부탁의 글이 보내졌다. 이런 글들은 일상사를 다루고 있는 사신(私信)들이어서 공식적인 규정이나 치레를 염두에 둘 필요없이 이루어지는 것들이다.

카에 관한 새로운 이론

만일 고대 이집트에 어떤 심리학이 존재했다면 우리는 그 근본 개념은 카(Ka)라고 말해야 할 것이며, 이때 문제는 그 카가 무엇인가일 것이다. 언제나 이집트의 명각에 나타나는 특별히 곤혹스러운 이 개념의 의미가 무엇인지 씨름하는 학자들은 혼란스럽게도 그것을 정신, 혼령, 산 사람을 빼닮은 물건이나 원령(怨靈), 생명력, 자연, 행운, 운명, 그리고 여러분이 가진 것 등으로 번역한다. 이것은 로마인의 천재성은 물론, 그리스 민족과 셈 민족의 생명-정신(life-spirit)에 비유되어왔다. 그러나 분명한 것은, 이 후자의 개념은 양원적 정신을 물려받은 것이다. 의미가 잘 잡히지 않는 이 다양성은 동일한 신비적 실체에 접근하기 위해 몇 가지 방식을 사용하는 이집트적 사고방식을 상정한다고 해서 설명될 수 있는 것도 아니며, "한 사물을 한 가지 일관된 정의로 이해하기보다 서로 연관성 없는 다양한 방식으로 이해하는 것을 허용하는 이집트적 사유 특유의 성질을"[19] 가정한다고 해서 되는 것도 아니다. 이중 어느 것도 만족스럽지 않다.

성용문자로 된 문서에 나오는 증거는 혼란스럽다. 사람마다 자신의 카를 가지고 있으며, 우리가 우리의 의지력에 관해 말하듯이, 그것에 관해 말한다. 그러나 우리가 죽을 때 자신의 카로 돌아가게 된다. 기원전 2200년경의 한 유명한 피라미드 문서에서는 망자들을 '신들이 카의 주인들'이라고 부른다. 상형문자에서 카를 나타내는 기호는 권면을 나타내는 한 방법인데, 손을 펼친 채로 두 팔을 들어올리며, 상형문자에서는 스탠드 위의 모든 것은 신성의 상징을 거들 목적으로만 쓴다.

앞의 논의로 미루어보건대, 이 카는 양원성의 목소리를 의미하는 것이라고 재해석될 필요가 있다. 내 생각에 이것은 바로 메소포타미아에서의 일리나 개인 신을 의미하던 것으로 보인다. 한 사람의 카는 그에게 내면적으로 뚜렷이, 아마도 부모나 권위자의 음성으로 들리는, 그러나 자신이 죽은 뒤 친구들이나 친척들이 듣게 될 때는 당연히 자기 자신의 목소리로서 환각되는, 지시의 목소리였다.

여기서 이 민족의 무의식에 대한 우리의 집착을 다소 누그러뜨리고 그들 역시 우리와 같은 사람들이었다는 점을 잠시 상상해보자. 그러면 우리는 들판에서 일하던 한 일꾼이 갑자기 뭐라고 자신에게 권면하는 카 또는 고관대신의 환각적 소리를 듣는 장면을 떠올릴 수 있게 될 것이다. 그가 마을로 돌아와 그 대신을 만나 자신이 그(대신)의 카를 들었노라고 말한다면 (물론 실제로 이런 행동을 할 이유가 있는 것은 아니지만), 그 대신은 우리처럼 의식이 있는 사람일 경우, 그 목소리는 자신이 들었던 목소리, 즉 자기의 삶을 지시해주던 목소리와 동일한 것이라고 가정하게 될 것이다. 그럼에도 실제로는 그 들판의 노동자에게 그 대신의

---

19 Henri Frankfort, 앞의 책, 61쪽.

카는 그 대신 자신의 목소리처럼 들린다. 그러나 반면에 그 대신의 경우, 그의 카는 그 대신의 상위 권위자들의 목소리나 뒤섞인 목소리들로 말하게 될 것이다. 물론 이들의 불일치를 발견한다는 것은 있을 수 없는 일일 것이다.

카의 또 다른 면모들 역시 이러한 해석에서 벗어나지 않는다. 카에 대한 이집트인의 태도는 전적으로 수동적이다. 그리스 신들의 경우처럼 카를 듣는다는 것은 곧 그것에 복종한다는 것을 의미했다. 이는 그것이 명령하는 바에 힘을 실어준다. 그 대신들은 비문에 왕에 대해 이렇게 적는다. "나는 그의 카가 원하는 일을 했다"[20] 또는 "나는 그의 카가 승낙하는 일을 했다." 그런데 이 말은 대신이 환청으로 들리는 왕의 목소리로 해석할 수 있다.

어떤 텍스트에는 왕이 사람의 카를 만든다고 씌어 있다. 어떤 학자들은 이런 뜻에서 카를 행운이라고 번역한다.[21] 다시 말하거니와 이것은 현대인의 견강부회다. 행운이나 성공 같은 개념은 이집트의 양원적인 문화에서는 불가능한 것이다. 내가 해독하는 바를 따라 내가 여기서 말해두려는 것은, 사람들은 훈계적인 환청의 목소리를 듣게 되고 그것에 따라서 앞으로의 일을 지시받게 된다는 점이다. 카는 이집트 관리들의 이름에 흔히 등장한다. 마치 일리가 메소포타미아 관리들의 이름에 자주 등장하듯이. 예를 들면 '내 카는 왕의 것'이라는 뜻의 카이니네수트(kaininesut) 또는 '왕께서 내 카다'라는 뜻의 카이네수트(kainesut) 등이다.[22] 카이로 박물관의 석비 20538에는 "왕께서는 그의 신하들에게

---

20 앞의 책, 68쪽.
21 그러나 가드너(Alan H. Gardiner)는 *Egyptian Grammar*(Oxford, 1957), 1/2쪽, 주 12)에서 다르게 말한다.

카를 주시며 충성스러운 자들을 먹이신다"고 적혀 있다.

신-왕의 카는 특히 흥미롭다. 왕은 선왕의 말씨로 카를 듣는 것으로 생각된다. 그러나 그 카는 대신들의 환각 속에서 왕 자신의 목소리로 들렸을 것이며, 이 사실은 실제로 중요한 의미를 지닌다. 텍스트들은 왕께서 식탁에 앉아 식사를 하게 되면 그의 카도 같이 앉아 식사한다고 기록했다. 피라미드들에는, 때로 회벽에 그려넣었을 뿐인, 가짜 문들이 허다한데, 이 문들을 통해 고인이 된 신-왕의 카가 세상으로 나가기도 하고 그의 목소리가 들리기도 한다. 기념비에 그려넣는 것은 오직 왕의 카뿐인데, 그것은 어떤 때는 왕의 머리를 받혀주는 지지목이나 깃털을 붙드는 권위자로 또는 왕의 머리 뒤편에 앉아 있는 새로 나타난다. 그러나 무엇보다 중요한 것은 왕의 카를 출생 장면에서 그의 쌍둥이로 표상하는 점이다. 이런 장면에는 크눔(Khnum) 신께서 (도공처럼) 자기의 물레작업대 위에서 왕과 그의 카를 빚어내는 모습이 등장한다. 이 쌍둥이들은 똑같이 생긴 작은 인형들의 모습이다. 단지 카는 자신의 왼손으로 자기 입을 가리고 있는 점이 다를 뿐인데 이는 그가 바로 말을 담당한 인격(persona of speech)이라고 우리가 부르려고 했던 존재임을 암시하는 것임이 틀림없다.[23]

18번째 왕조나 기원전 1500년 이후 계속해서 나타나는 몇몇 텍스트에서, 왕께서는 14개나 되는 카(의 목소리)를 가지고 계시다고 아무렇지도 않게 말씀하는 것을 보면, 이 모든 일들이 점점 더 복잡하게 되어 갔다는 것을 알 수 있다. 매우 황당한 이 주장은 아마도 정부구조가 매

---

[22] Frankfort, 같은 책, 68쪽; 또는 Frankfort 외에 4장에 있는 John A. Wilson, "Egypt: The Values of Life."

[23] Frankfort에 나오는 23번 초상에 묘사되어 있다.

크눔 신은 장차 왕이 될 자는 오른손으로, 왕의 카가 될 자는 왼손으로 물레 위에서 빚어낸다. 카가 구술 기능을 지칭하는 자신의 입을 가리키고 있음을 보라. 제1권 5장에서 언급했던 신경모델과 일치하는 (좌우) 배치의 일관성을 보이고 있다.

우 복잡해짐으로써 환각에서 들리는 왕의 목소리가 14가지로 상이하게 들렸을 수도 있음을 의미한다. 왜냐하면 왕과 그의 명령을 직접 수행하는 자들 간에 중개인들의 소리가 있을 수 있기 때문이다. 왕이 14가지 카의 소리를 가지고 있다는 개념은 카에 관한 다른 개념으로는 설명이 불가능하다.

왕의 선친들은 오시리스가 되고 왕은 저마다 호루스가 되어 자기의 카를 가지며 나중에는 몇 가지나 되는 카의 목소리를 가지게 된다는 것이야말로 카를 음성인격(voice-persona)이라고 번역하는 것이 가장 적절해 보이도록 한다. 이것을 이해하는 것이야말로 이집트 문화 전체를 이해하는 열쇠가 된다. 왜냐하면 왕과 신과 백성 간의 관계가 이 카로 규정되기 때문이다. 왕의 카는 물론 신의 카며, 신의 메신저로 작용한다. 그것은 자신에게는 자기 선조의 목소리며, 부하들에게는 이런저런 일을 하라고 지시하는 것으로 들리는 목소리다. 어떤 텍스트들에 등장하는 주인공이 "내 카는 왕에게서 온 것이다" 또는 "왕께서 내 카를 만드셨다" "왕께서 내 카시다"라고 말할 때 이것은 아마도 그의 부모들에게서 나왔으나, 왕의 목소리 또는 왕의 목소리라고 상상하는, 그 자신의 내면에서 지시하는 소리라고 해석되지 않으면 안 된다.

고대 이집트의 정신구조에서 이와 관련되어 있는 또 하나의 개념은 바(ba)라는 것이다. 그러나 적어도 옛 왕국에서 이 바는 카와 같은 수준의 것은 아니었다. 그것은 우리가 일상적으로 귀신이라고 부르는 것에 더 가까운 것으로, 청각적으로 카에 해당되는 것이 시각적으로 현현한 것이다. 장례식장에서 통상적으로 이 바는 작은 인간의 모습을 한 새로 묘사되는데, 이는 아마도 시각적 환각이 종종 훨훨 날거나 새의 움직임을 하기 때문일 것이다. 대개 이것은 시신이나 그의 조상(彫像)에 덧붙여지거나 그들과 관계가 있을 때 그려진다. 왕이 주도적으로 지배하는 왕국이 몰락한 후 바는 카가 행하던 양원적 기능의 일부를 떠맡게 되었다는 것이, 작은 새에서 (길을 인도하기 위해) 등불 곁에 앉아 있는 어떤 것으로 변모하는 상형문자의 변화로, 그리고 기원전 1900년경으로 알려진 베를린 파피루스 3024에 나오는 청각적 환각의 역할로 입증되었다. 이 놀라운 텍스트에 대한 모든 번역들은, 그렇지 않았더라면 멋진 학문적 업적이 될 수도 있었을 가장 최근의 것까지를 포함하여,[24] 현대

---

[24] Hans Goedicke, *The Report About the Dispute of a Man with his Ba*, *Papyrus Berlin 3024*(Baltimore: Johns Hopkins Press, 1970).

적 정신의 견강부회들로 가득 차 있다. 그리고 어떤 주석가도 감히 '한 인간의 자기 바와 하는 논쟁'을 액면 그대로 환청이라든지 오늘날 정신 분열증 환자의 환청으로 다룰 엄두를 내지 못했다.

신정정치의 시간적인 변화

앞에서 나는 양원적 왕국들 내의 공통점을 강조했다. 즉 중앙에 위치한 거대한 예배장소, 망자들을 살아 있는 듯이 처리하는 방식 그리고 우상들의 존재 등. 그러나 고대문명의 이 대체적인 면모 너머에는 이 지면에 모두 언급할 수 없을 정도로 많은 미묘한 차이들이 존재한다. 문명이나 문화는 엄청나게 다르다는 것을 잘 알고 있는 한, 우리는 양원성이 발생했던 곳이면 어디든 그것은 정확히 동일한 것들을 만들어낸다고 가정해서는 안 될 것이다. 인구, 생태계, 사제, 위계질서, 우상, 산업 등에서 나타나는 차이는 모두 권위, 빈도, 편재성(遍在性) 그리고 환각적 통제의 영향력 등에 엄청난 차이를 만들어낸다고 생각된다.

다른 한편 이 장에서 나는 위대했던 두 문명 간의 차이점을 강조해왔다. 그리고 나는 이 차이가 시간이 흘러도 변화되지 않고 유지되었던 것처럼 이야기했다. 그러나 이것은 사실이 아니다. 양원적 신정이 펼쳐지던 시간과 장소에 정태적 안정성이 존재했던 것 같은 인상을 주었다면 그것은 큰 잘못이다. 이 장의 마지막 부분에서 나는 양원적 왕국들의 구조에 나타나는 변화와 차이점을 언급함으로써 이 불균형을 바로 잡으려 한다.

복잡성

신정정치와 관련된 가장 뚜렷한 사실은 그들이 생물학적인 의미에서 성공적이었다는 점이다. 즉 인구가 끊임없이 증가했다는 것이다. 인구가 증가했기 때문에, 신으로 불린 환각으로 사회를 통제하는 문제는 더욱더 복잡다단해지게 되었다. 기원전 9000년경 아이난 시대에 몇백 명 정도의 마을을 통제하던 구조는, 우리가 조금 전에 다루었던 신들과 사제들과 관리들 간에 위계적 층을 가지고 있는 문명들과는 판이하게 달랐다.

사실상 나는 양원적 신정정치에는 어떤 주기성이 내장되어 있고 심화되었지만, 그 방법은 신정정치의 성공과 함께 환각적 통제의 복잡성도 문명국가나 문명화된 관계가 더 지속될 수 없게 되자 양원적 사회가 붕괴되었다고 주장하는 것이다. 앞에서 지적했던 것처럼, 이러한 일은 콜럼버스가 아메리카를 발견하기 이전의 문명에서도 여러 차례 발생했다. 아무런 외적 원인도 없이 갑자기 전 인구가 그들의 도시를 버리고 무정부적인 상태로 주변지역의 부족생활 속으로 해체되기도 하지만, 한 세기 남짓 지나면 그들은 다시 그들의 도시와 신에게로 돌아왔다.

이 장에서 살펴본 바와 같이 수천 년이 지난 후 이 복잡성은 분명히 더 심화되었다. 내가 기술한 많은 의식(儀式)과 행사들은 이러한 복잡성을 줄이기 위한 방편으로 시작된 것들이었다. 문자조차도 최초의 그림문자들은 표식을 해두거나, 목록을 만들거나, 분류하기 위한 것이었다. 최초로 구문적 형식을 갖춘 문장들이 언급한 것은 인구과잉 문제다. 우리에게는 아트라하시스(Atrahasis)라고 알려진 수메르의 서사시도 이 문제로 시작된다.

인구가 엄청나게 불었다. ……
신께서 이들이 질러대는 소리에 기분이 상했다.
벨이 이들의 소음을 듣고는
위대하신 신들을 향해
인간의 소음은 골칫거리가 되었다고 한탄했다.[25]

마치 목소리들이 곤란을 겪고 있는 것처럼 보인다. 이 서사시는 위대한 신들이 마치 메소포타미아의 신들이 그들의 인간 노예들을 경멸적으로 일컫던 말인 '검정 대가리들'을 얼마간 제거해버리기 위해 어떻게 재앙과 기근, 그리고 급기야는 대홍수(성서의 대홍수 이야기의 기원)를 일으키게 되었는지를 기술하고 있다.

신성에 관련된 장치들이 뒤틀려 가기 시작했다. 양원시대의 초기 몇천 년은 단순한 정치적 조직을 가지고 있는 더 단순한 삶이었고 작은 지역에 국한되어 있었으며, 작은 수의 신들만으로도 충분했다. 그러나 기원전 3000년 말기에 다가가자 사회조직의 속도가 빨라지고 복잡해지면서 한 주나 한 달 안에 내려야 할 결정의 수가 훨씬 더 많아졌고 (그런 결정을 내릴) 상황도 훨씬 더 복잡해졌다. 그리하여 인간이 처해 있는 상황마다 우러러 호소할 신들의 종류도 엄청나게 양산되기에 이르렀다. 수메르와 바빌론 도성에 있는 주요 신들의 큰 신당에서부터 가정집에 안치된 개인 신에 이르기까지, 세계에는 문자 그대로 환각의 자원이 득실거리고 있음이 틀림없었다. 따라서 이들을 엄격한 위계질서 체계 아래 징리할 사제들의 필요도 증가하게 되었다. 인간이 하는 모든

---

25 Saggs, *Greatness That Was Babylon*, 384~385쪽에서 인용한 것임.

일마다 그에 해당하는 신이 있었다. 예를 들어 황야를 통과하는 여행을 할지 말지를 결정하는 것에 관해 조언해줄 조상(彫像)-신인 파 삭(Pa-Sag)이 거주하는 파 삭 예배소 같은, (당시) 분명히 대중적이었을, 노변 산당들이 등장하는 것을 보게 된다.[26]

이처럼 점증하는 복잡성에 이들 근동지역의 신정정치가 보인 반응은 다를 뿐만 아니라 각 체제의 특성을 잘 나타내준다. 이집트의 경우, 예전처럼 신-왕이 통치하던 정부형태는 활력이 떨어졌고, 인간의 잠재성 개발에서도 뒤졌으며, 통치영역 내에서 개별성의 혁신을 허용하는 일도 느렸다. 그럼에도 이집트는 나일 강 유역을 따라 방대한 지역으로 뻗어 나갔다. 국민이 힘을 어떻게 모았는지 여러 이론이 있을 수 있지만, 기원전 3000년의 마지막 세기에 이르러 이집트의 모든 권위가 무너지고 말았다는 것은 의심할 여지가 없다. 어떤 지리학적 재앙이 이를 촉발시킨 원인이었을 수 있다. 기원전 2100년경으로 거슬러 올라가 언급하는 어떤 자료는 나일 강이 메말라가고 있어서 사람들이 맨발로 건널 수 있었으며, 태양이 가려져 있기도 했고, 곡물생산이 줄어들고 있었다고 기록했다. 무엇이 직접적 원인이든 간에 멤피스의 신-왕을 정점으로 하는 권위의 피라미드가 그 무렵 무너져내리게 된 것만은 사실이다. 문헌을 보면 사람들이 도시를 빠져나갔고, 귀족들이 먹을 것을 찾아 들에서 풀뿌리를 파헤쳤고, 형제들이 싸우고 부모를 살해했으며, 피라미드와 무덤들이 약탈당했다고 한다. 학자들은 권위가 이처럼 철저하게 사라진 것은 외적 원인 때문이 아니라 헤아릴 수 없는 어떤 내

---

26 울리 경이 조야하게 새겨진 파 삭의 석회석 인형과 함께 발견한 설형문자 석판에 따른 것이다.

적 취약성 때문이었다고 생각한다. 나는 이것이 양원적 정신의 쇠약과 점증하는 복잡성에 직면한 양원성의 취약성이라고 생각한다. 당시 이집트는 델타지역에서부터 나일 강 상류로 뻗어나간, 자급자족이 가능했던 주요 지역들로 분리되어 있었다. 그럼에도 이러한 무정부적 사태 아래서도 어떤 반란이나 이들 지역의 독립을 위한 투쟁이 없었다는 사실은 오늘날 우리의 사고방식과는 매우 다른 무엇인가가 있었음을 시사한다.

중대기(中代期)라고 불리는 이 시기에 있었던 양원적 정신의 붕괴는 마야문명에서 나타나던 주기적 몰락, 즉 모든 권위의 갑작스런 붕괴와 함께 사람들이 정글 속 부족의 삶으로 해체되었던 사실을 떠올리지 않을 수 없게 한다. 마치 마야의 도시들이 다시금 사람들로 북적대거나 붕괴 이후 새로운 도시가 형성되었던 것처럼, 이집트 역시 붕괴 후 100년이 채 못되어 새로운 신-왕의 통치하에 기원전 2000년의 초두에 통일을 이루어내며 이른바 중기왕국을 시작한다. 우리가 다음 장에서 보려는 것처럼, 기원전 1700년경의 아슈르(Ashur)에서와 같이 근동지역의 다른 곳에서도 때때로 동일한 붕괴가 일어났다.

법 개념

그러나 남부 메소포타미아 지역에서는 이에 준하는 어떤 일도 발생하지 않았다. 물론 전쟁이 없었던 것은 아니다. 도시국가들은 어느 도시의 신이 어느 들판을 통치하느냐에 따라서 어느 관리인이 그 일을 수행하느냐를 놓고 서로 싸웠다. 그러나 중앙아메리카나 고대왕국 말기의 이집트에서 있었던 것처럼 전체적인 권위의 붕괴는 결코 없었다.

이런 현상의 이유 중 하나는 관리인-왕이 하는 신정정치가 더 탄력적이었기 때문이라고 나는 생각한다. 다른 이유는 전자와 무관하지 않은 것으로써 문자가 사용되기 시작한 것이다. 이집트와는 달리 메소포타미아에서는 문자가 일찍부터 민간에도 통용되었다. 기원전 2100년경의 우르에서는 신의 관리인들을 매개로 나타나는 신의 판결들이 기록되기 시작했다. 이것이 법 개념의 시작이다. 이러한 성문화된 판결들은 (동시에) 여러 곳에 존재할 수 있게 되었고, 시간의 흐름에 상관없이 상존할 수 있게 되어 거대한 도시의 결집력을 유지했다. 이집트에서는 거의 1000년이 지난 후까지도 이와 유사한 어떤 것도 발견되지 않았다.

  기원전 1792년 이런 민간의 문자사용을 통해 극히 새로운 정부형태를 탄생시킨 것은 메소포타미아 역사에 등장하는 위풍당당한 인물, 바빌론의 신 마르두크의 관리인, 모든 관리인 왕 중 가장 위대한 왕이던 함무라비(Hammurabi) 때였다. 기원전 1750년까지 계속되었던 그의 오랜 직무 기간에, 그는 메소포타미아의 거의 모든 도시국가들을 바빌론 마르두크 신의 장악권 내로 끌어들였다. 이러한 정복과 영향력 행사가 성공할 수 있었던 것은 이전에 일찍이 없었던 방대한 양의 문자와 석비들 때문이었다. 심지어 함무라비는 글을 읽을 수 있었고 서기를 따로 둘 필요가 없었던 최초의 왕으로 여겨진다. 왜냐하면 그의 모든 설형문자 문서들은 동일한 손으로 진흙에 선명하게 각인되어 있기 때문이다. 문자는 민간에 대한 하나의 새로운 지시방법이었다. 실제로 이것은 오늘날 우리가 보는 메모로 하는 의사전달 방식을 따른 정부의 효시였다. 이것이 없었다면 메소포타미아의 통일 같은 사건은 일어나지 않았을 것이다. 이것은 우리가 나중에야 알게 된 것이긴 하지만, 양원적 정신구조를 대신하게 될 하나의 사회통제 방식이다.

판결문이 기록되어 있는 석비의 상단에 새겨져 있는 대로, 자신의 신 마르두크(또는 샤마시)에게서 오는 판결을 환각하고 있는 함무라비. 기원전 1750년경.

그의 가장 유명한 유물은 꽤나 과장되어 해석되기도 하고 아마도 잘못 이름이 붙여진 듯한 『함무라비 법전』이다.[27] 원래 그것은 그의 통치 말기에 아마도 자신의 인형이나 조상 곁에 놓아두었던 20센티미터 높이의 검은 현무암 석비였다. 우리가 독해할 수 있는 한, 다른 사람에게 배상을 받으려는 어떤 사람이 (석비 하단에 적혀 있는 것처럼) '나의 말을 듣기 위하여' 그 관리인-왕의 조상에게 갔을 것이고, 그런 다음에는 그 관리인 왕의 신께서 내린 판결이 기록되어 있는 그 석비 자체에게로 다가갔을 것이다. 그의 신은 앞서 말한 대로 마르두크였다.

---

[27] 내가 여기서 사용하는 번역은 Robert Francis Harper, *The Code of Hammurabi, King of Babylon*(Chicago: University of Chicago Press, 1904).

그 석비의 상단에는 그 판결을 하달하는 장면이 조각되어 있다. 신은 메소포타미아 도형에서는 산을 상징하는 돋우어 올린 단에 앉아 있다. 신이 말할 때면 그의 어깨에서 불꽃 같은 기운이 번쩍였다(어떤 학자는 이것을 태양신 샤마시를 뜻한다고 생각하기도 했다). 함무라비는 신 아래에 서서 열심히 듣고 있다('under-stand'하고 있는 것이다). 신은 오른손에 권력의 상징을 들고 있는데, 봉과 원은 흔히 신성을 기술하는 데 사용되었다. 이 상징물들로 신은 자신의 관리인 함무라비의 왼쪽 팔꿈치를 건드리는 것이다. 이 장면이 담고 있는 한 가지 엄청난 일은 신과 그의 관리인-왕이 무감각한 채로 당당히 서서 서로를 열심히 바라보며, 관리인-왕의 오른손은 관찰하는 우리와의 사이를 막아 세운 채로 대화를 나누는 장면의 최면적 확신(hypnotic assurance)이다. 여기에는, 수세기 후에 일어나는 바와 같은, 신 앞에 선 (인간의) 겸손이나 구걸이란 없다. 함무라비는 그러한 관계 속에 자신을 서술해넣을 어떤 주관적 자아 같은 것이 없다. 단지 복종이 있을 뿐이다. 마르두크가 구술하는 것은 일련의 매우 특정한 사건에 관한 판결이다.

　이 양각으로 조각된 것 아랫부분의 석비에 씌어진 바와 같이, 마르두크의 판결은 함무라비 자신이 쓴 도입부와 발문(跋文) 사이에 끼어 있다. 그는 허세와 격정으로 자신의 행적과 힘, 마르두크와 친밀성을 뽐내며, 마르두크를 위해 그가 이룬 정복과 이 비석을 세우는 이유를 기술하고는 자신의 이름에 흠집을 낼 자에게 내릴 불행에 관하여 섬뜩한 말로 끝을 맺는다. 서문과 발문에 담긴 허세와 천진한 태도는 일리아스를 회상하게 한다.

　그러나 (서문과 발문) 사이에는 신이 하달한 282가지의 소리 없는 판결이 적혀 있다. 그것은 다른 업종의 사람들 사이의 상품배분 문제, 사유 노예나 도둑이나 제멋대로 구는 자식을 어떻게 벌해야 하는가 하는 문제, 눈에는 눈 이에는 이로 갚는 보복의 원칙, 죽음, 선물, (당시 상당히 보편화되었던 모양인) 자식 양자의 문제, 결혼, 하인, 노예 등에 관한 것이었다. 이 모든 것은 앞서의 호전성과 허세가 보이는 서문과 발문과는 대조적으로 말을 아끼는 냉정한 어조로 되어 있다. 마치 전혀 다른 두 '사람'처럼 들리는데, 사실 양원적 의미에서는 그러하다. 이는 함무라비의 신경체계가 두 개의 분리된 통합구조임을 의미한다. 서문과 발문을 쓰며 석비의 곁에 인형으로 서 있는 자로 나타나는 좌반구가 그 하나요, 판결을 내리는 우반구가 또 다른 하나인 것이다. 이들 중 어느 한쪽도 우리와 같은 의미의 의식을 갖고 있지 않다.

석비 자체는 나름대로 형식을 드러내는 양원정신의 명확한 증거이지만, 신의 말이 언급하는 문제는 실로 복잡한 것이다. 계획하고, 책략을 꾸미고, 기만하고, 희망을 품는 등 법에 기술되어 있는 이런 일들을 주관적 의식이 없었던 기원전 18세기 사람들이 행했으리라고 상상하기는 힘들다. 그러나 이 모든 일이 얼마나 초보적인 것이며, 우리의 현대적 언어가 얼마나 오류를 범할 수 있는지를 기억해야 할 것이다. 예를 들어 '화폐'나 '대여'라고 그릇되게 번역되는 단어는 단지 은을 의미하는 카스푸(kaspu)다. 주화가 발견되지 않은 점을 고려할 때, 그것은 우리 개념에서의 화폐는 아닌 것이다. 유사하게 대여라고 번역된 것은 실제로는 십일조로써, 땅의 주인에게 그곳에서 소출된 것의 일정 부분을 돌려주기로 한 협정을 진흙판에 기록한 것이었다. 포도주는 구매되었다기보다 일정 분량의 포도주를 일정 분량의 곡물과 교환했다. 현대적 금융용어를 사용하는 것은 명백히 잘못이다. 앞서 언급했던 대로 많은 설형문자를 번역할 때, 현대학자들은 고대문화를 우리에게 좀더 친숙하게 만들어 더 흥미를 불러일으켜 보려는 의도로 고대문화에 현대적 사유범주를 주입하려고 끊임없이 시도했다.

이처럼 석비에 적힌 법률을 당시에는 알려져 있지도 않은 경찰에 강제되는 현대적 법률용어로 해석해서는 안 된다. 그것은 단지 바빌론에서 이루어지던 관행의 목록이며 마르두크의 언명일 뿐이다. 석비에 기록된 그것들의 출처의 신빙성이 필요하지 않듯이 시행이 필요했던 것도 아니었다.

이것들이 기록되었다는 사실과, 좀더 일반적으로 말해서 의사소통을 위해 시각적 기록이 광범위하게 사용되었다는 사실은, 양원적 정신의 청각적 환각에 따른 통제가 감소되고 있음을 나타내준다. 이와 함께 이것들은 수세기 후에 다른 요소들과 함께 인간의 정신구조에 변화를 일으킨 문화적 결정요인들을 시동시켰다.

이제까지의 이야기를 요약해보자.

두 장에 걸쳐 나는 방대한 세월 동안 기록한 것을 조사하려고 애썼다. 이는 초기문명과 당시 인간은 우리와는 정신구조가 전혀 달랐을 개연성이 있음을 보이기 위한 것이었고, 당시 인간은 우리처럼 의식이 없었기에 그들의 행위에 책임지지 않았으며, 따라서 방대한 수천 년 세월에 이루어진 것으로 그들은 비난받을 일도 칭찬 들을 일도 없게 되어 있다는 것, 각인은 자신의 신경구조 속에 성스러운 부분을 지니고 있어서 이것을 통해 마치 노예처럼 우리가 의지력(volition)이라고 부르는 것에 해당하는 목소리 또는 목소리들에서 실제로 명령을 받았으며, 그 목소리들은 자신들이 명령한 것에 권위를 부여했다는 것, 이 목소리들은 정교하게 조직된 위계질서상의 타인들의 환각된 목소리와 관련되어 있다는 것 등을 밝히려는 것이었다.

내가 보기에는 전체적 패턴은 이러한 견해와 일치한다. 그러나 이집트에서 페루, 우르에서 유카탄에 이르기까지 어떤 문명이 일어나든, 장례행사와 우상제작, 신정정부와 환각 목소리에서 놀라운 일치를 보이며, 이 모든 것들은 오늘날의 우리와는 다른 정신구조라는 생각을 뒷받침한다.

그러나 앞서 지적했던 바와 같이, 양원적 정신을 정태적인 어떤 것으로 보는 것은 잘못된 견해다. 그것이 기원전 9000년에서부터 기원전 2000년에 이르는 기간에 걸쳐 발달해온 것이기 때문에, 어느 한 세기를 두고 보면 (아시리아의) 지구라트나 신전처럼 굳어 있는 듯이 보일 정도로 느린 발달이다. 1000년이 이 시대의 시간 단위다. 그러나 적어도 근동지역에서의 발달 속도는 기원전 2000년경에 이르렀을 때 빨라지기 시작했다. 이집트의 카의 신처럼 아카드의 신들은 그 수가 불어나 더 복잡해졌다. 이처럼 복잡해지자 최초로 불확실성이 생기고, 상위의 신들과 중재할 개인의 신들이 필요하게 되었다. 이런 과정에서 신들은 하늘로 그 자리를 옮겨가게 되었고, 그 후 1000년이라는 짧은 시간에 그 하늘도 사라지게 되었다.

여전히 신하들의 환각을 통해 나투피아 마을을 통치하는, 아이난의 붉은 난간 밑 돌 위에 받쳐둔 왕족 시체에서 천둥을 일으키고 전쟁을 일으키고 드디어는 하늘로 사라져버린 전능한 존재에 이르기까지, 신들은 언어진화 과정에서 파생된 한낱 부수효과였고 동시에 호모사피엔스 탄생 이래 삶의 진화에서 가장 괄목할 만한 특징이기도 한 가공물이 아니었다. 나는 신이 하나의 허구라고 주장하는 것이 아니다. 신은 누군가의 상상이 만들어낸 가공물이 아니었다. 그들은 인간의 의지력이었다(They were man's volition). 그들은 인간의 신경체계를, 아마도 우반구를 점령하고 있으면서, 훈계적이고 교훈적인 경험의 축적에서부터 (일부를) 분절된 언어로 변환시켜 인간에게 무엇을 하라고 '말하는' 것이었다. 이러한 내면에서 들려온 소리가 때로 임금의 시체가 지지목으로써 필요했고 성소에 안치된 보석눈을 해 박은 금박이 시체의 지원이 왜 필요했는지에 대해서는 알지 못한다. 이 부분 역시 설명이 필요하다. 나는 문제의 근본은 감히 건드리지 못했다. 다만 현존하는 텍스트들을 좀더 완전하고 옳게 번역한 것이 나오고 고고학적 발굴 속도가 빨라지면 인간을 문명화해온 길고 긴 수천 년에 대한 좀더 참된 이해가 나올 수 있으리라고 기대한다.

제3장

의식의 원인

"신속히 행동하여, 너의 신을 기쁘시게 하라"(Act promptly, make your god happy)[1]는 뜻으로 영역되어온 옛 수메르 속담이 있다. 이 현대적인 영어 단어들이 수메르어의 의역에 지나지 않는다는 점을 잠시 접어두기로 한다면, 호기심을 자아내는 이 명령은 우리의 주관적 정신 구조에도 다음과 같이 말하는 것 같다. "생각을 하지 말라. 양원적 목소리를 듣는 것과 그에 따라 행하는 것 사이에 어떤 시간 간격(time space)이 없게 하라."

안정적인 위계적 조직 내에서는 그렇게 하는 것에 아무 문제가 없었다. 목소리들이 언제나 옳았을 뿐만 아니라 그것이 그 체계의 핵심적 부분이었고, 인간에 대한 신의 명령은 자유재량이 허용되지 않는 의식(儀式)에 꽁꽁 동여 매여 있으며, 큰 사회적 혼란에도 영향받지 않았다. 그러나 기원전 2000년대에는 이것이 통용되지 않았다. 전쟁과 재앙과

---

[1] Edmund I. Gordon, *Sumerian Proverbs*(Philadelphia: University Museum, 1959), 113쪽에 나오는 속담 1:145이다.

민족 이동이 중심 주제가 되었다. 무의식적 세계가 발하는 성스러운 광명이 혼돈의 어두움에 가려지게 되었다. 위계질서가 비틀거렸다. 행동과 그것을 야기시킨 신 사이에 어두운 그림자가 드리웠다. 신성을 모독하는 머뭇거림이 있었고, 신들을 불행하게 하고 비난하게 하고 결투하게 하는 끔찍한 간극이 있었다. 급기야 신들의 독주에 제동을 건 사건이 발생했으니, 유사 '나'를 동반하는 유사 공간이 언어에 기초하여 발명된 것이다. 세심하고 정교한 양원적 정신구조가 붕괴되어 의식이 나타나게 되었다.

이런 것들이 이 장에서 다룰 주요 내용이다.

양원적 왕국의 불안정성

현대세계에서 우리는 엄격한 권위주의적 정부 하면 군국주의와 경찰의 억압을 연상한다. 이런 연상은 양원적 시대의 권위적 국가들에 적용되어서는 안 된다. 군국주의, 경찰, 공포의 지배, 이 모든 것들은 희망과 증오 같은 다양한 사적 상태로 갈려 정체성 위기를 겪으면서 안절부절 못하는 주관적·의식적 민중을 통제하기 위해서 사용된 필사적인 조치였다.

양원적 시대에는 공포도 억압도 심지어 법도 아닌 양원적 정신 자체가 사회적 통제였다. 그곳에는 사적인 야망이나 사적인 적의나 사적인 갈등이나 사적인 어떤 것도 없다. 왜냐하면 양원적 인간에게는 사적으로 될 어떤 내적 '공간' 같은 것이 없었으며, 사적으로 존재할(to be private with) 유사 '나' 같은 것도 없었기 때문이다. 모든 주도권은 신의 목소리에 있었다. 그리고 신들이 스스로 성스런 법률의 도움을 받을 필요가 생긴 것은 오직 기원전 2000년경의 후기 국가연합이 통합되면서였다.

따라서 아마도 양원적 국가들마다 그 후 문명시대보다 사람들이 더 평화스럽고 우호적이었을 것이다. 그러나 상호 다른 양원적 문명들이 만났을 때는 그 상황이 복잡하고 또 달랐다.

전혀 다른 양원적 문화에서 온 두 사람이 만났다고 하자. 서로 상대방의 언어도 모를 뿐만 아니라, 다른 신에게 속해 있다고 하자. 이들이 만나 행동하는 방식은 각자가 이제껏 양육되면서 접했던 충고나 경고나 끈질진 요구대로 할 것이다.

번영을 누리는 나라의 신이 있고, 인간은 농토를 경작하고 추수하고 저장하고 개미 사회에서처럼 얽히는 일도 질문거리도 없으며, 모든 일이 잘 진행되어가고 있는 평화시라면, 이들이 듣는 신의 목소리는 근본적으로 우호적일 것이며, 모든 사람의 음성적 환각도 아름답고 평화로우며 조화를 강조하는 경향이 있었을 것으로 추측된다. 왜냐하면 이러한 사회적 통제방식을 보존하기 위해 진화해온 바로 그런 조화를 강조했을 것이기 때문이다.

이리하여 이 상이한 문화에서 온 두 사람의 양원적 신정정치가 그들 세대에 전혀 위협적이지 않으면, 이들에게 지시를 내리는 신들도 우호적 목소리를 낼 것이고, 두 사람의 만남은 우호적 감정에서 나오는 모호한 몸짓이나 표정을 교환하거나 선물 따위를 교환하는 것으로 결판이 날지 모른다. 왜냐하면 각자가 가지고 있는 것들이 (서로 다른 문화에서 나온 것들이어서) 상대적으로 귀한 것들인 까닭에 상호 교환을 갈망하게 만들었으리라고 확신할 수 있기 때문이다.

아마도 이것이 교역의 시작이었을 것이다. 이런 교역의 시작은 가족 내에서 음식을 나누는 일로 거슬러 올라갈 것이며 그것은 다시 같은 도시 내에서 물품이나 생산품의 교환으로 발전했을 것이다. 처음 정착하여 지은 농사의 수확물은 신의 규칙에 따라 조금씩이라도 나누어 먹어야 했던 것처럼, 노동이 포도주, 장신구, 의복, 가옥 등의 생산으로 전문화되어가자 모든 사람은 신이 정해준 만큼을 서로 나누어 갖지 않으면 안 되었다.

다른 사람들 사이의 교역은 단지 다른 왕국과 물물교환의 연장일 뿐이었다. 기원전 2500년에 수메르에서 발견된 자료를 보면 이러한 교역은 인더스 계곡에 이를 만큼 확산되어 있었다. 수메르와 인더스 계곡 중간지역의 페르시아 만 하구 테페야히아(Tepe Yahya)에 있는 새로운 도시 유적지에서 최근 발견된 것을 보면, 그곳에서 나온 유물은 메소포타미아의 전역에서 사용되었음을 알 수 있는데, 이는 가정용기로 동석(凍石)과 비눗돌(soapstone)을 주원료로 하였으며 그곳이 이러한 양원적 왕국들의 교역 중심지였음을 보여준다.[2] 5센티미터가량의 작은 네모난 돌판이 발견되었는데 그곳에는 간단한 교환 비율을 나타내는 듯한 숫자가 적혀 있었다. 이 모든 것은 기원전 3000년 중반의 평화스런 시기에 관한 것이었다. 양원적 신정국가 간의 교역확대가 본질적으로 (당시의) 문화를 가능케 했던 양원구조를 약화시켰으리라는 점은 뒤에서 다루기로 하자.

이제 다시 상이한 문화권에서 온 두 사람의 이야기로 돌아가자. 평화스런 신들을 모신 평화스런 세계에서 일어난 일을 언급한 바 있다. 그러나 상황이 정반대라면 어떻게 될 것인가? 양자가 모두 위협받는 문화에서 온 사람이라면, 이들은 서로 상대방을 죽여버리라고 지시하는

---

2 *New York Times*, 1970. 12. 20, 53쪽.

280 제2권 역사의 증언

호전적인 환각의 목소리를 들었을지 모르며, 이로써 적대감이 뒤따라 일어나게 될 것이다. 그러나 만일 어느 한쪽이라도 위협받고 있는 문화에서 왔다면 상대에게 방어자세를 취하게 할 것이므로, 동일한 신이건 다른 신들이건 전투를 수행하라고 지시하는 한, 결과는 같게 될 것이다.

따라서 신정국가들의 관계에서는 중간지점이란 없다. 왕, 대신, 부모에게 메아리치는 훈계적인 목소리는 개인에게 타협하라고 명령할 것 같지 않다. 오늘날에도 귀족적 기품이라는 개념 역시 대체적으로 양원적 권위의 잔여물이다. 애처롭게 우는 것은 품위에 반한다. 탄원하는 것도 애걸하는 것도 품위에 반한다. 실제로 이런 태도들이 차이점들을 해결하는 가장 도덕적 방식이라 할지라도 말이다. 그리하여 양원적 세계는 불안정했으며, 양원시대의 인접 국가들 간의 어느 관계보다도 더 쉽사리 전면적인 우의관계로 끝나거나 전면적인 적대관계의 양 극단 간에 끝날 공산이 더 컸다고 나는 생각한다.

문제는 여기서 끝나지 않는다. 양원적 왕국이 순탄하게 유지되기 위해서는 자체의 권위적 위계체계에 의존하지 않으면 안 된다. 사제적 위계질서든 세속적 위계질서든 일단 논란거리가 되거나 동요가 일어나면 그 효과는 경찰국가에서는 있을 수 없는 방식으로 과장될 것이다. 앞서 보았던 바와 같이 도시의 규모가 일정 수준이 되면 양원적 통제는 극히 위험하게 될 것이다. 양원적 도시의 규모가 커짐에 따라, 다양한 목소리들을 분별해내고 그것들을 인정해주는 사제들의 위계체계가 주요 관심사가 아닐 수 없었다. 인간과 환각적 권위 간의 균형에 작은 충돌만 생겨도, 마치 카드로 지은 집처럼 전체의 붕괴로 이어지고 말 것이다. 앞의 두 장에서 언급했던 대로, 이런 신정국가들은 종종 어떤 알려진 외적 원인도 없이 실제로 갑자기 붕괴해버렸다.

그렇기 때문에 의식적 국가들과 비교하여 양원적 국가들은 붕괴의 위험에 더 취약했다. 신들의 지배력은 제한성을 안고 있다. 이러한 내재적 취약성 외에도 만일, 양원적 민족들이 어쩔 수 없이 서로 뒤섞이는 것과 같은 전혀 새로운 일이 발생하면, 신들은 모종의 평화적인 해결책을 내놓도록 심한 압박을 받았을 것이다.

문자쓰기와 함께 온 신적 권위의 약화

기원전 2000년경 문자쓰기가 성공하면서 신들의 이런 한계는 경감되기도 하고 악화되기도 했다. 문자쓰기는 한편으로는 함무라비의 경우와 같이 시민구조의 안정을 가져왔고, 다른 한편으로는 양원적 정신의 청각적 권위를 점차 침식해 들어갔다. 특별히 정부의 메시지와 회계는 점점 더 설형문자 석판에 기록되어갔다. 이들의 전체적인 문서보관처가 아직도 발견된다. 관리들의 서신은 흔한 것이 되었다. 기원전 1500년 바위투성이인 시내산의 고지대 광부들조차 자신들의 이름과 자신들과 광산 신의 관계를 벽에 새겨넣었다.[3]

양원정신의 신적 환각성에서 명령은 청각적으로 이루어졌다. 따라서 청각부위와 더 밀접하게 연결된 두뇌의 피질 영역이 사용되었다. 그리고 귀먹은 진흙덩이 위에 기록되고 무언의 돌에 각인하기 시작하자, 신이 침묵을 지켰고, 신의 명령이나 왕의 지시들은 기피하게 되었고, 청각적 환각으로는 불가능했던 인간 자신의 노력으로 바뀌게 되었다. 신

---

3 Romain F. Butin, "The Sarabit Expedition of 1930: IV, The Protosinaitic Inscriptions," *Harvard Theological Review*, 25호, 1932, 130~204쪽.

의 말씀은 즉각적인 복종이 수반되는 편재적 힘을 갖는 게 아니라, 하나의 통제가능 영역(a controllable location)을 갖게 되었다. 이것은 아주 중요한 의미가 있다.

신들의 실패

이처럼 신과 인간 간의 협력관계가, 아마도 (인간의) 교역으로 그리고 틀림없이 인간의 문자쓰기로 느슨해진 것은 후속사태의 배경이 되었다. 그러나 양원정신의 몰락을 가져온 직접적인 원인, 그리고 신과 인간, 환각적 목소리와 자동적 행동 간에 의식이라는 분열이 생긴 원인은 바로 사회적 혼돈 속에서 신들이 인간을 향해 무엇을 하라고 하지 못했다는 점이었다. 만일 신들이 그런 명령을 내렸더라면 그들은 죽음을 불러일으켰을 것이다. 아니면 신들은 스트레스를 증가시켜 먼저 생리학적으로 그 목소리를 발생시켰지만 결국 해결 불가능한 혼돈의 지경에 이르게 되었을 것이다.

이 일의 역사적 배경은 복잡하다. 기원전 2000년은 근본적이고도 회복 불가능한 변화가 무겁게 엄습했던 시기였다. 엄청난 지리학적 재앙이 발생했다. 문명이 멸망했다. 전 세계 인구의 절반이 난민이 되었다. 이 중요했던 1000년대가 피비린내 나는 암흑의 끝장을 맞이할 것이라는 것을 예감하면서, 이전엔 산발적으로 일던 전쟁들이 급박하고 맹렬하게 자주 닥쳐왔다.

이것은 이 변화들을 불러일으키는 다양한 차원에서 오는 변수들과 오늘로서는 우리가 전혀 확인할 수 없는 사실들로 이루어진 복잡하기 짝이 없는 상황이다. 새로운 세대의 고고학사와 고대사 연구자들이 이전의 연구자들의 잘못을 지적함에 따라 역사적 사실들이 거의 매년 수정된다. 이 복잡한 상황을 대략적으로나마 파악하기 위해 대격변을 야기한 두 가지 주요 사건들을 생각해보기로 하자. 하나는 테라(Thira) 지역의 화산폭발로 지중해 동부 전역에서 인구 유입과 대단위 민족이동이 있었던 것이다. 다른 하나는 군사적 정복을 거듭하여 서쪽으로는 이집트에 이르며, 북쪽으로는 카스피 해에 이르고, 메소포타미아 전역을 통합시키는 등 크게 3단계에 걸쳐 진행되었으며, 또한 이전에는 존재하지 않았던 전혀 새로운 제국을 형성한 아시리아(Assyria)의 발흥이다.

아시리아의 생성

우선 기원전 2000년대가 시작될 무렵, 아슈르(Ashur) 신에 속한 도시를 둘러싼 메소포타미아 북부의 상황을 살펴보기로 하자.[4] 원래 아카드 지역이었으나 기원전 1950년경 옛 바빌로니아에서 남쪽으로 320킬로미터 정도 떨어져, 잔잔한 티그리스 강 상류에 있는 이 평화스런 양원적 국가는 상당히 고립된 국가였다. 아슈르의 최고위 인간 관리인이던 푸젠 아슈르(Puzen-Ashur) 1세의 영도 아래 이 지역의 부와 우호적인 영향력은 외부를 향해 확장되기 시작했다. 이 확장의 특징은 다른 신정국가들과 물자 교환이 그 이전 어느 나라에서보다 더 많았다는 점이다. 그로부터 약 200년 후 아슈르 신이 주인이던 이 도시는 아시리아가 되었고 그 교역소들은 아나톨리아의 북동지역, 즉 오늘의 터키에까지 이르도록 1,120킬로미터나 뻗어 있었다.

도시들 간의 물품교역은 상당 기간 지속되었다. 그러나 이것이 아시

---

[4] 아시리아의 전반적인 윤곽을 그려보기 위해 나는 여러 전문가들의 견해를 따르고 있으나 특히 H. W. F. Saggs, *The Greatness That Was Babylon*(New York: Mentor Books, 1962)와 올브라이트(William F. Albright)의 다양한 논문들에 의존했다.

리아인들이 했던 것만큼 광범위했는지는 의문이다. 교역이 발생했던 몇몇 아나톨리아 도시 외곽의 교역소였던 카룸(karum) 지역, 좀더 좁게는 우바툼(ubartum) 지역을 최근 발굴했다. 퀼테페(Kültepe) 외곽의 카룸에서 특별히 흥미로운 발굴이 있었다. 창 없는 벽들로 된 작은 건물 안에는 돌과 나무로 된 선반이 있었고 그 위에는 이전에는 번역된 적이 없는 설형문자 석판과, 속에 판매대로 보이는 것들이 들어 있는 항아리들이 얹혀 있었다.[5] 이 문자기록은 실제로 옛 아시리아의 것이며, 아마도 교역상인들이 여기까지 옮긴 듯한데, 이것은 안톨리아에서 알려진 최초의 문자기록이다.

그러나 이러한 교역은 참된 시장은 아니었다. 수요·공급의 관계에서 가격이 매겨지는 것도 아니고, 사거나 파는 것도 아니며, 화폐도 없었다. 신의 칙령에 따른 등가물이란 점에서 교역이었던 것이다. 이제까지 번역된 설형문자 석판 어느 것에서도 거래 이익이나 손해를 언급한 적이 없다. 이따금 아마 기근이 발생했을 때에도 교역 방식이 달라지고 심지어 '인플레이션'을 암시하는 말이 사용되는 예외적 경우가 있기는 했지만, 이 예외들이 내가 지금 따르는 폴라니(Polanyi)의 견해를 심각하게 저해할 정도는 아니다.[6]

잠시 이들 아시리아의 상인들을 생각해보자. 그들은 가계의 승계와 도제제도로 자신들의 지위를 확보한 채, 수세기를 거쳐 선조들이 해온 교환을 수행한 대행자들일 뿐이었다. 그러나 역사심리학자들은 여기서 여러 문제에 봉착했다. 자기네 도시-신의 목소리가 나오는 근원지에서

---

5 Nimet Osguc, "Assyrian Trade Colonies in Anatolia," *Archeology*, 4호, 1965, 250~255쪽.

6 Karl Polanyi, *Trade and Market in the Early Empires*(Glencoe: Free Press, 1957).

자그마치 1,120킬로미터나 떨어져 있는 곳에서, 전혀 다른 목소리를 내는 판테온(pantheon)신전[7]에 통치되는 양원적 인간들과 매일 접촉하며 (그들의) 언어를 말해야 한다면, 이 상인들의 양원적 목소리에 어떤 일이 생길까? 다른 문명의 변방에 있는 이들 교역상인들에게 원시주관적(protosubjective) 의식 같은 것이 발생할 수 있을까? 그들이 정기적으로 아슈르 신에게 되돌아갈 때마다 양원성이 약해졌고 이것이 다음 세대로 전해진 것은 아닐까? 그리하여 신들과 인간 간의 양원적 고리는 느슨해져버리고 만 것은 아닐까?

의식의 원인은 다양하다. 그러나 적어도 이 의식발달의 중추적 역할을 담당한 국가는 다른 국가들과 가장 많이 교역하던 국가였던 것을 우연의 일치로만 생각하지 않는다. 그 당시 신들, 특히 아슈르의 힘이 약해졌던 것이 사실이라면, 그것이 기원전 1700년경에 이 도시의 절대적 몰락이 오고 200년간이나 지속된 아시리아의 무정부적 암흑기가 시작된 원인이 될 수 있었을 것이다. 이 사건에 대한 어떤 설명도 제시되지 않았다. 이것을 이해하는 어떤 역사가도 없다. 그리고 이것이 이해될 어떤 희망도 보이지 않는다. 왜냐하면 이 시기의 아시리아 설형문자는 한 조각도 발견된 적이 없기 때문이다.

이 몰락 이후 아시리아를 재조직하는 일은 다른 사건들이 일어난 뒤에 일어났다. 기원전 1450년, 이집트는 미타니(Mitanni)를 시리아 바깥, 즉 유프라테스 강 건너편 옛 아시리아 땅이던 두 큰 강 사이의 지역으로 몰아냈다. 그러나 1세기 후 이 미타니는 북쪽에서 온 히타이트족에게 정복당했고, 그리하여 2세기의 무정부적 암흑기가 끝난 기원전

---

[7] 여기서는 특정 집단적 신화의 신들에게 바치는 신전 – 옮긴이.

1380년에는 아시리아 제국의 재건이 가능하게 되었다.

이는 얼마나 대단한 제국이었던가! 이 제국보다 군국적인 제국은 없었다. 이전에 다른 곳에서 나온 비문들과는 달리 아시리아 중부에서 나온 것들은 잔인한 포고문들로 가득 차 있다. 극적인 변화다. 그러나 아시리아인들이 세계 정복을 향해 무자비하게 짓밟아가면서 이룬 침략의 성공은 이어지는 또 다른 재앙을 붙드는 톱니바퀴 같은 것이었다.

화산분출, 이주, 정복

양원적 정신의 몰락은 에게인(Aegean)이 살던 지역의 상당 부분이 바다 밑으로 가라앉음으로써 더욱 가속되었다. 이 뒤를 이어 산토리니(Santorini)라고 불리기도 했고, 오늘날에는 에게 지역 관광 명소가 된, 테라 섬에 한 번 또는 연속적인 화산 분출이 잇따랐다. 이곳은 크레타 섬에서 북쪽으로 고작 1천 킬로미터 떨어진 곳이었다.[8] 이곳은 플라톤이 언급한 후 전설들의 주제가 된 잃어버린 땅 아틀란티스 대륙의 일부였다.[9] 아틀란티스는 크레타와 함께 미노아 제국을 형성했다. 아마도 크레테 일부와 함께 이곳 대부분이 갑자기 수심 300미터 아래로 가라앉고 말았던 듯하다. 테라의 남은 지역 대부분은 45미터나 되는 화산재와 부석(浮石)더미로 덮여 버렸다.

지질학자들의 가설에 따르면 화산폭발로 검은 구름이 며칠이나 하늘을 덮었고 수년간이나 환경에 영향을 주었다고 한다. 공기 충격파는 수

---

[8] Jerome J. Pollit, "Atlantis and Minoan Civilization: An Archeological Nexus"; Robert S. Brumbaugh, "Plato's Atlantis," *Yale Alumni Magazine*, 33호, 1970, 20~29쪽.

[9] 특히 *Critias*, 108e~119e, 그 밖의 여러 곳.

소폭탄 하나보다 350배나 더 강력했을 것으로 계산된다. 두꺼운 독성의 수증기가 솟아올라 몇 킬로미터의 바다를 덮었고, 쓰나미(tsunami) 또는 대형 조류가 뒤따라왔다. 210미터의 높이로 시간당 560킬로미터의 속도로 밀려온 대형 파도는 에게 본토와 그 섬들에 건설되었던 양원적 왕국의 해안을 맥없이 부수어놓고 말았다. 내륙 3킬로미터 내의 모든 것들이 파괴되었다. 한 문명과 그 신들이 사라졌다.

이런 일이 발생할 때, 그것이 일련의 분출이었는지 분출과 붕괴 사이에 1년이 걸리는 2단계 일이었는지는 화산재와 부석의 연대를 측정하는 진일보된 과학적 방법으로나 밝혀질 것이다. 어떤 이는 이 일이 기원전 1470년에 일어난 것이라고 믿으나,[10] 어떤 이는 기원전 1180년과 기원전 1170년 사이로 추정되는 테라의 붕괴는 기원전 1450년의 파괴를 조족지혈로 보이게 할 만큼 보편적으로 일어난 거대한 재앙으로써 키프로스와 나일 강 삼각지와 이스라엘 해안을 포함한 지중해 전역을 강타한 재앙이 있을 때 동시에 발생한 것이라고 주장한다.[11]

단발의 분출이든 연속적 분출이든 그것이 발생했을 때, 히타이트와 미케네 제국이 파멸되었고, 대규모의 거대한 민족이동과 침략이 이어지는 암흑시대가 도래했다. 이 암흑시대에서 의식의 여명이 밝았다. 오직 이집트만이 문명생활의 노작(勞作)을 보유했던 듯하다. 물론 기원전 1230년경 트로이 전쟁이 발발할 즈음에 있었던 이스라엘인들의 출애굽사건도 이 거대한 세계적 사건의 일부로 간주될 만큼 근접한 시기의 일이긴 했다. 홍해가 갈라졌던 전설은 아마도 테라 섬 분출과 관련하여

---

[10] S. Marinatos, *Crete and Mycaenae*(New York: Abrams, 1960).
[11] *New York Times*, 1966. 9. 28, 34쪽.

갈대바다(Sea of Reeds)에 일어난 조류의 변화를 지칭하는 듯하다.

그 결과 단 하루 동안에 전 인구 또는 살아남은 사람은 갑자기 난민으로 전락했다. 이웃이 이웃을 침범하는 일이 벌어지자 도미노 게임의 패처럼 무정부와 혼돈의 물결이 놀란 대륙을 휩쓸어 비틀거리게 했다. 이런 폐허 속에서 신들이 무엇을 말할 수 있겠는가? 굶주림과 죽음이 신들보다 더 긴박하게 다가오고, 낯선 사람들을 노려보는 낯선 사람들로 붐비며, 무슨 말인지 알아들을 수 없는 이상한 말이 넘치는 상황에서 신들이 무엇을 말할 수 있겠는가? 양원적 인간은 일상생활의 자질구레한 상황 속에서는 무의식적 관습에 따라 통치되며, 자신이나 타인의 행위 속에서 뭔가 새롭거나 일상을 벗어난 것과 마주치면 자신의 목소리-환각(voice-vision)의 통치를 받는다. 큰 위계체계에서 쫓겨난 상황에서 어떤 습관이나 양원적 목소리의 도움도 지시도 받지 못하게 된다면, 그는 실로 가련한 신세가 되고 말 것이 틀림없다. 평화스런 권위적 질서의 훈계적 경험에서 뽑아낸 증류수와 축적물들이 이런 상황에서 어떤 도움이 될 수 있었을까?

거대한 민족이동이 이오니아로, 그다음에는 남방으로 이루어졌다. 레반트 해안지대는 구약의 필리스타아인들을 포함한 동유럽 민족들에게 바다와 육지에서 공략당했다. 아나톨리아에서는 난민들의 압박이 대단하여 기원전 1200년 막강한 히타이트 제국마저 붕괴되고 말았다. 히타이트족은 시리아로 내몰려 그곳에서 다른 민족들과 새로운 정착지를 찾아야 했다. 아시리아는 내륙국으로서 자체 방어에 성공했다. 외부 유입으로 혼돈을 겪는 동안 잔인한 아시리아군은 프리기아(Phrygia), 시리아, 페니키아, 심지어는 북쪽 산악지대의 아르메니이(Armenia)인들과 동쪽의 자그로스(Zagros) 산악지대의 사람들에 이르기까지 파죽지

세로 밀고 나갔다. 아시리아가 엄격한 양원적 기반 위에서 이 일들을 할 수 있었던 것일까?

이 중부 아시리아의 가장 강력한 왕은 티그라트 필레세르(Tiglath-Pileser) 1세(기원전 1115~기원전 1077)였다. 그가 자신의 이름에 자기 신의 이름을 연관시키지 않았음을 눈여겨보라. 그의 공적은 그의 가공할 자랑을 기록한 거대한 진흙 기둥에 잘 알려져 있다. 그의 칙령은 잔인한 '내용으로 가득 찬' 석판 수집물들 속에서 오늘날 우리에게까지 전해진다. 학자들은 그의 정치를 '공포의 정치'[12]라고 부른다. 사실 그러했다. 아시리아인은 순진한 마을 주민들에게 백정행세를 했고 모든 난민을 노예로 삼았으며 수천 명의 다른 사람들을 살육했다. 바스 양각(Bas-relief)은 도시 전체가 어떠했는지를 보여주고 있다. 가랑이에서 어깨로 백성을 산 채로 말뚝에 꿰어놓기도 했다. 그의 법은 심지어 사소한 잘못에도 역사상 유례가 없는 피비린내 나는 벌을 가했다. 이 법률들은 600년 전 바빌론의 신이 양원적 함무라비에게 구술했던 더욱 공정했던 훈계와 극적인 대조를 보인다.

왜 이렇게 가혹해졌을까? 그것도 문명사에서 최초로? 그 이유는 이전의 사회통제 방식이 완전히 무너졌기 때문이다. 이전의 사회통제 형식은 바로 양원적 정신이었다. 겁을 주어 통치하려는 시도에서 이 잔인함이 행사된 것은 주관적 의식이 막 생겨난 때라고 생각된다.

혼돈은 광범위하게 지속적으로 번져나간다. 그리스의 혼돈은 도리아인의 침공으로 생긴 암흑기로 알려져 있다. 기원전 13세기 끝무렵, 아

---

[12] H. W. F. Saggs, *The Greatness That Was Babylon*(New York: Mentor Books, 1962), 101쪽.

크로폴리스는 화염에 휩싸였다. 기원전 12세기 말 미케네는 더 존재하지 않았다. 지상에서 전설과 의문 속으로 사라져버린 것이다. 폐허가 된 난민촌 이곳저곳을 도취한 채 떠다니며 더 존재하지 않는 황금시대의 빛나는 여신들을 분노로 창백해진 아킬레우스의 입술을 빌려 노래하던, 아직 양원적 정신이 살아 숨쉬던, 초기의 음유시인 아오이도스를 상상할 수 있다.

흑해 부근에서 나온 자료를 살펴보면, 구약에 메섹(Meshech)으로 알려졌던 무슈키 유목민족이 폐허가 된 히타이트 왕국에 쳐들어왔던 것으로 되어 있다. 그 후 그들 2만여 명의 유랑민들은 아시리아 지역인 쿰무크를 공략하며 계속 남하했다. 아람인(Aramaean) 유목민들도 기원전 1000년에 이르기까지 서쪽 사막에서부터 아시리아를 계속 공략했다.

남쪽에서는, 상형문자에 '바다에서 온 사람들'이라고 기록된 더 많은 수의 난민들이 기원전 11세기 초 나일 강 삼각지 근처의 이집트를 침공하려 했다. 람세스(Rameses) 3세가 이들을 격퇴한 기록이 테베 서부의 마디나트(Medinet) 하부에 있는 그의 납골 사원의 북쪽 벽에 아직도 보존되어 있다.[13] 이들은 마치 난민들이 유입되듯이 자신들이 소유한 우마차와 가족을 동반한 채 배와 전차와 보병으로 이 벽을 넘어 밀려들어 왔다. 이 침공이 성공했더라면, 이집트도 그로부터 1000년 후 그리스가 지성사에 기여했던 것들을 해냈을지도 모를 일이었다. 바다에서 온 이 사람들은 동쪽으로 쫓겨나 아시리아 군국주의 손아귀에 귀속되었다.

---

[13] William Stevenson Smith, *Interconnections in the Ancient Near East*(New Haven: Yale University Press, 1965), 220~221쪽에는 이것이 그림으로 나타나 있다.

급기야 이 모든 압박은 잔악한 아시리아에게조차 큰 부담이 아닐 수 없었다. 기원전 10세기에는 아시리아도 이 상황을 통제할 수 없게 되어 티그리스 강 뒤편으로 보잘것없게 오그라들고 말았다. 그러나 이것은 숨고르기였을 뿐이다. 왜냐하면 바로 다음 세기에 아시리아는 유례없는 사디즘적 잔악성으로 세계 재정복에 나섰기 때문이다. 살육과 공포로 과거의 제국 탈환에 나섰을 뿐만 아니라 그것을 넘어 이집트에까지 이르렀다. 비옥한 나일 강 지역은 물론 마치 2500년 후 지구의 반대편 쪽에서 피사로가 성스런 잉카인들을 노예로 잡아들였듯이 성스러운 태양신에까지 손길을 뻗쳤다. 이즈음 인간 정신구조에 엄청난 비약이 발생했다. 인간이 자신과 세계를 의식하게 되었던 것이다.

의식은 어떻게 시작되었는가

이제까지 우리의 분석은 양원적 정신은 어떻게 그리고 왜 붕괴되었는지를 알아보는 일이었다. 이쯤에서 우리는 인간은 왜 이전의 상태로 그냥 되돌아가지 못했는가 물을 수 있을 것이다. 실제로 인간은 때로 그렇게 하기도 했다. 그러나 좀더 복잡해진 문화가 가지고 있는 관성은 부족적 삶으로 회귀하는 것을 허락지 않았다. 인간은 자기 문명의 덫에 걸려 있었다. 거대한 도시들은 여전히 존재했고, 오랫동안 계속되어온 관행은 신적 통제가 사라졌어도 여전히 유효했다. 언어 또한 사회적 변화에 대한 제동장치다. 양원적 정신이란 것도 언어 습득에서 온 한 가지 파생물이었다. 언어는 문화적 환경에 주의를 기울이도록 요구하는 어휘를 가지고 있어서 이제는 5000년 전의 상태로 돌아가는 것을 거의 불가능하게 했다.

양원적 정신이 주관적·의식적 정신으로 전환되었다는 사실은 내가 이어지는 두 장에서 입증하려는 것이다. 그러나 그것이 어떻게 일어났는가 하는 것이 여기의 관심사며 이는 앞으로 더 많은 연구가 필요한 문제다. 우리에게 필요한 것은 의식의 고생물학(paleontology)으로서, 이것을 통해 우리는 주관적 의식이라고 부르는 이 은유적 세계가 어떻게 건설되었으며, 어떤 특정한 사회적 압력 아래서 그것이 이루어졌는지를 한 층 한 층 분별해나갈 수 있을 것이다. 지금 내가 여기서 제시할 수 있는 것은 한두 가지 제안뿐이다.

독자들은 두 가지를 기억해주기 바란다. 하나는 나는 지금 제1권 3장에서 논했던 의식이 생성되어나온 은유적 기제를 말하려는 게 아니라는 점이다. 여기서 관심은 그 기제들의 역사적 기원이다. 왜 이런 특징이 특정 시기에 은유에 따라 생성되었는가 하는 점이다. 다른 하나는 우리는 단지 근동지역만 언급했다는 점이다. 일단 의식이 생겨나자 그것이 아주 성공적이었으며, 다른 양원적 민족들에게로 퍼져나간 데에는 전혀 다른 이유가 없었다. 이것이 이어지는 장에서 다룰 문제다.

차이에 대한 관찰(observation of difference)이 의식이 갖는 유사 공간의 기원인지도 모른다. 신들과 권위의 붕괴가 있은 후, 앞서 기술했던 무질서 기간 중에 인간 행위가 떠안게 된 공황과 당혹은 가히 상상을 초월한다. 우리가 기억해야 할 것은 양원시대에 동일한 도시-신에 속한 인간은 거의 유사한 의견과 행동을 소유했다는 점이다. 그러나 다른 민족들, 다른 신들에게서 온 사람들이 뒤엉키면서 일어나는 어쩔 수 없는 폭력 속에서, 비록 자신들처럼 생겼다 할지라도 낯선 사람들이 다르게 믿히고, 상반된 의견을 가지고 있으며, 다르게 행동하는 것을 관찰하면서, 다른 사람들의 내부에는 무엇인가 상이한 것이 있으리라는 가정을 했을 것이다. 사실 이것은 철학의 전통에서 우리에게 전해 내려온 것인데, 우리의 사유, 의견, 망상 등을 우리 내부에 생기는 주관적 현상으로 본다. 왜냐하면 '실제의' '객관적' 세계에는 이런 것들이 있을 공간이 없기 때문이다. 그리하여 개인은 어떤 내부적 자아를 가지기 전에 먼저 무의식적으로 타인들 속에, 특히 갈등을 빚고 있는 낯선 사람들 속에, 타인들에게 상이하고 당혹하게 하는 행동을 유발하는 어떤 것이 있다고 상정한다. 다시 말해서 자신의 마음에서 타인의 마음을 추론하는 논리라고 진술해온 철학적 전통은 이 문제를 정반대로 보는 것이다. (그리하여) 우리는 먼저 다른 의식을 무의식적으로 가정하고 그다음에 일반화해서 우리 자신의 의식을 추론하였는지 모른다.

서사시 속의 이야기 엮기의 기원

신들이 학습한다고 말한다면 이상하게 들릴 것이다. 그러나 신들은 (제1권 5장의 모델이 옳다면) 우측 측두-두정엽의 상당 부분을 점유하고 있으면서, 좌측 측두-두정 영역에서처럼 새로운 정보를 축적하고, 새로운 필요에 부응하기 위해 새로운 방식으로 자신들의 훈계적 기능을 재가동시키기도 하는 새로운 역량을 학습했다.

이야기 엮기(narratization)라는 말은, 내가 믿기로는, 다양한 연원에서 나온 패턴을 만들어내는 능력(patterning abilities)의 극히 복잡한 복합체를 한 단어로 이른 말이다. 일생이라든가 역사라든가 과거와 미래 등과 같이 좀더 광범위한 패턴을 만들어가면서, 주로 좌반구의 지배를 받는 사람들이 우반구로부터 새로운 종류의 기능을 배웠을 것이다. 이 새로운 기능이 바로 이야기 엮기며, 이것은 이미 역사의 특정기간에 신들이 학습했던 것이다.

이 일이 언제 일어났을까? 이에 대한 확실한 대답이 있을 수 있는지는 의문이다. 왜냐하면 부분적으로는 사건의 발생과 서사시의 관계 사이에 분명한 경계선이 없기 때문이며, 또한 과거에 대한 우리의 연구는 언제나 문자기록과 뒤섞여 있기 때문이다. 그러나 흥미롭게도 기원전 3000년 중반이나 그 직전에 남부 메소포타미아에 새로운 형태의 문명이 발생한 듯하다. 발굴에 따르면 초기의 제2왕조로 알려진 시대 이전에, 이 지역의 도시나 마을은 성벽이나 방어장치가 없었다. 그러나 그 후 도시발달이 이루어진 중심 지역에는 한 도시와 다른 도시 간의 꽤 일정한 거리에 성벽으로 둘러친 도시들이 생겼고, 주민들은 중간지역을 경작하기도 하고 그곳을 통제하기 위해 서로 싸우기도 했다. 이 무렵 우리가 아는 최초의 서사시가 생겼으니, 더러는 에메르카(Emmerkar)나, 우루크를 건설한 자에 대하여, 그리고 그와 주변 도시국가 아라타(Aratta)와의 관계에 대하여 기록했다. 이 주제들은 바로 주변 국가들 간의 관계였다.

내 주장은 이야기 엮기는 과거 사건들의 기록을 성문화하여 요약하는 과정에서 발생한다는 것이다. 이때까지 문자쓰기는—문자발명 후 고작 몇 세기가 지난 때이지만—기본적으로 계산목록 방식, 즉 재고품의 기록과 상품 교환의 기록 방법이었다. 그렇지만 이제는 신이 명령한 것을 기록하는 방법이 되었으며, 사건이 발생한 후 이를 음송하던 것이 서사시의 이야기로 엮이게 되었다. 앞장에서 제시한 바와 같이, 낭독이란 설형문자에서 온 환각이었을 것이므로, 우측 측두엽의 한 기능이었을지도 모른다. 설형문자들은 과거의 기록이었기 때문에 우반구야말로 적이도 신들을 회고하는 장소인 셈이다.

우리는 내친김에 메소포타미아에서 나온 설형문자 석판을 읽는 것과 아오이도이들이 대를 물려오며 그리스의 서사시를 구술적으로 재구성하는 것이 얼마나 다른지를 눈여겨보아야 할 것이다. 우반구의 '아폴론 신'이나 '뮤즈 신'이 기억의 원천이 되는 동시에 이야기로 엮는 방법을 배워 아킬레우스를 서사시의 형식으로 기억하는 데 그리스의 구술적 전통이 엄청난 기여를 했을 수 있다. 그 후 인간은 의식의 급변을 겪는 혼돈 속에서 기억하는 역량과 모형에 따라, 기억력과 기억 패턴에 따라 이야기로 엮는 능력을 융합했다.

기만에 나타나는 유사 '나'의 기원

기만이 또한 의식의 한 원인일 수 있다. 그러나 우리는 도구적 기만, 잠깐 동안의 기만 또는 오랜 기간의 기만, 그러니까 배반이나 반역이라고 해야 더 나을지도 모를 것 등을 구별하는 데서 시작해야만 한다. 첫 번째 것에 관한 몇 가지 예들을 침팬지 실험에서 찾아볼 수 있었다. 암컷 침팬지는 성적인 자세로 수컷에게 (뭔가를) '제의'(present)함으로써 식사에 대한 관심을 딴 데로 돌려 바나나를 던져버리게 한다. 또 다른 경우는 한 침팬지가 입에 침을 가득 물고 창살 너머의 밉살스런 사육사를 유혹하며 그의 얼굴에 침을 뱉는다. 이 두 경우 사용된 기만은 도구적 학습이다. 바로 원하는 반대급부의 상황이 뒤따르는 행위양식이다. 설명이 더 필요치 않다.

그러나 배반의 경우는 전혀 다른 문제다. 이것은 동물이나 양원적 인간에게는 불가능한 일이다. 장기간 기만하려면, 자기 동료가 보기에, 자신이 실제의 모습이나 행동과 전혀 다른 무언가로 '존재'(be)하거나 '행동'(do)할 수 있는 유사 자아를 창출해내야 한다. 우리 시대에서 살아남기 위해서 이런 역량이 얼마나 중요한지 상상해보는 것은 쉬운 일이다. 침입자에게 공격당하거나, 자신의 부인이 겁탈당하는 것을 보고 있어야 하거나, 자기의 말에 복종해오던 사람이 갑자기 때리거나 자신을 살해할 수도 있다. 그러나 내면에서는 이런 사람이 되고, 외면에서는 저런 사람이 될 수 있어서 불가피한 것을 수용하는 마스크의 뒤편에서나 증오와 복수를 품을 수 있어야 그는 살아남게 될 것이다. 또는 좀더 일상적인 상황에서 낯선 침입자들에게 명령을 받아야 하거나, 낯선언어를 듣게 되는 상황에 처했을 때, 짐짓 복종하는 체하나 '자신의 내면에서는' 자신의 진실하지 않은 행위에 반하는 '생각'을 품는 또 다른자아가 있는 사람, 자신이 미소지어 보이는 상대를 증오할 수 있는 사람, 그런 사람이 이렇게 새로이 도래한 1000년에 자신과 자기 가족을부지해나가는 데 더 잘 성공할 수 있었을 것이다.

자연도태

마지막으로 자연도태가 의식을 탄생시키는 데 어떤 역할을 했을지 모른다는 가능성에 관하여 생각해보자. 이 문제를 논의할 때 분명히 해두어야 할 것은, 의식은 언어에 근거하여 학습되고 타인에게 교육되는 것이어서, 생물학적 필요라기보다 주로 문화적으로 도입된 것이라는 점이다. 그러나 의식이 과거나 현재나 여전히 생존 가치가 있다는 점은 어느정도 자연도태에 힘입어 의식으로 변화가 일어난 것임을 암시한다.

기원전 2000년 말기에 접어든 이 가공할 시기에 몇 퍼센트의 문명화된 세계가 쇠망했는지를 계산하기란 불가능하다. 그렇지만 나는 엄청난 수였으리라고 생각한다. 무의식적 습관에 따라 충동적으로 살았던 사람들과 자신들을 막아서는 자는 누구든지 쳐부수어버리라는 신들의 계명을 저항할 수 없던 자들이 제일 먼저 지상에서 사라졌을 것이다. 그리하여 가장 완고하게 양원적이며 친숙했던 자기 신들에게 가장 충성했던 자들은 후세들에게 물려줄 덜 격렬하고 덜 양원적인 유전자들을 남기고 사라져간 것이다. 여기서 다시 한 번 앞서 언어를 논할 때 언급했던 볼드윈(Baldwin)의 진화원리에 호소해보자. 의식은 각각의 새로운 세대에게 학습되었음이 틀림없으며, 생물학적으로 그것을 가장 잘 학습했던 사람들이 생존했을 가능성이 높았을 것이다. 앞으로 다루겠지만 완고하게 양원적인 자손은 죽음을 당하게 될 뿐이라는 성서적 증거도 있다.[14]

결론

이 장은 의식의 기원에 대한 어떤 증거를 제시하려고 구성한 게 아님을 분명히 해야겠다. 그것은 뒷장들에서 다룰 것이다. 이 장에서 내 목적은 개연성의 그림을 그려 보려는 것이었다. 왜, 어떻게 해서 기원전 2000년 말경에 인간의 의식구조에 거대한 변동이 발생할 수 있었는가에 대한 서술적·이론적 작업인 것이다.

요약하면, 나는 양원적 정신에서 의식으로 급격하게 변동하는 데 작용했던 몇몇 요소들을 다음과 같이 스케치했다. ①문자쓰기의 도래와 함께 청각성의 약화, ②환각적 통제가 지니는 내재적 취약성, ③역사적 대격변의 혼돈 중에 신들의 속수무책, ④타인들에게서 상이성이 관

---

14 「즈가리야」 13장 3~4절,

"그때 거짓 예언을 하는 자가 있으면 그를 낳은 부모들이 그에게 '네가 여호와의 이름으로 거짓말을 했으니 너는 살지 못할 것이다' 하고 말할 것이다. 그리고서 부모들은 그가 예언할 때 그를 찔러 죽일 것이다. 그날에 예언자가 자기가 예언한 말을 다 부끄러워할 것이며 예언자의 신분을 속이려고 예언자의 털옷을 입지 않고 '나는 예언자가 아니라 농부요, 땅은 어려서부터 내 생활 터전이었소' 하고 말할 것이다" - 옮긴이.

찰될 때의 내적 원인 가정하기, ⑤서사시로부터 이야기 엮기의 습득, ⑥기만의 생존적 가치, ⑦약간의 자연도태.

나는 이 모든 것의 엄밀성에 관한 질문을 제기하는 것으로 결론을 마감하겠다. 의식은 정말로 오직 이 시기에, 새롭게 이 세상에 온 것일까? 적어도 어떤 이들은 이보다 훨씬 더 먼저 의식을 갖고 있지 않았을까? 그럴 수도 있다. 오늘날 개인마다 의식구조가 다르듯이, 과거 시대에도 한 개인 또는 그보다는 어떤 종파나 파벌이 유사 자아를 통해 은유적 공간을 개발하기 시작했을 수도 있다. 그러나 양원적 신정정치 속에서 그러한 비정상적인 의식구조는 수명이 길지 못했을 것이며 우리가 오늘날 의식이라고 부르는 것은 아니었을 것이다.

여기서 우리의 관심사는 문화적 규범이며, 그 문화적 규범이 극적인 변화를 겪었다는 증거가 다음 장의 주제다. 이러한 급변이 가장 쉽게 관찰되는 세 지역은 메소포타미아, 그리스 그리고 양원적 난민들 가운데서다. 이들을 차례로 논해보자.

제4장

메소포타미아의 정신 변화

기원전 1230년경 아시리아의 독재자 투쿨티 니누르타(Tukulti-Ninurta) 1세는 역사상 그 어느 것과도 현격하게 다른 돌 제단을 만들게 했다. 그 제단의 전면에 새긴 그림에 투쿨티의 모습이 두 번 등장하는데, 하나는 그가 자기 신의 보좌 앞을 향해 나가는 모습이고, 다른 하나는 그가 신 앞에 무릎을 꿇고 있는 모습이다. 이 두 상은 역사상 들어본 적이 없는 구걸하는 왕의 모습을 잘 보여준다. 서 있는 왕에서 바로 앞에 있는 무릎 꿇은 왕에게로 눈길을 옮기면, 그 모습이 하나의 활동사진처럼 뚜렷해지는데, 이것만으로도 놀라운 예술적 발견이라 할 수 있다. 그러나 더욱 놀라운 것은 잔인하기 짝이 없는 아시리아 정복자들 중에서도 으뜸인 이 왕이 그 앞에 엎드려 있는 보좌가 텅 비어 있다는 사실이다.

그전의 역사상 어느 왕도 무릎 꿇은 채로 나타난 적은 없었고 역사상 어느 그림도 신이 부재중인 장면을 그려놓은 적이 없었다. 양원적 정신의 몰락을 의미하는 것이다.

제2권 2장에서 본 것처럼, 함무라비는 언제나 바로 현존하는 신에게

온통 귀를 기울이며 서 있는 모습으로 새겨져 있다. 그 시대에 나온 수
많은 원통형 도장은 아주 실재적으로 인간의 모습을 한 신 앞에 있는,
또는 눈과 눈을 마주보며 듣는 인간을 보여준다. 투쿨티의 아슈르 제단
은 인간과 신의 관계를 그려놓은 이전의 모든 그림과 충격적일 정도로
대조를 보인다. 이것은 어떤 단순한 예술적 상상을 드러내는 것이 아니
다. 투쿨티의 다른 제단들도 유사하게 신이 없기 때문이다. 투쿨티 시
기의 원통형 도장들 역시 또 다른 부재중인 신에게 다가가는 왕을 그렸
다. 이것은 때로 어떤 상징으로 표상되기도 한다. 이러한 비교는 메소
포타미아의 경우, 함무라비와 투쿨티 사이의 어느 때쯤에 양원적 정신
이 깨진 것임을 강력히 암시한다.

　이런 가설은 투쿨티와 그의 시대에 나온 설형문자 유적들에서 확증
되었다. 투쿨티니누르타의 서사시[1]로 알려진 한 자료는 함무라비 이
후에 나온 것으로는 두 번째로 명확하게 연대가 기록된 것으로, 잘 보
존된 설형문자 문서다. 함무라비 시대의 신들은 인간들 가운데 영원히
존재하면서 인간들의 행동을 지시했다는 사실을 의심할 여지가 없었
다. 그러나 투쿨티의 다소 선전문구 같은 이 서사시의 서두에서는 바빌
론 도성의 신들이 자기네에게 귀기울이지 않는 바빌론 왕에게 화를 내
고 있다. 그리하여 신들은 그들의 도시를 버리고 그곳 주민들에게 아무
런 계시도 남기지 않은 채 떠나버렸으며, 따라서 투쿨티가 이끄는 아시
리아군의 승리는 확실한 것이 된다. 신이 인간 충복들을 저버린다는 생
각은 함무라비의 바빌론에서는 있을 수 없는 일이다. 이것은 이 세상에

1　이 장에서 논하는 자료와 또 다른 자료들에 대한 번역이 나와 있다. W. G. Lambert,
　　Babylonian Wisdom Literature(Oxford: Clarendon Press, 1960).

새로이 등장한 일이다.

더구나 이것은 기원전 2000년의 마지막 3세기에 나온 모든 문헌 유적들에서 발견된다.

신을 가지지 않은 자가 홀로 길을 걸으면,
두통이 보자기처럼 그를 덮어 쌀 것이다.

투쿨티가 통치할 무렵의 한 설형문자 석판의 기록이다.

우리가 앞서 추측한 대로, 양원정신의 파괴가 우반구 측두엽의 무의식적 금지와 관련되어 있다면 위의 글귀는 또 하나의 흥미를 더해 주고 있다.

또한 유명한 세 개의 석판과 거의 동시대에 의문의 네 번째 석판이 나왔다. 후자는 첫 글자들을 따라 루들룰 벨 네메키(Ludlul bel nemeqi)라고 명명되었으며 "나는 지혜의 주님을 찬양하리"라는 뜻으로 번역된다. 여기서 '지혜'라는 말은 입증되지 않은 현대적 의미부여다. 오히려 '기술'이나 '불운을 제어하는 능력'으로 번역하는 것이 더 가까울 것이다. 여기서 주님은 바빌론 최고의 신 마르두크를 의미한다. 훼손된 첫 번째 석판에서 완벽히 읽어낼 수 있는 구절들은 다음과 같다.

나의 신은 나를 버리고 사라지셨다.
나의 여신은 나를 돌보지 않고 멀리 떨어져 있다.
내 곁에서 걷던 선한 천사도 떠나버렸다.

이것은 사실상 양원정신의 붕괴다. 이 말을 한 사람은 투쿨티 휘하

현재 베를린 박물관에 소장되어 있는 투쿨티 제단의 전면에 새겨진 그림. 투쿨티는 비어 있는 자기 신의 보좌 앞에 서 있다가 무릎을 꿇고 있다. 검지손가락이 가리키는 것[2]이 강조되었음을 눈여겨보라.

의 한 봉건영주인 (세 번째 석판에 씌어 있는 것처럼) 슈브시-메슈레-샤칸(Shubshi-Meshre-Shakkan)이다. 그는 계속해서 신이 그의 왕을 떠나자 왕이 어떻게 자신을 향해 되돌릴 수 없을 만큼 화를 냈으며, 한 도시를 지배하던 자신의 지위가 어떻게 박탈되었으며, 그리하여 자신이 어떻게 사회적 폐물이 되어버렸는지를 기술했다. 그는 두 번째 석판에서 자신이, 이 신 부재의 상태에서 어떻게 질병과 액운의 공격목표가 되었는지를 기술한다. 왜 신들이 그를 떠난 것인가? 그는 자신의 엎드림, 기도, 희생제물을 드렸지만 신들이 자신에게로 되돌아오지 않았다고 이야기한다. 사제와 예언가들을 찾아다녔음에도 여전히,

---

2 빈 보좌 - 옮긴이.

나의 신은 내 손 잡아 구원하러 오시질 않네.

나의 여신은 내 곁을 걸으시며 나를 측은히 여겨주시질 않네.

세 번째 석판에서 그는 자신에게 닥친 이 모든 것의 뒤에 있는 자가 전능하신 마르두크였음을 깨닫는다. 꿈을 꿀 때는 마르두크의 천사들이 양원적 방식으로 자신에게 나타나 위로의 말을 건네고 번영을 약속하는 마르두크의 말을 전한다. 이 확신에 힘입어 슈브시는 자신의 고통과 질병에서 구출되고 마르두크의 사원으로 나가 '바람을 보내시어 내 액운을 날려 버리신' 위대한 신 앞에 감사를 드린다.

여기서 세계 종교들의 핵심 주제들이 처음으로 들려온다. 왜 신들은 우리를 떠난 것인가? 우리를 떠난 친구들처럼 신들은 감정이 상해 있음이 틀림없다. 우리의 불행은 우리의 과실에 대한 벌인 것이다. 우리는 무릎을 꿇고 용서를 구하게 되는 것이다. 그런 다음 우리는 응답하시는 어떤 신의 말씀에서 구원을 발견한다. 오늘날 이것들에 관한 종교의 설명을 양원정신과 당시의 붕괴에 관한 이론에서 찾게 된다.

사람들은 오래전부터 규칙이니 부과금이니 하는 것을 잘 알고 있었다. 신들은 이런 것들을 부과하고 인간은 이에 복종해왔다. 그러나 옳고 그름에 관한 생각, 선한 인간이라는 개념, 죄에서의 구원이나 신의 용서에 관한 생각 등은 왜 더 이상 환각적 지침이 들려오지 않는 것일까라는 불안한 질문에서 생긴 것이다.

잃어버린 신들에 관련된 주된 주제는 동일하게 바빌론 신정설(The Babylonian Theodicy)[3]이라고 알려진 석판에서도 잘 나타난다.[4] 고통

---

[3] 신정설 자체는 악의 존재를 신의 섭리라고 보는 주장 - 옮긴이.

중에 있는 자와 그에게 조언하는 친구 사이의 이런 대화는 분명히 나중에, 아마도 기원전 900년경에나 일어난 것이다. 그럼에도 똑같은 이유로 울부짖고 있다. 신들은 왜 우리를 떠나버리셨는가? 그들이 모든 것을 다 통제하면서도 왜 그들은 우리에게 불운을 쏟아붓는가? 이 시는 우리가 유사 자아라고 부르는 것이나 개인이 습득한 새로운 감각이 어떤 새로운 의식을 지칭함을 희미하게나마 비춰주고 있다. 이 시는 이후 모든 역사에서 반복되는 울음으로 끝을 맺고 있다.

> 나를 내치신 신들이여 (나를) 도우소서,
> 나를 버리신 여신이여 내게 자비를 보이소서.

여기로부터 구약의 시편까지는 그리 먼 길이 아니다. 이런 고통은 여기서 서술되는 자료 이전의 어떤 문헌에서도 흔적을 찾아볼 수 없다.

인간의 정신구조에서 청각적 환각이 사라져버린 결과는 심오하고 광범위하게 여러 수준에서 나타난다. 그 한 가지는 권위 자체의 혼동이다. 권위란 무엇인가? 자기를 인도할 신들이 부재하는 통치자들은 변덕스럽고 불확실한 사람이 된다. 그들은 우리가 곧 다루게 될 예언이나

---

4 흥미로운 문제 하나는 이 시기에 신들을 지칭하는 말은 단수 동사를 취할 때에도 왜 복수인가 하는 것이다. 이런 일은 앞서의 자료에서처럼 그것이 개인의 신을 의미하는 상황에서 발생한다. 이것은 신정론을 통해서만 아니라 루들룰 11장 12, 25, 33절에서도, 즉 양쪽 모두에서 발생했으며 나중에 복수형 엘로힘(elohim)을 사용한 엘로이스트가 구약성서에 기여하기에 이른다. (엘로이스트는 구약의 첫 6권(Hexateuch)을 기록한 사람으로 히브리인들의 신 야훼의 이름을 부르는 대신 엘로힘이라는 말로 대신했다–옮긴이.) 여기서 우리는 그리스인의 뮤즈 신과 히타이트 서판의 판쿠시를 기억해야 할 것이다. 환각은 과거에나 현재에나 그 신뢰성이 신경적으로 약해짐에 따라서 합창치럼 들리는가?

점술에 의존하게 된다. 앞서 언급했던 대로 잔인성과 억압은 청각적 환각이 사라지고 난 후 통치자가 자기 부하들을 통치할 때 의지하는 방식이 된다. 신 부재시에는 왕 자신의 권위조차도 의문스럽게 된다. 현대적 의미의 반란이 가능하게 되는 것이다.

실제로 이런 새로운 반란이 투쿨티 자신에게 발생했다. 그는 아슈르에서 티그리스 강 건너편에 있는 무신론적 발상에 따라 자기 이름을 본따서 카르투쿨티니누르타(Kar-Tukultininurta)라고 부르는 곳에 아시리아를 위한 완전히 새로운 도시를 건설했다. 그러나 그는 자신의 후계자인 아들의 지휘를 받는 자신의 충직스럽던 귀족들에 의해 그의 새 도시에서 감금당하고, 그 도시는 방화되어 전소되어버렸다. 그의 통치는 불붙는 그의 시신과 함께 전설이 되어버렸다. (그는 니므롯[Nimrod][5]이라는 이름으로 구약의 암울한 역사 속에서[「창세기」 10장])[6] 그러나 이러한 사전계획된 하극상이나 왕의 살해는 신에 복종하는 양원시대적 위계체제 아래서는 상상조차 불가능한 일이다.

기도

고대의 양원적 정신에서는 그러니까 기원전 2500년경 양원정신이

---

[5] E. A. Speiser, "In Search of Nimrod," J. J. Finkelstein and Mosh Greenberg(eds.), *Oriental and Biblical Studies, Collected Writings of E. A. Speiser*(Philadelphia: University of Pennsylvania Press, 1967), 41~52쪽.

[6] (노아의 아들 함이 낳은) "구스는 또 니므롯이라는 아들을 낳았는데 그는 세상에서 최초의 정복자였다. 그는 여호와를 무시하는 힘센 사냥꾼이었으므로 '니므롯처럼 여호와를 무시하는 힘센 사냥꾼'이라는 유행어까지 생기게 되었다. 처음에 그의 나라는 시날 땅의 바벨, 에렉, 아카드, 갈레에서 시작되었다. 거기서 그는 아시리아로 가서 니네베, 르호봇이르, 칼라, 그리고 니네베와 칼라 사이의 큰 성 레센을 건설했다"(「창세기」 10장 8~12절) – 옮긴이.

문자쓰기 때문에 쇠퇴되기 전에는 환각적 목소리에 머뭇거림이 있을 수 없었으며 기도할 상황 같은 것은 없었다고 생각한다. 이상한 상황이나 스트레스가 발생하면 한 목소리가 내가 할 일을 말해주었다. 그리고 이것은 오늘날에도 환각을 겪는 정신분열증 환자에게서 일어난다. 그들은 목소리를 듣기 위해 구걸하지 않는다, 그럴 필요가 없기 때문이다. 몇몇 정신분열증 환자는 목소리를 들으려고도 하는데 그때는 병세가 호전되어 목소리가 전처럼 자주 들리지 않을 때다. 그러나 기원전 3000년 말쯤 문명이 복잡해지고 문명들 간의 관계가 복잡해져감에 따라 신들이 다양한 요청에 응답해주기를 간구하는 일이 종종 발생했다. 그러나 대개의 경우 이러한 요청은 우리가 기도라고 생각하는 것과는 다르다. 이들 요청은 석상에 적혀 있는 비명의 끝 구절 따위와 같이 몇몇 정형화된 저주들로 구성되어 있다.

> 누구든 이 상을 훼손하는 자는
> 벨께서 그자의 이름을 멸하시고
> 그의 창을 꺾으시리.[7]

라가시(Lagash)에서 나온 대형 기둥의 명각(銘刻) 같은 경우에는 구데아(Gudea)[8]가 그의 신들에게 바치는 일종의 찬양 같은 것도 있다. 그러나 유명한 예외는 원통기둥 A에 나오는 구데아의 매우 실제적인 기도다. 그 기도에서 그는 자신의 신적인 어머니에게 어떤 꿈의 의미를

---

7 George A. Barton, *The Royal Inscriptions of Sumer and Akkad*(New Haven: Yale University Press, 1924), 113쪽.
8 기원전 2250년경의 수메르 통치자 – 옮긴이.

설명해달라고 요청한다. 그러나 이것은 수수께끼 같은 구데아에 관한 그밖의 이야기들만큼이나 예외적인 것이다. 기도가 신성한 예배의 중요한 중심행위로 나타나게 된 것은 (구약의「신명기」34장 10절에 나타나고 있듯이)[9] 신들이 더는 인간들에게 '얼굴을 맞대고' 말하지 않기 시작한 뒤부터다. 투쿨티 시대에 새로 생긴 것은 내가 주장하는 것처럼 양원정신이 붕괴된 결과로써 (그 후) 기원전 1000년 기간에 일상적인 일이 된다. 전형적인 기도는 다음과 같이 시작한다.

오 주여, 당신은 강하신 자, 이름을 떨치신 자, 모든 걸 아시는 자, 눈부신 자, 스스로 갱신하는 자, 완벽하신 자, 마르두크의 첫 열매……

그러고도 한참이나 더 많은 호칭과 성품을 묘사하는 말이 이어진다.

공고히 예배의 중심이 되시며, 모든 숭배를 한 몸에 받으시는 이……

아마도 더 들리지 않게 되자 신들의 위계체계에 발생한 혼돈을 지칭하는 듯한 말도 나온다.

---

[9] "모세가 눈의 아들 여호수아에게 안수했으므로 그에게 지혜의 영이 충만했다. 그래서 이스라엘 백성은 여호수아에게 순종했고 여호와께서 모세를 통해 명령하신 것을 실행했다. 그 후 이스라엘에는 모세 같은 예언자가 없었다. 그는 여호와께서 대면하여 말씀하신 자였으며……"(「신명기」34장 9~10절) – 옮긴이.

당신께서는 모든 사람들을 굽어보시며, 그들의 탄원을 받아들이십니다……

그리고 나서 이 탄원자는 자신과 자기의 탄원 내용을 아뢴다.

이 몸은 발라수(Balasu), 나의 신이신 나부(Nabu)와 여신 타시메턴(Tashmeturn)의 아들로서 …… 외롭고 불안하며, 몸은 병들어 있습니다. 당신 앞에 이렇게 고개 숙이고 있사오니, …… 오 주여, 신 중에 현명하신 당신께서 입을 열어 나에게 선한 것을 명하소서. 오 나부 신이여, 신 중에 현명하신 이여, 당신의 말씀으로 이 몸이 소생하기를 원하나이다.[10]

신에 대한 절대적인 예찬으로 시작해서 자신의 개인적 탄원으로 끝내는 일반적인 기도형식은 메소포타미아 시대 이래 실제로 변한 게 없다. '오늘날의' 신에 대한 예찬과 성스런 예배 개념은 1000년 전의 더욱 사실적이었던 신과 인간 간의 일상적 관계와 대조를 이룬다.

천사들의 기원

기원전 3000년 말경의 이른바 신(新)-수메르 시대의 도안들, 특히 기둥 모양의 도장은 '알현'(謁見, presentation)하는 장면으로 가득 차 있다. (예를 들면) 한 하급 신(minor god), 주로 여성 신이 아마도 도장의

---

10 H. W. F. Saggs, *The Greatness That Was Babylon*(New York: Mentor Books, 1962), 312쪽에서, 저자 자신이 번역했다.

주인인 어떤 개인을 상급의 주신(主神, major god)에게 소개하는 장면 등이다. 이것은 양원적 왕국에서 일어났을 것이라고 주장하는 장면, 즉 개인은 저마다 자기의 개인 신이 있어서 그 신이 개인을 위해 상급 신에게 중재해주는 장면과 유사하다. 이런 형태의 소개나 중재는 기원전 2000년에까지 이어진다.

그러다가 한 가지 극적인 변화가 발생한다. 주신이 투쿨티니누르타의 제단에서 없어져버린 것 같이, 주신들이 이 알현 장면에서 사라져버린 것이다. 그런 다음에 개인의 신이 그 개인을 (주)신의 상징에게만 소개할 뿐인 시대가 온다. 그 후 기원전 2000년 말경 이 잃어버린 신들과 그들의 버림받은 추종자들 사이에 인간-동물의 잡종인 혼합체가 중재자로서 또는 사자(使者)로서 나타나는 시기가 온다. 이 사자들은 언제나 일부분은 새로, 일부분은 인간으로, 그리고 어떤 때는 두 쌍의 날개를 단 수염 기른 사람처럼, 때로는 신처럼 관을 쓰고 나타나며, 종종 정화의식에 쓰일 재료들이 담긴 듯한 주머니를 들고 나타난다. 천상의 궁전에서 일하는 존재들로 알려진 이들은 아시리아의 도장기둥과 명각에서 발견되는 빈도가 점차 많아진다. 초기엔, 흔히 아시리아 연구가들이 천사 또는 수호신이라고 부르는 이 존재들은 이전의 알현 장면에서와 같이 개인들을 신의 상징물에게 소개하는 모습으로 나타난다. 그러나 이것조차 곧 없어져버리고 만다.

기원전 1000년 초까지, 우리는 이런 천사들의 모습을 수많은 다양한 장면에서 발견하게 되는데 때로는 사람들과 함께 나오기도 하고 때로는 다른 혼합체들과 여러 모양으로 다투는 모습으로 나타나기도 한다. 때로는 새 머리를 하고 나타나기도 하고, 때로는 인간의 머리에 날개 달린 황소나 날개 달린 사자로 나타나 기원전 9세기의 니므룻 궁전 관리자로 또는 기원전 8세기 코르사바드(Khorsabad)의 문을 지키는 자로 행동한다. 또는 독수리의 머리나 큰 날개를 달고 나타나 왕의 뒤를 돌며 따르는데, 기원전 9세기 아슈르나시르팔 성벽의 그림에 나오는 세례의식(anointing of baptism) 장면처럼 작은 물통 속에 잠긴 원뿔을 지니고 있기도 한다. 이들 그림 중 어느 것에서도 천사가 말하거나 인간은 듣고 있는 것 같지 않다. 이들 그림은 침묵의 시각적 장면이어서 이전의 양원적 행동이 지니는 청각적 실재성은 단지 가정된 침묵의 관계가 되었다. 이른바 신화적인 것이 되었다.

악마들

그러나 천사들만으로는 퇴각해버린 신들 때문에 생긴 주도권의 공백을 메울 수 없었다. 게다가 위대하신 신들에게서 온 이 천사들은 대개의 경우 왕과 그의 군주들과 연관되어 있다. 일반인들의 경우, 그들의 개인 신들이 더는 도움을 주지 않기 때문에, 전혀 다른 종류의 준(準)신적 존재가 그들의 일상생활에 무시무시한 그림자를 드리우게 된다.

왜 이 특정 시기의 인간 역사 속에 악의적 악마들이 등장해야 했을까? 언어는, 그것이 비록 알아들을 수 없는 것이 되었을지라도, 인간들이 타인에게 인사하는 주요 방식이다. 그런데 한쪽이 인사를 건넸는데도 상대방에게서 반응이 없다면, 즉각 그 상대방의 적개심이 뒤따라 확인될 것이다. 개인 신들이 침묵하는 한 그 신들 역시 적개심과 분노를 품고 있음이 틀림없다. 이런 논리가 양원정신의 붕괴 기간 중 인류 역사에 최초로 등장한 악 개념의 기원인 것이다. 신들이 자신들이 원하는 대로 우리를 지배한다고 생각할 때, 우리로서는 우리를 해치겠다는 그들의 의지를 잠재우고 그들의 비위를 맞추어 다시 우정을 회복하기 위해 무엇을 할 수 있는가? 이 장 앞에서 언급했던 기도와 제물 그리고 신 앞에서 겸양지덕 이외에 무엇이 있으랴.

신들이 예언자나 신탁이라고 불리는 특별한 사람들에게로 퇴각해버리고, 천사들과 징조를 통해서만 사람들과 교신하는 어둠의 대화 속으로 틀어박히자, 악마들에 대한 신앙이 이 힘의 공백 속으로 밀려들어 갔다. 이들과 함께 메소포타미아의 공기가 어둠에 잠기게 된 것이다. 자연 현상들은 인간을 향한 악마들의 적개심의 발로인 것이다. 사막을 휩쓸고 지나가는 모래폭풍 속의 분노한 악마, 불의 악마, 산너머에서 솟아오르는 태양을 지키는 전갈-인간, 파주주(Pazuzu)의 광풍을 몰고 오는 악마, 악의에 찬 크라우처(Croucher), 질병의 악마, 개들에게만 격퇴될 수 있는 사나운 아사퍼(Asapper) 등. 악마들은 인간이 잠들거나 음식을 먹거나 음료를 마시거나, 특히 아이를 낳을 때, 그리고 적막한 곳에 있을 때 금세 포위해버릴 태세를 취하고 있다. 놈들은 온갖 질병으로 인간에게 늘어붙는다. 심지어 신들조차 이들에게 공격당할 수 있다. 신들이 인간사를 통제하지 못하는 것은 이 공격 때문이라고 설명되기도 했다.

이러한 악한 신들에게서 보호받는 방식들이, 양원시대에는 상상도 할 수 없는 여러 가지 형태로 나타난다. 기원전 1000년 초에서부터 인간들은 목이나 손목에 감고 다니는 수천 가지 질병예방 부적을 만들었다. 대개의 경우 이 부적들이 퇴치해야 할 힘을 가진 특별한 악마를 묘사했다. 이들은 이 악을 쏘아 쫓아내는 시늉을 하는 사제들에게 압도되고 있다. 하단에는 대개의 경우 위협적인 공포에 맞설 위대한 신들을 불러내는 주문이 기록되어 있다.

주문: 나의 집에 접근하여 잠자는 나를 겁주고, 나를 찢어 산산조각 내고, 나에게 악몽을 꾸게 한 자, (신들이여) 이 자를, 지하세계의 니누르타 왕의 칙령에 따라, 지하세계의 수문장 비네(Bine)에게 부탁하소서. 바빌론의 이사길리아(Esagilia)에 머무르시는 마르두크의 칙령에 따라 문과 빗장은 내가 두 분 신들의 보호 아래 있음을 알게 하소서. 주문.[11]

이 악마적 세력들에 대항하기 위해 열렬히 주문을 외우거나 몸짓을 하는 수많은 제례의식들이 기원전 1000년 내내 메소포타미아 전역에서 행해졌다. 상위의 신들은 중재를 요청하는 수많은 탄원을 받았다. 모든 질병, 상해, 통증 등은 악의적 악마의 소행으로 여겨져 의술은 곧 축귀술(逐鬼術)이 되기에 이르렀다. 이들 축귀 행위와 이것의 확장된 행위들에 관한 우리 지식은 대부분 기원전 630년경 니네베에 관한 아슈르바니팔(Assurbanipal) 왕립도서관에 소장된 자료 모음에서 얻은 것들이다. 이 도서관에 현재 소장되어 있는 문자 그대로 수천 개에 달하는 석판들이 이러한 축귀술을 기술했으며, 이보다 몇 천을 상회하는 예언 목록들은 부패해가는 당시 문명을, 파리떼가 늘어붙어 있는 썩은 고깃덩이처럼 악귀들이 늘어붙어 있는 검은색으로 묘사했다.

새로운 천국

앞장들에서 본 것처럼 신들은, 비록 그들의 소리는 충복들을 따라 도처에 편재하는 듯이 들리지만, 관행적으로 거주지가 있었다. 이들은 종

---

[11] Saggs 번역, 291쪽.

종 지구라트나 개인 사당에 머물렀다. 어떤 신들은 해나 달, 별과 같은 천체들과 함께 그리고 최고의 신 아누(Anu)와 함께 하늘에서 살았던 반면, 대부분 신들은 인간들과 섞여 지상의 거처에서 살았다.

이 모든 것은, 우리가 신들의 소리가 더 들리지 않게 된 시대라고 상정하는 기원전 1000년에 들어서면서 변화를 겪게 된다. 지상의 일들이 천사들과 악귀들에 맡겨졌듯이, 현재 부재중인 신들의 처소들도 아누 신처럼 하늘에 있어야 한다고 여긴 듯하다. 천사들이 언제나 날개 달린 형태로 나타나는 것도 이런 이유 때문이다. 그들은 신들이 거처하는 하늘에서 온 사자(使者)들이기 때문이다.[12] 아시리아 문헌에서는 신들과 관련하여 하늘이나 천국이란 단어가 사용되는 일이 점점 일상이 되고 있다. 기원전 7세기에 (성경에서 기원하는) 대홍수 이야기가 길가메시(Gilgamesh)[13] 이야기에 첨가될 때도 이 홍수는 신들이 지상에서부터 거처를 옮기는 것을 합리화하는 데 사용된다.

> 대홍수 때 신들조차 공포에 질려,
> 아누 신이 하늘로 도망쳐 올라갔다.[14]

---

[12] 창조 서사시에 대한 신-바빌론식 이름으로 유명한 에누마 엘리시(Enuma Elish)의 최근 판을 액면 그대로 받아들인다면, 주요 신들의 처소는 기원전 2000년 후반부터 하늘로 옮겨졌다고 한다. E. A. Speiser, *Near Eastern Texts Relating to the Old Testament*, J. B. Pritchard, ed.(Princeton: Princeton University Press, 1950)에 나오는 번역을 참조하라. 이 제목은 처음의 두 단어로 "그때 높은 곳에서……"를 의미한다. 다른 많은 것들처럼, 이것 역시 기원전 7세기의 아슈르바니팔 모음에서 발견된 것이다. 이것은 복사본이다. 원본은 기원전 2000년 전쯤의 것일는지도 모른다.

[13] 수메르-바빌론의 서사시에 등장하는 수메르의 전설적 영웅 이야기 - 옮긴이.

[14] Gilgamesh, "Tablet II," 113행~114행, Alexander Heidel, *The Gilgamesh Epic and Old Testament Parallels*, 2nd ed.(Chicago: University of Chicago Press, 1949).

한때 지상의 신들이 이처럼 승천한 것은 지구라트 건축에 나타난 중요한 변화에서도 확인된다. 제2권 2장에서 보았던 대로 메소포타미아 역사에 나오는 원래의 지구라트들은 인간 충복들이 드리는 제사의식 때 신이 '거처하던'(lived) 기구누라는 중앙의 큰 홀을 둘러싸며 주변에 건축되었다. 그러나 기원전 2000년 말경, 이 지구라트의 개념은 전면적인 변화를 겪는다. 그 안에는 중앙의 방이 없었으며, 주신들의 상이 정교한 예배의 중심이 되는 일도 점점 줄어들었다. 왜냐하면 지구라트의 성스럽던 탑도 이제는 신들이 옮겨갔던 하늘에서부터 지상으로 내려오는 것을 용이하게 하기 위한 착륙 계단에 지나지 않기 때문이다. 이것은 분명히 기원전 1000년의 텍스트들에서 밝혀진 것들인데 심지어 '하늘의 배'를 언급하기까지 했다. 이런 변화가 일기 시작한 정확한 시기를 알아내는 것은 어려운 일이다. 현존하는 지구라트들이 심하게 훼손되어 있을 뿐만 아니라, 더욱 곤란하게 만드는 것은 그것들이 때로는 '재복원'되어 있기 때문이다. 그러나 나는 아시리아인들이 투쿨티니누르타의 통치가 시작될 무렵에 건축한 많은 지구라트는 모두 하늘에서부터 신들이 돌아올 때 사용할 거대한 주춧대일 뿐 이전처럼 땅의 신들이 거주하는 집은 아니라고 생각한다.

기원전 8세기경 사르곤(Sargon)이 자신의 거대한 신도시 코르사바드(Khorsabad)를 위해 건축한 지구라트는, 최근의 발굴 자료를 바탕으로 계산한 바에 따르면, (당시의) 주변 도시들 위로 총 42미터나 솟아오르는 일곱 개의 계단으로 되어 있었고 꼭대기에는, 아는 이들은 아시겠지만 여전히 아시리아를 소유하는, 아슈르 신에게 봉헌된 사원이 빛을 발하며 서 있다. 코르사바드에는 아슈르에게 봉헌된 또 다른 사원은 없다. 사원에서 내려오는 길은 결코 이전의 지구라트들에 있었던 것과 같은 평범한 계단이 아니라, 아슈르 신이 혹 그 도시에 다시 내려온다면 그때 걸어 내려올 수 있도록 한 탑의 중심을 감아 도는 긴 나선형 경사로다.

이와 유사하게 성경에 나오는 바벨탑인 신-바빌론의 지구라트도 양원시대에 쓰이던 진정한 신들의 집이 아니라, 이제는 하늘로 이주해버린 신들의 하강 통로다. 이것도 기원전 7, 6세기에 건축된 것이기 때문에, 역시 7단계로 90미터나 솟아 있으며, 마르두크를 위한 번쩍이는 파란색 유리 사원에는 뾰족탑이 있다. 이 지구라트의 이름은 그 사용(목적)을 그대로 보여준다. 에테메난키(E-temen-an-ki), 하늘(an)과 땅(ki) 사이의 영접 대(temen)인 사원(E).[15] (구약의) 「창세기」(11장 2~ 9절)에 나오는 여타의 이상한 문구는 분명히 야훼 신이 다른 신들과 함께 "도시와 마을을 보러 내려와" 그곳에서 "이들의 언어를 혼란케 하여 서로 언어를 알아듣지 못하게 한다"는 그 하강에 관한 신-바빌론의 어떤 전설을 옮겨 쓴 것임이 틀림없다. 후자의 인용문구는 아마도 청각적 목소리들의 쇠퇴기에 이 목소리들의 웅얼대는 소리를 이야기로 엮은 것일는지 모른다.

기원전 5세기에 지칠 줄 모르는 호기심의 사나이 헤로도토스(Hero-dotos)[16]는 이 꼭대기에 신이나 아니면 그 인형이라도 있는지 볼 요량으로 에테메난키의 나선형 비탈길과 가파른 계단들을 터벅거리며 올랐다. 투쿨티의 제단 전면에는 텅 빈 보좌 이외에 아무것도 없었다.[17]

---

[15] 'temen'에 대한 나의 번역과 다르게 대체할 수 있는 가능성에 대해서는 다음을 참조하라. James B. Nies' Glossary, *Ur Dynasty Tablets*(Leipzig: Hinrichs, 1920), 171쪽.

[16] 기원전 484?~기원전 425?경의 그리스 역사가 - 옮긴이.

[17] *Histories*, 1:181. 대영박물관의 석판 91027에는 투쿨티와 유사한 자세를 취하고 있

점술

이제까지 우리는 양원정신의 붕괴를 입증하는 것들을 살펴보았다. 나는 이런 증거들이 상당히 설득력이 있다고 느낀다. 얕은 양각과 기둥 도장에 신들이 보이지 않는 것, 침묵의 설형문자들 속에서 잃어버린 신들을 향해 소리치는 울부짖음, 기도의 강조, 천사나 악귀 같은 새로운 종류의 말없는 신적 존재들의 등장, 천국에 대한 새로운 개념, 이 모든 것들은 신들로 알려진 환각적 목소리들이 더는 인간들을 가까이에서 인도해주지 못했다는 것을 웅변으로 증명하고 있다.

그렇다면 이제 무엇이 이들의 기능을 대신 했을까? 행동은 어떻게 개시되었을까? 점점 더 복잡해지는 행위들에게 환각적 목소리가 더 적절치 못하게 되었다면, 결정은 어떻게 내려질 수 있었을까?

언어적 은유에 근거하여 (심리적) 조작 공간(operation space)이 발달하고 그 속에서 '내'가 (각각의) 대안적 행동의 결과적 추이까지 이야기로 엮을 수 있게 된 것인 주관적 의식, 이것이야말로 이 갈등상황이 양산해낸 위대한 세계다. 그러나 좀더 원시적인 해결 방안이자, 의식보다 앞서 존재했지만 의식 출현 이후 계속 공존해왔던 것은 점(占)이라고 알려진 복합적 행동 양식이다.

침묵하는 신들의 말을 점치는 이 시도들은 엄청난 다양성과 복잡성을 띠며 나타났다. 이 다양성은, 이들이 역사 속에서 시작된 시기에 따라 배열하고 의식을 향한 순차적 접근으로 해석할 수 있는 네 가지 주요 유형으로 이해하면 가장 좋을 듯하다. 이 네 가지 점들은 징조술(徵

는 에사르하돈(Esarhaddon)과 함께 또 다른 빈 보좌 그림을 볼 수 있다.

兆術, omen),[18] 제비뽑기(sortilege), 복점(卜占, augury), 즉흥적 점술 (spontaneous divination) 들이다.

징조술과 그 텍스트

말없는 신들의 의중을 발견해내는 가장 원시적이고 어설픈, 그럼에도 끈질기게 사용되어온 방식은 단지 중요하거나 이상한 사건들의 연쇄를 기록하는 행위다. 다른 종류의 점치기와 대조적으로 이것은 전적으로 수동적이다. 이것은 포유류의 신경체계에 공통된 것으로 단지 무엇이든 확장하는 것이다. 예를 들어 한 유기체가 A에 이어 B를 경험했다면 그는 다음에도 A가 발생한 뒤에는 B를 기대하는 경향을 갖게 될 것이다. 징조는 이런 것이 언어로 표현되어나온 특정한 예에 지나지 않는 것이기 때문에, 징조술은 문명화된 문화에서보다 단지 동물적 본성에서 기원한다고 할 수 있겠다.

재발이 기대되는 사건의 연쇄 또는 징조술은 아마도 양원시대 내내 평범한 방식으로 존재해왔을 것이다. 그러나 그들의 중요성은 그리 크지 않았다. 신들의 환각적 음성이 내리는 결정은 이상한 상황들로 이루어지는 것이기 때문에 이러한 연쇄를 따로 연구할 필요성도 없었다. 예를 들어 수메르의 징조 텍스트 같은 것은 없다. 징조의 첫 번째 흔적은 셈족 계열의 아카드인들에게서 나타난 반면, 이러한 징조술 텍스트들이 도처에 넘쳐나면서 있을 수 있는 모든 삶의 양식에 걸쳐 간섭하는 현상은 실제로 오직 기원전 2000년 말경 양원정신을 상실한 후에 일어난 일이다. 기원전 1000년경에 이들에 대한 방대한 수집이 이루어졌

---

[18] 징조를 말하는 점술이라는 뜻에서 이렇게 번역한다–옮긴이.

다. 기원전 650년경 니네베에 관한 아슈르바니팔 왕립도서관에 있는 2만 내지 3만에 이르는 석판들의 최소 30퍼센트는 징조 문헌의 범주에 속한다. 이 자질구레하고 비이성적인 자료모음의 기록은 저마다 '만약에'라는 조건절과 뒤따르는 '그러면'이라는 귀결절들로 구성되어 있다. 징조술에도 일상사를 다루는 지상의 징조술 등 분류가 많이 있다.

만약 성읍이 언덕 위에 있다면, 그것은 그 성읍에 거주하는 이들에게 좋지 않을 것이다.

만약 집을 지으려고 이미 주추를 놓은 터에 검은 개미들이 보이면, 그 집의 소유자는 만수를 누리게 될 것이다.

만약 말이 집 안에 들어와서, 나귀나 사람을 물면, 그 집의 소유자는 죽을 것이며, 그 가족은 흩어지게 될 것이다.

만약 여우 한 마리가 공공 장소에 뛰어들었다면, 그 마을은 유린당하게 될 것이다.

만약 부지 중에 도마뱀을 밟고 그것을 죽이게 되면, 그는 적을 이기고 승리할 것이다.[19]

이런 목록들이 끝없이 이어지면서, 이전에는 신들의 지시를 따라 했던 삶에서 일어나는 모든 일들에 대처하게 하였다. 이런 것들은 이야기로 엮기를 향한 최초의 접근방식으로써, 의식이 하는 일을 좀더 복잡한 방식으로 언어적 형식을 빌려 행한 것이라고 해석할 수 있다. 우리는 이 예언과 전조(portent)가에 어떤 논리적 의존성을 발견하기 어렵다.

---

19 이 모든 예들은 Saggs, 308~309쪽에서 인용한 것들이다.

이 연관은 흔히 단어들의 연상이나 함의 정도로 단순하다.

또한 "만약 태아가 ……하면" 하는 식으로 시작되는 인간이나 동물의 기형출산을 다루는 기형학적 징조술도 있었다.[20] 의학은 실제로 의학적 징조술에 기초를 두고 있다. 일련의 텍스트들은 "주술 사제가 환자의 집에 찾아오면"으로 시작하여, 다양한 증상들과 연관되어 있는 다소 합리적인 예언이 뒤따른다.[21] 환자나 주술사가 대면하는 자의 얼굴이나 신체적 특징의 생김생김에 근거를 둔 징조술도 있는데, 이것은 우리가 가진 정보 중에서 당시 사람들의 모습을 가장 잘 묘사하는 것이다.[22] 특정 사업에는 어떤 달이 좋다거나 나쁘다거나를 말하는 축일표(祝日表, menologies), 각 달의 길일 또는 흉일 등에 관심을 쏟는 택일술(hemerologies) 등 시간에 관련한 징조술도 있었다. 징조술은 기상학이나 천문학의 시작이었다. 이것은 태양이나 항성, 별과 달의 현상들과 이것들이 사라지는 시간과 주변 상황, 일식 등을 연구하는 일련의 도표도 갖고 있었고, 해나 달의 무리, 구름의 이상한 모습, 천둥과 강우의 성스런 의미, 전쟁과 평화를 알리는 우박과 지진, 추수와 홍수, 항성들 중에 행성 특히 금성의 움직임 등과 관련한 징조술이 있었다.

기원전 5세기경에 이르러, 천체들 속에 머무느라 말이 없는 신들의 의중을 파악하기 위해 이처럼 별들을 사용하던 방식은 우리에게도 친숙한 점성술이 되어, 태어날 때의 별과 연결해 아이의 성품과 미래를

---

[20] Erle Leichty, "Teratological Omens," *La Divination en Mesopotamie Ancienne et dans les Regions Voisines*, 131~139쪽.

[21] J. V. Kinnier Wilson, "Two Medical Texts from Nimrod," *Iraq*, 18호, 1956, 130~146쪽.

[22] J. V. Kinnier Wilson, "The Nimrod Catalog of Medical and Physiognomical Omina," *Iraq*, 24호, 1962, 52~62쪽.

예언하게 된다. 비록 모호하기는 하지만, 역사 또한 징조술 텍스트에서
비롯되었다. 초기 텍스트에 담긴 귀결구나 '그렇다면-구(句)'들은 아마
도 메소포타미아 나름의 독특하고 특징적이고 다양한 역사기록 방식
으로서 희미하나마 역사적 정보들을 간직했을 것이다.[23] 자기의 신들을
빼앗긴 인류는, 엄마에게서 분리된 어린아이처럼 공포와 전율 속에서
자신의 세계에 대하여 배우지 않으면 안 되었을 것이다.

꿈을 통한 징조술은 (지금도 여전하지만) 점술의 주요 자원이 되었
다.[24] 특히 기원전 1000년의 후기 아시리아에서는 꿈 징조들을 모아놓
은 지키쿠(Ziqiqu)라는 꿈 모음집이 발견되었는데, 여기에는 꿈 사건과
귀결구 간의 어떤 연상적 원리가 선명히 나타나 있다. 예를 들면 자신
의 기둥형 도장을 분실하는 꿈은 아들의 죽음을 예고한다. 그러나 어떤
형식의 징조술이든 한계를 넘어 예언할 수 없었다. 인간은 전조가 일어
나기를 기다리지 않으면 안 된다. 그러나 새로운 상황에서는 전조를 기
다릴 수 없다.

제비뽑기

제비뽑기(Sortilege)나 주사위 던지기는 그것들이 능동적이라는 점에
서, 그리고 새로운 상황에서 특정 질문들에 대한 신들의 대답을 촉구하
도록 고안되어 있다는 점에서 징조술과는 다르다. 이것은 표식을 해놓

---

[23] J. J. Finkelstein, "Mesopotamian Historiography," *Proceedings of the American
Philosophical Society*, 1963, 461~472쪽.

[24] A. Leo Oppenheim, "Mantic Dreams in the Ancient Near East," G. E. von
Grunbaum and Roger Caillois(eds.), *The Dream and Human Societies*(Berkeley:
University of California Press, 1966), 341~350쪽.

은 막대기나 돌이나 뼈나 콩을 바닥에 던지거나, 그릇 속에 있는 것들 중에서 하나 고르기, 또는 패 하나가 땅에 떨어질 때까지 패들을 옷자락 속에 넣고 던져 올리기를 하는 등의 점치기 방식이다. 때로 이것은 예, 아니오를 대답하기 위한 것이었고, 다른 상황에서는 일군의 사람들 중에서 또는 어떤 계획들 중에서 또는 대안들 중에서 하나를 고르기 위한 방식이었다. 그러나 이 단순성—심지어 우리에게도 하찮아 보이는 것—때문에 그 안에 내재한 심각한 심리학적 문제를 보지 못하거나 그 엄청난 역사적 중요성을 간과해서는 안 될 것이다. 우리는 고대의 제비뽑기에 따른 점술관행의 흔적일 뿐인 주사위 던지기, 룰렛 판 돌리기 등 엄청나게 많고 다양한 방식으로 운에 맡기는 일에 익숙해 있기 때문에 우리가 이들 관행의 역사적 의미를 제대로 파악하기가 어렵다.

아주 최근에 이르기까지도, 우연이라는 개념은 어떤 방식으로든 존재하지 않았다는 점을 알아두는 것이 도움이 될 것이다. 그러므로 땅바닥에 지팡이를 던지거나 콩알을 던져서 어떤 문제를 결정하는 법을 발견한(이 일을 하나의 발견으로 생각한다는 것 자체가 얼마나 어색하게 들리는가!) 것은 미래에 엄청나게 중요한 발견이었다. 왜냐하면 우연이란 없었기 때문에 결과라는 것도 신의 의도에 따라 예견되지 않으면 안 되었기 때문이다.

제비뽑기의 심리학에 대하여 두 가지 점에 주의를 기울여주기 바란다. 첫째로, 이러한 관행은 양원정신의 붕괴 후 우반구의 기능이 더는 신의 목소리로 언어적으로 암호화되던 때처럼 들려오지 않게 되자, 이를 보충하기 위해 문화 안에서 아주 특별하게 발명된 것이다. 실험실 연구에서 우리는 공간적 정보와 모형에 관한 정보를 주도적으로 처리하는 곳이 우반구였던 것을 안다. 이 부위는, 코의 블록 테스트(Koh's

Block Test)에서처럼, 부분들을 어떤 패턴이 되게 맞추는 일이나, 점들의 위치와 점들의 양을 하나의 모형으로 지각해내거나 멜로디 같은 소리 패턴들의 위치와 양을 지각해내는 일에 탁월하다.[25] 제비뽑기가 해결하려는 문제 또한 동일한 종류의 것이다. 즉 패턴의 부분들에게 질서를 부여하는 일, 누가 무엇을 하기로 되어 있는지를 선택하는 일, 또는 어떤 땅이 누구에게 가야 하는지를 선택하는 일 등이다. 원래 단순한 사회일수록 그러한 결정은 신이라고 불리는 환각적 목소리, 즉 일차적으로 우반구에 관련되어 있는 목소리로 쉽게 결정되었다고 생각한다. 그러다가 아마도 이런 결정들이 점차 복잡해졌기 때문에 신들이 더는 이러한 기능을 수행하지 않게 되자, 제비뽑기가 이러한 우반구 기능의 대리자로 역사에 등장했던 것이다.

두 번째의 관심사항인 제비추첨하기(throwing of lots)는, 의식 자체가 그렇듯이 은유에 기초하고 있다는 것이다. 제1권 2장의 언어에서처럼, 표현되지 않은 신들의 명령은 어의적으로 확장될 피은유체를 만들며, 이때의 은유체는 작대기든 콩알이든 돌멩이든 추첨물의 쌍이나 추첨물들의 조합이다. 피석의체는 추첨물에 적힌 구별되는 표식이나 단어들로서 이들은 은유체로, 즉 불려나온 특정한 신이 명령으로 재투사된다. 여기서 중요한 것은 제비뽑기와 같이 촉발된 점술을, 비록 그것이 심리외적(exopsychic)이고 비주관적 방식으로 이루어지기는 하지만, 의식을 발달시킨 것과 같은 유형의 생성적 과정을 포함한다는 것을 이해하는 것이다.

---

[25] D. Kimura, "Functional Asymmetry of the Brain in Dichotic Listening," *Cortex*, 3호, 1967, 163; *Quarterly Journal of Experimental Psychology*, 23호, 19/1, 46쪽.

징조술과 마찬가지로, 제비뽑기의 근원도 양원시대로 되돌아간다. 최초로 제비추첨에 대해 언급한 것은 기원전 2000년 중반에 나온 법조문 석비이지만, 이러한 관행이 중요한 결정에서 광범위하게 나타나기 시작한 것은 후반기로 접어들면서다. 예를 들면 (수사[Susa]에서의 경우처럼) 자식들에게 돌아갈 재산 분배나, 사원에 들어온 수익을 회당의 특정 관리들에게 분배하기, 다양한 목적을 위해 동일 신분의 사람들을 서열화하기 등이다. 이런 일들은 오늘날 우리가 생각하듯이 실용적 목적만을 위한 것은 아니었다. 이들은 언제나 신들의 명령을 알아내기 위한 것이었다. 기원전 833년경 아시리아에서는 언제나 특정 고위 관리의 이름을 따서 새해에 이름을 붙였다. 이러한 영예를 얻는 특정 관리는 고위관리들의 이름이 적혀 있는 진흙으로 된 주사위를 사용해 선택한다. 이 주사위의 면마다 특정 면이 위로 향하게 해달라고 아슈르 신께 간구하는 기도가 적혀 있다.[26] 이 시기의 많은 아시리아 텍스트들이 다양한 종류의 제비뽑기에 대해 언급하기는 하지만, 얼마나 광범위하게 이 관행이 결정을 내리는 일에 쓰였는지, 평민들도 일상적인 결정을 내리는 일에 이 방법을 사용했는지는 추정하기 어렵다. 우리가 아는 것은 히타이트인들 사이에 이 방법이 일상화되어 있었다는 것이다. 구약에 나오는 이 방법에 대해서는 다음 장에서 다루겠다.

복점

점술의 세 번째 형태는 의식의 구조에 좀더 근접한 것으로써 내가 질

---

[26] W. W. Hallo and W. K. Simpson, *Ancient Near East*(New York: Harcourt Brace Jovanovich, 1971), 150쪽. 또한 Oppenheim, 100쪽에서 이것들의 예시를 볼 수 있다.

적 복점(卜占, qualitative augury)이라고 부르는 것이다. 제비뽑기는 일
단의 특정 가능성들에 순서를 매기는 서열화다. 그러나 질적 복점을 치
는 수많은 방법들은 말없는 신들에게서 훨씬 더 많은 정보를 예견하려
는 의도로 만들어진 것들이다. 이것은 디지털 컴퓨터와 아날로그 컴퓨
터의 차이 같은 것이다. 기원전 2000년 중반에 나온 세 개의 설형문자
텍스트에 기술된 최초의 복점 형식은 무릎 위에 놓인 물그릇에 기름을
부으며, 기름이 수면이나 그릇 가장자리와의 관계 속에서 어떻게 움직
이는지를 보며 평화나 번영, 건강이나 질병에 관한 신의 뜻을 예언하는
것이다. 여기서는 제비뽑기에서처럼 단지 신의 말씀이 아니라 신의 의
중이나 심지어 신의 행동을 피은유체로 삼는다. 수면 위를 떠다니는 기
름의 움직임은 곧 신들의 움직임이자 그들의 명령과 유사한 것으로써
은유체가 된다. 기름의 특정한 모양과 근접성은 석의체가 되며, 신들이
결정하고 행동하는 모습은 전자의 피석의체가 된다.

메소포타미아에서 복점은 늘 예배에서 중요한 부분이었다. 이것은
바루(baru)라고 불리는 특별한 사제가 수행했는데 이때는 으레 특정한
의식이 곁들여지며, 매체가 기름이든 어떤 것이든 그것을 통해 신들이
자신들의 속내를 드러내도록 하는 기도가 선행되었다.[27] 기원전 1000
년에 들어서면서 바루의 방식과 기술들은 놀라우리만큼 다양한 은유체
들을 동원하여 신의 의도를 나타낸다. 기름에 국한되지 않고, 점술가의
무릎에 놓인 향로의 향에서 피어오르는 연기의 움직임이나,[28] 물 위에

---

[27] Oppenheim, 208쪽, 212쪽

[28] 수면 위의 기름에 대한 언급이 후기의 설형문사 석판에서 없어지는 것을 보면, 이 관
행은 꽤 일찍부터 사용되지 않은 듯하다. (구약의) 「창세기」 44장 5절에서 요셉이 마
시거나 사적으로 점괘를 보기 위해 사용하며 소중히 여기던 은잔에 대한 언급은 하

떨어뜨린 뜨거운 촛농의 모양, 무심코 만들어지는 점들의 모양, 재가 만드는 모양들이나 모형들, 그리고 동물 희생제물들도 쓰였다.

엑스티스피시(Extispicy)라고 불리는 동물 제물의 엑스타(exta)로 점을 치는 방식은 기원전 1000년 동안에 유도된 유사 복점 중 가장 중요한 것이었다. 제물에 대한 생각은 물론, 제2권 2장에서 본 것처럼, 환각을 불러일으키는 우상들에게 먹을 것을 주던 관행에서부터 연유된다. 양원정신의 붕괴와 함께 이 우상들은 환각을 불러일으키는 속성을 상실하고 한낱 석상으로 전락했다. 그러나 부재중인 신들에게 음식을 먹이는 의식은 제물 드리기 같은 다양한 의식에 여전히 잔존했다. 그러므로 신들과 대화하기 위해서는 기름이나 촛농, 연기 따위보다 동물이 더 중요한 매체로 여겨지는 것은 놀라운 일이 아니다.

엑스티스피시는 신들의 말이나 행동이 아니라 그들의 문자쓰기를 피은유체로 삼는다는 점에서 여타의 방법들과 분명히 다르다. 우선 바루는 샤마시나 아다드(Adad) 같은 신들을 향하여 동물의 내장에 자신들의 메시지를 '써'줄 것을 요청하거나,[29] 때로는 동물을 죽이기 전에 귀에 대고 이 요청을 속삭이기도 했다. 그런 다음 바루는 전통적인 절차에 따라 동물의 기관지, 허파, 간, 쓸개, 방광, 내장의 꼬인 모양이 어떻게 되어 있는지 등을 조사하고 이들이 어떻게 정상적인 상태, 모양, 색깔 등에서 벗어나 있는지를 살폈다. 위축되어 있거나, 과대 확장되어 있거나, 환치되어 있거나, 특별한 표시가 나타나 있거나, (특히 간이) 기

나의 예외적인 경우다. 이때의 시기는 대략 기원전 600년이다. 이 책 제2권 6장 각주 4)를 참조하라.

[29] J. Nougayrol, "Présages Médicaux de l'haruspicine Babylonienne," *Semitica*, 6호, 1956, 5~14쪽.

형으로 되었거나 등은 은유적으로 신의 행동과 관련되어 있는 신성한 메시지를 담고 있는 것이다. 엑스티스피시를 다루는 자료의 양은 다른 복점의 자료들보다 훨씬 많으며 이들은 더 세심하게 연구할 가치가 있다. 기원전 2000년경 최초의 아주 개략적인 언급부터 기원전 250년경의 셀레우코스 기간의 포괄적인 수집에 이르는, 심리 외적 사유 수단으로써 엑스티스피시의 역사와 지역의 발달과정은 수많은 석비들이 제대로 된 연구를 통해 정리되기를 기다리는 한 연구영역이다. 후기에 가서는 여러 가지 표식들과 얼룩들이 중세의 연금술사들이 쓰던 것과 유사하게 비밀스럽고 기술적인 용어들로 기술되어 있는데, 이것들은 각별한 관심의 대상이다.[30] 제물로 바쳐진 동물의 엑스타 부분들은 '왕궁의 문' '길' '멍에' '제방'이라 불리고, 이 대상들이나 위치를 상징하며, 그 결과로 무엇을 할지를 읽어내는 은유의 세계를 만들어낸다. 심지어 어떤 후기 석판들에는 창자가 감긴 모습에 대한 도표와 그 의미가 씌어 있다. 어떤 것은 정교하게, 어떤 것은 조야하게 진흙이나 청동으로 만든 간, 허파 따위의 모형이 여러 유적지에서 발굴되었다. 어떤 것들은 교육용 목적으로 사용되었던 듯하다. 때로는 실제의 장기들이 특별한 신적 메시지의 증거물로 왕에게 보내지기도 한 것을 보면, 이런 모형들은 실제의 관찰을 덜 냄새나게 하면서 보고하기 위해 사용되었는지도 모른다.[31]

---

[30] Mary I. Hussey, "Anatomical Nomenclature in an Akaadian Omen Text," *Journal of Cuneiform Studies*, 2호, 1948, 21~32쪽, 이는 Oppenheim, 216쪽에도 언급되어 있다.

[31] Robert H. Pfeiffer, *State Letters of Assyria*(New Haven: American Oriental Society, 1935), Letter 335.

독자들은 이런 모든 활동의 은유적 성격을 기억하기 바란다. 왜냐하면 여기서의 실제 기능들은 의식의 심층적 작용과는 다른 차원이긴 하지만 유사하기 때문이다. 간이나 기타 장기의 크기와 모양이 신이 품고 있는 의도의 규모와 모습에 대한 은유체라는 것은, 극도로 단순화하면, 우리가 의식 속에서 은유 대상물이나 행동을 '포함하는' 은유 공간을 만들고 있는 것과 유사한 것이다.

즉흥적 점술

즉흥적 점술은 자발적이며 어떤 특정 매체에 얽매이지 않고 이루어진다는 점에서 앞서 언급한 세 가지 유형들과 다르다. 이것은 실제로 모든 유형을 일반화한 것이다. 앞에서 말한 바와 같이 신들의 명령, 의도, 목적 등은 피은유체며, 그 순간에 볼 수 있거나 점술가의 관심과 관련되어 있는 것은 은유체가 된다. 그러므로 점술가는 사업의 결과나 신의 의도를 그가 우연히 보거나 듣는 대상에게서 읽어낸다.

독자들은 혼자서 이것을 시도해볼 수 있다. 어떤 문제나 관심거리를 막연하게 생각해보라. 그런 다음 갑자기 창밖을 보거나 자신이 있는 곳의 주변을 보면서 첫 번째로 당신의 눈에 들어오는 것을 택한 다음, 그것에서 당신이 당면한 문제와 관련지어 무언가를 '읽어'보라. 때로는 아무것도 일어나지 않을 것이다. 그러나 어떤 때는 당신의 마음속에 메시지가 불쑥 떠오를 것이다. 지금 나는 글을 쓰면서 북쪽 유리창을 통해 석양을 배경으로 서 있는 텔레비전 안테나를 보면서 이런 일을 했다. 이것이 사실이라면 내게는 불행한 일이겠지만, 나는 이 점괘가 내 주장이 너무 사변적이고 실바람으로부터 어떤 순간적인 암시를 포착하려는 것으로 해석할 수 있다. 나는 다시 한 번 막연하게 관심거리를 생각하며 거닐다가 갑자기 이어져 있는 방바닥에 시선을 던졌다. 거기에는 한 조교가 실험장치를 설치하고 있었고, 바닥에는 끝이 몇 가닥으로 갈라져 있는 한 개의 전선이 있었다. 나는 이 장에서 나의 문젯거리는 여러 가지 상이하고 분명하지 않은 증거를 한데 묶으려는 것이라고 이것을 해석한다. 이런 예는 수없이 많다.

메소포타미아의 텍스트에서는 이런 식의 예언을 본 적이 없다. 그럼에도 이것은 일상적인 관행이었음이 틀림없다고 확신한다. 이는 오직 즉흥적 점술이, 앞으로 보겠지만 구약에서 일상적이었으며 동시에 중요했다는 이유 때문이다. 그리고 이것은 중세에서도 여전히 많은 부류의 예언자들이 사용한 방법이었다.[32]

이것들이 네 가지 주요 점술 유형들인데, 징조술, 제비뽑기, 복점, 그리고 즉흥적 점술이다. 이들이 사유와 결정과정의 심리 외적 방식으로 이해될 수 있다는 점과, 점차적으로 의식의 구조에 조금씩 근접해가고 있다는 점을 유념하기 바란다. 이들 모두 저 멀리 양원시대에 뿌리를 두고 있는 것이 사실이지만, 이 장 첫 부분에서 기술한 것처럼 양원정신이 붕괴한 후에야 비로소 이들이 중요한 결정 매체가 되었다는 일반적 결론을 부정하는 것은 아니다.

---

[32] 예를 들어 즉흥적 점술은 기원후 1000년경의 베두인 예언가들이 흔히 사용한 방식이었다. Alfred Guillaume, *Prophecy and Divination Among the Hebrews and Other Semites*(New York: Harper, 1938), 127쪽. 이것은 실제로 지적인 발견에서 두드러지게 나타날 뿐만 아니라, 일상 사고 과정의 재료이기도 하다.

주관성의 변두리

이질적 성분들로 구성된 이 장에서 이제까지 우리는 메소포타미아의 양원정신의 붕괴, 인간 정신구조에 발생한 이러한 변화에 대한 반응, 환각에서 더는 소리가 들리지 않게 됨에 따라 이를 대체하는 방식으로 무엇을 해야 할지를 발견하려는 노력 등을 다루었다. 무엇을 해야 할지를 발견할 또 다른 방법은 의식이었다는 것과, 이것이 이 행성의 역사에 최초로 발생한 것은 바로 기원전 2000년 말기 메소포타미아에서였다는 것은 참으로 어려운 주장이다. 이를 어렵게 하는 주된 이유는 우리가 그리스어나 히브리어를 번역해내는 만큼의 정확도로 설형문자를 번역해낼 수 없는 우리의 부족한 역량과, 내가 다음 장에서 시도하려는 분석방식에 따르기도 어려워하기 때문이다. 의식과 정신-공간의 은유적 구축과정을 추적하는 데 적합해 보이는 설형문자로 된 말 그 자체를 정확하게 번역하기가 극히 어렵다. 단언적으로 말하면, 기원전 2000년을 거치는 과정에서 발생한 메소포타미아적 정신구조의 변화를 결정적으로 연구하려면, 또 다른 학문적 차원에서 수행되는 설형문자 연구를 기다리지 않으면 안 될 것이다. 이 과제에는 우리가 의식적이라고 부르는 사건들을 기술해내는 데까지 이르는 단어들의 지칭 대상과 그 단어들의 빈도상의 변화에 대한 추적이 포함될 것이다. 샤(sha)(또는 샤브〔Shab〕나 샤그〔Shag〕로 음역될 수 있다)를 예로 들면, 이것은 아카드 말로 그 기본적인 의미는 '안에' 또는 '내부에'인 듯하다. 접두어로서 도시 이름 앞에 붙어 '도시 안에'를 의미한다. 사람 이름 앞에 붙어서는 '그 사람 안에'를 의미하는데 아마도 이것이 어떤 속성이 내면화되는 시작이 아닌가 생각한다.

내가 이런 문제와 그밖의 문제들은 향후의 좀더 나은 연구에 맡겨야 한다고 다소 진부하게 말하는 것을 용서하기 바란다. 너무도 빠른 속도로 새로운 유적지들이 발견되고 새로운 텍스트들이 번역되어서, 이 장이 견지하는 시각으로 자료들을 보게 된다면, 지금부터 10년만 지나도 우리는 훨씬 분명한 모습을 보게 될 것이다. 현재 내가 해낼 수 있다고 느끼는 최선의 것은 단지 의식과 같은 심리적 변화가 실제로 발생했음을 암시하는 문헌들과 몇 가지를 비교하는 일이다. 이 비교는 서간문들, 건물에 새겨진 글들, 그리고 여러 판본의 길가메시를 대상으로 이루어질 것이다.

아시리아 서간(書簡)과 구바빌론 서간의 비교

양원성에서 주관성으로 변화했음을 암시하는 내 첫 번째 비교 연구는 기원전 700년 아시리아의 설형문자 석판 편지와 이보다 1000년 앞선 구바빌론 왕의 편지를 비교하는 것이다. 함무라비와 그 시대 사람들의 편지는 사실적, 구체적, 행동적, 형식적, 그리고 명령적으로 아무런 인사도 없이 씌어졌다. 이들 서간은 어떤 수신자에게 쓴 게 아니라, 실제로 석판에 쓴 것으로, 언제나 이런 식으로 시작된다. A에게 말하라고 B가 이렇게 말한다. 그러고 나서 B가 A에게 해야 할 말이 뒤따른다. 여기서 우리는 내가 어디에선가 읽기는, 처음에는 우상에서부터, 그 다음에는 상형문자에서부터의 환각에서 발전되어나온 것으로서, 후기 양원성 시대를 거치는 중에 설형문자 듣기의 문제로 변화되었다고 했던 말을 기억해야 한다. 따라서 석판의 수신자가 듣는다(And hence the addressee of the tablets).

구바빌론 서간의 주제들은 늘 객관적이다. 한 예로 함무라비의 서간들은 (모두가 같은 사람이 새긴 것으로 봐서 아마도 함무라비 자신이 쓴 것일 수도 있는데) 자기 휘하에 있는 봉신왕(封臣王)들과 관리들에게 누군가를 자신에게 보내라거나, 바빌론으로 얼마만큼의 목재를 보내라거나, 어떤 특정한 경우에는 "오직 잘 자란 기둥나무들만 베라"든가, 소와 곡물의 교환에 관한 규정이라든가, 일꾼들을 어디로 보내라든가 하는 따위에 관한 것들이다. 이유는 거의 적혀 있지 않다. 목적은 더더욱 적히지 않았다.

신-이딘남(Sin-idinnam)에게 함무라비가 말하노니, 내가 그대에게 썼던 것은 그대는 나에게 에누비-마르두크(Enubi-Marduk)를 보내라는 것이었다. 그런데 왜 그대는 그를 보내지 않는가? 그대는 이 석판을 보거든 에누비-마르두크를 내 안전에 대령시켜라. 그가 밤낮으로 여행하도록 조처하여 조속히 도착토록 하라.[33]

서간들은 그 '사고'나 관계의 복잡성 면에서 이 이상을 넘어서는 경우는 거의 없다.

좀더 흥미로운 서간은 몇 개의 피정복 우상들을 바빌론으로 가져오라는 명령이다.

신-이딘남에게 함무라비가 말하노니, 지금 내가 에무트바룸(Emut-balum) 여신들을 가지러 (내) 관리 지키르-일리수(Zikir-ilisu)와 두갑

---

[33] L. W. King, *Letters and Inscriptions of Hammurabi*(London: Luzac, 1900), vol. 3, Letter 46, 94쪽 이하에 번역과 음역된 것이다.

332 제2권 역사의 증언

의 관리(Dugab-officer)인 함마라비-바니(Hammarabi-bani)를 보낸다.

여신들이 바빌론에 올 때는, 성소에서 하는 것처럼, 행진할 때 쓰는 배에 태워 여행하게 하라.

그리고 사원에 속한 여인들이 뒤따르며 수행하게 하라.

그대는 여신들이 먹을 음식으로 양을 제공하라……

지연되지 않도록, 바빌론에 조속히 도착하라.[34]

이 서간이 흥미를 유발하는 이유는, 이것이 신들도 여행 중에 어떤 식으로든 식사할 것이라는 생각뿐 아니라, 옛 바빌론에서 신-인간 관계의 일상적 속성을 보여주기 때문이다.

함무라비의 서간에서 기원전 7세기 아시리아의 궁정문서로 옮겨가는 것은, 마치 아무런 생각도 없이 단지 복종하지 않을 수 없는 지시로 된 단조로운 세계를 떠나 오늘날의 우리 세계같이 풍요롭되 욕심이 많고, 감각적이되 반항적인, 놀라 깨어 있는 세계로 들어가는 것이나 다름없다. 이제 서간문은 사람에게 씌어진 것이지 석판에게 쓴 것이 아니며, 큰 소리로 읽혀야 할 것이지 들리는 것은 아니다. 다루는 주제도 1000년 동안에 변화를 겪어 훨씬 더 많은 종류의 인간 행동을 포괄한다. 그러나 이 주제들은 기만과 점술로 포장되어 있다. 경찰 조사에 관한 말, 타락한 제례의식에 대한 불평, 편집증적 공포, 뇌물, 투옥된 관리의 애처로운 호소, 이 모든 것들은 함무라비 세계에서는 알려지지도 않았으며 언급된 적도 없는, (원천적으로) 불가능한 일들이다. 심지어는 아

---

34 같은 책, vol. 3, Letter 2, 6쪽 이하.

시리아 왕은 기원전 670년경 다음과 같이 정복된 바빌론에 있는 그의 고집센, 문화적으로 동화된 대리인에게 비아냥거리는 편지를 보냈다.

> 왕께서 가짜 바빌론 사람들(pseudo-Babylonians)에게 보내시는 말씀.
>
> 나는 건재하다. …… 그대들도, 하늘이 도와 바빌론 백성이 된 것이다.
>
> 그대들은 내 관리인들에게 그대들과 그대들의 지도자가 조작해 만든 고발, 즉 허위 고발을 계속해서 들이대고 있다. …… 그대들이 내게 보낸 (즉 허풍떠는 소리, 끈질긴 생떼에 불과한) 서류는, 고스란히 그대들에게 되돌려보내는 바다. 물론 그대들은 "그가 우리에게 무엇을 돌려보낸 것이지?" 하고 묻겠지. 바빌론에서 내 충복과 친구들이 나에게 편지를 보냈다. 내가 열어 읽어본즉, 보라. 사당의 여신들이여, 죄악의 새들이여……[35]

그러고 나서 석판은 깨어져 있다.

또 하나 흥미로운 차이점은 어떤 아시리아 왕에 대한 그들의 묘사다. (기원전) 2000년 초기의 바빌론 왕들은 자신만만하고 무서움을 모르는, 그래서 어쩌면 지나치게 군사적일 필요도 없었을, 그런 사람들이었다. 사자 사냥과 할퀴는 동물과 맞붙어 싸우는 남성적 힘이 넘쳐나는 것으로 묘사되는 궁전의 주인공인 잔인한 아시리아 왕이 이들의 서간 속에서는, 점성술사와 예언자들을 찾아가 신들과 접촉하게 해달라

---

[35] Pfeiffer, Letter 80.

고, 자신들이 무엇을 할지, 언제 할지를 말해달라고 요청하는 우유부단하고 겁먹은 존재로 나타난다. 이 왕들은 예언자들에게서 그들은 거지들이며, 그들의 죄가 신들을 화나게 한다는 소리를 듣는다. 무엇을 입을지, 무엇을 먹을지, 또는 다음 지시가 있을 때까지 먹지 말라든지 하는 소리를 듣는다.[36] "하늘에서 무언가가 일어나고 있다. 너는 그것을 포착했나? 나로 말하면 내 눈은 고정되어 있다. 내가 말하길 '내가 무슨 현상들을 놓쳤던가, 그것을 왕에게 보고하지 않은 것은 무엇인가? 내가 왕의 운명에 적합지 못한 어떤 것인들 놓쳤나?' …… 왕이 언급한 태양의 일식은 일어나지 않았다. 나는 제27일에 다시 볼 것이다. 그리고 보고할 것이다. 내 군주이신 왕께서는 무슨 액운을 두려워하고 계신가? 나는 아무런 정보도 알지 못한다."[37]

1000년이나 떨어져 있는 이 서간들을 비교하면 우리 관심사인 정신구조의 변화가 입증되지 않는가? 물론 이런 질문에는 수많은 논의가 뒤따를 수 있다. 아시리아에서는 주관성을 지칭하는 것으로 보이던, 그러나 옛 바빌론에는 존재하지 않는, 특정 단어들에 대한 연구는 물론, 내용 분석, 구문 비교, 대명사의 사용, 의문문, 미래시제 등에 대한 연구가 필요하다. 그러나 현재 설형문자에 대한 우리의 지식 수준으로는 완전한 분석은 불가능하다. 여기서 내가 한 번역들조차 영어의 부드러운 흐름과 친숙한 구문에 맞게 치우쳤으며, 그런 의미에서 완벽하게 신뢰할 수는 없는 것들이다. 단지 인상파적인 비교만이 가능하지만 결과는 자명하다고 생각한다. 기원전 7세기의 서간은 그보다 1000년 전의 함

---

36 Pfeiffer, Letters 265, 439, 그리고 553.
37 Pfeiffer, Letter 315.

무라비 것보다 우리 의식에 더욱 친숙하다는 점이다.

시간의 공간화

두 번째 문헌 비교는 건물에 새겨진 명각(銘刻)들에 나타난 시간 감각에 대해서다. 제1권 2장에서 나는 의식의 본질적인 속성의 하나는 시간을 영역으로 나타낼 수 있는 공간으로 은유하는 것이며, 이로써 그 안에서 사람이나 사건들의 위치를 파악하게 하고, 과거, 현재, 미래 감각을 줌으로써 이야기로 엮을 수 있게 하였다고 주장했다.

의식이 이런 특성을 갖기 시작한 것은 기원전 1300년경이라고 약간의 확신을 갖고 추정할 수 있다. 우리는 앞에서 징조술과 제비뽑기의 발달이 어떻게 이것을 암시하는지 추론을 통해 살펴보았다. 그러나 좀 더 정확한 증거가 건물에 새겨진 명각에서 발견되었다. 이 시기보다 앞서는 전형적인 명각에서 왕은 자신의 이름과 관직을 밝히고, 자신의 특정 신 또는 신들에게 아낌없는 찬사를 보낸 다음, 짧막하게 그 건물의 착공시기와 당시의 정황을 언급한다. 그런 다음에야 그 건물의 운용에 대하여 기술한다. 기원전 1300년 이후에는 그 건물 건축 직전에 있었던 사건에 대한 언급뿐만 아니라, 당시까지의 왕의 과거, 모든 군사적 업적들도 요약했다. 그다음 세기들에는 이런 정보들이 일련의 연도별 군사작전에 따라 체계적으로 정리되기에 이른다. 그러고는 드디어 기원전 1000년 동안의 아시리아 통치자들에 대한 기록들에 거의 보편적으로 나타나는 정교한 연대기 형식이 등장하게 된다. 이러한 연대기는 계속되어 사실 그대로 하나씩 기록해나가는 선을 넘어 행동의 동기에 대한 언급과, 행동과정에 대한 비판과, 인물에 대한 평가로까지 넓혀나간다. 그다음에는 나아가 정치적 변화, 군사 작전, 특정 지역에 대한 역사적 기록을 포함한다. 이 모든 것들은 내 생각에는 바로 의식의 발명을 증거한다. 이런 특징들 중 그 어느 것도 이전의 명각들에서는 발견되지 않는다.

물론 이것은 왕에 관한 명각의 발달과 함께 시작된 역사의 발명이기도 하다.[38] 역사가 발명되었다는 생각을 품는 것이 얼마나 이상하게 들리는가! 일반적으로 '역사의 아버지'로 유명한 헤로도토스는 기원전 5세기의 메소포타미아를 둘러보고 나서야 그의 역사를 썼으며, 아마 이러한 아시리아의 자료들을 보면서 역사라는 개념 자체를 얻어냈을 것이다. 이러한 추론과정에서 내 흥미를 끄는 것은, 의식은 그 발달과정에서 약간씩 다른 방식으로 발전할 가능성이 있다는 점이다. 그리고 헤로도토스의 글이 그 후 그리스 의식의 발달에 미친 중요성은 흥미로운 연구과제가 될 것이다. 그러나 여기서 내 생각의 요지는, 역사는 의식의 특징인 시간의 공간화가 없이는 불가능하다는 것이다.

길가메시

마지막으로 아시리아 문헌 중 가장 잘 알려진 이 작품을 비교해보자. 제대로 된 서사시 「길가메시」는 12개의 번호가 매겨진 석판들로 나부신의 사원 서고와 아시리아 왕 아슈르바니팔의 왕궁 서고 유적지 중 니네베에서 발견되었다. 이것은 기원전 650년경에 이전의 이야기들을 모아 아슈르바니팔 왕에 관해 기록한 것이다. 이 영웅은 반신반인으로 신격화된 길가메시로서 그는 그의 부친 에사르하돈(Esarhaddon)에게서도 경배를 받았다. 길가메시라는 이름은 분명히 메소포타미아 역사

---

[38] Saggs, 472쪽 이하.

저 멀리에서 연원한다. 그와 관련된 그리고 어떤 식으로든 이 이야기들과 연관된 수많은 다른 석판들이 발견되고 있다.

이들 중 가장 눈에 띄는 것은 몇몇 아시리아 석판들과 쌍벽을 이루는 더 오래된 석판 3개다. 이들이 어디에서 발견되었는지 그리고 이들의 고고학적 맥락이 무엇인지는 전혀 분명치 않다. 이것들은 고고학자들이 발견한 것이 아니다. 바그다드의 한 상인에게서 어떤 개인이 구입한 것이다. 그러므로 이것들의 연대와 출처는 의문거리로 남아 있다. 내부의 정황에 따라 나는 이것들이 대략 기원전 1200년경의 길가메시에 관한 히타이트 파편들과 후리안(Hurrian) 파편들과 동시대 것이라고 생각한다. 일반적으로는 기원전 1700년의 것으로 추정된다. 그러나 어떤 시기를 주장하건 간에, 서사시를 널리 알린 사람들이 주장하고 있는 것처럼 길가메시 이야기의 기원전 7세기식 표현이 옛 바빌론 시대와 같다고 주장할 아무런 보증이 없다.

여기서 우리 관심은 더 오래된 이들 석판과 기원전 650년 아시리아판 사이에서 일어난 변화다. 가장 흥미진진한 비교는 석판 X에 있다. 옛 판(현재 소장되어 있는 곳의 이름을 따서 예일 석판이라고 부르는데)에서, 거룩한 길가메시 왕은 친구 엔키두(Enkidu)의 죽음을 애도하며, 샤마시 신과 대화를 나누고 그다음엔 여신 시두리(Siduri)와 대화한다. 거룩한 술집여인(divine barmaid)이라고 불리는 후자가 길가메시에게 인간에게 죽음은 불가피한 일임을 이야기한다. 이러한 대화들은 비주관적(nonsubjective)이다. 그러나 그 후에 나온 아시리아판에서는 샤마시와 대화하는 것은 아예 포함되지도 않았으며, 예의 술집여인 여신은 극히 지상의 인간적인 용어로, 심지어는 자기-의식적으로 베일을 걸쳐입은 모습으로 기술되었다. 의식적 정신의 소유자들을 위하여 이야기가 인간화되어버린 것이다. 후기의 아시리아 석판 어느 곳에서는, 그 술집여인은 길가메시가 접근해오는 것을 바라보기도 한다. 그녀는 멀리 밖을 바라보며 그녀 자신의 가슴을 향해, 즉 자신에게 "정녕 이자는 살인자다. 이자가 어디를 향해 가고 있는가?"라고 말하는 모습이 묘사되어 있다. 이것은 주관적 사고다. 이런 말은 이전의 석판에는 전혀 나오지 않는다.

아시리아 석판은 친구의 죽음으로 길가메시의 가슴에 일어나는 주관적 슬픔을 전달하기 위하여 대단히 정교한 (동시에 몹시 아름다운) 문체로 계속되고 있다. 여기서 쓰인 한 가지 문학적 기교는 (적어도 번역자가 훼손된 부분을 복원해낸 정도에서 보는 바와 같이) 독자들에게 왜 길가메시의 외모와 행동이 그렇게 되었는지를 물으며, 계속해서 수사학적으로 외적 행동을 묘사하는 질문을 던짐으로써, 독자들에게 이 영웅의 내적 '공간'과 그의 유사 '나'를 지속적으로 상상하게 하는 것이다.

왜 당신의 가슴은 그토록 슬픕니까?
왜 당신의 모습은 그토록 못쓰게 되었습니까?
왜 당신의 가슴속에 비애가 서려 있습니까?
왜 당신의 얼굴은 먼길을 떠나버린 이를 바라보듯 하고 계십니까?

이런 성경의 시편 같은 관심은 이전의 석판 X에는 존재하지 않는다. 또 하나의 인물은 우트나피시팀(Utnapishtim) 신인 원거리(the Distant)다. 그는 이전의 석판 X에서는 단지 간략히 언급되었을 뿐이었다. 그러나 기원전 650년판에서 그는 먼 곳을 바라보며 사신의 가슴을 향해 질문을 던진 다음 스스로 결론에 도달한다.

결론

이제까지 우리가 조사해온 증거자료들은 어느 영역에서는 강하고 어느 영역에서는 약하다. 신을 상실한 것에 관한 문헌은 메소포타미아 역사에 나타난 의심할 여지없는 변화며, 이는 그전 어느 것과도 다르다. 실로 이것은 근대적인 종교적 태도가 태동하는 장면이며, 우리는 투쿨티 시대에서부터 기원전 1000년 사이에 씌어진 문헌들에서 시편 같은 종교적 확실성을 추구하는 열정을 볼 수 있다.

온갖 종류의 점술들이 갑자기 쇄도하고 정치적·사적 삶 속에서 그것들이 차지하는 비중이 커진 것 또한 의문의 여지가 없는 역사적 사실이다. 이러한 관행들이 이전 시대부터 시작되었으며, 심지어는 기원전 3000년 말부터 문명이 점차 복잡해짐에 따라 양원적 신들이 결정내리는 데 도움이 될 어떤 보조적 방법이 필요했다고 주장할 수도 있지만, 이런 관행들은 신들이 붕괴한 후 문명 생활 속에서 비로소 지배력을 얻고 보편적 지위를 확보하게 된 것이다.

신들의 속성 자체가 이 시대에 변화를 겪었다는 것은 의문의 여지가 없다. 질병과 액운을 유발하는 악의적 악마들을 따라 어둠의 세계를 믿는 믿음은 양원정신의 환각적 결정을 상실한 이후에 뒤따르는 회복 불가능한 깊은 불안의 또 다른 표현으로 해석할 수 있다. 이 또한 의문의 여지가 없다.

우리 연구에서 취약한 부분은 역시 의식 자체에 대한 입증이다. 여러 시대의 설형문자에 대한 의문스러운 번역들에 의지하여 수행된 까닭에 심한 비약이 있을 수밖에 없는 내 비교 연구에는 불만스러운 점들이 없지 않다. 우리가 원하는 것은 우리 앞에서 어떤 연속적인 문헌자료들을 보는 것이며, 그 속에서 주관적인 정신-공간이 펼쳐지는 것과 결정을 내리는 일에서 그것들의 조작 기능(operator function)을 좀더 면밀하게 보는 것이다. 이 일은 실제로 몇 세기 후 그리스에서 일어났다. 다음 장에서 그것을 분석해보자.

제5장
그리스의 지적인 의식

사람들은 그것을 도리아인의 침략이라고 불러왔다. 우리의 지식은 너무 단편적이고 이 시대에 대해 아는 것이 너무 없어, 고전학자들은 그것을 무엇이라고든 부를 수 있다고 말할 정도다. 그러나 한 고고학적 유적지에서 나온 도자기 디자인에서 다른 유적지의 것으로 이어지는 간단없는 연속성은 이 방대하고 말없는 어둠 속을 비춰줄 촛불이 된다. 비록 깜박거리는 빛이긴 하지만, 이 빛은 과거 기원전 1200년에서 기원전 1000년에 이르기까지 끊임없이 지속된 이민과 민족이동이 걸어간 복잡한 구절양장의 거대한 윤곽을 드러내 보여준다.[1] 여기까지가 사실이다.

나머지는 추론이다. 심지어 이른바 도리아인이라는 게 누구를 가리키는 것인지조차 불분명하다. 앞장에서 나는 이 모든 혼란은 테라 화산 폭발과 그 결과에서 시작되었을 것이라고 주장한 적이 있다. 구어적 전

---

[1] V. R. d'A. Desborough, *The Last Mycenaeans and Their Successors: An Archaeological Survey, c.1200~c.1000 B.C.*(Oxford: Clarendon Press, 1964).

통의 끝무렵에서 투키디데스(Thucydides)는 이것을 이렇게 기술했다. "이민이 빈번하게 일어났다. 어떤 부족들은 수적 우세에 눌려 즉시 자신들의 고향을 등졌다." 한때 아가멤논과 그의 신들께 충성을 바치던 왕궁과 마을들이 또 다른 양원적 민족들에게 약탈당하고 불태워졌다. 약탈하는 민족들은 그들 자신의 훈계적 환각을 따르는 까닭에 아마도 원주민들과 대화할 수도, 그들을 동정할 수도 없었을 것이다. 살아남은 자들은 노예가 되거나 난민이 되었고, 이들 난민들은 정복당하거나 죽음을 당했다. 우리가 가장 확신할 수 있는 것들은 부정적인 것이다. 즉 미케네 세계가 도처에 놀라우리만큼 보편적인 모습으로 만들어낸 것들, 즉 신의 명령에 따라 거대한 석조 건축술로 지어낸 왕궁과 요새들, 섬세한 정확성으로 만든 물결 모양의 프레스코, 정교한 내용물이 들어 있는 수갱(竪坑)무덤(shaft-grave), 메가론(megaron)[2] 설계에 따른 가옥들, 테라코타 우상들과 작은 초상들, 금을 두드려 만든 죽음의 마스크, 청동이나 상아로 만든 세공 제품, 특이한 도자기—이 모든 것들은 그 후 자취를 감추고 다시 알려지지 않았다.

이 폐허가 그리스에서 주관적 의식이 성장할 혹독한 토양이다. 이 점에서 그리스는 거대한 아시리아 도시들이 악마에게 괴롭힘을 당하는 어설픈 의식에 이르기까지 자기의 관성에 따라 갈팡질팡했던 것과 큰 차이를 보인다. 아시리아와는 달리 미케네는 신의 명령에 의거하는 작은 규모의 도시들로서 느슨하고 분권적인 제도를 가지고 있었다. 양원 정신이 붕괴되면서 모든 도시가 와해되자 더 큰 해체가 일어났다.

---

2 헬레니즘 건축양식으로, 기둥들과 작은 칸막이 방들이 딸린 정방형 방이 중앙에 있는 것이 특징이다–옮긴이.

위대한 서사시들은 바로 모든 정치적 대파괴를 가져온 이 도전에 대한 일종의 거부반응이다. 이리저리 난민촌을 떠돌던 아오이도이의 긴 서사시들은 확실성을 상실한 일부 새로운 유랑민족들이 응집력 있던 옛 시절에 연합하기를 열망하는 노래라고 보는 것이 그럴싸하다. 시란 부적절한(inadequate) 정신 속에서 익사해가는 인간들이 움켜쥐는 뗏목이다. 이 독특한 요소, 즉 황폐해가는 사회적 혼란 속에서 시가 감당하는 이 중요성이 바로 특별히 그리스의 의식이 지금까지도 우리 세계를 밝히는 눈부신 지적 빛을 발하는 이유이기도 하다.

이 장에서 하려는 것은 현존하는 초기 그리스 문학작품으로의 여행에서 여러분을 안내하는 일이다. 불행하게도 텍스트들의 목록이 길지 않다. 『일리아스』로부터 시작하여, 『오디세이아』를 거쳐, 헤시오도스(Hesiodos)의 것으로 알려진 보이오티안(Boeotian) 시, 기원전 7세기의 서정시와 애가 파편들 속으로, 그리고 약간 지난 후 작품들 속으로 차례차례 여행하게 될 것이다. 이 과정에서 나는 여러분에게 우리가 지나치는 광경에 대하여 어떤 깔끔한 묘사를 해주지는 않을 것이다. 이 일은 나보다도 고대 그리스 시작을 다뤄온 몇몇 탁월한 역사가들이 더 잘해낼 것이다. 오히려 내가 여러분의 관심을 요청할 때는 우리의 의식 이론의 관점에서 특별히 관심을 끄는 것으로 선정한 것들의 곁을 지날 때일 것이다.

그러나 이 일을 하기 전에 우리는, 특별히 『일리아스』에 나오는 정신에 해당하는(mindlike) 용어들을 좀더 철저하게 분석하는, 약간의 예비적인 유람을 해두지 않으면 안 되겠다.

일리아스를 통해서 내다보기

나는 앞장 어디선가 『일리아스』는 양원적 과거의 직접적인 (모습을) 들여다볼 수 있는 우리의 창문이라고 말한 적이 있다. 자, 우리가 그 창의 한쪽에 서서 저 멀리 의식의 미래를 내다본다고 가정하자. 이때 분노에 대한 이 신비의 위대한 찬가는 이보다 앞섰던 구술전승의 종착점이라기보다 다가올 새로운 정신구조의 시작점이 될 것이다.

제1권 3장에서 우리는 오늘날 그리스어에서 의식적 기능의 모습에 해당하는 것이 『일리아스』에서는 좀더 구체적이고 신체적인 지칭대상이 있음을 보았다. 그러나 이러한 단어들이 나중에 정신적인 의미를 갖게 되었다는 사실 자체는 이 단어들이 그리스 의식이 발달해온 양식을 이해하는 데 어떤 열쇠가 될 수 있음을 암시한다.

우리가 여기서 다룰 단어들은 마음(mind), 정신(spirit), 또는 혼(soul) 등으로 다양하게 번역해온 투모스(thumos), 프레네스(phrenes), 누스(noos), 사이키(psyche) 등과 가슴(heart)으로 때로는 정신이나 마음으로 번역되었던 크라디(kradie), 케르(ker), 에토르(etor) 일곱 가지다. 이 일곱 단어들 중 어떤 것을 마음이나 그와 유사한 어떤 것으로 번역하는 것은 전적으로 오류며 『일리아스』에는 그에 대한 어떤 보증도 없다. 간단히 말하면 이 단어들은 주변 환경이나 신체의 객관적 부분들을 의미하는 것으로 여기지 않으면 안 된다. 이제 이 용어들에 대해 자세히 논의해보자.

첫째 질문은 도대체 왜 이런 실제물들이 시에 등장하는가 하는 것이다. 나는 여기서 행동을 충동하는 주된 역할을 하는 것이 신들의 목소리 속에 있지 결코 투모스나 프레네스나 에토르 등에 있지 않음을 앞서 강조한 적이 있다. 후자는 전적으로 동어 반복일 뿐이다. 사실 이것들은 마치 양원정신의 양쪽 편을 갈라놓는 쐐기처럼, 종종 신과 인간의 단순한 명령/복종관계를 방해하는 것처럼 보인다. 그렇다면 그것들은 왜 거기에 있는 것일까?

양원정신의 붕괴가 시작될 무렵 어떤 일이 일어났는지를 좀더 면밀히 조사해보자. 제1권 4장에서 우리는, 양원적 인간이든 오늘날의 정신분열증 환자든 환각적 목소리의 생리학적 촉발인은 갈등이나 어떤 결정을 내려야 하는 데서 오는 스트레스임을 보았다. 신들의 목소리가 이런 사회적 혼란 속에서 점점 부적절해지고 억압된 만큼 환각적 목소리를 유발시키는 데 필수적인 스트레스의 양이 더욱 높아졌을 것이라고 상정할 수 있다.

정신의 양원적 조직이 쇠퇴하기 시작하자 새로운 상황에서 결정을 내리지 않으면 안 되는 스트레스(decision-stress)는 이전보다 훨씬 더 커졌을 것이며, 신의 환각이 발생하기 전에 그 스트레스의 정도와 지속 기간도 점차 강화되지 않으면 안 되었을 가능성이 높다. 이처럼 증대된 스트레스는 혈관의 변화에서 오는 강렬한 감각, 호흡의 급변, 가슴의 두근거림이나 떨림 등 일리아스에서 각각 투모스, 프레네스, 크라디 등으로 불리는 다양한 생리학적 수반현상을 동반했을 것이다. 이것이 이들 단어들이 의미하는 것이다. 결코 정신이나 그 비슷한 것들이 아닌 것이다. 신들의 소리가 점차 덜 들려오게 되자 점증된 스트레스의 내적 반응-자극(response-stimuli)들은 점점 더 인간의 후속 행위들과 연결된다. 이런 행동들은 형태야 어떻든 심지어 인간의 행동 자체를 일으키는 듯이 보이는 신적 기능을 취하기까지 한다.

이러한 가설들을 취하는 우리가 제대로 방향을 잡고 들어섰다는 것

을 입증하는 사례들을 『일리아스』에서 발견할 수 있다. 신들의 충복이
자 인간들의 왕인 아가멤논은 아름다운 브리세이스(Briseis)[3]를 잡아간
아킬레우스에게서 그녀를 빼앗아오라는 자신의 목소리를 듣는다. 그가
그대로 이행할 때, 아킬레우스의 반격은 그의 에토르 또는 내가 그의
담즙에 경련이 난다고 한 곳에서 시작된다. 이 에토르 속에서 아킬레우
스는 갈등에 처하는 것이다. 즉 분노의 즉각적인 내적 감각인 자신의
투모스에 복종하여 그 선취권을 쥔 왕을 살해할 것인가, 아닌가 하는
갈림길(mermerizo)에 서게 되는 것이다. 아킬레우스가 그의 장대한 칼
을 뽑아들 무렵, 차오르는 복부의 감각과 끓어오르는 피 사이를 오락가
락하는 시간의 틈이 있은 후에야 비로소 그 스트레스는 무시무시한 빛
을 발하는 여신 아테나를 환각하기에 충분할 만큼 차오른 것이다. 행동
통제를 담당하는(1권, 188쪽 이하) 이 여신은 아킬레우스가 할 일을 명
한다.

내가 주장하려는 것은 양원시대에 이 내적 감각들의 수위와 정도는
전혀 입증되지도 않았고 그것들에 이름이 주어지지도 않았다는 점이
다. 만일 원본 『일리아스』(Ur-Iliad) 같은 것 또는 최초의 아오이도이들
몇 세대가 입에서 입으로 전달해온 구전 서사시가 있다면, 그것에는 위
와 같은 시간의 틈도, 신의 목소리가 있기 전 에토르나 투모스 같은 것
은 없었을 것이라는 것과, 앞으로 보게 될 것이지만, 이런 단어들의 사
용과 점점 사용 빈도가 높아지는 것은 정신구조의 변화, 즉 신과 인간
의 분열로 의식이 생겨났음을 반영한다.

---

3 미네스(Mynes)의 아름다운 부인으로 아킬레우스에게 붙잡혀 간다. 이로써 아가멤논
  과 아킬레우스 간에 전쟁이 일어나고, 이 전쟁은 아킬레우스가 일시적으로 트로이에
  서 철수하는 것으로 끝난다 - 옮긴이.

선의식적 원질들

나중에 의식적 기능 같은 것을 의미하게 될 이 정신-단어들(mind-words)을 선의식적 원질(preconscious hypostases)이라고 부르자. 이 말은 그리스어로 어떤 것의 아래에 서 있게 하는 것을 의미한다. 선의식적 원질은 다른 원인들이 더는 명백하지 않을 때 추정되는 행동 원인들이다. 신이 없는 것 같은 이상 상황에서는 언제나 인간이 행동하는 것이 아니라 그 인간에게 행동하게 하는 선의식적 원질의 하나가 행동한다. 그러므로 이것들은 양원정신에서 주관적 의식으로 이행하는 과정에서 발생하는 반응과 책임의 온상이다. 이제부터 우리는 이 용어들의 의미와 출현 빈도가 기원전 850년에서 기원전 600년으로, 그리고 한 텍스트에서 다른 텍스트로 옮겨갈 때마다 점차 바뀐다는 것과, 기원전 6세기에 이들의 지칭 대상들이 우리가 주관적·의식적 정신이라고 부르는 것 속에서 서로 어떻게 연결되었는지 보게 될 것이다.[4]

나는 선의식적 원질의 시간적 발전과정을 크게 네 단계로 나눌 수 있다고 주장함으로써, 지금 이야기한 것을 좀더 분명한 명제로 번역 내지 확대해보려고 한다.

제1단계 – 객관적: 양원적 시기에 발생하며, 이 용어들이 지칭하는 것
은 단지 외적 관찰들이다.
제2단계 – 내적: 이 용어들이 신체 내의 일들, 특히 어떤 특정한 내적
감각들을 의미하게 되는 단계에서 발생한다.

---

[4] 애드킨스(A. D. H. Adkins)는 다양한 정신-단어들을 하나로 그려내는 일을 주제로 삼는 책인 *From the Many to the One*(Ithaca: Cornell University Press, 1970)을 쓴 적이 있다.

제3단계 – 주관적: 이 용어가 우리가 정신적이라고 부르는 과정들을 지칭하는 단계다. 이 용어들은 행동을 유발하는 것으로 추정되는 내적 자극들에서 은유된 행동들이 발생할 수 있는 내적 공간으로 이동한다.

제4단계 – 종합적: 다양한 원질들이 내성이 가능한 하나의 의식적 자아로 통일된다.

다소 과장된 감이 없지 않지만 이렇게 네 단계를 설정하는 이유는 여러분이 이들 단계 간의 이행이 지니는 중요한 심리학적 차이에 유의해주기를 바라기 때문이다.

제1단계에서 제2단계로 이행하는 것은 양원성의 붕괴 초기에 일어난다. 이것은 신들과 그들의 환각적 지시가 부재할 경우, 또는 부적절할 경우에 나타난다. 신에게서 오는 적절한 결정이 사라짐으로써 생긴 스트레스는 그것의 심리적 수반 현상들을 증가시키며, 이것은 이 수반 현상들에게 이전에는 외적 지각에나 붙이던 용어들의 딱지가 붙여질 때까지 계속된다.

제2단계에서 제3단계로 이행하는 것은 훨씬 복잡한 문제이자, 훨씬 더 흥미로운 문제다. 이것은 제1권 2장에서 기술한 것처럼, 은유가 만들어내는 피석의체 때문이다. 그때 나는 네 부분으로 이루어진 은유과정을 정리한 적이 있다. 피은유체라고 불리는 어떤 덜 알려진 용어를 기술하는 데서 시작하여 어떤 점에서 그것과 유사한, 우리가 더 잘 아는, 은유체를 석용함으로써 그것을 기술하게 된다. 대개의 경우 내가 석의체라고 부르는 은유체들의 단순한 연상이 일어난 다음 최초의 피은유체의 연상물로 이미지를 다시 투사하게(project back) 되는데 이 새로운 연상물이 피석의체인 것이다. 이 피석의체들은 피은유체와 연상해 새롭게 된다는 의미에서 생성적이다. 이로써 우리는 일종의 '공간'을, 즉 우리가 내적으로 들여다볼(introspect) 수 있는 공간이자, 의식의 필수적 기체(基體, substrate)인 공간을 생성해낼 수 있게 된다. 곧 보겠지만 이것은 아주 간단한 일이다.

마지막으로, 각각 분리된 원질들을 제4단계인 단일한 의식으로 종합하는 것은 또한 전혀 상이한 과정이다. 나는 투모스나 프레네스 따위의 의미들, 즉 주관적 제3단계가 성립되면 상이한 내적 감각들 안에 있는 이들의 근원적인 해부학적 기초들은 시들어버린다고 생각한다. 이때 그 의미들은 혼동된 상태로 있다가 '용기'(容器, container)니 '사람들'이니 하는 따위와 같은 그들의 공통된 은유에 기초하여 상호 연결되게 된다. 그러나 의식의 이러한 종합적 통일은 이른바 주의를 세속적인 것에 돌림(laicization of attention)으로 그리고 기원전 7세기경 이로 말미암은 개별적 차이에 대한 인식, 즉 새로운 자아개념을 낳는 과정의 도움으로 가능했을는지도 모른다.

이런 것들에 대한 증거들을 보기 전에, 우선 선의식적 원질들과 이것들의 일리아스적 의미가 각 단계들에서 (어떻게) 나타나는지를 좀더 자세히 조사해보자. 『일리아스』에서 이들의 중요성 정도에 따라 이들을 논해보자.

투모스

이 단어는 시 전체를 통해서 단연코 가장 일상적이고 가장 중요한 원질에 해당하는 말이다. 이것은 다른 것들보다 세 배 정도 더 자주 등장한다. 근원적으로 이것은 객관적 단계에서는 단지 외적으로 지각된 행동을 의미했다고 생각한다. 이것에 관한 한, 어떤 내적인 것이란 없다. 이 미케네적 용법은 일리아스의 전쟁터 장면에서 자주 발견되는데, 특히 전사가 어떤 곳을 향해 창을 겨냥하면 투모스나 다른 행동이 멈추게 된다.

두 번째 단계인 내적 단계는, 아킬레우스의 분노에서 보이는 것처럼, 환각 목소리를 듣는 데 필요한 스트레스 역치(stress threshold)가 더 높아지는 (양원성) 붕괴시기에 스트레스를 주는 이상 상황이 오면 발생한다. 그러므로 투모스는 위기적 환경에 대응해서 일어나는 내적 감각 덩어리(a mass of internal sensations)다. 그것은 현대 생리학에도 잘 알려진 자극 패턴(a pattern of stimulation)으로서 이른바 교감신경계의 스트레스 반응 또는 위기 반응과 아드레날 분비선에서 나오는 아드레날린과 노르아드레날린(noradrenalin)의 방출을 의미한다. 이것은 횡문근(橫紋筋)과 심장에 혈관의 팽창, 횡문근에 진동의 증가, 혈압의 파열, 대장과 피부에 혈관의 수축, 평활근(平滑筋)의 이완, 간에서 혈액으로 방출된 당의 갑작스런 에너지 증가, 그리고 동공의 팽창을 수반하는 지각의 변화가 일어날 수 있음을 포함한다. 이 복합체가 위기상황에서 특정한 폭력적 행동에 선행해서 일어나는 감각의 내적 패턴이었다. 이런 일을 반복함으로써 그 감각 패턴은 해당 행동 자체의 이름으로 행세하기 시작한다. 따라서 전장에서 전사에게 힘을 주는 것은 바로 이 투모스다. 『일리아스』에서 내적 감각으로서 투모스를 지칭하는 모든 것은 이 해석과 일치한다.

『일리아스』에서는 비록 아주 눈에 띄게 그런 건 아니지만, 이미 주관적 3단계로 중요한 이행이 시작되고 있다. 그것은 투모스를 용기에 비유하는 데서 나타난다. 몇몇 문장에서는 누군가의 투모스 속에 활기 또는 메노스(menos)를 '넣는다'고 표현했다(16권, 5~8쪽; 17권, 451쪽; 22권, 312쪽). 투모스는 암암리에 사람에 비유되기도 한다. 싸우기를 열망하는 자는 아이아스(Aias) 자신이 아니라 그의 투모스다(13권, 73쪽). 기뻐하는 자는 아이네아스(Aeneas) 자신이 아니라 그의 투모스다(13권, 494쪽; 14권, 156쪽). 가장 자주 인간에게 행동에 돌입하게 '충동질하는' 자는 신이 아니라면 바로 이 투모스다. 인간은 투모스가 마치 다른 사람이기라도 한 것처럼 그것에게 말을 걸 수도 있고(11권, 403쪽), 그것에게서 무슨 말을 해야 할지 듣기도 하며(7권, 68쪽), 그것이 신이기라도 한 것처럼 그것이 자신에게 대답하게 하기도 한다(9권, 702쪽).

이 모든 은유들은 극히 중요하다. 순환기나 근육의 큰 변화들에 내재하는 내적 감각들은 하나의 사물이고, 그 속에 힘을 넣어줄 수 있다는 말은 상상의 '공간'을 창출하기 위한 것이다. 이때 이 공간은 으레 가슴속에 있는 것으로서 현대적 의식이 가지고 있는 정신-공간의 선구자다. 감각의 기능을 타인의 그것에 또는 뜸해진 신들에 비유하는 것은 차후에 유사 '나'가 될 은유과정의 시작을 의미한다.

프레네스

『일리아스』에서 두 번째의 일상적인 원질은 프레네스다. 이것의 객관적 단계의 기원은 더욱 의문에 싸여 있다. 그러나 이것이 거의 언제나 복수형으로 나타난다는 사실은 이것이 객관적으로 허파들을 지칭했으며, 아마도 말하기와 연관되어 있었음을 가리킨다.

프레네스는 내적 단계에서 호흡기적 변화와 관련 있는 감각들의 일시적 패턴이 된다. 이것은 횡격막, 흉곽의 늑간(肋間)근육, 감각들이 밀려오는 것과 공기의 흐름에 대한 감각들의 저항을 통제하는 기관지를 둘러싸는 평활근 등에서 오며, 이러한 메커니즘은 교감신경계에 통제된다. 여기서 우리는 우리의 호흡이 여러 환경적 자극들에 얼마나 극단적으로 반응하는지를 기억해야 할 것이다. 갑작스런 자극이 오면 우리는 '숨을 죽인다'. 흐느끼거나 웃는 것은 분명히 횡격막이나 늑간의 명백한 내적 자극에서 비롯된다. 크게 활동하거나 흥분할 때 호흡의 깊이나 속도가 증가하며 이는 내적 자극을 초래하기 마련이다. 유쾌해지거나 불쾌해지거나 할 때에도 대개는 호흡이 증가된다. 순간적인 주의집중도 분명히 부분적이거나 완전한 호흡의 억제와 관련되어 있다. 놀랄경우에도 우리의 호흡 속도는 증가하고 불규칙적으로 된다.

속도와 상관없이, 한 번의 호흡에서도 들숨과 날숨에 지배되는 시간배정에서 독특한 변화가 있다. 이것은 호흡의 길이에서 들숨이 차지하는 비율을 측정함으로써 가장 잘 드러난다. 말할 때엔 16퍼센트, 웃을 때엔 23퍼센트, 주의집중하는 정신작업시에는 30퍼센트, 쉴 때엔 43퍼센트, 흥분시에는 60퍼센트 이상, 경탄이나 놀라움의 상황을 상상하는 사람에게선 71퍼센트, 갑작스런 놀라움의 경우에는 75퍼센트다.[5]

여기서 내가 말하려는 요점은 우리의 프네스나 호흡기관들은 우리가 하는 거의 모든 일을 아주 분명하고 독특한 방식으로 기록한다고 볼 수 있다는 것이다. 적어도 선의식적 정신의 전체적인 자극 세계에서는 오늘날 우리 안에서 일어나는 것보다, 행동의 이런 내적 거울이 훨씬 더 크게 확대되어 보일 수 있다. 이처럼 내적 자극의 패턴이 변하는 것

---

5 내가 여기에서 들숨이라고 하는 것은 숨을 들이켜기 시작해서 내쉬기 시작할 때까지다. 그러므로 이 측정은 숨을 정지하는 것도 포함된다. 이러한 (수치) 결정은 여러 가지 자료들을 모아서 내린 것이다. 다음을 참조하라. Robert S. Woodworth, *Experimental Psychology*(New York: Holt, 1938), 264쪽.

은 분명히, 의식으로의 이행기에 프레네스가 왜 그토록 중요하며, 우리가 이 장에서 조사하는 시에서 프레네스가 왜 그렇게도 많이 기능적으로 다른 방식으로 사용되는지를 이해할 수 있게 한다.

『일리아스』에서 그것은 종종 간단히 허파로 번역될 수 있다. 아가멤논의 검은 프레네스는 분노로 가득 채워진다(1권, 103쪽)는 표현에서 우리는 분노로 차오르는 왕이 깊게 숨을 쉬는 모습을 그려볼 수 있다. 오토메돈(Automedon)[6]이 그의 검은 프레네스를 용기와 힘으로 가득 채우거나, 깊은 숨을 쉰다(17권, 499쪽). 울 때에는 슬픔이 프레네스에 '다가오고'(1권, 362쪽; 8권, 124쪽), 호흡하는 프레네스는 공포(10권, 10쪽)나 기쁨(9권, 186권)을 '붙잡고' 있을 수 있다. 이런 표현들조차 부분적으로는 은유적이어서 프레네스 안에 일종의 용기(容器) 같은 공간을 연상하게 한다.

제3단계에서 많지 않은 예지만 일종의 내적 정신-공간이라는 의미가 명백히 드러난다. 이들 예에서 프레네스가 정보를 '담고'(contain) 있거나 '함유하고' 있다. 때로 이 정보는 신에게서 오거나(1권, 55쪽), 어떤 경우에는 타인에게서 온다(1권, 297쪽).

실험실 연구로 밝혀진 바에 따르면, 심지어 대상에 대한 간단한 감각적 경험을 포함하여, 그것에 대한 인지, 그것과 관련된 이름의 회상 등이 모든 것들은 동시에 측정된 호흡 기록에서 관찰될 수 있다.[7] 그러므로 어떤 내적 감각이 처음으로 재인(recognition)이나 회상 같은 기능

---

[6] 아킬레우스의 전차를 모는 전사 – 옮긴이.

[7] Mario Ponzo, "La Misura del Decorso di Processi Psichici Esequita per Mezzo delle Grafiche del Respiro," *Archives Italiennes de Psicologia*, 1호, 1920~21, 214~238쪽.

에 연결될 때 그것이 프레네스로 구체화되는 것은 놀라운 일이 아닌 것이다. 일단 프레네스가 사건들을 재인할 수 있다고 하면, 이는 프레네스를 사람에 비유하는 것이며, '사람'의 피석의체, 즉 공간 내에서 활동할 수 있는 어떤 것[8]이 프레네스 속으로 어떤 이미지를 재투사하여 그것에게 은유적인 의미에서 공간적인 것이 되게 하고, 은유적인 의미에서 또 다른 인간적 활동도 수행할 수 있게 한다. 이와 유사하게 인간의 프레네스는 마치 한 사람처럼 때때로 타인에게 '설득당할' 수 있으며(7권, 120쪽), 심지어는 신에게도 설득된다(4권, 104쪽). 아가멤논이 자신의 파괴적인 프레네스에게 복종했다고 말할 때처럼, 프레네스는 신인 양 말할 수도 있을 것이다(9권, 119쪽). 이런 사례들은 일리아스에서도 아주 드물긴 하다. 그러나 이것들은 2세기가 지나는 동안 무엇이 의식으로 발전할 것인지를 보여주는 것들이다.

크라디

나중에는 카르디아(kardia)라고 철자가 바뀌었고, 우리들에게 익숙한 형용사 '심장의'(cardiac)를 의미하게 되는 크라디(kradie)는 다른 원질들만큼 중요하거나 신비스럽지는 않다. 이것은 심장(heart)을 지칭한다. 실은 이것은 아직도 사용되는 가장 일상적인 원질이다. 20세기에 사는 우리는 진실하기를 원할 때, 가슴으로 말한다(speak out of our hearts). 결코 의식으로부터가 아니다. 우리가 가장 심오한 생각을 지니는 곳도, 가장 친밀한 믿음을 지니는 곳도 우리 심장이다. 그리고 우리는 심장으

---

8 프레네스가 은유하는 것은 인간이며, 이 인간들을 석의체로 하는 피석의체는 인간들의 공간 속에서의 활동을 의미한다 - 옮긴이.

로 사랑한다. 허파나 프레네스가 크라디가 가지고 있는 원질적 역할을
담당한 적이 없는 것은 신기한 일이다.

이것은 원래는 동사 '두드리다'를 의미하는 크로티오(kroteo)에서 온
것으로 단순히 떨림을 의미한다. 크라디는 어떤 고대 그리스어 문장에
서는 떨리는 가지를 의미하기도 했다. 그 후 도리아인의 침공 중에 진
행된 제2단계의 내면화 과정에서, 외적으로 눈에 보이고 손에 느껴지
는 이 떨림은 외부의 자극에 반응해서 일어나는 심장박동이라는 내적
감각에 대한 이름이 되어버렸다. 한두 가지 예외가 있지만, 이것이 일
리아스에서 크라디가 지칭하는 내용이다. 그렇지만 아직은 가슴으로
무언가를 믿는 단계는 아니다.

나는 다시 한 번 여러분이 우리의 심장이 우리의 세계를 지각하는 방
식에 따라 다르게 반응하는지에 대한 방대한 최신 연구 결과를 기억해
주기 바란다. 호흡작용이나 교감신경 체계의 활동처럼, 심장체계도 주
변 환경의 특정 사태에 극히 민감하다. 최근 적어도 한 해설자는 우리
눈이 시각을 위한 감각기관이듯이, 심장은 불안 특정 감각기관이라고
부르며, 심장-정신(cardiac-mind)이라는 개념을 소개할 정도다.[9] 이 견
해에 따르면 불안은 우리가 의식 속에서 그것을 기술하기 위하여 사용
할 수 있는 어떤 시적 언어와는 다르다. 그보다는 심장 세포조직의 감
각신경 말단에 있는 내적 촉감각(inner tactile sensation in the sensory
nerve endings of cardiac tissue)으로서 자신의 환경에서부터 잠재적 불
안요인을 읽어낸다.

현재 상태로는 의심스러운 점이 없지 않지만, 호메로스의 심리학에

---

[9] Ludwig Braun, *Herz und Angst*(Vienna: Deuticke, 1932), 38쪽.

는 유효하다. 『일리아스』에서 비겁한 자는 두려워하는 자가 아니라, 그의 크라디가 큰 소리로 박동하는 자다(13권, 282쪽). 이에 대한 유일한 치료방법은 아테나가 크라디 속에 힘을 '넣어주거나'(2권, 452쪽), 아폴론이 그 속에 용기(勇氣)를 '넣어주거나'다(21권, 547쪽). 여기서 용기(容器)라는 은유체는 지금 심장 속에, 인간들이 나중에 그곳에서 사물을 믿고, 느끼고, 깊게 사색할, 하나의 '공간'을 만드는 것이다.

에토르

문헌학자들은 대체로 크라디와 에토르(Etor)를 모두 심장이라고 번역한다. 물론 한 단어는 유사어들이 있을 수 있다. 그러나 감각의 특정 위치와 행동의 힘을 배치하는 것 같은 중요한 경우들에서, 나는 선험적 근거들에 반대하며, 고대 그리스어에서 이러한 용어들은 전혀 다른 위치와 감각들을 표상한다고 주장하려 한다. 때로 이 용어들은 텍스트상에서 아주 분명하게 쓰이기도 한다(20권, 169쪽). 그리하여 나는 다소 무모하게 제1단계의 에토르는 명사인 복부(腹部)를 의미하는 에트론(etron)에서 온 것이며, 제2단계에서 그것은 위장관(胃腸管), 특히 위의 감각으로 내면화된다고 주장하려 한다. 『일리아스』에는 이를 입증하는 증거가 있는데, 음식과 음료는 에토르를 만족시키기 위하여 취한다고 명시되어 있다(19권, 307쪽).[10] 이러한 번역은, 최전선에서 창자를 빼내는 일을 당하여 자신의 에토르나 창자(guts: 용기)를 상실하는 따위와 같은 다른 상황에서도 더 잘 들어맞는다(5권, 215쪽).

그러나 더욱 중요한 것은 그것이 정신 기능에 제공하는 자극장(刺戟

---

[10] Hesiodos, *Works and Days*, 593쪽도 참조하라.

場, stimulus field)이다. 위장관은 인간이 처한 상황에 반응하는 광범위한 레퍼토리를 가지고 있다. 모든 사람은 나쁜 소식에 접할 때 가라앉는 느낌이 오는 것과, 자동차 사고가 눈앞에 다가올 때 상복부에 경련이 오는 것을 안다. 창자는 좀 낮은 정도의 감정적 자극에도 동일한 반응을 보이며, 이러한 반응들은 형광투시경 스크린 위에서 쉽게 볼 수 있다.[11] 위장의 수축과 연동작용은 불쾌한 자극 앞에서는 멈추어 서며, 불쾌함이 증가되면 반대 방향으로 작용하기도 한다. 위장의 분비선 활동 역시 감정적 경험에 극도로 민감하다. 위장은 거의 모든 감정과 감각에 대하여 경련이나 비우기, 수축, 연동 활동 등으로 반응하는, 실로 신체 중에 가장 민감한 기관이다. 이런 이유 때문에 위장계통에 발생한 질병은 일차적으로 심인성질환으로 여긴다.

그러므로 에토르를 위장 감각에 대한 이런 스펙트럼으로 보는 것이 그럴듯해 보인다. 안드로마케(Andromache)[12]가 헤카베(Hekabe)[13]의 신음을 들을 때, 그녀의 에토르가 그녀의 목에까지 차오른다. 그녀는 구토할 지경에 이른다(22권, 452쪽).[14] 아킬레우스가 리카온[15]의 살려달라는 애원을 조롱할 때, '풀려나'간 것, 허약해진 것은 리카온의 무릎에 있는 에토르였다(21권, 114쪽). 우리는 그가 명치끝에서 가라앉는 느낌

---

[11] Howard E. Ruggles, "Emotional Influence on the Gastro-Intestinal Tract," *California and Western Medicine*, 29호, 1928, 221~223쪽.
[12] 헥토르의 아내 – 옮긴이.
[13] 헥토르의 모친이자 트로이 왕 프리아모스(Priamos)의 아내 – 옮긴이.
[14] 위장은 심장처럼 고동치기 때문에 이들은 때로 혼동되기도 한다. 상처를 입은 사자의 크라디 속에서 녀석의 용감한 에토르가 신음한다는 식이다(20권 169쪽).
[15] 주제넘게 제우스의 신성을 시험하기 위해서 늑대로 변신했던 아르카디아의 왕 – 옮긴이.

이 있다고 말할 수 있겠다. 신들 자신이 전쟁에 참전하고 있을 때 환희의 웃음을 웃거나, 가가대소(呵呵大笑)하는 것은 제우스의 에토르인 것이다(21권, 389쪽).

용기(容器) 은유는 다른 원질에서처럼 사용되지 않는데, 이것은 위장은 이미 음식으로 채워져 있기 때문일 것이다. 바로 이런 이유로 앞으로 보겠지만, 이 비유는 이하의 문헌에서 의식적 정신구조의 중요부분이 되지 못한다.

우리가 선의식적 원질이라는 제목으로 다루는 이 부위들이 심인성질환 이론과 중요한 관계를 맺고 있다는 것은 의학도들에게는 자명한 일로 되어 있다. 투모스, 프레네스, 크라디, 에토르와 함께 우리는 네 가지 중요한 심인성질환 체계를 다룬 것이다. 이것들이 바로 의식의 토대를 구축했으며, 의식화(consciousizing)의 원시적인 부분이 된다고 하는 것은 의학 이론에 중요한 영향을 미치고 있다.

지나는 길에 케르(ker)에 대해서도 언급할 필요가 있는데, 왜냐하면 이것은 의식에 관한 이야기에서 지는 해에 지나지 않기 때문이기도 하려니와, 이것의 변용과 함의가 구름 속에 가려 있기 때문이다. 한편으로는 체어(cheir)에서 비롯되어, 그 후에 떨리는 손과 사지 같은 것으로 육체화되어버린 것이라고 볼 수 있기도 하지만, 더욱 그럴싸한 견해는 이것이 다른 방언의 카르디아(kardia) 같은 어원에서 온 것이라는 주장이다. 전사가 다친 곳은 팔딱거리는 케르 주변에 프레네스나 허파가 붙어 있는 곳(16권, 481쪽)이라고 기술하는 『오디세이아』의 구절은 이를 잘 보여준다. 케르는 틩상 슴퓨의 기관으로 언급되었으며, 그리 중요시되지 않았다.

가장 중요한 것은 다음의 원질이다. 그러나 그것은 『일리아스』에서 흔히 사용되지 않는 용어이기에 우리에게 나중에 아오이도이들이 첨가한 것일 수 있지 않느냐는 의심을 갖게 할 정도다. 그러나 비록 작게 시작했지만 이 용어는 곧바로 우리 주제의 핵심이 되어버린다. 바로 누스 (Noos)라는 용어다.

누스

이제까지 우리는 혼란과 위기 때에나 이름을 붙여둘 필요가 있던 의심할 여지가 없는 큼직한 내적 감각들을 다루어왔다. 이 감각들은 객관적인 외적 지각에서 이름을 얻은 것들이었다. 그러나 누스는 본다는 뜻의 노이오(noeo)에서 연원하는 것으로 지각 자체다. 이 말에 다가가는 것은, 우리가 우리의 지적 여정에서 훨씬 더 중요한 영역으로 진입하는 것을 의미한다.

앞장에서 본 것처럼, 우리의 의식적 삶을 기술하기 위해 사용하는 용어는 대부분 시각적이다. 우리는 정신의 '눈'으로 '빛나거나'(brilliant) '몽롱한'(obscure) 해답을 '보게'(see) 된다. 시각은 인간에게는 거리에 대한 탁월한 감각기관이다. 시각은 다른 양식으로는 엄두도 못 내는 공간 감각을 제공한다. 이것은 바로 우리가 보아온 것처럼 의식의 기초이자 바탕이 되는 공간적 속성이다.

부가적으로 지적해두자면, 청각에는 시각에 대한 것 같은 원질이 없는 것은 흥미로운 일이다. 오늘날에도 우리는 정신의 눈으로 보듯 정신의 귀로 듣지 않는다. 지적 정신이 찬란하다고는 하지만 그것이 소란스럽다(loud)고는 하지 않는다. 이것은 아마도 청각이 바로 양원정신의 본질이었기 때문일 것이며, 바로 이것이 제1권 4장에서 다룬 시각과 차이점들을 낳는다. 모호한 표현이지만, 의식의 도래는 청각적 정신으로부터 시각적 정신으로 이행하는 것으로 해석될 수 있다.

이러한 이행은 『일리아스』에서 최초로 간헐적으로 나타난다. 미케네에서 이 용어의 객관적 기원은 보기에 대한 객관적 기술에, 또는 시각이나 볼거리(show)를 의미하는 누스에 나타난다. 전사들은 자신의 부하들을 전쟁터로 독려하면서 적과의 백병전보다 더 좋은 누스는 없다고 말한다(15권, 510쪽). 또한 제우스는 자신의 누스 속에 헥토르를 간직하고 있다(15권, 461쪽).

그러나 누스의 내면화의 제2단계는 『일리아스』에서 명백하게 나타난다. 누스는 가슴속에 있다(3권, 63쪽). 누스가 우리 눈에 자리하지 않는다는 것은 얼마나 이상하게 들리는가! 이것은 아마도 누스가 그의 새로운 역할 속에서 투모스와 섞여지기 때문일 것이다. 실제로 누스는 투모스에게 더 적합할 형용사들, 예를 들면 겁 없는(3권, 63쪽), 강한(16권, 688쪽) 따위와 같은 형용사들을 취한다. 오디세우스는 아케아인이 바다에 배를 띄우는 것을 만류할 때, 그들은 아가멤논 안에 어떤 종류의 누스가 있는지를 모르기 때문이라고 말한다(2권, 192쪽). 그리고 첫 번째 이야기에서 가장 현대적으로 들리는 경우가 발생한다. 테티스(Thetis)[16]는 흐느끼는 아킬레우스를 달래며 이렇게 묻는다. "왜 슬픔이 너의 프레네스를 덮쳤는가? 누스 안에 감추지 말고 말하라, 우리 두 사람이 같이 알자꾸나"(1권, 363쪽).[17] 이것을 제외하고는 일리아스에 또

---

16 아킬레우스의 어머니이자 펠레우스의 부인 - 옮긴이.

17 내가 말하는 것에 대한 또 하나의 예외는 헤라(Hera)의 빠르기와 프레네스 속에서 자기가 전에 가봤던 먼 곳으로 돌아가기를 원하는 자의 누스의 빠르기를 비교할 때 나온다(15권 80쪽). 호메로스에 나오는 이런 표현들의 특이성에 대해서는 다음을 참조하라. Walter Leaf, *A Companion to the Iliad*(London: Macmillan, 1892), 25/쪽. 이것은 분명히 추후에 삽입된 것이다.

다른 주관화는 보이지 않는다. 누구도 자신의 누스에서 결정을 내린다는 법이 없는 것이다. 누스 속에서 사유는 물론 기억도 일어나지 않는다. 결정은 여전히 신들로 불리는 우측두엽 조직에서 나오는 목소리 안에 있다.

바라보는 것을 '담아두는' 용기(容器)로 시각이 내면화되는 정확한 원인들은 지금 우리가 하는 것보다 훨씬 더 세밀한 연구가 필요하다. 이것은 단지 좀더 앞서 발생했던 더 큰 내적 감각들과 연관된 내면화 속에서 이루어진 일반화일 수도 있다. 그렇지 않으면 제2권 3장에서 언급한 것처럼, 난민들과의 혼합에서 생긴 외적 차이에 대한 관찰이 이러한 시각적 원질을 상정하게 한 것이 아닐까 생각한다. 이 원질들은 사람마다 다를 수 있고 다른 것들을 보게 했을 수 있다.

사이키

마지막으로 이것은 심리학에게 이름을 선사한 용어다. 아마도 숨쉬다를 뜻하는 사이카인(psychein)에서 온 듯한 이 용어는 『일리아스』에서는 생명(life)의 실체로 내면화되어 주로 사용된다. 사이키는 흔히 우리가 생명을 사용해온 방식과 같은 방식으로 사용되는 듯하다. 그러나 이것은 아주 잘못된 것일 수 있다. 왜냐하면 우리에게 '생명'이란 것은 일정 기간의 시간, 탄생에서 죽음까지의 기간, 사건들로 가득 채워지고 특정 성격이 성장하는 기간을 의미하기 때문이다. 『일리아스』에는 이런 것이 전혀 없다. 창이 전사의 심장을 찌를 때 그의 사이키가 해체되고(5권, 296쪽), 파괴되거나(22권, 325쪽), 단지 그를 버리고 떠나거나(16권, 453권), 입을 통해서 (기침하듯) 튕겨 나가거나(9권, 409쪽), 찢긴 곳을 통해 흘러나갈 때(14권, 518쪽; 16권, 505쪽), 시간이나 어떤 것의 종말과 관련된 것이 전혀 나타나지 않는다. 제23권의 한곳에 사이키의 다른 의미가 나오나 이 부분에 대한 논의는 이 장 끝부분으로 미뤄두기로 하자. 일반적으로 이것은 그냥 탈취될 수 있는 어떤 속성이다. 이것은 같은 조건에서 투모스나 활동이 탈취되는 것과 흡사하며, 그래서 이 두 단어는 종종 짝지어 나타난다.

이러한 용어들을 이해하려 할 때, 우리는 역사적으로 발생된 것보다 앞서 우리가 이것들 안에 공간을 짓는 우리의 의식적 습관을 삼가지 않으면 안 된다. 어떤 의미에서 사이키는 선의식적 원질 중에 가장 원시적인 것이다. 이것은 숨쉬고 피 흘리는 속성이자 인간이나 동물이라 불리는, 육체적 대상들 안에 있는 모든 것의 속성이며, 창을 적중시켜 그에게서 상품(賞品)처럼 빼앗아갈 수 있는 속성이다(22권, 161쪽). 이 장 끝에서 다룰 예외가 있지만, 일반적으로는 『일리아스』에서 사이키가 주로 사용된 방식은 이것들을 넘지 않는다. 어떤 방식으로든 자신의 사이키 안에서 무엇을 보거나, 결정하거나, 생각하거나, 알거나, 두려워하거나, 기억하는 사람은 없다.

그러므로 이것들은 신체 안에 있다고 추정되는 실체들이다. 이것들에게는 문학적 은유에 따라서 그리고 용기(容器)나 사람에 비유됨으로써 공간적 성질과 행동적 성질이 첨가되는데, 이 속성들은 나중의 문헌에서 우리가 의식이라고 부르게 된 유사 '나'와 함께 통일된 정신-공간으로 발전된다. 그러나 『일리아스』에서의 이런 출발점을 지적하는데 한 가지 상기해야 할 것은, 이 시에 나오는 주된 행동들이 (발생한) 정황은 신직으로 구술될 것이며, 제1권 3장에서 주장한 것처럼 무의식적(nonconscious)이라는 점이다. 선의식적 원실은 어떤 중요한 결정에도 개입하지 않는다. 그럼에도 이들은 분명히 거기에 있으며 부차적 역할을 수행한다. 이것은 마치 후대의 통일된 의식적 정신이 여기 『일리아스』에서는, 오늘날 우리로서는 거의 이해할 수 없는 방식으로 서로 약간씩 다른 기능을 가지고 서로 다르게 구별지으며 서로 다른 일곱 가지의 실체들로 시작되는 것과 같다.

오디세우스의 계략들

『일리아스』 다음엔 『오디세이아』다. 이 시들을 연속해서 새롭게 읽는 사람이면 누구나 인간 정신구조에 얼마나 엄청난 도약이 일어났는지를 보게 된다. 물론 아직도 이 거대한 두 서사시들은 호메로스라는 이름의 한 사람이 하나는 젊은 시절에, 다른 하나는 성숙한 시절에 기록한 것이며, 심지어는 그가 집필한 것이라고 생각하기를 좋아하는 학자들이 있다. 『오디세이아』는 『일리아스』 이후 한 세기 또는 그 이상의 세월이 지난 다음에 나온 것이며, 일리아스처럼 이것도 한 사람이 아니라 아오이도이들의 연속적인 작업의 결과물이라는 것이 좀더 합리적인 견해로 보인다.

그러나 『오디세이아』는 『일리아스』와는 달리, 하나의 서사시가 아니라 일련의 서사시들이다. 원본들은 아마도 다른 영웅들에 관한 것이었을 것이다. 나중에야 이들을 오디세우스 주변에 모아놓은 것이다. 왜 이런 작업이 행해졌는지 해명하는 것은 그리 어려운 일이 아니다. 오디세우스는 적어도 그리스의 몇몇 지방에서는 피정복민들을 살아남게 한 경배의 중심대상이었다. 그는 '계략가 오디세우스'가 되었는데 나중에 아오이도이들이 이야기를 듣는 사람들에게 오디세우스가 생각나게 하려고 이 별명을 『일리아스』 속에 삽입한 듯하다. 고고학적 증거 자료에 따르면, 기원전 1000년 이후 어간에, 정확하게는 기원전 800년 이전에는 오디세우스에 대하여 중요한 봉헌이 행해졌다.[18] 이 봉헌들은 삼발이 달린 큰 청동 냄비를 사용하여 행했는데 이것은 예배와 연결되어 있다는 점에서 흥미롭다. 이것은 이전에는 신들에게 드리던 봉헌 양식이었다. 이타카(Ithaca)에서는 적어도 기원전 9세기부터 그를 경배하는 경연대회가 개최되었고, 이것은 그 섬이 코린트(Corinth)에서 새로운 민족이 유입되어 짓밟힐 위기에 처할 때조차 계속되었다. 요컨대 계략이 많은 사나이 오디세우스는 신의 목소리가 쇠약해진 황폐한 세계를 살아나갈 방법에 대하여 전혀 새로운 정신을 지닌 사람들의 영웅이었다.

『오디세이아』는 커다란 전환을 의미하는 폴루트로폰(polutropon)이라는 다섯 번째 말로 이것을 천명한다. 그것은 정도를 벗어난 꾸불꾸불한 여행길이었다. 그것은 교활한 책략을 발견하고, 그것을 발명해내고, 그것을 축하하는 이야기다. 그것은 부정한 술책과 기만과 속임수, 그리고 변장과 재인, 약물과 망각을 표방하는 이야기며, 타인의 땅에 서 있는 사람들의 이야기며, 이야기 속의 이야기자, 사람들 속의 사람들의 이야기다.

『일리아스』와의 대비는 놀라움을 자아낸다. 언행과 인물의 성격 모두에서 『오디세이아』는 새롭고 다른 존재들이 거주하는 새롭고 다른 세계를 기술했다. 『일리아스』의 양원적 신들은 『오디세이아』로 건너오는

---

[18] S. Benton, as cited in T. B. L. Webster, *From Mycenae to Homer*(London: Methuen, 1958), 138쪽.

중에 유약하고 방어적인 존재가 되어버렸다. 그들은 더욱 자신을 변장하고 심지어 마술 지팡이에 탐닉한다. 양원정신은 훨씬 적게 행동을 규제한다. 신들은 할 일이 적어지고, 퇴각하는 귀신들처럼 서로 말을 더 많이, 그것도 지루하게 늘어놓는다. 주도권은 신들을 떠나 심지어는 그들에 맞서, 더욱 의식적으로 된 인물들에게로 옮겨간다. 물론 인간들은 여전히 절대권력을 상실한 리어 왕처럼 정의에나 관심을 갖는 제우스의 감시 아래 있긴 하다. 양원성 붕괴를 입증하는 예언가와 복점술가들의 등장이 더욱 일상적으로 된다. 반신(半神)들, 인간성을 박탈하는 마녀들, 외눈박이 거인들, 사이렌들, 이보다 수세기 전 아시리아의 얕은 양각에서 우리가 보았던 양원성의 붕괴를 나타내는 수호신들을 생각나게 하는 이 모든 것들은 정신구조에 심각한 변화가 있었다는 증거다. 집 없이 떠도는 유랑 생활, 유괴와 노예화, 감춰진 물건들, 되찾은 물건들을 다루는『오디세이아』의 거대한 주제들은 분명히 도리아인의 침공에 뒤따르는 사회적 붕괴의 메아리며 그리스에 나타난 주관적 의식의 메아리다.

첫째로 눈여겨보아야 할 것은 선의식적 원질의 사용 빈도에 나타난 변화다. 이런 자료는『일리아스』와『오디세이아』를 대조해서 쉽게 수집할 수 있으며, 이로써 프레네스, 누스, 사이키 등의 사용 빈도는 결정적으로 많아지는 데 비해, 투모스의 사용 빈도는 놀라우리만큼 뚝 떨어지는 극적인 결과를 보게 된다. 물론『일리아스』에서『오디세이아』로 가면서 투모스가 감소한 것은 그 시가 무엇을 노래하느냐에 따른 것이라고 말할 수도 있다. 그러나 이것은 선결문제의 오류다. 왜냐하면 주제의 변화가 실제로 인간 속성의 전(全) 전이과정의 일부인 때문이다. 여

타의 원질들은 수동적이다. 투모스는 이상 상황에 직면하여 교감신경
체계가 아드레날린을 생산하며 위기적 반응을 주도하는 것으로서, 수
동적인 것과는 완전히 반대된다. 갑작스런 에너지 분출이라는 피은유
체 주변에 만들어질 수 있는 이 은유들은 문제 해결에 더 잘 기여하는
수동적이고 시각적인 은유와는 다른 것이다.

이와 대조적으로 이 동안에 누스와 사이키는 세 배로 빈도가 증가한
반면 프레네스는 배로 증가한다. 이번에도 역시 이 단어들의 사용이 늘
어난 것은 단지 주제의 변화를 반영하는 것이라고 말할 수도 있다. 그
리고 다시 말하거니와 그것이 정확히 요점이 되기도 한다. 시는 외적
사건들에 대한 객관적 기술을 떠나서 개인적·의식적 표현의 시로 주관
화되어가고 있는 것이다.

그러나 우리의 관심사는 단지 이 단어들의 빈도수만은 아니다. 이
단어들의 내재적 의미의 변화와 이 단어들을 위해 사용되는 피은유체
에 일어난 변화 역시 우리의 관심인 것이다. 신들이 인간사에 지시하
는 일이 줄어들자, 선의식적 원질들이 이들의 기능을 인수하면서 이들
을 의식에게 근접시킨다. 투모스는 비록 감소하기는 했지만, 여전히 가
장 일상적인 원질적 언어며, 이것의 기능도 달라졌다. 이것은 주관적
인 단계에 도달했고, 그리하여 다른 사람처럼 된다. 그에게 텔레마코스
(Telemachos)[19]에게 돌아가라고 '명령하는' 자는 바로 양돈가의 투모
스다(16권, 466쪽). 『일리아스』에서였더라면 말하는 자는 신이었을 것

---

[19] 오디세우스와 그를 도와 자신의 구혼자들을 살해하게 한 페넬로페(Penelope) 사이에
난 아들 — 옮긴이.

이다. 이보다 앞선 서사시에서는 신이 메노스나 활력을 투모스의 '용기' 속에 '넣어'줄 수 있다. 그러나 『오디세이아』에서는 온전한 인식만(an entire recognition)이 그 속에 '넣어'질 수 있다. 에우리클레이아(Eurycleia)[20]가 변장한 오디세우스를 그의 상처를 보고 알아본 것은 신이 그녀의 투모스에 그러한 인지력을 '넣어준' 때문이었다(19권, 485쪽). (그녀가 알아보았을 뿐 회상한 것은 아니었음을 주의하라.) 페넬로페[21]의 하인들은 그녀의 아들이 출발한 것에 대한 지식을 그들의 투모스 속에 가지고 있었다(4권, 730쪽).

프레네스도 제3단계의 공간적 속성을 획득한다. 프레네스에게는 미래에 일어날 수 있는 사건기술까지도 넣을 수 있다. 구혼자들에게서 무기를 빼앗기 위한 핑계로, 텔레마코스는 자신이 그들 속에서 싸우는 것을 두려워하도록 다이몬(daimon)(적어도 일리아스에서라면 이것은 신일 것이었다)이 자신의 프레네스 속에 공포를 넣어준 것이라고 주장하라는 부탁을 받는다(19권, 10쪽). 『일리아스』에는 비밀이 없다. 그러나 『오디세이아』에는 수많은 비밀들이 있으며 이것들은 프레네스에 '간직된다'(16권, 459쪽). 『일리아스』에서는 선의식적 원질들의 위치가 거의 언제나 명확하게 파악되는 반면, 『오디세이아』에서는 이것들의 은유적 성격이 높아져 이들의 해부학적인 구별이 갈피를 못잡게 된다. 심지어 투모스조차도 어떤 곳에서는 허파나 프레네스 속에 자리 잡기도 한다(22권, 38쪽).

그러나 프레네스에게는 훨씬 더 중요한 또 다른 용법이 있다. 이 단

---

[20] 오디세우스의 다리에 난 상처를 보고 그를 알아보았던 텔레마코스의 보모 – 옮긴이.
[21] 오디세우스가 트로이에 간 사이에 자신을 괴롭혀온 수많은 구혼자들에게도 변심하지 않은 오디세우스의 아내 – 옮긴이.

어는 원래는 폐를 지칭했다가 나중에는 호흡 속의 복합적인 감각을 지칭했다. 그리고 나서 이것은 도덕성이 시작되는 데서 사용된다. 신이 통제하는 『일리아스』의 꼭두각시들 중에 그 누구도 도덕적일 수 없다. 선과 악이 존재하지 않는 것이다. 그러나 『오디세이아』에서 클리템네스트라(Clytaemnestra)[22]는 아이기스토스[23]에게 저항할 수 있다. 왜냐하면 그녀의 프레네스는 '매우 신과 같은'을 의미하게 하는 어원에서 나왔을지도 모를 아가타이(agathai)이기 때문이다. 다른 곳에서는 유메우스(Eumaeus)[24]의 신적인 또는 선한 프레네스이기도 한 이 아가타이는 그로 하여금 신들에게 제물을 바치는 것을 기억나게 한다(14권, 421쪽). 그리고 이와 유사하게 페넬로페가 부재중인 오디세우스에게 바친 순결이나 정절은 그녀의 아가타이 또는 선한 프레네스 때문이다(12권, 194쪽). 아직은 아가테(agathe)한 것은, 페넬로페가 아니라 오직 그녀의 허파 속에 있는 은유-공간이다.

다른 선의식적 원질들에 대해서도 유사하다. 오디세우스가 좌초당하여 광포한 바다에 던져졌을 때, 파멸시키겠다는 경고도 그의 크라디나 방망이질하는 심장에서 '들려온다'(5권, 389쪽). 그 구혼자들의 몰락을 계획하는 것은 그의 떨리는 심장 또는 아마도 그의 떨리는 손, 즉 그의 케르인 것이다(18권, 344쪽). 일리아스에서는 말하는 자는 신들이었다.

---

[22] 틴다레오스(Tyndareos)와 레아(Leda) 사이의 딸로서 아가멤논의 부인이다. 오레스테스(Orestes), 엘렉트라(Electra), 이피게네이아(Iphigeneia)의 어머니이기도 하다. 그녀는 아가멤논을 죽이고 자신은 연인 아이기스토스와 함께 아들 오레스테스에게 살해당한다 – 옮긴이.

[23] 아가멤논의 조카로서 아가멤논의 부인 클리템네스트라를 유혹했다가 나중에 그녀의 아들 오레스테스에게 살해당한다 – 옮긴이.

[24] 오디세우스의 충성스런 양돈가 – 옮긴이.

누스는 비록 더 빈번하게 언급되기는 하지만, 어떤 때는 변하지 않은 채로 있다. 그러나 이것 역시 주관화의 제3단계에 있을 때가 더 많다. 어떤 곳에서는 오디세우스가 아테나 신을 속이고 있을 뿐 아니라(이런 일은 『일리아스』에서는 상상조차 못할 일이다), 대단히 교활하게 이리저리 생각을 굴리며 그녀를 바라본다(13권, 255쪽). 때로 누스는 기뻐하고(8권, 78쪽), 또는 잔인하고(18권, 381쪽), 또는 속지 않으려 하고(10권, 329쪽), 배워 깨닫기도 하는(1권, 3쪽) 사람처럼 될 수도 있다. 사이키는 역시 통상적으로 생명을 의미한다. 그러나 시간간격의 개념이 강화되었다. 이것에 대한 몇 가지 중요한 예외들에 대해서는 나중에 언급하겠다.

　『오디세이아』에서 주관적 의식의 성장은 선의식적 원질의 사용 빈도 증가, 공간적 내면성, 의인화 등에서뿐만 아니라 사건들과 사회적 상호관계에서 더욱 선명하게 드러난다. 이들에는 이미 언급한 속임수와 교활성이 강조되는 것도 포함된다. 『일리아스』에서는 시간에 대한 언급이 있다 하더라도 엉성하거나 정확하지 못하다. 그러나 『오디세이아』에서는 시작한다거나, 서두른다거나, 빨리, 견디다 등과 같은 시간에 관한 언어사용에서 시간의 공간화가 증가하고 미래에 관한 언급이 더욱 빈번해진다. 또한 구체적인 용어에 대한 추상적인 용어, 특히 영어에서 '……성'(ness)으로 끝나는 명사의 비율이 증가한다. 그리고 이와 함께 예상할 수 있는 것은 직유법(直喩法)이 눈에 띄게 줄어든다. 그럴 필요가 없어졌기 때문이다. 오디세우스가 자신을 언급하는 빈도와 방식 모두 『일리아스』에서 자기를 언급하는 경우와는 전혀 다른 차원에서 이루어진다. 이 모든 것은 새로운 정신구조의 성장과 관련된 것이다.
　한 가지 수수께끼를 소개하는 것으로 장대한 의미를 지닌 시 속으로 진입하는 데 필요했던 이 짤막한 글을 마치려고 한다. 그것은 이 이야기의 전체적 윤곽 자체가 바로 우리 관심 주제에 관한 하나의 불가사의라는 점이다. 이것은 양원정신의 붕괴 속에서 창조되는 자아를 향한 항해의 이야기며, 정체성의 이야기인 것이다. 왜 이렇게 되지 않으면 안 되었는가? 왜 이런 시적 영감들, 즉 아오이도이들을 통해 이 서사시를 읊게 하는 우측두엽의 패턴화하는 일은 주관적 사유 속으로 시들어가는 자기 자신의 몰락을 서술하지 않으면 안 되었는가? 왜 그것들은 자신들의 음송 행위 자체를 압도해버리는 이 새로운 정신구조의 탄생을 축하하지 않으면 안 되었는가? 나는 지금 이 심오한 질문들에 대한 대답을 하려는 척하지 않을 것이다. 그렇지만 그런 일들이 실제로 일어난 것처럼 보인다.

나 자신도 (믿기 어려워) 믿으려면 작업이 필요하겠지만, 나는 지금 고도로 패턴화된 이 모든 전설은, 분명히 의식을 향한 거대한 변화의 은유라고 볼 수 있는데, 결코 지어낸 것이거나, 계획된 것이거나, 자신들이 하는 일들을 의식하는 시인들이 붙여놓은 것들이 아니라고 말하는 것이다. 이것은 마치 양원적 인간의 신적 기능(god-side)이 그의 인간적 기능(man-side)보다 먼저, 그러니까 좌반구보다 우반구가 먼저 의식에 접근해가고 있는 듯이 보인다. 이런 신념이 확고하다면 우리는, 도대체 어떻게 일종의 의식을 향한 돌진이랄 수 있는 서사시를 무의식적 인간들이 지을 수 있는가라는 조소하는 듯한 수사학적인 질문을 던지고 싶어질 것이다. 또한 동일한 수사학적 열정을 가지고 던질 수 있는 질문은 도대체 어떻게 그것을 의식적 인간들이 만들 수 있단 말인가다. 역시 묵묵부답일 뿐이다. 우리는 이 두 질문에 대해 답을 갖고 있지 않다.

이것이 현실이다. 아름다운 칼립소(Calypso)²⁵의 양원적 노예가 되어, 반신반인(demigods)과 시험과 기만의 세계를 헤매다가, 어느 낯선 해안에서 흐느끼는 길 잃은 영웅에서부터, 경쟁자에게 짓밟힌 자신의 가정에서(in a rival-routed home) 그가 울부짖는 전투의 함성에 이르기까지, 변장을 통한 황홀경에서 발각되기까지, 바다에서 땅에 이르기까지, 동에서 서까지, 패배에서 제왕의 자리까지 이 일련의 이야기들이 모든 것을 두루 꿰고 있을 때, 이 기나긴 모든 노래는 주관적 정체성을 향한, 그리고 과거의 환각적 노예상태에서부터의 승리의 확인을 향한 하나의 긴 여정(odyssey)이다. 신에 매달려 사는 의지력 없는 기둥서방(gigolo)에서 피투성이가 된 채로 돌아와 안방에 누운(on his own hearth) 사자가 되면서 오디세우스는 '오디세우스'가 된다.

어리석은 페르세우스

연대순으로 이어지는 시들을 몇 편 훑어보자. 이것들 중에는 아주 최근의 것으로 밝혀진 이른바 호메로스의 찬가라고 불리는 것들이 있다. 기원전 8세기경 아테네 북동쪽 보이오티아(Boeotia)에서 기원하는 시들도 있는데 이중 많은 것들은 한때 헤시오도스라는 이름으로 숭배를 받던 사람이 쓴 것으로 알려졌다. 불행하게도 현존하는 이들 텍스트는 종종, 대폭 수정된 채로 명백히 다른 자료들에서 가져온 부분들과 혼합되어 있다. 이것들은 우리의 관심사에 기여하는 바가 거의 없다. 『신통

---

²⁵ 오디세우스를 유혹한 바다의 요정 – 옮긴이.

기』(*Theogony*)에 나오는 신들의 관계에 대한 때로 지루하기도 한 반복적 기술은 대개 『오디세이아』 직후의 것들이다. 그럼에도 원질적 단어들은 극히 적고, 진전된 것도 없다. 이것의 주된 관심사는, 신들의 사사로운 삶에 관심이 생긴 것은 어쩌면 그들이 침묵하기 때문일 것이라는 것, 이는 도리아인의 침공 이전에 있던 황금시대에 대한 향수의 또 다른 표현일 것이라는 것 등이다.

그러나 더 큰 흥미의 대상은 헤시오도스의 것으로 알려진 『일과 날』(*Works and Days*)이라는 텍스트가 제기한 매혹적인 문제다. 이것은 분명히 잡다한 것들이 뒤죽박죽 섞여 있는 것이 틀림없으며, 게다가 매우 가난하고 그날그날 연명하는 자일 뿐인 보이오티안 농부를 위한 일종의 양치기의 달력(Shepherd's Calendar)[26]이다. 이 세계는 그 위대한 호메로스식(Homeric) 서사시의 세계와는 전혀 다른 세계다. 신들의 명령을 좇아 웅대한 설화 속에서 일하는 영웅 대신에 자신의 신들이나 아주 흥미롭고 새로운 정의 개념에 복종할 수도 안 할 수도 있는 농부에게, 작업상의 지시들이나 어느 날이 운 좋은 날인지를 일러주는 지시들이 있을 뿐이다.

표면적으로 농부의 삶에서 일어나는 자질구레한 내용들의 모음집이며, 황금시대에 대한 향수일 뿐인 이 시는 학자들이 헤시오도스라고 간주하는, 한 농부가 쓴 것 같지 않다. 그는, 자기 아버지의 농장을 분할하는 결정이 불공정하다고 페르세우스(Perseus)를 비난하면서도, 이상하게도 노예를 다루는 방법에서부터 식물재배와 하수처리에 이르기까지 그리고 도덕적인 문제에서부터 결혼 문제에 이르기까지 모든 것을

---

[26] 나는 전적으로 Loeb edition, *Hesiodos*(London: Heinemann, 1936)를 사용했다.

자기 동생인 페르세우스에게 조언해준다. 다음과 같은 것들로 가득 차 있다.

어리석은 페르세우스여. 신들이 인간들에게 명하신 일을 하라. 그 렇지 않으면, 그대와 그대의 처와 자식들은, 투모스의 쓰디쓴 괴로움 속에서 이웃 사람들 속을 떠돌며 생계를 꾸려나가게 될 것이다.(397 쪽 이하)

적어도 이것이 대부분의 학자들이 이 시의 내용이라고 추정하는 것 이다. 그러나 다른 해석의 가능성이 없는 건 아니다. 이 시의 옛 부분들 은 실제로, 이 시에서 결코 언급된 적이 없는 헤시오도스가 쓴 것이 아 니라 어리석은 페르세우스 자신이 썼을는지 모른다는 해석과, 이 시의 주요 부분들은 그에게 할 일을 조언하는 신성한 양원적 목소리의 충고 들이었을 것이라는 해석이 가능하다. 이런 해석이 선뜻 이해되지 않는 독자는 이와 유사하게 하루 종일 쓸데없는 훈계를 쏟아대는 권위적이 고 비판적인 목소리에 시달리는 정신분열증 환자의 경우를 생각해보기 바란다.

기록된 것이라고 해서는 안 될 것 같다. 더 적절히 말하면, 이 시는 페 르세우스와 동시대인들인 아모스나 이스라엘의 목자들이 들었던 양원 적 훈계들처럼, 기록자에게 구술한 것이었다. 나는 주요 시에 가해진 이전의 개작에 대해 언급했어야 했고, 중요한 37~39행에 나오는 항의 는 나중에 (플루타르코스 이래 모든 사람은 654~662년경이었다고 믿는다) 첨가된 것이라는 점을 언급했어야 했다. 이 행들은 원래는 페르세우스 의 너무나 주관적이고 따라서 (이 당시에는) 실속 없는 행동을 제어하기 위한 일종의 양원적 저항을 일컫는 것이었을 가능성도 있다.

『일과 날』에 나오는 선의식적 원질들은 『오디세이아』에서와 거의 같은 빈도로 나타난다. 투모스는 가장 일상적인 말이며, 18번 나오는 중에 절반에서는 기쁨이나 슬픔의 처소 또는 어떤 활동에 대한 단순한 제2단계의 내적 충동으로 나타난다. 그 나머지에서는 정보(27쪽), 충고(297쪽, 491쪽), 시각(296쪽), 장난(499쪽) 등이 '담겨지거나', '보관되거나', '보유'될 수 있는 제3단계 공간이다. 프레네스는 마치 찬장과 같아서 시에 계속적으로 주어지는 충고가(107쪽, 274쪽) 놓이는 곳이며 어리석은 페르세우스가 그 충고를 세심히 '들여다보는' 곳이기도 하다(681쪽). '찬장과 같은' 용기보다는 사람을 은유체로 갖는 크라디에는 관대할 수 있고(340쪽), 당황하기도 하고(451쪽), 어떤 것을 좋아하거나 싫어할 수도 있다(681쪽). 그러나 사이키(686쪽)나 에토르(360쪽, 593쪽)는 덜 발달되어 각각 단지 생명이나 복부를 의미한다.

『일과 날』에서 누스는 흥미를 끈다. 왜냐하면 네 경우 모두 그것은 도덕적 행위와 관련하여 사람처럼 나타나기 때문이다. 두 경우(67쪽, 714쪽)에서 그것은 부끄러움 같은 것을 느끼며, 다른 곳에서는 아디콘(adikon), 즉 선한 방향을 상실한(260쪽) 것으로 나타난다. 이 문제를 제대로 연구하면 디케(dike)라는 용어의 특별한 발달을 상세히 지적해낼 수 있을 것이다. 이것의 원래 의미는 '가리키다'(이로부터 손가락을 의미하는 숫자[digit]가 기원한다)였고, 『일리아스』에 나오는 이것의 가장 간결한 번역은 무엇을 할지를 가리킨다는 의미의 '지시'(direction)다. 사르페돈(Sarpedon)은 자신의 디케로 리키아(Lycia)를 호위한다(『일리아스』, 16권, 542쪽). 그러나 『일과 날』에서는 신이 주시는 올바른 방향 또는 정의를 의미하게 되는데 이는 아마도 신의 목소리를 대체하는 것인 듯하다.[27] 우리가 후기 그리스 문헌에서 발견하는 것과 대동소이한 방식으로 디케 또는 정의를 처음으로 시행하는 자는 다름 아닌 이제는 공간화되어버린 시간의 아들, 침묵의 제우스인 것이다(하나의 예로 267쪽 이하를 보라). 한 사람의 악인 때문에 전 도시가 고통을 당할 수 있는 것을 보면, 일리아스가 도덕과 무관했던 일리아스의 세계와 완전히 다른 세계임을 보여준다(240쪽).

우리의 정의감은 시간감각에 의존한다. 정의란 오직 의식의 한 현상일 뿐이다. 왜냐하면 공간적 연쇄 속에 펼쳐진 시간이 그것의 본질이기 때문이다. 이것은 오직 시간의 공간적 은유 안에서만 가능하다. 이처럼 공간화가 증대된 사례들은 흔하다. 특정시간에 범한 폭력은 다가올 특정시간에 받을 처벌을 낳는다(245쪽 이하). 선에 이르는 길은 멀고 가파르다(290쪽). 선한 사람이란 이후에 무엇이 더 나을 것인지를 보는 사람이다(294쪽). 작은 것에 작은 것을 더하라. 그러면 그것은 큰 것이 될 것이다(362쪽). 일에 일을 더하여 계속 일하면 부자가 된다(382쪽). 이런 개념들은 시간의 전과 후가 공간적 연속성으로 은유되지 않았다면 불가능하다. 이러한 의식의 기본 요소는, 기원전 1300년 아시리아인의 건축물 명각에서 시작하여(앞장을 참조하라), 참으로 길고 긴 길을 거쳐왔다.

이 새로운 의미의 시간과 정의가 이른바 주의의 세속화라 할 수 있는 것과 얼마나 긴밀하게 짝지어져 있는지를 이해하는 것이 중요하다. 이

---

[27] 신에게서 온 정의라는 이 새로운 의미의 기원은 제우스로부터의 환각적 전령일 수 있음은 사람들이 뇌물을 받거나 악을 행할 때 디케가 슬퍼하고 운다고 말해지는 곳(220쪽)에서 암시된다. 디케에 대한 나의 이런 해석은 기존의 해석과 다르다.

말은 관심이 생계를 위한 일상적 문제로 전환한 것을 의미하며, 이것은 이에 선행했던 전능한 신을 고안해낸 서사시들(the mighty god-devised epics)과는 전적으로 다른 것이다. 그 시 자체가 신적 영감을 받아 씌어진 것이든 대다수 학자들이 생각하는 것처럼 페르세우스의 형 헤시오도스의 퉁명스러운 훈계에 불과하든 인간의 주의의 방향에 극적인 선회가 일어난 것만은 틀림없다. 우리는 웅대하고 비정한 이야기 대신 세세하고 개인적인 표현을 보게 된다. 우리는 끝없는 과거에 대한 표현 대신, 과거와 미래 사이에 박혀 있는 현재에 대한 생생한 표현을 보게 된다. 도리아 이후의 전원적 현실은 황량한 대지에서 살아남기 위한 투쟁과 자질구레한 싸움들로 가득 차고, 냉혹하고 거친 현재로 묘사되고 있다. 그러면서도 준법적이고 공의로운 양원적 미케네인의 당당한 황금시대에 대한 향수가 주변을 배회하는데, 미케네인은

> 우리에 앞서 있던 그 종족들은, 광활한 대지 도처를 지배하며,
> 좀더 준법적이었고 좀더 공의로운,
> 반신(半神)이라 불리는 신 같은 영웅들의 민족이었다.(158쪽 이하)

기원전 700년에서 기원전 600년 사이의 서정시와 만가

나는 그리스의 의식은 『일과 날』에서 완성에 근접한다고 쓰려는 참이다. 그러나 의식을, 완성을 향해 지어지고 형성되고 만들어지는 어떤 것으로 보는 것은 아주 잘못된 은유다. 완성된 의식 같은 것은 없다.

내가 지적하려던 것은 시간을 공간으로 비유하고, 정신-공간 내에서

내적 원질들을 인간으로 비유하는 것이 일상생활의 지침이자 안내자로
작용하기 시작했다는 점이다.

이러한 발전에 뒤따르는 기원전 7세기경의 그리스 시는 용두사미격
이라 할 수 있다. 이것은 가차 없는 시간의 흐름 속에서 극소수의 만가
시인 서정시인들만이 알려졌기 때문이다. 10여 행의 시라도 전해지는
시인들을 꼽는다면 그 대상은 고작 일곱 명에 지나지 않는다.

이들에 대해 첫째로 언급해두어야 할 것은, 이들은 오늘날과 같은 시
인들이 아니라는 점이다. 한 집단으로서의 그들은 동시대인들과 유사
한 자들로서, 기능 면에서 동시대 부족문화의 무당들을 닮은 이스라엘
의 예언자들이나, 왕에게서 분쟁을 해결하거나 군을 지휘하라는 부탁
을 받은 백성의 성스런 교사들과 같은 자들이다. 이 세기 초에 그들은
아마도 여전히 성무(聖舞)와 관련되어 있었을 것이다. 그러나 이 무용
과 종교적 색채는 수금이나 피리소리에 맞추어 읊어지는 세속성 속에
서 점차 사라져버렸다. 그러나 이러한 예술적 변화들은 훨씬 더 중요한
변화들에 부수되는 우연적인 것이었다.

『일과 날』은 현재를 표현했다. 이 새로운 시들은 그 현재 속에 있는
사람, 즉 특정 개인을 표현하고 그가 다른 사람들과 어떻게 다른지를
표현했다. 그리고 그 차별성을 찬미했다. 이 일이 이루어지는 동안 우
리는 이전의 선의식적 원질들이 의식의 정신-공간 속으로 줄지어 뻗어
나가는 행진을 추적할 수 있게 된다.

핀다로스(Pindaros)[28]에 따르면, 이 세기 초에 테르판드로스(Terpan-
dros)라는 사람이 지은 음주가 중 현존하는 13행의 하나는 몇 세기 동

---

[28] 기원전 522~기원전 443년경의 그리스 시인-옮긴이.

안이나 불리고 있다.

　오 프레네스여. 나에게 와서 멀어져가는 주님에 대한 노래를 불러
다오.[29]

　이것은 흥미로운 일이다. 여기서 주님은 아폴론을 의미한다. 그러나
이 시 자체는 잃어버린 신을 그리는 향수의 노래임이 틀림없지만, 그
시를 짓도록 호소하는 대상은 신도 뮤즈 신도 아니라는 점을 기억하라.
『오디세이아』에서는 신이 프레네스 속에 노래를 넣어주고, 그런 다음
에야 음유시인들은 마치 그 음악을 읽는 듯이 노래한다(22권, 347쪽).
그러나 신들의 소리를 듣지 못하는 테르판드로스에게는 노래를 지을
수 있도록 해달라고 간청하는 대상은 마치 이것들이 신이기라도 한 듯
이 자신의 프레네스다. 이러한 공간—이 공간에서 신적인 모습의 프레
네스가 존재할 수 있게 되는데—과 관련된 피석의체와 암묵적인 비교
가 이루어지면 그것은 의식의 유사 '나'에 의한 정신-공간의 창조 과정
에 들어서는 것이 된다.

　7세기에서의 이러한 전환이 명백히 드러나는 것은 단지 이런 단어
의 사용에서뿐만 아니라, 주제에서도 드러난다. 왜냐하면 『일과 날』에
서 시작된 내용의 세속화와 의인화는 이 세기 중엽 파로스(Paros)의 유
랑하는 군인-시인, 아르킬로코스(Archilochos)의 성난 약강격(弱强格)

---

[29] Locb edition, *Lyra Graeca*, edited by J. M. Edmonds(London: Heinemann, 1928)
의 미완성 유고. 이 장의 모든 잠고 진기는 이 책이거나 다음의 부속서다. Loeb
volumes, *Elegy and Iambus*, vols. 1 and 2, also edited by Edmonds(London:
Heinemann, 1931).

음보 속에서 멋지게 폭발한다. 그의 무덤에 새겨진 명각을 보면, "최초로 신랄한 뮤즈 신을 뱀의 독에 빠뜨리고, 부드러운 헬리콘(Helicon)[30]산을 피로 물들인 자"였다. 이것은 그가 약강격 사용이 지닌 힘을 과도하게 악용하여 사람들에게 자살을 불러일으켰다는 소문의 전거이기도 하다.[31] 사사로운 가족간의 앙갚음에 쓰거나 개인적인 기호(嗜好)를 기술하기 위해 시를 사용하는 것은 당시 세계에 새로운 일이었다. 이러한 미완성 유고들이 현대의 반성적 의식에 너무나 가까이 다가와 있기 때문에 아르킬로코스의 작품이 대부분 상실된 것은 고대 문학에 큰 손실이 아닐 수 없다.

그러나 신들은, 비록 아르킬로코스에게는 들리지 않지만, 여전히 세계를 통제했다. "승리의 끝은 신들에게 있다"(유고 55). 그리고 원질도 여전히 존재한다. 음주의 나쁜 영향도(유고 77), 고령이 미치는 나쁜 영향도(유고 94) 모두 프레네스 속에서 발생한다. 어려움에 처하여, 약해진 전사처럼 내팽개쳐졌을 때 "위를 쳐다보라. 너의 적들에게서 너를 방어하라"는 소리를 듣는 것은 그의 투모스다(유고 66). 아르킬로코스는 마치 다른 사람에게 말하듯 자신의 투모스에게 말하는데, 이러한 암묵적 비교와 그것의 공간 피석의체와 자기—'관찰적' '자아'는 다음 세기의 의식을 향해 한 발짝 더 내딛는 것이 된다.

연대기적으로 뒤를 이어 다른 두 사람의 군인-시인들이 등장한다. 티르타이오스(Tyrtaeos)와 칼리노스(Callinos)가 그들인데, 이들의 유고는

---

[30] 아폴론과 뮤즈가 살았다는 그리스 남부의 산으로, 시상(詩想)의 원천으로 불린다 – 옮긴이.

[31] 이것은 920년경에 그 이전의 자료들을 모은 *Palatine Anthology*에 따른 것이다. Edmonds, *Elegy and Iambus*, 2, 97쪽을 참조하라.

거의 관심을 끌지 못한다. 그들의 가장 일상적인 원질은 투모스다. 이들은 전쟁터에서 투모스가 흔들리지 않도록 지키라고 우리를 부추기는 일 이외엔 기여한 바가 없다.

그 후 기원전 630년경 다른 종류의 두 시인 알크만(Alcman)과 밈네르모스(Mimnermos)가 등장한다. 이들은 이전에 없던 방식으로 자신들의 주관적 감정을 찬미한다. 전자는 "타인의 누스를 보고할 수 있는 자가 누구인가?"(유고 55)라고 물으면서 누스를 분명한 피석의체를 유발시키는 하나의 사건으로 은유한다. 밈네르모스는 자신의 프레네스를 점점 더 쇠약하게 하는 열악한 처우에 대해(유고 1), 그리고 '투모스 안에 일어나는 슬픔'에 대해 불평을 터뜨린다(유고 2). 이것은 호메로스식 서사시의 단순한 원질들에서 한참 벗어난 것이다.

이 선견지명으로 가득 찬 한 세기가 끝날 무렵 알카이오스(Alkaios)의 시와, 특히 플라톤이 열 번째의 뮤즈라고 부른 남성적인 사포(Sappho)의 덧없는 정열(empty-armed passion)이 등장한다. 레스보스(Lesbos)의 이 두 시인은 자신들의 투모스와 프레네스를 거의 같은 정도로 사용하면서 이들에 관한 일상적인 일들을 언급한다. 사포는 심지어 나중에 우리의 욕망이나 의지력이 되는 투모스의 준비, 즉 텔로이(theloi)에 관하여 노래하기도 한다(유고 36권, 3쪽). 그녀는 실제적으로 낭만적인 현대적 의미의 사랑을 창조하기도 했다. 사랑은 번민을 통해 그녀의 투모스를 쥐어짜고(유고 43), 광풍이 상수리나무를 흔들어대듯 그녀의 프레네스를 흔들어댄다(유고 554).

그러나 녀욱 중요한 것은 노에마(noema)라는 용어의 발달이다. 7세기 후반까지도 노에마는 투모스의 텔로이와 결합하여 우리들에게는 사유, 소원, 의도 등을 의미하는 것들의 복합물을 뜻하게 된 것이 분명하다. 알카이오스는 "만일 제우스가 우리의 노에마를 이루시고자 하시면"이라고 말한다(유고 43). 그는 어떤 화자를 "자신의 노에마를 전혀 얼버무리지 (또는 변명하지) 않는" 자라고 기술한다(유고 144). 남아 있는 사포의 이 유고들에는 이 단어가 세 번 사용되었다. 그녀가 사랑하고 있는 자들을 향하여 "나의 노에마는 결코 변할 수가 없다"(유고 14). 그녀의 "노에마는 어린애의 분노에 대해 그렇게 부드럽게 넘어가지 않는다"(유고 35). 그리고 그녀의 불평 속에서 "나는 무엇을 해야 할지 모르겠다. 내 노모에마타는 두 갈래로 나뉘어 있으니……"(유고 52). 이것은 하나의 사유로 실체화되는 상상의 내적 은유대상(metaphor-thing)을 강조한다. 인간에게 내성을 가르치는 것은 사랑이다. 사포의 시 속에는 수노이다(sunoida)라는 또 다른 단어가 등장하는데, 이 말의 어원은 같이 알고 있다(know together)는 것을 의미하며 이것이 라틴어로 넘어가면서 '의식'이라는 말이 된 것임을 보여준다(유고 15).

7세기의 일곱 시인들 속에서 우리는 눈에 띄는 발전을 보게 된다. 즉 주제가 군사적인 충고에서 개인적 사랑의 표현으로 변함에 따라, 정신적 원질들이 사용되는 방식이 더욱더 우리가 주관적 의식이라고 생각하는 방식으로 발전했다.

이것들이 어슴푸레한 역사의 바다다. 그 수면 위로 깜박거리며 떠 있던 몇 개의 유고들과 함께 나온 기원전 7세기의 이 일곱 시인들은 아마도 우리가 의식이라고 부르는 새로운 정신구조의 발달에 도움을 준, 당시에 살았던 많은 사람들 중 몇 명일 것이다.

솔론의 정신

나는 이 일곱 시인들이 당시를 대표할 수 없다는 강한 느낌을 가지고 있다. 왜냐하면 연대기적으로 다음에 등장하는 것으로 알려진 한 시인은 이전의 시인들과 극적인 차이를 보여주기 때문이다. 그는 그리스 지성계에 떠오른 샛별이었다. 우리가 아는 한, 그는 진정으로 정의의 이념을 확장시킨 사람이다. 그는 아테네의 솔론(Solon)으로서 탈레스(Thales), 아낙시만드로스(Anaximandros), 피타고라스(Pythagoras) 등이 등장하는 위대한 시대인 기원전 6세기 초엽에 등장한다. 이 시대는 어떻게든 우리가 생각하는 방식과 같은 방식으로 생각하는 사람들 속에 있기에 최초로 정신적 편안함을 느낄 수 있는 그런 시대다.

이 위대한 그리스 문화가 펼쳐지는 속도는 놀랄 만하다. 그리고 만약 다른 이유가 없다면, 누스라는 단어를 사용한다는 점에서 솔론은 놀랍다. 이 단어는 우리가 앞에서 보았던 다른 시인들도 거의 사용하지 않았다. 그러나 우리에게 전수된 고작 (개략적으로) 280행 속에서 그는 누스라는 단어를 8번 사용했다. 이것은 1만 단어당 44번이라는 아주 높은 빈도인 것이다. 이것은 여러 가지 원질들이 하나로 결합되는 제4단계를 가리키고 있다. 투모스는 단지 두 번, 그리고 프레네스와 에토르는 각각 한 번씩 사용되었다.

그러나 그가 누스에 대해 말한 방식 또한 주관적·의식적 정신을 기술한 최초의 진정한 기술이기도 하다. 그는 누스가 아티오스(artios)되지 않은 사람들에 관해서 말하고 있는데, 이것의 의미는 본래대로의, 또는 전체적인이란 뜻이다(유고 6). 인식에 대해 말하기가 얼마나 어려운가! 이것은 나쁜 지도자 안에 있는 그릇된 누스인 것이다(유고 4). 누

스의 호메로스식 의미에는 결코 도덕적 내용이 담기지 않았다. 42세가
량에 달한 "성인의 누스는 모든 일에 훈련되어 있다". 이것은 분명히
그의 시각적 지각은 아니다. 그리고 50대에 있을 때 그는 '자신의 누스
와 언어의 전성기'에 있게 된다(유고 27).

또 다른 유고는 개인적 책임이 시작되는 참된 기점을 기술했다. 그곳
에서 그(솔론)는 동료 아테네인에게 그들의 불행에 대해 신을 비난하지
말고 자신들을 비난하라고 경고한다. 이는 일리아스의 정신과 얼마나
판이한가! 그는 계속해서 말하기를,

여러분 각자는 여우의 걸음걸이로 걷고 있다.

여러분의 누스는 차우노스(chaunos: 나무로 된 것처럼 구멍투성이인,
스폰지 같은, 놓치는)다. 왜냐하면 여러분은 사람의 말과 빨리도 변하
는 언어에 주목하지 그의 행위에 주목하지 않기 때문이다.(유고 10)

아킬레우스도 교활한 오디세우스도 심지어 어리석은 페르세우스도
(또는 그의 형도) 이런 권고를 '이해'할 수 없었을 것이다.

의식과 도덕은 하나로 발달해왔다. 왜냐하면 신들이 없을 때 도덕이
행동결과에 대한 의식에 근거하여 인간들에게 무엇을 하라고 말하지
않으면 안 되었기 때문이다. 『일과 날』에 나오는 디케나 정의는 솔론에
게서 좀더 발전하게 된다. 이제 도덕적 권리는 정부의 권력과 맞아 떨
어져야 하며(유고 36), 법률과 적법한 행위의 근거가 된다.

때때로 '모든 것에서의 절제'에 대한 그의 권고 같은 기타의 특정 명
령들이 솔론의 것이라고 알려져 있다. 그러나 우리의 주제에 더 적합
한 것은 그 유명한 "너 자신을 알라"다. 이것은 그가 한 말로 알려졌으

나 이 시대의 다른 사람이 한 말일는지 모른다. 이것 역시 호메로스류의 영웅들에게는 생각조차 불가능한 말이다. 인간은 어떻게 자신을 알 수 있는가? 홀로 자기 행위와 감정에 대한 기억을 불러일으키고, 그것들을 유사 '자아'와 함께 바라보고, 개념화하고, 특징별로 분류하고, 그가 할 법한 일이 무엇인지를 알 수 있도록 서술화하는 등의 과정에 따라서다. 우리는 '자신'을 상상의 '공간' 안에 있는 듯이 '바라보지' 않으면 안 된다. 이것이 바로 우리가 앞장에서 자기 관찰적 환각(autoscopic illusions)이라고 부르려 했던 것이기도 하다.

우리는 갑자기 현대의 주관적 시대로 들어왔다. 우리는 단지 기원전 7세기의 문헌이 너무 파괴되어 있는데다 희귀하기까지 하여 솔론이 지니는 이 주관적 의식의 전모를 복원하는 것이 불가능함이 안타까울 뿐이다. 물론 그를 단지 그리스 전통의 일부로 여길 때의 말이다. 그러나 솔론에 관해서는 허다한 전설이 있다. 그중엔 그가 많은 곳을 여행했으며, 아테네로 가서 일생 동안 살며 자신의 시를 쓰기 전에 소아시아 여러 나라를 방문한 적이 있다는 주장도 있다. 그렇다면 그가 특별히 누스라는 용어를 사용하고 의식의 상상적 정신-공간 속에 그 용어를 구체화한 것은 분명히 더 발달된 이들 나라들에게 받은 영향 때문이었다는 암시를 주는 것이다.

그가 당시의 정치적 지도자였기 때문이기도 해서, 솔론과 더불어 의식의 가동장치(operator)가 그리스 내에 확고히 자리 잡게 된다. 그는 누스라는 정신-공간을 갖고 있었기에 그 안에서 유사 그는 자기 백성에게 무엇을 하는 것이 옳거나 디케하다고 말할 수 있게 되는 것이다. 일단 (이런 장치가) 구축되자, 그리고 솔론이 충고한 것처럼, 인간이 '자신을 알게' 되고, 정신-공간의 옆에 '시간들'을 나란히 늘어놓을 수 있

게 되고, 자신의 누스의 눈으로 자신과 자신의 세계를 '바라볼' 수 있게
되자, 적어도 일상생활에서는 신의 음성이 불필요해지게 된다. 이제 신
들의 소리는 사원이라는 특별한 장소로, 또는 신탁이라는 특별한 인물
들에게로 밀려나게 되었다. ('noos가 아니라' 'nous'로 철자하게 된) 이 새
로운 단일체 누스(nous)가 다른 원질들의 기능들을 흡수하면서 성공적
으로 기능했다는 사실은, 행동과 사회의 재조직은 물론 그 뒤에 등장하
는 문헌들에서도 입증되었다.

그러나 우리는 다소 앞질러 나간 감이 없지 않다. 왜냐하면 기원전 6
세기라는 이 중요한 시기에 또 다른 발달, 즉 미래에 엄청난 복잡성을
안겨줄 하나의 발달을 보게 되기 때문이다. 그것은 바로 예기치 않았던
새로운 방식으로 사용되는 옛 용어, 사이키다. 이 사이키는 조만간 누
스(nous)와 나란히 쓰이거나 또는 상호치환되게 되는 반면, 동시에 제1
권 앞부분에서 오류로 지목되었던 이른바 의식에 대한 의식을 낳게 된
다. 나는 이 새로운 개념은 그리스 문화와 이집트 문화의 만남에서 이
루어진 거의 인위적 가공물이라는 점을 주장하려 한다.

혼의 발명

사이키는 이 용어들 중에 마지막으로 자신 안에 '공간'을 지니게 되
는 단어다. 그것은 사이키나 생명성(livingness)이 용기(容器)형 은유에
적합하지 않았기 때문이다. 이것이 적합한 것이 되기 시작한 것은 시
간의 의식적 공간화가 아주 발달하여 인간들이 생명을 단지 호흡이나
피[32]로 파악하는 대신 시간적 지속으로 파악한 때부터다. 그러나 사이

키가 혼이라는 개념을 향해 발전한 과정은 그렇게 명확지 않다.

왜냐하면 다른 원질들보다도 사이키는 외양적으로는 때로 연대기적 배열을 불가능하게 할 정도로 혼동스럽게 쓰이기 때문이다. 이것의 일차적 사용은, 앞서 언급한 대로, 언제나 생명을 위한 것이다. 예를 들면, 호메로스류의 시들이 있은 이후, 알카이오스가 그랬던 것처럼(유고 77B), 티르타이오스는 사이키를 그런 의미로 사용한다(유고 10, 11). 기원전 5세기까지도 에우리피데스(Euripides)는 생명에 달라붙어 있다는(Iphigenia at Aulis, 1385) 것을 뜻하는 '자신의 사이키를 좋아함'이라는 어구를 사용한다. 아리스토텔레스의 몇몇 글들 역시 사이키를 생명이란 뜻으로 사용하며, 이런 용법은 신약성서의 많은 부분으로 확장되었다. "나는 선한 목자라. 선한 목자는 자기 양을 위하여 자기 목숨(psyche)을 바친다"(「요한복음」, 10장 11절). 예수는 (이 말을 할 때) 자신의 정신(mind)이나 혼(soul)을 의미하지 않았다.

그러나 『일리아스』 제23권 초두에 나오는 아킬레우스의 꿈에서 고인이 된 파트로클로스의 사이키가 그를 찾아왔을 때, 그가 그것을 껴안으려 하자 그것은 알 수 없는 말을 웅얼거리며 땅 속으로 잦아들어 버린다. 『오디세이아』 제11권과 24권에 나오는 지하계의 회색빛 장면들 역시 사이키를 유사한 방식으로 사용한다. 이 예들에 나오는 용어들은 『일리아스』와 『오디세이아』 나머지 부분에 나오는 의미들과는 거의 정반대 의미로 쓰이고 있다. 결코 생명이 아니다. 생명이 멈추고 난 뒤에 존재하는 무엇이다. 전장에서 혈관으로부터 흘리는 무엇이 아니라, 지하계로 내려갈 혼령(ghost) 또는 혼인 것이다. 이것은 기원전 500년경

---

32 맥박을 의미할 것이다 - 옮긴이.

핀다로스까지만 해도 그리스 문학에서 들리지 않던 개념이다. 이제까지 우리가 살펴본 기원전 7세기와 8세기 사이에 끼여 있는 모든 작가들에게 사이키는 혼령(ghost-soul)이 아닌, 언제나 생명이나 생명성을 뜻하는 자체의 고유한 의미가 있었다.

어의론적 기원을 뒤지며 아무리 짜맞추어 보려고 한다 해도, 하나는 생명에 다른 하나는 죽음에 관련되어 있는, 사이키의 이 곤혹스럽고 상이한 두 의미를 화해시킬 수가 없다. 호메로스에 나타나는 이 낯선 부조화들은 이 시들이 표면상의 기간보다 훨씬 나중에 삽입된 것이라는 명백한 암시를 얻게 된다. 그리고 실제로 이것이 대부분의 학자들이 우리가 접할 수 있는 것보다 훨씬 더 많은 근거들에 의거하여 확신하는 것이다. 사이키의 이러한 의미가 핀다로스 때까지는 나타나지 않았기 때문에 우리는 지하계에 관한 이런 구절과 그 어두운 곳에 거하는 죽은 자들의 혼이라고 하는 것은 핀다로스 직전에, 때로는 기원전 6세기경에, 호메로스류의 시들에 첨가된 것이라는 확신을 갖게 된다.

그렇다면 왜, 어떻게 이런 극적인 차이를 드러내는 사이키의 개념이 나타나게 된 것일까 하는 것이 문제다. 여기서 우리가 말하려는 것은 단지 생명을 나타내던 옛 개념이 죽은 다음에도 존재하는 어떤 것에도 적용되고 있다는 것, 그리고 그것은 육체와 분리될 수 있는 것임을 분명히 해두어야겠다. 우리가 앞장에서 보았던 것처럼 실제적인 생존 여부는 문제되지 않는다. 양원정신 이론에 따르면, 특정한 권위직에 있던 사람에 대한 환각은 그의 사후에도 일상적인 일로 계속된다. 그 때문에 사후의 시체에게 먹을 것을 제공하는 것이나 그들과 함께 생활집기를 매장하는 것이 거의 보편적인 관습이었다.

나는 참으로 만족할 만한 해답을 제시할 자신은 없다. 그러나 피사의 사탑에 관련된 옛 전설의 주인공 피타고라스가 준 영향은 분명히 해답의 한 부분일 것이다. 번성일로에 있던 기원전 6세기 중엽에 살던 그는, 솔론이 그랬던 것처럼 소아시아 여러 나라들, 특히 이집트를 방문한 적이 있었을 것으로 생각된다. 여행에서 돌아온 그는 남부 이탈리아 크로토나(Crotona)에 일종의 신비한 비밀 조직을 구성했다. 그들은 수학연구와 채식주의와 확고한 문맹주의를 실천했다──(그들에게) 무언가를 적어두는 일은 오류의 근원일 뿐이었다. 적어도 몇 차례 후대 작가들의 손을 거쳐 우리에게 이른 것이지만, 이 가르침들 중에는 혼의 윤회설도 있었다. 인간의 혼은 사후에 신생아의 몸이나 동물의 몸에 들어가 또 다른 삶을 살게 된다는 것이다.

헤로도토스는 피타고라스가 이것을 이집트에서 배워왔다고 말했다가 비웃음을 받은 적이 있다. 그러나 양원정신 이론에 동의하는 사람이라면 이집트 사상 안에서 혼 윤회설의 기원을 추적하는 일은 어려운 일이 아닐 것이다. 나는 이것은 바(ba)의 기능들에 대한 그리스인의 오해였다고 생각한다. 이런 것은 우리가 제2권 2장에서 본 것처럼 종종 카(ka)의 물리적 구체화처럼 또는 죽음 뒤에 들리는 환각적 목소리로 들리는 것이었다. 바는 종종 새의 형상을 했다. 그러나 그리스인은 카에 해당하는 단어나 (분명히 부적절한 단어인 신이라는 말 이외에는) 바에 해당하는 단어를 갖고 있지 않았다. 실제로 한 물체에서 다른 물체로 이전해갈 수 있는 '생명'에 해당하는 단어도 없었다. 이런 까닭에 사이키기 이 역할을 맡도록 했던 것이다. 이러한 피타고라스의 가르침을 담고 있는 모든 전거물들은 사이키를 이와 같이 새로운 의미로 사용하여, 마치 이집트에서 환각 목소리가 그랬던 것처럼 한 몸에서 다른 몸으로 이주해 들어갈 수 있는 확실히 분리 가능한 혼을 의미하도록 했다.

실제로 이것이 우리 문제를 해결해주지는 않는다. 왜냐하면 여기에
는, 『오디세이아』 제2권에 첨가된 생생한 장면들, 즉 자신의 힘을 다시
얻기 위해 뜨거운 피를 벌컥벌컥 마셔대고 저승을 떠돌며 울기만 할 뿐
인 무력한 죽은 혼에 관한 이야기는 없기 때문이다. 그러나 여기서 사
이키는 죽을 때 인간의 몸을 떠나는 어떤 것으로서 거의 동일하다. 또
한 명부(冥府)에서의 사이키 모습이 어떤 것이든 간에 그것은 그리스
고전에 나오는 죽은 자들의 모습과 피타고라스의 가르침이 섞여 만들
어진 것이다.

기원전 6세기에 발달된 이 기이한 현상은 심리학에 극히 중요하다.
왜냐하면 사이키가 이처럼 뒤틀린 것은 사이키 너머의 생명을 뜻하게
되고 그것은 바로 혼이 됨으로써, 어휘에 거대한 내적 긴장이 발생할
때 으레 그렇듯이, 사이키의 균형에도 또 하나의 변화가 닥쳐왔기 때문
이다. 소마(soma)라는 말은 시체 또는 죽음을 뜻했다. 생명성을 나타내
는 사이키의 반대다. 그리하여 사이키가 혼이 되자 소마는 그 반대인
신체가 된다. 혼과 육의 분리를 가정하는 이원론이 시작된 것이다.

문제는 여기서 멈추지 않는다. 기원전 500년경의 핀다로스, 헤라클
레이토스, 그외 다른 사람들의 글에서 사이키와 누스가 하나로 합쳐진
다. 이것이 오늘의 의식적·주관적 정신-공간이자 신체에 반대되는 자
아인 것이다. 예배의식은 경이를 유발하는 사이키와 소마 간의 새로운
분할 주변에서 발생하는 것이다. 이 분할은 새로운 의식적 경험을 자극
하기도 하고 설명해주기도 함으로써 그것의 존재를 강화시켜준다. 의
식적 사이키는 무덤에 갇히듯 신체 속에 갇힌다. 이것은 순진하기 짝이
없는 논쟁의 대상이 된다. 사이키는 어디에 존재하는가? 그것의 처소라
는 것이 몸 안팎 이곳저곳으로 바뀐다. 그것은 무엇으로 만들어진 것인

가? (탈레스는) 물, 피, (아낙시메네스[Anaximenes]는) 공기, (크세노파네스 [Xenophanes]는) 호흡, (헤라클레이토스는) 불 등인가? 모든 것들에 대한 과학은 잘못된 질문(pseudoquestion)의 늪에서 시작되었다.

이 의식의 문제에 내재하는 중심적 난점인 이원론은 역사 속에 끈질 기게 출몰해온 그 거대한 경력을 시작한다. 이것은 플라톤에 의해 사유 의 하늘에 굳게 정착하게 되고, 불가지론을 통해 대형 세계종교들 속으 로 이주해 들어간 다음, 데카르트의 오만한 확신을 거쳐 현대 심리학이 처해 있는 크나큰 곤경이 된 것이다.

이 장은 하나의 은유로 간략히 요약될 수 있는, 그러나 길고 기술적 인 장이었다. 우리는 우선 도리아인의 침공 시기에서 나온 깨진 도자 기 조각들에 묻어 있는 세월의 먼지를 털어냄으로써, 유적지에서 유적 지로 이어지는 연속성과 그 사이의 변화를 들추어내고, 그리하여 민족 들의 복잡한 이주행렬이 있었던 것을 밝혀내는 고고학자들을 지켜보 았다. 어떤 의미에서는 우리도 이 장에서 언어로 똑같은 일을 해온 것 이다. 우리는 모종의 정신적 기능을 지칭하게 된 깨진 어휘의 파편들을 취하여 텍스트에서 텍스트로 이어지는 그것들의 맥락을 연구했고, 이 로써 일련의 거대한 정신구조상의 변화가 도리아인의 그리스 침공 이 후 암흑기 내내 지속되었음을 밝히려고 노력했다.

단어들의 변화일 뿐이라고 생각해서는 절대 안 된다. 단어의 변화는 개념의 변화요, 개념의 변화는 행동의 변화다. 종교사 전체와 정치사 전체, 그리고 심지어 과학사 전체는 이것에 대한 강력한 증인들이다. 혼이라는 단어가 없었더라면, 자유나 진리나 이러한 인간 조건의 화려 한 행렬은 다른 역할과 상이한 토양으로 채워졌을 것이다. 우리가 선의식적 원질이라고 지목한 단어들 역시 마찬가지다. 몇 세기에 걸쳐 이어간의 은유를 생성하는 과정에서 이 원질들은 의식의 조직자로 통합된 것이다.

이로써 나는 그리스 의식에 관한 이야기 중 내가 말하려던 부분을 마쳤다. 이에 대해 더 말해야 할 것들도 있다. 자극에 매이지 않는 두 개의 원질들이 어떻게 나머지 원질들에게 빛을 잃게 했는지, 누스와 사이키는 어떻게 하여 파르메니데스(Parmenides), 데모크리토스(Demokritos) 같은 그 후 작가들의 글에서 상호교환이 가능한 정도에 이르게 되었으며, 어떻게 로고스, 진리, 덕, 미의 형식을 발명해냄으로써 은유가 한층 새로운 깊이를 취하게 되었는지 등이다.

그러나 이는 별개의 과제다. 그리스의 주관적·의식적 정신은, 혼이라는 그의 가짜구조에서 독립하여 노래와 시에서 탄생되었다. 이로부터 그것은 그 자신의 역사 속으로, 소크라테스의 서술적 내성으로, 아리스토텔레스의 공간화된 분류와 분석으로, 그리고 히브리적 사유로, 알렉산드리아적 사유로, 로마적 사유로 이동해갔다. 그래서 다시는 같은 것이 될 수 없는 세계사 속으로 이동해갔다.

제6장

카비루의 도덕적 의식

의식의 발달 과정에서 우리가 주목할 세 번째 큰 영역은 가장 흥미롭고 심오한 것이다. 기원전 2세기 말경 중동지역 전역에는, 어떤 특정한 목초지, 즉 디라(dira)도 없고, 조직도 없이 대규모 반(半)유목 생활을 하며 사는 무리들이 존재했다. 이중의 일부는 테라 지역의 파괴[1] 그리고 뒤이은 참혹한 도리아인의 침공에서부터 도망쳐나온 난민들이었다. 어떤 설형문자 석판은 특별히 레바논을 통해서 쏟아져 들어온 이민들을 언급했다. 다른 일부는 아마도 아시리아 침공 때의 난민들이며 이들은 제국이 북쪽에서부터 재차 침공을 받아 함락될 때 히타이트족들과 섞이게 되었을 것이다. 나머지 일부는 각 도시들에 남아 있는 신을 쉽사리 침묵하게 할 수 없었던 저항적인 양원적 개별 인간들로서 살해되거나 점차 광야로 내쫓긴 자들이었다.

그 후 당분간 불안정하게 뭉쳐 있기도 하고 다시 갈라지기도 하며, 일부는 죽기도 하고 일부는 불안정한 부족으로 조직되기도 하며, 얼마

---

1 화산폭발 때문에 - 옮긴이.

는 좀더 정착된 땅을 찾아 공격하기도 하고, 샘을 확보하기 위해 싸우기도 하며, 때로는 아마도 기진한 동물처럼 사로잡히기도 하여 정복자의 뜻에 따르는 신세가 되기도 하며, 기아에 절망하여 빵과 곡물을 얻는 대가로 자기의 생명을 담보로 잡히기도 했다. 이런 사실들은 구약 「창세기」 47장 18~26절뿐 아니라, 누지(Nuzi)에서 기원전 15세기경의 것으로 발굴된 석판에도 기록되어 있다. 일부 사람들은 여전히 부적절해진 양원적 목소리를 따르려고 애쓰며, 떠나가기를 두려워하며 정착된 땅의 변방에 매달려 양과 낙타를 기르는 부류가 되기도 했다. 반면에 어떤 사람들은 이미 정착해 사는 사람들과 섞여 살아보려는 헛된 시도를 했다가 끝내는 광활한 사막으로 내쫓기기도 했는데, 그곳에서는 오직 무자비한 자들만이 살아남아 아마도 어떤 환각적 희망, 신이 감추어두었던 곳인 약속의 땅과 새로운 도시를 불안한 가운데 찾아 헤맸다.

이미 설립된 도시국가들에게 이들 난민들은 황량한 사막에 던져진 절망에 빠진 부랑아들이었다. 도시민들은 이들을 몰아서 도둑떼나 유랑족들로 여겼다. 아닌 게 아니라 이들은, 개인적으로도 역시, 가련하게 집 없이 살며, 포도원 주인은 딸 생각도 않는 포도를 밤마다 훔쳐대는 비열한들이었고, 전체적으로는 오늘날의 베두인 유목민들이 종종 그렇게 하듯이 가축과 곡물들을 약탈하기 위해 도시 변두리를 공격하는 부족이었다. 아카드(Akkad) 언어로 방랑자들에 해당하는 언어, 또는 바빌론 언어로 방랑자를 뜻하는 언어는 카비루(khabiru)며, 설형문자 석판에는 이 사막의 난민도 그렇게 불린다.[2] 그리고 사막의 공기 속에서 다

---

[2] Bampton Lectures of Alfred Guillaume, *Prophecy and Divination among the*

소 부드러워진 카비루의 발음이 히브루(hebrew)가 되었다.

후대의 카비루나 히브루에 관한 이야기 또는 이에 관한 상상의 이야기가 구약성경이라는 이름으로 우리에게 전해졌다. 이 장에서 우리가 관심을 집중하려는 논지는, 역사와 장광설, 노래와 설교, 그리고 이야기 등의 이 엄청난 모음집인 구약은, 그 방대한 전체적 모양에 있어 양원정신의 상실과 기원전 1000년 기간에 이루어진 주관성에 따른 대체과정을 그린 것이라는 것이다.

그러나 우리는 즉각 아주 심각한 정론법적(orthological) 문제에 봉착해 있다. 왜냐하면 구약의 많은 부분 특히 우리의 주제에 매우 중요한 의미가 있는 첫 부분의 기록들은 잘 알려진 바와 같이 여러 시기와 장소에 흩어져 있는 것들에서 모은 영롱한 빛깔의 실줄들을 멋지게 엮어 놓은 기원전 5, 6, 7세기의 위조물들이다.[3] 한 예로 「창세기」의 제1, 2 장은 각기 다른 창조 이야기를 한다. 홍수 이야기는 수메르의 명각을 일신론적으로 개작한 것이며,[4] 야곱 이야기는 기원전 1000년 이전으로 추정하는 것이 당연하나 바로 다음 쪽에 나오는 그의 아들로 알려진 요셉 이야기는 적어도 500년 이상 지난 이야기에서 가져온 것이다.[5]

Hebrews and Other Semites(New York: Harper, 1938)에는 이런 정보들이 많이 실려 있다. 이 장은 특별히 이런 문제에 관한 기욤(Guillaume)의 풍부한 논의에 힘입은 바 크다.

3 이 장 여기저기에 나오는 구약의 시기, 저자, 그밖의 다른 주석들은 여러 권위자들에 따른 것이다. 그러나 1차적으로는 *Encyclopedia Britannica*에 의존했다.

4 Alexander Heidel, *The Gilgamesh Epic and Old Testament Parallels*, 2nd ed.(Chicago: University of Chicago Press, 1949), 224쪽 이하.

5 Donald B. Redford, *A Study of the Biblical Story of Joseph, Genesis 37~50*(Leiden: Brill, 1970). 이 이야기의 기원은 아마도 메소포타미아 지역의 점술에서 나온 세속적 이야기일 것이다.

이 모든 것들이 시작된 것은 요시아(Josiah) 왕이 성전을 정결케 할 것과 성전 안에 잔존하는 양원적 의식(儀式)들을 제거할 것을 명하고, 그에 따라 기원전 621년 예루살렘에서 「신명기(申命記)」 사본이 발견되면서부터다. 카비루의 역사는, 마치 엄청난 상속을 향해 비틀거리며 걸어 들어간 한 유목민처럼, 이 값비싼 옷을 걸쳐입게 된 것이다. 이중 어떤 옷은 자신의 것이 아님에도 이 모든 것들을 상상력이 풍부한 선조들과 함께 한데 묶어 허리띠를 동여맨 것이다. 그러므로 이 잡다한 자료집을 어떤 형태의 정신구조 이론의 증거로 사용할 수 있는가 하는 문제가 발생한다.

「아모스서」와 「전도서」의 비교

먼저 그러한 의심에 대해 언급해두어야겠다. 앞서 말했듯이 구약은 대부분 잡다한 시기와 잡다한 자료들로 엮은 것이다. 그러나 몇몇 글들은, 엮은 것이 아니고 하나의 전체인 점에서, 그리고 이것은 대부분 그들이 말하는 그대로 사실이며 이들에 대해 철저히 정확한 연대를 매길 수 있다는 점 등에서 순수하다. 당분간 이런 글들에 국한하여 이들 중 가장 오래된 것과 가장 최근의 것을 비교하기로 한다면, 우리는 모종의 변화에 대한 증거를 찾아낼 수 있는 참된 비교를 할 수 있게 될 것이다. 이런 순수한 글들 중 가장 오래된 것은 기원전 8세기의 「아모스서」며 가장 최근의 것은 기원전 2세기의 「전도서」다. 양자는 모두 짤막한 글들이다. 독자께서는 이 책을 계속 읽어나가기 전에 먼저 그 글들을 읽어봄으로써 여러분 스스로 거의 양원적이랄 수 있는 한 사람과 주관적·의식적인 한 사람 간의 차이점을 진솔하게 보기 바란다.

왜냐하면 이 증거 자료들은 우리의 가설과 극적으로 일치하기 때문이다. 「아모스서」는 광야에서 생활하는 한 문맹인 목동에게 들려온 것을 서기관에게 구술한 것으로서 거의 순수한 양원적 연설이다. 이와 대조적으로 「전도서」에서 신은 학식이 풍부한 저자에게 말한 적이 없는 것은 물론이고, 거의 언급조차 되지 않는다. 신에 관한 언급은 이 중요한 글들을 정경에 포함하기 위해 추후에 삽입한 것으로 학자들은 간주한다.

「아모스서」에는 정신, 생각하다, 느끼다, 이해하다 또는 이와 유사한 어떤 말도 등장하지 않는다. 아모스는 마음속에서 무언가를 숙고한 적이 없다. 아니 할 수가 없다. 그는 이 말이 무슨 말인지조차 모를 것이다. 한두 번 그가 자신을 언급할 때에도 그는 갑작스럽고 무조건적으로 소식을 알린다. 그는 결코 선지자가 아니다. 단지 '무화과 열매를 줍는 자'일 뿐이다. 그는 말하기 전에 의식적으로 생각하지 않는다. 사실 그는 결코 우리가 생각하는 식으로 생각하지 않는다. 그의 사유는 다른 것이 대신 해준다. 그는 자신의 양원적 목소리가 말하려는 것을 느끼면, "주께서 이렇게 말씀하신다"는 말로 자기 주변의 소리를 조용히 하게 한 후, 아마 자신도 알아들을 수 없는 강력하고 성난 말씀을 따라서 외친다.

「전도서」는 이 모든 면에서 정반대다. 「전도서」의 저자[6]는 사물에 대해 될 수 있는 대로 자기 원질적 가슴의 피석의체 깊은 곳에서 숙고한다. 아주 주관적인 사람이 아니고는 그 누가 "헛되고 헛되니 세상만사 헛되다"(1장 2절)고 말하거나, "지혜가 어리석음보다 낫다"(2장 13절)고 말할 수 있는가? 그가 그렇게 들여다보기 위해서는 그에게 정신-공

---

6 현학적인 솔로몬 왕이 저자라는 설이 있다 - 옮긴이.

간을 관찰하는 유사 '자아'가 있지 않으면 안 된다. 유명한 제3장의 "무엇에나 다 정한 때가 있다. 하늘 아래서 벌어지는 무슨 일이나 다 정한 때가 있다"는 구절은 정확히 시간의 공간화며, 정신-공간 내에서의 그 전개다. 이것은 우리가 제1권 2장에서 본 것처럼 의식의 두드러진 특징이다. 「전도서」는 생각하고, 숙고하고, 계속해서 한 가지 사물과 다른 사물을 비교하며, 이런 일을 수행하는 중에 멋들어진 은유를 만들어낸다. 「아모스서」는 외적 점술을 사용하나 「전도서」는 결코 그런 일을 하지 않는다. 아모스는 무서우리만큼 공의롭고, 절대적인 확신에 차 있으며, 고귀하지만 투박하며, 아킬레우스나 함무라비의 무의식적 수사학을 사용하여 신의 말씀을 고함친다. 「전도서」 저자는 감미롭고, 친절하고, 사려 깊고, 주저주저하며, 아모스에게는 불가능했을 방식으로 삶의 모든 것을 관찰하는 탁월한 이야기꾼이다.

이들은 구약에 나오는 두 극단들이다. 구약에서 앞선 글과 나중의 글 또는 같은 문서 내에서 앞부분과 뒷부분 등에 대한 유사한 비교가 가능한데, 그렇게 해보면 양원정신 이론을 떠나서는 설명해내기가 어려운 하나의 동일한 유형이 드러나게 된다.

모세 5경에 관한 몇 가지 관찰들

우리는 특별히 구약의 첫 5경[7]에 나오는 놀라운 이야기들에 익숙해져 있어서 그것들의 참된 모습이 무엇인지를 새롭게 보는 일이 거의 불가능해졌다. 사실상 이런 일을 하는 과정에서 우리는, 우리의 종교

---

[7] 이른바 모세 5경으로 불리는 「창세기」, 「출애굽기」, 「레위기」, 「민수기」, 「신명기」를 말한다 - 옮긴이.

적 배경이 무엇이든 간에, 타인들이 가지고 있는 심오한 의미에 대해 불경스럽다고 느끼거나 아니면 적어도 무례하다고 느낀다. 나의 이러한 무례함은 분명히 의도적인 것은 아니다. 양원정신 붕괴 이후의 엄청난 정신적 갈등을 연구하려면 이 감동적인 글들을 오직 비신앙적인 (unworshipful) 냉철한 자세로 독해하지 않으면 안 될 뿐이다.

이 경전들은 왜 합쳐졌던 것일까? 우선 알아야 할 것은 양원적 정신의 상실에 대하여 주관적·의식적 인간들이 가졌던 향수병적 고통이 당시 「신명기」 등을 기록한 배후 동기였다는 점이다. 이것이 바로 종교다. 이것(경전들을 합쳐놓는 작업)이 이루어진 것은 바로 특정한 야훼 (Yahweh)의 목소리가 명쾌하게, 빈번하게 들리지 않게 된 때였다. 그 원천이 무엇이든 간에, 정리될 당시의 이야기들 자체는 양원성이 서서히 사라졌던 기원전 5세기에서 기원전 9세기에 이르는 기간의 인간 심리를 반영한다.

엘로힘(Elohim). 우리가 주목해야 할 또 하나의 관찰 대상은 「창세기」 첫 장 전체를 지배하는 매우 중요한 단어, 엘로힘이다. 이 단어는 대개의 경우 단수형 신(God)으로 잘못 번역되고 있다. '엘로힘'은 복수형 단어다. 이 단어는 문법적으로 정당하게 단수동사를 취할 수도 있고, 규칙적으로 복수동사를 취하는 복수명사로 쓰일 수도 있다. 이 말은 '힘있다'는 뜻의 어근에서 온 것이어서 위대한 자들, 탁월한 자들, 장엄한 자들, 심판자들, 강력한 자들이라고 번역하는 것이 더 나을는지 모른다.

우리 이론의 관점에서 볼 때, 엘로힘은 양원정신의 음성-환상들(voice-vision)을 지칭하는 일반적 용어가 분명하다. 그러므로 「창세기」 제1장의 창조 이야기는 주관성의 변방에서 양원적 목소리들을 합리화한 것이다. "태초에 목소리들이 하늘과 땅을 지으니라." 이런 식으로 해석하면 「창세기」는, 고대 양원적 문명에 내재하는 좀더 일반적인 신화의 하나가 된다.

스스로-존재하는-자(He-who-is). 모세 5경이 우리가 선택한 이야기들을 한데 모아놓을 당시의 역사적 시기 전에는 이전에 존재했을 수많은 엘로힘 가운데 소수만이 남아 있었다. 가장 중요한 것은 야훼로 이것은 여러 가능성 가운데 스스로-존재하는-자로 가장 널리 번역되었다.[8] 예언적·주관적 시대가 다가올 무렵 카비루의 한 특정 집단은 스스로 존재하는 자의 목소리만을 좇았던 것이 분명하다. 그들은 스스로-존재하는-자를 유일한 참된 엘로하(elohah)[9]로 삼으면서, 훨씬 다정하고 더 인간적인 방식으로 엘로힘 창조 설화를 개작했던 것이다. 이것이 「창세기」 2장 4절 이하에 나오는 창조 이야기가 되었다. 그 후 이 두 이야기는 다른 자료의 요소들을 섞어 성서 제1권을 만들어낸 것이다.

---

[8] 야훼는 그 자신인 자(I AM THAT I AM)를 뜻한다는 「출애굽기」 3장 14절의 변용을 학자들은 대부분 민간 어원학(folk etymology)으로 여긴다. 이는 마치 맨해튼(Manhattan)이라는 변용은 모자를 쓰고 섬에 나타난 사나이(man on the island with a hat on)에서 왔다고 주장하는 식이다. 좀더 심각하게 접근하는 학자들은 그 이름을, 낙담시키는 자(he who casts down) 또는 멸망시키는 자(Downcaster)와 같은 별명으로 추적해 들어간다. 그러나 『70인역』(Septuagint)과 가톨릭 교회에서 사용한 『라틴어 성경』(Latin Vulgate)을 포함하여 대다수가 채택하는 의미는 스스로-존재하는-자(He-who-is)에 좀더 동조하는 듯하다. William Gesenius, *Hebrew and English Lexicon of the Old Testament*, E. Robinson, trans., F. Brown, ed.(Oxford: Clarendon Press, 1952), 218쪽을 참조하라. 내가 여기서는 영어 쪽에 서서 무리하게 사용하는 한편, 엘로힘이나 나비 같은 다른 용어들은 히브리어로 놔두는 비일관성을 범하는 것에 대해 전문적인 학자들에게 관용을 빌지 않으면 안 될 것이다. 내 목적은 낯설게 하기(defamiliarization)로서 이것은 내 핵심 주장에 필수적인 부분이다.

[9] 엘로힘의 단수형 - 옮긴이.

구약 가운데 더 오래전에 씌인 부분에서는 다른 엘로힘이 종종 언급되고 있다. 이들 중 가장 중요한 것은 바알(Ba'al) 신으로서 소유자로 번역된다. 당시의 가나안에는 많은 소유자들이 있었다. 마치 오늘날 많은 가톨릭 도시들이 그들만의 성모 마리아를 가지고 있으나 여전히 같은 성모 마리아이듯이 마을마다 하나의 소유자가 있었다.

실락원. 인류의 대타락에 대해서, 그리고 어떻게 그것을 양원정신의 붕괴에 관한 신화로 볼 수 있는지에 대해서 더 많은 관찰이 필요할 것이다. 분명히 의식적·주관적인 단어, 교활한 또는 기만적인을 뜻하는 히브리어 아룸(arum)은 구약 전체를 통해서 고작 서너 번 쓰인다. 여기서 그것은 유혹의 원천을 기술하기 위해 사용된다. 우리가 기억하는 것처럼, 속이는 능력은 의식의 징표들 중에 하나다. "너희는 엘로힘처럼 되어 선과 악을 알게 될 것이다"(「창세기」 3장 5절)라고 뱀이 약속하는 것은 오직 주관적·의식적 인간의 역량이다. 이 최초의 인간들이 지식의 나무 열매를 먹었을 때, 갑자기 "그들 두 사람의 눈이 열리었다". 은유된 정신-공간 속의 유사 눈이 생겨 "그들은 자기가 알몸인 것을 알게 되었다"(「창세기」 3장 7절). 또는 그들은 자기관찰적 시각(autoscopic visions)을 갖게 되어 서술하게 되고 타인들이 자기들을 보듯 자신들을 보기 시작한 것이다.[10] 그리하여 그들의 슬픔은 "엄청나게 증폭되었고"(「창세기」 3장 16절)[11] 그들은 스스로-존재하는-자를 볼 수도 있고

---

10 차제에 Maimonides, *Guide of the Perplexed*, 1, 2쪽을 읽는 것은 흥미로운 일이 아닐 수 없다.

11 타락 후 신이 아담과 하와에게 저주를 내리는 장면이다. 한글이나 영어 번역상에는 나타나지 않으나 슬픔(sorrow)을 의미하는 동일한 용법은 「잠언」 14상 13절에도 쓰이고 있다 – 옮긴이.

타인들과 말하듯 그와 더불어 같이 말할 수도 있었던 그 정원에서 쫓겨나게 된다.

이 이야기는 양원정신의 붕괴와 의식의 도래를 이야기로 엮은 것으로, 앞장에서 논한 『오디세이아』와 합리화된 방식으로 대비될 수 있다. 그러나 이 미지의 저술에 대해 우리가 느끼는 경외가 그렇듯이 문제들은 유사하다.

나바하는 자 나비임(The Nabiim who naba). 그리스어 '예언자'에 해당하는 말로 잘못 번역된 히브리어 나비(nabi)[12]는 흥미로운 난제를 제시한다. 현대적 의미에서 예언하다(prophesy)는 미래를 예견한다는 뜻이다. 그러나 동사 나바와 그것의 수행자 나비임(나비의 복수)이 지칭하는 것은 그렇지 않다. 이 용어들은 시간과는 무관하며, 오히려 흐름과 밝아짐에 관련되어 있는 어원군에서 나왔다. 그리하여 우리는 나비를 은유적인 의미에서 흘러나오는 자, 또는 언설이나 환상이 용솟음치는 자라고 생각해도 좋을 것이다. 그들은 과도기적인 사람들로서 부분적으로는 주관적이고 양원적이었다.

일단 밝은 급류가 방출되고 부름이 임하면 나비는 그의 메시지가 신뢰할 수밖에 없는 것이든(「마모스」 7장 14~15절), 무가치한 것이라고 느껴지는 것이든(「출애굽기」 3장 11절; 「이사야」 6장; 「예레미야」 1장 6절), 또는 때로 자신의 귀가 의심스러운 것이든(「예레미야」 20장 7~10절) 그것을 전달하지 않으면 안 된다. 양원적 기간들 중의 한 시기가 시작될

---

[12] 히브리어를 영어로 자역(字譯)하는 것은 늘 오류에 빠지기 쉽다. 아마 'nbi'나 'nvi'를 예로 들면 더 나은 경우가 될는지 모르겠다. 이 단어의 의미는 당시에도 모호했다는 사실이 「새무얼 상」 9장 9절에도 나타나 있는 듯하다. John L. McKenzie, *A Theology of the Old Testament*(New York: Doubleday, 1974), 85쪽.

무렵에 나비가 된다는 것은 어떤 기분일까? 뼈 속에 갇혀 있는 불길 같아서 그대로 지니고 있을 수 없고(「예레미야」 20장 9절) 그 신성한 언설을 토해내는 것만이 그 본질의 유일한 진화 방법인 것이다.

나비임의 이야기는 두 가지 방식으로 이루어질 수 있다. 그 하나는 외적으로 나타나는 것으로서 초기에 이들의 역할과 지도력의 수용에서부터 기원전 4세기경에 있었던 이들에 대한 철저한 탄압과 대량 학살에 이르기까지를 추적해보는 것이다. 그러나 이 책의 이론을 뒷받침하는 증거로는 내적 관점에서, 즉 양원적 경험 자체 내의 변화라는 관점에서 이 문제들을 보는 것이 더 유익할 것이다. 이 변화들은 엘로힘의 목소리가 역사에서 사라져버릴 때까지 시각적 요소가 점진적으로 상실되어가는 것, 목소리들이 사람에 따라 점차 일관성을 상실해가는 것, 한 사람 안에서도 비일관성이 증가되는 것이다. 이것들을 하나씩 다루어보자.

시각적 요소의 상실

진정한 양원적 시대에는 대개의 경우 환각적 목소리에 시각적 요소가 동반되었는데, 이들은 환각이거나 아니면 목소리를 듣는 사람의 앞에 있는 상이었다. 시각 요소의 속성이나 출현 빈도는 문화에 따라 확연히 달랐다. 환각을 유발하는 상이 있던 문화도 있고 그렇지 않은 문화도 있다.

모세 5경이 이 시각적 요소의 상실을 일관성 있게 차례차례로 기술해내고 있는 것은 그 근거 자료들이 연대기적으로 다양하다는 것을 고려한다면 상당히 놀라운 일이다. 태초에 스스로-존재하는-자는 시각적 존재, 즉 자기가 창조한 것의 복사물이었다. 그는 날이 저물어 서늘

해질 때 정원을 거닐며 자신이 최근에 창조한 아담과 이야기를 나눈다. 그는 카인과 아벨의 제사 (현장에) 임재하는 가시적 존재였고(present and visible), 자신의 손으로 노아의 방주 문을 닫았고, 세겜, 베델, 헤브론 등지에서 아브라함과 이야기를 나누었고, 마치 건달인 양 밤새도록 야곱과 씨름했다.

그러나 모세 시대에는 시각적 요소가 매우 다르다. 모세는 딱 한 번, "마치 사람이 자기 친구와 이야기하듯 얼굴을 맞대고"(「출애굽기」 33장 11절) 스스로-존재하는-자와 이야기했다. 또 한 경우에는 모세가 장로 70명과 함께 스스로-존재하는-자가 멀리 사파이어 길 위에 서 있는 것을 바라보는(「출애굽기」 24장 9~10절)[13] 집단적 환각을 경험했다. 그러나 다른 모든 경우 환각적 만남들은 그리 친밀하지 않았다. 스스로-존재하는-자는 시각적으로 타오르는 덤불이며, 구름이며, 거대한 불기둥이었다. 그리고 시각적으로 양원적 경험이 천둥과 번개와 짙은 먹구름이 몰려들 뿐 인간의 접근은 금지된 시나이 산 높은 곳의 깊은 어둠 속으로 퇴각할 때, 우리는 구약 전체의 위대한 가르침에 접근하게 된다. 즉 이 마지막 엘로힘이 환각적 속성을 상실하여 몇몇 반(半)양원적 인간들의 신경체계 속에서도 더는 들리지 않고 석판에 기록된 무엇으로 될 때, 그는 불변하는 어떤 것, 모든 이들의 접근이 허용되는, 왕이든 목동이든, 보편적이든 일시적이든, 모든 사람들에게 동등하게 관련되

---

13 "모세는 아론과 나답과 아비후와 이스라엘의 장로 칠십 명을 데리고 올라갔다. 그들은 거기서 이스라엘의 하나님을 뵈었다. 그가 딛고 계시는 곳은 마치 사파이어를 깔아놓은 것 같았는데 맑기가 하늘빛 같았다. 이스라엘 백성 가운데서 선발된 이 사람들에게는 야훼께서 손을 대지 않으셨으므로 그들은 하나님을 뵈며 먹고 마셨다" - 옮긴이.

는 법이 된다.

모세는 이 시각적 속성의 상실에 대한 반응으로 어떤 가정된 광채로부터 얼굴을 숨겼다. 다른 경우에는 그의 양원적 목소리가 모세에게 다음과 같이 말함으로써 그 목소리의 시각적 환각 요소의 상실을 합리화한다. "나를 보고 나서 사는 사람이 없다. 〔……〕 내 존엄한 모습이 지나갈 때, 너를 이 바위굴에 집어넣고 내가 다 지나가기까지 너를 내 손바닥으로 가리리라. 내가 손바닥을 떼면, 내 얼굴은 보지 못하겠지만 내 뒷모습만은 볼 수 있으리라"(「출애굽기」 33장 20~23절).

금송아지와 같이 환각을 유발하는 좀더 일상적인 종류의 이미지 대신에 글씨가 새겨진 석판[14]의 경우에서 보듯이, 계약궤라고 불리는 상자의 개념도 같은 점을 시사한다. 양원적 목소리가 붕괴된 시기에 문자 쓰기의 중요성은 엄청났다. 구두로 전해져야 했던 것들이 이제는 침묵하면서 시각적으로 받아들여지도록 돌 위에 새겨졌다.

모세 5경 이후 양원적 목소리는 훨씬 더 퇴각했다. 「신명기」의 저자가 "스스로-존재하는-자가 얼굴을 마주보며 사귀는"(「신명기」 34장 10절) 모세 같은 사람은 그 후 존재하지 않았다고 말할 때, 그는 양원정신의 상실을 지적하는 것이다. 그 목소리들은 전에 비해 자주 들리지도 않았고 대화하는 투가 아니었다. 여호수아는 그 목소리와 더불어 말하기보다는 그의 목소리를 그저 듣는 편이었다. 양원성과 주관성의 중간 지점에 있었던 그는 결정을 내리기 위해서는 주사위를 던지지 않으면 안 되었다.

---

14 모세가 받은 십계명이 새겨진 석판들. 이 석판들은 언약궤 또는 계약궤라고 불리는 상자 속에 보관되었다 - 옮긴이.

사람들 사이의 비일관성

양원시기에는 사회의 엄격한 위계질서, 경계의 지정학적 정착, 지구라트, 사원, 입상들, 시민들의 일상적인 가정교육 등, 이 모든 것들이 협력하여 다양한 인간들의 양원적 목소리들을 하나의 안정된 위계질서로 조직해나갔다. 누구의 양원적 목소리가 옳은지 여부는 위계체계에 따라서 즉시 결정되었고, 신이 인정한다고 말하는 표시인지 여부도 모든 사람들에게 알려졌고 사제들의 지지를 받을 경우 더욱 그러했다.

그러나 양원성이 붕괴되고, 특히 한때 양원적이었던 사람들이 「출애굽기」에 나오는 것처럼 유목민이 되어 살게 될 때, 양원적 목소리들은 사람 마다 다른 것을 의미하기 시작했고 권위의 문제가 심각하게 대두되었다. 이런 종류의 일은 「민수기」 12장 1~2절에서도 언급되는 것처럼, 모두 스스로-존재하는-자의 소리를 듣고 있었던 미리암(Miriam), 아론(Aron), 그리고 모세 중 누가 가장 진실한 것인지를 확신할 수 없었다.[15]

그러나 이후 책들에서는, 특히 잔존하는 양원적 목소리들 간의 경쟁으로 문제가 더욱 심각해진다. 요아스는 자신이 제단을 지어 바친 바알 신이 말하는 것으로 간주하는 양원적 목소리를 듣고 있었으나 그의 아들 기드온(Gideon)은 스스로-존재하는-자의 목소리로 간주되는 것을 듣고 있었다. 그 목소리는 바알 신에게 바쳐진 아버지의 제단을 헐고

---

[15] 미리암은 모세의 누이고 아론은 모세의 형이었다. 이들은 모세가 에티오피아 여인을 아내로 맞았다고 해서 그를 비난했다. "야훼께서 모세에게만 말씀하시고 우리에게는 말씀하지 않으시는 줄 아느냐?"고 투덜댔다. 그러자 야훼는 "너희 가운데 예언자가 있다면 나는 그에게 환상으로 내 뜻을 알리고 꿈으로 말해줄 것이다. 내 종 모세는 다르다. 나는 내 온 집을 그에게 맡겼다. 내가 모세와는 얼굴을 맞대고 말한다"는 판정을 내리고 미리암을 문둥이로 만든다 - 옮긴이.

자신을 위해 다른 것을 지으라고 명한다(「사사기」 6장 25~26절). 잔존하는 엘로힘의 질투심은 사회적 와해의 직접적이고 필수적인 결과물이다.

이러한 무질서한 붕괴 기간 중에 있던 양원적 목소리의 불협화음은 어떤 음성이 진짜인지를 말해주는 표시나 마술적 증명의 중요성을 부각시켰다. 그리하여 모세는 자기가 하는 일의 정당성을 입증하는 마술적 증거들을 끊임없이 보여주지 않으면 안 되었다. 물론 이러한 마술적 징표들은 기원후 첫 번째 1000년을 거쳐 지금에 이르기까지 계속되고 있다. 오늘날 성인(聖人)임을 입증하는 기준으로 요구되는 기적들은 모세가 자기 지팡이를 뱀으로 그리고 다시 원상으로, 또는 자신의 손을 문둥병 걸린 것으로 그리고 다시 원상으로 환각하게 했던 명령과 정확히 동일한 것들이다(「출애굽기」 4장 1~7절).

오늘날 우리가 즐기는 마술이나 요술의 어떤 것들은 아마도 바로 이러한 징표에 대한 갈망의 잔존물일 것이다. 그 속에서 마술사를 양원적 권위로 느끼는 스릴을 우리 내부의 어딘가에서 즐기는 것이다.

만일 아무런 징표도 없다면 어찌될까? 이것이 특별히 기원전 7세기 이스라엘인이 지은 죄악의 벽 앞에서 통곡하던 문맹자 예레미야의 문제였다. 그는 비록 자신 위에 스스로-존재하는-자의 손이 놓이는 징표를 가지고 있었으며(「예레미야」 1장 9절),[16] 그의 말씀을 뼈 속의 불처럼 계속 들었으며, 그에게 파송되었다(23장 21절, 32절 등) 할지라도 여전히 어떤 음성이 옳은 것인지 확신이 없었다. "당신은 나에게 진정 거짓

---

16 "야훼께서는 손을 내밀어 나의 입에 대시며 이르셨다"(25장 17절). "나는 야훼의 손에서 그 잔을 받아……" - 옮긴이.

말쟁이로 계시렵니까?" 예레미야는 의심에 싸여 자신의 양원적 목소리를 향해 반격을 가한다(15장 19절). 그러나 이 점은 그것(목소리)의 대답 속에서 확실해진다. 그것은 예레미야의 합리적인 의식이 가질 수 있었던 모든 권위를 파괴해버리는 동시에, 다른 모든 목소리들을 거부하라고 명령한다. 28장은 특별한 예시로써 하나니야(Hananiah)와 예레미야 간에 누구의 양원적 목소리가 옳은 것이냐를 두고 다소 우스꽝스런 경쟁이 벌어진다. 이때 선택할 징표는 2개월 뒤에 일어난 하나니야의 죽음이었다. 만약 예레미야가 죽었더라면 우리는 「예레미야서」 대신에 「하나니야서」를 갖게 되었을는지도 모른다.

인간 내부의 비일관성

사회적 안정과 인정을 제공하던 위계질서가 사라지게 되자, 양원적 목소리는 사람들 사이에서뿐 아니라, 한 인간의 내부에서도 비일관성을 야기했다. 특히 모세 5경에 나오는 양원적 목소리는 종종, 추궁을 당하는 인간 독재자들처럼 속좁고 안달하며 까다롭다. "나는 돌보고 싶은 자는 돌보고, 가엾이 여기고 싶은 자는 가엾이 여긴다"(「출애굽기」 33장 19절). 덕이니 정의니 하는 것이 있을 수 없다. 그리하여 스스로-존재하는-자는 카인보다 아벨을 선호하며, 유다의 장자 엘을 싫어하여 그를 죽이며, 처음에는 아브라함에게 아들을 낳으라고 하고 나중에는 그 아들을 죽이라고 명령한다. 이는 오늘날의 정신이상 범죄자가 지시 받는 것과 흡사하다. 이와 유사하게 모세의 양원적 목소리도 아무런 이유 없이 모세를 죽여버리고 싶은 충동을 가질 수 있다(「출애굽기」 4장 24절).

이와 똑같은 비일관성은 비이스라엘계 선지자인 발람(Balaam)에게서도 발견된다. 그의 양원적 목소리는 처음에는 그에게 모압의 왕자들과 함께 가지 말라고 말한다(「민수기」 22장 12절). 그러나 나중에는 그것을 뒤집는다(22장 20절). 그 후 발람이 (그 말에) 복종하는데도 그것은 격노한다. 그런 다음 한 시각적이면서 청각적인 환각이 발람을 죽이기 위해 나와 그의 길을 막아선다. 그러나 그 후 이것 역시 뒤집힌다(「민수기」 25장 35절). 또한 재를 뒤집어쓴 나비의 자책하는 목소리는 자기 비난형 범주에 속한다. 그는 지나가는 사람들에게 부탁하여 자신을 때리게 하려 한다. 왜냐하면 자신의 목소리가 그렇게 명하기 때문이다(「열왕기 상」 20장 35~38절). 또한 '유다 출신 나비'의 양원적 목소리는 자신을 도시에서 쫓아내어 굶어 죽게 하려 한다(「열왕기 상」 13장 9~17절). 이 모든 비일관적인 목소리들은 제1권 4장에서 살펴보았던 정신분열증 환자들에게 들리는 목소리와 유사하다.

신들에 의한 점술

제비뽑기나 고랄(goral) 던지기, 주사위, 뼈, 콩알 등을 던져 일을 결정하는 행위는 구약 내내 지속되었다. 이 책 제2권 4장에서 본 것처럼, 이것은 유사 신(analog god)을 만드는 행위다. 고랄은 은유에 따라서 신의 말씀이 되어, 무엇을 해야 할지, 누구를 죽여야 할지를 결정하고 땅과 부족을 정해준다. 이전의 양원적 권위를 대신하는 것이다. 앞서 언급한 대로, 우리가 주관적 영역에 제대로 진입할 때까지는 우연이란 개념은 없었다는 것을 깨달을 때 이러한 관행이 얼마나 권위적일 수 있는지를 더 잘 이해하게 된다.

그러나 직접적 감각 경험에서 즉흥적 점술이 행해지는 것은 대단한 흥밋거리인데, 이것이 나중에 주관적·의식적 정신이 된다.

양원적 목소리들도 마치 사람들처럼 점술에 의지하고 자극이 필요하며 부추겨질 필요가 있다는 것은 그것들의 불확실성을 드러내는 또 하나의 방식이다. 기원전 9세기 아합(Ahab) 왕 면전에서 한 나비가 선언한 목소리는 한 쌍의 뿔로 은유해서 군대가 어떻게 패배하게 될 것인지를 예언했다(「열왕기 상」 22장 11절). 예레미야의 양원적 목소리는 몇 차례에 걸쳐서 예레미야 자신이 지금 보고 있고 그것으로 무엇을 말해야 할 것인지를 알려준다. 그가 김을 뿜으며 끓고 있는 단지 하나가 북쪽을 향하는 것을 보고 있을 때, 그것을 통해 스스로-존재하는-자는 그것을 바람에 쫓기는 불처럼 앞에 놓인 모든 것을 삼켜버리는 북쪽의 악한 세력에 의한 침략에 비유한다(「예레미야」 1장 13~15절). 그가 좋은 무화과 한 바구니와 나쁜 무화과 한 바구니를 보고 있을 때, 그의 우반구에는 선한 사람들과 악한 사람들을 고르는 것에 관해 말하는 스스로-존재하는-자가 있다(「예레미야」 24장 1~10절). 아모스가 돌담에 다림줄을 대며 담이 똑바로 서 있는지 재는 건축자를 볼 때, 그의 마음은 그 건축자를 스스로-존재하는-자로 환각했고, 그때 스스로-존재하는-자는 다림줄로 재는 것을 통해 의로움에 따라 백성을 심판하는 것을 은유하는 것이다(「아모스」 7장 8절).

특히 즉흥적 점술을 (결국 다른 유형의 점술은 수행할 수 없게 되어 있는) 신들이 행할 때 비슷한 발음이지만 다른 단어들은 유추의 '씨앗'이 될 수 있다. 아모스가 여름 과일 바구니를 바라볼 때, 그의 양원적 목소리는 히브리어 퀘이츠(qayits: 여름 과일)를 퀘츠(qets: 끝)로 잘못 발음하다가 이스라엘의 종말에 관해 언급하기 시작한다(「아모스」 8장 1~2절). 예레미야가 아몬드 가지(shaqed)를 바라볼 때 그의 양원적 음성은 그를 감시(shaqad)하겠다고 말한다. 왜냐하면 이 두 가지에 대한 히브리 언

어들이 유사하기 때문이다(「예레미야」1장 11~12절).**17**

「새무얼 상」

「새무얼 상」은 이 모든 것에 대해 유용한 정보를 많이 주는 기록서다. 이것을 읽어보면 부분적으로는 양원적이며 부분적으로는 주관적인 세계였던 기원전 1000년이 의식 속으로 이동할 때의 모습이 어떤 것이었는지 느끼게 된다. 최초로 문헌에 기록된 비극일는지도 모를 이 경전에는 흥미를 자아내는 장들마다 거의 모든 스펙트럼의 과도기적 정신 구조가 재현되어 있다. 쇠퇴기에 접어든 모습의 양원성이 거친 나비임 일당 속에 재현되어 있는데, 이 장 서두에서 언급한 것처럼, 키질하여 밖으로 밀려난 카비루의 양원적 왕겨 같은 그들은 도시 변방의 산속을 떠돌며, 자신들 내부에서 들려오는 소리를 자기 외부에서 오는 소리라고 믿고 선언하며, 이에 대답하며, 음악과 북을 사용하여 자신들의 흥을 돋우는 사람들이었다.

부분적으로 양원적이었던 어린 새무얼은 스스로-존재하는-자의 목소리라고 (스승이) 일러준 목소리에 잠에서 깨어난다. 중요한 시기에 늙은 사제 엘리(Eli)에 의해 양원적 양식 속으로 훈련된 후 그는 단(Dan)에서 베에르셰바에 이르기까지 스스로-존재하는-자의 도구로 인정받는다. 그런 새무얼조차도 때로 점술에 굴복하여, 자기 도포자락이 찢어지는 것을 보며 점술을 행한다(15장 27~29절).**18**

---

17 야훼께서 나에게 말씀을 내리셨다. "예레미야야, 무엇이 보이느냐?" "감복숭아 가지가 보입니다"고 내가 대답했더니, 야훼께서 이르셨다. "바로 보았다. 나도 내 말이 이루어지는지, 이루어지지 않는지를 깨어 지켜보리라" – 옮긴이.

18 "야훼께서도 그대(사울)를 이스라엘 왕위에서 밀어내실 것이오." 이 말을 남기고 새

다음으로 양원성 속에 있었던 사람은 다윗(David)이다. 새무얼은 양원적 방식을 따라 모든 이새(Jesse)의 아들들 중에서 다윗을 고른다. 다윗은 스스로-존재하는-자에게서 "올라가라"는 짧고 날카로운 소리를 들을 만큼 유일하게 양원적인 인물이었다. 그의 주관적 의식이 나타난 것은 아기스 왕을 속이는 능력을 발휘할 때다(「새무얼 상」 21장 13절).[19] 그뒤 요나단(Jonathan)은 주관적으로 자기의 부친[20]을 속일 수 있었으나, 군사적 결정을 내리기 위해 상대가 첫 번째 반응으로 한 말이 무엇인지에 따라 점을 치는 클레도노만시(cledonomancy)에 의존할 수밖에 없었다(14장 8~13절).[21] 당시에 우상들이 보편적으로 존재했다는 것은 머리에 염소털을 붙이고 침대에 누워 있는 다윗으로 가장한 것이 실물 크기의 '상'이어야만 한다는 언급에서 볼 수 있다(19장 13절).[22] 다윗의 집안에 그런 우상이 평상적으로 존재했다는 것은 텍스트 때문에 억제

무얼이 돌아서 가려고 하자 사울이 도포를 붙잡는 바람에 도포자락이 찢어졌다. 새무얼이 그에게 일렀다. "야훼께서는 오늘 이스라엘 나라를 그대에게서 찢어내시어 동족 가운데서 그대보다 훌륭한 사람에게 주셨소······" -옮긴이.

[19] 사울 왕을 피해 도망치던 다윗은 이웃의 갓나라 아기스 왕에게로 피신했으나 그들이 그를 적국의 장수로 알아보자 일부러 발작을 일으키고 침을 흘리는 등 미친 짓을 하여 모면한다 -옮긴이.

[20] 사울 왕 -옮긴이.

[21] "놈들이 볼 수 있는 데로 건너가자. 그리고 만약 저쪽에서 '우리가 갈 때까지 꼼짝 말고 게 섰거라'고 소리치면 그 자리에 선 채 놈들한테로 올라가지 말고, 만약 자기들한테로 올라오라고 하면 올라가 치자. 바로 이것으로 야훼께서 이미 놈들을 우리 손에 붙이셨다는 징조로 삼자." 요나단이 필스티아 진영으로 쳐들어갈 때 부하들에게 한 말이다. 상황은 후자의 경우로 되었다 -옮긴이.

[22] 사울의 딸이자 다윗의 아내인 미갈이 사울의 자객들에게서 남편을 보호하기 위해 남편을 창문으로 도망치게 하고 침대엔 염소털을 씌운 집안 수호신을 뉘어 가장했던 사건이다 -옮긴이.

되어왔던 당시의 일상적인 환각유발적 관행을 알려주는 것일 수 있다.

마지막으로, 새무얼의 양원적 목소리에서 나온 비이성적인 명령에 좇아 정치의 무대로 끌려나온 수척하고 당황한 시골 소년이던 주관적인 사울(Saul)은, 거친 나비임 일당에 끼여 스스로 양원적으로 되려고 애쓴 나머지 그 자신도 치터 치는 소리와 북 두드리는 소리에 맞추어 신의 음성을 듣고 있다고 느끼게 된다(10장 5절).[23] 그러나 이것들은 그의 의식에는 너무나 설득력이 없어서 세 가지 확증해주는 징표들이 있었음에도 그는 자신의 운명에게서 몸을 숨기려 한다. 주관적인 사울은 거칠게 주위를 두리번거리며 할 일을 찾는다. 무책임한 새무얼이 약속을 지키지 않고, 이스라엘군들은 동굴 속으로 도망해 숨고, 필스티아군들은 그를 공략해오는 새로운 상황에 처하자, 사울은 스스로 번제를 드려 신의 음성을 끌어내려고 시도했다가 늦게야 도착한 새무얼에게 어리석은 짓을 범했다는 질책을 들을 뿐이었다(13장 12절). 스스로-존재하는-자에게서 아무런 소리도 들어본 적이 없는 사울은 제단을 차리고 헛되이 질문만 던졌다. 신은 왜 그에게 말하지 않은 것일까? 사울은 신이 침묵하는 이유로 추정되는 범죄자를 제비뽑기로 알아내고, 그 점술에 복종하며 그것이 자신의 아들임에도 그에게 죽음을 선언한다. 그러나 이것도 옳은 것이 아니었다. 왜냐하면 그의 백성이 반기를 들고 명령을 실행하기를 거부하기 때문이다. 이런 행동은 양원적 시기에는 불

---

23 실은 이것은 사울 자신이 그렇게 체험하기 전에 새무얼이 사울을 처음 만나 그의 머리에 기름을 부은 뒤에 들려준 예언 내용이다. "그들은 거문고를 뜯고 소구를 치고 피리를 불고 수금을 뜯으며, 신이 들려 내려올 것이오. 그때 야훼의 기운이 갑자기 내리덮쳐, 그대도 그들과 함께 신이 들려 아주 딴사람이 될 것이오. 이런 일들이 일어나거든 하나님이 함께하시는 것이니 할 수 있는 일은 무엇이든지 마음대로 하시오"(10장 5~7절) – 옮긴이.

가능한 일이다. 그리고 사울은 새무얼의 원초적 환각을 얻기에는 지나칠 만큼 적에게 의식적 친절을 베풀기도 한다. 다윗을 향해서, 그리고 다윗을 향한 자기 아들의 우정에 대해서 느끼는 사울의 질투가 극에 달할 때, 그는 갑자기 의식적 정신을 상실하고 양원적으로 되며, 자신의 옷을 벗어던지며, 산 위의 양원적 사람들과 함께 나바(naba-ing) 행위를 한다(19장 23~24절).[24]

그러나 그러한 나비임이 그에게 무엇을 해야 할지 말할 수 없게 되자, 다른 양원적 무당들과 함께 그들을 나라 밖으로 내쫓고(28장 3절) 꿈이나 크리스탈(우림[urim]을 이렇게 번역해도 좋다면)을 들여다보는 것에서 신적인 확실성을 찾으려 했다(28장 6절). 의식의 벼랑에 서서 절망에 빠진 사울은 주관적인 사람들만 할 수 있는 변장을 하고, 마지막 수단으로 한밤중에 엔도르의 무당을 찾아, 아니 그녀를 사로잡고 있는 양원적 목소리를 찾아 상담을 청한다. 혼란에 빠진 의식적 사울이 그 목소리 앞에 엎드려서 어찌해야 좋을지 모르겠노라고 울부짖을 때 그는 무당의 입술을 통해 죽은 새무얼의 말이라고 여겨지는 예언을 듣는다. 그것은 그가 죽을 것이며 이스라엘은 망할 것이라는 것이었다(28장 19절). 그 후 필스티아가 이스라엘군의 거의 모든 패잔병들을 사로잡고 그의 아들들과 모든 희망을 도륙하자, 인류 역사상 최초의 가장 무서운 주관적 행위인 자살을 결행한다. 그 뒤를 따라 그의 무기 당번 병사가 즉시 두 번째의 자살을 결행한다.

이 이야기가 일어났던 시기는 기원전 11세기고, 이것을 기록한 시기

---

[24] 새무얼과 다윗을 찾아가는 도중 "그에게도 하나님의 신이 내려 나마에 있는 나욧까지 줄곧 신들린 상태로 걸어갔다. 사울도 옷을 벗어던지고 새무얼 앞에서 신들린 상태에 빠져 하루 밤낮을 알몸으로 쓰러져 있었다"-옮긴이.

는 기원전 6세기니까 이와 관련된 심리학은 아마도 기원전 8세기 정도에 출현했을 것이다.

카비루의 우상들

구약을 통해서 줄곧 언급된 환각을 유발하는 조상(彫像)들은 양원시대의 잔류물이다. 대개 그렇듯이, 문명의 후기 단계에 이르면 그 종류가 많아진다. 이사야가 사용하는 엘릴(elil), 또는 제단이나 기둥 위에 세워놓는 것을 일컫는 마체바(matstsebah)처럼 우상들을 가리키는 일반적인 용어들이 있기는 하지만, 좀더 우리의 관심을 끄는 것은 구체적인 용어들이다.

가장 중요한 유형의 우상은 체렘(tselem)이다. 이것은 주인의 부탁으로 주화를 녹여 만든 주조물 또는 흔히 은이나 금을 녹인 것에 대개의 경우 새기는 도구를 써서 모양을 만들어낸 신상이기도 하고(「사사기」 17장 4절), 녹여 만든 보석이기도 하며(「출애굽기」 32장 4절), 때로는 값비싼 장신구이기도 하다(「에스겔」 16장 17절). 이사야는 기원전 700년경의 유다 지역에 만들어진 이것들을 비웃듯이 기술했다(44장 12절). 이것들은 동물의 상이거나 사람의 형상이었을 것이다. 체렘은 때로 주춧대나 높은 제단 위에 높이 안치된 두상이기도 했고(「역대기 하」 14장 3절), 또는 느부갓네살(Nebuchadnezzar) 왕이 27미터 높이의 기둥 위에 안치한 거대한 황금 체렘이기도 했다(「다니엘」 3장 1절). 더 흔하게 이것들은 아세라 신상의 자리에 놓인 듯한데, 질긴 천으로 매달아놓는 목재 유골함의 히나로 킹 제임스(King James) 학자[25]들이 '작은 숲

---

25 이 책 243쪽에 있는 각주 1)을 참조하라 – 옮긴이.

들'(groves)이라고 번역한 것이다.

두 번째로 중요한 것은 음각된 조상(彫像) 또는 페셀(pesel)로 별로 알려지지 않은 것들이다. 아마도 이것은 정으로 나무를 쪼아낸 것으로 사울의 군대를 괴멸시킨 필스티아인이 예배하는 아삽(atsab)과 같은 것인 듯하다. 사울이 죽고 이스라엘을 격파한 뒤 필스티아인은 그들의 승전보를 먼저 아삽에게 달려가 전한 후에야 백성에게 전했다(「새무얼 상」 31장 9절; 「역대기 상」 10장 9절). 이것들에 은이나 금이 칠해졌다는 사실은 시편 여러 곳에 나타나 있으며, 이것들이 목재였다는 것은 필스티아에 대한 복수를 다짐하는 다윗이 그것들로 모닥불을 놓았다는 것에서 입증된다(「새무얼 하」 5장 21절). 생김생김이 잘 알려지지 않은 차마님(chammanim)이라고 불리는 태양 우상 같은 종류도 있었다. 이것들은 주춧대 위에 놓여 있었던 것 같은데 그 이유는 「레위기」(Leviticus, 26장 30절), 「이사야」(27장 9절), 「에스겔」(6장 6절) 등은 그것을 잘라버리라고 명령하기 때문이다.

가장 중요하지는 않았지만 가장 흔한 환각유발 우상은 테랍(terap)이다. 바빌론 왕이 어느 때에 서너 개의 테랍과 상담했다는 구절 때문에(「에스겔」 21장 21절)[26] 테랍이 말하는 듯이 보일 수 있다는 것을 바로 알 수 있다. 때로 그것들은 작은 인형들일 수 있다. 왜냐하면 라헬(Rahel)이 귀중한 테라핌(복수형 히브리어임)들을 성난 그녀의 아버지에게서 훔쳐내어[27] 감출 수 있었기 때문이다(「창세기」 31장 19절). 그것들

---

26 야훼께서 나에게 이런 말씀을 내리셨다. [⋯⋯] "바빌론 왕이 그 길목에 멈추어 서서 점을 칠 것이다. 화살을 흔들어보기도 하고 수호신들에게 물어보기도 하고 간으로 점쳐보기도 할 것이다. 점괘는 오른쪽 예루살렘에 떨어질 것이다" – 옮긴이.
27 말안장에 앉은 채 치마폭에 – 옮긴이.

은 실물 크기일 수도 있다. 왜냐하면 잠자는 다윗처럼 눈속임으로 뉘어 놓을 수 있는 테랍이었기 때문이다(「새무얼 상」 19장 13절). 이미 살펴 본 것처럼, 방금 언급된 경우에서 드러나는 매우 평상적인 태도에서 우 리는 이러한 테라핌이 지도자들의 집 안에 아주 흔하게 존재했음을 알 수 있다. 그러나 산속에서는 그런 우상은 희귀하고 아주 값진 것이었음 이 틀림없다. 「사사기」에 나오는 미가(Micah)는 엘로힘의 전당을 지었 는데 그 안에 체렘, 페셀, 테랍, 에봇(ephod) 등이 들어 있었다. 후자는 장신구 달린 의식용 도포로 틀 같은 것에 입혀 우상처럼 사용할 수 있 었던 것으로 보인다. 미가가 자신의 엘로힘이라고 부르는 이것들은 그 후 단의 자손들에게 도난당한다(「사사기」 17장과 18장 도처에). 기원전 641년 요시아 왕이 이것을 모두 파괴해버리지 않았다면(「역대 하」 34장 3~7절), 오늘날 우리는 이런 환각유발 우상들에 대한 고고학적 증거들 을 더 확보할 수 있었을지 모른다.

또 하나의 양원시대의 흔적은 흔히 '친숙한 영'이라고 번역하는 옵 (ob)이다. 「레위기」에는 "너희 중에 옵을 가진 자[28]가 있다면 그가 남 자든 여자든 반드시 사형에 처해야 한다"고 적혀 있다(20장 27절). 마 찬가지로 사울도 옵을 가진 자들을 모두 이스라엘에서 몰아냈다(「새무 얼 상」 28장 3절). 옵은 사람이 상담할 수 있는 대상임에도(「신명기」 18 장 11절) 신체적 실체는 없었던 듯하다. 그것은 무당이나 박수와 함께 언제나 봉쇄당했고 아마도 그런 까닭에 구약의 기자들에게 종교적이 지 못한 것으로 인정받은 어떤 양원적 목소리인 듯하다. 이 단어는 번 역자들을 당황하게 한 나머지 그들은 「욥기」 32장 19절에서 이 단어를

---

28 죽은 사람의 혼백을 불러내는 사람이나 점쟁이 ─ 옮긴이.

'병'(bottle)이라고 잘못 번역했다. 그러나 그 문맥은 갈등에 빠진 젊은 엘리후(Elihu)[29]가 느끼던 상태로 그는 부풀어오른 포도주 부대처럼 참기 힘든 양원적 목소리가 말로 터져나올 듯이 느꼈다.

나비임의 최후

이 장은 기원전 2000년 후반 극동지역의 난민들과 여러 가지 재앙으로 살던 땅에서 나와 유랑하는 부족에 대한 기술로 시작했다. 그들 중 일부는 너무도 양원적이어서 주관적 의식을 향해 나아갈 수 없었다. 아마도 구약의 역사서들을 편집하고 기원전 6~5세기경에 이들을 하나의 이야기로 엮어내는 과정에서 많은 부분들이 배제되었을 것이다. 우리가 좋아하는 정보 자료들 중에는 이 마지막 양원적 인간 사회에서 일어났던 일에 대한 분명한 설명이 있다. 구약 이곳저곳에서 이들은 역사가들이 관심도 두지 않는 이 기간에 낯선 다른 세계를 잠깐 비춰주는 것처럼 소개된다.

양원적 인간 집단들은 분명히 유대 왕족이 일어났던 일들이 몰락할 때까지도 지속되었다. 그러나 이들이 다른 부족들과 어울려 있었는지, 아니면 신의 형태를 띤 그들의 환각적 목소리에 걸맞는 조직과 연결되어 있었는지는 알 수 없다. 이들은 종종 '나비임의 아들들'이라고 일컬어졌는데 이 말은 양원성이 이처럼 지속되는데도 어떤 강력한 유전적 근거가 있었음을 나타낸다. 내 생각에는 똑같은 유전적 근거가 정신분열증 원인의 한 부분으로 아직도 남아 있는 것 같다.

---

[29] 하나님이 주신 극심한 고난에 처한 욥을 위로하기 위해 찾아온 친구들 중의 한 명-옮긴이.

안절부절못하는 왕들[30]은 이들을 수소문하여 자문했다. 기원전 835년 이스라엘의 왕 아합은 이들이 질러대는 소리와 아우성[31]을 듣기 위해 이들 400명을 모으기도 했다(「열왕기 상」 22장 6절). 나중에 아합과 유다의 왕은 정장을 차려입고 사마리아 성문 밖 옥좌에 앉아 있었고 불쌍한 수백 명의 양원적 인간들은 그들 앞에 모여들어 소리치며 서로 다른 사람의 말을 흉내내고 있었다. 마치 정신병동에 갇혀 있는 정신분열증 환자들처럼(「열왕기 상」 22장 10절).

이들에게 무슨 일이 일어났는가? 이들은 때때로 원하지 않는 동물들처럼 잡혀서 죽음을 당했다. 기원전 9세기의 이러한 대학살은 「열왕기 상」 18장 4절에 기술된 내용을 의미하는 듯한데, 오바디야(Obadiah)는 알려지지 않은 훨씬 많은 수의 예언자들 중에서 수백 명의 나비임을 동굴로 피신시키고 학살이 끝날 때까지 그들에게 음식과 물을 날랐다. 이러한 대학살은 이로부터 몇 년 후 엘리야에서도 자행되었다(「열왕기 상」 18장 40절).[32]

그 후로 이 양원적 집단들에 대해 더는 알려진 것이 없다. 나비임은 개별적으로 몇 세기 더 잔존했는데, 이들의 목소리는 환각 상태에 있는 다른 사람들에게 집단적 지지를 받을 필요가 없었으며, 이들은 부분적으로 주관적이었음에도 여전히 양원적 목소리를 들을 수 있는 사람들

---

30 이스라엘의 아합 왕과 유다의 여호사밧 왕을 지칭하는 듯 – 옮긴이.

31 미가야를 제외한 이 400명의 예언자들은 라못길르앗을 치라고, 하나님이 그 땅을 왕의 손에 붙이셨다고 입을 모았다. 그러나 이 예언들은 허위로 판명나 이스라엘은 패전하고 아합은 비참한 최후를 맞는다 – 옮긴이.

32 여기서 저자는 폭군 아합과 이세벨에게 살해된 하나님의 예언자들과 선지자 엘리야에게 살해된 바알 신의 무당들을 구분 없이 동일한 종류의 나비임으로 다루고 있음에 주의하라 – 옮긴이.

이었다. 이들은 유명한 나비임이어서 이들의 양원적 메시지에 대해서는 이미 선택적으로 다룬 바 있다. 무화과 열매를 채집하는 아모스, 마을에서 마을로 멍에를 메고 다니는 예레미야, 구름 속으로 다가오는 바퀴 달린 높은 보좌의 환상을 보는 에스겔, 이사야에게서 연원하는 종교적 고뇌에 빠진 몇몇 나비임. 이들은 「신명기」에 완벽히 일치하는 것으로 보이는 수많은 양원적 목소리 중 단지 일부일 뿐이다. 그러고 나서 일반적으로 이 목소리들은 더는 실제로 들리지 않았다.

도덕적 선생들이 고심한 주관적 사유가 이들의 자리를 대신하게 되었다. 인간들은 아직도 꿈에 환상을 보며 때로 어둠의 소리를 듣기도 한다. 그러나 「전도서」와 「에즈라서」는 신(a god)이 아니라 지혜를 찾는다. 이들은 법을 연구한다. 이들은 '야훼를 찾아'(inquiring of Yahweh) 광야에 나가 떠도는 게 아니다. 기원전 400년경에 이르러 양원적 예언은 죽고 말았다. "나비임은 모든 사람들에게 그들 자신의 환상을 부끄러워하게 할 것이다." 자녀들이 나바 행위를 하거나 양원적 목소리와 대화하는 장면을 포착하면 부모는 당장에 그들을 죽이지 않으면 안 된다(「즈가리야」 13장 3~4절).[33] 이것은 가혹한 명령이다. 만일 이대로 수행되었다면 그것은 주관성을 향한 인간 유전자 풀(gene pool)의 이동을 도운 진화적 선택일 것이다.

학자들은 (바빌론) 포로 이후 유대 문화에 예언이 감소되고 사라져 버린 이유를 오랫동안 토론했다. 그들은 나비임이 소임을 다했고 더 필요 없어졌다고 주장한다. 또는 그것이 예배 속으로 침투해 들어올지도 모

---

[33] 즈가리야 시대는 기원전 520년경이다. 그러나 학자들은 그가 쓴 것으로 여겨지는 그 경전의 마지막 장들은 나중에 다른 자료를 첨가한 것이라는 데 이의가 없다. 이 명령들이 씌어진 연대는 아마도 기원전 4~3세기일 것이다.

를 위험이 있었기 때문이라고 주장하기도 한다. 또 어떤 학자들은 당시 그 어느 나라보다도 요람에서 무덤까지 점술에 사로잡혀 있던 바빌론인들에게 이스라엘인들이 타락되었기 때문이라고 주장한다. 이 모든 것은 부분적으로 사실이다. 그러나 좀더 분명한 사실은 예언의 쇠퇴가 당시 모든 곳에서 진행되던 양원정신 상실이라는 거대한 현상의 일부였다는 점이다.

이런 관점으로 구약을 읽어 내려가노라면, 경전들의 연속 과정 전체가 우리의 주관적 의식이 태어나기 위한 장엄하고 놀라운 산고였음을 알 수 있게 된다. 그 어떤 문헌도 절대적 중요성을 지닌 이 사건을 이처럼 길고 완전하게 기록해낸 것은 없었다. 이보다 조금 앞서 중국 문헌들은 공자의 가르침 속에서 주관성으로 뛰어든다. 인도인들도 양원적인 베다(Veda)에서 초주관적 우파니샤드(Upanishads)로 돌진했다. 그렇지만 둘 다 역사적 신뢰성이 떨어진다. 그리스 문헌들은 『일리아스』에서 『오디세이아』에 이르기까지, 그리고 사포와 솔론의 파편들을 건너 플라톤에까지 이르는 징검다리들처럼, 비록 너무 불완전하기는 하나 차선의 기록물들이 아닐 수 없다.

이와는 상대적으로 이집트는 침묵 속에 있다. 구약은 정확성이 떨어져 사료로서 문제가 있지만, 여전히 과도기의 모습에 관한 지식을 제공하는 가장 풍요로운 보고다. 이 책은 본질적으로 양원정신의 상실에 관한 이야기다. 잔존하는 엘로힘의 침묵을 향한 느린 걸음의 퇴각이다. 이것의 결과로 일어나는 혼란과 비극적 폭력의 이야기며, 올바른 행위 속에서 대안을 발견하게 될 때까지 신을 찾아 헛되이 예언자들 속을 헤매는 이야기다.

그러나 우리의 정신에는 무의식적으로나마 여전히 옛 방식들이 출몰

한다. 그것은 잃어버린 권위를 가슴아파 한다. 우리에게는 여전히 신의
뜻과 그의 역사(役事)에 대한 공허한 갈망이 있다.

> 사슴이 시냇물을 찾듯이, 하나님,
> 이 몸은 애타게 당신을 찾습니다.
> 살아 계신 하나님,
> 당신이 그리워 목이 탑니다.
> 언제나 임 계신 데 이르러
> 당신의 얼굴을 뵈오리까?　　　　　—「시편」42[34]

---

[34] 저자는 구약을 인용할 때조차도 현재 통용되는 성경들이 철자하는 방식과 달리 모두
　 소문자로 쓰고 있다(예: gods). 하나님이라고 번역하기보다 이제까지 그가 해석해온
　 의미의 '엘로힘'으로 번역하는 것이 나을는지도 모른다 – 옮긴이.

제
3
권

현대세계에서의
양원정신의 흔적

제1장

권한위임의 추구

드디어 우리는 이 항성 위의 인류사를 처음으로 제대로 평가하며 과
거를 되돌아볼 수 있게 되었고, 이전의 정신체계의 흔적들이 바로 지난
3,000년의 주요 특징을 이루고 있음을 이해할 수 있는 시점에 와 있다.
여기서 우리는 인간 역사를 최대한 거시적으로 바라보아야만 한다. 우
리는 진화론적 배경 전체를 염두에 두면서 인간을 보려고 노력해야 한
다. 오늘날의 문명을 포함하여 인간의 문명은 하늘을 배경으로 펼쳐져
있는 어느 특정 산맥의 봉우리들에 지나지 않는다. 그렇기 때문에 산맥
의 윤곽을 올바로 보기 위해서는 일부러라도 지적인 거리를 두어야 한
다. 이러한 관점에서 보면, 1,000년이란 세월은 양원성에서 의식으로
변하는 것 같은 근본적인 변화가 일어나기에는 매우 짧은 기간에 지나
지 않는다.

기원후 2000년 말에 사는 우리는, 어떤 면에서는 아직도 새로운 정
신체계로 전환하는 과정에 깊이 개입되어 있다. 우리 주위에는 불과 얼
마 전에 있던 양원적 과거의 자취가 산재해 있다. 우리에게는 우리의
출생을 기록하고, 우리 자신을 정의하고, 우리를 결혼하게 하고, 우리를

장례하고, 우리의 참회를 받으며, 우리의 죄를 용서하기 위해 신들에게 청원하는 신들의 집[神堂]이 있다. 우리의 법률은 신이 개입되어 있지 않다면 공허하고 시행 불가능하기까지 한 가치에 기반을 둔다. 우리의 국가적 모토와 국가(國歌)는 주로 신에 기원하는 내용이다. 우리의 왕들과 대통령들, 판사들, 관리들은 임기를 시작할 때 신들의 목소리를 마지막으로 들은 자들의 기록에 근거하여, 지금은 말이 없는 신들에게 맹세를 한다.

따라서 이전의 정신체계에서 물려받은 것 중 가장 명백하고 중요한 것은 바로 복잡한 아름다움과 다양한 형식을 지닌 우리의 종교적 유산이다. 세계사 일반에 있어서든 평범한 한 개인의 역사에 있어서든 종교가 매우 중요하다는 사실은 그 어떤 객관적인 관점에서 보더라도 분명하다. 인간을 과학적으로 파악하려는 관점에서는 매우 분명한 이 사실을 인정하기가 거북할지라도 이것은 여전히 참이다. 왜냐하면 과학 혁명 이후 합리주의적·물질주의적 과학이 암시하는 모든 것이 있지만 인류는 무엇인가 인간보다 더 위대한 다른 존재와 인간적인 관계를 맺는 일에 매료되어 이를 포기한 적이 없었고, 지금도 포기하지 않으며, 어쩌면 영원히 포기할 수 없을 것이다. 이것은 좌뇌의 범주 너머에 있는 세력들이나 예지적 존재들에 대한 전율할 정도의 신비(mysterium tremendum)다. 즉 분명한 개념을 가지고 접근하는 게 아니라 경외와 놀라움과 거의 말로 표현할 수 없는 숭배 속에서 느끼고 접근할 수밖에 없는 필연적으로 불분명하고 불확실한 어떤 것이다. 이것은 현대의 종교적 인사들이 좌반구 언어로 표현하기보다는 감정의 진실로 전달하려는 어떤 것, 따라서 우리 시대에서 이름지어 부르지 않을 때 더 참되게 느낄 수 있는 것, 가장 극심한 고통을 겪을 때 우리가 찾을 수밖에 없는 자신과 초자연적 타자의 정형화된 관계설정이다. 이는 3,000년 전 어떤 결정을 내려야 할 때 그런 관계를 맺을 수밖에 없게 하던 극히 부드러운 형태의 고뇌일 뿐이다.

이 점에 대해 많은, 정말 많은 이야기를 할 수 있다. 여기서 충분히 논의한다면, 우리는 예수가 단행하려던 유대교의 개혁이 양원적 인간보다는 의식적 인간을 위해 반드시 필요한 새로운 종교일 수 있다는 점을 밝혀낼 수 있을 것이다. 행위는 이제 외부에서 규제하는 모세의 율법보다는 새로운 의식 속에서 변해야 한다. 죄와 참회는 십계명에 나온 외적인 행위와 성전의 제사를 통한 참회와 공동체의 처벌이 아니라, 이제 의식적인 갈망과 의식적인 회개의 문제인 것이다. 회복해야 할 신의 왕국은 물리적인 것이 아니라 심리적인 것이다. 그것은 문자 그대로가 아닌 은유적인 것이다. 그리고 상세하지(in extenso) 않고 '함축되어'(within) 있다.

그러나 기독교의 역사조차도 그 창시자에게 충실하지 못하고 충실할 수도 없다. 기독교 교회의 발달사는 끊임없이 이 양원적 절대를 향한 염원으로 되돌아가는 역사였다. 아가페(agape)라는 지난한 내적 왕국을 떠나, 기적과 무오류성의 구름을 통과하여, 외적 위계질서, 즉 확장된 천국의 어떤 원천적 위임(委任)을 지향했던 것이다. 앞에서 나는 고대의 양원적 관습과 현대의 종교적 관습 사이의 여러 유사점을 지적했으므로 여기서는 그런 비교를 하지 않겠다.

지난 3,000년 동안 진행된 좀더 세속적인 사건들의 발달이 어떤 다른 정신체계의 출현과 연관되어 있다는 사실을 더 확실하게 탐구하는 것이 이 책의 당면 과제는 아니다. 나는 지금 그리스적 로고스(Logos)

의 발달부터 현대의 컴퓨터에 이르는 의식적 추론과 논리의 역사, 그리고 철학의 호화로운 역사적 행렬을 염두에 두고 하는 말이다. 철학은 모든 존재에 대한 은유를 찾으려고 하는 것으로, 이 속에서 어떤 의식적인 친근감을 발견하고 그리하여 우주 안에서 편안함을 누리려 한다. 나는 또한 윤리체계를 향한 우리의 노력도 떠올리는데, 이것은 이성적 의식을 사용하여 예전의 신적 의지작용에 대한 대체물을 발견하려는 노력이다. 의무감을 동반하는 이 대체물로 적어도 이전에 환청으로 듣던 음성에 대한 순종을 흉내낼 수 있게 된다. 정치의 순환적인 역사 역시 생각해볼 만한 일이긴 하다. 신이 아니라 인간이 정부를 만들려는 불안한 시도들이 소용돌이쳤으며, 예전에 우리를 질서, 안정 그리고 복지로 묶던 신의 기능을 세속적인 법 체계들이 담당하게 되었다.

이러한 거창한 질문은 중요하다. 그러나 이 장에서 나는 확실히 옛 정신체계의 유물임이 분명한 더 고대적이며 상대적으로 덜 중요한 주제를 언급하려고 한다. 이것이 제3권에서 다룰 내용이기도 하다. 이렇게 하는 이유는 이러한 역사적 현상들이 제1권과 제2권에서 분명치 않았던 일부 문제를 이해하는 데 도움을 주기 때문이다.

이러한 흔적의 독특한 특징은, 우리가 양원정신의 붕괴에 가까이 다가갈수록 역사의 복잡성에 대비하여 이 흔적이 더욱 분명하게 나타난다는 점이다. 그 이유는 매우 명확하다. 자신을 전거로 삼는 일(self-reference), 정신-공간, 이야기 엮기 같은 새로운 의식의 보편적인 특징은 새로운 언어가 형성되는 것에 뒤따라 빨리 나타나지만, 문명의 좀더 큰 윤곽들, 즉 이러한 특징이 나타나는 배경이 되는 문화의 커다란 풍경은 매우 천천히 변한다. 이전 분닝의 내용과 기법들은 파괴되지 않은 상태로 새로운 시대에 존속한다. 새로운 정신체계는 이런 시대에 뒤진 양식들 속에 살 수밖에 없었다.

그러나 이러한 양식들 속에서 산다는 것은 또한, 내가 고대적 권한위임(archaic authorization)이라고 부르는 것에 대한 열렬한 추구를 의미했다. 양원적 정신이 붕괴된 후에도, 이 세상은 어떤 의미에서는 여전히 신들이 지배한다. 돌판이나 파피루스에 새겨 있거나, 노인들이 기억하는 율법과 규정에 따라 지배된다. 그러나 부조화는 존재한다. 왜 신들을 더는 보거나 들을 수 없는가? 성서의 시편은 이에 대한 답을 찾아 부르짖는다. 역사의 잔재나 돈을 받고 그렇게 하는 제사장들의 강변보다 더 설득력 있는 확신이 필요하다. 무엇인가 뚜렷하고 직접적이고 즉각적인 것이 필요하다! 우리가 혼자 있지 않다는 것을 알 수 있는, 어떤 지각할 수 있는 확신이 필요하다. 신들은 죽은 것이 아니라 단지 침묵할 뿐이라는 것을, 확실성에 대한 징조를 찾으려는 불안한 주관적 노력 뒤에는 무엇인가 확실한 것이 있다는 것을 알려고 한다.

그래서 신의 음성과 실재가 서서히 물러나면서 더욱더 많은 사람들이 주관적인 불확실성이란 모래펄 위에서 좌초되었다. 인간이 잃어버린 권위의 대양과 연결되기 위해 시도하는 기법들은 더욱더 다양해진다. 예언자, 시인, 신탁, 점쟁이, 우상 숭배, 영매, 점성가, 계시를 받은 성자, 귀신들림, 타로 카드,[1] 위저 보드,[2] 교주, 페요테 등은 모두 불확실한 것들 가운데 불확실한 것들이 쌓여가면서 점차 구체적인 모습을 띠게 된 양원성의 잔재다. 이 장과 다음 장에서 우리는 이처럼 양원적 정신의 더 태곳적 흔적을 살펴볼 것이다.

---

[1] 점치는 데 쓰는 카드 - 옮긴이.
[2] 점괘가 나타나게 하는 널빤지 - 옮긴이.

신탁

양원성의 가장 직접적인 잔재는 단지 특정인, 특히 제2권 6장에서 논의한 떠돌이 예언자들에게 영속되어 나타나거나 이 장에서 다룰 신탁 같은 것에 제도화되어 나타난다. 7세기 아시리아의 신탁[3]과 그 이전 이집트의 테베에 있는 아몬(Amon) 신탁을 묘사한 설형문자 석판들이 있지만, 우리는 그리스에 이르러서야 신탁제도를 잘 알게 된다. 그리스의 신탁은 양원정신이 붕괴된 후 1,000년 이상이나 중요한 결정을 내리는 주요 방법이었다. 이 사실은 현대 역사가들의 과도한 합리주의에 가려져왔다. 신탁은 비주관적인 과거로 거슬러 올라가는 주관성의 탯줄과도 같다.

델포이 신탁

가장 유명한 신탁인 델포이(Delphoe)의 아폴론 신탁에 옴팔로스(omphalos), 즉 배꼽이라고 불리는 이상한 삼각뿔 모양의 석조물이 있었다는 사실은 나의 은유에 부합한다. 이 석조물은 이른바 지구의 중심이라고 여기던 장소에 있었다. 이곳을 정해진 날 동안에, 몇 세기 동안은 매일매일, 가장 높은 여사제, 또는 두세 명의 여사제가 돌아가며 지켰다. 이 여사제들은 우리가 아는 한 어떤 특별한 기준에 따라 선발되

---

3 Alfred Guillaume, *Prophecy and Divination among the Hebrews and Other Semites*(New York: Harper, 1938), 42쪽 이하.

지 않았다. 기원전 1세기, 플루타르코스(Plutarchos)가 살던 시대에 델포이의 신탁을 받은 이는 가난한 농부의 딸이었다.[4] 그녀는 우선 성스러운 시냇물에서 목욕을 하고, 물을 마시고, 아폴론 신의 성스러운 나무인 월계수를 통해 신과 접촉했다. 의식적인 아시리아 왕들이 신령의 손에 들린 솔방울을 문질러 신과 접촉했다고 묘사된 것과 비슷하다. 그녀는 (플루타르코스가 말했듯이) 월계수 나뭇가지를 쥐고 있거나, 불에 탄 월계수 잎을 들이마시고 연기에 자신을 그을리거나, 어쩌면 (루키아노스[Lucianos]가 강하게 주장했듯이) 월계수 잎을 씹는 것으로 신과 접촉했다.

질문에 대한 답은 즉시 주어졌다. 심사숙고하는 일도 없이 그리고 중도에 우물거리는 일도 없이 주어졌다. 그녀가 정확히 어떻게 선포했는지는 아직 논쟁할 여지가 있다.[5] 아폴론의 의식용 보좌로 여겼던 삼발이 의자에 앉아 있었는지, 아니면 단순히 동굴의 입구에 서 있었는지는 분명하지 않다. 그러나 5세기 후 그녀를 언급한 고대 문헌들을 보면, 모두 그녀가 '신들려 삐뚤어진 입으로 온몸을 비틀면서' 이야기했다는 헤라클레이토스의 서술과 일치한다. 그녀는 신적 영감에 사로잡혔고 (entheos), 신령이 충만했다(plena deo). '아폴론'은 여사제를 통해 이야기했지만 항상 1인칭을 사용했고, 왕이나 자유 시민들의 질문에 답했다. 그는 (오늘날의 이스탄불을) 새로운 식민지로 지정했고, 어떤 국가가 우방인지, 어떤 통치자들이 최고인지, 어떤 법들을 제정해야 하는지, 전염병이나 기근이 확산되는 이유가 무엇인지, 가장 좋은 무역 노선이 어

---

[4] Plutarchos, *Pyth. rac.* 22, 405C.

[5] 이 문제에 대해 내가 참고서로 사용했던, E. R. Dodds, *The Greeks and the Irrational*(Berkeley: University of California Press, 1968)을 참조하라.

디인지, 새로운 종교·음악 또는 예술 중 어느 것이 아폴론에게 인정받을 수 있는 것인지를 선언했다. 이 모든 것이 이 소녀들의 격앙된 입을 통해 결정되었다.

이것은 진정으로 놀라운 일이다! 우리는 교과서를 보면서 델포이 신탁을 너무도 오래 알아온 탓에, 그럴 수 없는데도 지극히 평범하다고 생각한다. 단순한 시골 처녀들이 훈련을 받아 이 세상을 지배할 결정을 즉각즉각 내리는 심리적인 상태가 되게 할 수 있다는 것이 말이 되는가? 완고한 합리주의자는 단순히 신령이 충만하다(plena deo)라니! 하며 비웃을 것이다. 우리 시대의 영매들이 사기꾼이라는 것이 밝혀지듯, 이른바 신탁받는 사람들이 정치적이거나 경제적인 목적 때문에 무식한 농부들 앞에서 다른 사람들에게 조종받아 공연하는 것이었다고 할 것이다.

그러나 이와 같은 현실적인 태도는 기껏해야 공론일 뿐이다. 신탁의 마지막 시절에는 어쩌면 약간의 속임수가 있었는지도 모른다. 여사제들(prophetes)과 신탁이 무엇을 의미하는지 해석하던 보조사제들을 매수하는 일이 있었을 수도 있다. 그러나 1,000년 동안이나 지금까지 세상에 있었던 가장 훌륭하고 지적인 문명을 거치면서, 이처럼 대규모 사기를 유지한다는 것은 불가능하다. 정말 불가능하다. 로마시대에 이르기 전에는 신탁에 대한 비판이 전혀 없었음을 생각할 때 그렇고, 정치적인 감각이 있으며 많은 경우 냉소적이던 플라톤이 델포이를 '온 인류에 대한 종교 해석자'라고 존경심을 갖고 불렀던 것을 생각하면 더욱 그렇다.[6]

또 다른 설명은 실제로 의사(擬似)-설명에 속하는 것인데, 대중 속에서, 심지어는 전문적 문헌에서도 자주 다루는 것으로 생화학적인 성격의 것이다. 환각 상태는 실제로 일어나지만, 동굴 바닥에 있는 캐시움(casium)에서 방출되는 증기 때문이라는 것이다. 그러나 1903년 프랑스의 발굴 현장과 더 최근의 발굴을 보면, 이러한 캐시움이 존재하지 않는다는 것을 분명히 알 수 있다.[7]

아니면 월계수 속에 있는 약 성분이 이와 같은 아폴론 효과를 불러일으켰는지도 모른다. 이것을 시험해보기 위해 나는 월계수 잎을 이겨서 파이프에 넣고 많은 양을 피워보았지만 속이 약간 메스꺼웠을 뿐 평상시보다 더 영감을 느끼진 못했다. 그리고 월계수 잎을 한 시간 훨씬 넘게 씹어보았지만, 아폴론처럼 느끼기는커녕 점점 더 또렷이 제인스(Jaynesian)로 느껴질 뿐이었다.[8] 이러한 현상을 외적인 요인으로 설명하려는 다양한 노력은, 단순히 이러한 유형의 심리학적인 현상이 존재한다는 사실을 인정하기를 거부하는 사람들이 있다는 것을 알려준다.

나는 이와는 전혀 다른 설명을 해보고 싶다. 그리고 그것을 위해 일반적 양원 패러다임(the general bicameral paradigm)이란 개념을 도입하겠다.

---

[6] Platon, *Republic*, 4, 427B. 우리는 또한 소크라테스도 내가 '고대적 승인'이라고 부르려는 것과 비슷한 것을 신탁에서 가져온다는 것을 기억해야만 한다. *Apology*, 20E 를 보라.

[7] A. P. Oppé, "The Chasm at Delphi," *Journal of Historical Studies*, 24호, 1904, 214쪽 이하.

[8] 나는 내 생명을 지켜주고 특히 이번에는, 마지못한 존경심과 참여로 자신의 역할이 위험해지기도 했지만, 관찰자로서 지켜봐 준 것에 대해 맥기니스(Eve-Lynn McGuinness)에게 감사드린다. 우리가 아무런 변화를 얻지 못한 것은 외스터라이히(T. K. Oesterreich)의 결과와 일치한다. 그의 *Possession, Demoniacal and Other*, 영역본, 1930, 319쪽, 주 3)을 보라.

일반적 양원 패러다임

의식이 축소되는 것과 관련된 여러 현상들이 배후에 존재하는 것으로 가정되는 하나의 구조를 일반적 양원 패러다임이라 칭하려고 하는데, 이것은 우리의 옛 정신체계로부터 넘겨받은 부분적 잔재로 보인다. 이 패러다임은 다음의 네 가지 측면을 보인다.

집단적 인지 규범(the collective cognitive imperative) 또는 신앙체계: 문화적으로 합의된 기대 또는 규정으로 어떤 현상의 특정한 형식과 그 형식 안에서 수행되는 역할들을 정의한다.

유도(induction) 또는 공식적으로 의례화된 절차: 이것은 작은 범위의 대상이나 사건에 주의를 집중해서 의식이 좁혀들어 가도록 '유도'하는 기능을 한다.

환각 상태(trance): 위의 두 가지 것들에 대한 반응으로서, 의식이 줄어들거나 사라지고 유사 '나'가 줄어들거나 없어짐으로써, 결과적으로 집단이 받아들이고, 허용하고, 고취하는 어떤 역할을 하게 된다.

고대적 권한위임: 환각 상태가 지향하거나 관련 맺고 있는 대상으로서 대부분 신을 의미하지만 때로는 개인이나 그의 문화가 권위로 받아들이는 사람일 수도 있다. 집단적 인지 규범에 따라 환각 상태를 조정한다고 여기는 주체다.

나는 일반적 양원 패러다임의 이 네 가지 측면이, 유도와 환각 상태는 대부분 잇따라 일어나기는 하지만, 꼭 시간적으로 잇따라 일어난다고 생각하지 않는다. 그렇지만 인지 규범과 고대적 권한위임은 전체 패러다임에 골고루 영향을 미친다. 또한 이 요소들 사이에는 일종의 균형 또는 총합(summation)이 존재하기 때문에, 그중 한 요소가 약하면 다른 요소가 강해야 현상이 일어난다. 그래서 시간이 지나면서, 특히 의식이 생긴 후 1,000년 동안 집단적 인지 규범이 약해지면서(즉 일반인이 고대적 권한위임에 회의적이 되면서), 유도 절차가 강화되고 그 절차가 더 복잡해지며, 환각 상태는 더 깊어졌다.

일반적 양원 패러다임을 하나의 구조라고 할 때, 그것은 이런 현상들을 분석할 수 있는 논리적 구조라는 의미뿐 아니라, 현재 명시되지 않은 신경학적 구조 또는 뇌의 영역들 사이의 관계라는 의미도 담고 있다. 이는 어쩌면 제1권 5장에 제시된 양원적 정신을 위한 모델일 수 있다. 제3권에 언급된 모든 현상이, 보통 의식이 있는 생활과 다른 방식으로 우반구 기능과 연관이 있다고 예상해볼 수 있다. 이 현상 중 일부에 부분적인 주기적 우반구 우세가 나타나는데, 이는 9,000년에 걸쳐 양원정신이 선택되면서 갖게 된 신경학적인 잔여라고 할 수 있다.

이런 일반적 양원 패러다임이 델포이의 신탁에 적용된다는 사실은 명확하다. 복잡한 유도 절차, 의식을 잃는 환각 상태, 아폴론의 위임을 간절히 추구하는 것에서 나타난다. 그러나 내가 강조하려는 것은 집단적 인지 규범, 집단 신앙 또는 문화적 규범이나 기대다(이 모든 용어들이 내가 뜻한 것을 가리킨다). 환각에 빠진 여사제에게 부여된 문화적 요구가 엄청났다는 사실은 아무리 강조해도 지나치지 않다. 이것을 그리스 세계가 모두 믿었고, 거의 1,000년 동안 믿어왔다.

하루에 3만 5천 명에 이르는 사람들이 지중해 연안 지역의 각지에서 힘겹게 바다를 건너와, 델포이 바로 아래 해안을 끼고 있는 작은 항구 이테아(Itéa)를 거쳐갔다. 그리고 그들 또한 유도 절차를 거쳐 카스티야 (Castalian) 샘물에 몸을 정화하고, 성스러운 길을 올라가면서 아폴론과 다른 신들에게 제물을 바쳤다. 신탁이 있었던 마지막 몇 세기에 이르러서는 파르나소스(Parnassus) 산기슭을 따라 신탁이 있는 신전까지 200미터가 되는 길에 신에게 바친 4,000개가 넘는 입상들이 빽빽이 놓여 있었다.

그러한 커다란 사회적 규범과 기대가 하나로 모였다는 것, 이것은 단순한 신앙이라기보다 차라리 정의(定義)라고 해야 할 것인데, 이것을 통해서 우리는 신탁 받는 사람의 심리상태와 즉답해야 했을 여사제의 '상황'(the at-once-ness of her answer)을 이해할 수 있으리라. 이러한 하나된 규범 앞에서, 의심한다는 것은 불가능했다. 이것은 마치 우리가 라디오에서 나오는 음성이 우리가 볼 수 없는 스튜디오에서 비롯되었다는 것을 의심하는 것이 불가능한 것과 마찬가지다. 그리고 그것은 현대 심리학이 경탄할 수밖에 없는 부분이다.

이 현상의 원인으로, 기대감과 더불어 자연의 경치도 한몫을 했다. 신탁은 산이나 골짜기, 환각을 불러일으키는 바람이나 파도, 상징적인 빛과 경치 등 자연의 어떤 구체적인 웅장함이 있는 지역에서 시작되었다. 이런 환경은 일상생활에서 분석적인 양태보다는 우반구 활동에 더 자극을 주었다고 생각한다. 어쩌면 기원전 1000년 초기에 양원적 정신의 경계는, 신들의 음성이 아직 들리는, 경외심과 아름다움이 있는 장소로 축소되었다고 이야기할 수 있다.

델포이의 광대한 절벽은 이런 생각을 불러일으킨다. 거대한 가마솥을 이루는 바위들 위로 바닷바람이 신음하고, 소금기 어린 안개가 자욱한 것이 마치 꿈꾸는 지연이 깨어나기 위해 보기 흉한 각도로 몸을 비틀다가, 희미하게 빛나는 올리브 나뭇잎의 푸른 파도와 회색빛 불멸의 바다 속으로 빠져버리는 것 같아 보인다.

(그러나 우리는 이러한 경외심을 자아내는 경치를 보고 감명받기 힘들다. 우리는 의식적·'내적' 세계와 빠른 지리적인 변화를 경험했기 때문에 풍경에 대한 반응의 순수함이 흐려졌기 때문이다. 또한 오늘날의 델포이는 예전의 모습과 같지 않다. 2,000평방미터에 이르는 부서진 기둥들, 흥에 겨운 낙서들, 사진을 찍어대는 관광객들, 이리저리 기어다니며 이런 것엔 아랑곳하지 않는 개미들, 동강난 하얀 대리석 기둥들, 이런 것들은 신적인 영감을 불러일으키기에는 역부족이다.)

다른 신탁들

델포이를 이같이 문화적으로 설명하는데는, 델포이보다는 덜 중요하지만 비슷한 신탁들이 그 당시 문명세계 각지에 있었다는 사실도 한몫한다. 아폴론은 다른 신탁들도 갖고 있었는데 이들은 보이오티아의 프토아(Ptoa in Boeotia), 소아시아의 브란키다이(Branchidae)와 파타라(Patara) 등이었다. 후자의 경우, 여사제는 유도 절차의 일부로 밤에 신전에 감금되어 더 훌륭한 신의 영매가 되기 위해 환상 속의 신과 부부로 하룻밤을 보냈다.[9] 클라로스(Claros)의 위대한 신탁에는 영매로 사제들이 있었는데 이들의 광란을 1세기경 타키투스가 전했다.[10] 판(Pan) 신은 아카세지움(Acacesium)에 신탁이 있었지만 곧 쇠퇴했다.[11] 엄청난 부로 유명하던 에페소스(Ephesus)의 황금 신탁은 환각 상태에 젖어 있

---

[9] Herodotos, 1권, 182쪽.

[10] Tacitus, *Annales*, 2권, 54쪽.

[11] Pausanias, *Description of Greece*, 37권, J. E. Fraser trans.(London: Macmillan, 1898), 8쪽.

는 내시들인 아르테미스 여신의 대변인들이 있었다.[12] (그들의 복장 양식은 오늘날 아직도 그리스 정교회에서 사용한다.) 그리고 현대의 발레리나들이 발가락 끝으로 추는 유별난 춤은 아르테미스 여신의 제단 앞에서 추던 춤에서 기인했다고 여긴다.[13] 일상생활과 반대된 것이면 무엇이든지 양원적 패러다임을 불러일으키는 자극이 되었다.

도도나(Dodona)에서 들리던 제우스 신의 음성은 오래된 신탁 중 하나였을 것이다. 오디세우스가 이타카로 돌아갈 때 공개적으로 갈 것인지 몰래 갈 것인지 물으러 갔다는 것으로 미루어 볼 때 이렇게 생각할 수 있다.[14] 그 당시에는 이 신탁이 아마도 거대하고 성스러운 참나무에 지나지 않았을 것이다. 올림푸스의 제우스 신 목소리가 나뭇잎에 떠는 바람 소리로부터 환상 속에서 울려퍼졌다. 참나무를 성스럽다고 여기는 드루이드(Druids)[15] 사이에도 이와 같은 일이 벌어지지 않았나 생각해보게 된다. 기원전 5세기에 이르러서야 제우스 신의 음성이 더는 직접 들리지 않았고, 도도나에는 신전과 여사제가 생겨 의식이 없는 환각 상태에서 제우스 신을 대신해 말했다.[16] 이 또한 양원적 이론이 예측하는 시간적 순서에 들어맞는다.

신들의 음성뿐 아니라 죽은 왕들의 목소리도 아직 양원적으로 들렸고, 전에 제시했듯이 신에 대한 기원도 여기서 비롯된다. 아르고스

---

[12] Charles Picard, *Ephese et Claros*(Paris: de Bocard, 1922).

[13] Louis Sechan, *La Dance Greque Antique*(Paris: de Bocard, 1930)와 Lincoln Kirstein, *The Book of the Dance*(Garden City: Garden City Publishing Co., 1942).

[14] *Odyssey*, 14권, 327쪽; 19권, 296쪽.

[15] 아일랜드나 웨일즈의 영웅시에 나오는 옛 켈트족 제사장이나 기독교적 전문에서 나오는 마술사들을 가리킨다 – 옮긴이.

[16] Aelius Aristides, *Orationes*, 45권, 11쪽.

(Argos)의 영웅적인 왕자인 암피아라오스(Amphiaraos)는 보이오티아의 협곡에서 물에 빠져 죽었는데, 분노한 제우스가 밀어서 죽였다는 설이 있다. 그의 목소리는 몇 세기가 지난 후에 협곡에서 '들렸으며' 그에게 간청하는 사람들의 문제에 답했다. 그러나 다시 몇 세기가 지나면서, 그 '음성'은 특정 환각 상태의 여사제들에게만 환청으로 들리게 되었다. 그 후 이들은 질문에 답하기보다는, 그 음성에 조언을 구하는 이들의 꿈을 해석해주는 데 치중했다.[17]

그러나 양원정신의 가설 측면에서 가장 흥미로운 것은 델포이에서 동쪽으로 32킬로미터 떨어진 레바데이아의 트로포니우스(Trophonius)의 환청 음성이었다. 왜냐하면 이것은 중간 사제나 여사제 없이, 직접 '음성'이 들린 신탁 중 가장 오래된 것이었기 때문이다. 이 신탁의 주위 환경은 오늘날에도 고대의 웅장함의 자취를 담고 있다. 높이 솟은 세 개의 절벽과 땅에서 힘차게 솟구쳐나와 돌이 가득한 계곡으로 조용히 기어 들어가는 졸졸거리는 샘물이 만난다. 한 계곡이 산의 중심부로 돌아 들어가는 좀더 위쪽에는, 한때 바위를 파낸 방과 같은 구덩이가 있었는데, 지하수가 흐르는 통로 위에 있는 오븐 모양의 제단으로 이어져 있다.

일반적 양원 패러다임의 집단적 규범이 약해졌을 때, 즉 이런 현상에 대한 믿음과 신뢰가 합리주의 때문에 줄어들고 훈련을 받은 여사제가 아니라 간청하는 이면 누구에게나 이런 현상이 일어날 때, 이를 보완하기 위해 유도 절차는 더 길어지고 더 복잡해진다. 이것이 레바데이아에서 벌어졌다. 로마의 여행객이던 파우사니아스(Pausanias)는 기원후

---

[17] Pausanias, *Description of Greece*, 1, 34: 5.

150년에 그가 여기서 발견한 정교한 유도 절차를 묘사했다.[18] 그는 며칠 동안 기다려 정화하고, 전조를 보며 기대감에 부푼 다음, 어느 날 저녁 갑작스럽게 성스러운 두 소년에게 끌려서 목욕을 하고 기름을 바른 후, 자신이 누구인지 잊기 위해 레테의 샘물을 마시고(유사 '나'의 상실), (마치 최면 후 암시에 걸린 것처럼) 잠시 후 앞으로 밝혀질 일을 기억해내기 위해 므네모시네(Mnemosyne)의 샘물을 마시게 된다. 그러고 나서 그는 한 비밀스런 입상에게 경배해야 하며, 성스러운 리넨 옷을 입고, 성스러운 리본으로 허리를 매고, 특별한 신을 신고, 호의적인 징조가 더 나타날 때를 기다려 마침내 사다리를 거쳐 어두운 급류가 흐르는 신성한 구덩이 속으로 떠밀려 들어가면 그곳에서 신의 메시지가 곧바로 해명된다.

여섯 단계의 신탁 기간들

그리스 사람들의 정신이 보편적으로 양원적이던 정신에서 보편적으로 의식적인 정신으로 변하면서, 양원적 세계의 신탁의 자취와 그 권위가 점점 더 불안정하게 되고 신탁을 들을 수 없게 되었다. 그 와중에도 이들의 약화된 유형은 존재했다. 나는 1,000년 이상 지속된 신탁이 계속 쇠퇴하는 과정을 여섯 단계의 기간을 통해 이해할 수 있다고 생각한다. 이들은 양원적 정신에서부터 집단적 인지 규범이 점점 약해지면서 내려오는 여섯 단계의 계단으로 간주될 수 있다.

1. 장소 신탁(locality oracle): 신탁은 구체적인 장소로 시작했는데,

---

18 같은 책, 9, 39: II.

주위 경관의 수려함이나 어떤 중요한 사건 또는 어떤 환상을 일으키는 소리, 파도, 물 또는 바람 때문에 신탁을 구하는 사람이면 그 누구라도 양원적 음성을 직접 '들을' 수 있었다. 레바데이아는 아마도 그 놀라운 유도 때문에 이 단계에 해당할 것이다.

2. 예언자 신탁(prophet oracle): 대부분 그 다음에는 특정 사람들, 사제들 또는 여사제들만 그 장소에서 신의 음성을 '들을' 수 있었다.

3. 훈련된 예언자 신탁(trained prophet oracle): 사제들, 여사제들이 긴 훈련과 복잡한 유도 후에만 음성을 '들을' 수 있었던 기간이었다. 이 기간까지도 음성을 듣는 사람은 여전히 '자기 자신'이었고 단지 신의 음성을 다른 사람들에게 전달할 뿐이었다.

4. 신들린 신탁(possessed oracle): 그 뒤, 적어도 기원전 5세기 이후에 신들림의 기간이 도래했다. 더 많은 훈련과 더 복잡한 유도 절차를 거친 후의 기간으로써 신들려 삐뚤어진 입과 뒤틀린 몸이 특징이었다.

5. 신들린 신탁의 해석(interpreted possessed oracle): 인지 규범이 약해지면서 신탁이 하는 말을 잘 알아들을 수 없게 되었고, 역시 유도 절차를 거친 보조사제 또는 여사제가 이 해석을 해야만 했다.

6. 발작적 신탁(erratic oracle): 그 뒤 이것조차 힘들어지자 목소리는 즉흥적인 것이 되었고, 신들린 예언자는 발작적으로 되었으며, 해

석은 불가능해졌고 신탁이 끝났다.

델포이의 신탁이 가장 오래 지속되었다. 이처럼 오래갔다는 것은, 그리스의 황금시대에 신을 그리워하는 주관성(subjectivity)에 델포이의 신탁이 얼마나 중요했는지를 나타내주는 주목할 만한 증거다. 특히 외부에서 침략해올 때마다, 거의 다 침략자의 편을 들었다는 것을 상기해볼 때 그렇다. 기원전 5세기 초에 크세르크세스(Xerxes) 1세, 기원전 4세기에 필립 2세, 그리고 심지어는 펠로포네시아 전쟁 때는 스파르타의 편을 들었다. 역사적 흐름에서 양원적 현상은 이처럼 강한 영향을 주었다. 그리고 델포이 신탁은 원형극장에서 에우리피데스가 슬프고, 웃기고, 애국적인 비웃음에도 지속시켰다.

그러나 1세기에 이르렀을 때, 델포이는 여섯 번째 단계에 이르게 되었다. 양원성은 점점 더 후퇴하여 잊힌 과거로 사라졌고, 회의감이 믿음을 뒤덮어버렸다. 신탁에 대한 강렬한 문화적 인지 규범은 부서져버렸고, 신탁은 점차로 힘을 잃어갔다. 델포이에서 벌어진 이런 경우를 60년에 플루타르코스가 기술했다. 여사제는 끔찍한 전조가 있었기에 내키지 않는 태도로 환각 상태에 들어가려고 시도했다. 그녀는 괴로운 것처럼 목쉰 음성으로 이야기하기 시작했고, '벙어리 악령'으로 채워진 것 같아 보였다. 그리고 입구 쪽으로 소리지르며 달려가 넘어졌다. 그녀의 조수(prophetes)를 포함한 모든 사람들은 공포에 휩싸여 달아났다. 사람들이 돌아와 보니 그녀는 약간 회복했지만 며칠 지나지 않아 죽었다고 씌어 있다.[19] 이 사건은 아마도 플루타르코스의 친구인 여사제의 조수가 목격한 것이었기 때문에 그것의 진실성을 의심할 이유

가 없다.[20]

그러나 이러한 실패에도 전통에 굶주린, 그리스를 숭배하는 로마인
은 델포이 신탁에 의뢰했다. 마지막으로 의뢰한 사람은 나와 이름이 똑
같은 율리아누스(Julianus) 황제였다. 율리아누스 황제는 환상의 신들
에게서 칼데아 신탁(Chaldea oracles)을 받아 적은 율리아누스를 따라
고대의 신들을 소생시키려고 했다. 이러한 위임을 위한 개인적인 노력
의 일부로 그는 콘스탄틴 황제가 약탈한 후 3년 뒤인 363년에 델포이
를 재건하려고 했다. 아폴론은 남아 있는 여사제를 통해 다시는 예언하
지 않을 것이라고 예언했다. 그리고 그 예언은 이루어졌다. 양원적 정
신도 그 많은 종말 중 하나를 맞았다.

시빌

신탁의 시대는 양원적 정신이 붕괴된 후 1,000년간 계속되었다. 그
리고 그 시대가 천천히 막을 내리면서, 여기저기서 아마추어 신탁이라
고 불릴 만한 사람들이 나타난다. 이들은 훈련받지 않고 제도화되지 않
았지만, 자신이 신들린 사람이라고 자발적으로 느끼는 사람들이었다.
물론 어떤 이들은 단순히 정신분열증적인 헛소리를 했다. 아마도 대부
분이 그랬을 것이다. 그러나 어떤 이들에게는 믿음이 가게 하는 진실성
이 있었다. 이들 중에는 몇 안 되지만 수는 알 수 없는 시빌(sibyl)이라
고 알려진 이상하고 놀라운 여인들이 있었다. (이올리아(Aeolic) 방언으
로 sios(신)과 boule(조언)이 합쳐져 만들어진 단어다.) 기원전 1세기에 바

---

19 Plutarchos, *Def. Orac.*, 51, 438C.

20 Dodds, *Greek and the Irrationals*, 72쪽.

로(Varro)는 지중해 세계에서 적어도 한때는 10명 정도의 시빌들을 헤아릴 수 있었다. 그러나 더 멀리 떨어진 지역에 다른 시빌들이 분명 있었을 것이다. 이들은 홀로 살았는데, 때로는 그들을 위해 지은 신성한 산 위의 신전이나 위대한 쿠마이 시빌(Cumae sibyl)처럼 바다의 신음소리가 들리는 석회로 된 지하 동굴에 살았다. 버질(Virgil)은 아마도 기원전 40년에 카미안 시빌을 방문한 것 같은데, 아이네이스(Aeneis) 6권에서 그녀를 신들리게 한 아폴론 신의 계시를 광적으로 전하는 모습을 묘사했다.

신탁받는 사람들처럼 시빌들은 3세기까지 크고 작은 문제들에 대해 결정을 내려달라는 부탁을 받았다. 그들의 답이 도덕적인 열정으로 가득 차 있었기 때문에 심지어는 초기 기독교의 교부들이나 그리스화된 유대인도 그들에게 구약의 예언자들과 같은 수준의 예언자들의 경의를 표했다. 특히 초기 기독교 교회는 그 신적인 권위를 입증하기 위해 이들의 예언을 사용했는데, 많은 경우 조작된 것이었다. 심지어는 1,000년 후 바티칸에서 시스티나(Sistine) 성당의 미켈란젤로는 네 명의 시빌을 눈에 띄는 곳에 그려 넣었다. 그리고 심지어는 몇 세기 후에도 신탁책을 펼친 이들 근육질 여인들의 모습은, 내가 미국 뉴잉글랜드 지방의 한 개신교 유니테리언파의 주일학교에 다니고 있을 때 의아해하는 나를 내려다보고 있었다. 위임을 갈망하는 사회집단들의 갈증은 이처럼 크다.

그리고 시빌들도 그치고 신들이 더는 예언과 신탁으로 살아 있는 인간에 거하지 않게 되었을 때, 인류는 천국과 이 세상의 관계를 지속하기 위해 다른 방법을 찾는다. 새로운 종교, 기독교, 그노시스주의, 신플라톤 철학이 그들이며, 스토아 철학이나 에피쿠로스 철학처럼 신을 상실한 인간을 이제 공간화된 시간이 있는 거대한 의식의 지평과 연관지으려는 새로운 행위 규범들도 생겼다. 아시리아에서는 그 어떤 것보다 점술을 제도화하고 정교하게 했다. 공식적으로 중요한 문제에 대해 결정을 내리기 위한 기관으로 국가에 점술을 확립시켰다. 그리스 문명이 신탁을 통해 신과 연결되었듯이 로마 문명은 이제 점쟁이들의 손으로 신과 연결되었다.

우상의 부흥

그러나 이상의 노력만으로는 보통 사람이 갖는 초월적인 존재에 대한 요구를 채우지 못한다. 신탁받는 사람들과 예언자들의 실패를 뒤따라, 마치 이들을 대체하려는 것처럼, 양원적 시대 때와 비슷한 우상들이 또 다시 만들어졌다. 위대한 양원적 문명에서는, 우리가 보았듯이 양원적 음성을 환청으로 듣기 위해 매우 다양한 그림이나 부적이 사용되었다. 그러나 주관적인 의식에 익숙해지면서, 이들 음성이 멈추자 이 모든 것은 사라졌다. 우상들은 대부분 파괴되었다. 후기 양원적 왕국들은 질투심 많은 그들의 신들의 명령을 따라 적국의 신들과 왕의 우상들을 항상 부수거나 불태웠다. 우상들의 소리가 더 들리지 않거나, 우상들이 더 경배받지 못할 때, 이 관습이 더욱더 가속되었다. 기원전 7세기의 요시아 왕은 그의 영토에 있는 모든 우상들을 파괴하라고 명령했다. 구약성서는 우상들을 파괴하는 모습과 새로운 우상을 만드는 사람들에게 내리는 저주로 가득 차 있다. 기원전 1000년의 중간에 이르러서는 우상숭배는 이곳저곳에서 간헐적으로 나타났다.

신기하게도 이때 절단된 머리에서 환각 상태에 이르게 하는 매우 작은 종파가 있었다. 헤로도토스(4: 26)는 잘 알려지지 않은 이세

돈족(Issedones)이 행하는, 금도금한 머리에 제사 지내는 관습에 대해 기술했다. 스파르타의 클레오메네스(Cleomenes)는 아르코니데스(Archonides)의 머리를 꿀에 담가두었다가 중요한 과제를 시작하기 전에 조언을 구했다고 한다. 기원전 4세기, 몇몇 에트루리아(Etruria) 도자기들은 머리만 있는 우상들에게 사람들이 질문을 던지는 장면을 묘사했다.[21] 그리고 아리스토텔레스는 계속 '말하는' 멍청한 카리안스(Carians)의 절단된 머리를 비웃으며 언급했다.[22] 이것이 거의 전부다. 그래서 주관적인 의식이 굳게 확립된 다음에는, 우상을 통해 환각을 일으키는 관습은 산발적으로만 존재했다.

그러나 기독교 시대가 가까워졌을 때, 신탁은 조롱당하면서 고요해졌으나, 진정한 우상숭배는 더욱 부흥했다. 쇠퇴하는 그리스와 떠오르는 로마의 언덕과 도시를 하얗게 뒤덮었던 신전들은, 이제 점점 더 많은 신들의 동상으로 꽉 차게 되었다. 기원후 1세기에 이르렀을 때 사도 바울은 아테네에 우상이 가득 찬 것을 보고 한탄했다(「사도행전」 17장). 그리고 레바데이아에서, 조금 전에 언급했던 파우사니아스는 여행하면서 도처에서 본 우상들이 대리석으로 만든 것, 상아로 만든 것, 금도금한 것, 물감을 칠한 것, 실물 크기, 그리고 2~3층 높이로 된 것 등 생각할 수 있는 모든 형태를 하고 있었다고 묘사했다.

이런 우상들이 경배자들에게 '말'했는가? 양원적 시대에서처럼 때때로 이런 현상이 일어났다는 것은 의심할 여지가 없다. 그러나 주관적 시대에는 일반적으로 이것이 자연적으로 자주 일어났을 가능성은 매

---

21 John Cohen, "Human Robots And Computer Art," *History Today*, 8, 1970, 562쪽.
22 *De Partibus Animalium*, III, 10: 9~12쪽.

우 적다. 그렇지 않았더라면, 돌과 상아로 된 신들에게서 환각 상태의 메시지를 받기 위해, 마술이나 화학 같은 인공적인 방법에 대한 관심이 그처럼 고조되지 않았을 것이기 때문이다. 여기서 다시 우리는 집단적 인지 규범, 유도, 환각 상태 그리고 원천적 위임권자의 특징을 보이는 보편적인 양원적 패러다임의 세계로 들어간다.

좀더 불안정한 국가들보다 양원성과 주관성 사이의 분기점이 훨씬 더 불명확했던 이집트에서는 이른바 신비문학이 발달했다. 이것은 양 원적 확실성의 경계에서 탄생하여, 의식 세계 전역으로 확산된 다양한 유도 절차들을 묘사하는 일련의 파피루스 고문서였다. 그중 하나에는 그리스의 치유의 신을 따라 아스클레피오스(Asklepios)라고 불리는 대화체 작품에 써 있는데, 그것은 약초, 보석 그리고 냄새를 사용해 악마나 천사의 영혼을 조각에 감금시켜, 조각이 말하고 예언하게 하는 기술을 설명했다.[23] 다른 파피루스 고문서에는 이러한 조각을 만들고 생기를 불어넣는 다른 방법이 적혀 있다. 예를 들면 마술 이름을 새긴 금으로 된 나뭇잎을 넣기 위해 조각 속을 비우고 만들라는 경우도 있다.

1세기에 이르러서는 이러한 관습이 문명 세계 대부분 지역으로 확산되었다. 그리스에서는 공공장소에 있는 우상의 기적적인 행동에 대한 소문이 전설이 되어버렸다. 로마에서는 네로(Nero)가 자신에 대한 음모를 경고해주는 입상을 무척 아꼈다.[24] 아풀레이우스(Apuleius)도 이

---

[23] 중세의 신인 아스클레피오스를 위한 여러 신전들에 대한 기록에는, 환자들이 그 신전에서 잘 때 아픈 데를 진단해주고 치료법을 알려주었다는 보고로 가득차 있다. 이들은 에델슈타인(Edelstein) 부부가 수집하고 번역했다. *Asclepius: A Collection and Interpretation of the Testimonies*, 2 vols., 1945.

[24] Suetonius, *Nero*, 56.

런 조각을 소유했다고 비난받았다.[25] 기원후 2세기에 이르러서는 환상을 일으키는 우상이 너무도 흔해져서 루키아노스는 그의 『필로수데스』(*Philopseudes*)란 책에서 우상들에 대한 믿음을 풍자했다. 그리고 신플라톤 학파의 한 사람인 이암블리코스(Iamblichos)는 『페리아갈마톤』(*Periagalmaton*)이란 그의 책에서, 우상숭배술(theurgy)이라 부르는 것을 전파했다. 그는 "우상들은 신적이고 신적인 존재로 가득 찼다"는 것을 증명하려고 했으며, 크리스천 비평가들의 분노에 찬 혐오를 불러일으키면서도 이런 우상들을 유행시켰다. 그의 제자들은 우상들에게서 각종 전조를 받아냈고 이를 판별했다. 환각을 일으키게 하는 한 제자는 헤카테(Hecate)의 조각을 웃게 하고, 그녀가 손에 든 횃불에 불이 붙게 할 수 있다고 자랑했다. 또 한 제자는 우상이 전달하는 감각을 통해 그 우상이 살았는지 죽었는지 알 수 있다고 말했다. 심지어는 카르타고의 선한 늙은 주교였던 키프리아누스(Cyprianus)도 3세기에 '조각과 신성한 그림들 밑에 도사리고 있는 영들'에 대해 불평했다.[26] 신탁과 예언이 실패한 다음, 양원적 정신을 떠올리려는 문명 세계 전체는 신에 대한 갖가지 종류와 여러 형태의 조각으로 가득 찼고, 우상숭배가 놀라울 정도로 부흥되었다.

이 모든 것을 어떻게 믿을 수 있었을까? 이것이 인간이 자신의 이성과 상식에 자신감을 갖게 되고 마침내 가짜 환각이 있을 수 있다는 것을 알게 된 주관적 시대에 일어났다는 것을 생각해보라. 어떻게 조각들이 진정한 신들을 구현했다고 믿을 수 있었을까? 그리고 실제로 이야

---

[25] Apuleius, *Apol.*, 63.
[26] 다른 예들은 E. R. Dodds, *Greeks and the Irrational*에 언급되어 있다.

기한다고 믿을 수 있었을까?

이상의 사건이 일어난 몇백 년 동안에 정신과 물질의 절대적인 이원성에 대해 보편적인 믿음이 있었음을 상기해보자. 정신이나 영혼, 영, 의식(이 모든 것은 혼동되었다)은 육체적 물질에 생명을 주기 위해 천국에서 부여된 것이었다. 이 시대의 모든 신흥 종교들은 이 점에서 큰 차이가 없었다. 그리고 육체같이 부서지기 쉬운 것에 영혼이 부여되어 생명을 줄 수 있다면, 한쪽으로는 식물과 동물을 집어넣으며, 다른 쪽으로는 지독한 냄새를 풍기며 배설해야 하는 부서지기 쉬운 인체에, 세월이 주름지게 하고 바람이 늙게 하고, 질병이 잔인하게 괴롭히며, 양파를 자르는 것 같은 행동을 통해 순식간에 담고 있는 영혼과 분리될 수 있는 죄 많은 그릇에 영혼이 부여될 수 있다면, 하늘은 차라리 주름조차 지지 않는 대리석이나 병들지 않는 금으로 만든 결점 없고 완벽한 몸을 가진 아름다운 조각에 생명을, 그것도 신적 생명을 부여한다는 것이 훨씬 더 그럴싸해 보인다! 예를 들면 칼리스트라투스(Callistratus)가 4세기에 상아와 금으로 만든 아스클레피오스 신상에 대해 쓴 글을 보자.

신의 영이 인간의 몸으로 내려와 욕망으로 더럽혀진다는 것을 인정하지만, 그럼에도 악의 발생을 동반하지 않는 경우에는 믿어야만 하지 않을까? 하나의 상에 예술가가 신을 새기면, 그것이 정말로 신처럼 변화되는 것을 보라. 그것은 물질이지만, 신적인 지혜를 발산한다.[27]

---

[27] Callistratus, *Descriptions*, 10, A. Fairbanks trans.(Loeb Classical Library, 1902).

그리고 그와 세상사람들은 대부분 이것을 믿었다.

이 모든 것에 대한 증거는 오늘날 더 명백했을 것이지만, 4세기에 콘
스탄틴 황제는 1,000년 전 요시아 왕처럼 한때 양원적이었던 세계에
그의 기독교 군대를 내보내 눈에 보이는 모든 조각들을 큰 해머로 부숴
버리라고 명령했다. 양원적 정신이 붕괴된 후에는, 모든 신은 질투심이
많아졌다.

그러나 심지어는 이러한 파괴도 우상숭배의 관습을 폐지하지는 못했
다. 우리 행동에 어떤 종류의 승인이 있는 것은 너무나 중요하기 때문
이었다. 중세 이탈리아와 비잔틴 제국은 재난을 피하는 능력이 있는 마
술의 우상들을 믿었다. 악명 높은 성당수도 기사단(Knights Templars)
은 적어도 바포메트(Baphomet)란 황금머리의 지시를 받았다고 한다.
중세 말기에는 환각을 일으키는 우상들이 너무도 흔해져서, 1326년에
는 마술로 조각상이나 다른 물건에 악령들을 감금시키고, 그들에게 질
문하여 답을 받는 사람들을 비난하는 교황 요한 22세의 대칙서가 있었
다. 종교개혁에 이르러서까지, 수도원들과 교회들은 기적을 일으키는
조각들로 순례자들과 (그들의 헌금을) 끌어내기 위해 서로 경쟁했다.

어떤 시대에는, 어쩌면 이 같은 새로운 양원적 경험에 대한 인지 규
범이 합리주의의 햇빛 아래 시들어가면서, 조각이 살아 움직이는 것에
대한 믿음은 종종 속임수 장치들로 유지되었다.[28] 그중 복슬리(Boxley)
에 있던 실제 크기의 중세 십자가에 못 박힌 예수가 참회하는 신도들을

---

[28] F. Poulsen, "Talking, Weeping, and Bleeding Sculptures," *Acta Archeologica*,
16호, 1945, 178쪽 이하를 보라.

보며 눈알을 굴리고, 눈물을 흘리고, 입에 거품을 물었는데, 16세기에 "엔진과 낡은 철사와 썩은 막대기가 십자가 뒤에 있었다"는 것이 발견 되었다.[29] 그러나 우리는 지나치게 냉소적이어서는 안 될 것이다. 이러 한 인공적인 움직임이 기적에 굶주린 순례자들을 속이기 위한 사기로 작용했지만, 동시에 더 실제와 같은 조각으로 신이 머물게 하려는 유인 장치로 만들어졌을 수도 있다. 이것에 대한 14세기 소책자에 적혀 있 듯이 "신의 능력은, 기적을 일으킬 때 어떤 입상보다 다른 입상에 더 많 이 내려오고 있다."[30] 일부 현대 부족들에서 숭배자들도 살아 있는 우 상들을 이와 같이 설명한다.

우상숭배는 아직도 사회적으로 응집력이 있다. 이것이 원래 기능이 다. 우리 공원에는 과거 지도자들의 영웅적인 동상이 꽃에 둘러싸여 있 다. 그 동상들이 하는 말을 환상으로 들을 수 있는 이는 거의 없지만, 우르의 기구누에서 더 큰 선물들을 바쳤듯이 사람들은 때에 따라 화환 을 선물로 바치기도 한다. 세계 각지의 교회, 신전, 제단에서 아직도 종 교적 동상들을 조각하고, 칠하고, 또 동상들에 기도한다. 미국 자동차 들의 백미러에는 천국의 여왕 인형이 '운전자'를 보호하기 위해 매달려 있다. 내가 면접한 십대 소녀들은 매우 종교적인 수녀원에서 살면서 자 주 한밤중에 예배당으로 몰래 내려와 동정녀 마리아상이 말하는 것을

---

[29] Jonathan Sumption, *Pilgrimage: An Image of Medieval Religion*(Totawa, N. J.: Rowman and Littlefield, 1975), 56쪽을 보라. 또한 곧 출판될 볼턴(Julia Holloway Bolton)의 *The Pilgrim and the Book: A Study of Dante, Langland and Chaucer* 도 보라. 내가 이 점에 주목할 수 있게 해준 그녀에게 감사한다.

[30] 롤라드(Lollard)의 원고인 *Lanterne of Light*, by Sumption, 270쪽에서 인용했다.

'들을' 수 있고, 그 입술이 움직이는 것, 그녀가 머리를 숙이는 것, 때로는 눈물을 흘리는 것을 '볼' 수 있다는 것에 흥분했다고 말했다. 예수, 마리아, 가톨릭 세계에 대부분 퍼져 있는 신자들의 온화한 우상들은 아직도 닦이고, 옷이 입혀지고, 향이 발라지고, 꽃과 보석으로 장식되고, 축제날에는 어깨 위에 들려 영광스런 모습으로 종이 울려퍼지는 교회를 나와 도심지와 시골을 도는 외출을 한다. 우상들 앞에 특별한 음식을 차려놓는 것이나 그 앞에서 춤추고 절하는 것은 아직도 신비한 흥분을 불러일으킨다.[31] 이러한 종교의식은 4,000년 전 양원적 메소포타미아에서 있었던, 이와 유사한 신의 행차와는 다르다. 그때는 대부분 우상이 비교적 침묵할 때 외출이 이루어졌다.

---

[31] 플로베르(Flaubert)의 아름다운 소설인 *Un Coeur Simple*에서 볼 수 있다.

제2장

예언자와 신들림 현상에 대하여

여러분은 분명히 앞서 말한 신탁이론에서, 내 논의가 건너뛰는 깊은 틈새를 보았을 것이다. 나는 일반적 양원 패러다임을 양원정신의 한 흔적이라고 했다. 그러나 적어도 제4기 신탁시대나 그 후 관점에서 볼 때, 의식이 축소되거나 멍한 환각 상태(trance state of narrowed or absent consciousness)는 양원정신의 복제라 할 수 없다. 그럼에도 그 후 신탁과정에서 신탁받는 사람과 그가 하는 말은 신에게 완전히 지배되는 것을 볼 수 있다. 이때 신이 그 사람을 통해 이야기하지만, 나중에 그는 어떤 일이 벌어졌는지 기억하지 못한다. 이 현상은 신들림(possession)이라고 알려져 있다.

신들림 현상이 제기하는 문제는 먼 고대의 신탁에만 국한되어 있지 않고, 오늘날에도 일어난다. 이 현상은 역사를 통해 지속되어왔다. 신들림의 부정적인 형태는, 신약성서의 갈릴리 지방에서 흔한 질병 중 하나였던 것으로 추정된다. 그리고 메소포타미아, 이스라엘, 그리스 등지의 떠돌이 예언자들 중 적어도 일부는 단지 그들이 환청을 사람들에게 전달하는 게 아니었다고 할 수 있다. 오히려 이런 사례들은 신의 계시가 직접 예언자의 발성 기관을 통해 나왔던 것이며, 이때 그 예언자는 자신이 말하면서도 '자신은' 무엇을 하는지 의식하지 못하고 이후에도 기억하지 못한 경우들이다. 만일 이것을 의식의 상실이라고 부른다면 문제가 있다. 신들림을 의식의 상실이라고 하는 대신 새로운 다른 의식으로 대체된 것이라고 할 수 있지 않을까? 그러나 그것은 무엇을 의미하는가? 아니면 이른바 신들린 상태의 인간을 통해 말하는 그 언어조직은, 제1권 2장에서 설명한 정신-공간 내에서의 이야기 엮기라는 의미에서 의식적이 아닌가?

이러한 질문들은 간단한 답으로 해결할 수 없다. 형이상학적 실체에 따른 신들림 현상은 존재론적으로 터무니없는 일이다. 그렇지만 역사와 신앙 속에서 나타나는 이러한 독특한 현상을 연구함으로써 얻을 수 있는 심리학적·역사학적 통찰을 놓쳐서는 안 될 것이다. 의식과 그 기원에 대한 이론이라면, 결국은 이러한 불분명한 현상을 다뤄야 할 것이다. 시간과 정신의 이러한 어두운 구석을 밝히는 데, 이 책에 소개된 이론이 다른 이론보다 더 나은 횃불이 되리라고 믿는다. 우리가 아직도 의식은 완전히 생물학적 진화 과정을 통해 미개한 척추동물에게서 진화된 것이라고 믿는다면, 신들림 같은 현상에 어떻게 접근할 것이며, 이 현상의 역사적·문화적 단절을 어떻게 이해할 수 있겠는가? 이러한 질문은 집단적 인지 규범을 염두에 두고 의식을 연구했을 때만 적절히 답할 수 있다.

정신 현상의 이해를 위한 첫걸음은 역사적인 시간 속에서 그 현상의 발생 범위를 정하는 것이다. 그 현상이 언제 처음 일어났는가? 그리스에서 그 답은 매우 분명하다. 『일리아스』나 『오디세이아』 또는 그밖의 초기 시에는 신들림이나 이와 조금이라도 비슷한 것이 언급되지 않았다. 진정한 양원시대에서는 그 어떤 '신'도 인간의 입술을 통해 말하지 않았다. 그러나 기원전 400년에 이르렀을 때 요즘의 우리 주위에 많은 교회가 있듯이, 신들림은 그리스 전역에 흩어져 있는 신탁들과 개개인에게 빈번히 나타났다. 양원적 정신은 사라지고 신들림이 그 흔적으로 남았던 것이다.

기원전 4세기에 플라톤은 소크라테스가 정치 토론 중 "신들린 사람들은 많은 진리를 이야기하지만 자신이 무슨 말을 하는지 알지 못한다"[1]고 말한 것을 기록했다. 마치 이러한 예언자들이 하는 말을 아테네 시내에서 매일 들을 수 있었다는 것 같다. 그리고 플라톤은 그가 살던 시대의 신탁에 의식이 상실되어 있음을 분명히 밝혔다.

왜냐하면 예언은 광적인 행위다. 그리고 델포이의 여자 예언자와 도도나의 여사제들은 의식을 잃은 상태에서는 헬라스(Hellas)의 생활에 큰 혜택을 주었지만 의식이 돌아왔을 때는 별 도움을 주지 못했다.[2]

그리하여 이후 시대에서 이른바 신들림은 일상적 의식이 말소된 것으로 여겨왔다. 플라톤 시대에서부터 400년 후, 기원후 1세기에 유대우스(Philo Judaeus)는 다음과 같이 단정적으로 기술했다.

계시를 받을 때 그는 (예언자가) 무의식이 된다. 생각이 사라지고

---

[1] *Meno*, 99C. *Timaeus*, 71E-72A에도 "그 누구도 자신의 지혜로는 예언적 진리와 영감을 가질 수 없다"고 나온다.
[2] *Phaedrus*, 244B.

영혼의 요새를 떠난다. 그러나 신의 영이 그곳에 들어와 거처를 정한다. 그런 다음 모든 기관을 울려서 예언자는 영이 시키는 말을 분명히 표현하게 된다.[3]

그리고 그로부터 1세기가 지나 아리스티데스(Aristides)는 도도나의 신탁에 있는 여사제들에 대해 말하기를,

영에 사로잡히기 전에는 무슨 말을 할지 모른다. 마찬가지로 의식이 돌아왔을 때 무슨 말을 했는지 기억하지 못한다. 그래서 모든 사람들은 그들이 한 말을 알지만 그들 자신은 모른다.[4]

3세기 초 가장 유명한 신플라톤 학파 학자인 이암블리코스는 신들림이 신성에 "참여하는" 것이고 신과 "공동 에너지"를 갖는 것이며 "진정 우리 안의 모든 것을 이해하되 우리 고유의 의식과 움직임을 없애버리는 것이다"[5]라고 강변한다. 그렇다면 이러한 신들림은 양원적 정신으로 복귀한 것이라고 말할 수 없다. 왜냐하면 1,000년 전 아킬레우스가 아테나 여신의 음성을 들었을 때, 그는 분명 그녀가 무엇이라고 말하는지 알았다. 그것이 양원적 정신의 기능이었다.

---

3 콘(M. Cohn)과 웬들랜드(Wendland)가 편집한, *De Special Legibus*, 4, 343M. 필론은 다른 곳에서 "실제로 영감을 받고 신의 영향으로 가득 찬 사람은 그가 말하는 것을 자신의 지능으로는 이해할 수 없다. 그는 마치 다른 사람이 강요한 것처럼 그에게 주어진 것만을 반복할 뿐이다"라고 말한다. 222M.

4 Aristides, *Opera*, 213.

5 Iamblichos, *De Mysteriis*, 3: 8, 또는 Thomas Taylor의 영역본 (London: Theosophical Society, 1895), 128~129쪽.

바로 이것이 문제의 핵심이다. 신들린 예언자들이 하는 말은 진정한 환각이 아니다. 의식이 있거나 의식이 반쯤 있거나 심지어는 무의식인 사람이 진정한 양원적 정신이 있는 사람처럼 듣는 어떤 것도 아니다. 그것은 외적으로 분절되고 다른 사람들에게 들린다. 그것은 통상적으로 의식적인 사람에게만 나타나며 그가 그 의식을 잃었을 때 수반되어 나타난다. 양원적 정신의 환각 현상과 신들린 사람들이 말하는 것이 연관이 있다고 주장할 근거가 있는가?

나는 진정 확실한 대답을 할 수 없다. 다만 다음과 같은 이유에서 이 두 가지 현상이 서로 연관이 있다고 말할 뿐이다. ① 이들은 사회적 기능이 같다. ② 이들은 위임이라는 비슷한 의사소통을 산출한다. ③ 신탁의 초기 역사에 대해 우리가 아는 약간의 자료에 따르면, 특정 장소에서의 몇몇 제도적 인사에게 나타나는 신들림 현상은 그 장소에서 누구나 접하던 신의 환영에서 서서히 자라나온 결과다. 그러므로 우리는 적어도 신들림이 특정 유형의 변형(transformation)이라고 주장할 수 있다. 즉 신들림은 양원성의 한 파생물로서 유도 의식, 여러 집단적 인지 규범과 훈련된 기대가 양원적 정신 중에서 신적인 부분에 따라 특정한 사람을 신들리게 했다고 할 수 있다. 어쩌면 과거 정신을 되찾기 위해서 의식을 더욱더 개발하는 것을 막아야만 했고, 따라서 인간의 부분을 억제하게 되었으며, 신의 부분이 언어능력을 지배하게 되었다고 말할 수 있다.

이러한 정신의 신경학적 과정은 무엇일까? 제1권 5장에서 제시한 모델을 보면 신들림 현상이 일어날 때, 정상적인 반구 우세 관계에 이상이 있다고 자연스럽게 가정할 수 있다. 이때 우반구가 정상적인 상태에서보다 약간 더 활발히 움직인다. 다시 말하면 광란 상태에서 델포이의 신탁을 받는 한 여자의 두피에 전극을 갖다댈 수 있다면, 신들린 상태에 있을 때 우반구에서 상대적으로 빠른 EEG를 (즉 더 활발한 운동을) 측정할 수 있을까? 그리고 특히 우측 측두엽에서 더 높을까?

나는 그러리라고 생각한다. 적어도 두 반구의 우열관계가 바뀔 수 있을 가능성이 있고, 신탁을 받는 사람들이 어려서부터 받는 훈련은, 유도 절차의 복합적인 자극에 반응하여 좌반구에 비해 우반구의 활동을 더 촉진하는 훈련이었을 수도 있다. 이러한 가설로 일그러진 표정, 광란상태로 보이는 모습, 사시 등이 나타나는 것을 설명할 수 있다. 이러한 모습은 비정상적인 우반구의 간섭 또는 좌반구의 억제에서 벗어나는 것을 의미하기 때문이다.[6]

여기서 남성과 여성의 차이를 언급할 필요가 있다. 여자들이 생물학적으로 남자들보다 뇌 기능이 덜 편중되어(less lateralized) 있다는 것은 이제 잘 알려진 사실이다. 이것은 여자들의 심리적 기능은 남자만큼 뇌의 이쪽 또는 저쪽 반구에 지정되어 있지 않다는 것을 의미한다. 여자들에게 정신 능력은 양쪽 반구에 걸쳐 더 광범위하게 퍼져 있는 것이다. 예를 들면 6세만 되어도 남자아이들은, 물체를 만져보기만 하고 무엇인지 알아맞히라고 하면, 오른손보다 왼손으로 더 잘 알아맞힌다. 여자아이들은 양손 다 마찬가지다. 이것은 이른바 촉각 인식 능력(haptic recognition)이 남자아이들에게는 주로 우반구에 집중되어 있지만, 여자아이들에게는 그렇지 않다는 것을 나타낸다.[7] 좌반구에 뇌졸중 또는

---

6 얼굴의 찡그림을 관상하는 깃은 우반구의 운동 피질이 아니다. 우반구의 측두-두정엽의 비정상적인 활동이 기저 신경절에서 얼굴의 표정에 이르는 입력의 대칭성을 왜곡했을 가능성이 있다.

뇌출혈이 있던 할아버지들이, 마찬가지 진단을 받은 할머니들보다 언어 능력이 더 떨어진다는 것은 이미 상식이 되었다. 그렇다면 여자들의 우반구에 언어 능력의 잔재가 더 남아 있을 것이고, 따라서 여자들이 신탁받는 사람이 되는 것을 배우기가 더 쉬울 것이라고 예상할 수 있다. 그리고 실제로 적어도 유럽문화권에서는 신탁받는 사람과 무당들이 주로 여자들이었다.

유도된 신들림

제3권 1장에서 살펴보았듯이, 신탁받는 사람이 무의식 상태에서 마치 신이 말하듯이 이야기하는 제도는, 기독교 시대의 첫 세기에 이르러 불규칙적으로 되다가 조용해졌다. 합리주의에 포위되고, 희극이나 문학에서 비판과 노골적인 경시를 받게 된 것이다. 보편적인 문화적 특질이 이처럼 공적으로 (그리고 논리 정연하게) 억제될 때, 그것은 사적 영역으로 밀려 들어가는 결과를 초래한다. 인지 규범 역시 이와 같은 비난에서 보호될 수 있는 비밀스런 집단과 은밀한 종교집단 등으로 물러나게 된다. 유도된 신들림도 이와 같다. 신탁이 비웃음 때문에 멈추게 되었을 때, 위임에 대한 갈망이 매우 크기 때문에 사적 집단들 사이에 신들을 다시 모셔와서 누구를 통해서든 이야기하게 하려는 시도가 확산되었다.

---

7 이 환자에 대한 30개의 다른 연구들을 보려면 하시만(Richard A. Harshman)과 레밍턴(Roger Remington)의 1975년 초고인 "Sex, Language, and the Brain, Part I: A Review of the Literature on Adult Sex Differences in Lateralization"을 보라. 또한 Stevan Harnad, "On Gender Differences in Language," *Contemporary Anthropology*, 17, 1976, 327~328쪽도 참조하라.

2세기에 들어 이러한 종교집단들이 늘어났다. 그들의 교령회(séance)는 때로 공식적인 성전에서 열렸지만 사적인 장소에서 열리는 일이 점점 늘어났다. 대부분 펠레스티케(pelestike)라고 불리는 최면술사가 카토코스(katochos) 또는 특별히 도케우스(docheus), 즉 현 시대에 영매라고 불리는 사람 안에 일시적으로 신이 깃들게 하려고 했다.[8] 이 현상이 일어나기 위해서는 카토코스가 단순하고 배우지 못한 태생이어야 한다는 것이 곧 밝혀졌다. 이 사실은 신들림에 대한 모든 글에 나타나는 공통적인 내용이다.

3세기 초 이 모든 것에 대한 진정한 전도자였던 이암블리코스는 '어리고 단순한 이들'이라야 가장 적합한 영매가 된다고 말했다. 기억해보면 델포이 신탁에서 사제로 훈련받기 위해 선택된 이들도 마찬가지로 배우지 못한 시골 처녀들이었다. 다른 글에서 에데시우스(Aedesius)란 소년과 같은 십대 소년들이 언급되어 있다. 에데시우스는 "화환을 쓰고 태양을 바라보기만 해도 즉시 가장 감명을 불러일으키는 어투로 믿을 만한 신탁을 내놓았다"고 기록했다. 아마도 이것은 철저한 훈련에서 온 것이라고 추정해볼 수 있다. 이러한 유도된 양원적 신들림이 학습되어야 한다는 사실은, 신탁받는 사람들이 훈련받았던 것과 로도스의 피타고라스가 한 말을 통해서 알 수 있다. 그것은 신들이 처음에는 마지못해 왔지만, 같은 사람 속에 들어가는 것에 익숙해지면 더 쉽게 들어왔다는 것이었다.

---

8 이 부분에 대한 논의는 E. R. Dodds, *The Greeks and the Irrational*(Berkeley: University of California Press, 1968)의 부록 II인 "Theurgy"에서 많은 정보를 얻었다. 이 부록에는 많은 참고 문헌이 실려 있다.

이들이 학습한 것은, 유도에 반응하여 양원적 정신에 접근한 상태였다고 생각한다. 이것은 중요하다. 우리는 일반적으로 새로운 무의식적 정신체계를 배우는 것에 대하여, 즉 어쩌면 우리의 뇌 반구들간의 완전히 새로운 관계를 학습하는 것에 대하여, 마치 자전거 타는 법을 배우는 것처럼 생각하지는 않는다.

이것이 일상생활과 매우 다른 어려운 신경학적인 상태를 배우는 것이므로, 유도하는 암시가 매우 색다르고 일상생활과 극단적으로 달라야 하는 것이 놀랄 만한 일은 아니다.

실제로 암시들은 완전히 달랐다. 특이하고 이상한 것이라면 무엇이든 유도 암시물이 되었다. 연기나 성스러운 물에 목욕하는 것, 마술 키톤[9]을 입고 마술 장식 띠를 두르는 것, 이상한 화환 또는 신비로운 상징을 두르는 것, 중세 마법사들처럼 마법의 동그라미에 서 있는 것, 파우스트가 메피스토펠레스(Mephistopheles)를 환각하기 위해 했듯이 기호(charakteres) 위에 서 있는 것, 이집트에서처럼 환상을 보기 위해 눈에 스트리크닌(strychnine)[10]을 바르는 것, 또는 유황과 바닷물에 목욕하는 것 등등이다. 2세기경 포르피리(Porphyry)에 따르면, 유황과 바닷물에 목욕하는 것은 그리스에서 시작한 매우 오래된 방법으로 상위 존재를 영접하기 위해 영적 아니마(anima)[11]를 준비했다. 이 모든 것은 효능이 있다고 믿지 않을 때는 아무 효능이 없었다. 마치 오늘날 우리가 자신이 '자유 의지'를 갖고 있다고 믿지 않을 때는 '자유 의지'가 없는 것과 마찬가지로.

---

[9] 고대 그리스 사람이 알몸 위에 직접 걸친 헐거운 가운 - 옮긴이.
[10] 중추신경 흥분제의 일종 - 옮긴이.
[11] 아니무스(animus)에 대비되는 것으로 남성 속의 여성성을 의미한다 - 옮긴이.

이러한 '신 영접'(reception of god)은 앞서 살펴본 다른 형태의 신들림과 심리적으로 다르지 않다. 일반적으로 카토코스(영매)의 경우, 의식이나 정상적 반응성이 완전히 정지되었기 때문에 다른 사람들이 그를 돌봐야만 했다. 그리고 이처럼 깊은 환각 상태 속에서, '신'은 그 이전의 그리스 신탁에서처럼 과거와 미래를 드러내거나 질문에 답하고 결정을 내렸다.

이러한 신들의 대답이 그릇된 것일 경우 이를 어떻게 설명할 수 있을까? 진짜 신 대신 악령들이 불렸을 수도 있고, 다른 영들이 끼어들어 영매를 지배할 수도 있다. 이암블리코스 자신도 그의 영매에게서, 실제로는 검투사의 귀신에 지나지 않지만, 자신을 아폴론 신이라고 속이는 영의 정체를 밝혀냈다고 주장했다. 이러한 평계는 그 후 쇠퇴해가는 심령주의 글에서 계속 나타났다.

그리고 교령회가 제대로 이루어지지 않는 듯이 보일 때는 최면술사 자신이 정결 의식을 행해 환각 상태에 빠지기도 했다. 더 명확하게 '보기' 위하여 또는 무의식 상태의 영매가 말하지 않는 것을 '듣기' 위해서였다. 이러한 이중의 환각은 신탁받는 사람과 사제 사이의 관계와 비슷한 것으로써, 영매의 몸이 공중에 떠올랐다거나, 길어졌다거나, 팽창했다는 등의 풍설에 대한 설명이 될 수 있을 것이다.[12]

3세기 말에 이르러 기독교는 그 자신의 권위를 주장하며 이방 세계를 가득 채웠고, 당시의 이방 풍습 중 여러 가지를 흡수했다. 신들림의

---

12 오늘날 무대 위의 마술사들의 많은 묘기는 신의 개입을 이렇게 '증명'하려는 데서 시작되었다고 할 수 있다.

개념도 이중 하나였다. 그러나 이것은 초월적인 방법으로 흡수되었다. 이암블리코스가 글을 모르는 어린 카토코스 영매들에게 신성에 '참여하여' 신과 '동등한 에너지를 소유'하는 법을 가르치고 신들을 형상 속으로 불러들이는 법을 가르치고 있을 그 무렵, 경쟁심 많은 알렉산드리아의 주교인 아타나시우스(Athanasius)도 글을 모르는 예수에게 동일한 것을 주장하기 시작했다. 기독교의 메시아는 그때까지 야훼와 비슷한 존재로 여겨왔다. 어쩌면 그의 태생대로 반은 인간이고 반은 신인 일종의 반신으로 여겨졌다. 그러나 아타나시우스는 콘스탄틴 황제, 니케아 종교회의, 그리고 그 후 기독교에게 예수는 야훼에 참여한 것이며, 야훼와 같은 실체고 육이 된 양원적 말씀(the Bicameral Word made Flesh)이라고 설득했다. 나는 성장하던 당시의 교회가 분파로 쪼개질 위기에 놓이게 되면서, 신들림이란 주관적 현상을 객관적·신학적 교리로 과장한 것이라고 생각한다. 교회는 절대적인 권위를 주장하기 위해 그렇게 했다. 아타나시우스파의 크리스천들은 신들이 직접 이 세상에 왔고 또 올 것이라고 믿었다.

이상하게도 확장되는 이 기독교 교회는 델포이 신탁이나 무당들이 신적인 존재와 접촉했다는 것을 의심하지 않았다. 그러나 신들리도록 유도된 순진한 소년들의 이러한 이교도 교령회는 신학적으로 소란스런 것으로, 악마와 수상한 영들이 벌이는 소동으로 여겨졌다. 그래서 교회가 중세에 이르러 정치적인 권력을 갖게 되면서, 자발적으로 유도된 신들림은 적어도 공식적인 주목은 받지 못하게 된다. 그 대신 각종 마술과 마법 속으로 잠복하며 가끔씩만 사람들에게 보여지게 되었다.

이것이 현대 사회에서 어떻게 나타나는지는 곧 다루겠다. 그러나 이보다 앞서 내가 '부정적 신들림'이라고 부르는 유도된 신들림이 갖고 있는, 우려되는 문화적 부작용을 살펴보겠다.

부정적 신들림

양원정신이 지니고 있는 이 극도로 이상한 흔적에는 또 다른 측면이 있다. 이것은 이 장이 다룰 다른 주제들과는 다른 것이다. 왜냐하면 이 것은 양원적 정신을 되찾으려는 목적을 위한 유도 의식(儀式)에 대한 반응이 아니기 때문이다. 이것은 스트레스에 반응하여 생기는 병이다. 결과적으로 감정적 스트레스가 고대 시기에서처럼 일반적 양원 패러다임 에서 유도를 대신한다. 이럴 경우 권한위임은 다른 종류의 것이 된다.

이 차이가 흥미진진한 문제를 제기한다. 이와 같은 자연발생 적인 신들림이 처음 기록된 신약성서에는, 그리스어로 '귀신들 림'(daemonizomai)이라고 불렀다.[13] 그리고 그때부터 지금까지 이 현상 이 나타났을 때 대부분 그 용어에서 암시되는 부정적인 특성이 있었다. 왜 부정적이었는지는 현재 분명하지 않다. 제2권 4장에서 나는 '악'은 침묵하는 양원적 목소리에 나타난 의지의 결여라고 주장했다. 그리고 이러한 현상이 메소포타미아와 특히 유대인들이 기원전 6세기에 추방 당했던 바빌론에서 일어났다는 사실은, 이 증상이 시작되었을 무렵 예 수가 살았던 곳에서 이러한 부정적 특성이 지배적이었던 것에 대한 설 명이 될 수 있을지도 모르겠다.

그러나 그 이유가 어떤 것들이든, 개인에게 일어나는 정신분열증적

---

13 더구나 그런 신들림의 사례들은 가장 오래되고 가장 권위 있는 복음서에서 가장 자 주 나타난다. 「마가복음」 1장 32절, 5장 15~18절, (학자들이 「마가복음」과 다른 알려 지지 않은 더 오래된 복음에 근거한다고 동의하는) 「마태복음」 4장 24절, 8장 16절, 8장 28~33절, 9장 32절, 12장 22절.

환상이 주로 강한 부정적 특성이 있는 것과 비슷한 이유임이 틀림없다. 그리고 이러한 유형의 신들림이 정신분열증과 관련이 있다는 것도 분명하다.

정신분열증처럼 부정적인 신들림은 주로 어떤 환상으로 시작한다.[14] 그것은 스트레스가 어느 정도 심하게 지속되었을 때, '악령'이나 다른 존재의 징계하는 '목소리'를 듣는 것으로 시작될 때가 많다. 그러나 정신분열증과는 달리, 이 목소리는 강한 집단 인지적 규범 때문에 이차적인 인격 체계로 발전하게 되고, 신들린 사람은 의식을 잃고 주기적으로 환각 상태에 빠지는데, 이때 인성의 '악령적' 측면(the 'demon' side of the personality)이 지배하게 된다.

환자들은 항상 교육을 받지 못한 사람들이고 대부분 글을 모른다. 그리고 이들은 모두 영이나 악령 또는 이와 비슷한 존재들을 믿고, 또 이런 존재들을 믿는 사회에 살고 있다. 발작은 주로 몇 분에서 한두 시간 지속되고, 발작이 멈추면 환자는 비교적 정상으로 되면서 발작에 대해 거의 기억하지 못한다. 괴기소설들에서와는 달리, 부정적인 신들림은 주로 언어적인 현상이고 어떤 행동을 동반하지 않는다. 내가 연구한 모든 사례에서도 다른 사람들에게 범죄행위를 하는 사람은 드물었다. 신들린 사람은 악령처럼 행동하지 않는다. 다만 악령처럼 말할 뿐이다.

이런 발작에서는 유도된 신들림에서와 마찬가지로 몸을 뒤틀고 몸부림치는 행동이 동반된다. 목소리가 변하고, 많은 경우 목쉰 소리가 나고, 소리지르고, 신음하고, 욕을 한다. 대부분 그 시대의 제도화된 신들

---

14 여기서 나는 문학에 나타난 사례들을 요약할 것이다. 이 주제에 대한 더 자세한 논의와 다른 사례에 대한 기술을 보려면 Oesterreich, *Possession*과 J. L. Nevius, *Demon Possession and Allied Themes*(Chicago: Revell, 1896)를 보라.

에게 욕을 퍼붓는다. 거의 모든 경우, 신들린 사람은 의식을 잃고 보통 때와 반대의 모습을 보인다. '그는' 자신이 신, 악령, 영, 귀신 또는 동물(동양에서는 '여우'인 경우가 많음)이라고 말하며, 제단을 요구하거나 자신을 숭배하라고 요구한다. 만일 이에 응하지 않으면 환자에게 경련을 일으킨다. '그는' 야훼가 때로는 그의 예언자들을 경멸하거나 뮤즈가 그들의 시인들을 비웃었던 것처럼, 자신의 자연적 모습을 3인칭으로 칭하며 경멸하는 사람으로 묘사한다.[15] '그는' 야훼와 뮤즈가 예언자나 시인보다 더 똑똑하고 활기가 있었던 것처럼 환자의 정상 상태보다 훨씬 더 똑똑하고 활기가 있어 보인다.

정신분열증과 마찬가지로, 환자는 다른 사람들이 무언가를 암시하면 그것을 행동으로 옮기기도 하고, 더 이상한 것은 관찰자들과 어떤 계약을 맺길 원하기도 한다. 예를 들면 이러이러한 일을 하면 환자를 떠나겠다고 말하기도 한다. 구약성서에서 야훼가 이와 비슷한 계약을 지키는 것처럼 '악령'도 약속을 지킨다. 이러한 암시에 걸리기 쉬운 성향과 계약에 대한 관심은, 자연발생적인 스트레스로 오는 신들림의 치료법인 축귀(逐鬼, exorcism)가 신약성서 시대부터 현재까지 변하지 않았다는 사실과 연관이 있다. 그것은 단순히 어떤 권위 있는 사람의 명령으로 이루어진다. 그다음 좀더 능력 있는 신의 이름으로 이야기하는 유도 의식으로 이어진다. 마귀를 쫓는 사람은 마귀를 대체하여 일반적 양원 패러다임의 위임 요소에 들어맞는다고 할 수 있다. 처음에 병의 형태를

---

15 내가 이렇게 교차시켜 비교하지 말았어야 했다. 그렇지만 내 생각을 밝혀야만 하겠다. 우반구에 있는 베르니케 영역에 헤딩히는 것이 항상 좌반구에 있는 베르니케 영역을 '경멸하는' 것이 가능한가? 이에 대해서는 구약의 「출애굽기」 4장 24점과 헤시오도스의 『신통기』 26행에 각각 언급되어 있다.

결정했던 신앙 체계의 인지적 규범이 병 치료법의 형태도 결정한다.

이 현상은 나이는 상관이 없지만, 역사적 시대에 따라 성별간 차이는 심하다. 이것은 이 현상이 문화적인 기대에 근거를 둔다는 것을 나타낸다. 신약성서에서 예수나 그의 제자들이 병을 고친 '귀신'들린 사람들은 대부분 남자들이었다. 그러나 중세 이후에는 대부분 여자들이었다. 이 현상이 집단 인지적 규범에 근거했다는 증거는 이것이 이따금 유행병으로 나타났다는 점이다. 중세 시대에 수녀들의 수도원, 18세기에 매사추세츠 주의 세일럼(Salem), 그리고 19세기에 알프스의 사보이(Savoy)에서 보고된 사례들이 있다. 그리고 오늘날도 이따금 나타난다.

이제 다시금 이처럼 인상적인 정신 상태의 변화를 볼 때, 신경학적인 질문을 피할 수 없다. 어떤 일이 벌어지는 것인가? 자연발생적인 신들림이 일어날 때 신탁의 유도적 신들림의 경우처럼, 지배적이지 않은 우반구의 언어 영역이 활성화되는 것인가? 일그러진 표정이 우반구의 지배가 침입한 결과인가? 그 사례의 대부분(신탁받은 사람들과 시빌처럼)이 여자였고 여자들이 (현재 우리 문화에서는) 남자들보다 덜 반구 편중화되었다는 것이 이것을 암시한다.

적어도 몇몇 사례에서 신들림은 몸의 왼쪽에 경련이 일어나며 시작된다. 이것은 그것(위의 주장)이 사실임을 나타내는 것일 수 있다. 금세기 초에 보고된 한 사례를 보자. 환자는 47세로 정규교육을 받지 않은 일본 여자였는데, 하루에 6~7번씩 자신을 여우라고 부르는 신들림 증상을 보였다. 그때마다 똑같은 반구 편중화 현상이 일어났다. 당시 그녀의 의사들이 관찰한 내용은 다음과 같다.

처음에는 왼쪽의 입과 팔이 약간씩 실룩거리기 시작했다. 경련이 심해지면서 그녀는 주먹으로 자기 몸의 왼쪽 부분을 심하게 때렸다. 이 부분은 이런 구타 때문에 이미 붓고 빨개 있었다. 그리고 내게 말했다. "아 선생님, 그가 또 가슴에서 움직이고 있어요." 그리고 이상하고 날카로운 목소리가 그녀의 입에서 나왔다. "그래, 맞아, 내가 여기 있다. 이 멍청아, 네가 날 막을 수 있다고 생각했느냐?" 그때 그 여자는 우리를 향해 말했다. "어머, 선생님들, 절 용서해주세요. 어쩔 수 없었어요." 그녀는 계속 가슴을 치고 얼굴 왼쪽을 찌푸리며 그를 위협하고 그에게 조용히 하라고 간청했다. 그러나 조금 지나자 그는 그녀의 말을 가로막았고 그 혼자 생각하고 말하기 시작했다. 그 여자는 이제 인형처럼 수동적이 되어, 그녀에게 들리는 소리를 더 이해하지 못했다. 그 대신 그 여우가 악의를 가지고 대답했다. 10분이 지나자 여우는 좀더 혼란스러워하며 말하고 여자는 점차 의식을 찾으며 정상 상태로 돌아왔다. 그녀는 발작의 첫 부분을 기억했고 눈물을 흘리면서 여우의 무례한 행동을 용서해달라고 애원했다.[16]

그러나 이것은 하나의 사례일 뿐이다. 이처럼 편중화 현상이 분명하게 나타나는 다른 환자는 찾아볼 수 없었다.

부정적 신들림의 신경학을 깊이 알기 위해서는, 투렛 증후군(Gilles de la Tourette's Syndrome) 또는 '욕설 질병'[17]이라고 불리는 현대 질병

---

16 외스터라이히(Oesterreich)가 '신들림'(Possession)으로 번역한 E. Balz, *Ueber Besessenheit*(Leipzig, 1907), 227쪽. 그녀와 함께 있던 의사들은 평소의 그녀와 너무 다른 '여우'가 보여주는 교묘한 말과 재치있고 역설적인 언어를 듣고 놀랐다.

17 이 주제에 대한 역사와 최근의 연구를 보려면 A. K. Shapiro, E. Shapiro, H. L.

을 생각해보는 것이 도움이 될 것이다. 이 이상한 증상을 동반하는 병은 주로 유아기에 처음 나타나는데 5세 또는 그 이전에 시작된다. 처음에는 얼굴이 반복해서 약간씩 경련을 일으키거나, 엉뚱하게 욕을 하는 것으로 시작된다. 점차 정상으로 이야기를 하다가 갑자기 주체할 수 없이 욕설을 퍼붓고, 짖는 소리, 킁킁대는 소리를 낸다. 또한 얼굴에 경련이 일어나고 혀를 내밀기도 한다. 이러한 증상은 성인이 되어서도 지속되며 환자는 무척 괴로워한다. 이런 환자들은 자신이 주기적으로 주체할 수 없이 욕설을 퍼붓는 것에 경악하고 창피해 하기 때문에 많은 경우 집 밖에 나가기를 거부한다.[18] 내가 최근 접한 한 환자는 방광에 심한 문제가 있어 자주 소변을 봐야 한다는 핑계를 꾸며냈다. 실제로 그가 식당이나 집에서 화장실로 달려갈 때마다, 그는 마음속 가득한 욕설을 화장실 벽을 향해 내뱉었다. 이 주장이 좀 불경스러울 수도 있겠지만, 그의 안에 있는 언어 감정은, 그 결과가 어느 정도 달랐지만, 선지자 예레미야가 뼈 속에 불이 타오른다고 이야기한 것(제2권 6장을 보라)과 크게 다르지 않을지도 모른다.

여기서 흥미로운 점은 투렛 증후군이, 스트레스로 유발된 신들림의 초기 단계와 매우 흡사하다는 점이다. 그리하여 이 두 현상이 공통된 생리적 과정을 갖고 있다는 의심이 들게 한다. 이것이 불완전 반구의

Wayne, J. Clarkin과 R. D. Bruun의 "Tourette's Syndrome: summary of data on 34 patient," *Psychosomatic Medicine*, 35호, 1973, 419~435쪽과 수록된 참고 문헌을 보라.

[18] 투렛 증후군은 늘 그런 것은 아니지만, 자주 정신병의 한 형태로 진단하는데 이는 잘 못이다. 다행스럽고 흥미로운 점은 새로운 항정신병 안정제인 할로페리돌이 이 증상을 없애주는 것으로 밝혀졌고 실제로 앞에서 언급한 환자들을 치료했다. 이 점을 알려준 사피로 박사에게 감사한다.

지배 때문일 수도 있다. 양원적 인간이라면 환상을 일으켰을 상황에서 우반구 언어영역이 (어쩌면 기저 신경절로부터의 충동에 의해 자극을 받아) 언어 속에 주기적으로 침투해 드는지도 모른다. 따라서 투렛 증후군 환자들에게 거의 모두 비정상적인 뇌파 유형이 나타나고, 일부 환자들에겐 중추 신경체계에 손상이 있고, 대부분 왼손잡이라는 것은 놀랄 일이 아니다. (왼손잡이 사람들에게 어느 한쪽 반구의 우월은 존재하지 않는다.) 또한 언어의 경우 반구 우월성의 신경학적 발달이 완성되는 5세 정도에 증상들이 시작되는 것도 우연이 아닐 것이다. 이제 이 모든 것은 우리 신경체계에 해결할 문제가 많음을 시사한다. 제1권 5장에 있는 신경학적 모델이 방향을 제대로 잡은 것으로 보이는 반면, 우리는 그곳에서 점점 더 멀어지기 때문이다. 명료하게 발성되는 말을 하기 위해 우반구 언어 중추를 사용하면 오늘날에도 어느 곳에서든 신들린 상태가 된다는 가설은 가능성이 매우 희박하다. 이러한 가설은 너무도 많은 임상 자료와 대치되기 때문에 매우 특이한 경우를 제외하고는 받아들일 수 없다.

좀더 가능성이 높은 것은, 양원정신과 현대의 신들림 상태 사이에 다음과 같은 신경학적인 차이가 있다는 가설이다. 그것은 양원적 정신에서는 환상이 우반구에서 만들어져 그곳에서 들리고, 신들린 상태에서 하는 말은 정상적인 경우에서처럼 좌반구에서 생성되지만 우반구에 의해 조종된다는 것이다. 다시 말하면 우반구의 베르니케 영역에 대응하는 영역이 좌반구의 브로카 영역을 사용한다는 것이다. 그리하여 최면 상태와 비인격화가 나타난다. 이러한 교차 지배가 정상적인 의식 상실의 신경학적 기제일 수 있다.

현대의 신들림

나는 이제 우리 시대의 유도된 신들림을 살펴봄으로써, 이것이 학습된 현상이라는 것을 어느 정도 확실하게 증명하고 싶다. 내가 발견한 가장 좋은 예는 움반다(Umbanda)교다. 이것은 아프리카-브라질 종교 중 가장 널리 확산되어 있는 종교고, 브라질 인구 중 절반 이상이 이것을 신봉한다. 움반다교는 인종적 배경이 다양한 사람들에게 어떤 결정을 내리기 위한 근거로 받아들여지고 있고, 3세기 이후 가장 널리 나타나는 유도된 신들림 현상이다.

지라(gira), 즉 '방향전환'(turn around)이라 불리는 움반다 신들림 집회를 살펴보자.[19] 이런 집회는 지금도 상가 위에 있는 방이나 못 쓰는 차고에서 열리는지도 모른다. 흰 색 예복을 입은 12명 또는 그 이하의 영매들(70퍼센트는 여자들이다)이 분장실에서 나와 흰 색 천을 씌운 제단 앞에 선다. 제단 위에는 꽃, 양초, 기독교 성자들의 조각과 초상화가 빽빽이 놓여 있다. 방 반대편에는 난간 뒤로 100명 정도의 관객이 있다. 북 치는 사람들은 북을 치고 관객은 노래를 하는데, 영매들은 음악에 맞춰 몸을 흔들거나 춤을 춘다. 몸을 흔들거나 춤을 추는 것은 항상 시계 반대방향으로 이루어진다. 즉 우반구의 운동신경 신호로 시작되는 것이다. 그리고 기독교식 예배가 행해진다. 북을 세게 치고 모두 노래를 부른다. 그리고 영매들은 그들의 영을 부르기 시작한다. 어떤 이들은 역시 그들의 우반구를 흥분시키면서 빙빙 도는 데르비시들(dervishes: 회교의 고행파 수도승)처럼 왼쪽으로 돈다. 여기엔 영매를 말

---

[19] 움반다에 대한 이 절 전체의 논의는 극도로 자세하고 결정적인 Esther Pressel, "Umbanda Trance and Possession in São Paulo, Brazil," Felicitas Goodman et al., *Trance, Healing, and Hallucination*(New York: Wiley, 1974)에 근거한다.

〔馬〕 또는 카발로(cavalo)라고 표현하는 분명한 은유가 존재한다. 특정한 영이 자신을 낮추어 자신의 카발로에 들어간다고 한다.

그 와중에 카발로, 즉 영매의 머리와 가슴은 마치 사람을 실은 야생마처럼 반대방향으로 갑작스럽게 이리저리 움직인다. 머리카락은 헝클어지고, 얼굴 표정은 내가 인용했던 고대의 사례들처럼 일그러진다. 몸자세는 신들리게 하는 영들 중 하나와 비슷하게 변한다. 신들림이 이루어지면, '영'들은 몇 분 동안 춤추거나 신들린 상태에서 서로 인사를 하거나 영의 종류에 적합한 행동을 하고, 북소리가 멈추면 미리 지정된 자리로 간다. 그리고 관객이 상담을 하기 위해 앞으로 나오는 것을 기다리며, 그들은 손바닥을 밖을 향해 편 채로 손을 편히 몸에서 늘어뜨리고는 조급하게 손가락을 딱딱거리며 소리를 낸다. 상담할 때 사람들은 신들린 영매에게 자신의 병이나 개인적인 문제, 직장을 구하거나 유지하는 문제, 사업의 재정적인 문제, 가족간의 다툼, 애정문제에 관한 결정, 심지어 학생의 경우에는 성적에 대한 조언들을 묻고 답을 받는다.

이러한 브라질의 이단 종교에서 신들림이 학습된 정신체계라는 증거는 매우 명확하다. 운동장에서 어린이들이 바이로(bairro), 즉 신들림을 유도하고 끝낼 때 앞뒤로 머리와 가슴을 특이하게 움직이는 행동을 흉내 내며 노는 것을 볼 수 있다. 만일 한 어린이가 영매가 되고 싶어하면 주위 사람들은 그를 독려하며, 델포이와 그밖의 장소에서 신탁이 되려는 어린 시골 처녀들처럼 특별한 훈련을 받게 한다. (상파울로에만 4,000개나 되는 많은 센터가 있는데) 많은 움반다 센터가 이런 정기적인 훈련 프로그램을 진행한다. 프로그램에는 견습생에게 최면 상태를 가르치기 위해 그를 어지럽게 만드는 방법과, 최면술에 사용되는 것과 비슷한 기법도 포함되어 있다. 최면 상태에서 견습생은 여러 영들이 어떻게 행동하는지를 배운다. 신들리게 하는 영들을 구분하는 것은 매우 중요한데, 나는 이 사실과 그 문화적 기능에 대해 논하려고 한다.

양원적 정신의 흔적들은 텅 빈 심리적 공간에 존재하는 것이 아니다. 즉 그것은 단순히 어떤 문화에 나타나 아무 기능도 하지 않는 채, 고대의 특성만을 나타내는 고립된 현상으로 취급되어서는 안 된다. 그것은 어떤 문화나 하위 문화의 중심부에 존재할 뿐만 아니라, 나아가 말로 표현할 수 없고 합리적으로 설명되지 않는 부분을 채워준다. 그것은 비합리적이며 질문의 여지가 없는 문화의 버팀목이자 구조적 기반이다. 그리고 이번에는 그 문화가 그 속에 있는 개개인의 의식의 기반이 된다. 그것은 또한 '나'(me)라는 은유가 유사 '나'(I)에 따라 어떻게 '지각되는지'에 관하여, 그리고 발췌의 본질과 이야기 엮기와 조정의 제약에 관하여 설명해주는 기반이 된다.

우리가 여기서 생각하는 양원적 정신의 흔적들도 예외일 수 없다. 움반다교 같은 신들림의 종교는 가난하고 교육받지 못하고 궁핍한 이질적인 군중에게 강력한 심리적 인지주의 역할을 한다. 박애주의, 즉 카리다데(Caridade)의 감정이 충만해 있는 이 종교는 도시화와 민족적 다양성으로 뿌리 없이 좌초된, 정치적으로 무능한 이 잡다한 사람들을 위로하고 하나로 묶는다. 인간에게 찾아와 그를 점유해버리는 신(possessing divinities)으로 나타나는 이 특정 신경학적 조직의 유형을 보라. 그것은 우리에게 상위 신들과의 관계에서 중재 역할을 하는 수메르와 바빌론의 개인적인 신들을 떠올리게 한다. 각 영매는 네 개의 주요 집단 중 하나에 속한 개별적인 영에 의해 하룻밤 동안 신들림을 받게 된다. 그 집단들을 자주 나타나는 순서대로 보면 다음과 같다.

카보클로스(Caboclos): 인디언계 브라질인 전사의 영. 직장을 구하
거나 유지하는 것과 같은 급하고 결단력 있는 행동이 필요한 상황에
서 조언을 준다.

프레토스 벨호스(Pretos velhos): 오래된 아프리카계 브라질인 노
예들의 영. 오랫동안 지속되어온 개인적인 문제를 처리하는 데 능숙
하다.

크리앙카스(Crianças): 죽은 아이들의 영. 이 영에 신들린 영매들은
장난스러운 제안을 한다.

엑쿠스(Exus): (악령) 또는 여자의 경우에는 폼바기라스
(pombagiras: 돌고 있는 비둘기)라고 한다. 악한 외국인의 영들로 이
영에 신들린 영매들은 천박하고 공격적인 제안을 한다.

이 네 개의 주요 유형은 인디언계, 아프리카계, 브라질계('crianças'는
'우리와 같은'이란 의미다), 유럽계 등 숭배자들의 다양한 민족적 혈통에
대응하는 민족 집단을 나타낸다. 각 유형은 청원하는 사람과 아버지,
할아버지, 형제, 외부인 등 각각 다른 가족 관계를 나타낸다. 각 유형은
어떤 행동을 선택하기 위한 화급한 결정, 개인 문제에 대한 위로나 조
언, 장난스러운 제안, 공격성이 필요한 결정 등 각기 다른 종류의 결정
을 담당한다. 그리스 신들이 원래 결정 영역에 따라 구별되었듯이 움반
다교의 영들도 마찬가지다. 이 모두는 하나의 망 또는 네 가지 다른 것
들이 서로 연관된 비유의 매트릭스 같은 것으로써, 이들은 사람들을 묶
어 한 문화 속에 살아가도록 해준다.

나는 이 모든 것이 우리가 새로운 정신체계에 적응하며 수천 년을 지나는 동안에 남은 양원적 정신의 흔적이라고 주장하는 것이다.

플라톤과 그밖의 학자들은 진정한 신들림은 의식이 없는 상태에서 이루어진다고 했다. 그래서 이 현상은 연극하는 것과 구별이 된다. 그러나 신탁을 받는 사람들의 훈련은 단계적으로 이루어졌음이 틀림없다. 브라질의 신들림 종교에서 이것을 정확하게 볼 수 있다. 어린 견습생은 놀이 중에 신들림을 흉내 내는 것으로 시작했을는지 모른다. 그다음 훈련을 받아 결국 영이 말하는 것과 자신이 일상적으로 말하는 것을 구별할 수 있게 된다. 그러고 나서 의식과 무의식 사이를 왔다갔다하는 단계가 있다. 완전히 신들림이 이루어진 경우, 어쩌면 우반구의 베르니케 영역과 좌반구의 브로카 영역이 연결되어, 그토록 갈망하던 무의식 상태로 빠져들게 되고 그때 무슨 일이 벌어지는지 기억하지 못하게 된다. 그러나 이것은 일부 영매들의 경우에만 그렇다. 그리고 신들림같이 광범위한 의사-양원적(pseudobicameral) 현상이 나타날 때는, 한 개인에게서도 다양한 특성과 정도의 행동이나 최면 상태가 나타나리라는 것이 예상된다.

방언

유도된 신들림과 약간 비슷한 마지막 현상은 사도 바울이 '방언(方言, Glossolalia)으로 말하다'라고 표현한 방언이다. 이것은 이상한 언어처럼 들리는 유창한 말이다. 이때 말을 하는 사람은 자신이 무엇을 말하는지 이해하지 못하고, 많은 경우 기억하지도 못한다. 기독교 교회 초기에는,[20] 모여 있는 사도들에게 하나님의 영이 내려오면서 시작한 것으로 보인다. 이 사건은 기독교 교회의 탄생일로 여겨지며, 부활절부터

50일 되는 날 오순절 축제로 기념된다.[21] 신약성서의 「사도행전」 2장은 아마도 역사적으로 처음 나타난 듯한 이 현상의 장면을 묘사했다. 바람이 세차게 휘몰아치며 혀 같은 불길이 일었고, 모든 사도들이 자신이 배워본 적이 없는 언어로 마치 취한 사람처럼 이야기했다고 한다.

사도들과 같은 중요한 인물들에게 일어난 이러한 정신체계의 변화는 그 자체로 하나의 권한위임이 되었다. 이 관습은 퍼져나갔고 초기 기독교인들은 곧바로 여기저기서 그 행위를 하게 되었다. 심지어 바울은 이것을 예언과 같은 수준으로 취급했다(「고린도 전서」 14장 27절, 29절). 바울 이후 수세기 동안, 양원적 정신이 무너진 후 방언은 위임을 추구하는 행위로써 때때로 유행했다.

최근 신학적으로 지극히 보수적인 교파뿐 아니라 개신교 주류에 속하는 교회들에서도 방언을 행하면서 이 현상은 과학적인 탐구의 대상이 되었고, 몇몇 흥미 있는 결과를 얻기도 했다. 방언은 무엇보다도 항상 집단 안에서 일어나며 항상 종교적인 예배 중에 나타난다. 나는 이러한 집단적 인지 규범이 특별히 깊은 종류의 환각 상태를 위해서는 꼭 필요하다고 생각하기 때문에 집단이란 요소를 강조한다. 많은 경우 유도 절차에 대응되는 것이 존재한다. 특히 감정을 흥분시키는 찬송가를 노래하고 카리스마적인 인도자가 "언어가 변하는 것을 느낀다면 그것

---

20 구약에서 야훼가 그의 영을 부어주는 것을 언급할 때 종종 방언으로 언급하지만, 나는 이것이 전혀 신빙성이 없다고 생각한다. 이 현상은 특히 바울이나 그의 영향을 받은 글에서 나타나는데, 기독교의 기원과 특별히 연관된 것으로 간주할 수 있다.

21 오늘날 바티칸에서 오순절을 기념할 때 불의 혀를 상징하기 위해 붉은 옷을 입고, 오순절 교회에서는 성령을 상징하기 위해 흰 색을 입는데 영어의 'Whitsuntide'는 흰 옷을 입는 일요일에서 생긴 말이다.

을 거부하지 말고 변하게 놔두십시오"라고 권하는 것이 포함된다.[22]

예배하는 사람은 이러한 모임에 여러 번 참석해서 다른 사람들이 방언하는 것을 보면서, 처음에는 의식이 줄어들거나 없어진 깊은 환각 상태에 빠지는 것을 배운다. 그때 외부 자극에 반응하지 않게 되는데, 이 경우 환각 상태는 거의 자동적인 것이어서, 흔들고 떨고 땀 흘리고 실룩거리고 눈물을 흘린다. 그리고 그는 결국 '되는 대로 내맡기는 법'(let it happen)을 배운다. 크고 분명한 목소리로 방언을 말하고 아리아 아리 아리 아사 베나 아미리아 아사리아(aria ariari isa, vena amiria asaria)[23] 같은 구절들은 신음을 내며 마친다. 마치 고전 서사시의 장단 간격이 음유시인 아오이도이를 듣는 사람들에게 둥둥 울려퍼지듯 큰 리듬으로 울린다. 그리고 호메로스의 서사시와 비슷하게 이러한 강약이 규칙적으로 반복되는 것이나, 각 문장 끝에 인터네이션이 올라갔다 내려갔다 하는 것은 말을 하는 사람의 모국어에 상관없이 다 똑같다. 영국인이든, 포르투갈인이든, 에스파냐인이든, 인도네시아인이든, 아프리카인이든, 마야인이든 어느 나라 사람인지에 상관없이 방언의 패턴은 똑같다.[24]

방언을 마친 사람은 눈을 뜨고 무의식의 경지에서 먼지 쌓인 현실로 천천히 돌아오는데, 무슨 일이 일어났는지를 거의 기억하지 못한다. 그

---

[22] Felicitas D. Goodman, "Disturbances in the Apostolic Church: A Trance-Based Upheaval in Yucatan," Goodman et al., *Trance, Healing, and Hallucination*, 227~364쪽.

[23] 유카탄 반도에 있는 마야의 후예인 한 남자의 방언을 녹음한 굿맨(Dr. Goodman)의 테이프에서, 같은 책, 262~263쪽.

[24] 굿맨의 중요한 초기 연구 결과인 *Speaking in Tongues: A Cross-Cultural Study of Glossolalia*(Chicago: University of Chicago Press, 1972)를 보라.

러나 사람들이 그에게 이야기한다. 그는 성령에 신들렸던 것이다. 그는 신의 꼭두각시로 신에게 선택되었던 것이다. 그의 문제들은 희망 속에 정지되고 그의 슬픔은 기쁨으로 부서져버린다. 이것은 '권한'위임의 절정 상태다. 왜냐하면 성령이 모든 존재의 가장 높은 근원이기 때문이다. 하나님 자신이 선택하여 보잘것없는 사람의 몸에 들어갔고 그의 혀를 통해 자신의 언어를 말했다. 그 사람은 잠시나마 신이 되었던 것이다.

이 현상의 실상은 그만큼 감동적이지 못하다. 그 현상이 단순히 뜻모를 말을 지껄여대는 것은 아니고, 보통 사람이 그러한 유창함을 재현할 수는 없지만, 그 말에는 그 어떤 의미도 담겨 있지 않다. 같은 종교 집단에 속한 각기 다른 사람들에게 방언을 녹음한 테이프를 들려주면 완전히 다르게 해석한다.[25] 이러한 박자가 있는 말소리가 문화나 모국어에 관계없이 비슷하다는 사실은, 아마도 피질의 지배가 줄어든 환각 상태에 있는 피질 안쪽에 있는 구조에서 주기적으로 방출되는 물질이 작용한다는 것을 의미한다.[26]

---

25 이것은 모두 주요 개신교파에 속하는 26명의 미국 방언자들에 대한 킬달(John P. Kildahl)의 세심한 연구에서 일반화한 것이다. 그의 *The Psychology of Speaking in Tongues*(New York: Harper & Row, 1972)를 보라. 그는 또한 이 주제에 대해 문헌 정리를 완벽하게 했다.

26 굿맨이 구조주의 용어로 말한 것처럼(151~152쪽) "The Surface Structure of a Non-Linguistic Deep Structure." 그러나 의식이 약화된 상태에서 피질의 안쪽 구조에서 에너지가 방출된다는 생각은, 특히 언어학자인 사마린(W. J. Samarin)의 굿맨에 대한 평에서 강하게 비판받았다. *Language*, 50호, 1974, 207~212쪽. *Tongues of Men and Angels: The Religious Language of Pentacostalism*(New York: Macmillan, 1972)도 참조하라. 이 점에 대해 나에게 도움을 준 University of Prince

이 능력은 지속되지 않는다. 점점 약해진다. 더 오래 할수록 더 의식적이 되며 환각 상태가 깨진다. 이 현상이 일어나기 위한 핵심적인 요소 중 하나는 먼저 이 현상을 가르치는 카리스마가 있는 지도자가 있다는 점이다. 이것은 적어도 교육받은 집단과 같이 인지적 규범이 상대적으로 약한 집단에게 그러하다. 그리고 방언을 계속함으로써 생기는 행복감 때문에 그 상태를 열렬히 원하게 되는데, 이를 위해서는 권위 있는 지도자와의 관계가 유지되어야 한다. 핵심은 선하다고 여기는 권위 있는 존재 앞에서 자신의 의식적인 언어 통제력을 포기할 수 있는 능력이다. 우리의 예상대로 방언을 하는 사람들에게 주제 통각 검사를 실시해보면, 그들은 그렇지 않은 사람들보다 권위 있는 존재 앞에서 더 순종적이고, 영향받기 쉬우며, 의존적이다.[27]

다음과 같은 핵심 요소의 유형을 볼 때 이 현상이 일반적 양원 패러다임의 한 예고, 따라서 양원적 정신의 흔적임을 알 수 있다. 그 핵심 요소란 하나의 단합된 집단에 존재하는 강한 종교적 인지 규범, 기도나 예배 의식 같은 유도 절차, 환각 상태로 의식이 소멸, 성령이나 카리스마적 지도자에게 존재하는 고대적 권한위임 등이다.

아리아 아리아리 아사 베나 아미리아 아사리아(Aria ariari isa, vena amiria asaria)

메닌 에이데 테아 펠레이아더오 아킬레우스(Menin aeide thea Peleiadeo Achilleus).

Edward Island의 베이커(Ronald Baker)에게 감사드린다.
[27] John P. Kildahl, *The Final Progress Report: Glossolalia and Mental Health*(for NIMH), 개인적으로 회람되었다.

내가 방언 소리를 그리스 서사시를 낭독하는 소리와 비교해본 것은 (위의 둘째 줄은 『일리아스』의 첫 줄이다) 내 방식의 수사법이 아니다. 이것은 매우 의도적인 비교다. 그리고 이것은 다음 장의 도입부가 되도록 계획한 것이다. 왜냐하면 이러한 문화의 골동품들을 탐구하는 데 시가 지니는 특이성, 차별성, 그 진정한 심오성 그리고 궁극적으로는 시가 지니는 질문들과 시의 목적에 대한 질문을 살펴보지 않을 수 없기 때문이다.

제3장

시와 음악에 대하여

왜 앞에서 증거로 사용한 글 중 많은 것이 시로 된 것이었을까? 그리고 특히 스트레스를 받을 때, 이 글을 읽는 독자 중 상당수도 시를 썼던 적이 있지 않은가. 왜일까? 어떤 보이지 않는 빛이 우리를 이 같은 미지의 활동 속으로 인도하는 것일까? 그리고 왜 시를 보면 우리가 가지고 있었으면서도 알지 못했던 생각을 떠올리게 되며, 왜 지금뿐 아니라 항상 알던 우리 안의 무언가 확실치 않은 길을 찾아나서는 것일까? 이들은 현재의 인간 본성이 갖는 구조보다 더 오래된 어떤 것이라고 생각한다.

지금까지 비교적 직선적인 논의를 해오다가 이 시점에서 이러한 부차적이고 등한시했던 주제로 빠지는 것은 정당화되지 않은 우회라고 여길 수도 있다. 그러나 제3권은 앞의 두 권과는 달리 연속되는 행진이 아니다. 이들은 우리의 양원적 과거에서 현재로 넘어오는 여러 경로들을 모아놓은 것이다. 그리고 특히 그리스 서사시와 관련된 앞의 논의는 이 장이 있어야 비로소 완성된다는 것이 분명해질 것이다.

내 주장을 분명히 해두겠다. 첫 시인들은 신이었다. 시는 양원적 정신에서 시작되었다. 고대 정신에서 신적인 부분은, 적어도 역사의 일정 기간에는 대부분 또는 어쩌면 항상 시로 말했다. 한때 대부분의 사람들은 자신의 정신 내부에서 지어지고 읊어진 (일종의) 시를 종일토록 들었다는 것을 의미한다.

이에 대한 증거는 물론 추정에 따른 것이다. 그것은 의식의 시대까지 양원적으로 남아 있던 모든 사람이, 정신의 신적인 부분에서 하는 말을 듣거나 신적인 부분에 대해 말을 할 때, 시로 말했다는 것이다. 그리스의 위대한 서사시들도 당연히, 아오이도이에 따라 시로 들었고 낭독되었다. 메소포타미아와 이집트의 고대 글들이 어떻게 구술되는지 모르기 때문에 확실히 알 수는 없지만, 읽어보면 나름대로 시였다. 인도에서 가장 오래된 문학 작품은 신들이 리시(rishi), 즉 예언자들에게 구술했다는 베다(Veda)다. 신탁을 받는 사람들은 시로 말했다. 때때로 델포이나 그밖의 장소에서 그들이 한 말이 기록되었는데, 남아 있는 것 중 단순한 어구보다 긴 것들은 모두 서사시들처럼 육보격의 장단간격이었다. 환상 속에서 들은 야훼의 음성을 전하는 히브리 예언자들도 많은 경우 시인들이었다. 그러나 그들의 말을 기록하는 이들이 항상 시로 보존하지는 않았다.

양원적 정신이 역사에서 더욱 사라지게 되면서, 그리고 신탁을 받은 사람들이 다섯 번째 기간에 이르면서, 예외가 나타난다. 신탁 받은 사람들이 시로 말하는 것이 때때로 지켜지지 않았다. 예를 들면 1세기에 와서는 델포이 신탁을 받은 사람들이 시와 산문을 섞어서 말했다. 이때 산문으로 말한 부분은 신전에서 일하는 시인들이 시로 표현했는데,[1] 산문체의 신탁을 육보격의 장단간격으로 옮기려는 충동 자체가 신에 대한 이 시대의 향수의 일부라고 생각한다. 이는 또한 이전에는 시로 표현되는 것이 원칙이었음을 나타낸다. 그 후에도 일부 신탁받은 사람들은 육보격의 장단간격만을 사용했다. 예를 들면 타키투스는 100년에 클라로스(Claros)에 있는 아폴론 신탁을 방문했는데, 어떤 결정을 내려야 할지 알려는 청원자들의 이야기를 듣고 나서 환각 상태의 사제가 한 행동을 다음과 같이 묘사했다. 그 사제는,

글과 시의 보격을 알지 못했음에도, 신비로운 샘물을 한 모금 마시고는 운율을 맞춘 시로 대답했다.[2]

그 당시 시는 신에 대한 지식이었다. 그리고 양원적 정신이 깨지고 나서, 시는 곧 권한위임의 소리이자 그 내용이었다. 산문체로는 부탁밖에 할 수 없을 때, 시로는 명령할 수 있었다. 시를 들으면 느낌이 좋았다. 이집트를 탈출한 다음 유대인이 방랑할 때 군중 앞에 들려져 사람들을 이끈 것은 성궤였지만, 그들이 언제 출발해서 언제 멈출지, 어디로 가서 어디서 머물지를 결정한 것은 모세의 시였다.[3]

---

[1] Strabo, *Geography*, 9·3·5, 로엡판(Loeb edition)에서 존스(H. L. Jones)가 번역한 책의 353쪽. 이 관찰은 30년경에 이루어졌다. 2세기에 플루타르코스가 신탁받는 사람의 원래의 예언적 표현은 항상 영감을 받은 조수가 검증해야만 했다고 제안한 것은 다른 기록이나 신탁받는 사람들의 증거와 상반된다. 로엡 판 *The Moralia*의 5권에 있는 그의 *The Oracle of Delphi*를 보라. 나는 플루타르코스가 저녁식사 후 대화하면서 한 말을 우리가 얼마만큼 심각하게 받아들여야 할지 모르겠다.

[2] Tacitus, *Annals*, 2권, 54쪽. 잭슨이 번역한 로엡판에서는 471쪽 참조.

[3] Numbers 10: 35, 36. 기욤을 따라 히브리어를 이렇게 시적인 구조로 바꾸었다. *Prophecy and Divination among the Hebrew and Other Semites*(New York: Harper, 1938), 244쪽.

리듬 있는 반복적 정형의 말과 초자연적인 지식의 연합은, 그 후 의식의 시대에도 지속되었다. 초기 아랍인 사이에서 시인을 뜻하는 낱말은 샤이르(sha'ir), 즉 '식자'(識者, knower)였는데, 이는 영들에 대한 지식이 있는 사람을 뜻했다. 그가 운율에 맞춰 낭송하는 것 자체가 그 말이 신에게서 왔다는 것을 보여주는 징표였다. 고대 세계에서 시인과 예언자를 연결짓는 것은 전통이 오래되었으며, 여러 인도-유럽계 언어들의 경우 이 둘을 지칭하는 공통된 용어가 있다. 각운법과 두운법 또한 신들과 그 예언자들의 언어 영역에 속했다.[4] 적어도 일부 자발적인 신들림의 경우에 속하는 악령의 말도 시의 형태를 띠고 있다.[5] 심지어는 오늘날의 방언도 우리가 제3권 2장에서 보았듯이 대부분 운율을 갖추었고, 특히 장단간격인 경우가 많다. 그렇다면 시는 신들의 언어였다.

시와 노래

위의 논의는 모두 단순한 문학적 전통에 지나지 않고 증거라기보다는 호소처럼 들린다. 그렇다면 우리는 시와 양원적 정신의 관계를 좀 더 과학적으로 보여주는 다른 접근법이 있는지를 살펴보아야만 한다. 시와 음악의 관계를 살펴보면 이런 증거가 존재한다고 생각한다. 첫째로, 초기 시는 노래였다. 노래와 말의 차이는 음높이의 불연속성에 있다. 일반적으로 말할 때, 우리는 계속 음높이를 바꾼다. 심지어는 한 음

---

4 Guillaume, 245쪽.

5 예를 들어 19세기 초에 중국의 한 신들린 여인은 몇 시간씩 즉흥적으로 시를 만들어 냈다. "그녀가 말한 것은 모두 운문이었고 높낮이가 없이 이어졌으며 ……빠르고 완전히 동일하며 오랫동안 지속된 말이었기에 날조되거나 미리 계획된 것으로 생각되지 않았다." J. L. Nevius, *Demon Possession and Allied Themes*, 37쪽 이하.

절을 발음하는 데도 그렇다. 그러나 노래할 때 음높이의 변화는 뚜렷이 구별되고 불연속적이다. 말은 옥타브의 어떤 부분(편안하게 말할 때 한 옥타브의 약 5분의 1) 안에서 일어난다. 반면에 노래는 좀더 넓은 범위를, 한 음에서 다른 음으로 엄격하고 한계가 분명한 각운으로 움직인다.

현대 시는 말과 노래의 합성물이다. 현대 시는 노래의 각운과 말의 음높이가 급격하게 변한다.[6] 그러나 고대 시는 노래에 훨씬 가까웠다. 액센트는 우리가 일상에서 말할 때처럼 어느 음절에 강세를 두는지에 따라 결정하지 않고, 음높이에 따라 결정했다. 고대 그리스에서 이 음높이는 시의 기본음보다 정확히 5분의 1 구간 높다고 여겨졌다. 그래서 우리 음계의 음으로 하면 장단간격은 GCC GCC로 표현되었다. 이때 G에는 별도의 강세가 붙지 않았다. 그뿐 아니라 세 가지 별도 액센트인 예음(銳音) 액센트, 곡절(曲節) 악센트, 여음(餘音) 액센트는 그 기호 /, ^, \가 암시하듯이 각각 한 음절에서 음높이가 높아지는 것, 한 음절에서 음높이가 높아졌다 낮아지는 것, 그리고 음높이가 낮아지는 것이었다. 그 결과는 노래처럼 부르는 시였는데, 아름다움과 다양성을 주기 위해 각종 청각적 변화를 가미하기도 했다.

그런데 이 모든 것이 양원적 정신과 어떤 연관이 있는가? 오랫동안

---

6 오랫동안 고대한 『일리아스』에 대한 새롭고 통사적으로 생동감 있는 번역을 데이(Thomas Day)가 했다. 그는 나에게 그리스의 서사시를 원래의 모습대로, 암송 아니그보다는 노래해주었다. 여기 제시된 이론을 보려면 W. B. Stanford, *The Sound of Greek*(Berkeley: University of California Press, 1967)을 참조하고, 뒷장에 삽입한 레코드를 들어보라.

알려져 왔듯이 언어 기능은 주로 좌반구에서 담당한다. 그러나 최근 발견한 바에 따르면 노래는 우반구에서 다룬다. 이에 대한 증거는 다양하지만 일관성이 있다.

• 좌반구에 뇌출혈이 일어나 말하지 못하게 된 많은 노인들이 노래는 할 수 있다는 것은 의학계에서 널리 알려진 사실이다.

• 이른바 와다 검사(Wada Test)는 환자의 어느 쪽 뇌가 우세한지 (cerebral dominance) 알아보기 위해 병원에서 때로 실시한다. 경동맥에 소디움 아미탈(sodium amytal)을 주사하면, 해당 반구는 일시적으로 마비되지만 다른 반구에는 큰 영향을 주지 않는다. 왼편에 주사하여 좌반구를 마비시키고 우반구만 활동하게 하면, 환자는 말은 하지 못하지만 노래는 할 수 있다. 오른편에 주사하여 좌반구만 활동하면 환자는 말은 할 수 있지만 노래는 못한다.[7]

• 신경교종(Glioma) 때문에 좌반구를 완전히 들어낸 환자들은 수술 후 기껏해야 몇 마디를 할 수 있다. 그러나 적어도 몇몇은 노래할 수 있다.[8] 이처럼 말을 못하는 우반구만 있는 한 환자는, 「아메리카」 (America)와 「홈 온 더 레인지」(Home on the Range)를 거의 한 마디도 빠뜨리지 않고 완벽한 발음으로 노래불렀다.[9]

---

[7] H. W. Gordon and J. E. Bogen, "Hemispheric Lateralization of Singing after Intracarotid Sodium Ammo-barbitol," *Journal of Neurology, Neurosurgery and Psychiatry*, 37호, 1974, 727~739쪽.

[8] H. W. Gordon, "Auditory Specialization of Right and Left Hemispheres," M. Kinsbourne and W. Lynn Smith(eds.), *Hemispheric Disconnections and Cerebral Function*(Springfield: Thomas, 1974), 126~136쪽.

[9] Charles W. Burklund, "Cerebral Hemisphere Function in the Human," W. L. Smith(ed.), *Drug, Development and Cerebral Function*(Springfield: Thomas, 1972), 22쪽.

• 우반구의 후방 측두엽 옆에 있는 부분과, 특히 전방 측두엽에 전기 자극을 가했을 때 많은 경우 환자는 노랫소리와 음악을 환청으로 듣게 된다. 나는 이미 제1권 5장에서 이러한 환자 몇몇을 다루었다. 이 부분은 내 가설에 따르면 일반적으로 양원적 정신의 환청이 만들어지는 좌반구의 베르니케 영역에 대응되는 부분이다.

그렇다면 노래와 멜로디는 주로 우반구의 활동이다. 그리고 고대의 시가 말로 표현되기보다는 노래로 불렸기 때문에, 어쩌면 이것도 우반구가 지배하는 기능이었을 것이다. 이는 제1권 5장에 나오는 양원적 정신 이론이 예측하는 바와 같다. 좀더 구체적으로 설명하면, 고대 시는 내가 신적인 환상이 만들어진다고 제시한 우반구 측두엽의 뒷부분과 연관되어 있었다. 그리고 그와 인접한 부분과도 연관되어 있었는데, 이 부분은 오늘날에도 음악과 관련이 있다.

아직도 회의적인 사람들을 위해 나는 이 내용이 옳다는 것을 바로 확인해볼 수 있는 실험을 하나 고안해냈다. 우선 한두 단락 정도 이야기하고 싶은 주제 두 가지를 생각해보라. 개인적인 내용이든 일반적인 내용이든 상관없다. 이제 친구와 함께 있다고 상상하고 두 가지 주제 중하나를 소리내어 말해보라. 다음에는 친구와 함께 있다고 상상하고 다른 주제를 소리내어 노래를 불러보라. 각각 1분 동안 해보라. 1분을 채우기 위해 노력해보라. 마음속으로 비교해보라. 두 번째가 왜 훨씬 더 어려울까? 노래를 부를 때 왜 진부한 상투어를 모아놓은 것 같거나 멜로디가 서창조(敍唱調, recitative)[10]로 되는 걸까? 왜 노래를 부르는 중

---

[10] 가사를 가락으로 하지 않고 노래하듯 말하는 기교 – 옮긴이.

간에 말하던 주제를 잃어버리는 것일까? 노래를 주제에 맞추려고 노력하는 속성,—아니 이 느낌이 더 강하리라고 생각하는데—주제를 노래에 맞추려고 노력하는 이 속성은 무엇인가?

답은 당신이 생각한 주제는 당신의 좌반구에 있는 베르니케 영역 '안'에 있으나, 당신의 노래는 우반구의 베르니케 영역에 해당하는 부분 '안'에 있다는 것이다. 나는 서둘러서 이러한 주장이 신경학적으로 대략적인 추정이라고 단서를 달아두고 싶다. 그리고 '주제'와 '노래'라 함은 그들의 신경 기저를 의미한다는 점도 첨부해둔다. 그러나 이러한 추정은 내 주장을 뒷받침하기엔 충분할 만큼 사실에 가깝다. 이것은 마치 의지적 언어가 우반구를 질투하며 당신을 독점하려는 것과 같다. 마치 당신의 노래가 좌반구를 질투하며 당신을 독점하여 당신이 좌반구의 주제를 버리길 원하는 것과 같다. 미리 결정한 주제에 대해 즉석에서 노래하는 것은, 마치 두 반구 사이를 왔다갔다하는 것처럼 느껴진다. 그리고 한편으로는 '우리'는 그렇게 한다. 좌반구에서 낱말들을 결정하고 이들과 함께 우반구의 노래로 돌아가려고 하되 다른 낱말들이 우반구에 도착하기 전에 그렇게 하려는 것이다. 대부분, 다른 낱말들이 미리 도착하여, 낱말들이 주제와 상관없이 그들 나름대로 재빨리 흘러나와 두서가 맞지 않거나 아예 일관성이 없어서 노래를 멈추고 만다.

물론 우리는 어느 정도 우리의 생각을 노래로 표현하는 것을 배울 수 있고, 음악인들은 그렇게 한다. 그리고 여자들은 반구에 덜 편중되어 있기 때문에 더 쉽게 이 일을 할 수 있을지 모른다. 만일 당신이 생각을 노래로 표현하는 것을 한 달 동안 또는 1년 동안 또는 평생 하루에 두 번씩 연습한다면 더 잘할 수 있을 것이다. 이때 가사 쪽에는 상투어나 암기 내용을 피하고, 멜로디 쪽으로는 단지 서창조로 부르는 것을 피해야 할 것이다. 만일 당신이 10세라면 이런 학습은 아마 훨씬 쉬울 것이고 당신은 어쩌면 시인이 될지도 모른다. 그리고 장차 불행히도 사고로 좌반구에 손상을 입는다면, 이처럼 생각을 노래로 표현하는 능력은 매우 유용하게 쓰일 것이다. 이때 학습된 것은 아마도 반구 사이에 만들어진 새로운 관계일 것이다. 이것은 이전 장에서 다룬 일부 학습 현상과 비슷한 부분이다.

음악의 속성

이 모든 것에 기악이 어떤 역할을 하는지 약간 다루고 싶다. 왜냐하면 우리는 우반구로 음악을 듣고 음악을 즐기기 때문이다.

이러한 음악의 반구 편중화는 영아들에게서도 볼 수 있다. 엄마 무릎에 안긴 6개월된 아기에게 EEG검사를 실시할 수 있다. 만일 기록하는 전극들을 좌반구의 베르니케 영역 바로 위와 우반구의 베르니케 영역에 해당하는 부분에 올려놓은 뒤, 말소리를 녹음한 것을 들려주면 좌반구가 더 활발히 움직이는 것을 볼 수 있다. 그러나 음악이나 누군가가 노래하는 것을 녹음한 것을 들려주면 우반구가 더 활발히 움직인다. 내가 설명한 실험에서, 보채거나 울던 아기들은 음악을 듣고 그 행동을 멈췄을 뿐 아니라, 미소를 짓고 엄마의 눈길에서 눈을 돌려 앞을 똑바로 바라보았다.[11] 마치 우리가 산만해지는 것을 피하려 할 때 하는 행동

---

11 이것은 Boston Children's Hospital에 있는 가드너(Martin Gardiner)의 흥미있는 최근 연구 결과로, 개인적 교신으로 알게 되었다. 이 연구는 S. Harnad, R. Doty, L. Goldstein, J. Jaynes & G. Krauthammer(eds.), *Lateralization in the Nervous System*(New York: Academic Press, 1976)에 "EEG Indicators of Lateralization in Human Infants"라는 제목으로 실렸다.

과 비슷해 보였다. 이 발견은 뇌가 태어날 때부터 우반구에 있는 베르
니케 영역에 해당하는 곳에 받은 자극, 즉 음악에 '순종'하도록 만들어
져 있어서 그로부터 떠나 주의를 돌릴 가능성은 없다는 것을 보여주는
엄청난 의미가 있다. 내가 이전에 말한 대로 양원적 인간이 신경학적으
로 이 부분에서 생기는 환상에 순종해야 했다는 것과 일맥상통한다. 이
것은 또한 아이의 발달에 자장가가 매우 중요하며 어쩌면 이후의 창의
성에 영향을 미칠 수도 있다는 것을 시사한다.

당신이 스스로 음악의 이러한 반구 편중성을 증명할 수도 있다. 같은
음량의 다른 음악을 두 개의 이어폰을 통해 들어보라. 당신은 왼쪽 이
어폰을 통해 들린 음악을 더 잘 인지하고 기억할 것이다.[12] 이것은 왼
쪽 귀와 관련된 신경이 우반구에 더 많이 분포되어 있기 때문이다. 이
경우, 구체적인 위치는 아마도 우반구의 전방 측두엽이다. 왜냐하면 이
부분을 절제한 환자들은 멜로디를 구별하는 것을 매우 어려워하기 때
문이다. 그리고 반대로 좌반구의 측두엽을 절제한 경우, 환자들은 수술
후에도 이러한 검사에 전혀 어려움을 느끼지 않는다.[13]

---

[12] 이 실험은 비발디의 협주곡을 사용하여 키무라(Doreen Kimura)가 실행했다.
"Functional Asymmetry of the Brain in Dichotic Listening," *Cortex*, 3, 1967,
163~178쪽. 그러나 이 결과는 훈련을 받아 음악이 양 반구 모두에서 표상되는 음
악가들에게서는 얻을 수 없다는 증거가 있다. 이것은 올드필드(R. C. Oldfield)가 처
음 발견했다. "Handedness and the Nature of Dominance," Talk at Educational
Testing Service, Princeton, 1969. 9; T. G. Bever and R. J. Chiarello, "Cerebral
Dominance in Musicians and Non-Musicians," *Science*, vol. 185, 1974,
137~139쪽도 참조하라.

[13] D. Shankweiler, "Effects of Temporal-Lobe Damage on Perception of
Dichotically Presented Melodies," *Journal of Comparative and Physiological
Psychology*, 62호, 1966, 115~119쪽.

우리는 신경학적으로 피질의 한 지점에서 인근 부위로 자극이 확산될 수 있음을 안다. 그러므로 우반구의 기악과 관련된 부분에 자극이 집중되면, 신적인 환청을 다루는 인근 부위로 자극이 확산될 수 있고, 이 반대의 경우도 일어날 수 있다는 것을 예상할 수 있다. 따라서 기악과 시 사이, 그리고 이 둘과 신의 목소리도 밀접한 관계가 생긴다. 나는 여기서 음악은 의식 부재의 시대에 결정을 내리기 위해 신의 환상을 일으키지 않으면 안 될 하나의 신경 자극제로 발명된 것임이 틀림없다고 주장한다.

그러므로 음악(music)이라는 단어가 뮤즈 여신에게서 유래한 것도 결코 우연이 아니다. 왜냐하면 음악도 양원적 정신에서 시작하기 때문이다.

따라서 우리는 초기 시인들이 수금을 사용한 이유가 바로 옆에 있는 부분에서 신적인 언어 영역, 즉 우반구의 측두엽 뒷부분으로 자극을 확산하기 위한 것이었다고 주장할 근거를 갖게 된다. 그리고 기원전 8세기와 7세기의 서정시인과 만가시인들이 사용하던 플루트의 기능도 이와 같았다. 그리고 후기 그리스 시에서처럼 이러한 악기를 더 사용하지 않게 된 이유는, 시가 더는 우반구에서 불려지지 않아서 자극이 확산되는 것이 도움이 되지 않았기 때문이라고 생각한다. 시는 진정한 예언적인 환각 상태에서 재창조되는 대신 좌반구의 기억 영역에서만 낭송되기 시작했다.

이러한 악기 반주의 변화는 역사적으로 겹치는 부분이 많기 때문에 분명히 말할 수는 없지만, 시가 무엇이라고 불리는지에도 반영된다. 초기 시는 노래라고 불리지만(예를 들면 일리아스나 신들의 기원에서) 후기 시는 '말해졌다' 또는 '이야기되었다'로 언급된다. 이러한 변화는 어쩌면 기원전 8세기 또는 7세기에 수금을 타던 아오이도이에서 랍도이(rhapdoi: 아마도 박자를 맞추기 위한 가벼운 막대기)를 가진 광상시(rhapsode)로 변하는 것과 대충 같은 시기다. 그리고 이러한 각각의 변화의 배후에는 양원적 창작에서 의식적 낭독으로, 구술적 기억에서 기록된 기억으로 좀더 심오한 심리학적 변화가 있다. 그러나 훨씬 이후의 시에서 시인을 노래하는 사람으로, 시를 노래로 표현하는 것은 의식적으로 복고풍으로, 은유적으로 되살린 것이다. 시의 권위는 이제 의식이 있는 시인에게로 넘겨졌다.[14]

시적 영감과 신들림

의식의 진보와 확산이 일어나는 동안에 시가 변한 것을 살펴보는 세 번째 방법은 시인과 그의 정신 상태를 보는 것이다. 구체적으로 시인과 뮤즈의 관계가 신탁받은 사람과 더 위대한 신들의 관계와 같았는가?

적어도 플라톤에게는 이 문제가 매우 명백했다. 시는 신적인 광기였다. 시는 카토코슈(katokoche), 즉 뮤즈가 만든 신들림이었다.

모든 훌륭한 시인들, 서정 시인뿐 아니라 서사 시인들도, 그들의 아름다운 시를 예술로써 지은 것이 아니라 그들이 영감을 받고 신들렸기 때문에 지었다. …… 영감을 받고 의식을 잃어 정신이 더는 그 안에 있지 않게 되기 전에는 그 안에 창작이 일어나지 않았다.[15]

---

14 이 문제에 관해서는 T. B. L. Webster, *From Mycenae to Homer*(London: Methuen, 1958), 271쪽 이하를 보라.
15 Platon, *Io*, 534쪽.

기원전 400년 당시 시인들은 그 시대의 신탁받은 사람들과 정신 상태가 비슷했고, 그들이 자신의 일을 수행할 때 비슷한 심리적인 변화를 경험했다.

우리도 플라톤처럼 서사시가 만들어진 초기부터 이런 신들림이 시의 특징 중 하나였다고 생각할 수 있다. 그러나 증거를 보면 이와 같이 일반화할 수 없다. 카토코슈의 존재가 언급되기 수세기 전에 씌어진 일리아스에서도 원시적인 아오이도스가 "의식을 잃고 그 안에 더는 제정신이 없는" 상태는 아니었다는 주장이 가능하다. 왜냐하면 여러 곳에서 시인이 시상이 막혀 시가 끊어지고, 시를 계속 짓기 위해 뮤즈 여신들에게 도움을 청해야 했던 것이 있기 때문이다(2권, 483쪽; 11권, 218쪽; 14권, 508쪽; 16권, 112쪽).

여기서 뮤즈는 그 누군가의 상상력의 산물이 아니란 것을 강조하고 싶다. 헤시오도스의 『신통기』 첫 부분의 몇 쪽을 훑어보면, 이 모든 것이 환상 상태에서 듣고 본 것임을 알 수 있다. 오늘날 정신분열증이나 일부 마약으로 일어나는 현상과 비슷하다. 양원적 인간들은 상상하지 않았다. 그들은 경험했다. 목소리가 '백합 같은' 아름다운 뮤즈는 밤의 어두운 안개에서 춤을 추며 나와 황홀경에 빠진 외로운 양치기 주위를 돌며 부드럽고 강하게 발을 구른다. 이러한 극도의 섬세함은 후기 양원적 인간에게 기억의 환상적인 근원이었다. 이들은 과거라는 시간틀을 갖지 않았고, 우리와 같은 의미의 '일생'이 없으며, 충분히 의식적이지 않아서 회상할 수 없었다. 이것은 그들이 선택한 매개체인 헬리콘(Helicon)의 양치기를 따라 신화의 일부가 되었다. 헬리콘의 양치기에 따르면, 뮤즈 여신들은 항상 같은 프레네스[16]를 가지고 '끊임없이 흐르는' 노래를 불렀다고 한다. 인간에게 무엇을 하라고 지시하기보다는,

어떤 사람들에게 이미 일어난 일을 알려주었던 이 특별한 신의 집단인 뮤즈 여신들은 므네모시네의 딸들이었다. 므네모시네는 타이탄족으로 그 이름은 이후에 '기억'(memory)을 의미하게 되었는데 그것은 이 세상에서 그런 의미가 있는 첫 번째 단어였다.

이렇게 뮤즈에 호소하는 것은 우리가 기억에 호소하는 것과 같은 기능이 있다. 무엇인가를 떠올릴 때 갖는 설단현상[17]도 그중 하나다. 이 현상들은 자신이 무엇을 하는지 모르는 의식이 없는 사람에게는 나타나지 않는다. 일리아스의 어느 대목에서, 시인이 어려움을 느끼기 시작하자 뮤즈 여신들에게 다음과 같이 간청했다.

> 올림푸스에 사는 뮤즈 여신이여. 내게 말하소서. 그대들은 여신들이며 현재에 있고 모든 것을 압니다. 그러나 우리들은 소문만을 들을 뿐 아는 것이 없습니다. 제게 그리스인의 지도자들과 통치자들이 누구였는지 알려주소서.(2권, 483~487쪽)

그리고 시인은 '열 개의 혀와 열 개의 입과 깨질 수 없는 목소리'가 있음에도, 뮤즈 여신들이 그에게 그 내용을 노래해주기 전에는 그 이름들을 댈 수 없다고 직접 고백한다. 나는 뮤즈 여신의 존재가 시인에게 실제로 받아들여지고 있음을 강조하기 위해 인용문에서 한 부분을 고

---

16 합창을 의미하는 그리스어는 'homophronas'로 헤시오도스의 『신통기』의 60번째 행에 나온다. 오늘날 여러 사람이 한 목소리를 내는 소리를 듣는 환각에 대한 기록을 보지 못했다. 뮤즈(Muses)기 왜 복수인지는 흥미있는 문제다. 이 책 305쪽 주 4)를 참조하라.

17 아는 단어가 의식에 떠오르지 않을 때 나타나는 입 안에서 뱅뱅 도는 느낌 – 옮긴이.

덕으로 표시했다.

헤시오도스가 양을 치면서 성스러운 헬리콘 산기슭에서 뮤즈 여신을 처음 만났을 때도, 신들림이 일어나는 것 같지 않았다. 그는 뮤즈 여신들이 한 일을 다음과 같이 묘사했다.

(뮤즈 여신들은) 나에게 신적인 목소리를 불어넣어, 앞으로 일어날 일과 이미 일어난 일들을 경축하게 했다. 그리고 그들은 영원히 있을 신성한 신들에 대해 노래하라고 내게 말했고, 항상 처음과 마지막에 그들을 노래하라고 간청했다.[18]

다시 말하거니와 나는 이것을 문자 그대로 한 사람의 경험이라고 믿어야 한다고 생각한다. 이것은 헤시오도스와 같은 시대에 살았던 아모스가 양을 치며 드고아의 풀밭에서 야훼를 만났다는 경험을 우리가 믿는 것과 똑같다.[19] 뮤즈 신의 기원이 멈추고(104행) 헤시오도스가 자신의 목소리로 부르짖으며 뮤즈 여신들을 찬양하고 시를 계속하라고 애원하는 것도 신들림 같지 않다. 시인은 시의 내용이 되길 바라는 주제를 길게 열거한 다음, "뮤즈 여신이여, 이 일들을 처음부터 알려주소서"

---

18 헤시오도스의 『신통기』, Loeb Classical Library판은 에블린 화이트(H. G. Evelyn-White)가 번역했다. 내가 제2권 5장에서 제안했던 것처럼, 이 헤시오도스가 『일과 날』의 저자가 아니라고 생각하는 이유는 위에 있는 마지막 구절 때문이다. 내가 페르세우스의 것으로 간주하는 이 작품은 '처음이자 마지막'인 신에 대해서만 노래하겠다는 약속과 맞지 않는다.

19 아모스 역시 그가 그의 하나님과 대화를 했기 때문에 신들림의 상태가 아니었다. 「아모스」 7장 5~8절; 8장 1~2절을 보라. 나는 독자가 「누가복음」 2장 8~14절을 떠올리도록 표현했다.

라고 말한다(114행).

『오디세이아』에서 데모도코스를 당당하고 자세하게 묘사한 것을 볼 때, 시인이 신들려 있다고 해석하기는 힘들다. 데모도코스가 실제 인물이었다면, 그는 어떤 뇌 손상을 입어 눈이 멀었을 것이다. 그러나 그에게는 오디세우스가 머리에 천을 뒤집어쓰고 눈물을 흘리며 슬퍼할 만큼 환상적인 시를 읊는 뮤즈 여신들의 노래를 들을 수 있는 능력이 있었다(8권, 63~92쪽). 오디세우스는 눈먼 데모도코스가 트로이 전쟁을 목격할 수 없었을 것이고, 뮤즈 여신이나 아폴론 신이 그에게 이야기해주었기 때문에 이에 대해서 노래할 수 있다는 것을 이해한다. 그의 노래는 'hormetheis theou', 즉 신이 직접 끊임없이 내려주는 것이었다(8권, 499쪽).

그러므로 증거를 보면, 기원전 8세기, 아마도 7세기까지 시인은 그 후 플라톤의 시대처럼 의식이 없는 상태가 아니었다. 더 확실하게, 그의 창의성은 우리가 양원적이라고 부르게 된 것과 훨씬 더 비슷한 것이었다. 뮤즈 여신들이 "창피하고 비참한 것들, 배만 있는 것들"이라고 비웃으며 놀렸듯이,[20] 이러한 시인들이 양치기처럼 사회구조상 원시적으로 외로운 위치에 있으며 배우지 못하고 거친 자들이었음은, 이러한 주장과 일치한다. 들판의 '배만 있는 것들'은 새로운 정신체계에 따라 변할 기회가 더 적었다. 그리고 외로움은 환상으로 이어질 수 있다.

그러나 기원전 6세기 솔론의 시대에 이르렀을 때 다른 일이 벌어진다. 시인은 더는 단순히 재능을 타고나지 않았다. 시인은 "뮤즈 여신의

---

[20] 헤시오도스, 『신통기』, 1권, 26쪽.

재능을 배워야"(단편 13장 51절) 했다. 그리고 기원전 5세기에 시인들이 시적 황홀경으로 이상해졌다는 암시를 처음 접하게 된다. 데모도코스 같은 그전의 아오이도이의 조용하고 위엄 있는 태도와 얼마나 대조가 되는가? 격정의 상태로까지 극도로 흥분되지 않고는 그 누구도 위대한 시인이 될 수 없다고 주장한 것은 데모크리토스였다(단편 18장). 그리고 기원전 4세기가 되었을 때 플라톤과 내가 이미 묘사한 '정신 나간', 미친 신들린 시인이 등장한다. 신탁을 받는 사람들이 자신의 환상을 듣는 예언자에서 광란의 환각 상태에 있는 신들린 사람으로 바뀌었듯이 시인도 마찬가지 변화를 거쳤다.

집단적 인지 규범 때문에 뮤즈를 실제 외부에 있는 존재로 믿는 것이 힘들어졌기 때문에 이러한 극적인 변화가 일어났을까? 아니면 발달하는 의식에 따라 일어난 반구 사이의 신경학적 재구성이 뮤즈의 존재를 당연시하지 못하게 했기 때문일까? 그래서 시를 만들기 위해서는 의식이 간섭받지 않아야 했기 때문일까? 아니면 우반구의 베르니케 영역이 좌반구의 브로카 영역을 사용했기 때문에 정상적인 의식을 차단했던 것일까? 아니면 이 세 가지 가설은 내가 현재 생각하듯이 똑같은 것일까?

무슨 이유 때문이었는지 모르지만, 그 후 환각 상태에서 시를 쓰는 것은 점점 더 쇠퇴해갔다. 신들림이 부분적이고 발작적이 될 때까지 신탁이 그 마지막 단계를 거치며 다급하게 이야기되었던 것처럼, 내 생각에는, 시인들도 뮤즈 여신들을 따른 격정과 신들림이 부분적이고 발작적이 될 때까지 서서히 변했다. 그리고 그 뒤, 뮤즈 여신들은 입을 다물고 신화 속의 존재가 되어버렸다. 님프와 양치기들은 더는 춤추지 않는다. 의식이라는 마녀의 마법에 걸려, 순수한 영감은 마지막 숨을 거두었고, 이제 창작이 되었다. 구술되던 것은 시인이 기록했다. 이때 그의 좌반구가 조종하는 오른손으로 기록했다는 것을 덧붙여야 할 것이다. 뮤즈 여신들은 상상 속의 존재가 되었고, 그들이 침묵하는 가운데, 양원적 정신에 대한 인간의 향수의 한 부분으로 기억하게 되었다.

요약하면, 두서없는 이 글에서 내가 주장하려는 시에 관한 이론은 내가 신탁에 대해 제시한 이론과 비슷하다. 시는 양원적 정신의 신적 언어로 시작했다. 그리고 양원적 정신이 붕괴되면서 예언자들이 남게 되었다. 일부 예언자들은 미래에 대한 결정을 내리게 하는 신탁을 받는 사람으로 제도화되었고, 일부 예언자들은 신들에게서 들어 과거를 이야기하는 시인으로 전문화되었다. 그 후 양원적 정신의 충동성이 약화되면서, 그리고 우반구가 과묵해지면서 이러한 상태가 되려는 시인들은 이것을 배워야만 했다. 이것이 점점 어려워지면서, 그 상태는 신탁을 받는 사람들의 경우에서처럼, 격정에서 황홀경의 신들림으로 변했다. 그리고 기원전 1000년의 말미에 이르러서, 신탁받는 사람들의 말이 산문체가 되고 의식적으로 운문으로 만들려 할 때 시도 마찬가지 변화를 겪었다. 뮤즈의 여신들이 주던 것은 사라졌다. 그리고 의식이 있는 사람들이 이제 예전에 신이 해주던 말을 힘들게 흉내 내며 시를 쓰고, 지우고, 교정하고 다시 썼다.

신들이 그들의 조용한 천국으로 더 깊이 물러나면서, 다른 식으로 표현하면 환청이 좌반구의 점검(monitoring)기제 때문에 들리지 않게 되었는데, 왜 신들의 언어가 완전히 사라지지 않았을까? 왜 시인들이, 커다란 신탁의 사제나 여사제들처럼, 그들의 광상적인 활동을 완전히 멈추지 않았을까? 답은 매우 명백하다. 신에게서 받았던 것에서 인간이 만든 것으로 바뀌긴 했지만, 시가 지속되는 것은 절대적인 것에 대한 향수의 한 부분이다. 신의 명령이라는 잃어버린 다른 부분을 추구하려는 노력 때문에 시는 사라지지 않을 것이다. 그리하여 지금에 와서도 시가 많은 경우 믿지도 않는 존재를 부르는 것이거나 알지 못하는 상상 속의 존재에게 기도하는 것인 경우가 빈번하다. 이 책을 시작하는 첫 단락도 그 한 예다. 형태는 여전히 같지만, 그 내용은 의식적인 시인의 유사'나'로 채워져야 한다. 그의 임무는 과거의 시적 언어와 그것이 표현하려고 했던 현실을 모방(mimesis)[21]하는 것이다. 환상에서 들은 것을 흉내 내는 양원적 의미의 모방은, 현실을 묘사하는 플라톤의 모방을 거쳐 발명을 포함하는 모방이라는 의미로 바뀌어왔다.

실제 환청을 매우 구체적으로 묘사한 몇몇 현대 시인들도 있다. 밀턴 (Milton)은 "내가 간청한 적도 없는 천상의 여신이 내가 이전에 생각해 본 적도 없는 시를 나에게 받아쓰게 한다"고 했다. 그가 눈먼 상태에서 딸들에게 시를 받아쓰게 한 것과 같다.[22] 블레이크(Blake)의 특이한 환상과 환청은 며칠씩 지속되기도 하고, 때로는 그의 의지에 상반되게 나타났는데, 그것이 그의 그림과 시의 재료였다는 것은 잘 알려져 있다. 릴케(Rilke)는 환상 속에서 들었던 긴 소네트를 흥분한 가운데 베껴 썼다고 한다.

그러나 대부분의 사람들은 좀더 평범하고, 좀더 의식적이다. 우리는 더 이상 우리의 시를 환상 속에서 직접 듣지 않는다. 그 대신 무엇인가

---

[21] 이 단어의 역사에 관해서는, Eric A. Havelock, *Preface to Platon*(New York: Grosset & Dunlap, 1967), 57쪽, 주 22) 그리고 2장을 보라.
[22] *Paradise Lost*, 9권, 21~24쪽.

가 주어진 다음 점차 키워져 가는 느낌이고, 시가 시인에게 떠오를 뿐만 아니라 시인에 의해 창조되는 느낌이다. 하우스먼(Housman)에게는 그가 맥주를 한 잔 마시고 산책하던 중 몇 줄의 시가 "갑작스럽고 설명할 수 없는 감정과 함께 끓어올랐고", 그것들은 "뇌에 의해 처리되어진 다음 완성되어야만 했다". 괴테는 "내가 노래를 만든 것이 아니라 노래가 나를 만들었다"고 말했다. 라마르틴(Lamartine)은 "내가 생각하는 것이 아니라 내 생각이 나 대신 생각한다"고 말했다. 그리고 존경하는 셸리(Shelley)가 이것을 다음과 같이 명쾌하게 설명한다.

사람은 "나는 시를 짓겠노라"고 말할 수 없다. 가장 위대한 시인마저도 그렇게 말할 수 없다. 왜냐하면 창조하는 마음은 마치 꺼져가는 화로가 변덕스러운 바람에 불길이 일듯, 보이지 않는 영향을 미치는 존재 때문에 일시적으로 타오르는 것과 같다. 〔……〕 그리고 우리 마음의 의식적인 부분은, 그것이 언제 다가오고 또 언제 사라질지 미리 알지 못한다.[23]

꺼져가는 화로가 좌반구고 변덕스러운 바람이 우반구인 것은 아닐까? 고대의 인간과 신들의 관계의 자취는 아닐까?

물론 이 문제에 관한 어떤 보편적인 규칙은 없다. 시인들의 신경체계는 그들의 신발처럼 저마다 유형과 크기가 다르다. 우리는 두 반구 사이의 관계가 모든 사람에게 똑같지 않다는 것을 안다. 사실 시는 신경

---

23 Percy Bysshe Shelly, "A Defense of Poetry," II. E. Hugo(ed.), *The Portable Romantic Reader*(New York: Viking Press, 1957), 536쪽.

체계가 없어도 쓸 수 있다. 어휘와 약간의 통사론, 그리고 어휘 선택과 박자에 대한 몇 가지 규칙을 컴퓨터에 입력하면, 컴퓨터는 초현실적이 긴 하지만 꽤 '영감이 담긴' 시를 지어낸다.

그러나 이것은 두 개의 뇌 반구와 신경체계가 있는 인간이 이미 하는 것을 본딴 것에 지나지 않는다. 컴퓨터와 인간은 예전의 양원적 영감에 사로잡히지 않고도 시를 쓸 수 있다. 그러나 그렇게 할 때 그들은 역사에 존재하는 더 오래되고 더 진정한 시적 영감을 모방하는 것이다. 시는 예전에 인간이 시작했지만, 시를 짓기 위해서 예전의 방법을 따를 필요는 없다. 시는 양원적 정신에서 신의 말로 시작되었다. 그리고 심지어는 오늘날에도 그 끝없는 모방을 통해서, 위대한 시는, 어떻게 지어졌는지에 상관없이, 청중에게 완전히 다른 존재의 특성, 즉 한때 우리와 신들의 관계를 규정지었던 어법과 메시지, 위로와 영감을 고스란히 갖고 있다.

타미리스에 대한 설교

나는 시 생물학(the biology of poetry)에 대한 약간은 어색한 이 주장을 마치면서, 타미리스(Thamyris)의 비극에 대한 교훈적인 감정을 나누고 싶다. 그는 『일리아스』에 나오는(2권, 594~600쪽) 시인인데 그는 시에서 뮤즈 여신들을 정복하고 지배하리라고 자랑했다. 내가 이전에 말했듯이, 신들은 의식으로의 전환 속에서 죽어가면서도 질투심이 많다. 그리고 성스러운 아홉 뮤즈 여신들도 예외가 아니었다. 그들은 타미리스의 야심에 격분했다. 그들은 그를 불구로 만들었고(아마도 왼편을 마비시켰을 것이다) 그에게서 시를 짓는 능력을 영원히 앗아갔으며, 그가 하프타는 솜씨도 잊게 했다.

물론 우리는 과연 타미리스가 있었는지, 또는 이 이야기에서 어떤 현실을 밝히려는 것인지 모른다. 그러나 나는 이 이야기가 일리아스에 나중에 첨가된 내용들 중 하나라고 주장한다. 그리고 이 내용이 첨가된 것은 양원정신이 붕괴되면서 예술적 표현에서 반구 사이의 협력이 어려워진 것을 가리키는 것이라고 생각한다. 타미리스의 비유는 우리가 영감을 받을 때 의식을 잃는 듯한 느낌과 나중에 의식을 잃었던 것을 의식할 때에는 영감을 상실하는 것을 이야기해주는 것일 수 있다. 의식은 신을 모방하는 자며, 질투심 있는 자여서 그 앞에 어떤 다른 행위의 집행자도 허용하지 않는다.

내가 더 젊었을 때, 적어도 20대까지는 숲 속 또는 해변을 거닐거나 언덕이나 외진 곳을 오를 때, 나는 자주 내 머릿속에서 너무도 아름다운 즉흥적인 교향곡을 듣는다는 것을 갑자기 의식했다. 그러나 이 사실을 의식하는 바로 그 순간, 음악은 한 박자도 더 머물지 않은 채 사라져버렸다. 나는 다시 떠올리려고 안간힘을 썼다. 그러나 아무것도 남지 않았다. 더 깊어지는 침묵만 남았을 뿐이다. 음악이 분명 내 우반구에서 작곡되었고 반쯤 환상으로 들렸기 때문에, 그리고 언어로 표현하는 나의 유사 '나'는 적어도 그 순간에는 좌반구적인 기능을 더 나타냈기 때문에, 이 저항이 대충 타미리스 이야기의 숨은 뜻과 비슷할 것이라고 생각한다. '나'는 너무 안간힘을 썼던 것이다. 나는 좌측 반신불수가 아니다. 그러나 더는 내 음악을 들을 수 없다. 앞으로도 또 들을 것이라고 생각하지 않는다.

현대의 시인도 비슷한 궁지에 몰려 있다. 이전에는 문학적 언어와 고대의 구술이 그의 막강한 조력자가 되어 참된 시가 읊어야 할 타자성의 세계와 그 세계의 웅장함을 드러내는 시를 쓰게 했다. 그러나 역행할 수 없는 자연주의의 거센 파도는 뮤즈 여신들을 우반구의 깊은 어둠 속으로 쓸어내 버렸다. 그러나 어쩐 일인지 우리는 불가피하게 권한위임을 기다릴 수밖에 없는 '불가사의한 영감의 사제들'이 되어 있다. 그러나 그 영감은 이해하려고 시도할 때 도망쳐버려, 어쩌면 애당초 있지도 않았던 것처럼 사라져버린다. 우리의 믿음은 충분하지 않다. 인지 규범은 사라진다. 역사는 조심스레 자신의 손가락을 뮤즈 여신의 입술에 갖다 댄다. 양원적 정신은 고요하다. 그리고

다가왔던 신은 허공으로 사라져간다.
이제 기적으로라도 나와 함께 상상해보자꾸나.
(신들이 주는 게 다 그렇듯 모호한 선물들뿐)
그곳에 결코 있을 수 없는 것들이니,
이제 절망에서 하나의 말씨를 배우자꾸나.

제4장

최면

만일 내가 여러분에게 식초를 샴페인처럼 마시고, 바늘로 팔을 찌르면서 쾌감을 느끼라고 한다면, 또는 어둠 속을 주시하면서 상상의 빛을 보기 위해 동공을 줄이라거나, 평상시 결코 믿지 않는 어떤 것을 의도적으로 그것도 진심으로 믿으라고 한다면, 그렇게 하기가 불가능한 것은 아닐는지 모르나, 결코 쉽지 않다는 것을 알게 될 것이다. 그렇지만 만일 내가 당신에게 최면을 건다면, 당신은 그리 어렵지 않게 내가 요구한 것들을 해낼 수 있다.

왜 그런가? 어떻게 그런 기이한 일이 가능해지나?

친숙한 시 이야기를 하다가 최면 같은 이상한 주제로 넘어가는 것 자체가 생소할 수 있다. 사실 최면은 심리학의 여러 문제들 중 지극히 이상한 주제다. 최면은 환영받지 못하는 돌연변이처럼 실험실, 사육제, 정신과 치료소와 공회당을 들락거리느라 어떻게든 정리되거나 과학적 이론으로서 어떤 확고한 속성을 가질 기미가 보이지 않는다. 만일 최면이 가능하다면, 지금 우리가 하는 의식적 자기 통제에 대한 생각은 물론 싱격에 대한 우리의 과학적 견해도 부정해야 할 것 같다. 그러나 의식과 그 기원에 대한 완벽한 이론을 마련하기 위해서는, 이 특이한 유형의 행동 통제가 지니는 문제의 어려움을 반드시 다루지 않으면 안 된다.

서두에 제기한 질문에 대한 내 대답은 분명하다. 최면은 이처럼 신기한 일이 일어날 수 있게 한다. 그 까닭은 최면이 일반적 양원 패러다임을 가동시킴으로써 의식의 행동 통제보다 더 절대적인 행동 통제를 가능하게 하기 때문이다.

이 장에서 나는 내 이론 외에 다른 어떤 이론도 이 근본적인 문제를 제대로 다루지 못한다고 주장할 것이다. 만일 우리의 현대적 정신체계가, 대부분의 사람들이 생각하는 것처럼, 포유류나 그전의 진화 과정에서 생긴 유전적으로 결정된 불변의 특성이라면, 최면을 통해 정신이 어떻게 그렇게 변할 수 있을까? 그것도 다른 사람의 얼토당토않은 지시에 따라 어떻게 그렇게 변할 수 있을까? 최면에 따른 정신의 변화를 제대로 보기 위해서는 우선 유전학적 가설을 기각해야 하며, 의식을 더 권위적인 옛적 행동 통제 방식의 기저를 이루던 흔적에서 오는 학습된 문화적 능력이라고 보지 않으면 안 된다.

이 장은 최면이 양원 패러다임의 네 측면과 얼마나 잘 맞아떨어지는지를 분명하게 보여주도록 구성했다. 그렇지만 그전에 먼저 최면이 어떻게 시작되었는지에 대한 아주 중요한 특징을 먼저 논의한다. 그 특징은 내가 제1권 2장과 제2권 5장에서 강조했던 새로운 정신체계의 창조에서 나타나는 은유의 생성력(generative force)이다.

뉴턴적인 힘의 피석의체

의식과 마찬가지로 최면은 몇몇 새로운 은유의 피석의체로 역사상의 어떤 시점에서 시작된다. 이런 은유의 시초는 뉴턴이 만유인력의 법칙을 발견한 다음 달의 인력으로 조수를 설명하려고 이 법칙을 사용한 것과 비슷하다. 사람들 간의 신비한 흡인력, 영향력, 통제력은 뉴턴의 중력에 따른 영향에 비유된다. 그리고 이 비유에서 하나의 새로운 (조금은 우스꽝스런) 가설이 귀결되는데, 생명체든 물질이든 모든 물체 간에는 이른바 동물중력(animal gravitation)이라는 인력(引力)이 흐르며 뉴턴의 중력은 그 특별한 사례일 뿐이라는 것이다.[1]

이 이야기는 이것을 시작한 뉴턴의 열렬한 추종자 메스머(Anton Mesmer)의 공상적이고 애매한 저술에서 가장 분명히 드러난다. 이에 이어지는 또 다른 비유가 두 개 있다. 중력의 인력은 자기의 인력과 비슷하다는 것이다. (메스머의 수사학적 사고에 따르면) 제3의 대상과 유사한 두 대상은 서로 유사하기 때문에 동물 중력은 자기 인력과 비슷한 것이며, 그 이름도 동물 자기력으로 변하게 되었다.

이제 드디어 이 이론은 과학적인 방식으로 검증할 수 있게 되었다. 지구의 중력과 유사하게 생명체를 드나들 수 있는 이 요동치는 자기장의 존재를 증명하기 위해, 메스머는 다양한 히스테리 환자들에게 자석을 붙였고, 심지어 자력이 더 잘 작동하도록 철을 함유한 약을 환자에

---

1 최면에 대한 상세한 역사는 아직 씌어지지 않았다. 그렇지만 고든(J. E. Gordon)이 편집한 *Handbook of Clinical and Experimental Hypothesis*(New York: Macmillan, 1967)에 있는 패티(F. A. Pattie)의 "Brief History of Hypnotism"을 보라. 또한 포스트먼(Leo Postman)이 편집한 *Psychology in the Making*(New York: Knopf, 1964)의 745~784쪽에 수록된, 최면에 대한 주요 실험연구자인 사빈(Theodore Sarbin)이 쓴 역사에 대한 논문 "Attempts to Understand Hypnotic Phenomena"도 참조하라.

게 처방했다. 놀랍게도 자력선은 효과가 있었다! 그가 살았던 시대의 지식으로는 이 결과는 의심할 여지가 없었다. 자석 때문에 경련을 일으키는 발작이 일어났는데, 메스머는 이를 신체에 일어난 '인공적 조수의 흐름'이라 하고, 그 자기적 인력으로 '신경적 액체의 잘못된 움직임에서 오는 왜곡'을 바로잡아 '신경원들의 조화'를 이루도록 한다고 표현했다. 그는 궤도를 도는 행성들에서처럼 사람들 간에도 힘이 흐른다는 것을 '증명했다'.

물론 그가 어떤 종류의 자기력의 존재도 증명한 것은 아니었다. 그는 제임스 브레이드 경(Sir James Braid)이 잠이라는 은유체에 대하여 나중에 이름을 붙인 최면을 발견했을 뿐이었다. 그 치료가 효과적이었던 것은 그가 자신의 환자들에게 자신의 그 기이한 이론을 깊이 확신하면서 설명했기 때문이었다. 자석을 갖다댈 때 나타나는 격렬한 발작증세와 특이한 감각 왜곡은 그런 일이 일어날 것이라는 인지적 예상 때문이며, 자석이 작용해서 치료할 수 있을 것이라는 일종의 영속적인 자기 증폭적 '증명'을 스스로 만들어가면서 실제로 그런 일을 일으킨다. 여기서 기억할 것은 고대 아시리아에는 우연이라는 개념이 존재하지 않아 제비뽑기를 신이 주관할 수밖에 없었듯이, 18세기에는 암시라는 개념이 없었기 때문에 그 결과는 자석에 귀속될 '수밖에' 없었다는 점이다.

그러고 나서 자석뿐만 아니라 자석을 갖다댔던 컵, 빵, 나무, 인간, 동물들 역시 어떤 효과를 나타낸다는 것이 발견되자(이들은 서로 얼마나 그릇된 믿음을 양산해내고 있는가!), 모든 문제가 또 하나의 새로운(네번째) 비유로 출현하게 되었는데 그것이 바로—벤저민 프랭클린의 연에 관련된 모든 것이며—그 시대에 활발히 연구되던 정전기에 대한 비유다. 따라서 메스머는 정전기처럼 끝없는 대상의 배열로 변환될 수 있는

'자석 물질'이 있다고 생각했다. 특별히 인간은 자기를 축적하고 흡수할 수 있는데 메스머 자신은 그런 능력이 탁월하다고 주장했다. 탄소막대를 동물의 털에 문지르면 정전기가 발생하듯 메스머도 치료를 목적으로 환자들을 어루만졌다. 이제 그는 실제 자석을 버리고 자신의 동물자력을 사용할 수 있게 되었다. 환자의 몸을 치거나 지나감으로써 마치 그들이 탄소막대인 것처럼, 그는 발작을 일으키고, 이상한 감각이 계속 교차되고 꼬이게 하고, 또 나중에 히스테리 장애라 불린 병을 치료하기도 하는 등 동일한 결과를 만들어내기도 했다.

이제 여기서 이 비유에 연루된 사람들에게 우리가 피석의체적 변화라고 부를 수 있는 일이 일어난 것을 이해하는 것이 중요하다. 기억하겠지만 피석의체는 피은유체와 연상되는 것들을 투사하는 것 또는 은유체의 석의체다. 여기서 피은유체는 사람들 간의 영향이다. 은유체 또는 이 영향의 비유 대상은 끊임없는 중력, 자기력 그리고 전기다. 그리고 천체들 간의 절대적인 인력에 대한 석의체들이나, 라이덴 병(Leyden jars)[2]에 담긴 물질에서 계속 발생되는 전류, 또는 대양의 조류 같은 불가항력적인 자기력의 흐름 등에 대한 석의체는 모두 다시금 사람들 간의 관계에 대한 피은유체로 투사되어 사람을 변화시키고, 거기에 관련된 사람의 심리적 속성을 변화시키며, 그들을 의사의 몸이나 의사에게서 그러한 것을 '흡수한' 물질 속에 있는 '자기력이 있는 액체'(magnetic fluids)에서 나오는 불가항력적인 통제의 대양 속에 젖어들게 한다고 이

---

2 전기충격을 담아두기 위해 라이덴이 고안한 것으로 3분의 2 정도의 높이까지 은박지로 둘러싼 유리용기 - 옮긴이.

해되었다.

메스머가 발견한 것은 특수한 정신체계로, 이 상태는 어릴 때부터 적절한 장소에서 특별하게 교육하고, 이를 지지하는 믿음 체계에 둘러싸여 다른 사람들과는 격리된 채 성장했을 때 나타난다. 또한 이 상태는 일상적 의식에 근거를 두지 않는 하나의 사회처럼 자신을 유지해나갈 수 있게 되는데, 이때는 에너지나 불가항력적 통제에 대한 비유가 의식의 기능 일부를 담당하게 된다.

도대체 이런 일이 어떻게 가능할까? 내가 이미 주장한 것처럼, 나는 메스머가 초보적인 형태이지만 내가 말한 일반적 양원 패러다임이라고 부른 네 측면—집단 인지적 규범, 유도, 환각 상태, 권한위임—에 있는 신경원적 패턴을 작동한 것이라고 생각한다. 각각을 차례대로 살펴보자.

최면에 걸린 사람의 변화 속성

최면현상이 집단 인지적 규범이나 집단 믿음 체계의 통제 아래 있다는 것은 그것이 역사 속에서 끊임없이 변한다는 사실로 입증되었다. 최면에 대한 믿음이 변함에 따라 그 내용도 변했다. 메스머 이후 몇십 년이 지난 뒤 환자들은 더는 이상한 감각이나 발작으로 몸이 뒤틀리지 않았다. 그 대신 최면 중에 질문에 대답하고 스스로 중얼거리기 시작했다. 전에는 이런 일이 관찰되지 않았다. 그러고 나서 19세기 초반에 환자들은 최면 기간에 일어났던 일을 잊기 시작했는데[3] 전에는 이런 사

---

[3] A.-M.-J. Chastenet, Marquis de Puysegur의 중요한 저작인 *Memoires pour Servir à L'Histoire et à L'Establissement du Magnetism Animale*, 2판(Paris, 1809)에서 나온다.

례가 보고된 적이 없었다. 1825년경 분명하지 않은 이유로 최면에 걸린 사람들은 자기 자신의 병을 스스로 진단하기 시작했다. 그 세기 중반에, 두개골의 형상이 정신적 능력을 나타내준다는 골상학이 유행하면서 최면까지 잠식했다. 최면 중에 골상학에서 지정된 어떤 영역에 압력을 가하면 환자가 그 영역이 통제하는 능력을 나타냈는데(그렇다. 이것은 실제로 일어났다), 이 현상은 그전이나 후에 다시 관찰되지 않았다. '경배'를 담당한다고 가정된 뇌 영역의 두피에 압력을 가하면 최면에 걸린 환자는 기도하기 위해 무릎을 꿇었다![4] 이런 일이 일어난 것은 그럴 것을 믿었기 때문이다.

얼마 후 당대의 위대한 정신과 의사인 샤르코(Charcot)가 살페트리에르(Salpêtriére)에서 전문가들 앞에서 최면도 여러 가지라는 것을 보여주었다! 이제 최면은 납굴증(catalepsy),[5] 기면(lethargy), 몽유증(somnambulism)의 연속적인 세 단계로 나뉜다. 이들 '신체적 상태'는 근육이나 두피에 압력이나 마찰을 가해 다른 상태로 변환될 수 있게 되었다. 브로카 영역 위의 머리를 문지르기만 해도 실어증이 유발되었다! 그리고 샤르코의 발견을 점검하기 위해 살페트리에르에 온 비네는 메스머의 자석을 끌어와 그 문제를 복잡하게 했고 아주 이상한 행동을 발견했다.[6]

---

4 브레이드 경의 이 예시들은, 이 주제를 연구하는 사람들에게 첫 번째로 주의할 점을 알려주기는 했지만, 나중에 그 자신을 곤혹스럽게 했다. 그는 1845년 이후에는 이 결과를 언급하지 않았고 아마 이해하지도 못했던 것 같다. 최면의 역사에서, 브레이드가 차지하는 중요성에 대한 자세한 설명은 J. M. Bramwell, *Hypnotism: Its History, Practice, and Theory*(London: 1903; New York: Julian Press, 1956)에서 볼 수 있다.

5 수동적 자세를 유지하며 스스로의 의지로 복구하려고 하지 않는 상태 –옮긴이.

6 비네와 페르(C. Fere)의 *Le Magnetisme Animale*(Paris: Alcan, 1897)을 보라. 이 자

최면에 걸린 사람 신체의 한편이나 다른 편에 자석을 두면 지각이 극적으로 변화되며, 히스테리성 마비를 일으키고, 기대되는 환각을 일으키며, 쇳가루들이 움직이듯 이쪽에서 저쪽으로 이동하는 일이 일어나게 할 수 있었다. 이런 얼토당토않은 결과들은 전에는 물론 그 후에도 관찰되지 않았다.

이것은 단지 메스머나 샤르코나 다른 누구든, 최면을 거는 사람이 자기가 생각하는 최면이 무엇인지를 고분고분한 피최면자에게 암시하는 정도의 이야기가 아니다. 오히려 그가 함께하는 집단 내에서 그 현상이 어떻게 인식되는지에 대한 인지적 규범으로 발전해왔다. 이런 역사적 변화는 최면이 주어진 자극에 대한 고정된 반응이 아니라 특정 시대의 기대나 선입관이 변함에 따라 변한다는 것을 보여준다.

역사를 통해 분명해진 이 사실을 통제된 실험에서 입증할 수 있다. 환자에게 최면이 걸리면 전에 들어보지도 못한 최면 효과가 일어날 것이라고 미리 알려주면, 다시 말해서 그 효과가 집단 인지적 규범의 일부가 되게 하면, 그런 효과가 관찰될 수 있다. 예를 들어 심리학개론 수업시간에 지나가는 말로 최면에 걸린 사람은 더 강한 쪽 손을 쓸 수 없다고 이야기해주었다. 그 어떤 시대에도 최면 상태에서 이런 일이 일어나지 않았다. 즉 그것은 거짓말이었다. 그럼에도 그 수업을 들은 학생들에게 나중에 최면을 걸면, 그들은 대부분 별도의 지시나 암

기기만적인 연구와 델뵈프(Delboeuf)와의 논쟁 그리고 그 후 이어진 더 정확한 낸시(Nancy) 학파와의 논쟁과 비네가 자신의 어리석은 실수를 나중에 인정하는 것은 볼프(Theta Wolf)의 뛰어난 전기인 *Alfred Binet*(Chicago: University of Chicago Press, 1973), 40~78쪽에 서술되어 있다.

시가 없어도, 그들이 평소에 더 많이 쓰는 손을 움직일 수 없었다. 이런 연구를 통해, 최면 상태의 사람들은 최면을 거는 사람이 기대한다고 스스로 생각하는 현상을 보여주는, 최면 상태가 '요구 특성'(demand characteristics)이라는 개념이 등장하게 되었다.[7] 그러나 이것은 그 현상을 지나치게 개인적으로 표현하는 것이다. 그보다는 최면은 최면에 걸린 사람이 최면은 무엇이다라고 생각하는 것이다. '요구 특성'을 이렇게 받아들일 때, 내가 집단적 인지 규범이라고 부른 것과 같은 상태가 된다.

집단적 규범의 힘을 보는 또 다른 방식은 그것이 군중에 따라 강화되는 것을 주목하는 방법이다. 종교적인 느낌이나 믿음이 교회에서 강화되는 것처럼, 최면도 극장에서 더 잘 일어난다. 관객이 난간에까지 꽉 찬 무대에서 최면을 걸면 집단적 명령 또는 최면의 기대를 강화시켜, 실험실이나 치료센터에서 고립되어 최면을 거는 경우보다 더 기괴한 현상들을 일으킬 수 있다는 것은 잘 알려져 있다.

최면유도

두 번째로, 최면에서 유도 절차가 차지하는 자리는 분명하다. 따라서 여기에 대해 더 부연할 말은 없다.[8] 현재 실제 장면에서 사용되는 기법

---

[7] 이것은 최면 연구의 역사에서 중요한 생각 중 하나다. 오온(Martin Orne)의 논문들, 특히 *Journal of Abnormal and Social Psychology*, 58호, 1959, 277~299쪽에 실린 "Nature of Hypnosis: Artifact and Essence"를 보라. 이와 관련하여 고든이 편집한 *Handbook of Clinical and Experimental Psychology*에 실린 로젠한(David Rosenhan)의 중요하고도 온건한 논문 "On the Social Psychology of Hypnosis Research"도 참조하라.

[8] 유도 절차에 대한 가장 훌륭한 논의는 고든의 44~79쪽에 수록된 런던(Perry London)

은 엄청나게 다양하다. 그렇지만 그들은 모두 신탁을 받기 위한 유도 절차처럼 의식을 좁히거나 아니면 우리가 앞장에서 보았던 펠레스티케와 카토코스의 관계와 유사하다. 환자는 앉거나 서거나 누워 있을 수 있고, 반복적인 소리를 듣게 하거나 그렇지 않을 수도 있고, 응시하거나 그렇게 하지 않을 수도 있고, 작은 불빛이나 불 또는 보석을 응시하게 하거나 벽에 있는 압정이나 깍지 낀 손의 엄지손가락을 응시하게 할 수 있다—수백 가지 방법이 있다. 그러나 최면을 거는 사람은 언제나 환자가 자신의 목소리에만 주의를 기울이도록 애쓴다. "당신이 듣는 것은 내 목소리고 당신은 점차 졸리게 됩니다 등"의 전형적 패턴이 반복되면서, 만일 환자가 최면에 걸리면 환자는 자신의 깍지 낀 손을 풀 수 없다고 말해주거나 팔을 움직일 수 없다고 말해주거나 자신의 이름을 기억할 수 없게 된다고 말해주면 환자는 그렇게 된다. 이런 단순한 암시는 초기 단계에서는 최면이 제대로 걸렸는지에 대한 지표로 자주 사용되었다.

만일 환자가 이런 식으로 자신의 의식을 좁힐 수 없고, 상황 전체를 망각할 수 없거나, 방이나 최면유도자와의 관계 따위 같은 다른 것을 의식하거나, 자신의 유사 '나'와 함께 이야기 엮기를 하거나, 아니면 자신의 은유 '나'가 최면에 걸려 있는 것을 '바라보고' 있으면 최면에 걸리지 않게 될 것이다. 그러나 그런 사람도 반복적으로 시도하면 최면에

의 "The Induction of Hypnosis"다. 최면 일반에 도움이 되는 논의를 위해서는 쇼어(Ronald Shor)의 논문들, 특히 *American Journal of Psychotherapy*, 13호, 1959, 582~602쪽에 실린 "Hypnosis and the Concept of the Generalized Reality-Orientation"과 *International Journal of Clinical and Experimental Hypnosis*, 10호, 1962, 23~38쪽에 실린 "Three Dimensions of Hypnotic Depth"를 보라.

걸리기도 하는데, 이는 최면유도에 의한 의식의 '축소화'가 부분적으로 학습된 능력임을, 즉 일반적 양원 패러다임에서 내가 소질구조라 부른 것에 근거해서 일어나는 학습된 능력임을 보여준다. 앞에서 본 것처럼 연습을 통해 카토코스가 최면 상태에 쉽게 들어갈 수 있듯이 최면도 마찬가지다. 가장 반응을 잘 하는 사람까지도 반복을 통해 유도에 걸리는 시간과 그 내용이 확연히 줄어들 수 있다.

환각 상태와 반논리적 순종

세 번째로 최면에 따른 환각 상태는 말 그대로다. 물론 양원적 정신의 다른 흔적에서 보이는 환각 상태와는 대개는 다르다. 개인들은 신탁이나 영매의 환각 상태처럼 실제로 청각적 환상을 경험하지 않는다. 양원적 패러다임의 역할은 최면유도자가 대신한다. 그러나 정상적인 의식이 줄어들거나 사라지는 점은 똑같다. 이야기 엮기는 상당히 제한되며 유사 '나'는 어느 정도 사라진다. 최면에 걸린 사람은 주관적인 세계에 살지 않는다. 그는 우리처럼 내성을 하지 않으며, 자신이 최면에 걸린 것을 알지 못하며, 최면에 걸리지 않았을 때처럼 자신을 끊임없이 점검하지 못한다.

최근 환각 상태를 이야기하기 위해 거의 변함없이 물에 잠기는 비유를 사용한다. 따라서 '아래로 내려가는' '깊은' 또는 '얕은' 최면 상태라는 말을 사용한다. 최면유도자는 환자에게 그가 '더 깊게' 내려간다고 말한다. 잠수 은유체가 아니었으면 모든 내용이 다르게 표현되었을 가능성이 높다. 특히 최면이 끝나고 난 후의 기억상실(post-hypnotic amnesia)에서 그럴 것이다. 수면 위와 아래라는 석의체는 각기 다른 시각장과 촉각장을 가지고 있어서 일종의 이원적 세계(two-world-ness)

를 만들어내, 상태의존적 기억(state-dependent memory)[9] 같은 것을 일으킬 수 있는 것 같다. 그리고 19세기 초반에 갑자기 자발적인 최면 후 기억상실이 나타나는 것은 비유가 중력에서 잠수로 변했기 때문일 수 있다. 다시 말해 자발적인 최면 후 기억상실은 잠수 비유의 피석의체였다(이제 그런 자발적 기억상실증이 최면 현상에서 사라졌음을 주목하는 것은 흥미로운 일이다. 아마도 최면이 너무 친숙해져서 이제 하나의 사물처럼 되었고, 그것이 피석의체의 영향을 감소시켰기 때문일 수도 있다).

'더 깊은' 최면 상태에서 가장 신기한 현상이 일어난다. 이 현상들은 정신 이론들이 설명해야 할 중요한 것들이다. 다른 식으로 암시를 받지 않는 한, 환자는 최면유도자의 목소리 이외의 것에 '귀가 먹는다'. 그는 다른 사람의 말을 '듣지' 못한다. 고통이 '차단될' 수도 있고, 정상보다 심해질 수도 있다. 감각적 경험도 마찬가지다. 정서도 암시로 만들어질 수 있다. 재미있는 농담을 곧 듣게 될 것이라는 말을 들으면, 환자는 '잔디는 초록색이다'라는 말에 껄껄 웃을 것이다. 환자는 유도자의 암시에 정상 상태보다 자율 반응을 더 잘 통제할 수 있다. 그의 정체감은 급격히 변화될 수 있어서 그는 동물처럼 또는 노인이나 아이처럼 행동하게 될 수 있다.

그러나 이것은 사실이 아님(it-isn't)을 억누르면서 마치 사실인 것처럼(as-if) 행동하는 것이다. 최면에 대해 극단적인 주장을 하는 몇몇 사람들은 환각 상태의 환자가 그가 지금 5세나 6세밖에 안 되었다고 들으면 그 나이에 맞는 실제의 퇴행이 발생한다고 주장한다. 이것은 명백

---

[9] 상황에 따라 기억이 되거나 안 되는 현상으로 예를 들면 알코올 중독자는 술을 마셨을 때 있었던 일을 술에서 깨고 나면 기억하지 못한다 – 옮긴이.

히 틀린 주장이다. 그 한 예를 소개하겠다. 한 환자는 독일에서 태어났고 8세 무렵에 영어권 나라로 가족과 함께 이민 와서 영어를 배웠고 독일어는 거의 잊어버렸다. 최면유도자가 그에게 '깊은' 최면 상태에서 그가 여섯 살배기라고 암시하자, 그는 아이들이 보이는 온갖 행동을 보였는데, 칠판에 낙서도 했다. 영어로 그가 영어를 아느냐고 묻자, 그는 자신은 독일어만 알고 영어는 이해하거나 말하지 못한다고 어린아이처럼 말했으나 영어로 설명하는 것이었다! 그는 심지어 칠판에 영어를 하나도 모른다고 영어로 썼다![10] 따라서 최면은 실제 퇴행이 아니라 연극 놀이 같은 것이다. 양원적 인간이 신에게 순종했던 것처럼 환자는 최면유도자와 그의 기대에 무비판적이고 반(反)논리적으로 순종하는 것이다.

잘 씌어진 최신 교과서에도 나오는 최면에 대한 또 다른 오해는 최면유도자가 진짜 환각을 유도할 수 있다고 생각하는 것이다. 발표되지 않았지만, 내가 관찰한 바에 따르면 그렇지 않다. 환자가 깊은 최면에 빠진 다음, 나는 존재하지 않는 꽃병을 그에게 주는 동작을 취하면서 탁자에서 존재하지 않는 꽃을 들어 그 꽃병에 넣으라고 지시하고, 각 꽃의 색깔을 말해주었다. 그렇게 하는 것은 쉬운 일이었다. 그리고 그것은 연극이었다. 그러나 환자에게 존재하지 않는 책을 주면서 손에 들고 책장을 넘기면서 그 책을 읽으라고 할 수는 없었다. 우리가 더 많은 상상력을 발휘하지 않으면 그런 일을 연극처럼 할 수 없다. 환자는 지시에 따라 책을 들고 있는 동작을 쉽게 취할 수 있고, 어쩌면 몇몇 틀에 박힌 구절이나 문장을 더듬거리며 말할 수는 있겠지만, 그리고 나서

---

[10] 이 예에 대해 오온에게 감사한다.

는 활자가 흐리다거나 읽기가 어렵다거나 그와 유사한 어떤 합리화를 하면서 불평할 것이다. 또는 빈 종이 위의 (존재하지 않는) 그림을 기술하라고 지시하면, 환자는 멈칫거리면서 반응하거나, 그가 본 것에 대해 질문하고 답을 재촉하면 마지못해 대답을 짧게 할 것이다. 만일 이것이 진짜 환각이라면 그의 눈은 종이 위를 여기저기 살필 것이며—정신분열증 환자가 시각적 환각을 기술하는 것처럼—자세히 기술하는 일이 어렵지 않았을 것이다. 예상할 수 있겠지만, 여기에는 엄청난 개인차가 있다. 그러나 그 행동은 진짜 환각을 경험할 때처럼 별 어려움 없이 진행되기보다는 마치 ……인 것처럼 머뭇거리면서 어떤 역할을 한다는 표현이 더 적절해 보인다.

이 점은 다른 실험에서도 드러난다. 최면에 걸린 사람에게 방을 거닐라고 하고 그가 가는 길에 의자를 놓고 의자가 없다고 말해주면, 그는 의자가 없다는 환각에 빠지지 않는다. 그는 그 의자를 돌아서 간다. 그는 그 의자를 못 본 것처럼 행동한다—그렇지만 그가 그 의자를 돌아서 가는 것을 보면 그가 본 것이 틀림없다. 재미있는 것은, 만일 최면에 걸리지 않은 사람에게 이런 상황에서 최면에 걸린 것처럼 행동하게 하면, 최면이 실제로 지각을 변화시킨다는 잘못된 견해에 위배되지 않게 노력할 것이므로, 그는 의자에 부딪힐 것이라는 점이다.[11]

이 때문에 이런 차이를 나타내기 위해 제안된 중요한 개념이 환각 상태 논리(trance logic)다.[12] 이것은 터무니없는 논리적 모순에 대한 멍청

---

[11] 최면에 걸린 피험자와 최면 상태를 흉내 내보라는 지시를 받은 통제 집단의 피험자를 비교하는 기본적인 연구는 오온에 의해 수행되었다. 이 기발하면서도 단순한 예는 그의 도움을 받은 것이다.

[12] Martin Orne, "The Nature of Hypnosis: Artifact and Essence."

한 반응일 뿐이다. 그렇지만 실제로는 논리라 할 수 없고, 또한 환각 상태의 현상도 아니다. 그보다는 내가 언어로 매개된 현실에 대한 반논리적 순종이라고 부르고 싶은 것이다. 이것이 반논리적인 이유는, 실제로는 사실이 아닌 현실의 주장에 따르기 위해, 논리학의 규칙을 위배하기 때문이다. 이런 일은 오늘날에도 종교적 연도(litanies)[13]에서는 물론 원시 사회의 다양한 미신에 이르기까지 도처에서 발견되는 행동 유형이다. 그러나 이런 일은 최면 상태에 있을 때에 두드러지며 또한 중심적인 특징이다.

환자가 의자가 없다는 말을 듣고 의자에 부딪히는 대신(논리적 순종), 의자를 돌아서 걸어가며 자신의 행동에서 비논리적인 어떤 것도 발견하지 못하는 것은 반논리적 순종이며, 환자가 영어로 자기는 영어를 모른다고 말하면서 거기에 어떤 문제가 있다는 것을 알지 못하는 것도 반논리적 순종이다. 만일 그 독일 환자가 최면에 걸린 척했다면, 그는 그가 기억할 수 있는 독일어만 말했거나 아무 말도 하지 않았을 것이다.

반논리적 순종 상태에 있는 환자는 똑같은 사람이 같은 시간에 두 곳에 있을 수 있다는 사실을 받아들일 수 있다. 만일 최면에 걸린 사람에게 X라는 사람을 가리켜 Y라는 사람이라고 말해주면, 그는 이에 걸맞게 그에게 응대할 것이다. 그때 만일 실제로 Y라는 사람이 방에 들어오면 그 환자는 둘 다 Y라는 것을 아무 문제없이 받아들인다. 이것은 양원적 정신의 또 다른 흔적인 정신분열증에서 발견되는 반논리적 순종과 유사하다. 병동에 있는 두 환자가 논리적으로 문제가 있다는 생각 없이, 자신들이 모두 똑같이 중요한 사람 또는 신적인 사람이라고 믿을

---

13 기도의 한 형식으로 선창자가 외우는 기도에 따라 회중이 제창한다 – 옮긴이.

수 있다.[14] 내 주장은, 이와 유사한 반논리적 순종이 양원적 시대에도 분명히 존재했다는 것인데, 그 예로는 움직이지 않는 우상을 살아 있으며 먹기도 하는 것처럼 대하거나, 똑같은 신이 한 시점에 여러 곳에 있거나, 눈에 보석을 박아 넣은 수많은 신왕 인형들이 피라미드 안에 나란히 있는 것 등이다. 양원적 인간처럼 최면에 걸린 사람도 자신의 행동에서 어떤 비일관성을 인식하지 못한다. 완전히 의식적인 방식으로 내성할 수 없기 때문에 그는 모순을 '볼' 수 없다.

환각 상태에서는 양원적 정신에서도 본 것처럼 시간 감각도 무뎌진다. 이것은 특히 최면 후 기억상실에서 잘 나타난다. 정상적인 상태에서는 의식적 시간의 공간화된 연속을 기억 연속의 토대로 사용한다. 아침 먹고 무엇을 했느냐고 물으면, 우리는 일련의 사건들을 '시간이라는 꼬리표를 붙여' 이야기한다. 그러나 최면 상태에 빠진 사람은 정신분열증 환자나 양원적 인간처럼 사건에 시간적 꼬리표를 붙이는 시간에 대한 스키마[15] 같은 것이 없다. 공간화된 시간의 앞과 뒤가 빠져 있다. 최면 후 기억상실 상태의 환자가 최면으로 환각 상태에 있을 때 기억해낸 사건들은, 정상적인 기억에서처럼 공간화된 시간이 아니라, 자신은 빠져 있고 모호하고 단편적인 조각들이다. 기억상실 환자가 보고할 수 있는 것이라고는 세부적인 내용도 없고 순서도 없이 "나는 손뼉을 쳤어요, 나는 의자에 앉아 있었어요" 정도인데, 이 사실은 내게 함무라비나 아킬레우스를 떠오르게 한다.[16] 오늘날 최면 환자들이 두드러지게 다른

---

14 한 예에 대한 자세한 서술을 보려면 Milton Rokeach, *The Three Christs of Ypsilanti*(New York: Knopf, 1960)를 참조하라.

15 정형화된 일련의 절차나 방식 같은 도식을 의미한다 – 옮긴이.

점은 최면유도자의 암시에 따라 환자들은 종종 이야기로 꾸며진 일련의 기억들을 떠오르게 할 수 있는데, 이때 이것은 환각 상태 밖에서 의식에 의해 모종의 병렬적 사건 처리들이 이루어지고 있음을 보여준다.

이런 것들 때문에 최면에 따른 환각 상태는 극히 복잡해진다. 병렬처리! 환자가 한 가지 일을 하거나 말을 하는 동안 그의 뇌는 그가 처한 상황을 적어도 두 가지 이상의 방식으로, 즉 하나의 방식이 다른 것보다 더 포괄적으로 되는 복잡한 방식으로 처리한다. 이 결론은 '숨은 관찰자'라고 명명된 최근 발견에서 극적으로 예시할 수 있다. 최면에 걸린 사람에게 그의 손을 얼음물에 1분 동안 담가도 아무렇지 않게 느낄 것(실제로는 고통스럽지만 견딜 수 있는 경험이다!)이라는 암시를 주면, 그는 별로 아파하지 않고 아무것도 느끼지 않았다고 말한다. 그런데 만일 그보다 앞서 최면유도자가 그의 어깨를 만질 때만 그가 실제로 무엇을 느끼는지를 다른 목소리로 보고하도록 암시를 주면 실제로 그렇게 보고하는 일이 일어난다. 최면 거는 사람이 그렇게 어깨를 만질 때마다, 환자는 대개 더 깊은 곳에서 나오는 목소리로 자신이 느끼는 통증을 모두 표현할 수 있었으며, 최면을 거는 사람이 손을 들면 그의 원래 목소리로 바로 돌아오고 통증도 느끼지 않게 되었다.[17]

이런 증거는 우리가 한때 폐기해버렸던 해리(解離, dissociation)[18]로

---

16 이 점에 대해 논의해준 하버드의 킬스트롬(John Kihlstrom)에게 감사한다. 건망증 환자의 언어와 기억을 하는 사람의 독특한 언어 대비는 곧 발간될 그의 연구에서 얻었다.

17 Ernest Hilgard, "A Neodissociation Interpretation of Pain Reduction in Hypnosis," *Psychological Review*, 80호, 1973, 396~411쪽. 앞장들을 읽고 비평해준 힐가드에게 감사드린다는 말을 적어두어야겠다. 그의 건설적인 비평은 큰 도움이 되었다.

서의 최면 개념을 다시 떠올리게 한다. 해리는 금세기 초에 다중인격
연구에서 나타났던 현상이다.[19] 이에 따르면 정신의 전체성이나 반응성
이 최면에서는 서로 독립적으로 작동할 수 있는 병렬적 흐름으로 분리
되게 된다는 것이다. 이것이 의식의 이론이나 제1권에서 기술된 그 기
원에 대해 함축하는 바가 무엇인지는 분명하지 않다. 그렇지만 이와 같
이 분리된 처리과정은 정신 자체의 양원적 구성과 제1권 1장에서 논의
되었던 무의식적 문제해결 과정을 생각나게 한다.

최면에 대한 논의에서 가장 다루어지지 않았던 부분은, 최면을 본 적
이 없거나 거의 아는 바가 없는 사람들이 경험하는 환각 상태의 특성에
서 나타나는 차이다. 물론 대개 그 환각 상태는 오늘날에도 수동적이고
암시를 걸 수 있는 상태다. 그러나 어떤 환자들은 실제로 깊은 잠에 빠
진다. 어떤 사람들은 늘 부분적으로는 의식적이면서도 기묘하게 암시
를 걸 수 있어서, 그들이 그런 척하는 것인지 실제 그런지를 구분하기
어려울 정도다. 또 다른 사람들은 너무나 심하게 떨어서 그들을 최면에
서 '깨워야'만 한다거나 하는 등 각양각색이다.

그런 개인차는 그 개인의 신념이나 집단 인지적 규범의 차이 때문이
라는 것이 최근의 연구에서 시사된다. 환자들에게 최면 기간에 무슨 일
이 일어날 것인지를 쓰게 했다. 그런 다음 최면을 걸어 그 결과를 그들

---

18 인격분열의 일종 – 옮긴이.

19 이 분야에서 고전은 Pierre Janet, *The Major Symptoms of Hysteria*, 1907(2nd
ed., New York: Holt, 1920); Morton Prince, *The Unconscious*(New York: Macmillan,
1914)이다. 잘 정리된 논의를 보려면 헨레(M. Henle), 제인스(J. Jaynes)와 설리번(J. J.
Sullivan)이 편집한 *Historical Conceptions of Psychology*(New York: Springer, 1973)
에 실린 힐가드의 "Dissociation Revisited"를 보라.

이 쓴 것과 비교해 보았다. 어떤 환자는 보아야만 해낼 수 있는 과제를 줄 때마다 매번 최면 상태에서 '깨어났다'. 나중에 그녀가 쓴 것을 찾아보았더니, '최면에 빠지려면 눈을 감아야 한다'고 써 있었다. 또 다른 사람은 두 번째 시도에서야 겨우 최면에 걸렸다. 그는 "대부분의 사람은 처음에는 최면에 잘 걸리지 않는다"고 썼다. 또 다른 사람은 서서는 최면 상태의 과제를 수행할 수 없었다. 그녀는 "환자는 누워 있거나 앉아 있어야만 한다"고 썼다.[20] 그러나 여기서처럼 최면에 대해 더 많이 이야기하면 할수록 인지적 규범들과 환각 상태는 표준화된다.

권한위임자로서의 최면가

네 번째는 부분적으로 환각 상태의 또 다른 속성을 규정하는 특별한 유형의 고대적 권한위임이다. 여기서 위임자는 환각에 빠지게 하거나 신들리게 하는 신이 아니라 최면유도자다. 최면유도자는 분명히 환자에게 권위적인 인물이다. 만일 그렇지 않으면 환자는 최면에 잘 걸리지 않거나, 더 오랜 최면 유도시간이 필요하거나, 아니면 시작하기 전에 그 현상에 대해 더 많은 것(더 강력한 인지적 규범)을 믿게 해야 한다.

사실, 최면을 연구하는 사람들은 대부분 최면유도자와 환자 간에 특별한 신뢰관계가 발달해야만 한다고 주장한다.[21] 최면에 대한 피암시적 감수성을 재는 통상적 검사는 예상 환자의 뒤에 서서 그에게 '마음

---

20 T. R. Sarbin, "Contribution to Role-Taking Theory: I. Hypnotic Behavior," *Psychology Review*, 57호, 1943, 255~270쪽.

21 최초로 최면에 대한 통제된 실험을 실시했고 내성 보고를 인정하지 않은 엄격한 행동주의자인 힐(Clark Hull)조차도 최면이 '품위있는 암시 또는 최면 절차로 초래된 위쪽으로의 양적 전이'로 보지 않을 수 없었다. *Hypnosis and Suggestibility: An Experimental Approach*(New York: Appleton-Century-Crofts, 1933), 392쪽.

을 놓는 것'(let go)이 무엇인지를 느끼기 위해 뒤로 넘어져보라고 지시하는 것이다. 만일 그 환자가 넘어지지 않으려고 뒤로 물러서면 자기를 잡아줄 것이라는 확신이 없음을 보여주는데, 이런 사람은 대개 그 최면유도자에게는 최면이 잘 걸리지 않는다.[22]

그런 신뢰가 실험실과 병원의 최면에서 나타나는 차이를 설명해준다. 임상적 정신과 치료과정에 나타나는 최면 현상은 심각한 바가 있다. 내가 주장한 것처럼, 환자에게 있어 정신과 의사는 연구자와 피험자 간의 관계를 초월하는 신적인 존재에 가깝기 때문이다. 최면이 쉽게 잘 걸리는 연령이 있다는 것도 마찬가지로 설명될 수 있다. 최면 감수성은 8세에서 10세까지에서 절정을 이룬다.[23] 이때의 아이들은 어른을 전지전능한 존재로 생각하기 때문인데 이런 것은 최면유도자가 이 패러다임의 네 번째 요소를 실현시킬 가능성을 높여준다. 최면유도자가 신에 가까워질수록 양원적 패러다임은 더 쉽게 활성화된다.

---

[22] Ernest Hilgard, *Hypnotic Susceptibility*(New York: Harcourt, Brace and World, 1965), 101쪽을 보라. 제3권 2장에서 논의한 'glossolalia'를 연구하는 사람들은 '방언을 할' 수 있는 사람들도 그의 카리스마적 지도자에게 비슷한 종류의 신뢰를 갖고 있었음이 틀림없다고 언급한다. 그런 지도자에 대한 그와 같은 신뢰가 약화되면 그런 현상도 사라진다. 최면을 유도하기 위해 카세트 녹음기를 사용하면, 권위라는 변인을 쉽게 조작할 수 있고 최면에서 이 요인의 중요성을 실제로 입증할 수 있을 것이다.

[23] Theodore X. Barber and D. S. Calverley, "Hypnotic-Like Suggestibility in Children and Adults," *Journal of Abnormal and Social Psychology*, 66호, 1963, 589~597쪽에서 나온 자료다. 곧 발간될 책에서 나는 아동의 의식 발달을 논의하면서, 최면 상태에서 피암시성이 가장 큰 이 시기는 의식이 완전히 발달한 직후라고 주장할 것이다.

최면에 대한 양원적 이론의 증거

만일 최면유도자와 최면에 걸리는 사람의 관계가 예전의 양원적 목소리에 대한 관계의 흔적이라는 것이 사실이라면, 몇 가지 흥미있는 질문이 제기된다. 제1권 5장에 제시한 신경원적 모형이 맞다면, 최면에서도 일종의 반구 편중 현상이 나타날 것이라고 기대할 수 있다. 최면유도자의 말을 어느 정도 이해하는 것은 좌반구일 수밖에 없다는 사실로 복잡한 문제가 되기는 하겠지만, 우리 이론에 따라 우리는 최면에 걸린 사람이 보이는 EEG패턴은 우반구의 활동 비율이 좌반구에 비해 클 것이라고 예측할 수 있게 된다. 적어도 정상적인 의식상태에서보다는 우반구가 더 많이 활동할 것이라고 예상할 수 있다.

현재로서는 최면 중의 통상적 EEG에 대한 분명한 자료는 없고 연구자들 간에 일치되지 않은 발견이 있을 뿐이다. 그러나 비록 상관자료이거나 간접적 자료이기는 하지만 그런 경향을 보여주는 증거들이 있다. 이들은,

— 사람들은 좌반구나 우반구 중 어느 반구를 더 많이 쓰는지에 따라 나뉠 수 있다. 이것을 아는 간단한 방법은, 사람을 마주보고 질문을 던진 다음 그 사람이 대답을 생각할 때 눈이 어느 쪽으로 움직이는지를 관찰하는 것이다. (제1권 5장에서 논의했듯이, 우리는 오른손잡이를 중심으로 논의하겠다.) 만일 눈이 오른쪽으로 움직이면, 뇌반구의 활성화는 눈을 왼쪽 방향으로 움직이게 하므로 그 사람은 좌반구를 상대적으로 많이 사용하고 왼쪽으로 움직이면 우반구를 상대적으로 많이 사용하는 것이다. 마주앉아 질문에 대답할 때, 눈을 왼쪽으로 돌리는 사람, 따라서 그들의 우반구를 많이 쓰는 사람은 최면에 설리기가 더 쉽다는 결

과가 최근에 보고되었다.[24] 이것은 최면이 우반구와 특별하게 관계됨을 나타내며, 최면에 쉽게 걸리는 사람은 우반구에 '의지하거나' 우반구의 소리를 '더 잘 들을' 수 있는 사람임을 보여준다고 해석할 수 있다.

— 제1권 5장에서 논의한 것처럼, 옛날에는 신적 환각의 진원지였던 우반구가 더 창의적이고 공간적이며 생생한 심상(imagery)을 일으킨다고 여겼다. 최근의 몇몇 연구에서 다른 사람보다 이런 속성을 더 많이 나타내는 사람들이 최면에 걸리기 쉽다는 것이 발견되었다.[25]

이 발견들은 양원적 인간이 신의 인도에 의지했던 것처럼, 최면이 우반구에 의존한다는 가설과 일치한다.

— 만일 최면이 양원적 정신의 흔적이라는 주장이 맞다면, 최면에 가장 잘 걸리는 사람들이 일반적 양원 패러다임의 다른 사례와도 비슷할 것이라고 예상할 수 있다. 종교적 개입과 관련하여 이것은 사실로 보인다. 어려서부터 교회에 규칙적으로 나가는 사람은, 종교와 별로 관련없는 사람들보다 최면에 더 잘 걸린다. 적어도 내가 아는 최면연구자들 중 일부는 최면에 잘 걸리는 사람을 찾기 위해 신학교에서 피험자를 구한다.

— 어린 시절 상상 속에서만 존재하는 친구라는 현상은 앞으로의 연구에서 더 많이 이야기할 내용이다. 하지만 이 또한 양원적 정신의 또 다른 흔적으로 간주할 수 있다. 내가 인터뷰한 사람들의 적어도 반 이

---

[24] R. C. Gur and R. E. Gur, "Handedness, Sex, and Eyedness as Moderating Variables in the Relation between Hypnotic Susceptibility and Functional Brain Assymetry," *Journal of Abnormal Psychology*, 83호, 1974, 635~643쪽.

[25] Josephine R. Hilgard, *Personality and Hypnosis*(Chicago: University of Chicago Press, 1970), 7장. 다음 세 문단은 이 책의 5, 8, 14장에 나오는 자료에 각각 근거하고 있다.

상이 그들의 상상 속의 친구가 말하는 것을 내가 그들에게 질문했을 때 들었던 소리처럼 경험했다고 분명히 기억했다. 진짜 환각이다. 상상 속의 친구는, 아동기의 의식이 완전히 발달하기 전인 3세에서 7세까지 사이에서 자주 보고된다. 내 주장은, 상상의 친구를 갖는 선천적 또는 환경적 성향에 따라 (비유컨대) 일반적 양원 패러다임의 신경원적 구조가 작용한다는 것이다. 이 장의 가설이 맞다면 그런 사람들은 나중에 커서 최면 같은 패러다임에 더 영향받기 쉽다고 예상할 수 있다. 이 예상은 맞다. 어린 시절 상상 속의 친구가 있던 사람들은 그렇지 않은 사람보다 최면에 더 잘 걸린다. 최면 가능성이 양원적 정신의 또 다른 흔적과 상관이 있음을 보여주는 또 다른 예다.

— 어린 시절의 처벌은 권위에 민감하게 반응하게 하여 예전에 양원적 정신에 있었던 신경원적 연관성을 강화하고 이것은 최면 암시성을 증가할 것이라고 예상할 수 있다. 실제로 그렇다. 세심한 연구를 통해 어렸을 때 엄격한 처벌을 경험했거나 엄한 가정교육을 받고 자란 사람은 그렇지 않은 사람보다 최면에 더 잘 걸린다는 사실이 밝혀졌다.

이상의 실험적 발견들은 시사적일 뿐이다. 이들은 전혀 다른 방식으로 이해될 수도 있기 때문에 나는 독자 여러분이 원래의 보고를 참조하라고 권한다. 그러나 이들을 종합하면, 최면이 부분적으로 의식이 출현하기 전의 심리 상태의 흔적이라는 가설을 지지하는 패턴을 보여준다. 최면 현상을 이런 식으로 인류의 오랜 역사적 배경에서 바라보는 것은, 다른 접근에서는 가능하지 않은 하나의 독특한 관점을 제공할 것이다. 만일 우리가 의식에 대해 전적으로 생물학적인 개념을 가지며 그 기원이 포유류의 신경계에서 진화되었다고 생각하면, 최면 현상에 대한 논의를 조금도 이해할 수 없을 것이다. 그러나 우리가 의식이 문화적으로 학습된 사건이고 초기 심리 상태의 억압된 흔적이라는 것을 충분히 이해할 때 비로소, 의식의 일부가 문화적으로 해소학습[26]될 수 있으며 억압될 수 있다는 것을 볼 수 있게 된다. 유사 '나'와 같은 학습된 특성은 적절한 문화적 요구가 있으면 다른 주도자에게 그 능력이 이양될 수 있는데, 그 한 예가 최면이다. 다른 주도자가 유도나 환각 상태 같은 의식을 축소하는 다른 요소들과 연대하여 작업을 수행하는 이유는 어떤 면에서 주관적 의식 이전에 있던 정신체계의 패러다임을 작동하기 위한 것이다.

반박: 최면이 존재하나

끝으로 여러 가지 가능한 다른 해석들을 짧게나마 언급해두려고 한다. 현재로는 최면이론이라기보다는 어떤 점에서만 일리가 있는 다양한 견해들이 존재할 뿐이다. 한 견해에 따르면, 최면유도자가 암시한 것을 상상하거나 그것에 집중하는 것과 그런 상상이 행동을 조성하는 경향성이 중요하다고 주장한다.[27] 이들은 중요하다. 단일 동기(monomotivation)라는 조건 또한 중요하다.[28] 물론 이것은 서술이다. 또 다른 이론은, 최면 상태의 말이나 행동이 대부분 무엇인 것처럼 가장하는(as-if) 특성을 보이는 것에 주목하여, 최면은 단지 다른 역할을 해내

---

[26] 이전에 학습된 내용이 없어지게 하는 훈련 – 옮긴이.

[27] Magda Arnold, "On the Mechanism of Suggestion and Hypnosis," *Journal of Abnormal and Social Psychology*, 41호, 1946, 107~128쪽.

[28] Robert White, "A Preface to the Theory of Hypnotism," *Journal of Abnormal and Social Psychology*, 16호, 1941, 477~505쪽.

는 능력으로 본다.[29] 이 또한 맞는 주장이다. 또 다른 이론은 해리(解離)를 강조한다.[30] 또 다른 이론은 최면은 부모에 대한 어린아이의 관계와 같은 퇴행으로 본다.[31] 양원적 정신이 그런 경고적인 경험에 근거하기 때문에, 이 견해는 양원적 정신의 흔적이 나타나는 한 방식을 보여준다.

그러나 가장 오랫동안 제기되어왔고 또 우리에게 중요한 이론적 논쟁은, 진정으로 최면이 우리가 정상 상태에서 하는 일과 다른 어떤 것인가라는 문제다. 만일 최면과 정상 상태 간에 어떤 근본적인 차이가 없다면, 이 장에서 제시된 나의 해석은 완전히 틀린 것이다. 최면은 실제로 존재하지 않는 것이기 때문에 과거의 어떤 흔적이 될 수 없다. 이 견해에 따르면, 모든 최면 현상은 정상 상태의 단순한 과장으로 재구성될 수 있다. 우리는 이런 주장을 조사해볼 수 있다.

최면유도자에게 맹종하는 경우 우리 모두가 그렇게 규정된 상황에서는, 선생님이나 교통경찰관 또는 무리를 지어 춤을 출 때 안무가 등이 발하는 명령에 따르듯, 별 생각 없이 그렇게 하기 때문이다.

암시로 듣지 못하는 현상의 경우 모든 사람이 다른 사람의 말을 주의 깊게 '들으려' 하지만 한 마디도 듣지 못한 경험이 있다. 천둥치는 데서

---

29 T. R. Sarbin, "Contributions to Role-Taking Theory." 그렇지만 고든의 책에 실린 앤더슨(Milton Anderson)과 함께 쓴 그의 좀더 최근 논문인 "Role-Theoretical Analysis of Hypnotic Behavior"도 참조하라.

30 Ernest Hilgard, "A Neodissociation Interpretation."

31 최면에 대한 두 정신분석학적 이론 중 하나다. 한 예로 Merton M. Gill and Margaret Brenman, *Hypnosis and Related States*(New York: International Universities Press, 1959)를 참조하라. 다른 이론은 최면을 최면가와 피험자간의 사랑으로 보는데 더 이상 심각하게 고려되지 않는다.

잠을 자던 어머니가 자기 아이의 울음소리를 듣고 깰 수 있는 것처럼, 최면에 걸린 사람이 최면유도자의 목소리만 듣고 다른 사람의 목소리에는 잠들어 있는 것은 그리 놀라운 일이 아니다.

최면을 관찰하는 사람들을 가장 놀라게 하는 유도된 기억상실의 경우, 5분 전에 생각했던 것을 기억할 수 있는 자가 있는지를 생각해보면 된다. 뭔가를 나중에 기억하기 위해서는 자신에게 어떤 마음가짐(set)이나 원지시를 암시해두어야 한다. 오늘날의 최면유도자가 이것을 할 수 있느냐 않느냐에 따라, 어떤 것 속으로 깊이 잠기는 피석의체를 고양시키느냐 그렇지 못하느냐에 따라, 최면에 걸린 사람은 5분 전의 일을 기억하거나 기억하지 않게 된다.

최면으로 암시된 마비 상태의 경우, 친구와 함께 걸으며 이야기를 나누다가 이야기에 깊이 빠져 발걸음이 느려지고 급기야 자기가 서 있다는 것을 나중에 알게 된 그런 경험을 해보지 않은 사람이 있을까? 주의를 집중하면 우리의 움직임이 마비될 수 있다.

최면에서 가장 경이적인 현상인 최면으로 마취한 경우, 상처가 난 아이가 장난감에 끌려 통증도 잊고 울지도 않는 것을 보지 못한 사람이 어디 있는가? 사고를 당한 사람들이 아무 느낌도 없이 다친 부위에서 피가 나는 것을 보는 경험도 잘 알려져 있지 않은가? 침술도 아마 이와 유사한 현상일 것이다.

'숨은 관찰자'의 경우, 병렬적 처리는 항상 일어난다. 일상적 대화에서 우리는 들으면서 동시에 우리가 말하려는 것을 계획한다. 연기자들은 이런 일을 계속하면서, 항상 자기 자신의 숨은 관찰자처럼 행동한다. 이와는 반대로 스타니슬라프스키(Stanislavski)[32]에서는 숨은 관찰자들이 연기자들의 공연을 비판한다. 제1권 1장에서 무의식적 사고의 많은 예들과 제1권 4장의 서두에서 자동차를 운전하면서 대화하는 나에 대한 서술이 그런 예들이다.

최면 후 암시가 놀랍게 성공하는 경우는 우리가 때때로 어떤 사건에 특정한 방식으로 반응하기를 결정하고, 전에 생각했던 이유를 잊은 채로 그렇게 행동하는 것이다. 우리가 몇 쪽 앞에서 보았던 것처럼 자주 쓰는 손에 마비가 일어난다고 가정하는 것처럼 '최면 전의 암시'와 크게 다르지 않다. 집단 인지적 규범의 구조가 우리의 반응을 특정한 방향으로 결정할 수 있다.

이처럼 최면 중에 일어나는 다른 놀라운 일들도 모두 일상적 현상의 과장일 뿐이다. 이 주장에 따르면 최면은 관찰자에게 다르게 보일 뿐이다. 환각 상태의 행동은 '넋빠진 교수'(absent-minded professor)라는 문구에서처럼 단지 강한 집중일 뿐이다. 실제로 최근에 모든 최면 현상은 깨어 있는 사람들에게서도 간단한 암시를 통해 똑같은 현상을 만들어낼 수 있음을 보이려는 일련의 실험이 수행되었다.[33]

이상의 반박에 대한 나의 또는 다른 사람의 반박은 이것들이 최면을 설명하지는 못한다는 것이다. 이것들은 설명을 없애려고 한다. 모든 최면 현상이 일상적인 삶에서 재현될 수 있다 하더라도 (나는 그것이 가능

---

[32] 러시아의 연출가로 모든 신체적 행위에는 심리적인 어떤 것이 있다고 전제하고, 따라서 연극에서 배우들이 감정을 짜내는 대신 행동을 실행하는 것이 중요하다는 연기이론을 발전시켰다 — 옮긴이.

[33] 이 견해에 가장 대표적이고 끈질긴 이론가는 바버(Theodore X. Barber)다. 바버에 따르면 '최면'은 각성 상태와 다른 상태로 존재하지 않으며 따라서 그 표현은 인용부호와 항싱 함께 사용해야 한다는 것이다. 수많은 그의 논문 중에서도, "Experimental Analysis of 'Hypnotic' Behavior: Review of Recent Empirical Findings," *Journal of Abnormal Psychology*, 70호, 1965, 132~154쪽을 참조하라.

하다고 생각지 않지만), 최면은 독특한 절차에 따라서, 양원적 정신의 다른 흔적은 물론 다른 경험들과도 연관되어 있는 독특한 피암시적 감수성에 의해서, 그리고 최면유도를 통해서 하게 할 때와 그렇지 않은 상태에서 하게 할 때 어느 편이 최면 현상을 쉽사리 나타나게 하는지의 큰 차이에 따라 정의할 수 있다. 우리의 정신체계가 앞으로 어떻게 변할지 추측해볼 때, 마지막에 언급한 차이는 매우 중요하다. 내가 이 장의 서두를 그렇게 시작한 것은 이 때문이다. 만일 우리가 동물이나 다섯 살배기 어린애처럼 행동하라는 요구를 받거나, 바늘로 찔렸을 때 통증을 느끼지 않고, 색을 못 보며, 납굴적이고 또는 시야의 상상적 변화에 대한 안구진탕(nystagmus)[34]을 보이라고 하거나 식초를 샴페인처럼 맛보게 한다면, 정상적인 의식 상태에서보다 최면으로 정상적인 의식이 없는 상태에서 훨씬 더 잘할 수 있을 것이다. 최면유도자와 신뢰 관계없이 그렇게 하려면, 아주 별스러운 노력을 한 설득이나 엄청난 집중력이 필요하다. 각성 상태의 온전한 의식은 그 자체가 우리 주의를 흩어놓는 친숙함으로 가득한 거대한 광야다. 즉각적인 통제가 이루어지기 위해서는 이 광야를 넘어가야 하지만 그것은 결코 쉽지 않다. 창밖을 바라보면서 적록 색맹인 사람처럼 그 색깔이 회색처럼 보이도록 해보라.[35] 어느 정도는 그렇게 할 수 있지만, 최면에 걸렸을 때가 훨씬 더

---

[34] J. P. Brady and E. Levitt, "Nystagmus as a Criterion of Hypnotically Induced Vidual Hallucinations," *Science*, 146호, 1964, 85~86쪽. 그렇지만 나는 이것이 진짜 환각의 존재를 입증하는 것이라는 저자들의 주장에 동의하지 않는다.

[35] 이시하라 색맹 검사에서 빨간색을 못 보는 사람처럼 노력하면서 반응하게 하고 이어 초록색을 못 보는 사람인 것처럼 하면서 반응하게 하면 실제로 적 또는 녹색맹인 사람에게서 기대되는 것과 같은 방식으로 반응한다. 이 사실은 Theoder X. Barber and D. C. Deeley, "Experimental Evidence for a Theory of Hypnotic Behavior:

쉽다. 아니면 당신이 앉아 있는 곳에서 일어나서, 최면 상태에서는 하기 쉬운, 새가 되어 손을 날개처럼 펄럭이고 15분 정도 이상한 소리를 내보라. 혼자 있으면서 그렇게 할 독자는 한 명도 없을 것이다. 내가 왜 그래야 하나 또는 이것은 정말 멍청한 짓이다. 또는 이 바보스럽고 멍청한 느낌이 정확히 무엇이든 간에, 그런 일을 할 수 있는 신을 질투하는 용의주도한 압제자처럼 당신을 사로잡아 버릴 것이다. 그런 명령에 따르려면 당신은 최면유도자나 신의 명령은 물론 집단 규범의 권한위임이나 집단의 허가를 받아야 한다. 당신 앞에 놓여 있는 책상 위에 두 손을 올려놓고 그중의 하나가 더 빨개지도록 해보라. 아마 그렇게 할 수 있겠지만 이 또한 최면 상태에서 훨씬 더 쉬울 것이다. 15분 동안 손을 들고 있으면서 불편해하지 않도록 해보라. 최면 상태에서는 쉽지만 의식 상태에서는 어렵다.

그렇다면 최면 상태에서 어떤 일이 일어나기에 보통 때는 어려운 일들을 이처럼 쉽게 할 수 있게 될까? 그것을 하는 게 '우리'일까? 실제로 최면 상태에서는 누군가가 우리를 통해 그런 일을 하는 것 같다. 그렇다면 왜 그럴까? 왜 그렇게 쉬워지나? 그런 통제력이 있으려면 우리의 의식적 자아를 잃어버려야만 할 뿐, 우리 자신에 따라 그렇게 될 수는 없는 것일까?

또 다른 수준에서 우리는 왜 우리의 일상 삶에서 우리 자신을 뛰어넘

I. 'Hypnotic Color-Blindness' without 'Hypnosis'," *International Journal of Clinical and Experimental Hypnosis*, 9호, 1961, 79~86쪽에서 밝혀졌다. 그렇지만 Milton Erickson, "The Induction of Color-Blindness by a Technique of Hypnotic Suggestion," *Journal of General Psychology*, 20호, 1939, 61~89쪽에서 밝힌 것처럼, 최면 상태에서 이 의사색맹이 더 쉽게 얻어진다.

어 우리가 진정으로 원하는 존재가 되도록 자신에게 권한을 부여할 수 없을까? 최면 상태에서 우리의 정체감과 행동에 변화를 일으킬 수 있다면, 왜 혼자 힘으로, 최면유도자가 최면에 걸린 사람에 대해서 갖는 권위로, 우리가 의지라고 부르는 우리 안의 어떤 것이 행동의 주인이자 선장이 되어 우리 결정이 어떤 절대적 연결 속에서 행동으로 이어지도록 할 수 없을까?

이에 대한 대답은 현 밀레니엄을 사는 우리의 학습된 의식의 한계에서 찾을 수 있다. 우리는 우리를 돕기 위해 우리의 이전 통제 방법인 양원적 정신의 흔적이 필요하다. 의식이 생기면서, 양원적 정신을 특징짓는 더 단순한 행동 통제 방식을 상실했다. 우리는 수많은 왜와 어떻게, 이야기 엮기의 목적과 추리, 그리고 우리의 유사 '나' 자신의 다양한 모험이 만들어내는 혼란 속에서 산다. 그리고 수많은 가능성 속에서 이처럼 끝없이 표류하는 것이야말로 우리에게 지나친 충동적 행동을 금하게 하는 것일 게다. 유사 '나' 자신과 은유 '나'는 많은 집단 인지적 규범의 합류점에서 작동한다. 우리는 극단적인 명령을 내리기에는 너무나 많이 아는 것이다.

신학자들이 "믿음의 은사"로 부르는 것을 통해 자신의 삶을 종교적 믿음에 뿌리박고 사는 사람들은 실제로 다른 집단 인지적 규범을 갖는다. 그들은 기도와 그에 대한 기대로 최면 후 암시에서처럼 자신을 변화시킬 수 있다. 정치적인 신조든 종교적인 믿음이든 아니면 어린 시절의 인지적 규범을 통해 얻은 자기 자신만에 대한 믿음이든 상관없이 믿음은 기적처럼 작동한다. 감옥이나 수용소에서의 고통을 경험한 사람들은 심적이고 육체적인 생존은 그런 보이지 않는 손에 의해 인도된다는 것을 알고 있다.

그러나 의식적 모델과 회의적 윤리를 따라가야만 하는 우리 같은 보통 사람은 우리의 줄어든 통제력을 받아들여야 한다. 우리는 자기 의심의 식자들이며, 자신의 실패를 꿰뚫어보는 석학이며, 변명과 미래를 기약하는 데 천재들이다. 그러면서 우리는 시도해보지도 못한 채 시들어버리는 유야무야한 희망을 보며, 별 실효도 없는 결단을 내리는 데 익숙해지게 된다. 적어도 우리 중의 어떤 사람에게 그런 일이 일어난다. 그렇기 때문에 아는 것으로 생기는 잡념을 뛰어넘어 우리 자신을 진정으로 변화시키기 위해서는, '우리'가 갖지 않은 권위의 위임이 필요하다.

　최면은 모든 사람에게 일어나지 않는다. 거기에는 여러 가지 이유가 있다. 최면에 걸리지 않는 일군의 사람들은 신경학적 그리고 부분적으로는 유전적 이유 때문이다. 그런 사람들은 일반적 양원 패러다임의 신경학적 기반이 태어날 때부터 조금은 다르게 구성되었다고 생각한다. 그들은 마치 양원적 패러다임의 해당 부분이 이미 장악되어버린 듯이, 최면유도자에게 외부에서 준 권위위임을 기꺼이 받아들일 수 없다. 실제로 그런 사람들은 우리 같은 다른 사람들에게는 이미 최면에 걸린 듯이 보이는데, 특히 그들이 흔히 그렇듯 병원에 수용되어 있을 때는 더욱 그렇다. 일부 이론가들은 그들이 지속적인 자기 최면 상태에 빠져 있다고까지 추측하기도 했다. 그러나 나는 그런 추측은 최면이라는 용어를 완전히 오용하는 것이며, 다음 장에서 보게 될 정신분열증 환자라고 부르는 사람들의 행동은 다른 시각에서 보아야 한다고 생각한다.

제5장

정신분열증

우리가 살다보면 실제로 양원적 정신에 근접하는 상태에 빠질 때가 있다. 어떤 사람들에게 그것은 잠시 동안 사고가 정지되고 환청이 들리는 경험으로 끝난다. 하지만 어떤 사람들은 도파민[1] 체계(dopamine system)가 지나치게 활동적으로 되기 때문에, 또는 지속적인 스트레스로 생기는 생화학적 물질들을 배출할 수 있는 형태로 쉽게 분해해버리는 효소가 부족하기 때문에 훨씬 더 무시무시한 경험—이것을 경험이라고 해야 할지 모르겠지만—을 하게 된다. 이때 우리는 우리를 비난하기도 하고, 또 무엇을 해야 할지를 말해주기도 하는 중요한 목소리를 듣는다. 동시에 우리는 우리 자신의 경계를 잃어버린 것처럼 된다. 시간도 왜곡된다. 우리는 그것을 알지도 못하고 행동한다. 우리의 심적 공간이 사라지기 시작한다. 우리는 두려움에 떨지만 두려워하는 일은 일어나지 않는다. 우리가 사라진다. 우리가 어디로 가야 할지 모르

---

[1] 도파민은 아드레날린이라고도 하는 에피네프린의 전조가 되는 호르몬의 일종으로 두뇌 속에서 신경자극 전달체로 기능을 한다 - 옮긴이.

는 것이 아니라, 우리가 없어지는 상태가 된다. 그 와중에 우리는 자신이 지금 무엇을 하는지도 모른 채, 정신분열증이라는 진단과 함께 병원이라는 곳에서, 이상하고 무서운 방식으로, 다른 사람들에게 또는 우리 자신의 목소리에 조종되는 자동기계가 된다. 사실상 우리는 양원적 정신을 갖게 된 것이다.

지나치게 단순하고 과장했다고 할 수 있겠지만, 이 책의 앞부분에서 이미 분명해진 가설의 다소 도발적인 소개일 뿐이다. 여기서 언급한 것이 흔하게 발병하면서도 치료가 어려운 정신장애인, 정신분열증에 대한 새로운 개념인 것은 자명하다. 앞장에서 논의한 현상에서처럼, 정신분열증은 적어도 부분적으로는 양원적 정신의 흔적이며 양원적 정신이 부분적으로 도진 것이다. 이 장은 이런 가능성에 대한 논의다.

역사적 기록에 있는 증거

이 병에 대한 최초의 기록을 잠시 곁눈질해서 살펴보는 것으로 시작해보자. 우리의 가설이 맞는다면, 무엇보다 먼저 양원적 정신의 붕괴 이전에는 미친 사람으로서 격리된 사람에 대한 기록이 없음을 증명해야 한다. 이에 대한 증거가 간접적이고 극히 미약하기는 하지만 사실이 그렇다. 조각이나 문헌, 벽화, 그밖의 위대한 양원적 문명에서 만들어진 것들을 보면, 한 개인이 미쳤기 때문에 다른 사람과 다른 것으로 규정 짓는 행동유형에 대한 기술이나 언급이 없다. 정신지체는 있지만 미친 사람은 없다.[2] 예를 들어 『일리아스』에는 광기 이야기가 없다.[3] 어떤 사

---

[2] 정신분열증을 지음으로 언급한 것으로 인용되는 「새무얼 상」 13장에 나오는 단어는 히브리어의 'halal'인데 이는 백치라는 의미에서 '멍청한'으로 해석하는 것이 더 정확하다.

람이 아프다고 다른 사람과 구별된다는 것을 강조하는데, 왜냐하면 우리의 이론에 따르면 기원전 2000년경에는 모든 사람이 정신분열증 환자라고 할 수 있었기 때문이다.

둘째로, 위의 가설에 근거하면, 의식의 시대에 들어 광기가 처음으로 언급되었을 때 그것은 양원적 용어로 언급되었으리라고 예상할 수 있다. 이것은 훨씬 더 강력한 경우가 될 텐데, 『파이드루스』(Phaedrus)에서 플라톤은 광기를 "신의 선물이요, 인간에게 주어진 가장 고귀한 축복의 근원"이라고 부른다.[4] 이 구절은 네 유형의 광기를 구분하는 대화편 가운데 가장 아름답고 매끄러운 서곡이다. 네 유형의 광기에는 아폴론에서 비롯되는 예언자적 광기, 디오니소스의 의식적(儀式的) 광기, 섬세하고 순수한 영혼을 움켜쥐고 그들에게 광기를 불어넣어 서정시를 포함한 모든 시상을 일깨우는 뮤즈에게 신들린 사람들이 보이는 시적 광기와, 에로스와 아프로디테의 정열적 광기다. 예언적인 것을 나타내는 단어인 'mantike'과 정신병적으로 미친 것을 나타내는 'manike'는 젊은 플라톤에게는 같은 말이었고, 그에게 t자는 '현대적이고 특별한 의미없는 첨가'였다.[5] 내가 여기서 주장하려는 요점은 우리가 정신분열증이라 부르는 형식과 우리가 양원적이라고 불렀던 현상이 연결된다는 것은 의심할 여지가 없다는 것이다.

---

3 다드가 『오디세이아』 몇 군데에서 광기를 언급한다고 주장하는데 나는 그 주장이 그리 신빙성 있다고 생각지 않는다. 그리고 그가 호메로스 시대와 '아마도 훨씬 전에' 이미 일반화된 정신적 장애에 대한 단어가 있었다고 결론 지은 것은 완전히 근거 없는 주장이다. E. R. Dodds, *The Greeks and the Irrational*(Berkeley: University of California Press, 1968), 67쪽을 참조하라.

4 *Phaedrus*, 244A.

5 같은 책, 244C.

이런 일치는 광기에 대한 또 다른 고대 그리스어인 'paranoia'에서 볼 수 있다. 'paranoia'는 para+nous에서 생긴 말로 문자적으로는 자신의 마음과 함께 다른 마음을 가졌음을 의미한다. 이는 정신분열증의 환각적 상태와 우리가 양원적 정신으로 묘사했던 것을 모두 기술하는 것이다. 이것은 물론, 이 용어의 어원상으로 볼 때는 잘못 사용되는, 현대적 용법과는 전혀 상관이 없다. 현대적 용법에서는 19세기 무렵부터 피해망상의 의미로 사용한다. 옛날에는 광기에 대한 가장 일반적인 용어였던 'paranoia'는 앞장에서 기술한 다른 양원적 흔적들과 함께 사용되다가, 2세기경 그들과 함께 언어적으로 사라졌다.

그러나 플라톤 시대에서조차 전쟁, 기근, 전염병이 많았던 탓인지 네 가지 신적 광기들은 점진적으로 현명한 사람의 시와 보통 사람들의 미신을 지칭하는 두 영역으로 변화되었다. 정신분열증의 병적 측면이 표출되기 시작한 것이다. 대화편의 후반부에서 이제 나이가 든 플라톤은 더 조심스러워져, 우리가 정신분열증이라 부르는 것을 지속적인 꿈으로 구분했다. 이 꿈에서 어떤 사람들은 "자신들이 신이라고 생각하고 다른 사람들은 날 수 있다고 믿는데,"[6] 그런 증세를 보이는 사람들의 가족은 그들을 집에 있게 하지 않으면 벌금을 물게 했다.[7]

사람들은 이제 미친 사람들을 멀리하게 되었다. 아리스토파네스 (Aristophanes)의 기괴한 희극에서조차 그들을 멀리하기 위해 돌을 던졌다.

우리가 오늘날 정신분열증이라고 부르는 것은 인간 역사에서 신과의

---

[6] *Theaetetus*, 158.
[7] *Laws*, 934.

관계로 시작되었고, 기원전 400년경에야 비로소 오늘날 우리가 아는
치명적인 병으로 간주되기 시작했다. 이런 발달은 이 책이 주장하는 정
신체계의 변화 이론이 아니면 이해하기 어렵다.

문제의 어려움

정신분열증의 현대적 증상을 이런 관점에서 보기 전에 극히 일반적
인 예비적 관찰을 몇 가지 하려 한다. 이 주제에 대한 문헌을 연구해본
사람은 누구나 알겠지만 정신분열증이 무엇인지, 즉 그것이 하나의 질
병인지 아니면 여러 가지 질병인지, 또는 여러 가지 원인에서 발병하지
만 그 최종 경로가 같은 것인지, 아니면 두 가지 유형의 정신분열증(과
정과 반응, 급성과 만성, 아니면 빨리 나타나는 것과 느리게 나타나는 것 같은)
이 있는지에 대한 아주 모호하고도 다양한 논쟁이 있다. 이들이 합의
점을 찾지 못하고 모호한 이유는, 이 영역의 연구에 그 어느 것보다 끈
질기고 혼란스러운 통제의 난점들이 있기 때문이다. 어떻게 하면 입원,
약, 이전의 치료 경험, 문화적 기대, 이상 경험에 대해 다양하게 학습된
반응들, 입원이라는 외상(trauma) 때문에 의사소통하기를 두려워하는
환자들의 상황적 위기감에 관한 정확한 자료 확보에서의 차이 등으로
생긴 효과를 배제하면서 정신분열증을 연구할 수 있을까?

이런 어려움을 헤쳐갈 수 있는 어떤 명확한 주장을 찾아내는 것은 내
능력으로 할 수 있는 일이 아니다. 그 대신 어느 정도 일치된 몇몇 단순
한 사실들을 다룸으로써 그런 문제를 우회하려고 한다. 이들은 정신분
열증이라고 불리는 증상이 존재하며, 적어도 가장 심한 상태인 경우 병
원에서 쉽게 확인할 수 있으며, 전 세계 모든 문명사회에서 발견된다는
것이다.[8] 더구나 이 장에서 다루는 내용의 진위를 말할 때, 내가 이러한

진단으로 이 병이 있는 모든 환자에게 이야기하는가라고 묻는 것은 중요하지 않다.[9] 또한 처음에 어떻게 시작되고 입원한 다음에는 어떻게 발전하는지도 중요하지 않다. 내가 주장하려는 것은 좀더 소박한 것으로, 치료를 받지 않는 채로 한참 진행 중인 정신분열증 환자에게서 관찰되는 근본적이고 가장 특징적이며 가장 흔한 몇몇 증상들은 내가 양원적 정신에 대해 앞에서 서술했던 내용과 상당히 일치한다는 점이다.

이런 증상들은 1차적으로 제1권 4장에서 서술한 청각적 환각 증세로 나타나고, 제1권 2장에서 정의된 의식의 쇠퇴, 즉 유사 '나'의 상실, 정신-공간의 소멸, 그리고 이야기를 엮는 능력의 상실로 나타난다. 이 증상들을 차례로 살펴보자.

환각

다시 환각이다. 그래서 내가 여기서 논의할 것은 앞에서 논의한 내용에 덧붙이기만 할 것이다.

만일 우리가 치료받지 못한 극심한 상태의 정신분열증 환자에 국한하여 말하자면, 예외적인 경우에만 환각이 없다고 말할 수 있다. 대개는 항상, 그것도 지속적이고 심하게 환각을 나타내며 특히 환각이 빠르

---

[8] Princeton Neuro-Psychiatric Institute에 있는 오스몬드(H. Osmond)와 밀리기(A. El. Miligi)가 개발한 "The Experiential World Inventory"를 다른 나라와 다른 문화에 사는 정신분열증 환자에게 실시하여 상당히 유사한 결과를 얻었다.

[9] 정신과에서는 페노디아진(phenothiazines)에 반응하는 정신분열증 환자들이 리디움(lithium)에 반응하는 조울증 환자들처럼, 환자들에게 특별한 효과를 보이는 약물에 의해 진단적 범주를 나누려는 움직임이 활발해지고 있다. 만일 이것이 맞다면 전에 망상형 정신분열증으로 진단되었던 환자들 중 상당수는, 리디움에만 반응하기 때문에 실제로는 조울증 환자일 것이다. 조증상태에서 이런 환자들의 거의 반 정도가 환각을 보인다.

게 변할 때는 환자가 넋이 나간 것처럼 보이게 된다. 아주 급성인 경우 목소리에 시각적 환각이 동반된다. 그러나 대개의 경우 환자는 하나의 목소리 또는 여러 개의 목소리를 듣거나, 성인이나 악마 또는 그를 잡아 화형시키거나 머리를 자르려고 창 밑에 떼지어 몰려드는 사람들의 목소리를 듣는다. 그들은 그를 기다리며 누워 있거나, 벽을 뚫고 들어오겠다고 위협하거나, 기어올라와 그의 침대 아래 숨거나, 아니면 환풍기 위에 숨기도 한다. 그를 도우려는 다른 목소리도 있다. 어떤 경우에는 하나님이 보호자인가 하면, 다른 경우에는 박해자이기도 하다. 자신을 박해하는 목소리가 나면 환자들은 도망치거나, 자신을 방어하거나, 아니면 공격한다. 힘이 되는 편안한 환각을 경험하면, 환자들은 열심히 듣고 축제처럼 그것들을 즐기며, 천국의 소리를 듣고 울기도 한다. 어떤 환자들은 이불 속에 누워서 여러 유형의 환각을 경험하지만, 다른 환자들은 주변을 기어오르거나 기괴한 움직임이나 동작을 하며, 들리는 목소리들과 크게 또는 나지막하게 이야기를 나눈다. 대화를 하거나 책을 읽다가도 환자들은 그들의 환각에 조용하게 대답하거나, 순간마다 그 목소리들에게 속삭이기도 한다.

양원정신과의 유사성과 관련하여, 이 모든 것들 중에 가장 흥미롭고 중요한 측면은 다음의 것이다. 일반적으로 청각적 환각은 개인이 전혀 통제할 수 없음에도, 그가 속해 있는 전체적인 사회적 상황에서 나온 아주 무해한 암시에 대해서는 극히 민감하게 반응한다. 다시 말해 그런 정신분열적 증세는 최면에서처럼 집단적 인지 규범에 의해 영향을 받는다.

최근의 한 연구는 이것을 아주 잘 보여준다.[10] 환각을 보이는 남자 환자 45명을 세 집단으로 나누었다. 한 집단은 누르면 전기충격이 가해지는 지렛대가 있는 작은 상자를 허리띠에 부착했다. 이 집단에 속한 사람들은 목소리를 듣기 시작할 때마다 자신에게 전기충격을 가하게 지시를 받았다. 두 번째 집단도 비슷한 상자를 부착했고 비슷한 지시가 주어졌지만 레버를 눌러도 전기충격이 가해지지 않았다. 세 번째 집단에 대해서는 다른 집단과 비슷하게 면접과 평가를 했지만 상자를 부착하지 않았다. 이들 상자에는 레버를 누른 횟수를 기록하는 계수기가 달려 있었는데, 실험이 진행되는 저녁 시간 동안 그 빈도는 19번에서 2,362번까지로 다양했다.

학습 이론에 따르면 전기충격이 가해지는 집단만이 환각이 사라질 것이라고 쉽게 예언할 수 있다. 그런데 학습이론의 예언과는 달리 세 집단 모두에서 목소리를 듣는 횟수가 감소했다. 어떤 경우에는 목소리가 완전히 사라지기도 했다. 그리고 목소리가 사라지는 정도에서 세 집단 간에 차이가 없었는데, 이는 환각 증세를 보이는 사람들에게 기대와 믿음이 얼마나 큰 역할을 하는지를 잘 보여준다.

환각은 어렸을 때 배운 것이나 기대에 영향을 받는다는 관찰도 이와 관련되는데, 나는 이런 일이 양원 시대에도 일어났다고 가정했다. 정통적이고 하나님과의 개인적 관계가 아이들 교육의 한 부분을 지나치게 차지하는 오늘날의 문화에서, 정신분열증세를 보이는 사람들은 엄격한 종교적 환각을 다른 사람보다 더 많이 듣게 된다.

---

10 Arthur H. Weingaertner, "Self-Administered Aversive Stimulation with Hallucinating Hospitalized Schizophrenics," *Journal of Consulting and Clinical Psychology*, 36호, 1971, 422~429쪽.

예를 들어 서인도제도의 영국령인 토르톨라 섬에서, 아이들은 하나님이 자신들의 삶의 모든 부분을 완전히 통제한다고 배우며 자란다. 위협이나 벌을 줄 때, 신의 이름을 언급한다. 교회에 가는 것은 중요한 사회적 활동이다. 이 섬의 원주민이 어떤 유의 정신과 치료가 필요할 때면, 그들은 예외없이 하나님이나 예수님의 명령을 듣는 경험, 지옥에서 타는 느낌, 큰 기도 소리나 찬양하는 소리의 환각, 아니면 기도와 욕설이 뒤섞이는 경험을 기술한다.[11]

정신분열증의 청각적 환각에서 특정 종교로의 편향을 보이지 않더라도, 환각은 내가 양원적 정신에 대해 주장했던 역할, 즉 환자의 행동을 시발하고 안내하는 바로 그 역할을 수행한다. 그 목소리는 때때로 병원 내의 권위자로 인식되기도 한다. 한 여자는 대개는 좋은 내용의 목소리를 듣는데, 그녀는 이 목소리가 공중 보건국(Public Health Service)에서 심리치료를 제공하기 위해 만든 것이라고 믿었다. 심리치료가 그렇게 쉽게 이루어질 수 있으면 좋으련만! 그 목소리들은 그녀에게 끊임없이 조언을 주는데, 그 가운데는 정신과 의사에게 그녀가 목소리를 듣는다는 것을 말해선 안 된다는 것도 있었다. 그 목소리는 발음하기 어려운 것을 말해주거나 바느질이나 요리에 도움을 주기도 했다. 그녀는 그 목소리를 이렇게 기술한다.

그는 내가 케이크를 만들 때 인내심 있게 지켜보지 않아요. 난 나 혼자 그걸 해내고 싶은데도. 내가 앞치마를 만들려고 하면 그가 곧

---

11 Edwin A. Weinstein, "Aspects of Hallucinations," L. J. West(ed.), Hallucinations (New York: Grune and Stratton, 1962), 233~238쪽.

나타나서 내게 무엇을 해야 할지를 말하려고 해요.[12]

정신장애 연구자, 특히 정신분석적 접근을 택하는 연구자 중 일부는 그 목소리의 주인공이 "모든 경우 [……] 그 환자의 이전의 삶에서 중요했던 사람들, 특히 부모로 거슬러 갈 수" 있다고 추론하려 한다.[13] 그런 인물들은 인지되면 불안을 야기하기 때문에 그들은 환자들에게 무의식적으로 왜곡되거나 변장된 채 나타난다는 것이다. 그러나 꼭 그렇게 해석할 이유가 없다. 그 대신, 양원적 시대에 신에 대해 내가 제안했던 것처럼, 부모(또는 다른 권위인물)에 대한 경험이 핵심이 되고 환각의 목소리가 그 주변에 구조되었다고 생각하는 것이 더 단순해 보인다.

부모가 환각에 나타나지 않는다는 것은 아니다. 부모가 때때로 나타나고 특히 어린 환자의 경우에 자주 나타난다. 그러나 다른 경우에는 정신분열증 환자의 목소리의 주인공은 변장한 부모가 아니다. 부모가 훈계적 경험의 중요한 부분이기는 하지만, 목소리의 주인공은 환자의 훈계적 경험과 그의 문화적 기대에 따라 신경계가 만든 권위의 인물이다.

환각에서 가장 흥미로운 문제는 그들과 의식적 사고의 관계다. 만일 정신분열증이 부분적으로나마 양원적 정신으로 되돌아가는 것이며, 이것이 (모든 경우에 다 그렇지 않더라도) 일상적 의식에 대해 반립적이라면, 환각은 '사고'를 대신하는 것이 될 것을 기대할 수 있다.

적어도 어떤 환자의 경우, 환각이 처음으로 나타나는 방식이 그렇

---

12 A. H. Modell, "Hallucinations in Schizophrenic Patients and Their Relations to Psychic Structure," *West*, 166~173쪽. 이 인용은 169쪽에 있다.

13 Modell, 같은 책, 168쪽.

다. 어떤 때는 목소리는 사고처럼 시작되어 어렴풋한 속삭임으로 변하고 이것이 다시 점차 큰 목소리로 더 권위적인 것으로 되는 것처럼 보인다. 다른 경우에는 환자들은 목소리가 시작되는 것을 '마치 자신들의 사고가 나뉘어 갈라지는 것처럼' 느낀다. 심하지 않은 경우에는, 목소리는 우리의 '사고'가 그렇듯이 의식적 주의를 받으며 통제될 수 있다. 환각에 빠지지 않은 한 환자는 그것을 이렇게 서술한다.

나는 이 병동에 2년 반 동안 있었는데 거의 매일 매시간 나에 대한 목소리를 들었다. 어떤 때는 바람에서 소리가 나고 어떤 때는 발자국 소리, 그릇 부딪치는 소리, 나무가 흔들리는 소리, 또는 지나가는 기차나 자동차 바퀴 소리가 난다. 내가 그 소리에 주의를 기울일 때만 목소리가 들리지만, 일단 그 목소리를 들으면 나는 그대로 한다. 그 목소리는 단어들로, 마치 내 머릿속의 생각이 아니라 내 과거의 행동을 되돌아보는 자인 듯이, 내가 그들을 생각할 때면, 이런저런 이야기를 해준다. 하루 종일 나의 머리와 가슴의 일상적 기록을 나에게 사실적으로 계속 이야기해준다.[14]

환각은 때때로 환자 자신보다—마치 옛날의 신이 그랬던 것처럼—더 많은 기억과 지식에 근접할 수 있는 것처럼 보인다. 병이 진행되면서 환자들은 자신이 생각해보기도 전에 그 목소리들이 자신의 생각을 표현한다고 자주 불평한다. 자신의 생각을 예상하고 이를 자신에게 말

---

[14] Gustav Störring, *Mental Pathology*(Berlin: Swan Sonnenschein, 1907), 27쪽.

해주는 과정은 임상적 문헌에서는 'Gedankenlautwerden'[15]이라 하는데, 이는 양원적 정신과 아주 흡사하다. 어떤 사람들은 그들을 대신하여 사고되고 그들에게 사고가 주어지기 때문에, 스스로 생각할 기회가 더 없다고 말한다. 그들이 읽으려고 하면 목소리가 그들보다 먼저 읽는다. 그들이 말하려고 하면 그들의 사고가 그들보다 먼저 말하는 것을 듣게 된다. 또 다른 환자는 자신의 의사에게 이야기하기를 "생각하는 게 고통스러워요. 그는 혼자 생각할 수 없기 때문이지요. 그가 생각하려고 할 때마다, 그의 모든 사고가 그에게 명령을 내려요. 그는 사고의 흐름을 바꾸려고 애쓰지만, 그의 사고가 다시 그를 대신해요. [……] 교회에서 그는 목소리가 노래하는 것을 듣지요. 성가대가 노래할 것을 예상하기도 해요. [……] 만일 그가 아는 사람을 멀리서 보면, 그가 그 사람에 대해 생각하기도 전에 목소리가 그에게 '저기 좀 봐, 누구누구가 간다'고 알려줘요. 때때로 지나가는 사람을 전혀 쳐다보고 싶지 않아도, 목소리가 그들에 대해 이야기하기 때문에 어쩔 수 없이 그들에게 주목하기도 해요."[16]

많은 정신분열증 환자의 증상에서 이와 같은 청각적 환각이 갖는 중요성과 독특성을 생각해볼 필요가 있다. 왜 이런 환각이 나타날까? 그리고 만일 뇌의 어떤 억압된 구조가 이 병에서 오는 스트레스로 활성화되는 것이 아니라면, 왜 목소리를 듣는 것이 모든 문화에 걸쳐 보편적인가?

그리고 왜 이런 정신분열증 환자의 환각은 이런 엄청난, 특히 종교적

---

[15] 사유＋소리＋되기의 독일어 합성어 - 옮긴이.
[16] 같은 책, 30쪽.

인 권위를 갖는 것일까? 나는 이 문제에 잠정적 가설일지라도 제공할 수 있는 유일한 개념은 양원정신이라고 믿으며, 이런 환각을 일으키는 신경학적 구조는 종교적 느낌을 일으키는 기질(基質)에 신경학적으로 묶여 있다고 믿는다. 왜냐하면 종교와 신의 근원이 양원적 정신 안에 있기 때문이다.

종교적 환각은 일종의 각성 상태에서의 꿈인 이른바 황혼 상태 (twilight states)에서 특히 자주 관찰된다. 이 상태는 많은 환자에게 몇 분에서 몇 년에 걸쳐 지속되지만 가장 흔하게는 6개월 정도 지속된다. 그런 상태는 종교적 환상, 자세, 의식(儀式), 예배 등으로 특징지어지며, 환자는 환각으로 이루어진 환경 속에 살고 있어서 병원 환경 역시 지워 버리는 점을 제외하면, 양원 상태 같은 환각 속에 산다. 환자는 천국의 성인들과 접촉할 수 있다. 그는 자신의 주위에 있는 의사나 간호사를 제대로 알아볼 수 있지만, 그들은 신이나 천사가 변장한 것이라고 믿고 있을 수 있다. 그런 환자들은 천국에 사는 사람들과 직접 이야기하면서 기쁨으로 소리 칠 수도 있고, 신의 목소리와 대화하고 또는 밤에 별을 불러 별과 대화할 때는, 두 역할을 왔다갔다할 수도 있다.

편집증 환자는 다른 사람들과 잘 지내지 못하는 기간이 길어지면서, 환각 속에서 천사나 예수나 하나님이 환자에게 양원적 방식으로 이야기를 걸어오면서 어떤 새로운 방식을 알려주는 종교적 경험을 하는 따위의 정신분열적 증세를 보일 수 있다.[17] 그는 우주의 권력자와 특별한

---

[17] Eugen Bleuler, *Dementia Praecox or The Group of Schizophrenias*, Joseph Zinkin trans.(New York: International Universities Press, 1950), 229쪽을 참조하라.

관계가 있음을 확신하게 되고, 자기 주변에서 일어나는 모든 일과 자신을 병적으로 관련짓고, 환자는 더 따져볼 수도 없게 되어 몇 년 동안 그것에 사로잡히는 망상 속으로 빠져들게 된다.

종교적 환각에 집착하는 경향을 특히 잘 보여주는 것은 유명한 슈레버(Schreber)의 사례다. 그는 19세기 말 독일의 뛰어난 판사였다.[18] 정신분열증을 앓을 때, 그는 자신의 환각에 극도로 문학적이고 회상적인 설명을 가했는데, 이것은 옛날 사람들의 그들의 신에 대한 관계와 유사하다. 그는 환각 상태에서 자기 집 벽이 갈라지는 소리를 듣고 불안에 휩싸이면서 병이 시작되었다. 어느 날 저녁 그 소리는 목소리로 변했는데, 그는 그 소리가 바로 신의 말씀인 줄 알게 되었고 그 목소리는 "그후 끊임없이 나에게 이야기했다". 그 목소리는 "잠잘 때를 제외하고는 7년 동안이나 계속되었고 내가 다른 사람과 이야기할 때에도 멈추지 않고 계속되었다."[19] 그는 광채를 보았는데 "그 빛은 지평선의 광활하고 먼 곳에서 내 머리를 향해 접근하는 오래된 전구의 필라멘트 같은, …… 또는 태양이나 다른 먼 별들에서 나에게 다가오는, 직선이 아니라 원이나 곡선 형태의 광채"였다.[20] 이들은 신의 목소리를 전했고, 구체적인 신의 모습으로 변하기도 했다.

그의 병이 악화되면서, 양원 시대에 일어났을 것으로 추측되는 방식으로 신의 목소리가 상위의 신들과 하위의 신들로 서열을 이루며 조직

---

[18] D. P. Schreber, *Memoirs of My Nervous Illness*, I. MacAlpine and R. A. Hunter 편역(London: Dawson, 1955).

[19] 같은 책, 225쪽.

[20] 같은 책, 227~228쪽.

되는 것은 흥미로운 일이다. 그러고 나서 그 목소리는 신에게서 광선을 타고 내려와서 '내 목을 졸라 궁극적으로 내 이성을 빼앗아가려고' 하는 것처럼 보였다. 그들은 '영혼을 살해'하려 했고 조금씩 그의 '남성성을 없애고', 그의 자율성을 앗아갔으며 그의 유사 '나'를 사라지게 했다. 좀더 의식적인 기간이었던 병의 말기에, 그는 이것을 자신의 신체가 여자로 변하는 망상으로 이야기를 꾸며나갔다. 프로이트는 이런 기록들에 대한 그의 유명한 분석에서, 이 특정 서술을 너무 강조한 나머지 병 전체를 그의 무의식에서 분출되는 동성애에 대한 억압의 결과라고 해석했다.[21] 그러나 그런 해석은 그 병이 발병의 근원적인 병리였던 스트레스와 관련이 있을지 모르지만, 그 사례 전체를 설명하기에는 그리 설득력이 없다.

그런 정신병에서 오는 현상과 고대 신들의 조직 간에 어떤 연관성이 있다는 무모한 생각의 근거는 무엇인가? 슈레버가 경험했던 '작은 인간들'의 목소리 환영(幻影, voice-visions)은 많은 고대 문명에서 발견되는 작은 형상들을 생각나게 한다. 그리고 그가 서서히 회복하면서 그의 신의 말의 속도가 점점 느려지고 구별할 수 없는 소리로 변해갔다는 사실은[22] 정복당한 뒤의 잉카 우상들이 잉카인에게 어떻게 들렸는지 생각나게 한다.

이 점을 시사해주는 또 다른 것은 세상에서 가장 밝은 빛으로서 태양은 약물치료를 받지 않는 많은 환자들에게 특별한 의미를 지닌다. 양

---

[21] Sigmund Freud, "Psycho-Analytic Notes on an Autobiographical Account of a Case of Paranoia," *Complete Psychological Works*, vol. 12, James Strachey 편역 (London: Hogarth Press, 1958).

[22] Schreber, 앞의 책, 226쪽, 332쪽.

원 문화 속의 신정정치에서 태양이 그랬던 것처럼. 예를 들어 슈레버는 '하늘의 신인 오르무즈'(Ormuzd)의 소리를 얼마동안 듣고 나서, 그를 "은빛 광선의 바다로 둘러싸인 …… 태양"[23]이라고 생각했다. 좀더 최근의 한 환자는

> 태양은 내게 특별한 영향을 미쳤다. 태양은 단지 신을 상징하기보다는 실제로 신 자신인 것처럼 강력한 힘으로 충만해 보였다. '세상의 빛' '더할 수 없이 공의로운 태양' 등과 같은 구절이 끊임없이 내게 떠오르면서, 태양을 바라보는 것은 그 자체만으로도 내가 그 아래서 산다는 이 광적인 흥분을 고양시키기에 충분했다. 나는 태양이 내 개인의 신이라고 선언하지 않을 수 없었고 이에서 발전하여 태양숭배 의식을 행하지 않을 수 없게 되었다.[24]

나는 결코 정신병적으로 재조직된 정신의 신경체계 속에 어떤 태생적 태양숭배나 신들이 있다고 생각하지는 않는다. 환각이 특별한 형식이 있는 이유는 어느 정도 세계의 물리적 특성 때문이지만, 더 중요한 이유는 교육과 신과 종교적 역사에 대한 친숙함 때문이다.

따라서 내가 제안하고 싶은 것은,

(1) 두뇌 속에는 바로 그런 환각이 존재하기 위한 소질구조들이 있다.

(2) 문명사회에서 이 구조들은 발전하여 일반적인 종교적 특성을 결정하고, 환각적 목소리의 권위를 결정하며, 경우에 따라서는 이

---

23 같은 책, 269쪽.

24 J. Custance, *Wisdom, Madness and Folly*(New York: Pellegrini and Cudahy, 1952), 18쪽.

들을 위계체계로 조직한다.

(3) 이들 소질구조 배후의 패러다임은 인류의 초기 문명화 과정에서 자연적 또는 인간적 선택에 따라 두뇌 구조로 진화되었다.

(4) 많은 정신분열증의 경우 이 소질구조들은 비정상적인 생화학적 작용에 따라 자신들의 정상적인 억제에서 풀려나게 되고, 독특한 경험으로 개별화한다는 것이다.

정신분열증 환자에게 나타나는 이 환각 현상에 대해 할 이야기는 많다. 그리고 더 많은 연구가 필요하다는 것은 아무리 강조해도 지나치지 않다. 환각의 발생과정과 또 환각이 환자의 병력과 어떻게 연결되는지 알 필요가 있는데 현재 이들에 대해 알려진 바가 거의 없다. 특정한 환각 경험이 그 환자의 성장 방식과 어떻게 연관되는지도 알 필요가 있다. 왜 어떤 환자는 자비로운 목소리를 듣는가 하면, 어떤 환자는 무자비하게 비난하는 소리를 듣게 되어 도망치거나, 자신에 대해 변명하거나, 그 목소리를 그치게 하려고 다른 사람이나 물건을 공격하게 되는 것일까? 또 왜 어떤 사람은 황홀경에 빠지게 하는 종교적이고 영감을 주는 목소리를 듣게 되어 그 목소리를 축제처럼 즐기게 될까? 목소리의 언어적 특성은 무엇인가? 목소리는 환자 자신의 언어와 같은 문장 구조와 어휘를 사용하는가? 아니면 그 언어는, 제3권 3장에서 예상할 수 있는 것처럼, 더 정형화되었을까? 이들은 모두 경험적으로 해결할 수 있는 문제들이다. 이 문제들이 해결되면, 우리는 문명의 양원적 기원에 대한 더 깊은 통찰을 얻게 될 것이다.

유사 '나'의 소멸

은유적 정신-공간에서 자기 자신에게 갖게 되는 유사는 개인적 행동의 문제에 대한 해결책을 이야기로 엮어내고, 우리가 어디로 가는지 보고, 또 우리 자신이 누구인지 아는 데 쓰이는 매우 중요한 존재다. 이것이 줄어들기 시작하고, 또 이것이 존재하는 공간이 무너지기 시작하는 정신분열증 환자가 겪는 경험은 끔찍할 수밖에 없다!

증세가 심한 정신분열증 환자면 누구나 어느 정도는 이런 증세를 보인다.

내가 아플 때면 나는 내가 어디에 있는지를 잊는다. 나는 '내'가 의자에 앉을 수 있다고 느끼지만 내 몸은 밀쳐져서 내 앞에서 90센티미터가량 공중제비를 한다. 다른 사람과 대화를 지속하기는 정말로 힘이 드는데, 왜냐하면 나는 다른 사람이 정말로 이야기하고 있는지를 확신할 수 없고 또 내가 제대로 대답하는지도 확신할 수 없기 때문이다.[25]

나는 점점 나의 얼마만큼이 내 안에 있으며, 나의 얼마만큼이 다른 사람 안에 있는지 구분할 수 없다. 나는 매일 뒤죽박죽으로 다시 구성되는 괴물덩어리다.[26]

생각하고 결정하는 내 능력과 뭔가 하고자 하는 의욕은 스스로 사분오열이 된다. 결국 그것은 내동댕이쳐져 일상의 다른 부분들과 뒤섞이고, 남은 것들이 무엇인지나 판단한다. 어떤 일들을 해보려고 애

---

[25] 이 두 인용은 Brain-Bio Center of Princeton, New Jersey의 파이퍼 박사(Dr. C. C. Pfeiffer)의 환자에게서 얻었는데, 이 연구소는 정신분열증을 뇌에 영양분을 투여하여 치료할 수 있는 몇 가지 생화학적 질병으로 간주한다.

[26] H. Werner, *Comparative Psychology of Mental Development*(New York: International Universities Press, 1957), 467쪽에 인용된 'Storch'.

쓸 필요도 없다. 그 일들은 깜짝 놀랄 만한 기계적인 어떤 것에 수행되어버린다. …… 사람의 내부에 있어야만 하는 느낌이 밖에 있어 다시 안으로 되돌아오려고 하나, 이미 돌아갈 힘을 빼앗긴 상태다.[27]

이상은 이 정도라도 서술할 수 있는 환자들이 상실된 자아를 묘사한 다양한 방식이다. 또 다른 환자는 '자신의 생각을 다시 발견하기 위해' 한 번에 몇 시간씩 조용히 앉아 있어야만 했다. 또 다른 환자는 '자신이 죽어가는 것처럼' 느꼈다. 우리가 앞에서 본 것처럼 슈레버는 '영혼-살해자'를 이야기했다. 아주 지적인 한 환자는 '잠시 동안이나마 자아를 발견하기 위해' 몇 시간씩 애써야 했다. 그렇지 않으면 자아는 우주의 힘, 선이나 악의 힘, 또는 신에게 빨려 들어가는 것을 느낀다. 실제로 정신분열증이라는 용어는 정신분열증으로 확인되는 핵심경험을 표시하기 위해 블로일러(Bleuler)가 만든 말인데, 이 경험은 '자신의 정신을 상실하는' 느낌, 더 존재하지 않거나 정상적인 방식으로 행동이나 삶에 연결되지 않을 때까지 자아가 '단절되는' 느낌, 그리고 결과적으로 유발되는 '정서 결핍'이나 의지 결여 같은 더 서술적인 여러 증세를 가리킨다.

유사 '나'가 사라지는 것은 정신분열증 환자가 사람을 잘 그리지 못하는 데서도 볼 수 있다. 우리가 종이 위에 사람을 그릴 때 그 그림은 우리가 유사 '나'라고 불렀던 자아에 대한 본래의 은유에 의존한다고

---

[27] E. Meyer and L. Covi, "The Experience of Depersonalization: A Written Report by a Patient," *Psychiatry*, 23호, 1960, 215~217쪽.

말하는 것이 다소 빈약하다. 그러나 이 결과는 너무나 일관성 있게 나타나서, 오늘날 정신분열증의 진단용으로 흔히 사람 그리기 검사(DAP)가 시행된다.[28] 모든 정신분열증 환자가 그림 그리기를 어려워하지 않는다. 그러나 어떤 환자들에게는 이 검사가 진단에 도움을 준다. 이들은 손이나 눈과 같은 분명한 해부학적 부위를 빼고 그리며, 모호하고 연결되지 않은 선을 사용하며, 성별이 불분명하고, 사람 모양 자체가 종종 왜곡되거나 혼란스럽다.

그러나 사람을 잘 그리지 못하는 것이 유사 '나'의 소멸을 반영하는 것이라는 일반화는 조심스럽게 받아들여야 한다. 노인들도 때로는, 정신분열증 환자처럼, 파편화된 원시적인 그림을 그리는 것이 관찰되었고, 이러한 결과나 이 장에서 검토된 가설과 일치하지 않는 다른 것도 있다는 사실을 유념해야 할 것이다. 앞장에서 유사 '나'는 기원전 2000년 말미에 등장했다고 주장했다. 만일 사람을 그리는 능력이 유사 '나'를 가진 사람에게만 있다면 그 시기 이전에는 인간에 대한 제대로 된 그림을 기대할 수 없을 것이다. 그렇지만 그런 그림은 많이 있다. 이런 차이를 설명하는 방법은 많이 있지만 지금은 그 차이를 지적해두는 정도로 넘어가겠다.

유사 '나'의 소멸에 대한 논의를 마치기 전에, 이것이 수반하는 우리 문화 속의 엄청난 불안, 그리고 우리 내적 자아의 가장 중요한 부분이자 의식적 결정의 성소에 해당하는 것의 공포스런 소멸을 막아보려는

---

[28] 사람 그리기 검사를 이용한 처음 몇 년간의 연구는 L. W. Jones and C. B. Thomas, "Studies on Figure Drawings," *Psychiatric Quarterly Supplement*, 35호, 1961, 212~216쪽에 실렸다.

시도를 언급해야만 하겠다. 어떤 형식의 양원적 정신의 복귀와도 전혀 관계없어 보이는 수많은 행동들이, 사실은 이 유사 '나'의 상실에 대해 저항하는 시도로 해석될 수 있다.

예를 들면 때때로 "나는 존재한다"로 불리는 증세가 있다. 자신의 행동에 모종의 통제력을 유지하려는 노력의 일환으로, 환자는 자신에게 "나는 존재한다" 또는 "나는 모든 것 속에 존재하는 자다" 또는 "나는 정신이지 신체가 아니다" 같은 말을 혼자서 되뇌인다. 어떤 환자는 '힘', '생명' 따위와 같은 외마디 단어를 사용하면서 의식의 해체에 저항하여 닻을 내리려 하기도 한다.[29]

정신-공간의 해체

정신분열증 환자는 자신의 '나'를 상실할 뿐만 아니라, 내성할 때 공간처럼 보이도록 만든 세계와 그 안의 모든 대상들에 대한 순수 피석의체로서의 자신의 정신-공간도 상실하기 시작한다. 이것은 바로 환자 자신에게는 자신의 생각을 상실하는 것처럼, 또는 환자 자신들이 자신에 대해 즉각 인정하는 것처럼, '사고 결핍'으로 느껴진다. 이 결과와 유사 '나'의 상실은 아주 밀접히 연결되어 있어서 분리할 수 없을 정도다. 환자들은 자신이 처한 곳의 상황을 쉽게 생각하지 못하고, 따라서 자신들에게 일어날지도 모를 일들에 대비하기 위해 정보를 사용할 줄도 모른다.

이것을 실험적으로 관찰하는 방법은 반응시간 연구에서다. 모든 유

---

[29] Carney Landis, *Varieties of Psychopathological Experience*(New York: Holt, Rinehart and Winston, 1964).

형의 정신분열증 환자는 정상으로 의식적인 사람들보다 다양한 간격으로 제시되는 자극에 잘 반응하지 못한다. 온전한 유사 '나'가 없고, 자신이 무엇을 할지 그려보는 정신-공간이 없기 때문에 정신분열증 환자는 반응할 '준비를' 할 수 없고, 일단 반응한 다음엔, 과제 요구에 따라 반응을 변화시킬 줄 모른다.[30] 블록을 형태에 따라 분류하던 환자에게 다른 방식으로, 예를 들면 색에 따라 분류해보라고 지시하면 그렇게 분류하지 못한다.

마찬가지로 유사 '나'와 정신-공간의 상실은 ……인 것처럼 행동하는 일을 못하게 한다. 보통의 의식적인 방식으로 상상할 수 없기 때문에 놀이를 하거나, 가장된 행동을 하거나, 가장된 사건을 이야기하지 못한다. 환자들은 예를 들어 빈 잔으로 물을 마시는 흉내를 내지 못한다. 또는 만일 자신이 의사라면 어떻게 하겠느냐고 물으면, 그는 자신은 의사가 아니라고 대답한다. 또는 결혼을 하지 않은 환자에게 결혼하면 무엇을 하겠느냐고 물으면, 자신은 결혼하지 않았다고 대답할 것이다. 앞장의 말미에서 언급했던 최면에서의 가장행위를 하지 못한다.

정신-공간이 해체된 것을 보여주는 또 다른 예는 정신분열증 환자에게서 나타나는 아주 공통적인 시간 감각의 상실이다. 우리는 시간을 공간적 연속으로 배열할 수 있을 때 시간을 의식할 수 있는데, 정신분열증에서의 정신-공간의 축소는 이것을 어렵거나 불가능하게 한다. 예를 들어 환자들은 '시간이 정지되었다'거나 모든 것이 '느려지고 있다'거나 아니면 '연기되었다'고 불평하거나 아니면 단지 '시간에 관련하여

---

30 이것은 널리 인정되는 David Shakow, "Segmental Set," *Archives of General Psychiatry*, 6호, 1962, 1~17쪽의 해석이다.

고통을 겪는다'고 불평한다. 이 병을 앓았던 한 환자는 회복한 후 다음과 같이 회상했다.

오랫동안 낮이 낮처럼 밤이 밤처럼 느껴지지 않았다. 특히 이런 것들은 내 기억 속에 어떤 형태로 남아 있지 않다. 나는 예전에는 식사를 통해서 시간을 이야기했다. 그나마 매일 열두 시간마다 대여섯 번의 아침식사, 점심식사, 간식, 저녁식사 등이 나왔지만, 이것이 큰 도움이 되지 않았다.[31]

그럼에도 정신분열증이 양원적 정신으로 부분적으로 복귀하는 것이라는 가설은 잘 맞지 않는 것 같다. 왜냐하면 양원적 인간은 하루의 일과와 계절을 제대로 알았기 때문이다. 그러나 내가 보기에 양원적 인간의 시간 인식은, 의식적인 우리가 끊임없이 하는 것처럼 공간적으로 연속되는 시간 속에서 이야기를 엮어나가는 것과는 구별되는 인식인 듯하다. 양원적 인간은 일어나고 잠잘 때를 알려주며, 씨 뿌리고 추수할 때를 알려주는 신호에 반응하는 행동적 인식을 갖고 있었다. 이 신호들은 너무도 중요하여 스톤헨지(Stonehenge)[32]처럼 숭배되었고, 그 자체로 환각을 일으킬 수 있었다. 그런 신호에 대한 주의가 다른 시간 감각으로 대체된 문화에서 사는 사람이라면, 공간적 연속성의 상실은 그를 상대적으로 시간 부재의 세계에 처하게 한다. 이런 맥락에서 최면에 걸린 정상인에게 시간이 존재하지 않는 것처럼 암시를 주면, 정신분열증

---

[31] M. Harrison, *Spinners Lake*(London: Lane, 1941), 32쪽.
[32] 영국 남부의 솔즈베리 평원에 남아 있는 선사시대의 유물로 커다란 돌기둥이 이중으로 원을 이루고 있다 - 옮긴이.

환자처럼 반응하는 것은 흥미롭다.[33]

이야기 엮기의 실패

유사 '나'와 정신-공간이 상실됨으로써 이야기 엮는 것도 불가능해진다. 이것은 마치 정상적인 상태에서 이야기되던 모든 것이, 정상적으로 이야기를 엮어나가는 과정에서 일어나는 어떤 통합적인 개념적 목적이나 목표와는 무관하게, 어떤 일반적 사물에 복속된 연상물로 분쇄되어버리는 것처럼 된다. 행동에 대한 논리적 이유가 제시될 수 없고, 질문에 대한 언어적 답변이 내부의 정신-공간에서 나오는 것이 아니라 단순 연상이나 아니면 대화의 외적 상황에서 나오게 된다. 양원적 시대에는 전적으로 신의 기능이었던, 한 사람이 자신을 설명할 수 있는 총체적인 생각은 더 존재하지 않는다.

유사 '나', 정신-공간, 그리고 이야기 엮는 능력의 상실과 함께, 행동은 환각의 지시에 반응하는 것이 되거나 습관에 따라 유지된다. 남아 있는 자아의 일부분은, 누군가가 신체를 이리저리 움직이는 듯한, 명령을 받은 자동기계처럼 느낀다. 환각적 명령이 없을 때에도 환자는 자신이 복종해야만 할 명령을 하달받은 느낌을 가질 수 있다. 방문객과 정상적으로 악수할 수 있지만, 그 행동에 질문을 받으면 "내가 악수한 것이 아니라 손이 알아서 한 일입니다"라고 대답한다. 보통의 말이 추잡한 말이나 욕설로 대체되는 외언(猥言, corpolalia)에 걸린 어떤 환자는 누군가가 그가 말할 때 자신의 혀를 움직였다고 느낄 수도 있다. 정신

---

33 Bernard S. Aaronson, "Hypnosis, Responsibility, and the Boundaries of Self," *American Journal of Clinical Hypnosis*, 9호, 1967, 229~246쪽.

분열증의 초기에도 그 환자는 기억, 음악, 좋거나 싫은 감정을 경험하지만, 이들은 외부에서 강제로 유입된 것처럼 느끼고, 따라서 '자신'이 통제할 수 없다고 생각한다. 이 증세는 극히 일반적인 진단에 쓰인다. 이런 외부의 영향은 종종 내가 앞에서 논의했던 극도의 환각 상태로 발전된다.

블로일러에 따르면, "의식적인 느낌들은 성격에서 분리된 심적(psychic) 특성인 자동화를 거의 수반하지 않는다. 환자들은 행복하지 않아도 춤추고 웃을 수 있다. 미워하지 않고도 사람을 죽일 수 있으며, 삶에 실망하지 않아도 자살할 수 있다. …… 환자들은 자기가 자기의 삶의 주인이 아니라는 것을 알고 있다."[34]

많은 환자들은 단지 그런 자동화가 일어나도록 허락한다. 아직 약간이라도 이야기를 엮어낼 수 있는 환자는 자신의 행동에 대한 그런 외부의 통제에 대항하는 방어 장치를 만들어낸다. 신경증 환자에게서 나타나는 거부(negativism)가 그중 하나라고 생각한다. 예를 들어 노래를 하도록 강요받은 블로일러의 환자 중 한 명은 그의 입술이 노래하지 못하도록 하기 위해 입을 작은 나무 블록으로 눌러버리기도 했다. 지금은 그런 자동화나 내적 명령이, 양원적 정신으로 퇴행하는 것이 암시하는 것처럼, 환자에게 어떤 행동을 하도록 지시하는 명료한 목소리 때문인지는 알 수 없다. 성격에서 분리된 부분이 신경계의 다른 부분에서 '들린' 양원적 명령을 억제할 수 있기 때문에, 이를 명확히 아는 것은 불가능해 보인다.

많은 환자들에게 이는 명령 자동화(Command Automatism)라 불리는

---

34 Bleuler, 앞의 책, 204쪽.

증상으로 나타난다. 환자는 외부에서 오는 모든 암시나 명령에 복종한다. 그는 다른 경우에는 부정하더라도, 권위적인 짧은 명령에는 복종하지 않을 수 없다. 그런 명령은 단순한 행동으로 처리될 수 있어야 하며, 길고 복잡한 과제에는 적용되지 않는다. 잘 알려진 긴장형 정신분열증 환자들의 밀랍인형 같은 유연성이 이 범주에 속한다. 환자는 그가 취한 자세에 그대로 머물러 있음으로써 의사의 말에 복종한다. 이 모든 현상이 우리가 양원적 정신이라고 불렀던 것에서 나타나는 특징은 아니지만, 기저의 원리는 그렇다. 한 흥미로운 가설은 그런 명령 자동성을 보이는 환자는 청각적 환각이 없으며, 그 대신 의사의 외적인 목소리가 이를 대신한다는 것이다.

이 가설과 일치하는 것은 반향증세(echolalia)로 알려진 증상이다. 환각이 일어나지 않을 때 환자는 말소리나 울음소리 또는 다른 사람들의 표현을 따라한다. 그러나 환각이 일어나면 이는 환각적 반향으로 변하는데 환자는 주변에서 들리는 소리가 아니라 자신의 목소리가 자신에게 하는 말을 큰 소리로 따라 복창해야만 한다. 환각적 반향은 호메로스의 시에서 나오는 아오이도이는 물론 구약의 예언자에서 볼 수 있는 것과 같은 심적 활동으로 생각된다.

신체 이미지 경계의 혼란

유사 '나'와 나에 대한 정신-공간의 소실은 또한 정신분열증 환자에 대한 로르샤흐 검사에서 경계 상실이라 불리는 현상을 초래할 수 있다. 이 현상은 잘 정의되지 않고 모호하며, 경계나 모서리가 존재하지 않는, 잉크 반점에서 나타나는 이미지의 비율에 대한 점수다. 현재 우리 관점에서 특히 흥미로운 것은 척도가 생생한 환각적 경험이 일어나는 것과 매우 높은 상관이 있다는 점이다. 경계 상실에서 높은 점수를 받은 환자는 흔히 이를 해체의 느낌으로 기술한다.

내가 녹아서 사라지면 내 손이 없어지고 나는 밟히지 않으려고 집 안으로 들어간다. 모든 것이 내게서 날아가버린다. 문 앞에서 나는 내 신체의 부분들을 모을 수 있다. 마치 무엇인가가 내 안으로 던져지고 나를 폭파하는 것 같다. 내가 왜 나 자신을 서로 다른 부분으로 분해하는가? 나는 어떤 자세를 취할 수도 없고, 내 인격이 녹아버리며, 내 자아는 사라지고, 나는 더 존재하지 않는 것처럼 느낀다. 모든 것이 나를 끌어당겨 가려 한다. …… 피부가 다른 조각들을 묶어줄 수 있는 유일한 수단이다. 내 신체의 다른 부분간에는 어떤 연결이 없다.[35]

경계 상실에 대한 한 연구에서 80명의 정신분열증 환자에게 로르샤흐 검사를 실시했다. 경계 명확성 점수는 나이나 사회경제적 지위가 비슷한 정상인이나 신경증 환자집단보다 현저하게 낮았다. 그런 환자들은 잉크 반점에서 손발이 잘린 신체나 동물 또는 인간을 발견한다.[36] 이는 유사 자아의 해체를 반영하며, 우리가 의식에서 우리 자신에게 갖는 은유적 그림을 반영한다. 우스터 주립 병원에 있는 604명의 환자에 대한 또 다른 연구에서, 유사 '나'를 포함하여 경계 상실이 환각 발달의

---

[35] P. Schilder, *The Image and Appearance of the Human Body*(London: Kegan Paul, Trench, Trubner, and Co., 1935), 159쪽.

[36] S. Fisher and S. E. Cleveland, "The Role of Body Image in Psychosomatic Symptom Choice," *Psychological Monographs*, 69호, No. 17, whole no. 402, 1955.

한 요인임이 발견되었다. 환각을 더 많이 보이는 환자들은 '자아와 세계 간의 경계'를 정립하지 못하는 환자들이었다.[37]

이 주장을 지지하는 또 다른 증거로, 만성적 정신분열증 환자들은 여럿이 같이 찍은 사진이든 독사진이든 상관없이, 사진에서 자신을 잘 알아보지 못하며 다른 사람을 자신이라고 잘못 판단한다는 사실을 들 수 있다.

정신분열증의 이점들

이런 무서운 병에 이점이 있다는 것은 이상한 제목이 아닐 수 없다. 그러나 나는 인간의 역사 전체에 비추어 하는 말이다. 분명한 점은 스트레스에 대한 극단적으로 다른 반응의 기저에는 유전적으로 계승된 생화학적 기반이 있다는 것이다. 그리고 발생학상 초기에 일어나는 그런 유전적 성향에 제기해야 하는 질문은, 그것에 한때나마 어떤 생물학적 이점이 있었을까? 유전학자의 전문 용어로 왜 그것이 자연선택되었을까? 또 얼마나 오래전에 그런 유전적 성향이 인류 전체에서 나타나게 되었나 하는 것이다.

이에 대한 답은 물론 이 책의 앞부분에서 이미 여러 번 주장했던 주제 중 하나다. 그런 유전자의 선택적 장점은, 수천 년 동안의 초기 문화기에 자연선택과 인간 선택에 따라 진화해온 양원적 정신이었다. 이와 관련된 유전자가 의식적인 사람에게는 어떤 효소의 상실이나 그밖의 무엇을 초래했는지 알 수 없지만, 예언자들이나 '나비임의 아들'이나

---

37 L. Phillips and M. S. Rabinovitch, *Journal of Abnormal and Social Psychology*, 57호, 1958, 181쪽.

그들 이전의 양원적 인간의 기반 속에 있던 유전자다.

진화적으로 정신분열증의 이점은 지치지 않는다는 것이다. 특히 발병 초기에는 일반화된 피로로 불평하는 정신분열증 환자가 있기는 하지만, 환자는 대부분 그렇지 않다. 사실 이들은 정상인보다 피로감을 덜 나타내며 엄청난 인내력을 보일 수 있다. 그들은 몇 시간이나 계속되는 검사에도 피곤해하지 않는다. 그들은 밤낮없이 활동할 수 있고 지치지 않고 계속 일할 수 있다. 긴장형 환자들은, 여러분이 몇 분 동안도 버티지 못하는 이상한 자세를 하고 며칠씩 버틸 수도 있다. 이것은 피로가 대부분 주관적인 의식적 정신의 산물임을 시사한다. 또한 노동력만으로 이집트의 피라미드, 수메르의 지구라트, 테오티후아칸의 거대한 사원을 지은 양원적 인간은, 의식적이고 자기 반성적인 인간보다 훨씬 쉽게 그런 일을 할 수 있었음을 시사한다.

정신분열증 환자가, 오늘날의 추상화되고 복잡한 세계에서 더는 장점일 수 없겠지만, 우리보다 '더 나은 것'을 갖고 있다면 그것은 단순 감각 지각이다. 의식이라는 완충장치를 사용함으로써 시각 자극들을 과도하게 받을 필요가 없는 것으로 여기는 데서 예상할 수 있듯이, 이 환자들은 시각 자극에 훨씬 예민하다. 이 사실은 이들이 돌발적인 자극이 제시된 다음에 정상인보다 더 빨리 EEG의 알파파를 차단할 수 있고, 화면에 초점이 맞추어지는 장면을 정상인보다 훨씬 더 빨리 인식하는 데서 볼 수 있다.[38] 사실상 정신분열증 환자는 감각정보로 거의 익

---

38 R. L. Cromwell and J. M. Held, "Alpha Blocking Latency and Reaction Time in Schizophrenics and Normals," *Perceptual and Motor Skills*, 29호, 1969, 195~201쪽; E. Ebner and B. Ritzler, "Perceptual Recognition in Chronic and Acute Schizophrenics," *Journal of Consulting and Clinical Psychology*, 33호,

사할 지경이다. 이야기 엮기나 조정이 불가능하기 때문에, 그들은 나무를 하나하나 모두 보지만 숲은 결코 보지 못한다. 그들은 물리적 환경에 더 직접적이고 절대적으로 연결되어 있는 것처럼 보인다. 이런 해석을 지지하는 증거는, 정신분열증 환자들은 시각을 왜곡하는 프리즘 안경을 쓴 상태에서, 거기서 오는 오차를 크게 고려하지 않기 때문에, 우리보다 더 쉽게 적응하는 것을 배울 수 있다는 데서도 찾을 수 있다.[39]

정신분열증의 신경학

만일 정신분열증이 부분적으로는 양원적 정신으로의 퇴행이며, 우리가 지금까지 논의해왔던 것이 설득력이 있다면, 제1권 5장에서 제시한 신경적 모형에 일치되는 신경적 변화를 발견할 수 있을 것이다. 거기서 나는 양원적 정신의 경우 환각 상태에서 들리는 목소리는, 우측 측두엽에 조직화되어 있는 축적된 훈계적 경험의 혼합이 전두엽 교련과 뇌량을 통해 좌반구나 주도적인 반구로 전달된다고 주장했다.

게다가 의식의 출현으로 우측 측두엽 피질에서 비롯되는 이들 청각적 환각을 억제하게 되었다고 주장했다. 그렇지만 이것이 신경해부학적으로 정확히 무엇을 의미하는지는 분명하지 않다. 우리는 뇌의 특정 영역이 다른 영역을 억제한다는 것을 알고, 또 뇌는 아주 일반적 의미에서 항상 흥분과 억제 간의 복잡한 긴장 (또는 균형) 관계에 있으며, 억제는 여러 가지 다른 방식으로 일어날 수 있다는 것을 안다. (억제의) 한

1969, 200~206쪽을 참조하라.

[39] E. Ebner, V. Broekma and B. Ritzler, "Adaptation to Awkward Visual Proprioceptive Input in Normals and Schizophrenics," *Archives of General Psychiatry*, 24호, 1971, 367~371쪽을 참조하라.

방법은 한 반구의 어떤 영역을 흥분시킴으로써 다른 반구의 특정 영역을 억제하는 것이다. 전두엽의 시각장은 서로 억제해서 한 반구의 전두엽의 시각장을 자극하면 다른 반구는 억제된다.[40] 그리고 전두엽의 시각장을 연결하는 뇌량의 신경 조직의 일정 비율은 그 자체가 억제력이 있거나, 아니면 반대쪽 반구에 있는 억제 중추를 흥분시킬 수 있다. 행동 수준에서 보면, 이것이 특정한 방향을 바라보는 것은 두 전두엽 시각장간의 경쟁적 흥분의 벡터 합으로 프로그램될 수 있다.[41] 그리고 반구간 상호억제는 다양한 다른 양방향적 기능에 따라 수행될 수 있다.

그러나 이 상호억제를 비대칭적·일방 방향적 기능으로 일반화하는 것은 더 위험한 일이다. 예를 들면 좌반구의 어떤 정신적 과정이 우반구의 어떤 다른 기능과 상호억제하며 짝지어져 있어서 이른바 좀더 고차적인 정신 과정이 대립적인 두 반구의 상호작용의 결과물이라고 가정할 수 있을까?

어쨌든 정신분열증과 양원적 정신과 그 신경 모형의 관계에 대한 이런 생각이 어떤 신빙성을 갖도록 하는 첫 번째 단계는 정신분열증 환자가 보이는 반구간 차이를 살펴보는 것이다. 그런 환자들은 정상인과 다른 우반구 활동 패턴을 보이는가? 이 가설에 대한 연구는 이제 시작되었지만 다음과 같은 최근의 연구들은 적어도 그 타당성을 암시해준다.

---

[40] A. S. F. Layton and C. S. Sherrington, "Observation on the Excitable Cortex of Chimpanzees, Orangutan, and Gorilla," *Quarterly Journal of Experimental Physiology*, 11호, 1917, 135쪽.

[41] 이 구절은 Marcel Kinsbourne, "The Control of Attention by Interaction Between the Cerebral Hemispheres," *Fourth International Symposium on Attention and Performance*, Boulder, Colorado, 1971. 8에 있다.

• 오랜 시간에 걸친 전체 EEG는 우리에게는 대부분 우반구보다 지배적인 반구인 좌반구에서 약간 더 큰 활동성을 보인다. 그러나 정신분열증에서는 이와 반대의 경향이 나타나 우반구에서 약간 더 활동성이 높다.[42]

• 정신분열증에서 우반구의 활동성이 높아지는 것은 감각 박탈이 있고 난 지 몇 분 후에 특히 두드러지는데, 이것은 정상인에게도 환각을 일으킨다.

• EEG 기계로 몇 초마다 둘 중에 어느 반구가 더 활동적인지를 알 수 있도록 장치하면, 대략 1분에 한 번 정도로 더 활동적인 반구가 바뀐다. 그러나 지금까지 검사한 정신분열증 환자에게는 이런 변화가 놀라울 정도로 느린데 대략 4분마다 한 번씩 일어난다. 이것은 내가 앞에서 '분절 상태'(segmental set)라고 설명한 것으로 정신분열증 환자는 한 반구 또는 다른 반구에 너무 오래 '머물러' 정상인처럼 한 정보처리 양태에서 다른 양태로 빠르게 전환하지 못한다. 이 때문에 이들은 혼란스럽고 때때로 더 빠른 속도로 변하는 정상인과의 상호작용에서 얼토당토않은 말이나 행동을 일으키는 것 같다.[43]

• 정신분열증에 걸리면 이처럼 느리게 전환이 일어나는 것에 대한 해부학적 설명이 가능하다. 정신분열증을 오래 앓았던 환자들에 대한 일련의 검사에서 두 반구를 연결하는 뇌량이 놀랍게도 보통 사람보다

---

[42] Arthur Sugarman, L. Goldstein, G. Marjerrison, and N. Stoltyfus, "Recent Research in EEG Amplitude Analysis," *Diseases of the Nervous System*, 34호, 1973, 162~181쪽.

[43] 이는 몇몇 환자에 대한 Leonide E. Goldstein, "Time Domain Analysis of the EEG: The Integrated Method," Rutgers Medical School preprint, 1975의 초기 연구결과다. 이 제안에 대해 나와 논의해준 그에게 감사한다.

1밀리미터 정도 두껍다는 것이 밝혀졌다. 이는 통계적으로 신뢰할 만한 결과다. 이런 차이는 정신분열증 환자에게는 반구간의 상호억제가 더 컸음을 의미한다.[44] 이 연구에서 전방교련은 측정되지 않았다.

• 만일 우리 이론이 맞다면, 병이나 순환계의 변화 또는 스트레스로 생긴 신경화학적 변화에 따른 일시적인 좌반구 피질의 광범위한 기능 장애는, 우측 측두엽에 대한 정상적인 억제 기능을 약화시킬 것이다. 좌측두엽의 손상으로 측두엽 간질이 발병하여 우반구 억제가 약화되면 90퍼센트나 되는 환자들이 심한 청각적 환각을 동반하는 편집적 정신분열증을 일으킨다. 우측 측두엽만 손상되면 10퍼센트 이하의 환자가 이런 증상을 일으킨다. 후자의 환자들은 조울증을 보이는 경향이 있다.[45]

이상의 발견은 더 확인하고 탐색할 필요가 있다. 그러나 이들은 종합적으로 의심할 것 없이 정신분열증에서 중요한 반구 편중성을 보여준다. 이 효과의 방향은 정신분열증이, 내가 양원적 정신이라고 불렀던 뇌의 옛 구조와 관련되어 있다는 주장에 대한 부분적인 증거로 해석될 수 있다.

---

[44] Randall Rosenthal and L. B. Bigelow, "Quantitative Brain Measurements in Chronic Schizophrenia," *British Journal of Psychiatry*, 121호, 1972, 259~264쪽.

[45] P. Flor-Henry, "Schizophrenic-like Reactions and Affective Psychoses Associated with Temporal Lobe Epilepsy: Etiological Factors," *American Journal of Psychiatry*, 126호, 1969, 400~404쪽.

결론

정신분열증은 그 병을 앓는 사람들은 물론 그들을 사랑하는 사람들에게 너무 큰 고통을 주기 때문에, 연구를 하기에는 도덕적으로 많은 문제가 있는 병의 하나다. 지난 몇십 년 동안 이 병의 치료법이 급속히 발전한 것은 정말 다행스러운 일이다. 그러나 이런 발전은 내 이론과 같은 새롭고 세련된 이론들이 이끌어온 것이 아니라 일상적 치료라는 실제 측면에서 이루어졌다.

사실 정신분열증에 대한 많은 이론은 회전목마에서 자신의 처지만을 좋게 보는 것처럼 경쟁해왔기 때문에 모두 실패했다. 각각의 전공 분야는 다른 분야의 발견을 자기 영역의 요인들에 비해 중요하지 않다고 간주한다. 사회환경 연구가들은 정신분열증을 스트레스를 일으키는 환경의 산물로 본다. 생화학자들은 스트레스를 주는 환경은 환자의 비정상적 생화학 때문에만 그 영향이 있다고 주장한다. 정보처리 과정으로 설명하는 연구자들은 정보처리의 결핍이 스트레스를 일으키고 이에 대한 방어기제를 형성한다고 주장한다. 방어기제 심리학자들은 손상된 정보처리 과정을 현실과의 접촉에서 자기 충동적 후퇴로 본다. 유전학자들은 가족사 자료로 유전적 해석을 한다. 다른 연구자들은 같은 자료를 가지고 정신분열증을 일으키는 부모가 어떤 영향을 미치는지 해석을 전개한다. 이외에도 많은 이론이 있다. 한 비평가가 표현한 것처럼, "회전목마를 탈 때처럼 말을 고른 다음 자신의 말이 제일 빨리 달린다고 생각할 수 있다. 그렇지만 경주가 끝나면 내려야 하는데, 그때 비로소 실제로 그 말은 같은 곳에 있었다는 것을 알게 된다."[46]

---

46 R. L. Cromwell, "Strategies for Studying Schizophrenic Behavior"(prepublication

나는 지금 이미 충분히 무거운 회전목마에 또 하나의 말을 추가했다고 할 수 있다. 그러나 나는 이 책 앞부분에서 한 암시들을 완결짓고 또 명료하게 해야 한다는 책임감만으로도 이렇게 하지 않을 수 없었다. 하나든 여러 개든 정신분열증은, 가장 심한 단계에 있을 때 우리가 앞에서 양원적 정신에서 나타난다고 이야기했던 특징에 따라 실제로 정의할 수 있기 때문이다. 청각적 환각의 출현, 그들의 종종 종교적인 그리고 항상 권위적인 특성, 자아와 유사 '나', 무엇을 할 것인지 그리고 시간과 행동의 어느 지점에 있는지 이야기해줄 수 있는 정신-공간의 해체, 이 모두가 비슷해 보인다.

그러나 큰 차이도 있다. 만일 이 가설에 타당한 부분이 있다 하더라도 퇴행은 부분적일 뿐이다. 주관적 의식을 구성하는 학습은 강력하고 결코 완전히 억압되지 않는다. 마찬가지로 공포, 분노, 고뇌와 절망은 완전히 사라지지 않는다. 천재지변 같은 변화에서 오는 불안, 대인관계의 통상적 방식의 차이, 그리고 목소리에 대한 정의(定義)나 문화적 지원의 결핍 등으로 이들은 일상적 삶에서 적절한 도움을 받지 못하고, 그에 앞서 밀려 들어오는 환경의 감각 자극에 대한 조절 장치가 고장났기 때문에 양원적 사회의 절대적인 사회적 개인의 행동과는 다르게 사회에서 고립되어 살게 된다. 의식적 정신은 끊임없이 내성을 사용하여 자신을 찾으려고 하며, 자신이 어디에 있고, 자신의 목적과 상황에 적절한지를 알려고 한다. 이에 대한 안정감이 없고, 이야기를 엮어낼 수도 없으며, 비현실적인 것이라며 주위 사람들이 받아들이지 않고 거부해버리는 환각 속에서 살아야 하는 정신분열증 환자는 마르두크의 신

---

copy), 6쪽.

에게 속한 노동자나 우르의 우상들이 가졌던 세계와 전혀 다른 세계에 처해 있는 것이다.

현대의 정신분열증 환자는 그런 문화를 찾는 사람이다. 그러나 그는 주관적 의식의 일부분을 갖고 있어서 더 원초적인 정신 조직에 저항하며, 환각이 통제해야만 하는 정신 구조 속에서 어떤 통제력을 행사하려고 애쓴다. 결과적으로 그는 신이 없는 세상에서 신을 기다리며, 자신의 환경에 알몸으로 나앉은 정신이다.

제6장

과학이라는 복신술

이질적인 장으로 구성된 제3권에서, 나는 시와 음악 같은 예술 활동은 물론, 신탁과 종교 같은 사회적 제도들, 신들림과 최면과 정신분열증 같은 심리적 현상 등 현 세계의 이 모든 특징들이 부분적으로라도 옛 인간 본성의 구성 방식의 흔적으로 해석될 수 있을지를 나름대로 설명하려 했다. 이들이 이전의 정신체계가 현재의 것으로 투사될 수 있는 항목 전부는 결코 아니다. 이들은 단지 가장 명백한 것들일 뿐이다. 이 특징들과 계속적으로 이들을 엄습하며 발전하는 의식간의 상호작용에 대한 연구는 다른 방식으로는 얻을 수 없는 통찰을 제공한다.

이 마지막 장에서 나는 과학 자체로 돌아가서, 이 책을 포함하여 과학 역시도 양원적 정신의 붕괴에 대한 반응으로 이해할 수 있다는 점을 지적하려고 한다. 도대체 과학이 자연과 벌이는 야곱의 씨름[1]을 통해 그렇게 집요하게 추구하는 확실성의 본질은 무엇인가? 우리는 왜 우주

---

1 「창세기」 32장에서 야곱이 하나님과 밤새 씨름을 한 다음 축복을 받는 사건 – 옮긴이.

가 우리에게 명백히 드러나기를 원하는가? 거기에 왜 그렇게 집착하는가?

확실히 과학에 대한 충동의 일부분은, 잡히지 않는 것을 잡고 관찰되지 않는 것을 관찰하려는 단순한 호기심이다. 모르는 것 앞에서는 우리 모두 어린이와 다를 바 없다. 별들 가운데 있는 블랙홀의 부정적 중력이나, 쿼크, 전자 현미경을 통해 새롭게 발견된 것에 기뻐하는 것이 옛 정신체계의 상실에 대한 반작용만은 아니다. 테크놀로지는 과학적 의식의 부차적 근원이지만 훨씬 더 끈질긴 근원으로서, 역사를 통해 증대해왔고, 통제할 수 없는 힘으로 과학적 기반을 전진시켜왔다. 그리고 사냥을 하고, 문제를 집요하게 물고 늘어지기 위한 것이었던 심층적 소질구조는 진리 추구라는 더 큰 동기를 첨가한다.

그러나 과학의 이런저런 명분 뒤에 있는 다른 원인은 좀더 보편적인 무엇, 즉 이 시대와 같은 전문화의 시대에는 자주 언급조차 되지 않는 무엇이다. 그것은 존재의 총체성, 사물을 핵심적으로 정의할 수 있는 실재, 그리고 전체 우주와 그 안에 있는 인간의 위치와 관련되어 있다. 그것은 궁극적인 해답을 찾으려고 별들을 탐색하고, 무한대의 일반적인 것을 얻기 위해 극미한 것을 찾아다니며, 미지의 것으로 더 깊고 깊은 탐색을 펼치는 순례여행이다. 역사 속에서 그 방향은 아득히 먼 과거에 양원적 정신이 붕괴될 때 잃어버렸던 지시들을 찾다가 희미하게나마 발견할 수 있을 것이다.

이 탐색은 우리가 제2권 4장에서 보았던 것처럼 과학이 시작된 아시리아의 예언서에서 분명하게 볼 수 있다. 이 탐색은 그 후 단지 500년이 지나 그리스의 피타고라스가 신적인 수와 그들의 관계에 대한 신학에서 잃어버린 생명의 근원을 찾으면서 수리과학을 시발시킨 데서도 볼 수 있다. 그로부터 2000년이 지나는 동안, 같은 동기에서 갈릴레오는 수학을 신의 언어라고 불렀고, 파스칼과 라이프니츠도 이에 동의하여 수학의 엄밀성에서 하나님의 음성을 듣는다고 주장했다.

우리는 때로 인간에게 가장 큰 영향을 준 두 경로인 종교와 과학이 오랫동안 싸웠으며 우리를 정반대 방향으로 끌어가려 했다고 생각하거나, 적어도 그렇게 생각하고 싶어한다. 그러나 이 둘을 별개로 보려는 것은 큰 잘못이다. 서로 적대적인 것은 교회와 과학이지 종교와 과학이 아니다. 종교와 과학은 서로 경쟁관계에 있지 상반되는 관계가 아니다. 둘 다 종교적이다. 그들은 같은 기반 위에서 서로 싸우는 두 거인이다. 둘 다 자기 방식이 신의 계시에 이르는 유일한 길이라고 주장한다.

이들의 경쟁은 후기 르네상스 시기에, 특히 1633년에 갈릴레오가 투옥되었을 때 처음으로 극명하게 드러났다. 표면상의 투옥 이유는 그의 논문이 교황의 인가 도장을 먼저 받지 않았다는 것이었다. 그러나 내가 확신하는 진짜 이유는 그런 사소한 표면적인 사건 때문이 아니었다. 왜냐하면 문제가 된 그 논문은 100년 전에 이미 아무 문제없이 한 신부가 발표했던, 코페르니쿠스의 태양계에 대한 지동설이었기 때문이다. 진짜 이유는 더 심각한 것으로, 내 생각에는 신적 확실성에 대한 인간적 열망의 배후에 있는 부분적인 절박감이었다. 진짜 문제는 교회가 내세우는 정치적 권위와 개인이 내세우는 경험의 권위 간의 간극이었다. 진정한 문제는 우리가 잃어버린 권한위임을 신의 목소리를 들었던 고대 예언자에서부터 지속되어온 사제들을 통해서 발견할 수 있는지, 아니면 사제의 매개 없이 객관적 세계에서 우리의 현재 경험을 통해 천국을 찾을 수 있는지였다. 우리가 모두 아는 것처럼 후자는 프로테스탄트가 되었고, 그들의 합리적인 면은 우리가 과학 혁명이라 부르는 역사를 만들었다.

우리가 과학 혁명을 제대로 이해하려면, 그 강한 동기가 숨겨진 신성에 대한 지속적인 탐구였다는 것을 항상 기억해야만 한다. 이 노력은 그 자체로 양원적 정신이 와해된 직접적 결과였다. 이에 대한 분명한 예를 고른다면 물리학, 심리학과 생물학의 토대를 만든 사람들을 들 수 있는데, 이들은 모두 17세기 말엽 영국 프로테스탄트들로, 아마추어 신학자며 지극히 경건한 사람들이었다. 편집증적인 뉴턴은 위대한 만유인력의 법칙에 하나님의 음성을 기록했고, 꾸밈이 없는 진솔한 로크는 인식적 경험의 풍요함에서 그의 하나님을 찾아냈으며, 강단에서 내려온 세련되지 못한 순회 목사인 레이(John Ray)는 창조주의 언어를 동·식물에 대한 완벽한 설계에서 즐겁게 묘사했다. 이와 같은 종교적 동기가 없었다면 과학은 단지 경제적 필요에 보조를 맞추는 기술에 지나지 않았을 것이다.

그다음 세기에는 계몽주의의 합리성으로 복잡해졌는데, 그들의 핵심 주장에 대해서는 잠시 후에 논의할 것이다. 그러나 계몽주의라는 큰 그림자 속에서도 과학은 신적 창조에 대한 탐구라는 주문에 묶여 계속되었다. 이에 대한 가장 분명한 주장은 독일어로는 'Vernunftreligion'[2]으로 불린 이신론에서 볼 수 있다. 여기서는 교회의 '말씀'이라는 것을 버리고, 성직자를 경멸했으며 제단과 헌물을 조롱하는 대신, 이성과 과학을 통해 신에 다가가자고 설교했다. 온 우주는 조화다! 신은 성의를 걸쳐 입은 성직자의 애매한 주문 속에 담긴 무지의 가면 뒤에 있는 것이

---

2 이성과 종교의 합성어 - 옮긴이.

아니라, 별 아래의 자연 속에 드러나 있으며 이성의 장엄함 속에서 이 야기할 수 있고 또렷하게 들을 수 있다.

이런 과학적 이신론자들이 모두 같은 주장을 한 것은 아니다. 어떤 사람들, 예를 들면 동물행동과학의 근대적인 창시자이며 사도직을 싫 어했던 라이마루스(Reimarus) 같은 사람에게 동물적 본능(triebe)이 나 충동은 실제로 하나님의 생각이고 그들의 완벽한 다양성은 신의 정신이었다. 하지만 다른 사람들, 예를 들면 물리학자 모페리투이스 (Mauperituis)는 신은 그와 같은 현상의 무의미한 다양성에는 별 관심 이 없다고 주장한다. 신은 다만 순수한 추상화 속에서, 인간의 이성이 수학에 대한 순수한 헌신을 통해 그런 다양성 뒤에서 구별해낼 수 있는 위대한 자연의 일반 법칙에서만 존재한다.[3] 실제로 오늘날 철저하게 유 물론적인 과학자는 다방면에서 확장되는 과학이, 두 세기 전만 하더라 도 여호와를 다시 '직접 대면'하기를 고대하며 빌었던 고대의 찬송 같 은, 종교적인 노력의 하나였다는 사실에 당황할 것이다.

이 드라마, 인간이 지난 4000년 이상을 이 항성에서 공연해왔던 이 장대한 시나리오는 세계사의 핵심적인 지적 경향을 거시적으로 조망해 볼 때 분명하게 그 모습이 드러난다. 기원전 2000년경부터 우리는 신 의 목소리를 듣지 못하게 된다. 기원전 1000년경 신탁이나 예언을 통 해 그 목소리를 듣던 사람들이 있었지만 그들마저 다 죽었다. 기원후 첫 1000년경, 그들의 말과 그들이 들은 이야기를 보존해온 성경을 통

---

[3] 이에 대해서는 우드워드(William Woodward)와 함께 쓴 "In the Shadow of the Enlightenment," *Journal of the History of the Behavioral Sciences*, 10호, 1974, 3~15쪽, 144~159쪽에서 더 자세히 논의했다.

해 우리는 우리의 잃어버린 신에 복종했다. 기원후 두 번째 1000년경 이 성경들마저 그 권위를 잃자, 우리는 과학혁명을 통해 예전의 기록 대신 자연에서 잃어버린 권위를 찾는 방향으로 선회했다. 지난 4000년 동안 우리가 경험한 것은 느리지만 꾸준한 인간의 타락이었던 것이다. 기원후 두 번째 천년의 끝부분에 이르러 이 과정은 분명히 완결되고 있다. 권한위임을 찾으려고, 자연에서 신의 언어를 읽으려고 분투해오던 중에 분명히 깨닫게 된 것은 우리가 아주 잘못 들어섰다는 것이다. 이는 지상에서 가장 고귀하고 위대한 시도가 당면한 최대의 인간 아이러니다.

이제는 누구나 아는 사실이 되어버린 이 과학의 세속화는 내가 앞서 넌지시 언급했던 프랑스 계몽주의에서 비롯되었다. 그렇지만 이 세속화가 거칠지만 진지하게 표출된 것은 1842년 독일의 탁월한 젊은 생리학자 네 명의 유명한 선언에서였다. 그들은 해적처럼 이 선언에 그들의 피로 서명했다. 헤겔식 관념론과 물질적 문제에 대한 그의 의사-종교적 해석에 식상하여, 이들은 상식적인 물리화학적 힘 이외의 어떤 힘도 자신들의 과학적 탐구에서 고려하지 않기로 결심했다. 영적인 실체도 배제되었다. 신적 실체도 배제되었다. 활력(vital forces)이란 것도 배제되었다. 이 주장은 과학적 유물론으로 그 당시까지 가장 일관되고 분명한 선언이었다. 그리고 가장 영향력이 있었다.

5년 후 이 집단 중 한 명인 유명한 물리학자이자 심리학자인 헬름홀츠(Hermann von Helmholtz)가 에너지 보존의 원리를 공포했다. 줄(Joule)은 그 원리를 좀더 부드럽게 '과학의 위대한 동인(agent)은 파괴되지 않는다'고 표현했고, 바다, 태양, 석탄, 천둥, 열, 바람은 모두 같은 에너지며 영원하다고 주장했다. 그러나 헬름홀츠는 낭만주의지의 모호.

함을 아주 싫어했다. 그는 자신의 원리를 수학적으로 표현하여 이 점을 누구보다도 강조했다. 우리가 사는, 에너지 변환의 폐쇄체계에 외부적 힘이란 없다. 별에는 신이 숨을 곳이 없고, 폐쇄된 물질계에는 신적인 영향이 스며들 틈이 조금도 없다.

이 모든 일은, 만일 바로 뒤이어 신에 대한 더 경악스러운 불경한 사건이 인간사에 일어나지 않았다면, 과학을 위한 하나의 신조로만 남아 있었을 것이다. 이 사건이 특히 경악스러운 이유는, 종교적인 목적이 있는 과학자들이 일으켰기 때문이었다. 17세기 이래 영국에서 '자연사'로 불리는 분야에 대한 연구는 자비로운 창조주의 완벽성을 자연에서 발견하는 기쁨을 주는 일이었다. 이런 순수한 동기와 위안에 찬물을 끼얹은 것은 자존심이 당당한 아마추어 자연주의자들인 다윈과 윌리스가 거의 동시에 천명한 선언이었다. 즉 모든 자연을 만들어낸 것은 신의 지성이 아니라 진화라는 주장이었다. 이 주장은 사실 다윈의 할아버지인 에라스무스 다윈(Erasmus Darwin)이나 라마르크(Lamarck), 체임버스(Robert Chambers) 그리고 에머슨(Emerson)이나 괴테(Goethe)의 찬양에서 이미 천명된 바 있었다. 그러나 새롭게 강조된 것은 엄청난 강도였다. 냉정하고 계산되지 않은 우연에 따라, 맹목적이고 무자비한 방식으로, 일부가 생존을 위한 투쟁에서 더 잘 살아남게 되고, 세대를 거쳐 더 많은 자손을 낳게 되며, 단순한 물질에서 인간종이 탄생되는 것이다. 독일의 유물론과 결합하게 되자, 이 책 앞에서 언급한 바와 같이 멋대로 가시돋힌 말을 해댄 헉슬리(Huxley)에서 보듯, 자연도태에 따른 진화론은 양원 시대의 무의식적 심연으로 되돌아가 맞딱뜨리게 되는 거룩하고 위대한 이, 즉 엘로힘이 창조한 피조물로 떠받들어 온 고귀한 인간이라는 전통에 조종을 울렸다. 한마디로, 밖에는 그 어

떤 권위자가 없다고 말해준다. 보라! 거기에는 아무것도 없다. 우리가
해야 할 일은 우리가 할 수밖에 없다. 아이난의 왕은 헤르몬 산을 바라
보는 일을 중단하고, 이제 죽은 왕은 마침내 진정으로 안식할 수 있게
되었다. 두 번째 1000년 말미에 있는 연약한 인간종인 우리는 우리에
게 스스로 권한위임을 해야만 했다. 두 번째 1000년의 말미에서 세 번
째 1000년으로 가는 길목에서 우리는 이 문제로 둘러싸여 있다. 이것
은 새로운 1000년이 혹 천천히, 혹 빠르게 아마도 우리 정신체계에 또
다른 어떤 변화를 일으키며 해결해나갈 것이다.

  두 번째 1000년의 말미에 인간의 종교적 관점이 쇠퇴하는 것은 양
원적 정신이 붕괴되는 과정의 한 부분이다. 삶의 모든 영역에서 느리
지만 커다란 변화를 일으키고 있다. 오늘날 자신의 집단에 더 많은 신
도를 모으려고 경쟁하는 종교 집단 내에서, 의식적 논리에 가장 약해진
것은 멀리 양원적 과거에서 의식적(儀式的)으로 사도들에게 계승되어
온 옛 정통적 지위다. 바티칸 2세 이후 가톨릭 교회의 변화는 성스러움
에서 인간으로 후퇴한 경우로 간주할 수 있다. 합리적 과학에 밀려 전
통적인 신학적 개념들이 그야말로 수정에 수정을 거듭하면서, 종교적
집단 인지 규범이 사라져가자, 종교 의식(宗敎儀式) 배후의 은유적 의
미가 더 유지될 수 없었다. 종교 의식은 행동적 은유여서, 믿음이 행동
이 되고, 예언이 선포되고, 초심리적(exopsychic) 사유를 일으킨다. 종
교 의식은 교회 생활의 핵심에서 위대한 이야기들을 엮어나가기 위한
기억을 위한 도구다. 그런데 이 의식들이 자연스러움(spontaneity)을 강
조히어 공허해지거나, 그 진지함을 잃고 나면, 또는 아무런 느낌도 없
이 행동하거나 무책임한 객관성으로 추론하게 되면, 그 알맹이는 빠지

고 골만 깊어진다. 의사소통 수단이 발달한 오늘날 이런 변화는 전 세계적으로 일어난다. 애가는 일상어로 대치되고 경외감은 적절성의 이름으로 부드러워지고, 그가 누구며 무엇이어야 하는지를 말해주는 등 정체성을 부여해주던 역사적 정의가 희석된다. 이런 슬픈 세상풍조에 따르는 일은 대개 당황한 성직자[4]가 시작했고 결과적으로 방향을 바꾸어보려던 흐름을 더 촉진했다. 언어로 매개된 실재에 대한 우리의 반논리적(paralogical) 맹종이 줄어듦으로써 우리는 우리 앞에 놓인 의자를 돌아가는 대신 그것에 부딪히고, 이해하지 못하는 말이 나오도록 내맡기는 대신 침묵을 지키며, 단순한 태도를 고수할 것이다. 이것은 우리가 과거를 지워버리려 하는지 서둘러 미래로 나아가려 하는지에 따라, 신의 비극이 되거나 불경한 사람들의 희극이 될 것이다.

오늘날 교회의 권위가 사라지는 것을 보면서, 우리는 양원적 정신 자체가 깨진 다음에 일어났던 오래전의 일을 떠올리게 된다. 오늘날 세계에서 권위에 대한 대체물과 대체 방법들을 도처에서 찾아볼 수 있다. 어떤 것들은 옛것을 되살린 것이다. 한때 교회가 극도로 부흥했던 남아메리카의 신들림 종교에서는 '성령'에 근거한 극단적인 종교적 절대주의로 바울로(Paul)를 예수보다 높인다. 근동에서 양원적 구조가 붕괴된 직후 생겨난 점성술이 위험할 정도로 만연하는 것이나, 중국에서 양원

---

[4] 신학자들도 이 문제를 잘 알고 있다. 그들의 논의를 알아보려면, 콕스(Harvey Cox)의 *The Secular City*에서 시작한 다음 더글라스(Mary Douglas)의 *Natural Symbols* 그러고 나서 위브(Wiebe)가 편집한 *Worship and Secularization*(Vos, Holland: Bussum, 1970), 10~27쪽에 실린 데이비스(Charles Davis)의 "Ghetto or Desert: Liturgy in a Cultural Dilemma," 그다음에 히치코크(James Hitchcock)의 *The Recovery of the Sacred*(New York: Seabury Press, 1974)를 보라.

구조가 깨진 직후 다양한 형태의 『역경(易經)』이 등장하는 것이 그 예다. 다양한 명상 기법이나 민감성 훈련 집단, 마인드 컨트롤, 그리고 집단 참만남(group encounter) 훈련이 상업적으로 번창하고 심리적인 도움을 준다. 다른 종파는 불신을 견디지 못하고 다시 돌아온 것처럼 보이는데, 이 또한 권위를 찾는 것으로 특징지을 수 있다. 사이언톨로지[5]나, 우주의 다른 곳에서 권위를 도입하는 미확인 비행 물체나, 실제로 신은 한때 이곳의 방문자였다는 다양한 사이비 과학에 대한 믿음이 그 예다. 그밖에 초감각적 지각을 우리 삶을 둘러싼 영적 기운의 징표라고 믿거나, 더 깊은 실재에 접속되기 위해 아메리칸 인디언들이 양원 구조가 깨질 무렵부터 사용해오던 정신약물을 사용하는 것도 마찬가지 이유에서다. 우리가 제3권 2장에서 보았듯이 제도화된 신탁이 무너지면서 유도된 신들림을 믿는 많은 소규모 집단이 출현했던 것처럼, 제도권의 종교가 약해지면서 더 작지만 은밀한 다양한 종교가 등장했다. 그리고 이런 역사적 과정은 앞으로도 얼마간은 계속될 것으로 예상할 수 있다.

근대 과학도 이와 크게 다르다고 할 수 없다. 이 시기의 지적 영역에서도 마찬가지 필요가 있었기 때문이다. 다소 위장된 형태를 취하긴 했지만, 크게 보면 근대 과학도 종교적 형식을 갖고 있다. 내가 과학주의라 부르고 싶은 이 경향은 일군의 과학적 아이디어들의 집합체를 이루면서 급격히 신앙적 신조로 굳은, 우리 시대에 과학과 종교가 분리되면서 남긴 공허를 채우는, 과학적 신화다.[6] 근대 과학이 고전적 과학이나

---

5 1950년내 미국에서 허바드(Ron Hubbard)가 시작한 종교-과학 운동으로 우리가 경험한 사건들은 완벽히 우리의 심상으로 저장된다는 신념을 기초로 한 치료방법 – 옮긴이.

그때 진행되던 논쟁과 다른 점은 근대 과학이 대신하려 하는 종교가 했던 것과 똑같은 반응을 불러일으킨다는 점이다. 이들은 가장 두드러진 특징에서 종교와 공통점이 있다. 모든 것을 설명하는 합리적 우수성, 카리스마가 있는 지도자와 두드러져 비판받지 않는 지도자의 계승, 과학적 비판의 외곽에 있는 경전 같은 일련의 텍스트들, 특정한 사고 방식과 해석 방식, 그리고 완전한 헌신 요구 등에서 말이다. 이에 대한 보상으로 추종자들은 종교가 한때 주었던 것을 두루 받는다. 세계관, 중요성의 위계체계, 그가 무엇을 하고 생각할지를 알려줄 복점 치는 장소, 요컨대 인간에 대한 총체적 설명을 제공받는다. 이 총체성은 모든 것을 실제로 설명함으로써 생기는 것이 아니라, 설명되지 않는 것은 보이지 않도록 그 활동과 관심을 엄격하고 절대적으로 제한함으로써 얻어진다.

내가 앞에서 논의한 유물론은 이와 같은 과학주의의 초기 형태 중 하나였다. 19세기 중반의 과학자들은 영양분이 인간의 몸과 마음을 변하게 할 수 있다는 놀라운 발견으로 흥분의 도가니에 빠졌다. 그것은 의학적 유물론(Medical Materialism)이라는 운동이 되었다. 그것은 어느 정도는 종교의 형식을 빌리고 그 정열을 모두 받아들이면서 종교를 잠식해갔다. 그것은 곧 가난과 고통의 완화와 동일시되면서 그 세대의 가장 뛰어난 사람의 마음까지 사로잡았다. 그것이 제시하는 프로그램들은 어딘지 모르게 친숙하게 다가왔으니, 기도 대신 교육, 성찬 대신 영양 섭취, 사랑 대신 약, 설교 대신 정치가 강조되었다.

---

6 슈타이너(George Steiner)는 1974년 Massey Lectures에서 이를 'mythologies'라고 불렀고 이 점을 상세히 논의했다. 나는 그의 표현을 약간 빌려왔다.

어딘지 모르게 친숙한 이유는 의학적 유물론이 아직 헤겔(Hegel)에서 시작되어 마르크스(Marx)와 엥겔스(Engels)에서 발전된 변증법적 유물론이라는 사유 방식에서 벗어나지 못했고, 종교에서 나온 세속적인 형식을 더 많이 가지고 있었기 때문이다. 그 핵심적인 미신은 계급투쟁인데, 이는 과거를 완전히 설명하고 모든 사람이 무엇을 해야 할지를 미리 결정해주는 일종의 신적인 점술이다. 종족주의, 국가주의, 노동조합주의 같은 근대적 인간의 집단적 정체성을 나타내는 말들이 계급투쟁의 신화적 성격을 드러내주었음에도, 오늘날 마르크스주의는 역사상 가장 전제적인 국가를 세우기 위해 수백만 명의 군인들을 전쟁에 몰아넣고 있다.

내 생각에, 의학에서 가장 두드러진 과학주의는 정신분석학이다. 그 핵심적 미신은 억압된 어린 시절의 성적 욕구다. 그렇게 해석될 수 있는 히스테리아에 대한 몇몇 초창기의 사례들이 모든 성격과 예술, 모든 문화와 그에 대한 저항의 은유체가 된다. 이것도 마르크스주의에서처럼 완전한 헌신, 시작 절차, 규범적 텍스트를 경배하는 관계를 요구하고 그 대신 몇 세기 전에는 종교가 담당하던 삶의 결정과 방향 설정에 도움을 준다.

나 자신의 전통에 더 가까운 예를 들자면, 나는 행동주의를 들겠다. 왜냐하면 행동주의에서 가장 중요한 복점 치는 곳은 쥐와 비둘기들을 놓고 (점치는) 실험실이었다. 이것에 대한 실험들을 인간의 모든 행동과 역사의 은유체로 삼았기 때문이다. 행동주의 역시 그 추종자들에게 강화 조건에 따라 통제라는 부적을 주는데, 이것으로 세상에 대처하고 또 세상에서 일어나는 변화를 이해한다. 그리고 그 배후의 급진적 환경주의나 강화에 따라 백지 상태의 유기체에 무엇이든지 쌓아올릴 수 있다는 믿음은, 각 유기체가 생물학적으로 진화된 소질구조를 갖고 있다는 점에서 볼 때 오래전부터 의심의 대상이었음에도, 이 원칙들은 그런 통제에 기반을 둔 새로운 사회를 건설하자는 희망을 준다.

물론 인간에 대한 이런 과학주의는 참된 사실에서 출발하기는 했다. 양분 섭취가 몸과 마음의 건강을 증진하는 것은 사실이다. 마르크스가 연구했던 계급투쟁도 나폴레옹이 다스리던 프랑스에서 사실이었다. 몇몇 환자의 히스테리 증세가 성적 기억의 분석으로 호전된 것도 아마 실제로 일어난 일일 것이다. 그리고 배고픈 동물과 불안한 인간이 음식이나 인정을 얻기 위해 도구적 반응을 학습했을 것이다. 이들은 모두 사실이다. 그러나 제물로 희생된 동물의 간 모양도 하나의 사실이다. 점성가의 상천과 중천도 사실이고 물 위에 떠 있는 기름의 형상도 하나의 사실이다. 그러나 이것을 세계에 적용하여 모든 삼라만상을 다 나타내는 것으로 보면, 사실은 미신이 된다. 미신은 결국 알려고 하는 욕구를 채우기 위해 지나치게 확장된 은유체일 뿐이다. 동물이 남긴 자취와 새가 날아가는 모습처럼, 과학적 미신들도 인간의 과거와 미래를 읽고 우리 행동에 권위를 위임해줄 대답을 듣기 위해 의식화(儀式化)된 장소로 보존된 것들이 된다.

과학은 자신이 사실에 근거하고 있음을 부각하더라도, 쉽게 비난받을 수 있는 의사 종교의 발흥과 크게 다를 바 없다. 그 종교적 기반에서 이행하는 시기에 과학은 점성술의 천체지도나 다른 수많은 비합리성처럼 궁극적 해답(the Final Answer), 하나의 진리, 유일한 원인 등에 대한 똑같은 향수를 갖고 있다. 실험실의 땀과 좌절 속에서 과학도 카비루 난민들처럼 분파들을 이루며 진리와 기쁨이 흐르는 풍요롭고 멋진 의미를 찾아 메마른 사실의 광야 시나이 땅을 여기저기로 떠나려는 유혹에 빠져든다. 내가 말하는 이 비유와 이 모든 것은 양원적 정신이 깨진 다음의 전환기의 한 부분일 뿐이다.

그리고 이 책도 예외는 아니다.

*   *   *

이상하게도 이 새로운 운동들은 그 어느 것도 우리의 부족한 영양 분이 채워지고 나면 또는 '이 상태를 벗어나고 나면' 또는 우리의 리비 도[7]가 적절하게 방출되거나, 강화의 혼란이 바로잡히고 난 후, 우리가 어떻게 될지 이야기해주지 않는다. 그들이 암시해주는 것은 과거 지향 적이다. 무엇이 잘못되었고, 무엇이 근본적인 문제며, 우리의 잠재력에 대한 어린 시절의 방해물이 무엇인지 등이다. 이것은 종교적 확실성이 사라지거나 인간의 추락으로 생긴 공허를 채우기 위해 그 운동들이 취 한 종교적 형식의 또 다른 특징으로 생각된다.

내 생각에는 잃어버린 순수성이라는 이 이상하고 그럴듯한 생각은 양원적 정신이 붕괴될 바로 그때 인간이 엮어낸 첫 번째 위대한 의식적 이야기 엮기다. 세계의 위대한 종교의 근원이자 제일의 전제가 되는 것 은 바로 아시리아 시편의 노래, 히브리 찬송가의 통곡, 에덴의 신화, 신 의 은총으로부터의 원죄적 타락이다. 나는 이 가설적인 인간의 타락은 새로이 의식적으로 된 사람들이 자신들에게 일어났던 일, 즉 인간이 스 스로 주인이 되어 제멋대로 살게 된 이기적 자유의 혼돈 속에서, 잃어 버린 신의 목소리와 위안을 찾던 것을 이야기로 엮어내려는 노력의 산

---

7 프로이트의 이론에서 가정하는 원초적인 성적 욕구 - 옮긴이.

물로 해석한다.

잃어버린 확실성과 영광이라는 주제는 인간의 모든 종교에서 언급될 뿐만 아니라 비종교적인 지성사에서도 반복적으로 나타난다. 모든 새로운 것은 지금은 잃어버린 더 좋은 세계에 대한 회상이라는 플라톤 대화편의 상기설에서 시작하여 문명이라는 인위적 산물 때문에 자연인이 타락하게 되었다고 불평하는 루소에 이른다. 그리고 바로 위에서 언급한 현대의 과학주의도 그 한 예다. 초기 저작에서 마르크스도 잃어버린 '온전한 아름다움 속에 펼쳐지던 인류의 사회적 유아기', 돈에 더럽혀지지 않은 순수한 세계 그리고 되돌아가야 할 낙원을 말한다. 프로이트도 신경증의 뿌리가 문명 속에 있으며 우리의 종족적·개인적 과거의 원초적이고 섬뜩한 행동과 소망에 있음을 강조하며, 비록 명시할 수는 없어도 추론에 따라 회상할 수 있는 옛 순수성을 정신분석을 통해 되찾자고 주장한다. 행동주의 또한 이러한 강화들이 인간의 참된 본성을 왜곡하기 이전의, 비록 명시될 수 없는, 그 이상향으로 돌아가기 위해 사회적 과정이나 혼돈의 발달 강화가 통제되고 질서 잡히지 않으면 안 된다는 입증되지 않은 믿음을 모호한 언사로 주장한다.

이들은 물론 이 시대의 다른 많은 운동들이 인간 본성의 옛 구조를 상실한 것과 관련된 거대한 문명의 그림을 그린다는 생각이 든다. 이것들은 마치 시인들이 존재하지 않는 뮤즈에게 가려 하듯, 더는 존재하지 않는 것으로 되돌아가려는 시도들인데, 이는 우리가 사는 이 과도기적 1000년의 특징이기도 하다.

나는 개별 사상가들이나, 이 글을 읽는 독자들이나, 갈릴레오나, 마르크스가 신의 절대성에 다가가거나 선(先)의식적 순진무구의 상태로 되돌아가기 위해 분절된 의식적 의지를 갖기에는 너무나 비참한 존재들이라고 주장하는 것은 아니다. 이런 조건들은 개인적 삶에 적용되거나 역사라는 거대 맥락에서 분리하여 생각하면 무의미한 것들이 되고 만다. 우리가 세대들(generations)을 개인 단위들로 보고 세기들(centuries)을 시간 단위로 볼 때라야 비로소 전체적인 패턴이 드러나게 될 것이다.

개인으로서 우리는 우리들 자신의 집단적 규범의 처분에 맡겨진다. 정원이니, 정치니, 자녀들이니 하는 우리의 일상적 주의를 끄는 것들 너머로 우리는 희미하지만 우리의 문화 형식을 확인한다. 우리의 문화는 우리의 역사다. 의사소통하고, 설득하고, 다른 사람의 관심을 끌기 위해 우리는 우리가 선택하는 다양한 문화적 모델들을 사용하고 그 사이를 헤집고 다닐 뿐 결단코 그 총체성에서 도망칠 수 없다. 우리 자신이나 우리 생각에 대한 칭찬, 감사, 관심 또는 희망을 일으킨다는 의미에서 그리고 호소의 형식을 취한다는 의미에서 우리의 의사소통은 역사적 패턴을 따라 모양새를 취한다. 우리의 의사소통 행위 내에서조차 소통된 것의 내재적 부분을 이루는 것도 설득이라는 관습이다. 이 책도 예외는 아니다.

예외는 없다. 이 책은 내가 선택하여 내 생애를 대부분 바쳐 집중적으로 추구해온 문제를 개인적 이야기로 엮어나가는 것으로 시작했다. 그 문제는 내가 거울 속에서 발견할 수 있는 그 어떤 것보다도 더 본질적인 나라는 내적 세계, 만질 수 없는 기억과 보여줄 수 없는 추억들의 보이지 않는 모든 세계의 본성과 기원에 대한 문제였다. 그런데 의식의 근원을 발견하려는 이 충동이 나에게 나타나 보였던 그것이었을까? 진리의 개념이 문화적으로 주어진 하나의 방향일 뿐이고, 옛 확실성에 대한 짙은 향수의 한 부분일 뿐이다. 우주적 안정성이라는 관념, 아서 왕의 기사들이 성배(聖杯, the Grail)를 찾아 헤맸던 것처럼 세상 어딘가에서 찾아낼 수 있는 그곳(out there)의 저 영원하고 확실한 원리, 그것은 양원적 정신이 사라지고 2000년이 지난 후 역사의 곳곳을 뒤져 잃어버린 신을 찾으려는 노력에서 나온 직접적 결과였다. 양원적 정신 구조의 폐허 속에서 행동 방향을 결정하기 위해 점치던 일이 이제는 사실이라는 신화들 속에서 완전한 확실성을 추구하는 일이 되었을 뿐이다.

후기

이 글이 책으로 처음 나온 지 벌써 12년이 되었다. 출판사 측에서 이 책에 대한 전반적인 반응과 만일 내가 이 책을 다시 쓴다면 어떤 수정을 가할 것인지에 대한 후기를 추가하는 것이 어떻겠느냐고 제안해왔다.

내가 제안했던 것과 같은 거창한 이론에 처음 직면하면, 일부 직업적 지식인들은 한 부분을 당기면 다른 부분이 다 풀릴 그런 실줄을 찾아내려고 한다. 당연히 그래야 한다. 과학적 사고에서 훈련시키는 한 부분이 바로 그것이다. 인간의 본성과 역사의 상당 부분을 다루는 연구를 하려면, 많은 공격적인 전문가들이 옹호하는 영역들을 헤집고 다니게 된다. 그러다 보면 오류가 있기 마련인데, 경우에 따라서는 사실에 대한 것이지만 그보다는 표현 방법의 문제인 경우가 더 많다. 이 책을 엮어나간 뜨개질이, 잘못 뜬 부분의 실 한 올을 당기면 나머지 다른 부분들이 끌리도록 짜였기를 바라지만 그것은 과학적 진리 탐구에서 희망일 뿐이고 실제로는 그렇지 않다. 이 책이 단 하나의 가정에 근거하지 않기 때문이다.

제1권과 2권에는 네 가지의 주요 가정이 있다. 이 기회를 통해 각각
에 대해 약간의 논평을 덧붙이고 싶다.

1. 의식이 언어에 토대를 두고 있다는 문제 이 주장은 물론, 나에게는 피
상적으로만 보이는 통속적 믿음과 언어에 뿌리 박고 있는 의식에 대한
통상적 견해와 반대된다. 내성 가능한 것과 우리가 인지라고 부르는 수
많은 다른 신경원적 능력을 조심스럽게 구분하지 않고는 의식에 대한
과학의 어떤 발전이 일어날 수 없다. 의식은 인지와 같은 것이 아니며
따라서 서로 분명하게 구분해야만 한다.

내가 충분히 강조하지 못했지만, 가장 흔한 오류는 의식과 지각을 혼
동하는 것이다. 최근에 철학과 심리학회 모임에서 저명하고 권위 있는
한 철학자가 이 점에 강력하게 반대하며 일어섰다. 나를 똑바로 쳐다
보며 그는 "나는 지금 이 순간 당신을 지각합니다. 그런데 당신은 지금
이 순간 내가 당신을 의식하지 않는다고 말하려는 겁니까?"라고 물었
다. 그 철학자 안에 있는 집단 인지 규범은 그가 지금 의식하고 있음을
강변한다. 그러나 실제로 그는 그가 하는 수사적 논증을 의식하는 것이
다. 만일 그가 나를 바라보지 않았거나 눈을 감았다면 나를 더 잘 의식
할 수 있었을 것이다.

이런 유형의 혼동은 러셀이 1921년에 이미 조장했다. "우리는 우리
가 지각하는 어떤 것을 의식한다."[1] 그리고 그의 논리적 원자론이 철학
에서 유행하게 되면서 그와 다른 방식으로 생각하기가 어렵게 되었다.

---

[1] Bertrand Russell, *Analysis of Mind*(London: Allen and Unwin, 1921).

나중에 씌어진 한 책에서 러셀은 "나는 책상을 본다"[2]로 의식의 예를 든다. 그러나 의식에 대한 근대적 개념을 제시한 데카르트는 결코 이에 동의하지 않았을 것이다. 의식이 존재한다는 것을 부정한 s는 같은 급진적 행동주의자도 감각 지각을 부정한 것은 아니었을 것이다.

내가 방금 언급했던 경우에서처럼, 나는 러셀이 탁자를 의식한 것이 아니라 그가 글로 수행하려던 논증을 의식했다고 생각한다. 내 방식으로 그 상황을 도해하면

'나' → (나는 탁자를 본다).

러셀은 그의 의식은 두 번째 항에 있다고 생각했지만 실제로 그것은 그 표현 전체에 대해서다. 그는 그의 의식에서 실제로 일어났던 올바른 예, 예를 들면 "나는 화이트헤드가 죽었기 때문에 『프린키피아』(*Principia*)를 다시 쓸 생각이다"나 "또 다른 러셀 부인을 위한 이혼 합의금을 어떻게 마련할까?" 같은 생태학적으로 더 타당한 예를 찾았어야만 했다. 그렇다면 그는 다른 결론에 도달했을 것이다. 그런 예들이 활동하는 의식이다. "나는 탁자를 본다"는 실제로 일어나는 의식이 아니다.

지각은 자극을 감지하고 그에 적절하게 반응하는 것이다. 이것은 내가 운전하는 것을 기술하려고 했던 것처럼, 무의식 수준에서 일어난다. 이 문제를 보는 또 다른 방법은, 박테리아를 지각하고 적절하게 반응하여 이를 먹어치우는 백혈구의 행동을 기억하는 것이다. 의식을 지각과 동일시하는 것은 우리 순환계를 도는 혈액의 1세제곱 밀리미터마다 6,000개의 의식적 실체가 있다고 말하는 것과 마찬가지인데, 이는 말

---

2 Bertrand Russell, *Philosophy*(New York: Norton, 1927).

도 안 되는 결론이다.

의식이 모두 언어는 아니지만 의식은 언어로 생성되고 언어로 접근된다. 그리고 우리가 언어가 의식을 어떻게 생성하는지에 대한 복잡한 실타래를 풀려고 하면 이론화하기 어려운 상황에 처하게 된다. 나는 역사적으로 어떤 원시적 기제에 따라 이 일이 일어났는지를 간략히 기술한 다음, 제2권 5장에서 그리스에서 의식이 발달할 때 이 기제가 어떻게 작용했는지를 보여주려고 노력했다. 그 후 의식은 언어 속으로 편입되어 아이들에게 의해서도 쉽게 학습되었다. 이를 하나의 일반적인 규칙으로 표현하면, 행동에서 먼저 일어나지 않은 조작이 의식에서 일어날 수 없다는 것이다.

간략히 복습해보면, 이 책 71쪽에 있는 원과 세모 문제를 보고 이 원지시를 풀 때, 우리는 비록 우리가 실제로는 어떤 것도 보지 않으면서도, "나는 그것이 삼각형임을 본다"라고 말한다. 이런 문제풀이의 표현 방법을 찾는 원지시에서, 실제 보는 과정에 대한 은유가 우리 마음속에 떠오른다. 다른 은유체[3]가 있을 수 있고 의식에 다른 느낌을 줄 수 있겠지만 서구문화에서 우리가 심적 사건을 포착하려 할 때 사용하는 '보다'(see)나 다른 단어들은 시각적이다. '보다'라는 단어를 사용함으로써 우리는 그것과 함께 그것의 석의체나 실제 보는 행위의 연상체를 도입한다.

---

[3] 내 친구인 콰인(W. V. Quine)은 내가 만든 피은유체-은유체의 구분이 라틴어와 그리스어의 혼합이기 때문에 강하게 반대한다. 그렇지만 나는 이 구분을 계속 사용하기로 했는데, 왜냐하면 이들이 피승수와 승수에 내포적으로 연합되기 때문이다. 그는 이 구분이 정신분석학에서 잠재-외현의 구분과 연관된다는 흥미로운 제안을 했다. 꿈은 비유인가? 프로이트가 무의식이라고 부른 것은 외현적 은유체에 따라 작용된 잠재적 피은유체인가?

이런 방식으로 우리 주변 세계에 대한 공간적 특질은 문제를 푸는 심리적 사실로 유입된다(이것은 의식이 필요하지 않다). 이렇게 연상된 공간적 특질이 그런 심리적 사건을 기술하는 데 사용하는 언어에 따른 끊임없는 반복으로, 우리 의식의 기능적 공간, 즉 정신-공간이 되었다. 나는 정신-공간을 의식의 일차적 특징으로 간주한다. 이 공간에서 당신은 '내성하기'도 하고 바로 이 순간에 '보기'도 하는 것이다.

그런데 도대체 누가 '보는' 것인가? 누가 내성하는 것인가? 여기서 우리는 유사체를 도입하는데 유사는 사물이나 행동 간의 유사성이라기보다는 관계간의 유사성이라는 점에서 은유와 다르다. (나라고 불리는 존재의) 감각 기관을 가진 신체와 실제 보는 행위의 관계처럼, 유사 '나'와 정신-공간 내에서의 심적 유형인 '보기'의 연관이 자동으로 생긴다. 유사 '나'는 의식에서 두 번째로 중요한 특징이다. 이것은 발달이 어느 정도 이루어진 다음에야 의식의 대상이 되는 자아와 혼동되어서는 안된다. 유사 '나'는 내용이 없고 내 생각에는 칸트의 선험적 자아와 관련이 된다. 신체적 자아가 환경 속에서 움직이면서 이것저것을 쳐다보듯, 유사 '나'는 정신-공간에서 '움직이는' 것을 배우고, 이것저것에 집중하거나 '주의를 기울인다'.

의식의 모든 과정은 이와 같이 실제 행동의 은유와 유사에 근거하며 상당한 안정성이 있는 세밀한 기반(matrix)을 구성하게 된다. 그리고 우리는 실제 행동과 유사한 모사를 이야기로 엮는데, 이는 의식에 대한 이전의 통시적 논의에서는 없었던 것처럼 보이는 것으로 이제 의식의 명백한 특징으로 나타난다. 의식은 대상을 끊임없이 이야기 속으로 끌어들이고 어떤 사건 전후에 배치한다. 이 특징은 공간적 연속성이 있는 물리적 세계를 누비는 우리의 신체적 자아의 유사체다. 이것이 정신-

공간에서 시간의 연속성을 갖게 한다. 그 결과 시간에 대한 의식적 개념이 생기는데, 이 개념은 우리가 사건과 우리의 삶을 그 안에서 배열하는 공간화된 시간이다. 시간을 의식한다는 것은 공간이 아닌 다른 방식으로는 불가능한 것이다.

그러므로 의식의 기본적인 정의는 기능적 정신-공간 내에서 이야기를 엮어내는 유사 '나'인 것이다. 의식의 지시적 정의는 데카르트, 로크나 흄에서처럼 내성될 수 있는 어떤 것이다.

내가 언급한 특징들은 의식의 모든 측면을 빠짐없이 열거한 것이 아니다. 또한 이 특징들이 어느 곳에서나 의식의 보편적 측면으로 나타난다는 뜻도 아니다. 과거에도 그랬겠지만 오늘날 세계의 엄청난 문화적 차이를 고려하면 의식의 특징과 강조점이 어느 곳에서나 똑같다고 생각하는 것은 어리석어 보인다.

이제 와서 보니 내가 제시한 목록들이 불완전해 보인다. 적어도 두 가지 또 다른 특징들이 추가되어야 할 것 같다. 감각적 주의집중의 유사물인[4] 집중력(concentration)과 잡념에 대한 의식을 중단하는 억제(suppression)가 그것인데, 후자는 혐오, 반감, 물리적 세계에서 싫은 것들에 등돌려버리는 단순한 행위 등에 대한 행동적 유사다.

이 기회를 이용하여, 이 책에서 몇몇 독자들을 혼란스럽게 한 조정이니 양립화(조화)니 하는 개념들에 대해 한 가지 언급해두어야 하겠다. 더 혼란스럽게 할 위험을 무릅쓰고 나는 그 단어를 부합(consilience)이라는 단어로 바꾸겠다. 휴얼(Whewell)이 사용한 이 표현이 내가 원래

---

4 정확하고 빠르게 주의하도록 훈련하면 방해 자극이 있을 때에도 더 잘 집중하는지를 실험적으로 알아보는 것도 흥미롭겠다.

의도했던 사물을 서로 조화롭게 하는 심적 과정을 더 잘 나타내주기 때문이다.[5] 이것은 깨어 있는 상태에서는 그리 분명하지 않지만 꿈에서는 아주 중요하게 된다. 나는 원래 이 책에 넣기 위해 꿈에 대해서 두 장을 썼지만 출판사 측에서 이 책이 너무 길어지니 그것은 수년 내에 나오기를 기대하며 다음 책에서 다루는 것이 좋겠다고 제안했다.[6]

때로 심리학자들은 바퀴를 개조한다면서 네모로 만들어놓고는 그것은 단지 대략적인 초벌이라고 둘러대는 습관이 있다고 비난받는다. 이것은 옳은 지적이다. 내 이론 전개 방식도 마찬가지라고 한다면 이에 동의할 수 없지만, 윤곽만 제시한 나의 이론을 정말로 대략적인 초벌이라 부르고 싶다. 의식은 단순한 문제가 아니며 또 그런 것처럼 논의되어서도 안 된다. 나는 아직 다른 형식의 의식적 이야기 엮기, 예를 들면 언어적(내 안에 있는 가장 보편적인 양식인 상상적 대화 나누기), 지각적(장면을 상상하기), 행동적(우리 자신이 무엇하는 것을 상상하기), 생리적(피로나 불편이나 식욕 따위를 점검하기) 또는 음악적(음악을 상상하기) 이야기 엮기 등에 대해 언급하지 않았다. 이런 양태들은 분명히 다른 신경원적 기반을 가지며, 따라서 가능한 의식 신경학이 얼마나 복잡할지를 암시해준다.

2. 양원정신의 문제 두 번째 주요 가설은 언어적 환각에 근거한 다른

---

5 William Whewell, *Theory of Scientific Method*(1858), R. E. Butts, ed.(Pittsburgh: University of Pittsburgh Press, 1968).

6 이 이론이 어떻게 꿈으로 변환되는지 요점을 알고 싶은 독자들에게 내 Bauer Symposium 강연이 실린 *Canadian Psychology*, 27호, 1986, 128~182. 특히 146쪽, 147쪽을 읽어보라고 제안한다.

후기 593

정신체계가 의식에 선행하여 존재했다는 것이다. 내 생각에 이에 대한 증거는 넘쳐난다. 고대로 눈을 돌리면, 문학적 기록이든 고고학적 유물이든 어디에서나 그 증거를 볼 수 있다. 신들은 왜 존재하는가? 종교는 왜 존재하는가? 모든 고대 문헌들은 왜 신들에 관하여, 그리고 신들에게서 들은 것을 기록한 듯이 보이는가? 등은 이 이론과 별개의 문제들이다.

그리고 도대체 왜 우리는 언어적 환각을 갖고 있나? 이 책이 출판되기 전까지 언어적 환각은 정신분열증의 일차적 징표로밖에 크게 주목받지 못했다. 그러나 이 책이 출판된 뒤로 수많은 연구에서 언어적 환각의 발생이 전에 생각한 것보다 훨씬 광범위하게 나타난다는 것이 밝혀졌다. 대략 정상인의 3분의 1 정도가 어느 시점에서 환청을 듣는다. 아이들은 그들의 상상 속에서 그 목소리를 듣는데 이는 환각의 놀이 친구라고 해야 할 것이다. 생애 동안 말하거나 움직인 적이 없는, 때로 '식물인간'으로 간주되는 선천성 사지마비 환자도 언어를 완벽하게 이해할 수 있으며, 이들은 신의 목소리라고 여기는 소리를 듣는다는 것이 발견되었다.[7] 내가 강조하고 싶은 점은 이 연구들에서 우리 안에는 그런 환각의 유전적 근거가 있으며, 이것이 아마도 홍적기(후기)에 인간의 유전자로 진화되어 양원적 정신의 기초가 되었다는 것을 밝혔다는 것이다.

---

[7] John Hamilton, "Auditory Hallucinations in Nonverbal Quadriplegics," *Psychiatry*, 48호, 1985, 382~392쪽. 언어적 환각에 대한 다른 연구를 보려면 Manfred Spitzer and Brendan H. Maher가 편집한 *Philosophy and Psychopathology*(New York: Springer Verlag, 1990), 157~170쪽에 수록된 나의 "Verbal Hallucinations and Preconscious Mentality"를 참조하라.

3. 연대(年代)의 문제   세 번째의 일반적 가정은, 의식은 양원적 정신이 붕괴한 후에 비로소 나타났다는 것이다. 이것이 옳다고 생각하는 이유는, 신을 잃어버린 데서 오는 혼돈으로 인간은 무엇을 해야 할지 모르게 되고, 이 고통은 이전의 정신체계를 대신할 수 있는 어떤 새로운 정신체계를 만들어낼 사회적 여건을 제공했을 것이기 때문이다.

그러나 실제로 여기에는 두 가지 가능성이 있다. 약한 형태의 이론은 의식이 언어에 근거하지만 의식이 존재하게 된 것은 최근이 아니라 언어가 막 등장하던 문명 시작 이전 시기로 대략 기원전 1만 2000년경이며, 목소리를 듣는 양원정신의 출현시기라는 것이다. 두 정신적 체계들이 공존하다가 양원정신이 쓸모없어져 떨어져나가고, 의식만이 인간의 결정 수단으로 남게 되었다는 것이다. 이것은 거의 모든 것을 설명할 수 있고 거의 반론의 여지가 있을 수 없기 때문에 극도로 약한 주장이다.

좀더 흥미로운 강력한 형태의 이론은 내가 양원적 정신 개념을 소개할 때 언급했던 것이다. 이 가설에서는 우리가 의식이라고 부르는 이 극히 사적이고 내면적인 사건들의 세계가 존재하게 된 것은 아주 최근으로 본다. 그 연대는 세계의 여러 지역에 따라 조금씩 다른데, 양원적 문명이 시작되었던 중동의 경우 대략 기원전 1000년경이다.

이 연대는 기원전 1200년경부터 양원적 정신의 붕괴가 분명히 드러나는 메소포타미아 유물들에서 확인할 수 있을 것이다. 의식은 혼란스러운 사회적 해체와 인구 과밀 그리고 아마도 청각적 명령 형식을 대신하는 문자 기록의 사용과 함께 시작되었다. 이 붕괴로 오늘날 우리가 종교적이라고 부르는 관습들이 생겼다. 이것들은 기도, 종교적 예배, 그리고 특별히 다룬 바 있는 다양한 형태의 점술들, 즉 단순한 유사로 다시 신의 지시에 따르는 것이라고 믿어버리는 새로운 결정 방식 등 잃어버린 신의 목소리로 돌아가려는 노력인 것이다.

나는 제2권 3장에서 중요하게 여긴 테라 폭발을 지금은 그리 중요하게 여기지 않는다. 그러나 이 사건이 근동지역에서 신정정치를 붕괴시켰고 탈환각적 심리 상태를 경험할 수 있는 여건을 제공했다는 것은 여전히 타당하다고 생각한다. 그러나 일반적으로 신정정치에 따른 농업문명의 성공으로 인구가 과밀하게 되었고 따라서 스스로 붕괴하게 되었다는 것을 강조하려고 한다. 이 점은 적어도 중앙아메리카 여러 문명에서 암시되는데, 다른 지역에서는 1000년 이상 지속된 것과는 달리 이 지역에서는 문명의 흥망이 상대적으로 빠르게 일어나면서 사원이 폐기되었다.

그러나 이것이 의식 또는 의식의 개념인가? 이 비판은 물론 홉스나 다른 사람들에게 적용된 유명한 사용-언급 비판(use-mention criticism)이다. 우리는 여기서 의식의 개념과 의식을 혼동하는 것은 아닌가? 내 대답은 우리는 그들을 섞어서 사용하기 때문에 그들은 같다는 것이다. 데넷(Dennett)이 이 이론에 대한 최근의 논의에서 지적했듯이[8] 언급되는 사례와 사용되는 사례가 똑같은 경우가 많이 있다. 야구의 개념과 야구는 같은 것이다. 또는 돈, 법, 선과 악도 마찬가지다. 그리고 이 책의 개념도 마찬가지다.

4. 2중의 뇌 문제에 관하여 토론에서는 물론 우리의 사고에서조차 우

---

[8] Daniel Dennett, "Julian Jaynes' Software Archeology," *Canadian Psychology*, 27호, 1986, 149~154쪽.

리는 공간적인 용어를 사용할 때 명료해지는 느낌을 받게 된다. 마치 존재하는 모든 것이 안전의 대지처럼 우리 앞에 펼쳐져 있듯이 우리가 문제의 '위치를 지정하거나'(locating) 어떤 난점에 대하여 논의 속에서 '관계를 규정짓거나'(situating) 할 때 말이다. 이러한 의사(擬似)-명료 성은, 그렇게 부를 이유가 충분한데, 의식의 공간적 속성 때문에 생겨 난다. 따라서 뇌의 기능을 뇌의 여러 부분에 위치를 지정해줌으로써 우 리는 그 정당성이 있든 없든 상관없이 그 기능에 대해 훨씬 더 명료한 느낌을 갖게 된다.

이 책의 이 부분을 집필할 무렵인 1960년대만 해도 우반구에 대한 관심은 거의 없었다. 1964년경에도 몇몇 선구적인 신경과학자들이 우 반구는 마치 비상용 타이어처럼 별 쓸모가 없다고 주장했다. 하지만 그 후, 19세기 후반[9]과 20세기[10]에 접어들어 좌반구에 대한 논의가 지나 치게 넘쳐났던 것처럼, 우반구의 기능에 대한 발견이 엄청나게 쏟아져 나오고 유행이 되었다.

아무리 보수적으로 해석하더라도, 주요 연구 결과들은 양원적 가설 에 입각했을 때 우반구에서 발견될 것으로 기대되는 것과 일반적으로 일치한다. 그중 가장 중요한 연구 결과는 우반구가 통합적인 방식으로 정보를 처리하는 반구라는 것이다. 블록 조각(고의 블록 검사)과 얼굴의 부분들, 또는 음악적 화음들[11]을 우반구가 좌반구보다 훨씬 더 잘 짜맞

---

[9] Anne Harrington, "Nineteenth Century Ideas on Hemisphere Differences and 'Duality of Mind'," *Behavioural and Brain Sciences*, 8호, 1985, 517~659 쪽. 아니면 이를 더 확장시킨 뛰어난 연구인, *Medicine, Mind, and the Double Brain*(Princeton: Princeton University Press, 1987)을 보라.

[10] S. J. Segalowitz, *Two Sides of the Brain*(Englewood Cliffs, N. J.: Prentice-Hall, 1983).

[11] M. P. Bryden, *Laterality: Functional Asymmetry in the Intact Brain*(New York:

춘다는 것과 그런 통합적 기능이 바로 문명들을 통합하는 신의 권고적 기능이었다는 것은 이제 훨씬 더 많은 연구 결과 잘 알려졌다.

독자는 지금쯤 다소 중요한 실험이 가능하다는 것을 추측했을 것이다. 나는 정신분열증 환자나 다른 정상인들이 듣는 언어적 환각은 과거에 양원적 인간들이 들었던 것과 비슷하다고 주장한 바 있다. 이제 우리는 새로운 뇌 영상기법을 이용하여 환각을 경험하는 환자들이 이 목소리를 처리하는 곳이 바로 우측 측두엽인지를 검증해볼 수 있지 않을까? 최근 이것에 관하여 어려운 측정법인 양전자 방출을 이용해 뇌의 포도당을 측정하는 시도가 있었다. 그 결과는 환자가 목소리를 들을 때 우측 측두엽에서 (더 많은 활동을 보여주는) 더 많은 포도당이 흡수됨을 보여주었다.[12]

나는 이제까지 언급한 네 가지 가설을 분리해서 생각할 수 있다는 점을 강조한다. 예를 들어 (적어도 내가 제시한 단순화된 형태에서) 마지막 가설은 틀릴 수 있겠지만 다른 가설들은 참일 수 있다는 말이다. 즉 뇌의 두 반구가 곧 양원적 정신은 아니지만 양원적 정신에 대한 오늘날의 신경학적 모형이다. 양원적 정신은 문헌과 고대 유품들에 예시된 고대의 정신체계다.

제3권의 마지막 문장은 상당히 단정적으로 들린다. 사실 그렇다. 그

Academic Press, 1982).

[12] M. S. Buchsbaum, D. H. Ingvar, R. Kessler, R. N. Waters, J. Cappelletti, D. P. van Kammen, A. C. King, J. L. Johnson, R. G. Manning, R. W. Flynn, L. S. Mann, W. E. Bunney and L. Sokoloff, "Cerebral Glucography with Positron Tomography: Use in Normal Subjects and in Patients with Schizophrenia," *Archives of General Psychiatry*, 39호, 1982, 251~259쪽.

러나 그것은 인간 본성의 시작이요 열림인 것을 우리는 깊이 느끼며 인지한다. 왜냐하면 우리는 그것의 변고성쇠와 명료성과 모호성에도 우리 자신 안에서 그것을 의식하기 때문이다. 우리는 문헌들에서 이것이 기원전 1000년 상반기의 그리스에서 일어났음을 분명히 볼 수 있다. 이것은 진정 인지적 폭발이라고 부를 만한 것이었다.

인지적 폭발

의식과 함께 시간의 공간화가 점차 중요성을 확보해가고 크로노스 (chronos) 같은 공간화에 대한 새로운 단어도 생겼다. 그러나 이것은 공간화를 너무 가볍게 표현한 것이다. 의식과 여타의 인지가 상호작용하면서 새로운 능력을 창출하는 하나의 인지적 폭발이 일어났다. 양원적 인간은 모든 포유동물들이 그렇듯이 과거의 자신에 뒤따라 일어나는 현재의 모습에 대한 인지와 행동적 예상 능력과 감각적 재인 능력이 있었다. 이에 비해 의식적 인간은 공포, 기쁨, 희망, 야심 등이 존재할 수 있는 상상의 미래를 이미 실재하는 것처럼 들여다'볼' 수 있으며, 또한 기회를 놓친 것을 아쉬워하거나 잘했던 일을 음미하면서 과거를 '볼' 수 있다. 이때 과거는 하나의 공간의 유체를 통해 나타나는데, 이것이 길게 드리워진 그림자를 따라 우리는 기억 또는 회상이라 부르는 하나의 새롭고 신비로운 여정 속으로 이동하게 된다.

습관 때문에 갖게 되는 기억(의미론적 기억[semantic memory])과 뚜렷하게 대조되는 회상적 기억(때로는 일화적[逸話的] 기억[episodic memory]이라고도 불림[13])이 의식과 함께 새롭게 등장하게 되었다. 그리

---

[13] Endel Tulving, *Elements of Episodic Memory*(Oxford: Clarendon Press, 1983).

하여 이 세상의 물리적 공간으로는 어느 때라도 항상 되돌아갈 수 있기 때문에, 우리는 불합리하게도 어떤 불가능한 확신에 차게 되어, 아직 종료되지 않은 관계나, 어린 시절의 장면이나 상황으로, 또는 후회스런 사랑이나 분노의 폭발로 다시 되돌아갈 수 있으며, 실재로는 존재하지 않는 과거라는 상상 속의 공간으로 되돌아가 어떤 비극적인 우발적 행동을 없던 것으로 되돌려 놓을 수도 있게 된다.

따라서 우리는 의식적 삶과 생을 살게 되고 불투명한 미래를 통해 우리의 최후까지 볼 수 있다. 기원전 6세기 헤라클레이토스의 주장 때문에[14] 우리는 새로운 단어, 즉 더 정확히 말하자면 과정을 지칭하고 시간을 경과하는 행동을 나타내기 위해 기존의 단어에 접미사 'sis'를 붙여 변형시킴으로써 이 과정과 행동을 의식하게 되었는데, 그리스어에서 앎을 의미하는 'gnosis', 시간을 의미하는 'genesis', 해체를 의미하는 'analysis', 지성화, 사고, 이해 또는 의식으로 다양하게 번역되는 'phronesis'가 그들이다. 이 단어들과 이들이 지칭하는 과정은 기원전 6, 7세기에는 생소한 것들이었다.[15]

---

[14] Howard Jones, "-Sis Nouns in Heraclitus," *Museum Africum*, 3, 1974, 1~13쪽. 이 점에 대한 논의에 존스(Jones) 교수에게 감사드린다.

[15] 이것은 "지성의 새로운 차원이 열린 7세기 이전에는 가능하지 않았던 새로운 '심적' 조합"으로 불리며, 스넬(Bruno Snell)을 포함한 여러 인문학자들이 지적하고 강조해 왔다. *Greek, Roman, and Byzantine Studies*, 15호, 1974, 139, n. 1에 실린 루소 (Joseph Russo)의 "The Inner Man in Archilochus and the Odyssey"에서 인용했는데, 그는 그의 제목에서 보여주듯 이런 변형이 일어난 연대가 7세기보다 더 앞선다고 주장한다.

자아

생애(lifetime)라는 이 새로운 개념을 통해 유사한 사건을 묶거나 그들을 발췌하게 되면서, 다른 사람들이 우리 자신에 대하여 우리에게 이야기해주는 것과, 우리 자신이 행한 것에 대한 의식에 근거하여 자신에게 이야기할 수 있는 것 등에서 추론하여, 우리는 지속적으로 우리 자신 안에 그리고 다른 사람들 안에 자아를 구성하고 만들어내게 되었다. 당신 자신에 대한 관념이 당신이 무엇을 할 수 있고 무엇을 할 수 없는지 또는 무엇을 해야 하고 무엇을 하면 안 되는지를 알도록 돕는다. 양원적 인간에게도 안정된 정체성이 있었고 묘비명에 붙는 고유한 이름이 있었지만, 그런 언어적 정체성은 우리를 의식적 삶의 여러 대안들 사이로 불안스레 인도하는, 비록 변덕스럽고 깨지기 쉽고 방어적인 것이긴 할지라도, 의식적으로 구성된 오늘날의 우리 자아보다는 훨씬 피상적인 행동 양식일 뿐이었다.

정신에 대한 용어가 다 믿을 만한 게 못되듯이, 자아 문제에서 우리는 특히 다의어나 동의어나, 내가 다른 곳에서 다양한 지칭으로 혼동이라 불렀던 것을 경계해야 한다. 이것은 정신에 관한 용어들이 대부분 오랜 기간에 걸쳐 만들어지면서 그 의미가 변화했기 때문이다. 이러한 용어가 지칭하는 것들은 새로운 의식적 지칭 대상의 추가와 함께 변화를 겪게 되어, 결국 그 용어는 여러 가지를 지칭하게 되는데, '자아'가 그 좋은 예다. 원래 이 말은 (어떤 언어에 있어서든 이에 해당하는 말은) 자기 고용, 자기 훈련 등과 같은 수많은 결합어에서 보듯이 정체성을 표시하기 위해 사용한 것으로 추측한다. 그렇지만 의식은 역사를 거치면서 파편처럼(fractal-like) 확산되고 강화되면서, 특히 1200년 이후부터 '자아'는 전혀 다른 것을 지칭하게 되었다. 이 말은 이제 "나는 누구인가?"에 대한 대답이 되었다. 사회심리학자들은 대부분 자아를 이런 방식으로 이해한다.

따라서 로크가 어딘가에서 말하듯[16] 우리 손가락이 잘린다고 우리 자아가 줄어들지는 않는다. 신체는 자아가 아니기 때문이다. 내 책에 대한 초기 비평가들은 오래전부터 거울이 사용되었다는[17] 익히 알려진 사실로 고대의 인류들도 의식적이라고 지적했다. 그러나 비록 우리가 말은 그렇게 하지만, 거울에서 보는 것은 자신이 아니라 다만 자신의 얼굴일 뿐이다. 얼굴은 자아가 아니다.

이 혼동으로 내 책을 잘못 이해하는 일이 잦기 때문에, 짧게나마 몇 가지 다른 연구들을 소개한다. 거울에 비치면 물고기, 새, 또는 포유동물은 대부분 완전히 무관심하거나, 거울에 비친 상을 공격하거나 사회적이거나 공격적인 자세를 취한다. 그러나 인간과 침팬지는 이와 달리 거울을 좋아한다. 아이들은 거울에 비친 자신의 모습에 네 단계로 반응한다. 처음에는 거의 반응이 없다가 웃고 만지고 마치 다른 아이가 있는 것처럼 소리를 낸다. 그다음 단계에는 거울에 비친 상을 세심하게 관찰하면서 검사와 반복적 행동을 취한다. 마지막으로 아이가 거의 2세 정도가 되면 어른처럼 거울에 비친 상이 자신인 것처럼 반응한다.[18]

---

[16] 로크의 지극히 근대적인 논의는 *Essay on the Human Understanding*, II, 10~29쪽을 참조하라.

[17] 그런 거울의 의미가 문제다. 사우디아라비아의 리야드에 있는 고고학 박물관에서 나는 한 여인이 그런 거울을 들고 있는 그림이 그려진 옛 묘비를 본 적이 있다. 이것은 허상일까? 거울도 양원적 메소포타미아에서 보편적이던 손에 드는 우상이었을까? 마야의 종교적 그림에서 거울을 사용한 미스터리도 지적해야 하는데, 거울은 대개 신이나 신의 밝은 면을 표상했기 때문이다. Linda Schele and Mary Ellen Miller, *The Blood of Kings*(Fort Worth: Kimbell Art Museum, 1986)도 참조하라.

[18] J. C. Dixon, "Development of Self-recognition," *Journal of Genetic Psychology*,

이 마지막 단계에 대한 검사는 아이의 코에 루즈를 바른 다음 거울을 보게 하고 아이가 코를 만지는지를 관찰하는 것이다. 2세 정도가 되면 거의 다 코를 만진다.[19]

이 현상에 대한 관심은 갤럽(Gallup)이 이와 같은 효과가 침팬지에게서 관찰될 수 있다는 것을 보여주면서 시작되었다.[20] 거울을 충분히 경험한 침팬지를 깊은 마취 상태에 빠지게 한다. 그러고 나서 그의 이마나 귀 위쪽에 빨간색 물감으로 눈에 띄는 점을 붙인다. 깨어난 다음 침팬지는 그 점에 주목하지 않는데 이는 침팬지가 그 점을 촉각적으로 구분하지 못함을 보여준다. 그렇지만 거울에 비추자 바로 그 점으로 손을 뻗어 문지르고 떼어내려 했는데 이는 그들이 거울에 비친 것이 자신임을 알고 있다는 것을 보여준다. 거울에 대한 경험이 없던 다른 침팬지는 이런 식으로 반응하지 않았다. 따라서 침팬지에게는 자아와 자아 인지가 있다고 주장되었다. 동물행동에 대한 한 권위자의 표현에 따르면, "이 결과는 침팬지에게 자기-자각(self-awareness)이 있음을 보여준다."[21]

이 결론은 잘못된 것이다. 자기-자각은 대개 시간에 걸쳐 존재하는 자신의 고유한 모습(persona), 즉 우리가 다른 사람과의 관계 속에 있는 자신을 꿈꿀 때, 내가 누구인가에 대한 감각이나 자신의 희망이나 두려움에 대한 감각을 의미한다. 우리는 거울을 볼 때, 비록 거울에 비친 모

91호, 1957, 251~256쪽.

[19] B. K. Amsterdam, "Mirror Self-image Reactions Before Age Two," *Developmental Psychobiology*, 5, 1972, 297~305쪽.

[20] G. G. Gallup, "Chimpanzees: Self-recognition," *Science*, 167, 1970, 86~87쪽.

[21] Donald R. Griffin, "Prospects for a Cognitive Ethology," *Behavioral and Brain Sciences*, 4호, 1978, 527~538쪽.

습이 많은 경우 자아에 대한 표식이 되기는 하지만, 거기서 우리의 의식적 자아를 보는 것은 아니다. 이 실험에서 침팬지와 두 살배기 아이는 신체와 거울이미지 간의 놀라우리만치 정확한 대응관계를 학습한다. 거울을 통해 발견한 어떤 점을 만지는 것은 거울 없이 신체에서 발견된 점을 만지는 것과 다를 바가 없다. 동물은 그 어디에서도 자신에 대해 상상한다거나, 시간을 경과하며 자신의 삶에 대해 사고한다거나, 어떤 의미에서건 내성한다는 것이 입증된 적이 없다. 이것들은 모두 의식적 자아만이 보일 수 있는 일들이다.

별로 신기할 것도 없는 이 초보적인 해석은 스키너의 실험실에서 행해진 한 기발한 실험에도 더 분명하게 드러났다.[22] 이 실험은 비둘기를 대상으로 똑같은 절차에 따라 진행되었는데, 위의 실험에서 침팬지와 어린아이가 스스로 훈련을 한 것에 반해, 이 실험은 거울을 가지고 일련의 특수한 훈련을 했다는 점만이 차이가 있었다. 이런 훈련을 대략 15시간 정도 시켜 수반성[23]이 잘 통제되면, 비록 그렇게 하도록 직접 훈련된 적이 없더라도, 비둘기도 직접 볼 수는 없지만 거울을 이용하여 자기 몸에 있는 파란 점의 위치를 알아낼 수 있음이 발견되었다. 나는 비둘기가 그렇게 훈련될 수 있었기 때문에 자아-개념을 갖고 있다고 생각하지는 않는다.

---

22 Robert Epstein, R. P. Lanza and B. F. Skinner, "'Self awareness' in the Pigeon," *Science*, 212호, 1981, 695~696쪽.

23 두 사상 간의 확률적 의존성으로 P(A|B)-P(A|~B)로 정의된다. 수반성이 1에 가까울수록 한 사건의 발생이 다른 사건의 발생을 더 잘 예언한다 - 옮긴이.

정서에서 감정으로

사건과 경험에 위치를 설정해주고 이들을 기억하고 예견할 수 있게 하는 새로운 공간화된 시간은 자아에 대한 의식적 구성을 가능케 할 뿐만 아니라 우리의 정서에도 극적인 변화를 일으킨다. 우리는 다른 포유동물과 마찬가지로 잘 정리되지 않은 여러 유형의 정서를 갖고 있는데, 이 정서와 관련된 신경 구조는 자연선택으로 진화되어 변연계(limbic system)라는 뇌의 심처에 자리 잡고 있다. 나는 여기서 공포, 수치심, 짝짓기 세 가지를 논의하고 싶다. 나는 이 논의에서 다시 한 번 특히 이 영역에서 사용되는 용어에 문제가 있음을 독자에게 미리 경고해두려고 한다. 정서(affect)라는 말부터 문제인데, 이 말은 효과(effect)라는 말과 종종 혼동되기도 하고 또 비전문인들에게는 이상하게 들리기도 하기 때문에 나는 이 단어 사용을 꺼린다. 심리학에서 정서란, 특별한 해부학적 경로와 특수한 생화학적 원리가 있는, 생물학적으로 조직화된 행동을 가리키는 말이다. 그러나 의식의 등장으로 이 모든 것이 변했다.

나는 지나간 정서와 미래의 정서에 대한 의식을, 실제로 우리가 쓰는 대로, 감정(emotion)이라 부르겠다. 그리고 내가 여기서 제안하는 것은, 양원적 인간이나 다른 동물과 구별되는, 현대인들에 대한 2단계 감정 이론이다.[24] 포유동물에게는 기본 정서가 있고, 이어서 우리의 감정이 있는데, 후자는 전자에 대한 의식으로서 과거와 미래가 있는 한 개인적 삶의 정체성 안에 자리 잡고 있다. 이 후자는 멈추어 설 어떤 생물학적으로 진화된 기제가 없다는 점을 눈여겨봐야 할 것이다.

---

[24] Julian Jaynes, "A Two-tiered Theory of Emotions," *Behavioral and Brain Sciences*, 5호, 1982, 434~435쪽. 또한 "Sensory Pain and Conscious Pain," *Behavioral and Brain Sciences*, 8호, 1985, 61~63쪽.

공포에서 불안으로

대개의 경우 갑작스럽거나 위협적으로 나타나는 일군의 자극들은 공포를 일으켜 동물이나 사람에게 하던 행동을 멈추게 하고 도망가게 하며, 사회적 동물에게는 대부분 독특한 신체적 반응을 일으키며, 체내의 혈액에 아드레날린이나 노르아드레날린 같은 카테콜아민의 수준을 높인다. 이들은 이른바 위기반응으로서, 놀라게 하는 대상이나 상황이 없어지면 몇 분 후에 사라진다.

그러나 현대인이 의식에 따라 이전의 공포를 기억하거나 미래의 공포를 상상하면서 공포는 불안의 느낌과 뒤섞이게 되었다. 정서에 대한 제임스 랑게(James-Lange)의 이론으로 표현하면, 불안은 공포에 대한 우리의 인식이라 부를 수 있다. 곰을 보고 공포를 느껴 도망친 다음 불안을 느낀다. 그러나 실제의 공포에 대한 예행연습(rehearsal)으로서 불안은 약한 정도이긴 하지만 부분적으로 위기 반응을 일으킨다. 인간이 새롭게 갖게 된 의식적 심상 능력 때문에 인간은 두려운 상황에 대한 유사를 통해 지속적으로 그것에 반응하게 되었다. 특별히 카테콜아민의 수준이 높아지는 것과 이것의 장기적 효과와 관련하여, 우리가 어떻게 생화학적 기초에 근거하여 이러한 위기반응을 멈추게 할 것인가 하는 것은 예나 지금이나 의식적 인간에게 여전히 문제인 듯하다. 이러한 행동에 대해 사고하는 의식적 기제를 알지 못했을 뿐 아니라, 스스로 멈추게 하는 어떤 내적 장치도 없던 기원전 1000년 초의 인류가 이런 불안을 경험한다는 것이 어떠했을지 생각해보기 바란다.

이것은 아테네에서 공연한 첫 번째 비극에 대해 헤로도토스가 기술한 유명한 사건에서 나타난다. 이 비극은 단 한 번만 공연되었다. 그 연극은 프리니쿠스(Phrynicus)가 쓴 「밀레토스의 멸망」(The Fall of

Miletus)이었는데, 기원전 494년에 페르시아인이 이오니아의 도시인 밀레토스를 붕괴하기 얼마 전의 재앙을 묘사하는 연극이었다. 관객의 반응은 너무 극단적이어서 아테네 전체가 며칠 동안 기능할 수 없었다. 프리니쿠스는 추방되었고, 다시는 그 이름도 언급되지 않았으며, 그의 비극은 불태워졌다.

부끄러움에서 죄의식으로

내가 여기서 언급해두고 싶은 두 번째 생물학적 정서는 부끄러움이다. 이 정서는 사회적으로 생겨나는 정서이기 때문에 동물에서든 사람에서든 실험적으로는 거의 연구되지 못했다. 이것은 복잡한 정서로서 이를 일으키는 자극은 종종 높은 수준의 사회적 동물들이 위계적 관계를 유지하는 것과 관련되어 있다. 이것은 위계적 집단의 거부에 대한 굴복적 반응인 것이다. 이런 생물학적 수치심은 육식성 집단의 통제 수단으로 두드러지는데, 특히 영장류에게, 그중에서도 인간에게 가장 잘 나타난다. 우리는 수치심에 대해 이야기하는 것 자체를 수치스럽게 여기는데, 이는 우리가 성인으로서 과거의 수치심에 그렇게 길들여진 것이며, 따라서 사회적으로 용인되는 범위 내의 행동만을 하게 되어 좀처럼 수치심에 대한 언급을 하지 않게 된다.

그러나 우리 어린 시절을 되돌아보면, 또래 집단에 거부되었을 때의 쓰라림과 가슴 졸이던 충격, 어설프게 개인적 영역에서 공적 용인의 영역으로 넘어갈 때의 두려움, 성과 관련되거나 배설과 관련된 기능을 할 때의 고통, 다른 사람이나 우리 자신의 실변(失便) 등이 생각날 것이다. 이보다는 완화된 형식이지만, 다른 아이들처럼 옷 입고 싶어하며, 그들만큼 많은 발렌타인 카드를 받고 싶어하며, 다른 아이들처럼 부유하고 건강하며 전망이 밝은 부모를 갖고 싶어하며, 다른 사람들에게 처지지 않고 함께 승진하며, 다른 사람에게 맞거나 조롱당하지 않고, 때로는 공부를 정말 잘하면서도 중간 정도의 성적을 받고자 한 때가 있었다. 이 모든 것들은 자신이 동료들 속에 깊이 편안하게 묻혀 있음을 확인시켜 주는 일들이었다. 이것들은 우리가 발달하는 데 강력하고 지대한 영향을 준 것들이다. 자라면서 동료를 이루던 같은 또래들의 수는 점점 줄어들고, 점점 더 많은 가족의 전통, 인종, 종교, 노동조합, 직업 등이 그 자리를 대신한다는 것을 기억해야 한다.

수치심이나 모욕에 대한 생리적 반응에는 얼굴이 붉어지고 눈과 머리를 떨구며 무리에서 자신을 숨기는 행동도 있으나, 불행히도 그에 대한 생화학적 또는 신경학적 기반에 대해 알려진 바가 전혀 없다.

수치심을 가장 순수한 형태로 느껴보고 싶다면, 당신에게 기대하는 행동거지를 벗어나, 단지 사람들이 많은 거리에 서서 지나가는 사람들에게 한 5분 정도, 아니면 당신이 잡혀갈 때까지 소리를 질러보라. 이것은 죄의식이 아니라 수치심이다. 당신은 지금 사회가 잘못된 것이라고 가르쳐준 것을 아무것도 행하지 않았기 때문이다.

이제 의식적 회상과 미래에 대한 상상이 이 정서에 어떤 변화를 일으켰는지 생각해보자. 특별히 윤리적으로 옳고 그름을 따지는 환경에서 이 변화를 생각해보자. 윤리적 상황은 신의 명령이라는 확실성이 담보되던 양원 정신이 붕괴되고 난 후의 행동에 대한 표식으로 발전된 것이다. 잘못된 행동이나, 달리 표현하면 죄나, 아니면 들통날 경우 사회에서 쫓겨나거나 적어도 쫓겨나게 할 듯이 보이는 것은 무엇이든지, 과거로부터 어떤 것을 기억나게 하며 미래에 대해 걱정하게 할 수 있다. 이것이 죄의식이다. 기원전 1000년 이전에는 집단이나 사회가 공유한 수치심이 있었지만, 그 누구도 죄의식을 느끼지 않았다.

수치심과 달리 죄의식이 이 시기에 새롭게 등장한 감정이라는 증거를 보여주기 위해 잘 알려진 하나의 단편적인 증거를 인용한다.[25] 그것은 오이디푸스에 대한 이야기다. 양원시대로부터 전해온 것으로, 일리아드에서 두 줄에 걸쳐,『오디세이아』에서도 두 줄에 걸쳐 언급하기 때문에 실제 이야기였다고 생각한다. 이 이야기는 자신의 아버지를 죽이고 전혀 의도하지 않았지만 자신의 어머니와 결혼하고 테베의 왕이 되었으며, 자기 어머니에게서 자신의 자식이자 형제를 여러 명 낳고, 자신이 저지른 일을 발견하고는 근친상간이 항상 금기시되었기에 분명 수치심을 느꼈겠음에도 이를 분명히 극복해내고는 아내이자 어머니인 여인과 행복한 삶을 살다가 왕으로서의 위엄을 지키며 죽은 한 사람에 대한 이야기다. 이것은 기원전 800년 무렵에 씌어졌지만 이 이야기는 그보다 몇 세기 전에 있었다.

그리고 단지 400년이 지난 다음 이 사건에 대하여 소포클레스는 미지의 죄에 대한 연극, 위대한 3부작을 집필한다. 죄가 너무나 중한 나머지 도시 전체가 그 때문에 기근에 처하고, 자신의 죄를 알게 된 그 죄인은 너무나 큰 충격에 빠져 이 세상을 다시 바라볼 자격이 없어 어머니이자 아내의 가슴에서 떼어낸 브로치로 자기 눈을 찔러 어둠의 세계를 자초하며 자기 여동생이자 딸들에게 이끌려 콜로누스(colonus)에서 의문의 죽음을 맞게 된다.

죄의식을 없애는 생물학적인 기제는 없다. 유대인의 속죄양 의식(儀

---

25 E. R. Dodds, *The Greeks and the Irrational*(Berkeley: University of California Press, 1951).

式)(보내버린다는 말은 지금 '용서'로 번역된다), 이와 유사한 그리스인의 파마코스(pharmakos)(여기서도 파마코스를 멀리 보내버린다는 말인 아페시스〔aphesis〕는 그리스어로 '용서'를 의미한다), 여러 유형의 정결 의식, 세례, 타우로볼리움(taurobolium), 하즈(haj), 고백, 타슐리크(tashlik), 미사, 그리고 또한 세상의 죄를 없애주는 기독교의 십자가에서 보듯(이 모든 것에서 나타나는 은유와 비유에 주목하라), 어떻게 죄의식을 제거할 것인가 하는 문제는 다시 사회에 수용하기 위한 다양한 학습된 사회적 의식을 발전시켜왔다. 심지어 신의 속성을 용서하는 아버지로 바꾸는 것도 이에 해당한다.

그리고 나는 정서는 대개 분리되어 있고 매우 특별한 상황에서 특정한 반응을 야기하지만 의식적 감정은 분리되지 않고 섞일 수 있으며 다른 감정을 불러일으킬 수 있다는 점을 지적해두고 싶다. 나는 앞서 우리는 죄의식 속에서 미래의 수치스러운 경험을 걱정할 수 있으며, 이것은 불안을 야기하게 되고, 따라서 우리는 합하여 더 강력한 감정을 갖게 하는 불안과 죄의식이라는 두 가지 감정을 갖게 되었다고 주장한 바 있다.

짝짓기에서 '섹스'로

내가 여기서 언급해두려는 세 번째 예시는 짝짓기의 정서다. 어떤 점에서는 다른 정서들과 유사하지만 다른 면에서는 완전히 다르다. 동물에 대한 연구는, 보통 사람들이 생각하는 것과는 전혀 달리 짝짓기는 배고픔이나 갈증처럼 (의식 때문에 그렇게 보이기는 하지만) 축적되는 필연적인 욕구가 아니고 아주 특정한 자극에 촉발되기를 기다리는 정교한 행동 패턴임을 보여준다. 대부분 동물들의 짝짓기는 1년 중 어느 적합한 시기나 날에 국한되어 있고, 그것도 다른 동물의 행동에서 어느 적절한 자극들, 예를 들면 페르몬, 일조량, 은밀성, 안정성, 그밖의 다른 변인들에 따라 규제된다. 또한 극도로 복잡한 다양한 구애절차도 포함하는 이들은 이들이 갖는 미묘한 진화적 이점에 비해 너무 복잡하기 때문에, 자연선택에 대한 극도로 단순화된 생각을 갖고 보면, 짝짓기를 조장하기보다는 오히려 막기 위한 것처럼 보일 정도다. 원인류(anthropoid)의 원숭이들은 다른 영장류와 달리, 자연 생활 속에서는 짝짓기를 거의 하지 않아, 이처럼 사람과 유사한 종이 도대체 어떻게 번식을 하는지 초기 동물행동학자들을 어리둥절하게 했을 정도다.

그러나 사람들이 자신의 짝짓기를 의식할 수 있게 되고, 과거의 짝짓기를 회상할 수 있고 미래의 짝짓기에 대해 상상할 수 있을 때 우리는 전혀 다른 세계에 들어가게 되는데 그것은 지금의 우리에게 더 친숙해 보이는 세계다. 성에 대해 공상(fantasize)할 수 없다면 당신의 '성생활'이 어떨지 상상해보라.

이런 변화의 증거는 무엇인가? 내 생각에 고대 세계를 연구하는 학자들은 내가 양원적 세계라고 부르는 기원전 1000년 전의 시기에 만들어진 벽화나 조각이 정숙하다고 하는 것에 대해, 즉 예외는 있지만 성적인 내용을 담은 것이 거의 없다는 것에 동의할 것이다. 지금은 아테네 국립박물관 2층에 있는 양원적 테라 시대의 순진무구한 벽화들이 좋은 예다.

그러나 특히 그 증거를 가장 분명하게 보여주는 그리스의 경우, 의식의 등장과 함께 초기 그리스 사회의 이 유품은 더는 성에 대해 정숙하지 않다.[26] 기원전 7세기경에 시삭하여 화병에 그려진 그림들은, 반은 신적인 존재인 사티로스의 발기된 음경이 묘사되는 것처럼, 성이 아주 주요한 관심사인 것처럼 보인다. 내가 관심사라는 단어를 쓴 의도는 그것이 처음에는 단순한 호색적인 흥분을 위해서가 아닌 것처럼 보이기 때문이다. 예를 들어 에게 해에 있는 한 섬인 델로스(Delos)에는 발기된 남성 성기 모양의 사원이 있다.

아티카 전역에 있는 경계석은 우리가 헤르마(herms)라 부르는 형식으로 되어 있다. 이들은 1.2미터 높이의 정육면체 기둥으로 그 위에는 대개 헤르메스(Hermes)의 조각된 머리가 놓여 있고, 발기된 성기만이 적절한 높이에 조각되어 있다. 이 경계석은 오늘날 아이들이 보면 웃음을 터뜨리겠지만 그 당시에는 아주 심각하고 중요하게 여겨졌다. 플라톤의 향연에서 술에 취한 알키비아데스(Alcibiades) 장군이 '경계석을 절단한' 것은, 아테네 시 주변에 있는 조각의 돌출 부위를 칼로 잘라낸 일이 틀림없는데, 불경한 짓으로 간주되었다.

발굴과정에서 돌이나 다른 재료로 만든 발기된 성기가 무수히 발견되었다. 성기 모양의 부장품도 있었다. 화병에 그려진 그림 중에는 디오니소스 예배예식에서 성기를 흔드는 전라(全裸)의 여자 댄서도 있다. 다른 곳에는 심지어 전쟁 중에도 성기 행렬이 안전하게 도시 안에 들어오도록 하기 위한 조치들이 기록되어 있다. 식민지들은 성대한 디오니소스 축제를 위해 아테네에 성기를 보내야만 했다. 아리스토텔레스조차 남근 숭배의 광대극이나 호색적인 연극에 대해 이야기했는데 이들은 거창한 비극 다음에 공연되었다.

만일 이것이 전부라면 이 성기 숭배는 다산을 위한 객관적 의식이라

---

26 정보와 참고 문헌은 대부분 Hans Licht, *Sexual Life in Ancient Greece*(London: Routledge, 1931)나 G. Rattray Taylor, *Sex in History*(New York: Vanguard Press, 1954)에서 볼 수 있다.

는 옛 빅토리아식 해석에 동의할 수 있을 것이다. 그렇지만 의식적 공상이 출현한 후 실제 성행위에 대한 증거는 이와는 다른 면을 보여준다. 솔론이 제도화한 것으로 추정되는 여러 가지 유형의 유곽들이 기원전 4세기까지 어디에나 존재했다. 화병에 그려진 그림에는 호모섹스는 물론 자위행위부터 수간(獸姦), 세 사람 간의 성행위에 이르기까지 가능한 모든 성행위들이 묘사되어 있다.

나는 후자야말로 인간에게 공상을 수행할 수 있는 새로운 능력이 생긴 후 이 시기에 처음으로 시작되었다고 믿는다. 동성연애는 호메로스의 시에는 전혀 없었다. 이 주장은, (특히 플라톤이 법학에서 이것을 자연physis 또는 본성nature에 거스르는 것으로 추방해버린 이후) 호메로스에서 동성연애에 대한 권리를 확보하려 하며 아킬레우스와 파트로클로스 간의 강한 유대관계마저 동성연애로 투사하려는, 최근 프로이트 학파의 새로운 해석이나 이 시기에 대한 고전적 전거들과도 상반된다.

인간이 처음으로 의식을 갖게 되고 처음으로 성에 대해 공상할 수 있었던 2500년 전에, 그들이 안정된 사회를 만들기 위해 어떻게 성적 행동을 통제하는 방법을 배웠는가 하는 문제를 생각해보기 바란다. 남성이 흥분하면 여성보다는 훨씬 더 눈에 띄고, 부분적 발기로 피드백이 성적 상상을 계속 상승시키기 때문에(점증이라 불리는 과정), 이 문제는 여성의 문제이기보다는 남성의 문제였다는 것을 예상할 수 있다. 이 문제를 통제하기 위해 생긴 사회적 관습은 남성의 권력을 향상시켰을 뿐만 아니라 (플라톤의 시대에 분명하게 드러난) 성별에 따른 사회적 격리를 강화하게 했을 수 있다. 우리는 여성이 발목이나 머리채를 드러내면 법으로 처벌할 수 있는 현대의 정봉 이슬람 사회를 이런 면에서 생각해볼 수 있다.

물론 나는 내가 주장하는 것에 대한 증거가 충분하지 않다는 것을 인정한다. 그리고 물론 화가 미움으로 변하고, 흥분이 의식과 마술처럼 결합하여 기쁨이 되며, 유대관계가 의식화되면서 사랑이 되는 것과 같은 또 다른 정서들도 있다는 것을 잘 안다. 나는 불안과 죄책감과 성을 사회적으로 가장 중요한 것으로 골랐을 뿐이다. 프로이트를 따르는 독자들은 여기서 그의 이론작업이 시작될 수 있다는 것에 주목할 것이다. 나는 이 가설들이, 근대 심리학과 성격이론의 많은 부분을 처음으로 형성하면서, 역사가에게 새로운 시각으로 인간의 역사에서 가장 중요한 시기를 바라보게 할 것을 기대한다.

해야 할 일은 너무 많고, 탐색해야 할 이론도 역사의 세부사항도 많기만 하다. 옛 정신체계를 추적하는 것은 새로운 통찰과 발견에 이르는 하나의 지속적 과정이다. 내가 중국어를 모르기 때문에 이 책에서 그 부분에 대한 자료를 언급하지 못했다. 그러나 고대 중국 문헌 전문가인 동료 카(Michael Carr)가 일련의 결정적인 논문들로 그 부분을 채워주고 있어 기쁘다.[27] 이 논문에서 밝힌 연도는 그리스의 것과 거의 일치하는데 이 때문에 어떤 역사가들은 이 시기를 '주축 시대'(axial age)라고 부르게 되었다.

여러 학자들이 문헌을 통해서 이 이론의 확장 가능성을 탐색해왔다. 특히 와이스만(Judith Weissman)은 내가 이 글을 쓰는 동안 『시각, 광기, 유한성, 시 그리고 양원적 정신 이론』이라는 제목으로 원고를 탈고

---

[27] Michael Carr, "Sidelights on Xin 'Heart, Mind' in the Shijing," *Proceedings of the 31st CISHAAN, Tokyo and Kyoto*, 1983, 824~825쪽과 *Computational Analyses of Asian and African Languages*, 1985, 1~107쪽에 실린 "Personation of the Dead in Ancient China"를 참조하라.

했다.[28] 포시(Thomas Posey)는 언어적 환각에 대한 연구를 계속 진행 중이고, 맥스웰(Ross Maxwell)과 스토브(D. C. Stove)[29]와 다른 많은 사람들도 추가로 역사 연구를 수행하고 있는데, 나는 이들의 지지와 성원에 감사한다.

프린스턴 대학교, 1990
제인스

---

[28] 그녀의 논문 제목이기도 하다. "Vision, Madness, and Morality: Poetry and the Theory of the Bicameral Mind," *Georgia Review*, 35호, 1979, 118~158쪽. 그녀의 다른 논문인 "Somewhere in Earshot: Yeats' Admonitory Gods," *Pequod*, 74호, 1982, 16~32쪽도 참조하라.

[29] D. C. Stove, "The Oracles and Their Cessation: A Tribute to Julian Jaynes," *Encounter*, 1989. 4, 30~38쪽.